成都包家梁子墓地
考古发掘报告

成都文物考古研究院　编著

科学出版社

北京

内 容 简 介

2011年8月~2012年4月，为配合成都青白江大道北段建设，成都文物考古研究院对项目范围内的包家梁子墓地进行了抢救性发掘，共清理墓葬199座，其中战国末至秦汉时期墓葬180座，宋明时期墓葬19座。本报告全面、系统地介绍了180座战国末至秦汉时期墓葬的发掘和整理情况。包家梁子墓地墓葬形制多样、随葬器物丰富，墓地延续时间较长，最值得关注的是，该墓地以战国末至汉初时期墓葬为主体，是研究四川地区战国秦汉时期丧葬制度、社会结构、经济技术发展水平及文化因素传播等方面的珍贵实物材料。

本书可供考古学、历史学、体质人类学等学科研究者及高等院校相关师生阅读、参考。

图书在版编目（CIP）数据

成都包家梁子墓地考古发掘报告 / 成都文物考古研究院编著. —北京：科学出版社，2018.12
　ISBN 978-7-03-060036-3

　Ⅰ.①成…　Ⅱ.①成…　Ⅲ.①墓葬（考古）–发掘报告–成都
Ⅳ.①K878.85

中国版本图书馆CIP数据核字（2018）第282938号

责任编辑：柴丽丽　王　蕾 / 责任校对：邹慧卿
责任印制：肖　兴 / 封面设计：美光设计

科 学 出 版 社 出版

北京东黄城根北街16号
邮政编码：100717
http://www.sciencep.com

中国科学院印刷厂 印刷

科学出版社发行　各地新华书店经销

*

2018年12月第　一　版　　开本：889×1194　1/16
2018年12月第一次印刷　　印张：36　插页：52
字数：1036 000

定价：438.00 元
（如有印装质量问题，我社负责调换）

目　　录

插 图 目 录

图 版 目 录

第一章 绪 论

第一节 地理环境和历史沿革

一、地理环境

1. 青白江区地理环境

青白江区位于成都市东北部，地处新华夏系四川沉降带成都断陷东部，南靠成都平原与川中丘陵分界线的龙泉山脉断褶束。地理位置为东经104°9′37″～104°29′31″、北纬30°39′33″～30°55′0″，东连成都市金堂县，南邻成都市龙泉驿区，西接成都市新都区，北靠四川省广汉市。区境地形呈现西北平坝向东南丘陵山区的走势，东西间距31.6千米，南北跨距28.4千米。全区分为冲积、洪积平坝区，冲洪积构造剥蚀丘陵区和构造剥蚀低山区三种地貌。西北部平原区属都江堰自流灌溉区，为河流冲积形成，地势平坦，自西向东微倾，地表海拔492～451米，面积占全区的36.1%，主要为深厚的灰色冲积土所覆盖，有利农耕。中部浅丘区地貌为构造剥蚀丘陵，地表海拔546～492米，属东风渠灌溉，引蓄结合灌区，面积占全区的39%，主要为黄壤覆盖。东南部低山区属龙泉山脉中段，谷狭坡长，地势较高，地表海拔916～546米，面积占全区的24.9%。出露地层由老到新有侏罗系遂宁组、蓬莱镇组砂页岩、白垩系天马山组、夹关组砂岩、灰岩等。

青白江区地处沱江流域，为都江堰水系灌溉区，境内水区交错，水源较丰富，主要河流为沱江支流青白江和毗河及其小支流。青白江为沱江二级支流，源自岷江，上段为蒲阳河，至彭州市长寿桥始称青白江，经新都区，至该区朱家湾入境，沿青白江区弥牟镇西北边缘，于右岸纳弥牟河水，分出马棚堰，再流向广汉市向阳镇，而后在金堂县赵镇汇入沱江。毗河为沱江的三级支流，水源来自岷江，上段为柏条河，通过都江堰枢纽蒲柏闸分流，向东南，至郫县石堤堰始称毗河。自新都区邵家寺入区境，流经青白江区祥福、姚渡、城厢等镇，在祥福镇康家渡于左岸纳羊叉河水，在接龙村于右岸纳西江河水，在城厢镇沿沱村于左岸纳绣川河和长流河水，流向金堂县赵镇，汇入沱江。

青白江区属内陆亚热带湿润季风气候，四季分明，雨量充沛，日照偏少，无霜期长，气温在14.9～16.7℃，多年年均降水量925.4毫米，日照时数1239.1小时，日照率28%，太阳总辐射值90.94千卡/平方厘米，大于0℃的年积温4912℃，无霜期279天。由于地形差异，伴有季节性突变，平原、丘陵、低山在温度、日照、降水等方面都有差异。

2. 包家梁子墓地地理环境

在青白江区北部有一条金北浅丘，发端于大同镇跃进村一带，自西北向东南经过大同镇、城厢镇的部分行政村，如界牌村、爱国村、战斗村、双龙村、十八湾村、万柳村等，再折入金堂县清江镇、赵镇的赵渡社区，直抵赵镇中河的焦沙尾，浅丘全程因"壁山头、焦山尾"的俗语而有"壁焦梁子"之称。"壁焦梁子"在青白江区境内全长约10千米，北与广汉市交界，东南与金堂县接壤。梁子在焦山尾一段往东走变得更高更宽，中江顺梁子东北流过，毗河则贴梁子东南流过。梁子四周为广袤的平坝良田，高出周围地表4～5米，宽200～500米，此种小山梁是由受侵蚀的冲、洪积平坝与冰心堆积老阶地组成的丘陵区，呈波状起伏地形，地层土壤主要系冰水沉积物，为暗黄褐色、质地较坚实的黏土，富含铁锰结核和椭圆形的灰白色碳酸钙结核，地质结构为第四系上更新统黄色沉积黏土。"壁焦梁子"大同段称为"伍家梁子"，城厢段称为"包家梁子"。

从地理环境看，在壁焦梁子以南，还存在有一条名为"姚渡梁子"的山梁，在这两条山梁之间有一块平整的三角形地带，就是城厢镇。城厢镇是青白江区的重要集镇，土地肥沃，物产丰富，素有粮仓之称。东与金堂县杨柳、青白江区姚渡镇、日新镇隔毗河相望，西与祥福镇、大同镇接壤，北与金堂清江镇相邻。距成都市31千米，距青白江区政府所在地——大弯镇6千米，唐巴公路、城太公路和达成铁路从境内穿过（其中唐巴公路过境段为省川西旅游环线），交通便利，区位优势明显。城厢镇水资源十分丰富，毗河、绣川河、茅家河流经城厢，加之马棚堰、粉子堰、后江堰、壁山灌溉渠等水系的完善，与城厢的护城河联成水网，形成了一道独特的风景线。

此次发掘的包家梁子墓地位于青白江区城厢镇十八湾村、万柳村与大同镇界牌村交界处，北距青白江河约4.4千米，南距城厢镇2.5千米，西北方向距大同磷肥厂汉代墓地约3.3千米，墓地属于金北浅丘中段的一部分，中心地理坐标为东经104°19′12.7″、北纬30°53′11.1″，平均海拔约466米（图一）。

二、历 史 沿 革

1959年1月，中共成都市委就扩大成都市区域的问题向中共四川省委提出建议，将新都、金堂等县部分乡镇划归成都市管辖。中共四川省委批复同意，1960年1月，成都市青白江区正式宣告成立。经过1981年和2005年两次行政区划调整，全区面积378.56平方千米，辖7镇、2乡、2个街道办事处。

青白江区虽为新中国设置的行政区划，但其境内文物古迹众多，历史沉积厚重。公元前285年，秦国设置蜀郡，青白江区隶属秦国蜀郡管辖。西汉武帝时，将蜀郡东北部划出，新置广汉郡，郡治在雒县（今广汉市），同时从成都县中划出大部，新置新都县（包括金堂县），

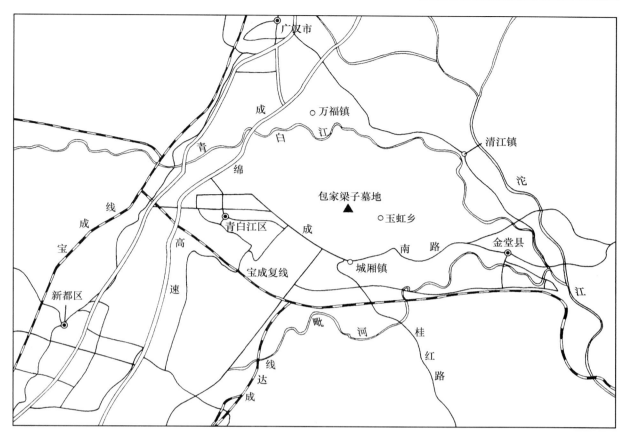

图一 墓地位置示意图

隶属广汉郡。从汉朝开始，古代青白江地区属广汉郡新都县和犍为郡牛鞞县管辖。

包家梁子墓地所在乡镇城厢镇是青白江区的重要乡镇。城厢镇历史悠久，西汉武帝时，置广汉郡，划雒县东南地、新都县东地和犍为郡牛鞞县西地隶广汉郡，时城厢镇属广汉郡新都县和犍为郡牛鞞县所辖。东晋安帝义熙九年（423年），朱龄石于东山（云顶山）立金渊戌，戌所在今金堂县治东南同兴乡州城村，以江水产金沙得名。西魏废帝二年（553年），于金渊戌所置金渊郡，割牛鞞县西部分地区置金渊县，割新都县东部分地区置白牟县，金渊、白牟二县隶属金渊郡。郡治与金渊县治同驻今金堂云顶山脚同兴乡州城村，白牟县治驻今成都市青白江区城厢镇（今城厢镇北门古城桥附近）。北周（557～581年）废金渊郡，并白牟县入金渊县，城厢由白牟县治废为镇，隋代因之。唐宋时名古城镇。唐武德元年（618年），为避高祖李渊讳改金渊县为金水县；咸亨二年（671年），割雒县、新都、金水三县部分地建置金堂县，以界有金堂山得名，初隶益州，后属汉州。治所在赵镇旧城北（今龙威乡新生村）。金堂县和金水县分辖十镇，其中古城镇最为富庶。北宋仁宗嘉祐二年（1057年），因避沱江水患，金堂县治所迁至白牟旧址古城镇，渐以县名代镇，习称金堂。以后，代有兴废分合，屡变其制，至明洪武十三年（1380年）后，建置再无变动。宋元以来至新中国成立初近900年间，城厢一直是金堂县县城所在地，是金堂县政治、经济、文化中心。1935年设置城区联保，1938年更名为城厢联保，1940年实施"新县制"，改城厢联保为城厢镇，此即为"城厢"一名之由来。新中国成立后，城厢镇为金堂县人民政府所在地。1950年10月，金堂县人民政府迁址赵镇，城厢镇遂成为区公所和镇人民政府所在地。1981年1月划金堂县城厢、太平两镇和所辖的11个公社（祥福、绣水、玉虹、姚渡、龙王、日新、人和、合兴、福洪、云顶、太平）归成都市青白江区，与1960年1月建区时规划的华严乡、大同乡（原属金堂）、弥牟乡（原属新都）并为青白江区所辖。1998年4月和2004年6月先后将原绣水乡和玉虹乡划归城厢镇。城厢镇建制名称沿用至今。

第二节　工作经过

一、以往工作

包家梁子墓地所在的金北浅丘是古代墓葬密集分布区域，尤其汉代墓葬众多，历年来的田野调查和配合基本建设的考古发掘工作中屡有重要发现。从20世纪70年代开始，考古工作者就曾陆续在青白江区大同镇至城厢镇一线发现了壁山头汉墓群、战斗村汉墓群、爱国汉墓群、永久汉墓群、双龙汉墓群等几个重要地点[①]。

1979年3月，景峰乡（今大同镇）大同砖厂发现一座西汉中期的土坑木椁墓。这里紧邻广汉市三水镇，小地名称壁山庙，属于壁焦梁子的起点。文物工作者对墓葬进行了抢救性清理，墓内出土陶猪、铜车马饰、五铢钱、漆盒等遗物。1987年7月，景峰乡（今大同镇）战斗村三组伍家幺店子村民在放牛时因牛偶然踏空一座砖室墓券拱而发现4座汉代砖室墓，其中靠北一座编号M1未被盗掘，从中取出各类器物30余件，包括陶人物俑、动物俑、罐、钵、仓、灶、井、水塘、摇钱树座，铜器，铁器等，其中一件铜马长1.1、高1.4米，为四川省境内出土的个体最大的铜马，具有极高的考古和艺术价值[②]。

1987年在开展全国第二次文物普查时，普查人员在金北浅丘山梁上再次发现大量的东汉墓葬遗迹，既有砖室墓，又有崖墓，如青白江区景峰乡（今大同镇）六颗骰子墓群、玉虹乡杨柳村墓群、白贯村崖墓群、泉龙村贯子山崖墓群、联心村崖墓群、金堂县清江乡火盆山崖墓群、荣丰山崖墓群、赵渡乡先锋村崖墓群等[③]。

1996年2月，青白江区大同镇跃进村村民在取土还耕时挖掘出木板和墓砖，并取出部分铜器。同年3月，成都市文物考古工作队与青白江区文物管理所组成联合发掘小组，对壁山梁子起点处一南北长200、东西宽100余米的大型圆土堆进行了发掘，共清理出汉代土坑木椁墓和砖

---

① 参见《中国文物地图集·四川卷》，文物出版社，2009年。
② 刘雨茂：《金堂县、青白江区汉墓调查报告》，《成都文物》1988年第1期。
③ 刘雨茂：《金堂县、青白江区汉墓调查报告》，《成都文物》1988年第1期。

室墓12座，出土了陶器、铜器等大量随葬品，其中不乏人马陶灯、熊虎龙凤座、龟蛙斗拱座等艺术精品①。

2000年10月，青白江区一养殖场在大同镇战斗村四组进行扩建中发现汉代墓葬，并报告了区文物保护管理所。成都市文物考古工作队与青白江区文物管理所组成联合发掘小组，对该工地进行了考古勘探和抢救性清理，共发掘汉代墓葬11座，出土一批重要的随葬品②。

2005年3月，为配合大同磷肥厂的建设，成都文物考古研究所（现成都文物考古研究院）与青白江区文物管理所在大同镇跃进村六组厂区扩建工地清理出汉代墓葬19座，其中9座为土坑木椁墓，10座为砖室墓，出土了大量的陶器、铜器、铁器、银器、玉器、骨器和钱币，其中M4出土的1具画像石棺具有极高的考古研究和艺术价值③。

二、发 掘 经 过

1. 发掘目的

2011年6月，由四川瑞泰建设有限责任公司承建的工程项目——青白江大道（即成青金快速通道）北段将进行施工建设。青白江大道北段起于青白江大道城厢段与成南路交汇路口，东北方向往广汉市三水镇延伸，全长4759米，采用双向八车道、100米宽度的标准实施道路建设，是连接成都市区、青白江区至广汉市的快速通道，对扩大青白江区城市辐射半径、加速"成都—青白江区—广汉市"区域经济发展具有重要意义。由于道路将要穿越金北浅丘在城厢境内的包家梁子，为汉代墓葬分布的密集区域，为保护和抢救线路内的地下文物，根据《中华人民共和国文物保护法》《四川省〈中华人民共和国文物保护法〉实施办法》及《成都市文物保护管理条例》的相关规定，成都文物考古研究所与青白江区文物保护管理所联合组成发掘小组，对该路段进行了考古调查，并在调查的基础上进行了抢救性发掘。

2. 发掘经过

本次发掘可分为考古调查和抢救性发掘两个阶段。

考古调查从2011年6月上旬开始，历时近一个月。由于青白江大道北段穿越包家梁子墓地古墓葬密集区域的距离较长，涉及面宽广，因而考古调查的内容分为钻探和地面踏查两部分。

---

① 成都市文物考古工作队、青白江区文物管理所：《成都市青白江区跃进村汉墓发掘简报》，《文物》1999年第8期。

② 发掘材料保存于青白江区文物管理所，尚未发表。

③ 成都文物考古研究所、青白江区文物管理所：《成都市青白江区大同磷肥厂工地汉墓发掘报告》，《成都考古发现（2008）》，科学出版社，2010年。

考古钻探部分的路线里程数为K2+600～K3+100。南北长500、东西宽100米，钻探总面积约50000平方米，属于包家梁子墓地最重要、最核心的构成部分。这一带主要位于包家梁子的南坡及山梁顶部，地势较高，海拔464～469米。墓地中部有一条20世纪50年代"大跃进"时期开挖的引水灌溉渠，名曰"壁山渠"，水渠呈西北—东南走向，宽度约2米，沟渠将整个墓地分为南北两部分。因钻探面积较大，加之壁山渠东西向穿越墓地，壁山渠的具体里程数为K2+840，我们遂以路基中线和壁山渠为界，将钻探范围按象限法分为Ⅰ、Ⅱ、Ⅲ、Ⅳ四个区，其中Ⅰ、Ⅱ区的路线长度约260米，面积均为13000平方米；Ⅲ、Ⅳ的路线长度约240米，面积均为12000平方米。钻探过程中采用布设梅花形孔的方法，孔与孔的间距通常设定在2.5米左右，遇到个别土层或埋藏情况较特殊的区域则适量增加探孔，目的在于尽可能不遗漏地下文化遗迹。截至6月29日，在钻探范围内共发现古墓葬137座，其中95%以上属于战国秦汉时期墓葬，包括了土坑墓和砖室墓两种类型，75座为土坑墓，62座为砖室墓。

地面踏查部分的路线里程为K3+100～K4+759，全长约1660米，该区域属于包家梁子的北面缓坡与平坝交接的地带，地势较低，海拔464～466米。地面调查的方法是以地形、断面踏查和采集遗物为主，局部辅以钻探。

通过近一个月的考古调查，可以确认包家梁子墓地是成都平原一处重要的战国秦汉时期墓葬区，就路线的具体里程数来看，是集中于K2+600～K3+100长400米的范围内。这些墓葬分布十分密集，且在空间分布上呈现出一定的规律，即年代较早的土坑墓大多集中于山梁顶部两侧地势较高的开阔地带，而年代稍晚的砖室墓则主要分布于南面的缓坡地带，唐宋时期的墓葬数量较零星，主要分布于山梁北面缓坡与平坝的缓冲地带。

2011年7月中旬，成都文物考古研究所将"包家梁子汉墓群发掘项目"上报国家文物局，7月底该项目被批准进行抢救性发掘。8月初，成都文物考古研究所会同青白江区文物保护管理所组织专业队伍开始对包家梁子墓地进行发掘。成都文物考古研究所王毅同志为项目领队，陈云洪同志为现场领队，龚扬民、杨洋同志负责现场发掘，白铁勇同志负责现场测绘，何锟宇同志负责出土动物骨骼鉴定，姜铭同志负责墓葬土样标本的浮选，四川大学原海兵老师负责出土人骨鉴定及研究，杨颖东、白玉龙同志负责现场文物保护，陈平、刘守强、张成俊、程远福、张魏等同志负责现场绘图，逯德军同志负责现场器物修复与绘图。青白江文物保护管理所杨晓明、兰玉龙同志负责工地协调工作，张光磊同志负责发掘资料电子化工作。现场发掘工作至2012年4月初结束，历时近8个月（图版一、图版二）。

据考古调查了解的墓群情况，由于历代耕作，墓葬封土被破坏殆尽，上部为厚约0.5米的黑色耕土层，下部即为含料姜石黄褐色生土，墓葬皆开口于耕土层下，打破生土。发掘小组决定用全面揭露法，在发掘区域内先将耕土层全部揭露，确认该区域内墓葬位置及分布情况，以便寻找墓群内的墓葬成组关系和分布规律。由于发掘区域南北向条状分布，考古小组决定将清理工作分两个阶段进行，第一阶段清理"壁山渠"以南部分（简称"南区"，K2+620～K2+830），第二阶段清理"壁山渠"以北部分（简称"北区"，K2+840～K3+080）。

第一阶段工作自2011年8月初始至11月底结束，历时约4个月，发掘面积约21000平方米。南区在中部留宽2米的南北向隔梁一条，在K2+680、K2+730、K2+780及K2+830处各留宽约1米的东西向隔梁一条，以确认在南区是否有墓葬封土或其他文化层存在。据发掘情况看，发掘范围内不存任何封土及文化层痕迹。南区共清理墓葬120座，其中土坑墓100座，砖室墓20座。

第二阶段工作自2011年12月初始至次年4月结束，亦历时约4个月，发掘面积约24000平方米。鉴于南区的发掘经验，北区未留隔梁，全面揭露耕土。北区共清理墓葬79座，其中土坑墓65座，砖室墓14座。该阶段除完成发掘工作外，还对墓葬底部及发掘区域土层进行解剖，确保无墓葬和遗物遗漏。

在发掘工作进行的同时，将墓葬中出土完整器物内的全部土样及墓底含炭灰的部分土样进行浮选，试图通过植物考古学方法确定各类器物在墓葬中的功能，并进一步研究墓葬所处时代的生业形态及社会经济发展水平。在清理墓葬的同时对人骨及随葬动物骨骼进行鉴定，并采集骨骼标本，利用体质人类学及动物考古学方法获取更多墓葬信息。

由于墓葬出土陶器陶质较差，大部分陶器只能在现场修复绘图，该项工作贯穿于整个发掘工作始终，并在发掘工作结束后延续了近一年多时间，至2013年5月份结束。2015年底完成对该墓地墓葬和随葬器物的基础整理和描述工作，2016年底完成本书的初稿编写工作，后数易其稿，至2017年底完成本报告。

第二章 墓地概况及墓葬介绍

第一节 墓地概况

包家梁子墓地位于成都平原腹心地带，人口稠密，由于历代耕作，墓葬封土被破坏殆尽，部分墓葬上部也被破坏。墓葬上部为厚约0.5米的黑色耕土层，耕土层下即为含料姜石黄褐色生土，墓葬皆开口于耕土层下，打破生土。

本次共发掘墓葬199座，其中战国末期至东汉中期墓葬180座、宋明墓葬19座。战国秦汉时期墓葬多为南北向，少量东西向，各类墓葬夹杂分布，未见明显分区，常见2~5座墓葬成组分布，排列整齐（图二；图版三）。

第二节 墓葬介绍

因包家梁子墓地宋明墓葬材料已发表于《成都考古发现（2010）》，本报告仅介绍战国秦汉时期墓葬。为了能完整地反映墓葬的考古信息，每座墓葬皆按墓葬形制、随葬器物进行详细描述。以下按墓葬编号分别予以说明。

一、M1

1. 墓葬形制

（1）墓葬结构

"凸"字形砖室墓，由墓道、墓室和甬道组成，墓圹残长约4、宽1.4~1.76米。墓道原为斜坡状，被破坏。墓室仅存北壁和西壁底部，长约2.8、宽约1.76米。甬道位于墓室南部，残长约1.18、宽约1.4米。墓壁用长方形联璧纹砖和素面砖间杂平砖错缝顺砌而成，下层完整墓砖长36、宽24、厚4厘米。墓底用素面砖错缝横砌，规格不明。墓向220°（图三）。

（2）葬具

未见葬具痕迹。

（3）人骨

人骨不存。

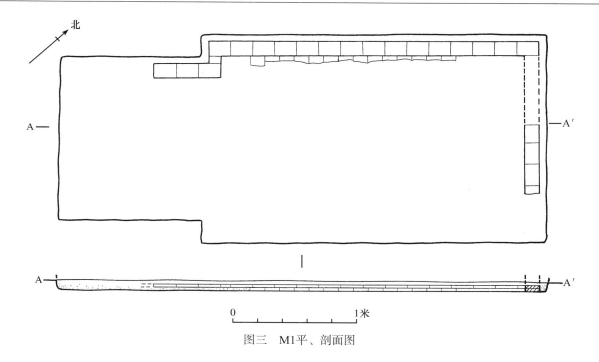

图三 M1平、剖面图

2. 随葬器物

墓葬破坏严重，未见随葬器物。

二、M2

1. 墓葬形制

（1）墓葬结构

长方形竖穴砖室墓，无墓道。墓葬被严重盗扰，墓顶及直墙上部不存。长方形墓圹，长3.16、宽约1.92、残深0.36米。墓室长约3.04、宽约1.7、残深0.3米。墓壁以长方形素面平砖错缝顺砌而成，墓砖长42、宽19、厚7厘米。墓底用长方形素面砖错缝纵向平铺而成。墓向130°（图四；图版四，1）。

（2）葬具

未见葬具痕迹。

（3）人骨

人骨不存。

2. 随葬器物

墓葬随葬器物有陶器和钱币（图版四，2），陶器有罐、甑、灶、汲水小罐、执箕女俑、

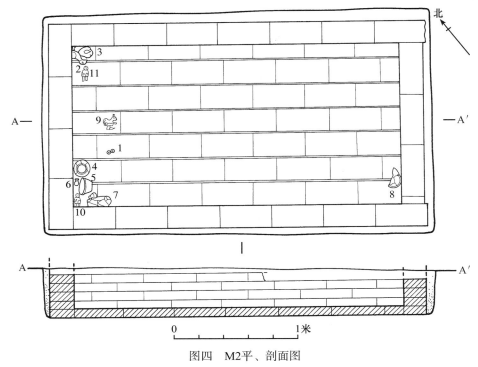

图四　M2平、剖面图

1.五铢钱（残）　2、3.陶鸡俑　4、6.汲水小陶罐　5.陶甑　7.陶灶　8.陶罐　9.陶狗俑　10、11.陶执箕女俑

鸡俑、狗俑，钱币为五铢。因墓葬盗扰严重，随葬器物分布十分散乱，墓室东西两端均有分布。陶器中1件灶（M2∶7）、1件鸡俑（M2∶3）和1件狗俑（M2∶9）仅辨器形，无法修复。随葬五铢钱（M2∶1）甚残，无法提取。其他器物情况如下。

陶罐　1件。M2∶8，夹细砂灰陶。侈口，平沿，圆唇，圆折肩，斜直腹内收，平底，最大径在上腹部。器表施黑色陶衣，肩部饰一周弦纹。口径9.8、底径8、高12.4、最大腹径16.4厘米（图五，4；图版五，1）。

汲水小陶罐　2件。M2∶4，夹细砂红陶。口微侈，平沿，圆唇，溜肩，鼓腹，腹部以下斜弧内收，平底略内凹，最大径在腹部。肩部饰一周弦纹。口径9、底径7.4、高12.8、最大腹径14.6厘米（图五，7；图版五，2）。M2∶6，夹细砂灰陶。直口，圆唇，折肩，斜直腹，平底，最大径在肩部。口径5.3、底径5.8、高6、最大肩径8.4厘米（图五，5）。

陶甑　1件。M2∶5，夹细砂灰陶。敞口，平沿，方唇，弧腹，平底，底部存5个圆形箅孔。口径15.8、底径6.6、高10厘米（图五，2；图版五，3）。

陶鸡俑　1件。M2∶2，泥质灰陶。双脚直立，颈部较短，双翅未展开，腹部圆鼓，尾部上扬。模制而成，中部合缝线明显。长20.8、宽10.4、高22.4厘米（图五，6；图版五，4）。

陶执箕女俑　2件。夹细砂红陶。形制相同，站姿，面带笑容，衣裾及膝，左手执箕，右手握扫帚。捏制，较粗糙。M2∶10，宽6.9、高15.8厘米（图五，3）。M2∶11，宽6.8、高15.8厘米（图五，1；图版五，5）。

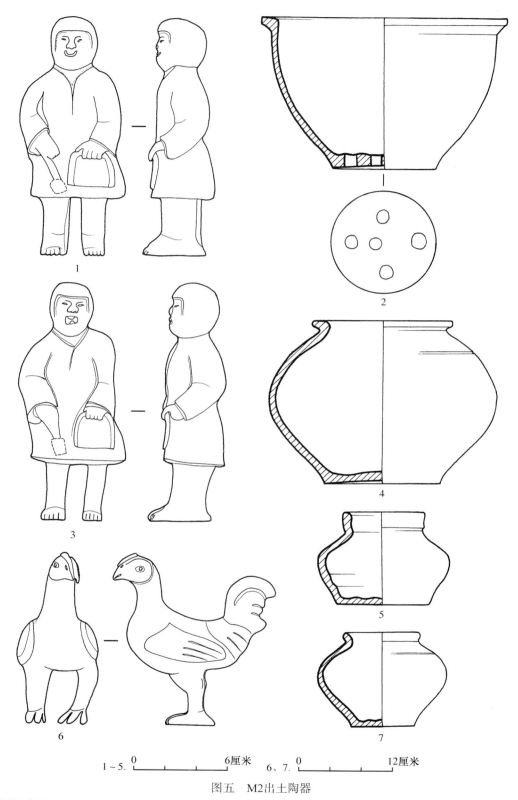

图五　M2出土陶器

1、3.执箕女俑（M2：11、M2：10）　2.甑（M2：5）　4.罐（M2：8）　5、7.汲水小罐（M2：6、M2：4）　6.鸡俑（M2：2）

三、M3

1. 墓葬形制

（1）墓葬结构

带斜坡墓道竖穴砖室墓，墓葬平面呈"凸"字形，由墓道和墓室两部分组成，墓葬被严重盗扰，墓顶和直墙上部不存。长方形墓道位于墓室南侧，长约1.52、宽约1.08、深0～0.52米。墓圹平面呈长方形，长约3.72、宽约2.44、残深约0.76米。墓室长约3.2、宽约1.92、残深约0.76米。从墓顶垮塌砖的排列方式推断，墓顶系用楔形素面砖纵向起券，顶部用砖长40、宽33、厚7～21厘米。墓壁和墓底皆使用长40、宽19、厚8厘米的长方形素面砖。墓向150°（图六；图版六，1）。

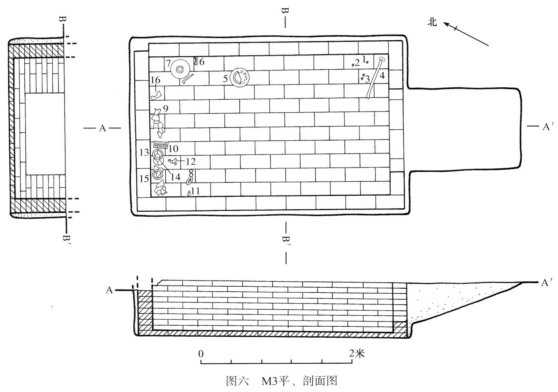

图六　M3平、剖面图

1. 货泉钱　2. 半两钱　3. 五铢钱　4. 铁环首刀　5、7. 陶壶　6. 汲水小陶罐　8、12. 陶鸡俑　9. 陶狗俑　10. 陶房　11. 陶劳作女俑　13～15. 陶釜　16. 陶井

（2）葬具

未见葬具痕迹。

（3）人骨

人骨不存。

2. 随葬器物

随葬器物有陶器、铁器和铜钱（图版六，2）。陶器有釜、罐、壶、房、井、汲水小罐、鸡俑、狗俑和劳作女俑，铁器为环首刀，铜钱有半两、货泉和五铢。因盗扰严重，随葬器物分布十分散乱，主要位于墓室北端和东南角。1件陶壶（M3：5）仅辨器形，无法修复。随葬铜钱中半两钱（M3：2）甚残，无法提取。其他器物情况如下。

陶釜　3件。M3：13，夹细砂灰陶。侈口，斜沿略外翻，圆唇，溜肩，鼓腹较甚，圜底，最大径在中腹部。下腹及底部饰绳纹。口径14.4、高11、最大腹径16.4厘米（图七，1；图版七，1）。M3：14，夹细砂灰陶。侈口，斜沿，圆唇，束颈，溜肩，鼓腹下垂，圜底近平，最大径在下腹部。肩部以下饰数周戳印纹，底部饰绳纹。口径16.6、高12、最大腹径19厘米（图七，2；图版七，2）。M3：15，泥质红陶。侈口，斜沿略外翻，圆唇，溜肩，腹部斜直较扁，圜底近平，最大径在下腹部。肩部以下饰绳纹。口径20.4、高15.4、最大腹径26.4厘米（图七，4；图版七，3）。

陶壶　1件。M3：7，泥质灰陶。盘口，圆唇，长颈，溜肩，鼓腹，腹部以下斜弧内收，高圈足。颈、肩、腹、足部皆饰数组凹弦纹。口径19.6、足径20.4、高41厘米（图七，3；图版七，4）。

汲水小陶罐　1件。M3：6，夹细砂灰陶。侈口，圆唇，溜肩，鼓腹较甚，平底微凹，最大径在腹部。口径5.1、底径5.1、高6.2、最大腹径8.6厘米（图八，3）。

陶井　1件。M3：16，泥质灰陶。圆形井台与圆筒形井身合为一体。口微侈，平沿，斜方唇，上腹斜直，下腹略鼓，平底。口径19、底径17、高25厘米（图八，2；图版八，1）。

陶房　1件。M3：10，夹砂红陶。无法修复，仅存顶部，"人"字坡形顶，顶部存条形屋脊，两坡各存对应木枋7根。长41.4、宽20.8、残高7厘米（图八，1）。

陶鸡俑　2件。M3：8，夹砂红陶。头部残，双脚直立，颈部较短，双翅并拢，腹部圆鼓，尾部上扬，形似公鸡。残长21、宽11、残高20.6厘米（图九，1）。M3：12，夹砂红陶。双脚直立，较矮胖，尾部向后平伸，形似母鸡。长21.4、宽10.8、高18.8厘米（图九，4；图版八，2）。

陶狗俑　1件。M3：9，夹砂红陶。四肢直立，昂首，双耳耸立，怒目圆睁，口大张，呈狂吠状，尾部蜷曲。颈部带项圈。长33、宽16、高27.2厘米（图九，2；图版八，3）。

陶劳作女俑　1件。M3：11，夹砂红陶。立姿，螺髻，胸部凸出，上身着圆领及腰短衫，腰部束带，下身着及膝罗裙，腰部微弯，做擦拭状。宽5.6、高15.5厘米（图九，3；图版八，4）。

铁环首刀　1件。M3：4，环首，单侧刃，曲背。残长36、宽2.6、厚0.6厘米（图八，4）。

货泉钱　1枚。M3：1，钱币规整，周郭、背穿皆有郭，钱文为大篆，书写遒劲有力。钱径2.3、穿径0.9厘米，重2.2克（图一〇，1）。

五铢钱　1枚。M3：3，钱币不甚规整，"五"字交笔弯曲，朱旁笔画圆弧。钱径2.5、穿径1厘米，重2克（图一〇，2）。

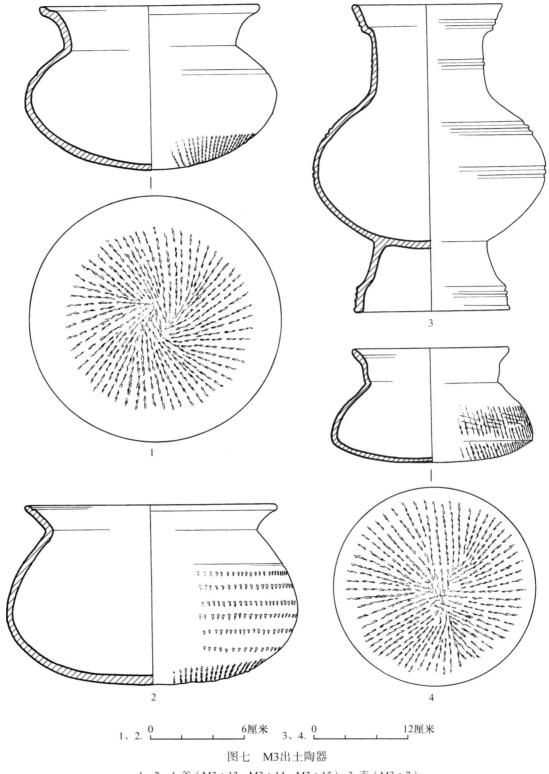

1、2. 0 ⊢___⊢___⊢ 6厘米　3、4. 0 ⊢___⊢___⊢ 12厘米

图七　M3出土陶器

1、2、4. 釜（M3：13、M3：14、M3：15）3. 壶（M3：7）

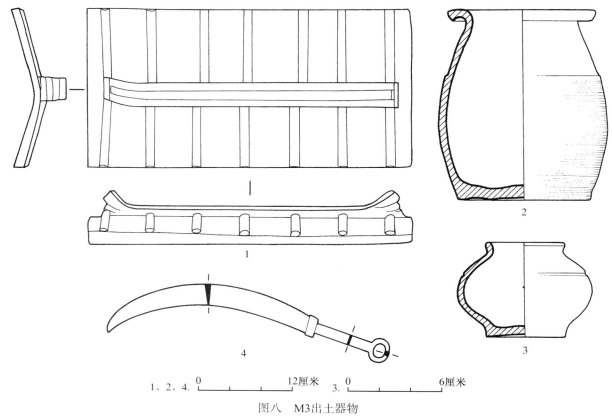

图八 M3出土器物

1. 陶房（M3：10） 2. 陶井（M3：16） 3. 汲水小陶罐（M3：6） 4. 铁环首刀（M3：4）

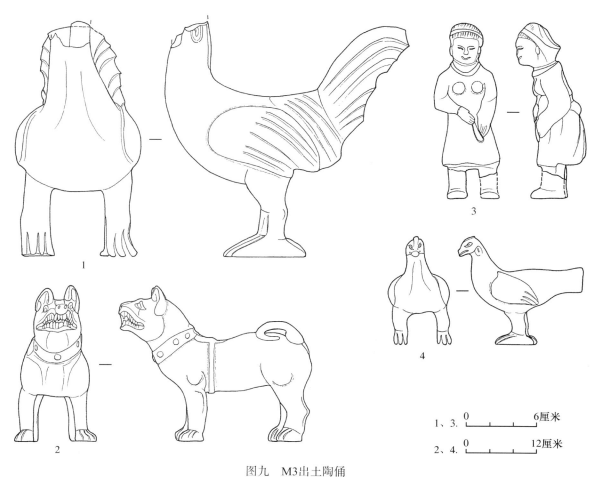

图九 M3出土陶俑

1、4. 鸡俑（M3：8、M3：12） 2. 狗俑（M3：9） 3. 劳作女俑（M3：11）

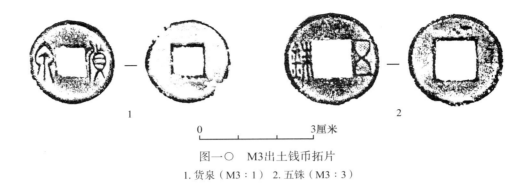

图一〇　M3出土钱币拓片

1. 货泉（M3：1）　2. 五铢（M3：3）

四、M4

1. 墓葬形制

（1）墓葬结构

长方形砖室墓，无墓道。墓葬被严重破坏，仅存墓底。墓圹平面呈长方形，长约6.2、宽约3、残深约0.32米。长方形墓室，长约5.6、宽约2.4、残深约0.32米。墓室西南部存长方形棺台，由东西向三排平砖横铺而成，长约1.88、宽约1.02、高0.06米。墓壁用长方形单侧菱形纹砖顺向平砌，砖长34、宽21、厚6厘米。墓底用长方形单侧玉璧纹砖斜向平铺而成，砖长34、宽23、厚6厘米。墓向110°（图一一）。

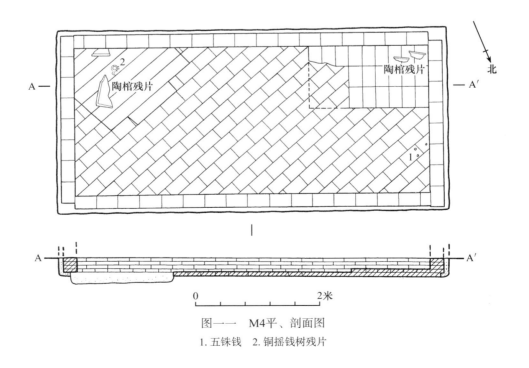

图一一　M4平、剖面图

1. 五铢钱　2. 铜摇钱树残片

（2）葬具

在墓室两端发现有零散的陶棺残片，判断葬具应为陶棺，原置于棺台上。

（3）人骨

人骨不存。

2. 随葬器物

墓葬被严重破坏，在墓室东南角存铜摇钱树残片，在墓室西北角存有五铢钱。

铜摇钱树残片　1件。M4：2，主体部分呈圆环状，环外侧存枝叶，环部饰太阳状纹饰。环外径5.5、内径3厘米（图一二，4）。

五铢钱　3枚。M4：1-3，周郭较宽，钱文小篆，"五"字屈曲，上下横画偏长，"铢"字朱旁上部方折。钱径2.5、穿径1、周郭0.1、穿郭约0.1厘米，重2.5克（图一二，3）。M4：1-1，钱币规整，上部有点状印记。"五"字交笔弯曲，上下横笔较长，"铢"字朱旁上下部笔画圆弧，金旁四点较长。钱径2.5、穿径1、周郭0.1、穿郭0.1厘米，重2克（图一二，2）。M4：1-2，钱文形制、大小与M4：1-1相同，重2.9克（图一二，1）。

五、M5

1. 墓葬形制

（1）墓葬结构

长方形竖穴砖室墓。墓葬破坏严重，墓顶和直墙上中部皆不存。墓圹平面呈长方形，长约4.26、宽约2.5、残深约0.24米。长方形墓室，长约3.7、宽约2.02、残深约0.24米。墓壁用长方形砖和扇形砖间杂平砌，墓底用长方形砖纵向错缝平铺。墓砖皆为素面，长方形砖长37、宽19、厚7.5厘米，扇形砖长32～38.5、宽20、厚7.5厘米。墓向140°（图一三）。

（2）葬具

墓室东南角存陶棺残片，葬具应为陶棺。

（3）人骨

人骨不存。

2. 随葬器物

墓葬被盗扰严重，仅在墓室西北角发现五铢钱。

五铢钱　26枚。其中4枚残，选取标本2枚。M5：1-1，钱币不甚规整，钱文较宽，"五"字交笔弯曲，朱旁笔画圆弧。钱径2.5、穿径1厘米，重2.2克（图一四，1）。M5：1-2，钱文、大小与M5：1-1相同，重2克（图一四，2）。

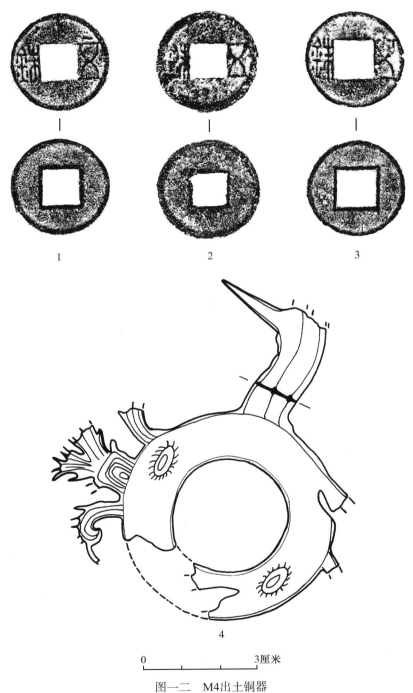

图一二　M4出土铜器

1 ~ 3.五铢钱（M4：1-2、M4：1-1、M4：1-3）　4.摇钱树残片（M4：2）

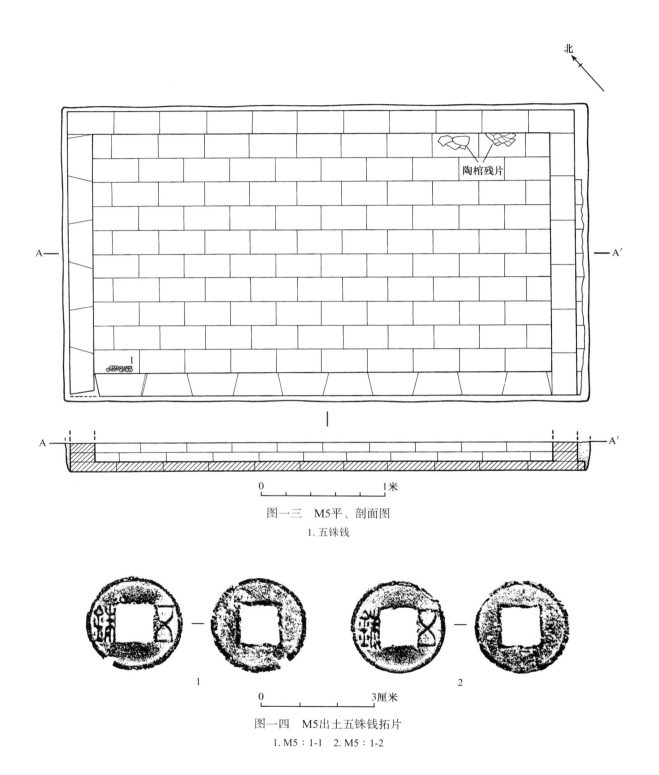

图一三　M5平、剖面图
1. 五铢钱

图一四　M5出土五铢钱拓片
1. M5∶1-1　2. M5∶1-2

六、M8

1. 墓葬形制

（1）墓葬结构

带墓道竖穴砖室墓。墓葬破坏严重，墓顶和直墙上部不存。墓葬由墓道和墓室两部分组成，墓道位于墓室北侧，平面略呈长方形，剖面不规整，长约2.81、宽0.65～1、深0～0.44米。长方形墓圹，长约3.21、宽约2.54、残深约0.44米。墓室长约2.8、宽约2.2、残深约0.44米。墓壁用砖皆为长48、宽17、厚8厘米的素面砖，墓底用砖皆为长46、宽22、厚5厘米的素面青砖。墓向335°（图一五；图版九，1）。

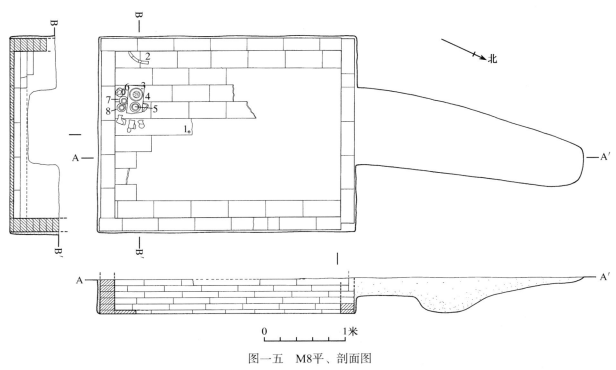

图一五　M8平、剖面图

1.五铢钱　2.铁环首刀　3.陶甑　4.陶灶　5.汲水小陶罐　6～8.陶罐

（2）葬具

未见葬具痕迹。

（3）人骨

人骨不存。

2. 随葬器物

墓葬随葬器物有陶器、铁器和钱币（图版九，2）。陶器有罐、甑、灶和汲水小罐等，铁器为环首刀，钱币为五铢。随葬器物主要放置于墓室南端。

陶罐　3件。M8：6，夹细砂灰陶。侈口，圆唇，束颈，肩部圆折较低，鼓腹，腹部以下斜直内收，平底，最大径在肩部。肩部饰凹弦纹。口径9.8、底径7.2、高10.6、最大肩径15.8厘米（图一六，3；图版一〇，1）。M8：7，陶质陶色、形制、纹饰与M8：6相同。口径9.2、底

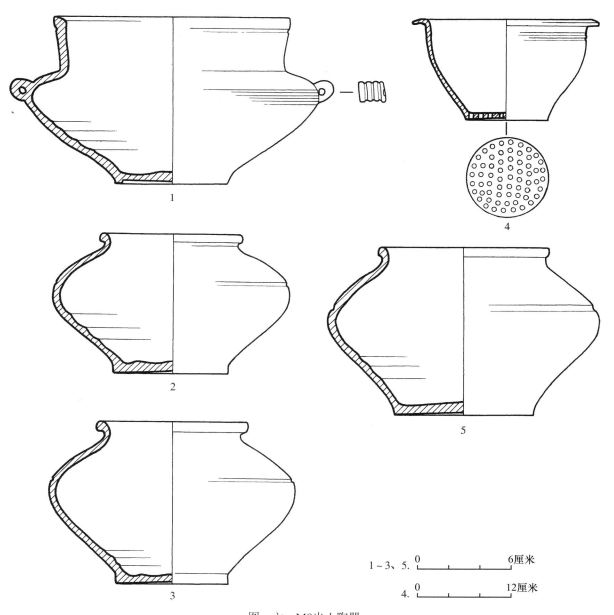

图一六　M8出土陶器

1.汲水小罐（M8：5）　2、3、5.罐（M8：7、M8：6、M8：8）　4.甑（M8：3）

径7.4、高9.2、最大肩径15.4厘米（图一六，2；图版一〇，2）。M8：8，陶质陶色、形制、纹饰与M8：6相同。口径11、底径9、高11、最大肩径17.6厘米（图一六，5；图版一〇，3）。

汲水小陶罐　1件。M8：5，夹细砂灰陶。直口，斜方唇，高领，折肩，肩部有双环形耳，斜直腹，平底微凹，最大径在肩部。领上部饰一周凹弦纹，腹部饰数道凹弦纹。口径15.2、底径7.2、高11、最大肩径18.8厘米（图一六，1；图版一〇，5）。

陶甑　1件。M8：3，夹细砂灰陶。敞口，平沿，圆唇，弧腹微鼓，平底，底部存密集圆形箅孔。上腹上部饰数道凹弦纹，器表施黑色陶衣。口径24、底径10.6、高13.5厘米（图一六，4；图版一〇，4）。

陶灶　1件。M8：4，泥质灰陶。残，灶体平面略呈前窄后宽梯形，有圆形灶眼、圆拱形火门。挡火墙上饰有草叶纹和网格纹。残长26、宽25.6、通高27.5厘米（图一七，2）。

铁环首刀　1件。M8：2，尖部残，环首，长方形格，单面开刃。残长40、宽3、厚1.4厘米（图一七，1）。

五铢钱　4枚。1枚残，选取标本3枚。M8：1-1，钱币不甚规整，"五"字交笔斜直，朱

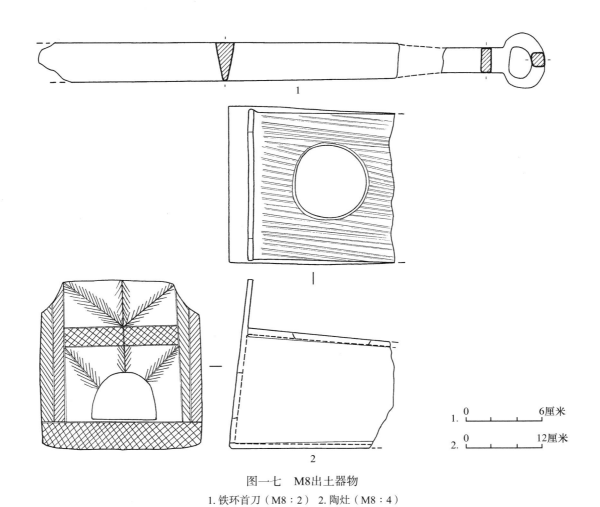

图一七　M8出土器物
1. 铁环首刀（M8：2）　2. 陶灶（M8：4）

旁方折。钱径2.5、穿径1厘米，重2.2克（图一八，1）。M8∶1-2，"五"字交笔屈曲，朱旁方折。钱径2.5、穿径1厘米，重3克（图一八，3）。M8∶1-3，钱文、大小与M8∶1-2相同，重2.3克（图一八，2）。

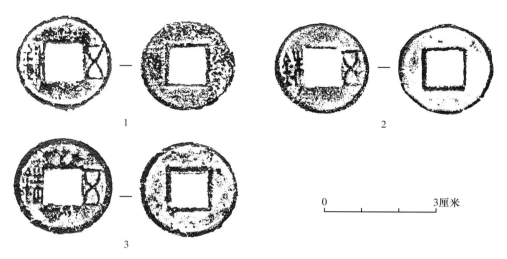

图一八　M8出土五铢钱拓片
1. M8∶1-1　2. M8∶1-3　3. M8∶1-2

七、M13

1. 墓葬形制

（1）墓葬结构

长方形竖穴土坑墓，口大底小，口部长约4.32、宽约3.4米，底部长约3.72、宽约2.98米，深约2.32米。墓坑填土为黄褐色黏土，墓底存膏泥痕迹。墓向310°（图一九）。

（2）葬具

葬具已朽，据四壁及墓底木板痕迹推断为一椁双棺。椁室平面呈长方形，长约3.68、宽约2.88、高1.44米，椁板厚约12厘米。椁底板由6块长方形木板横向平铺而成，侧壁由3块长方形木板顺向竖砌而成。两棺并排置于椁室中部，平面呈长方形，长约2.2、宽约0.64米，高度不详，底板厚约8厘米。

（3）人骨

人骨不存。

2. 随葬器物

由于墓葬被严重盗扰，仅在椁室东南角存2件漆耳杯（M13∶1、M13∶2），耳杯仅存痕迹，无法提取。

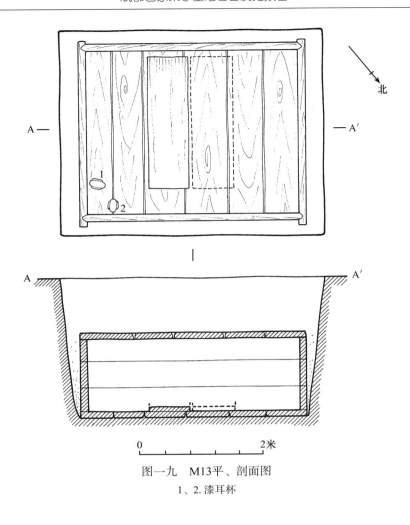

图一九　M13平、剖面图
1、2.漆耳杯

八、M14

1. 墓葬形制

（1）墓葬结构

近方形竖穴土坑墓，长约2.82、宽约2.61、残深0.7米。墓坑内填土为黄白色夹膏泥黏土，墓室底部存膏泥痕迹。墓向290°（图二〇；图版一一，1）。

（2）葬具

葬具已朽，据墓底木板痕迹判断为一椁一棺。木椁痕迹模糊，平面略近方形，高度和椁板厚度不详。木棺平面呈长方形，长约2.21、宽约0.6米，高度不详，底板厚约2厘米。

（3）人骨

单人仰身直肢葬，上臂交叉置于下腹部。人骨长约1.6米，头骨右侧存朱砂痕迹，性别、年龄不辨。

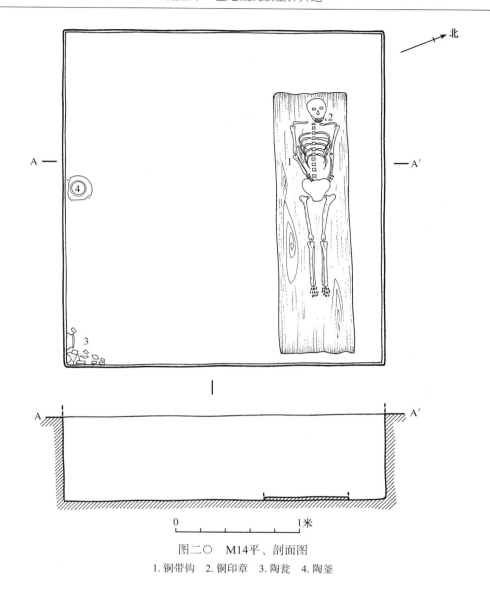

图二〇　M14平、剖面图

1.铜带钩　2.铜印章　3.陶瓮　4.陶釜

2. 随葬器物

随葬器物有陶器和铜器。陶器有瓮和釜，铜器有印章和带钩。铜印章置于棺内头骨东侧，铜带钩置于棺内人骨腰部，随葬陶器置于椁室西侧。

陶瓮　1件。M14：3，夹细砂灰褐陶。口微敛，圆唇，高领，溜肩，鼓腹，腹部以下斜弧内收，小平底微凹，最大径在中腹部。肩部以下饰粗绳纹。口径29.2、底径12.6、高46.6、最大腹径44厘米（图二一，1；图版一一，2）。

陶釜　1件。M14：4，夹砂褐陶。口微侈，平沿，方唇，束颈，肩微鼓，弧腹甚扁，圜底，最大径在下腹近底部。颈部饰凹弦纹，肩部以下饰粗绳纹。口径14、高19.2、最大腹径21.8厘米（图二一，2）。

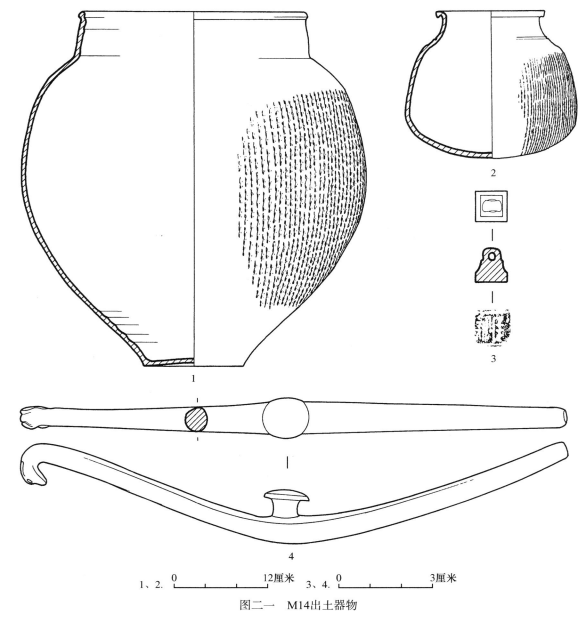

图二一　M14出土器物

1. 陶瓮（M14：3）　2. 陶釜（M14：4）　3. 铜印章（M14：2）　4. 铜带钩（M14：1）

　　铜带钩　1件。M14：1，整体呈曲棒状，钩身较长，弯曲较甚。长17.4、宽1.2、厚0.8厘米（图二一，4；图版一一，3）。

　　铜印章　1件。M14：2，整体呈须弥座状，印面呈方形，桥形纽。印面中部存一竖向阴刻界线，印文篆刻，依稀可辨为"□洋"。印面边长1.1厘米，印高1.1厘米（图二一，3）。

九、M15

1. 墓葬形制

（1）墓葬结构

长方形竖穴土坑墓，口大底小，两侧壁下部内收，口部长3.22、宽1.4米，底部长3.22、宽0.98米，残深1.28米。墓内填灰褐色夹膏泥黏土，底部存膏泥痕迹。墓向5°（图二二；图版一二，1）。

（2）葬具

葬具已朽，墓底有木棺痕迹。据木棺痕迹测量，木棺长1.94、宽0.56米，高度不详，棺板厚约2厘米。

（3）人骨

单人仰身直肢葬，头部及上肢被扰乱。人骨下肢长约1米，性别、年龄不辨。

2. 随葬器物

随葬器物有陶器、漆器和石器（图版一二，2）。陶器有瓮、釜和罐，漆器有盘和匜，石

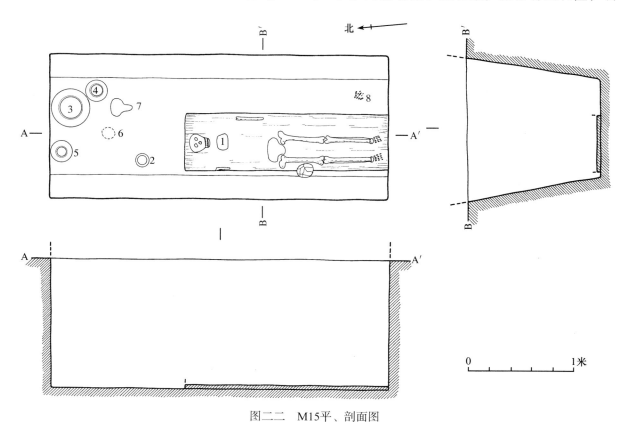

图二二　M15平、剖面图

1.磨石　2、4.陶罐　3.陶瓮　5.陶釜　6.漆盘　7.漆匜　8.狗骨

器为磨石，另随葬狗骨。磨石放置于棺内，狗骨位于木棺东南侧，其他器物位于墓葬头端。漆器（M15：6、M15：7）保存较差，无法提取。其他器物具体情况见下。

　　陶瓮　1件。M15：3，泥质灰陶。口微侈，圆唇，高领，溜肩，腹略鼓，平底微凹，最大径在上腹部。颈肩结合处存一长方形戳印痕迹，颈部以下至近底部饰粗绳纹。口径24、底径10.4、高38.8、最大腹径35.2厘米（图二三，1）。

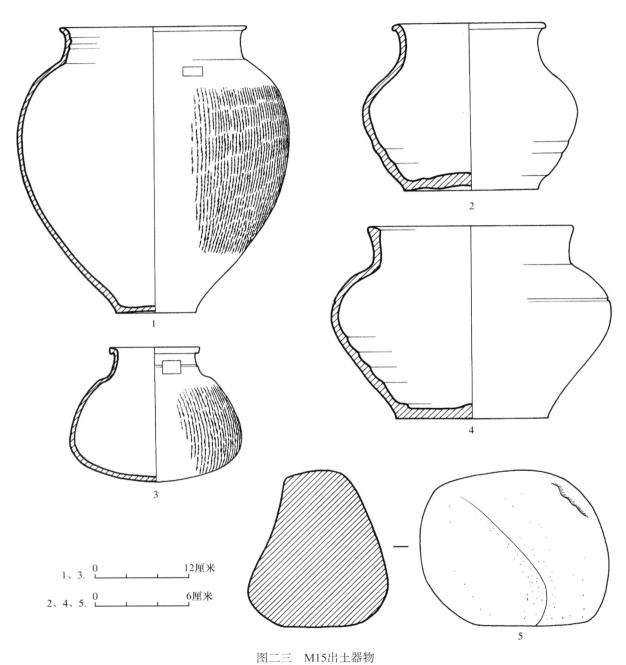

1、3.　0　　　　　　　12厘米

2、4、5.　0　　　　　　6厘米

图二三　M15出土器物

1.陶瓮（M15：3）　2、4.陶罐（M15：2、M15：4）　3.陶釜（M15：5）　5.磨石（M15：1）

陶釜　1件。M15：5，夹细砂灰陶。口微侈，方唇，溜肩，弧腹，圜底，最大径在下腹部。颈部饰两周凹弦纹，其上存长方形戳印痕迹，肩部以下饰绳纹。口径11.6、通高18、最大腹径22厘米（图二三，3；图版一三，1）。

陶罐　2件。M15：2，夹细砂灰陶。喇叭口，圆唇，领部较高，溜肩，斜直腹，平底微内凹，最大径在肩部。口径9.6、底径8.6、高11.2、最大肩径13.8厘米（图二三，2；图版一三，2）。M15：4，夹细砂褐陶。直口，方唇，圆肩，斜直腹，平底，最大径在上腹部。肩部饰一周凹弦纹。口径13.2、底径9.8、高13、最大腹径18.2厘米（图二三，4；图版一三，3）。

磨石　1件。M15：1，略呈卵状，器表存人工打磨痕迹。长12.2、宽10.4、厚9厘米（图二三，5；图版一三，4）。

一○、M16

1. 墓葬形制

（1）墓葬结构

长方形竖穴土坑墓，直壁，长约4、宽约3.2、残深1.22米。墓内填黄褐色夹膏泥五花黏土，底部存少量膏泥痕迹。墓向40°（图二四）。

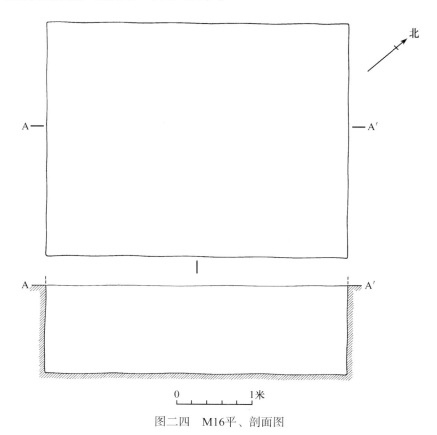

图二四　M16平、剖面图

（2）葬具

墓底仅存少量膏泥痕迹，葬具不辨。

（3）人骨

人骨不存。

2. 随葬器物

墓葬被严重盗扰，不见随葬器物。

一一、M17

1. 墓葬形制

（1）墓葬结构

长方形竖穴砖室墓，墓葬由墓道和墓室两部分组成。墓圹北部带有长方形斜坡墓道，残长约1、宽约0.88米。墓圹平面呈长方形，残长约3.68、宽约2.8、残深约2.4米。长方形墓室，长约3、宽约2.04、深1.92米。墓顶用单侧菱形纹扇形砖错缝横砌，墓壁用单侧菱形纹长方形砖和单侧菱形纹扇形砖顺向平砌，墓底用长方形单侧菱形纹砖斜铺地。扇形砖长32～33.5、宽20、厚6.5～7厘米，长方形砖长38～39、宽20、厚6.5～7厘米。墓向325°（图二五；图版一四，1）。

（2）葬具

未见葬具痕迹。

（3）人骨

单人葬。墓室南部存下肢骨，葬式、性别、年龄不辨。

2. 随葬器物

随葬器物有陶器、铜器和钱币（图版一四，2）。陶器有钵、摇钱树座、鸡俑、狗俑、抚琴俑、舞俑、击鼓俑等，铜器为摇钱树残片，钱币为货泉和五铢。墓葬东北部被盗洞打破，墓道被盗洞和近代取土两次破坏，随葬器物盗扰严重，主要分布于墓室东南角和北侧盗洞内。

陶钵　1件。M17：9，泥质灰陶。敞口，圆唇，折腹，上腹斜直略弧，下腹部斜直内收，平底。器表施黑色陶衣。口径20.2、底径7.8、高8.3厘米（图二六，3；图版一五，1）。

陶摇钱树座　1件。M17：10，泥质红陶。底部残，存上部筒状部分。器表饰卷云纹。残宽17.4、残高31厘米（图二六，1；图版一五，2）。

陶俑头　1件。M17：11，泥质红陶。头戴帻巾。残高13.3厘米（图二六，4）。

陶执锸执箕俑　1件。M17：3，泥质红陶。头部残，外着对襟窄袖齐腰短衣，内着圆领及膝中衣。左手执箕，右手执锸，锸结构刻画清晰，上部为木柄和木锸，木锸头部安装"U"形铁锸。宽15、残高37厘米（图二六，2；图版一六，1）。

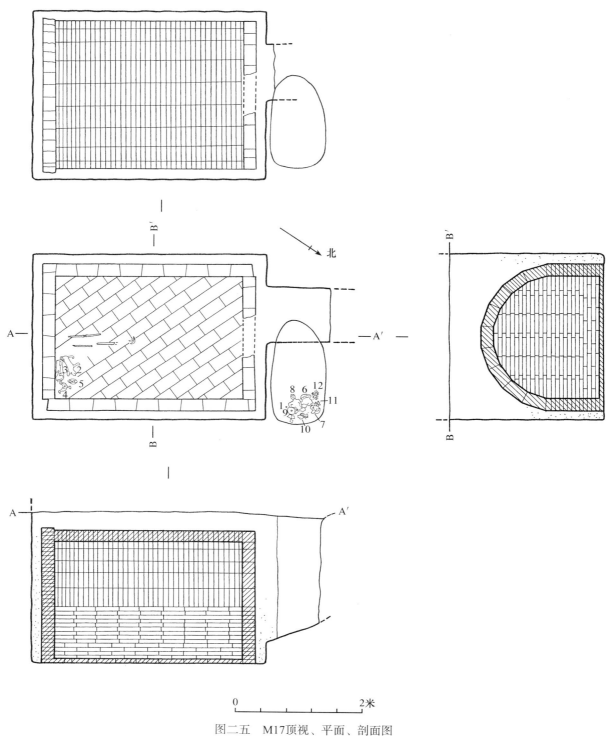

图二五 M17顶视、平面、剖面图

1. 铜钱 2. 陶狗俑 3. 陶执锸执箕俑 4、5. 陶鸡俑 6. 陶舞俑 7. 陶击鼓俑 8. 陶抚琴俑 9. 陶钵
10. 陶摇钱树座 11. 陶俑头 12. 铜摇钱树残片

图二六　M17出土器物

1.陶摇钱树座（M17：10）　2.陶执锸执箕俑（M17：3）　3.陶钵（M17：9）　4.陶俑头（M17：11）　5.铜摇钱树残片（M17：12）

　　陶击鼓俑　1件。M17：7，夹砂红陶。头戴帻巾，似有双缨系于额下，外着交领宽袖长袍，内着圆领内衣，双腿后曲，做跪坐姿，鼓置于双膝盖之间，右手上扬至肩部以上做执棒击打状，左手扶鼓面。宽23.2、高28.6厘米（图二七；图版一六，4）。

　　陶抚琴俑　1件。M17：8，夹砂红陶。头戴帻巾，外着交领宽袖长袍，内着圆领内衣，双脚做跪坐姿，琴置于双膝之上，双手做抚琴状。圆目，圆鼻，嘴微张，神情轻松。宽28.8、高32厘米（图二八，1；图版一六，2）。

陶舞俑 1件。M17：6，夹砂红陶。头部残，外着交领宽袖曲裾长裙，袖口作花边，内着窄袖圆领内衣。身姿妙曼，左手提下裾，右手上扬做舞蹈状。宽27、残高29.4厘米（图二八，2；图版一六，3）。

陶狗俑 1件。M17：2，夹砂红陶。四肢直立，耳部竖立，双眼圆睁，嘴唇紧闭，颈部系铃，后颈部存项圈，尾部蜷曲至背部，四肢强壮有力。头部和背部存红、白色施彩痕迹。长45、宽18、高44.8厘米（图二九，1；图版一五，3）。

陶鸡俑 2件。M17：5，夹砂红陶。子母鸡，母鸡蹲卧，小鸡位于母鸡背部，母鸡扭头做喂食状。鸡背存施红彩痕迹。长18、宽11.6、高13.2厘米（图二九，3；图版一五，5）。M17：4，夹砂红陶。双脚直立，冠较高，颈部较短，双翅并拢，尾部羽毛上翘，形似公鸡。长20.2、宽9.2、高24.4厘米（图二九，2；图版一五，4）。

铜摇钱树残片 1件。M17：12，为枝叶部分，可辨带火焰状铜钱和坐于龙虎座的西王母。宽5、高6厘米（图二六，5；图版一五，6）。

五铢钱 53枚。其中16枚残。M17：1-2，钱币较规整，钱文较宽，"五"字交笔弯曲，朱旁笔画圆弧。钱径2.5、穿径1厘米，重2.8克（图三〇，9）。M17：1-3，钱文、大小与M17：1-2相同。重2.2克（图三〇，10）。M17：1-4，形制、钱文与M17：1-3相同。重2.6克（图三〇，8）。M17：1-5，钱文、大小与M17：1-2相同。重3克（图三〇，6）。M17：1-6，钱文、大小与M17：1-2相同。重2.2克（图三〇，5）。M17：1-7，钱文、大小与M17：1-2相同。重2.5克（图三〇，11）。M17：1-8，钱文、大小与M17：1-2相同。重2.9克（图三〇，4）。M17：1-9，钱文、大小与M17：1-2相同。重3.2克（图三〇，3）。M17：1-10，钱文、大小与M17：1-2相同。重2.7克（图三〇，7）。M17：1-11，钱文、大小与M17：1-2相同。重2.3克（图三〇，2）。M17：1-12，钱文、大小与M17：1-2相同。重2.2克（图三〇，1）。

货泉钱 1枚。M17：1-1，钱币规整，正背皆有周郭和穿郭，钱文较小。钱径2.2、穿径0.8厘米，重2.3克（图三〇，12）。

一二、M18

1. 墓葬形制

（1）墓葬结构

长方形竖穴土坑墓，长约3.52、宽约1.12、残深0.7米。墓坑内填灰褐色夹膏泥五花土，底部存膏泥痕迹。墓葬南部被盗洞打破。墓向348°（图三一）。

（2）葬具

葬具已朽，据墓底板灰痕迹判断为一椁一棺。椁室平面呈"Ⅱ"字形，长约3.04、宽约

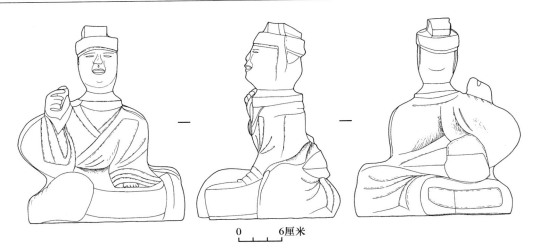

0　　　6厘米

图二七　M17出土陶击鼓俑

（M17：7）

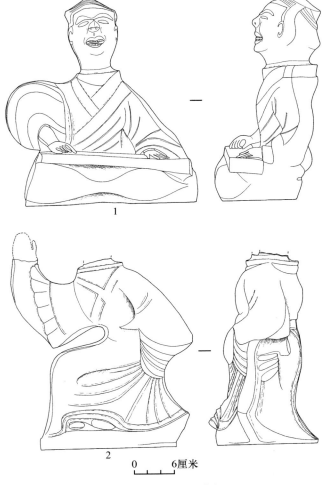

1

2

0　　　6厘米

图二八　M17出土陶俑

1. 抚琴俑（M17：8）　2. 舞俑（M17：6）

图二九 M17出土陶动物俑

1. 狗俑（M17：2） 2、3.鸡俑（M17：4、M17：5）

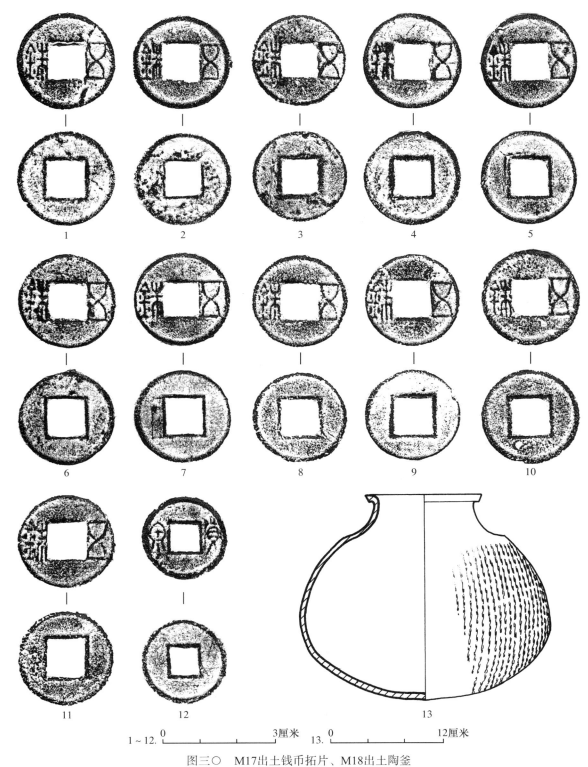

图三〇　M17出土钱币拓片、M18出土陶釜

1~11. 五铢钱（M17：1-12、M17：1-11、M17：1-9、M17：1-8、M17：1-6、M17：1-5、M17：1-10、
M17：1-4、M17：1-2、M17：1-3、M17：1-7）　12.货泉钱（M17：1-1）　13.陶釜（M18：1）

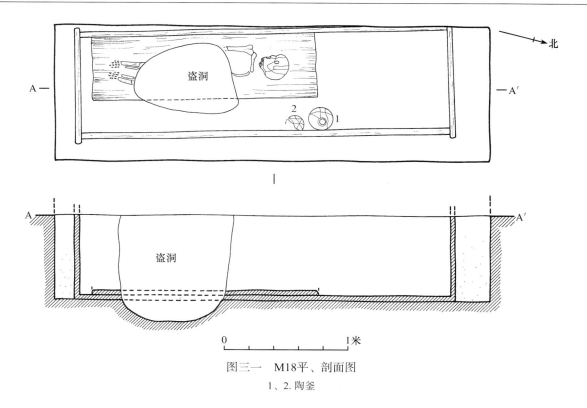

图三一 M18平、剖面图

1、2.陶釜

0.9、残高0.66米，椁板厚约4厘米。木棺置于椁室西南部，长约1.8、宽约0.52米，高度不详，棺板厚约4厘米。

（3）人骨

单人葬，因破坏严重，仅残留头骨和部分肢骨，推测葬式为仰身直肢。人骨长度约1.6米，年龄在40~50岁，为女性。

2.随葬器物

墓葬随葬陶釜2件，置于木棺东北侧。1件釜（M18：2）仅辨器形，无法修复。

陶釜 1件。M18：1，夹细砂灰陶。口微侈，斜方唇，束颈，溜肩，鼓腹下垂，腹部以下斜弧内收，圜底，最大径在下腹部。颈部以下饰绳纹。口径12.2、高22.4、最大腹径26.4厘米（图三○，13）。

一三、M19

1.墓葬形制

（1）墓葬结构

长方形竖穴土坑墓，上部被破坏，底部被盗扰。口大底小，四壁内收，口部长约2.78、宽约1.56米，底部长约2.56、宽约1.28米，残深0.6米。墓坑内填黄褐色夹膏泥五花黏土，底部存膏泥痕迹。墓向350°（图三二）。

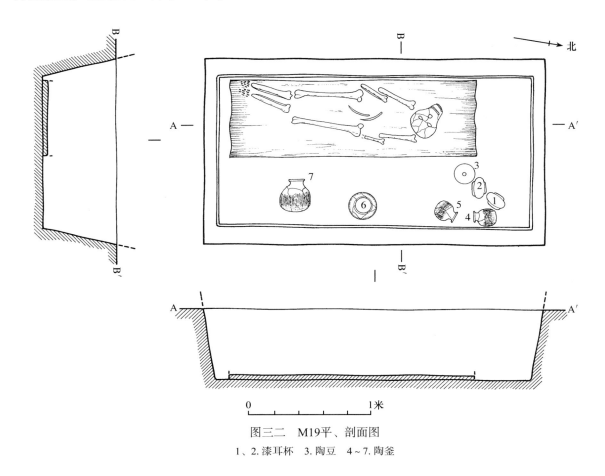

图三二　M19平、剖面图
1、2.漆耳杯　3.陶豆　4～7.陶釜

（2）葬具

葬具已朽，据墓底板灰痕迹判断其为一椁一棺。椁室痕迹较模糊，平面略呈长方形，长约2.5、宽约1.26米，高度及椁板厚度不详。木棺长约2.02、宽约0.66米，高度不详，木棺底板厚约4厘米。

（3）人骨

单人葬，仰身。人骨被扰乱，长度约1.6米，葬式和性别不辨，据牙齿磨损度判断年龄为15岁左右。

2. 随葬器物

随葬器物有陶器和漆器。陶器有釜和豆，漆器为耳杯。器物主要置于椁室东侧。2件漆耳杯（M19：1、M19：2）和1件陶釜（M19：7）仅辨器形，无法提取。其他器物情况如下。

陶釜　3件。M19：4，夹细砂褐陶。口微侈，平沿，方唇，溜肩，扁鼓腹，圜底，最大径在下腹部。颈部饰凹弦纹，肩部以下饰粗绳纹。口径11、高16.6、最大腹径17.2厘米（图三三，3）。M19：5，陶质陶色、形制、纹饰与M19：4相同。口径12.6、高19.6、最大腹径24.4厘米（图三三，2）。M19：6，陶质陶色、形制、纹饰与M19：4相同。口径11.8、高15.6、最大腹径18厘米（图三三，4）。

陶豆　1件。M19：3，夹细砂褐陶。敞口，圆唇，弧腹斜收，平底微凹，圈足残，最大径在肩部。口径15.8、残高4、最大肩径16厘米（图三三，1）。

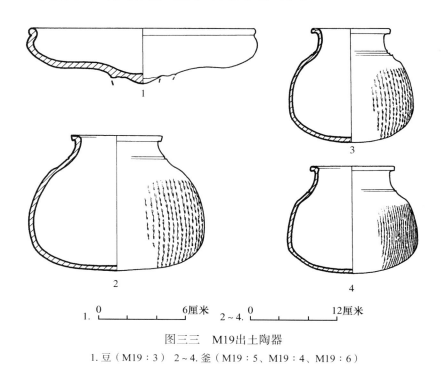

图三三　M19出土陶器

1. 豆（M19：3）　2～4. 釜（M19：5、M19：4、M19：6）

一四、M20

1. 墓葬形制

（1）墓葬结构

长方形竖穴土坑墓，口大底小，四壁下部内收，口长3.6、宽1.54米，底长3.2、宽1.16米，深约1.1米。墓底北侧置随葬品处比其他区域深约4厘米。墓内填土为黄褐色五花黏土，四壁及底部存有膏泥痕迹。墓向345°（图三四）。

（2）葬具

葬具已朽，墓底有木棺痕迹。据木棺痕迹测量，木棺长2、宽0.6、高0.54米，木棺底板厚约4厘米。

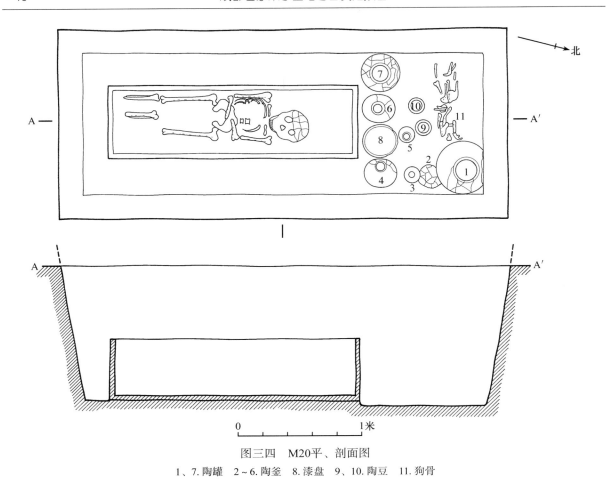

图三四　M20平、剖面图

1、7. 陶罐　2～6. 陶釜　8. 漆盘　9、10. 陶豆　11. 狗骨

（3）人骨

单人仰身直肢葬，双臂交叉置于腹部。人骨长1.56米，保存很差，性别不辨。据牙齿磨损度判断年龄在25岁左右。

2. 随葬器物

随葬器物有陶器和漆器。陶器有罐、釜和豆，漆器为盘，另存完整狗骨1副。随葬器物及狗骨集中置于墓坑头端。随葬器物中2件陶釜（M20：3、M20：5）、2件陶豆（M20：9、M20：10）、1件陶罐（M20：1）和1件漆盘（M20：8）仅辨器形，无法提取，其他器物情况如下。

陶釜　3件。M20：6，夹细砂褐陶。侈口，圆唇，高领，束颈，溜肩，圆鼓腹，圜底，最大径在下腹部。肩部以下饰绳纹。口径12.6、高19、最大腹径22厘米（图三五，1）。M20：2，夹砂褐陶。口微侈，方唇，束颈，溜肩，圜底，最大径在中腹部。肩部以下饰绳纹。口径11.6、高14、最大腹径18厘米（图三五，4）。M20：4，夹细砂褐陶。侈口，短沿，方唇，束颈，溜肩，圜底较甚，最大径在中腹部。口径10.4、高16.4、最大腹径21.2厘米（图三五，3）。

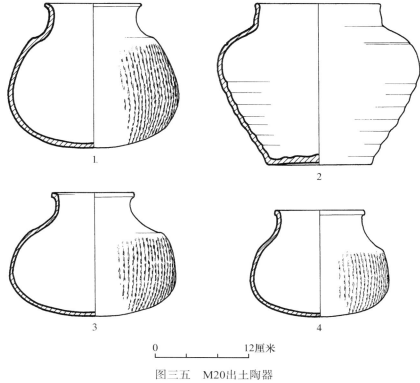

图三五 M20出土陶器

1、3、4.釜（M20：6、M20：4、M20：2） 2.罐（M20：7）

陶罐 1件。M20：7，夹细砂褐陶。口微敛，圆唇，高领，圆肩，斜直腹，平底，最大径在肩部。肩部饰一周凹弦纹。口径16、底径13.6、高21.2、最大肩径30厘米（图三五，2）。

狗骨 1副。M20：11，平卧。长70、宽20厘米，经辨认为完整狗骨。

一五、M21

1. 墓葬形制

（1）墓葬结构

长方形竖穴土坑墓，上部被破坏，直壁，长约3.3、宽约1.5、残深0.76米。墓内填灰褐色夹膏泥黏土，底部存膏泥痕迹。墓向345°（图三六）。

（2）葬具

葬具较残，据残痕和板灰痕迹判断为一椁一棺。木椁平面呈"Ⅱ"字形，长2.26、宽1.3、高0.56米，椁板厚约8厘米。木棺平面呈长方形，长约2.08、宽约0.56米，高度不详，棺板厚约4厘米。

（3）人骨

人骨腐朽严重，仅可见头骨。葬式、性别及年龄不明。

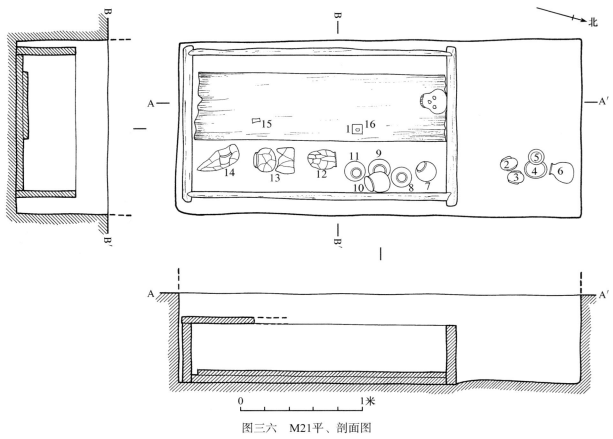

图三六　M21平、剖面图

1. 铜印章　2、3. 漆耳杯　4、5. 漆盘　6～14. 陶釜　15. 磨石　16. 木盒

2. 随葬器物

随葬器物有陶器、漆器、铜器、石器和木器。陶器皆为釜，铜器为印章，石器为磨石，漆器有耳杯和漆盘，木器为盒。随葬陶器主要置于木棺东侧，漆器和1件陶釜置于墓葬北端，铜印章、木盒及磨石位于棺内，铜印章又置于木盒中。有8件釜（M21：6～M21：9、M21：11～M21：14）、4件漆器（M21：2～M21：5）和1件木盒（M21：16）仅辨器形，无法提取。其他器物情况如下。

陶釜　1件。M21：10，夹细砂灰褐陶。口微侈，平沿，斜方唇，束颈，溜肩，鼓腹下垂，圜底较甚，最大径在下腹部。颈部饰一周凹弦纹，肩部以下饰粗绳纹。口径10.4、高17.6、最大腹径19.6厘米（图三七，1）。

铜印章　1件。M21：1，整体呈须弥座状，印面呈长方形，桥形纽。印面篆体竖向阴刻"张襄"两字，两字间存横向界线。长1.5、宽0.9、高1厘米（图三七，2）。

磨石　1件。M21：15，呈不规则状，存明显打磨和使用痕迹。残长8、宽6、残厚2.2厘米（图三七，3）。

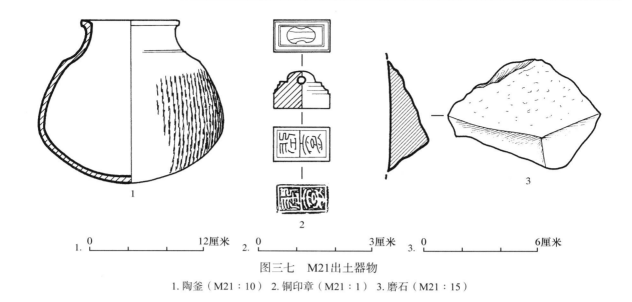

图三七　M21出土器物

1. 陶釜（M21：10）　2. 铜印章（M21：1）　3. 磨石（M21：15）

一六、M22

1. 墓葬形制

（1）墓葬结构

长方形竖穴土坑墓，上部被破坏，直壁，长约3.82、宽约2.1、残深0.4米。墓内填土为黄褐色夹膏泥黏土，底部存膏泥痕迹。墓向320°（图三八）。

（2）葬具

葬具已朽，据四壁和墓底板灰痕迹判断为一椁一棺。椁室平面呈"Ⅱ"字形，长约3.32、宽约1.52、残高0.4米，椁板厚6厘米。木棺平面呈长方形，长约2.2、宽约0.58米，高度不详，棺板厚度约4厘米。

（3）人骨

单人仰身直肢葬。依据头骨和盆骨推测性别为女性，据牙齿磨损度判断年龄在35～40岁。

2. 随葬器物

随葬器物有陶器、铜器和铜钱。陶器为瓮和釜，铜器为带钩，铜钱为半两。随葬器物主要置于椁室东部和北部，仅铜钱出土于人骨口部。随葬器物中2件釜（M22：4、M22：8）仅辨器形，无法提取。其他器物情况如下。

陶瓮　1件。M22：7，夹细砂灰陶。口近直，圆唇，高领，圆肩，鼓腹，腹部以下斜弧内收，小平底，最大径在上腹部。颈部以下至近底部处饰粗绳纹。口径25.6、底径10、高41、最大腹径42.8厘米（图三九，4）。

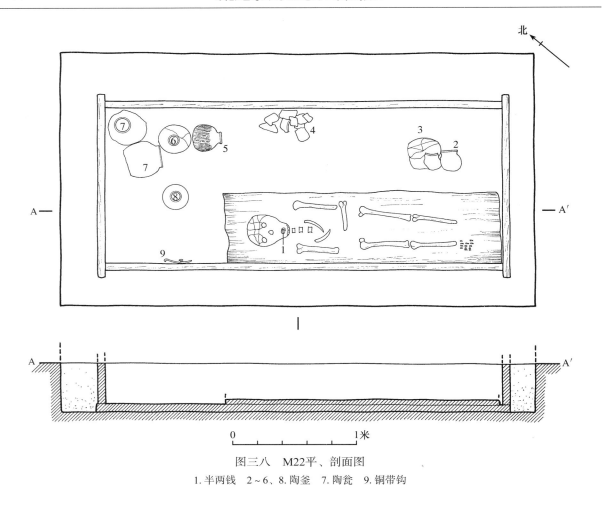

图三八　M22平、剖面图
1. 半两钱　2~6、8. 陶釜　7. 陶瓮　9. 铜带钩

陶釜　4件。M22：2，夹细砂灰陶。侈口，圆唇，有领，束颈，溜肩，圆鼓腹，圜底，最大径在下腹部。肩部以下饰绳纹。口径10、高14、最大腹径14厘米（图三九，5）。M22：3，夹细砂灰陶。口微侈，沿微斜，方唇，束颈，溜肩，腹圆鼓，圜底，最大径在下腹部。颈部饰一周凹弦纹，肩部以下饰绳纹。口径13.6、高17、最大腹径20厘米（图三九，3）。M22：5，夹细砂灰陶。口微侈，沿微斜，方唇，颈微束，溜肩，鼓腹下垂，圜底，最大径在下腹部。肩部以下饰绳纹。口径12.4、高20、最大腹径24厘米（图三九，2）。M22：6，夹细砂灰陶。侈口，斜沿，方唇，颈微束，溜肩，扁鼓腹，圜底，最大径在下腹部。颈部存一长方形戳印痕迹，其内字迹不清。肩部以下饰绳纹。口径12、高21.6、最大腹径24.4厘米（图三九，1）。

铜带钩　1件。M22：9，整体呈曲棒状，钩部略残。残长8.4、宽0.8、厚0.4米（图三九，6）。

半两钱　共8枚。其中2枚残，选取标本3枚。M22：1-1，钱币不规整，上端存茬口，钱文纤细，笔画方折，横画较短。钱径3、穿径1厘米，重2.9克（图四○，3）。M22：1-2，钱文与M22：1-1相同。钱径2.9、穿径1厘米，重3.1克（图四○，2）。M22：1-3，钱文与M22：1-1相同。钱径3、穿径1厘米，重3.9克（图四○，1）。

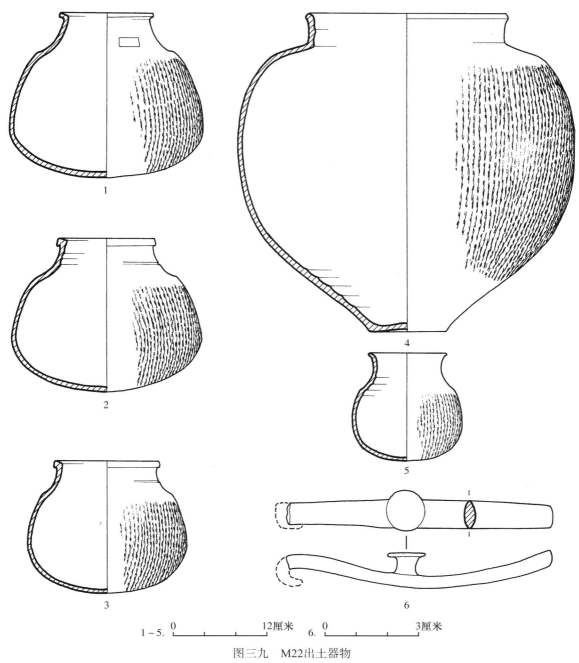

图三九　M22出土器物

1~3、5.陶釜（M22∶6、M22∶5、M22∶3、M22∶2）　4.陶瓮（M22∶7）　6.铜带钩（M22∶9）

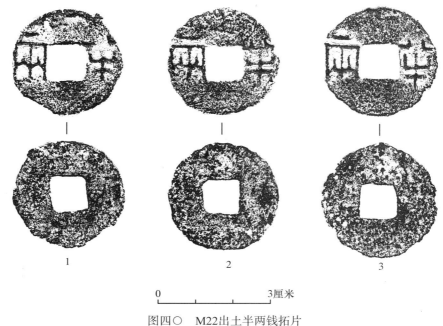

图四〇　M22出土半两钱拓片

1. M22：1-3　2. M22：1-2　3. M22：1-1

一七、M23

1. 墓葬形制

（1）墓葬结构

长方形竖穴土坑墓，上部破坏严重，口部长3.2、宽1.5米，底部长2.5、宽1.5米，残深1.6米。墓坑两端在口部以下0.2米处内收成生土二层台，北端二层台宽0.3、南端二层台宽0.4米。墓内填黄褐色夹膏泥黏土，底部存膏泥痕迹。墓向315°（图四一）。

（2）葬具

葬具已朽，据四壁及墓底板灰痕迹判断为一椁一棺。椁室平面呈"Ⅱ"字形，长2.4、宽1.42、高1米，椁板厚约厘4米。木棺平面呈长方形，长约2.02、宽约0.7米，高度不详，木棺底板厚约2厘米。

（3）人骨

单人仰身直肢葬，上肢交叉置于胸部。人骨长约1.6米，性别不辨，据牙齿磨损度判断年龄为30岁左右。

2. 随葬器物

随葬器物有陶器、漆器、木器和铜钱。陶器有釜和豆，漆器为奁，木器为盒，铜钱为半

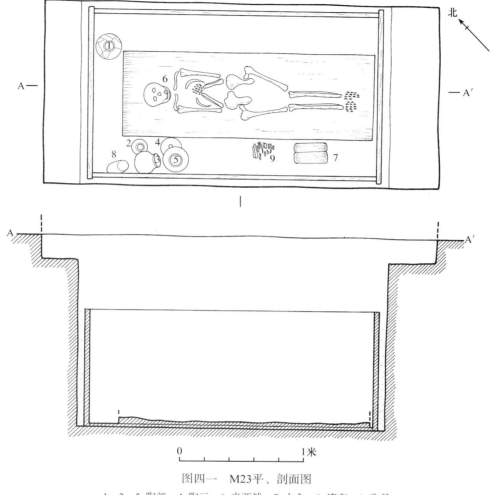

图四一　M23平、剖面图

1~3、5.陶釜　4.陶豆　6.半两钱　7.木盒　8.漆奁　9.狗骨

两。陶器、漆器和木器主要置于椁室西侧，1件陶釜置于椁室北侧，钱币位于人骨口部，另存狗骨1副，狗骨下部存板灰痕迹。随葬陶器中2件釜（M23：1、M23：5）和1件豆（M23：4）仅辨器形，无法修复。随葬漆奁（M23：8）和木盒（M23：7）仅存痕迹，无法提取。其他器物情况如下。

陶釜　2件。M23：2，夹细砂灰褐陶。口近直，平沿，方唇，颈微束，溜肩，扁鼓腹，圜底，最大径在下腹部。颈部饰凹弦纹，肩部以下饰绳纹。口径14、高16.4、最大腹径18.8厘米（图四二，2）。M23：3，夹细砂灰褐陶。形制、纹饰与M23：2相同。口径12.5、高16、最大腹径20厘米（图四二，1）。

半两钱　6枚。其中1枚残，选取标本2枚。M23：6-1，钱币下部存茬口，钱币厚重，笔画圆弧。钱径3、穿径0.9厘米，重7.6克（图四三，1）。M23：6-2，钱币上部存茬口，钱币厚重，笔画圆弧。钱径3、穿径0.8厘米，重8.3克（图四三，2）。

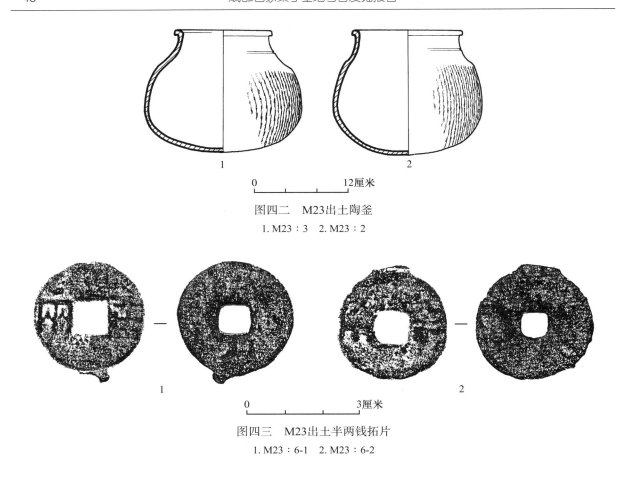

图四二　M23出土陶釜
1. M23 : 3　2. M23 : 2

图四三　M23出土半两钱拓片
1. M23 : 6-1　2. M23 : 6-2

一八、M24

1. 墓葬形制

（1）墓葬结构

长方形竖穴土坑墓，上部被破坏，直壁，长约3.3、宽约1.2、残深1.24米。墓内填土为黄褐色夹膏泥五花黏土，墓室底部存膏泥痕迹。墓向290°（图四四）。

（2）葬具

葬具已朽，据四壁和墓底板灰痕迹推测为一椁一棺。椁室平面呈"Ⅱ"字形，长3.08、宽1.12、残高约1.2米，椁板厚约4厘米。木棺平面呈长方形，长约1.9、宽约0.6米，高度不详，棺板厚约4厘米。

（3）人骨

单人仰身直肢，双臂交叉置于腹部。人骨长约1.8米，性别不辨，据牙齿磨损度判断年龄在30～35岁。

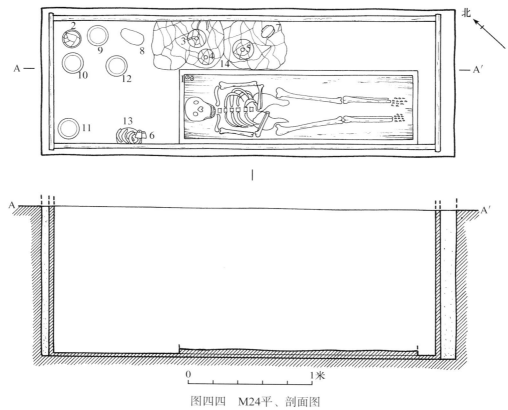

图四四　M24平、剖面图

1.半两钱　2.陶釜　3～5.陶豆　6.铜铃、铜璜饰件　7、8.漆耳杯　9～12.漆盘　13.木盒　14.陶片

2. 随葬器物

随葬器物有陶器、铜器、漆器、木器和铜钱。陶器有釜和豆，铜器有铃和璜，漆器有盘和耳杯，铜钱为半两钱。随葬器物主要置于椁室北部和西部，仅铜钱位于棺内西北角，1套铜铃、铜璜饰件（M24：6）置于椭圆形木盒内。随葬器物中漆器（M24：7～M24：12）和木盒（M24：13）皆仅辨器形，无法提取。其他器物情况如下。

陶釜　1件。M24：2，夹细砂灰陶。口微侈，沿微外斜，方唇，束颈，溜肩，鼓腹，圜底，最大径在下腹部。肩部以下饰绳纹。口径13.2、高14、最大腹径18厘米（图四五，4）。

陶豆　3件。夹砂褐陶。M24：3，口近直，圆唇，腹部斜收，圈足。口径13.3、足径6.4、高6厘米（图四五，1）。M24：4，口微侈，圆唇，腹部斜收，平底微凹，圈足。口径14.8、足径5.2、高5.8厘米（图四五，3）。M24：5，形制与M24：4相同。口径15、足径5.6、高5厘米（图四五，2）。

铜璜　4件。M24：6-4，宽拱平缓，整体大致呈圆弧状，顶部有一圆穿，两足外端上翘。其上纹饰分四组，中部及两端以凸弦纹隔开。上部饰尖角纹，下部和两侧饰直角卷云纹。器宽10.4、高4.6厘米，体宽1.8、厚0.1厘米（图四六，2）。M24：6-2，宽拱平缓，整体大致呈圆弧状，顶部有一圆穿，两足外端平齐。器身饰尖角卷云纹。器宽9.9、高4.6厘米，体宽1.8、厚0.1厘米（图四六，4）。M24：6-1，宽拱平缓，整体大致呈圆弧状，顶部有一圆穿，足部较平。器身中部饰尖角卷云纹及直角卷云纹。器宽10.1、高4.6厘米，体宽2.2、厚0.1厘米（图四六，3）。M24：6-3，形制与M24：6-1相同。器身尖角卷云纹分上下两组。器宽10.1、高3.5厘米，体宽2、厚0.1厘米（图四六，1）。

铜铃　2件。M24：6-6，铃身下缘略弧，半环形纽。铃外侧饰圆形图案。宽5.4、高5.2厘米（图四六，5）。M24：6-5，铃身下缘弧度较大，两角下伸较甚，半环形纽。铃身素面。宽5.8、高5、厚2.2厘米（图四六，6）。

半两钱　7枚。选取标本3枚。M24：1-1，钱币规整，下部存茬口。钱文较漫漶，横画较短。钱径3.1、穿径0.8厘米，重5.7克（图四七，1）。M24：1-2，形制、钱文与M24：1-1相同，上部较残。钱径3.1、穿径0.8厘米，重5.8克（图四七，2）。M24：1-3，形制、钱文与M24：1-1相同。钱径3.1、穿径0.8厘米，重4.8克（图四七，3）。

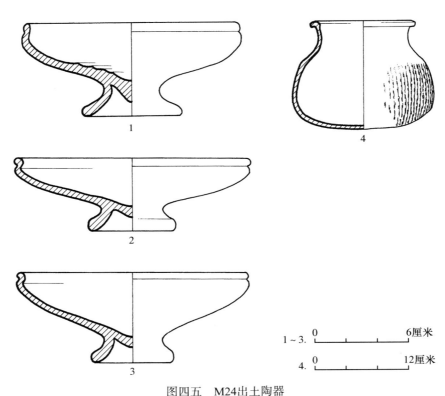

1 ~ 3. 0　　　　　　　6厘米

4. 0　　　　　　　12厘米

图四五　M24出土陶器

1 ~ 3.豆（M24：3、M24：5、M24：4） 4.釜（M24：2）

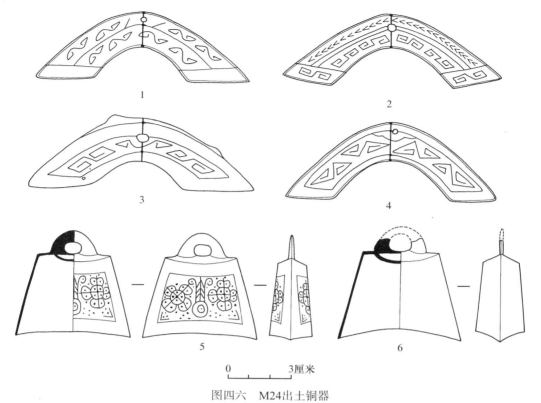

0   3厘米

图四六 M24出土铜器

1~4. 璜（M24：6-3、M24：6-4、M24：6-1、M24：6-2） 5、6. 铃（M24：6-6、M24：6-5）

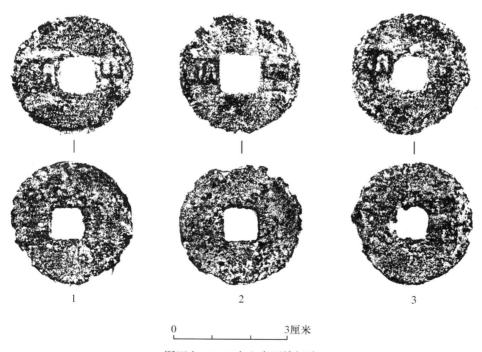

0   3厘米

图四七 M24出土半两钱拓片

1. M24：1-1 2. M24：1-2 3. M24：1-3

一九、M26

1. 墓葬形制

（1）墓葬结构

长方形竖穴土坑墓，上部被破坏，直壁，长约3.16、宽约1.02、残深0.4米。墓内填土为黄褐色夹膏泥黏土，墓室底部存膏泥痕迹，墓向296°（图四八；图版一七，1）。

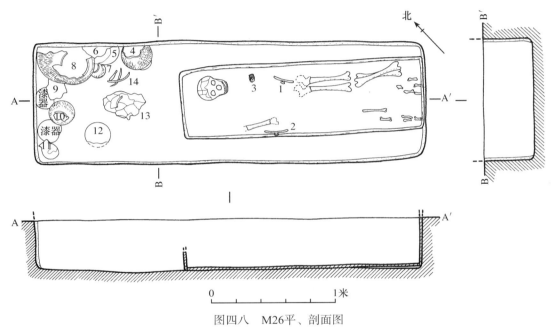

图四八　M26平、剖面图

1、2.铜带钩　3.半两钱　4、6、7、10、11.陶釜　5.陶钵　8.陶瓮　9、13.陶罐　12.陶豆　14.狗骨

（2）葬具

葬具已朽，墓底存木棺痕迹。据木棺痕迹测量，木棺长1.92、宽0.6、残高0.4米，棺板厚约2厘米。

（3）人骨

单人仰身，人骨较凌乱，长约1.7米，据下颌骨和头骨判断为男性，据牙齿磨损度判断年龄在40岁左右。

2. 随葬器物

随葬陶器有陶器、铜器、漆器和铜钱（图版一七，2）。陶器有瓮、釜、豆、钵和平底罐，铜器为带钩，漆器器形不辨，铜钱为半两，另存狗骨痕迹。铜带钩和钱币置于棺内人骨附近，其他器物集中置于棺外墓坑北端。随葬器物中4件陶釜（M26：4、M26：6、M26：7、

M26：11）仅辨器形，无法修复，漆器及狗骨无法提取。其他器物情况如下。

陶瓮　1件。M26：8，夹细砂灰陶。口微侈，斜方唇，高领，溜肩，鼓腹较甚，腹部以下斜弧内收，平底，最大径在中腹部。肩部以下至近底部处饰粗绳纹。口径23.5、底径9、高36、最大腹径38.8厘米（图四九，1；图版一八，1）。

陶釜　1件。M26：10，夹细砂灰陶。侈口，沿略斜，圆唇，溜肩，鼓腹下垂，圜底较甚，最大径在下腹部。颈部饰一周凹弦纹，肩部以下饰绳纹。口径12.7、高18、最大腹径21.2厘米（图四九，5；图版一八，2）。

陶罐　2件。M26：13，夹细砂灰陶。直口，圆唇，高领，圆肩，斜直腹，平底，最大径在肩部。肩部饰一周凹弦纹。口径13.6、底径10.4、高14.4、最大肩径19.9厘米（图四九，2；图版一八，4）。M26：9，夹细砂灰陶。口微侈，圆唇，高领，圆肩，斜直腹，平底，最大径在肩部。肩部饰两周凹弦纹。口径13.5、底径11、高15.4、最大肩径19.6厘米（图四九，6；图版一八，3）。

陶豆　1件。M26：12，夹细砂灰陶。口微侈，圆唇，腹部斜收，矮圈足。口径14、足径

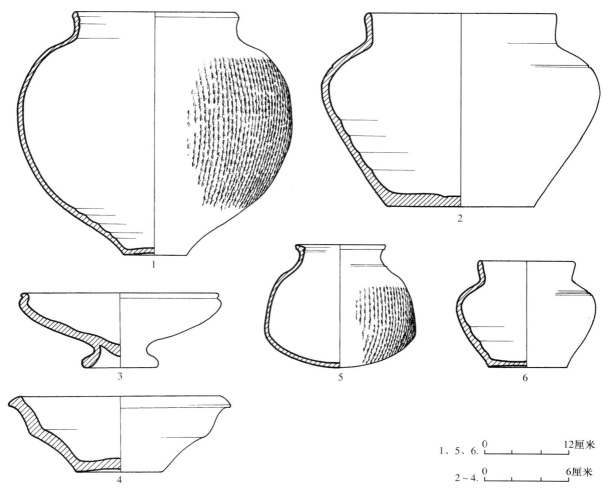

1、5、6.　0 ———— 12厘米

2～4.　0 ———— 6厘米

图四九　M26出土陶器

1.瓮（M26：8）　2、6.罐（M26：13、M26：9）　3.豆（M26：12）　4.钵（M26：5）　5.釜（M26：10）

5.4、通高5.4厘米（图四九，3；图版一八，5）。

　　陶钵　1件。M26：5，夹细砂灰陶。敞口，斜方唇，平底略内凹。口径15.3、底径6、高5.6厘米（图四九，4；图版一八，6）。

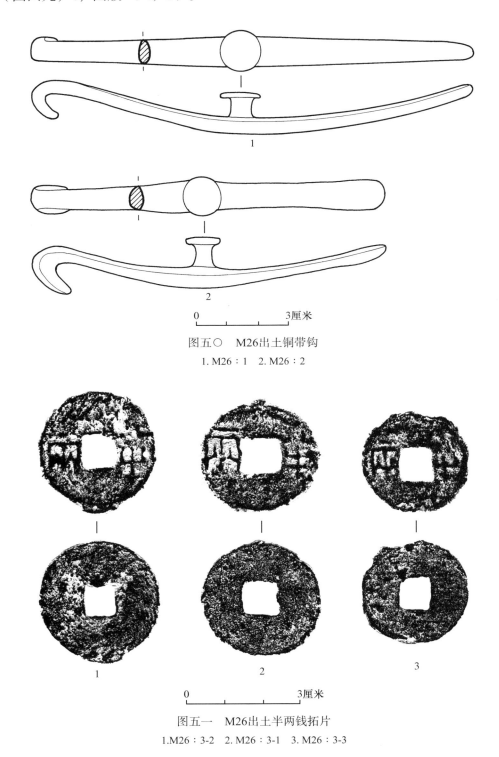

图五〇　M26出土铜带钩

1. M26：1　2. M26：2

图五一　M26出土半两钱拓片

1.M26：3-2　2. M26：3-1　3. M26：3-3

铜带钩 2件。M26：1，曲棒形，腹部弯曲较甚，钩身较长。长14.5、宽1、厚0.4厘米（图五〇，1）。M26：2，曲棒形，腹部略弯曲，钩身较短。长11.6、宽1、厚0.5厘米（图五〇，2）。

半两钱 23枚。其中20枚残，选取标本3枚。M26：3-1，钱币不甚规整，上部存茬口，"半"字上部笔画圆弧。钱径3.1、穿径1厘米，重4.4克（图五一，2）。M26：3-2，钱币下部存茬口，钱文高挺，横画较短。钱径3、穿径0.9厘米，重6.2克（图五一，1）。M26：3-3，钱币不甚规整，钱文笔画圆弧，"两"字双人竖画长。钱经2.7、穿径0.8厘米，重3.3克（图五一，3）。

二〇、M27

1. 墓葬形制

（1）墓葬结构

狭长形竖穴土坑墓，上部被破坏，直壁，长约2.66、宽约0.56、残深0.56米。墓坑南端在近墓底约0.1米处内收成宽约0.48米的生土二层台。墓内填土为黄褐色夹膏泥五花黏土，底部存膏泥痕迹。墓向302°（图五二；图版一九，1）。

（2）葬具

葬具已朽，据墓底板灰痕迹判断为一椁一棺。木椁痕迹模糊，平面略呈长方形，规格与墓圹底部相仿，椁板厚度不详。木棺平面呈长方形，长约1.72、宽约0.42米，高度及棺板厚度不详。

（3）人骨

单人仰身直肢，上肢交叉置于下腹部（图版一九，2）。人骨长约1.4米，据头骨和盆骨推测为女性，据牙齿磨损度判断年龄为25岁左右。

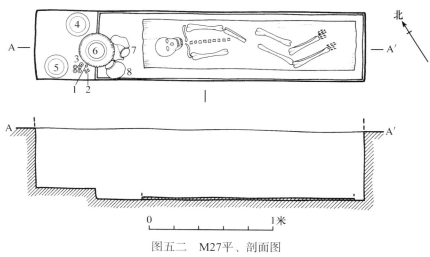

图五二 M27平、剖面图
1. 银环 2. 骨耳珰 3. 半两钱 4、5. 陶盘 6. 陶瓮 7、8. 陶釜

2. 随葬器物

随葬器物有陶器、骨器、银器和铜钱。陶器有瓮、釜和盘，骨器为耳珰，银器为环，铜钱为半两。随葬器物原应集中置于墓葬头端二层台上，部分器物因后期挤压进入椁室南端。随葬器物保存较好，具体情况如下。

陶瓮　1件。M27：6，夹细砂灰褐陶。直口，圆唇，溜肩，鼓腹较甚，腹部以下斜弧内收，平底，最大径在中腹部。肩部以下至近底部处饰绳纹。口径17.6、底径12.8、高22.4、最大腹径27.2厘米（图五三，3；图版二〇，1）。

陶釜　2件。夹细砂灰陶。形制相同，侈口，圆唇，束颈，溜肩，扁鼓腹，圜底，最大径在中腹部。颈部以下饰绳纹。M27：7，口径10.5、高12.5、最大腹径14厘米（图五三，4）。M27：8，口径10、高12、最大腹径14厘米（图五三，5）。

陶盘　2件。泥质灰陶。形制相同，敞口，平沿，折腹，圜底近平。M27：4，口径18、高3.4厘米（图五三，2；图版二〇，2）。M27：5，口径18.6、高3.2厘米（图五三，1；图版二〇，3）。

银环　2件。M27：1-1、M27：1-2，形制一致，成对出现，平面呈环状，截面呈圆形。直径1.9、截面直径0.15厘米（图五三，6、7；图版二〇，4）。

骨耳珰　2件。M27：2-1、M27：2-2，形制相似，成对出现，整体呈圆柱状，中部略内束。直径0.9～1.2、高1.6厘米（图五三，8、9；图版二〇，5）。

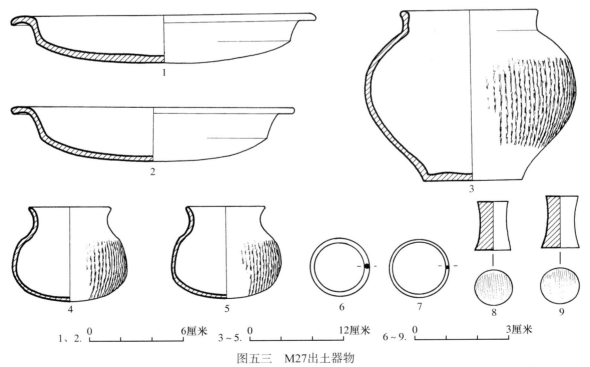

图五三　M27出土器物

1、2. 陶盘（M27：5、M27：4）　3. 陶瓮（M27：6）　4、5. 陶釜（M27：7、M27：8）
6、7. 银环（M27：1-1、M27：1-2）　8、9. 骨耳珰（M27：2-1、M27：2-2）

半两钱　15枚。其中3件较残，选取标本7枚。M27：3-1，钱币上部残，钱文书写随意，笔画圆弧，横画短。钱径2.6、穿径0.9厘米，重4克（图五四，7）。M27：3-2，钱币厚重，上端存茬口，"半"字上部笔画较圆弧，上下横等长，"两"字上横长度齐肩。钱径2.6、穿径0.8厘米，重3.9克（图五四，4）。M27：3-3，钱币不规则，钱文纤细扭曲。钱径2.6、穿径0.9厘米，重3.6克（图五四，3）。M27：3-4，钱币轻薄，钱文笔画稍圆弧，"半"字上下横等长，"两"字上横长度齐肩，双人下部连接如"一"状。钱径2.6、穿径1.1厘米，重1.7克（图五四，2）。M27：3-5，钱币上部存茬口，钱文圆弧高挺，横画较短。钱径2.6、穿径0.9厘米，重4克（图五四，1）。M27：3-6，钱币轻薄，钱文隶意重，"半"字上下横画等长，"两"字上横比肩略短。钱径2.2、穿径0.9厘米，重1.3克（图五四，6）。M27：3-7，钱币规整，笔画圆弧，横画较短。钱径2.4、穿径0.9厘米，重2.1克（图五四，5）。

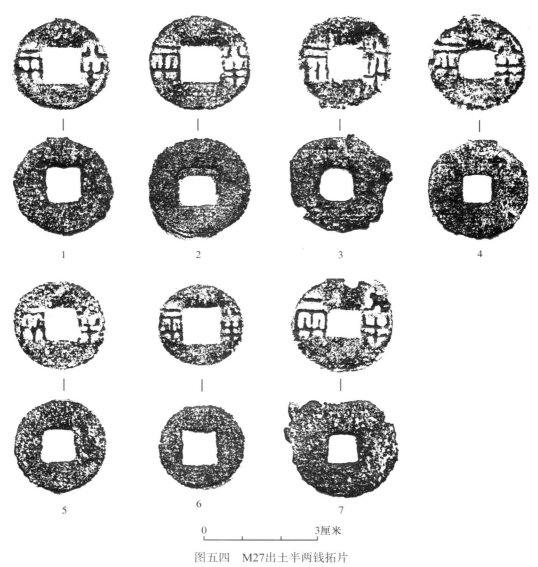

图五四　M27出土半两钱拓片

1. M27：3-5　2. M27：3-4　3. M27：3-3　4. M27：3-2　5. M27：3-7　6. M27：3-6　7. M27：3-1

二一、M28

1. 墓葬形制

（1）墓葬结构

长方形竖穴土坑墓，口部外侈，自墓口至椁顶处四壁内收，下部为直壁，口部长3、宽2.16米，底部长2.66、宽1.96米，残深1.7米。墓内填黄褐色夹膏泥五花黏土，底部存膏泥痕迹。墓向305°（图五五）。

（2）葬具

葬具已朽，据四壁和墓底板灰痕迹推断为一椁一棺。椁室平面呈长方形，长2.52、宽1.9、

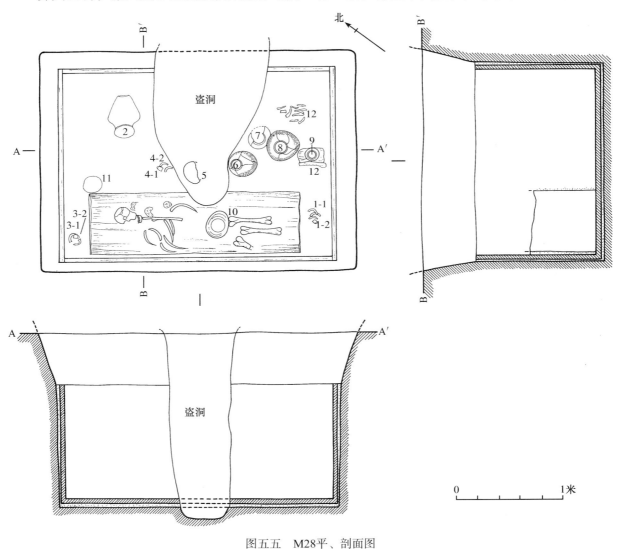

图五五　M28平、剖面图

1-1、3-1、4-2.铜璜　1-2、3-2、4-1.铜铃　2.陶瓮　5~9.陶釜　10、11.漆盘　12.狗骨

高1.16米，椁板厚约4厘米。木棺位于椁室西部，平面呈长方形，长1.98、宽0.6、残高约0.6米，棺板厚约2厘米。

（3）人骨

单人仰身直肢葬，上肢扰乱。人骨长约1.6米，性别不辨，年龄40～45岁。

2. 随葬器物

随葬器物有陶器、漆器和铜器。陶器有瓮和釜，铜器有铃和璜，漆器有盘，另存狗骨1副。随葬陶器置于木棺东侧，铜器成套置于木棺东、北、南三侧，每套铜器下部存炭灰痕迹，漆器分别置于木棺东北侧和人骨下肢之上，狗骨置于椁室东南角。漆盘（M28：10、M28：11）保存较差，无法提取。其他器物情况如下。

陶瓮　1件。M28：2，夹细砂灰陶。敛口，圆唇，高领，溜肩，鼓腹，腹部以下斜弧内收，平底微凹，最大径在中腹部。肩部以下至近底部处饰粗绳纹。口径18.8、底径11.4、高28、最大腹径28厘米（图五六，1）。

陶釜　5件。M28：9，夹细砂灰陶。口近直，沿微斜，方唇，颈微束，溜肩，圆鼓腹，圜底，最大径在下腹部。颈部饰一周凹弦纹，肩部以下饰绳纹。口径11、高14、最大腹径16厘米（图五六，5）。M28：6，夹细砂灰陶。口近直，沿微斜，圆唇，颈微束，溜肩，腹部外鼓较

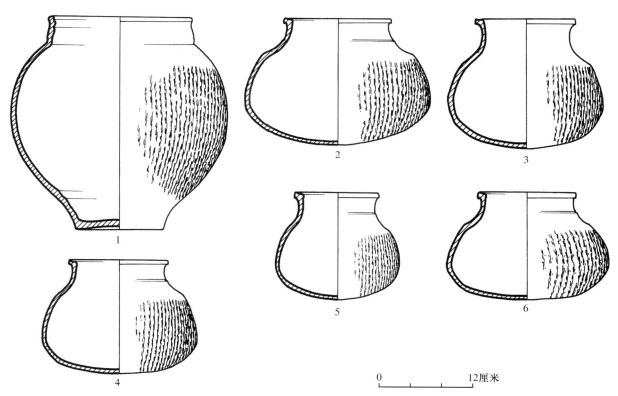

图五六　M28出土陶器

1. 瓮（M28：2）　2～6. 釜（M28：8、M28：5、M28：6、M28：9、M28：7）

甚，圜底，最大径在下腹部。颈部饰一周凹弦纹，肩部以下饰绳纹。口径13、高15、最大腹径20厘米（图五六，4）。M28：7，陶质陶色、形制、纹饰与M28：6相同。口径12.8、高14、最大腹径21厘米（图五六，6）。M28：5，夹细砂灰陶。口微侈，平沿，斜方唇，颈微束，溜肩，扁鼓腹，圜底，最大径在中腹部。肩部以下饰绳纹。口径13、高17、最大腹径20厘米（图五六，3）。M28：8，夹细砂灰陶。直口，平沿，方唇，颈微束，溜肩，扁鼓腹下垂，圜底，最大径在下腹部。轮制，颈部饰凹弦纹，肩部以下饰绳纹。口径14、高16.8、最大腹径24厘米（图五六，2）。

铜璜　3件。M28：3-1，宽拱平缓，整体大致呈圆弧状，顶部有一圆穿，两足外端平齐微上翘。其上纹饰分四组，中部及两端以凸弦纹隔开。上部饰尖角纹，下部和两侧饰直角卷云纹。器宽9.7、高4厘米，体宽1.7、厚0.1厘米（图五七，1）。M28：4-2，宽拱平缓，整体大致呈圆弧状，顶部有一圆穿，两足外端平齐。其上纹饰分上下组，中部及两端以凸弦纹隔开。上部饰尖角纹，下部饰尖角卷云纹。器宽11、高5厘米，体宽2.2、厚0.1厘米（图五七，4）。M28：1-1，宽拱平缓，整体呈圆弧状，顶部有圆穿，两足上翘。纹饰同M28：4-2。器宽9.4、高4厘米，体宽1.8、厚0.1厘米（图五七，2）。

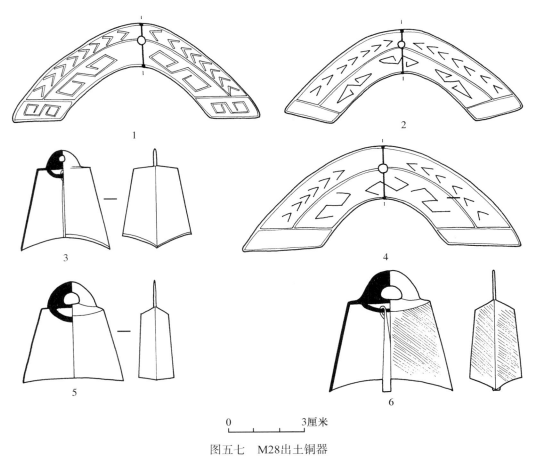

0 —— 3厘米

图五七　M28出土铜器

1、2、4.璜（M28：3-1、M28：1-1、M28：4-2）　3、5、6.铃（M28：3-2、M28：4-1、M28：1-2）

铜铃　3件。M28：4-1，铃身下缘略弧，半环形纽，素面。宽3.9、高4、厚1.4厘米（图五七，5）。M28：1-2，铃身下缘弧度较大，两角下伸较甚，铃内存长条形铃舌，半环形纽。宽4.8、高4.8、厚2厘米（图五七，6）。M28：3-2，铃身下缘弧度较大，两角下伸较甚，半圆形纽，上有一圆孔。宽3.5、高4、厚2.7厘米（图五七，3）。

二二、M29

1. 墓葬形制

（1）墓葬结构

长方形竖穴土坑墓，上部被破坏，墓底被扰乱，直壁，平底，长约3.28、宽约1.4、残深0.3米。墓内填黄褐色夹膏泥五花黏土，底部存膏泥痕迹。墓向320°（图五八）。

（2）葬具

葬具已朽，据墓底板灰痕迹推断为一椁一棺。木椁痕迹模糊，平面略呈长方形，椁壁紧贴墓坑壁，高度不详。木棺位于椁室西南部，平面呈长方形，残长约1.72、宽约0.6米，高度及棺板厚度不详。

（3）人骨

单人仰身直肢葬。人骨扰乱严重，头骨不存，双手交叉置于下腹部。性别、年龄不辨。

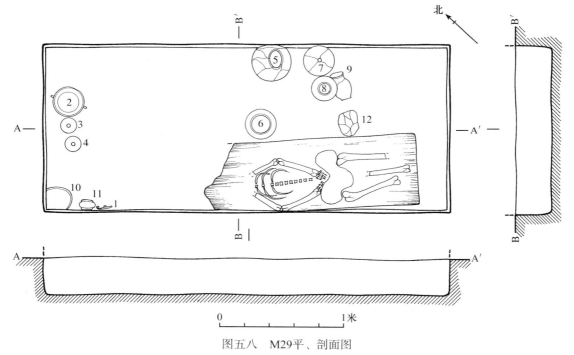

图五八　M29平、剖面图

1.铜带钩　2.铜釜　3、4.陶豆　5、8.陶釜　6、9.陶罐　7.陶器盖　10.漆盘　11.漆耳杯　12.陶器

2. 随葬器物

随葬器物有陶器、铜器和漆器。陶器有釜、豆、器盖和平底罐等，铜器有釜和带钩，漆器有盘和耳杯。随葬器物主要置于椁室东侧和北端。1件陶豆（M29：4）、1件陶釜（M29：8）和2件漆器（M29：10、M29：11）仅辨器形，无法提取，1件陶器（M29：12）不辨器形。其

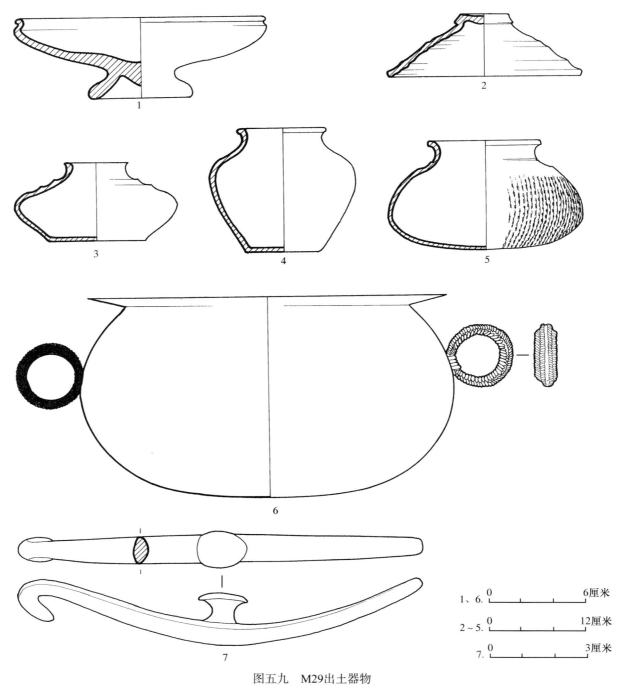

图五九　M29出土器物

1. 陶豆（M29：3）　2. 陶器盖（M29：7）　3、4. 陶罐（M29：6、M29：9）　5. 陶釜（M29：5）　6. 铜釜（M29：2）　7. 铜带钩（M29：1）

他器物情况如下。

陶釜　1件。M29：5，夹细砂灰陶。侈口，平沿，斜方唇，颈微束，溜肩，扁鼓腹，圜底近平，最大径在下腹部。颈部饰凹弦纹，肩部以下饰绳纹。口径14、高14、最大腹径24厘米（图五九，5）。

陶罐　2件。M29：9，夹细砂灰陶。侈口，平沿，圆唇，束颈，圆肩，腹微弧，平底，最大径在肩部。口径11、底径9.4、高16、最大肩径18厘米（图五九，4）。M29：6，夹细砂灰陶。口微敛，卷沿，尖唇，折肩，斜直腹内收，平底，最大径在肩部。口径7.9、底径12、高10、最大肩径20厘米（图五九，3）。

陶豆　1件。M29：3，夹细砂灰陶。口微侈，圆唇，腹部斜弧内收，平底微凹，矮圈足。口径15.5、足径6.4、高5.2厘米（图五九，1）。

陶器盖　1件。M29：7，泥质灰陶。平顶，斜直腹。轮制。口径24、顶径6、高8厘米（图五九，2）。

铜釜　1件。M29：2，侈口，斜沿，溜肩，鼓腹，圜底近平，最大径在中腹部。腹部有两个辫索纹环耳。口径22.2、高13、最大腹径23厘米，耳部直径约4、宽约1.4厘米（图五九，6；图版九六，1）。

铜带钩　1件。M29：1，整体呈曲棒状，腹部弯曲较甚，钩身长。长12.4、宽1厘米（图五九，7）。

二三、M30

1. 墓葬形制

（1）墓葬结构

近方形竖穴土坑墓，上部被破坏，直壁，长约3.2、宽约2.8、残深0.4米。墓内填土为黄褐色夹膏泥五花黏土，底部存膏泥痕迹。墓向320°（图六〇；图版二一，1）。

（2）葬具

葬具已朽，据四壁和墓底板灰痕迹推断为一椁一棺。木椁痕迹较模糊，平面近方形，长约2.78、宽约2.44、残高约0.4米，椁板厚2~3厘米。木棺位于椁室西部，平面呈长方形，长约2.38、宽约0.7、残高0.1米，棺板厚约2厘米。

（3）人骨

单人仰身葬。人骨被严重扰乱，葬式、性别、年龄不辨。

2. 随葬器物

随葬器物有陶器、铜器和钱币。陶器有瓮和釜，铜器有印章和带钩，钱币为半两（图版二一，2）。随葬器物主要置于椁室东部。2件陶器（M30：12、M30：13）器形不辨，无法修

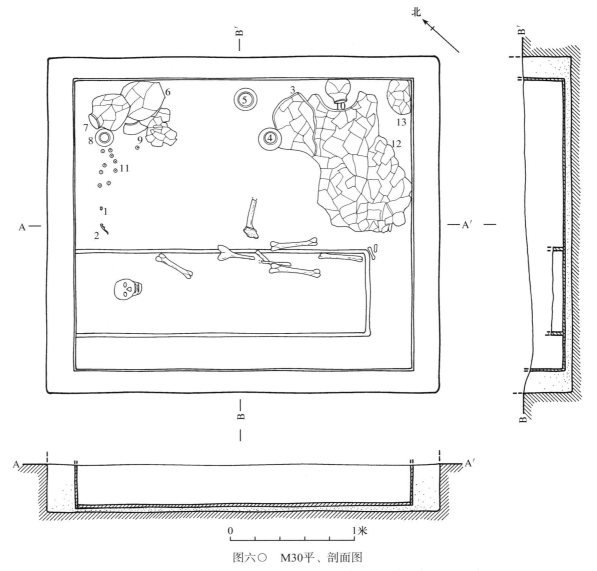

图六〇　M30平、剖面图

1. 铜印章　2. 铜带钩　3、6、7. 陶瓮　4、5、8～10. 陶釜　11. 半两钱　12、13. 陶器

复。其他器物情况如下。

陶釜　5件。M30：4，夹细砂灰陶。口微侈，沿微斜，方唇，颈微束，溜肩，扁鼓腹下垂，圜底，最大径在下腹部。肩部以下饰绳纹。口径12、高17、最大腹径21.6厘米（图六一，1）。M30：8，夹细砂灰褐陶。侈口，卷沿，圆唇，有领，束颈，溜肩，扁鼓腹，圜底，最大径在中腹部。颈部以下饰绳纹。口径11、高10.5、最大腹径14厘米（图六一，5；图版二二，1）。M30：9，夹细砂灰陶。口微侈，平沿，方唇，颈微束，肩微耸，圆鼓腹，圜底，最大径在下腹部。颈部饰一周凹弦纹，肩部以下饰绳纹。口径13、高18、最大腹径20厘米（图六一，2）。M30：5，夹细砂灰陶。口微侈，平沿，方唇，颈微束，溜肩，扁鼓腹，圜底，最大径在中腹部。肩部以下饰绳纹。口径11、高12.6、最大腹径18厘米（图六一，4）。M30：10，夹细

砂灰陶。形制与M30：5相同。颈部饰一周弦纹，肩部以下饰绳纹。口径11.8、高16.4、最大腹径22厘米（图六一，3；图版二二，2）。

陶瓮 3件。M30：6，夹砂褐陶。直口，圆唇，高领，溜肩，鼓腹，腹部以下斜弧内收，小平底微凹，最大径在上腹部。肩部以下饰粗绳纹。口径24.4、底径11.2、高36.6、最大腹径37.8厘米（图六二，3；图版二二，3）。M30：7，夹砂褐陶。口微侈，圆唇，高领，溜肩，腹部圆鼓，平底，最大径在上腹部。腹部饰绳纹。口径24、底径12.2、高28、最大腹径30.4厘米（图六二，2）。M30：3，夹砂灰陶。直口，尖唇，高领，溜肩，鼓腹，腹部以下斜弧内收，小平底微凹，最大径在中腹部。肩部以下饰粗绳纹。口径23.8、底径10.6、高32、最大腹径32厘米（图六二，1）。

铜印章 1件。M30：1，整体呈须弥座状，桥形纽。印面呈长方形，中部存一横向阴刻界线，印文为篆体竖向阴刻"小瘥"二字。印面长1.7、宽1.1厘米，印高1厘米（图六二，5；图

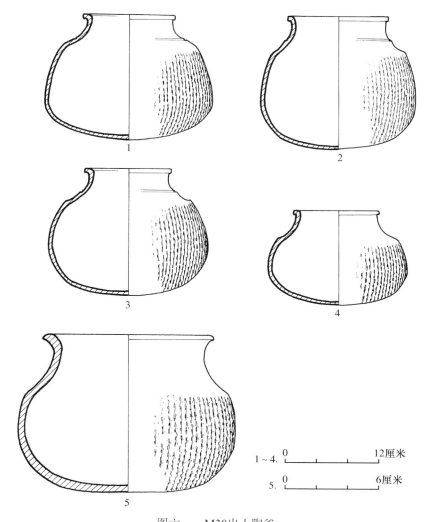

1～4.　0 ⊢—⊢—⊢—⊢ 12厘米

5.　0 ⊢—⊢—⊢ 6厘米

图六一 M30出土陶釜

1. M30：4 2. M30：9 3. M30：10 4. M30：5 5. M30：8

版二二，4）。

铜带钩　1件。M30：2，整体呈琵琶状，尾部呈圆形且带侧翼。长4.6、宽0.5～2.3、厚0.3厘米（图六二，4；图版二二，5）。

半两钱　9枚。1枚残。选取标本3枚。M30：11-1，钱币不规整，"半"字上侧存砂眼，钱文书写随意且高挺，笔画圆弧，横画较短。钱表呈金黄色，夹杂点状绿锈。钱径3.5、穿径1.1厘米，重5.6克（图六三，3）。M30：11-2，钱币较规整，未见茬口，钱文横画较短，"两"字双人竖画较长。钱径3、穿径1厘米，重4.9克（图六三，1）。M30：11-3，钱币上下端存茬口，整体呈灯笼状，钱文笔画方折，横画较短，双人竖画较长。钱径2.7、穿径0.9厘米，重2.5克（图六三，2）。

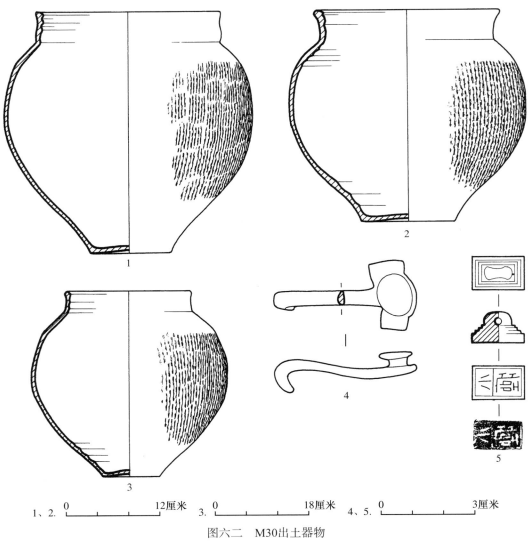

图六二　M30出土器物

1～3.陶瓮（M30：3、M30：7、M30：6）　4.铜带钩（M30：2）　5.铜印章（M30：1）

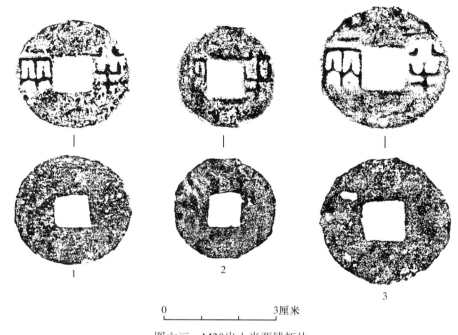

图六三　M30出土半两钱拓片
1. M30：11-2　2. M30：11-3　3. M30：11-1

二四、M31

1. 墓葬形制

（1）墓葬结构

长方形竖穴土坑墓，上部被破坏，口大底小，底部四壁内收，口部长3.3、宽1.26米，底部长2.9、宽0.92米，残深1.1米。墓内填黄褐色夹膏泥五花黏土，底部存膏泥痕迹。墓向325°（图六四；图版二三，1）。

（2）葬具

葬具已朽，据墓底和四壁板灰痕迹推断为一椁一棺。椁室平面略呈长方形，长2.76、宽0.76、高0.82米，椁板厚4厘米。木棺平面呈长方形，长1.9、宽0.5、高约0.5米，四壁及顶部棺板厚4、底板厚10厘米（图版二三，2）。

（3）人骨

单人仰身直肢葬，双臂交叉置于腹部。人骨长约1.56米，性别不辨，据牙齿磨损度判断年龄大致在30~35岁，甚至可能更大。

2. 随葬器物

随葬器物有陶器、漆器和石器。陶器为釜，漆器为耳杯、盘和盒，石器为磨石，另存

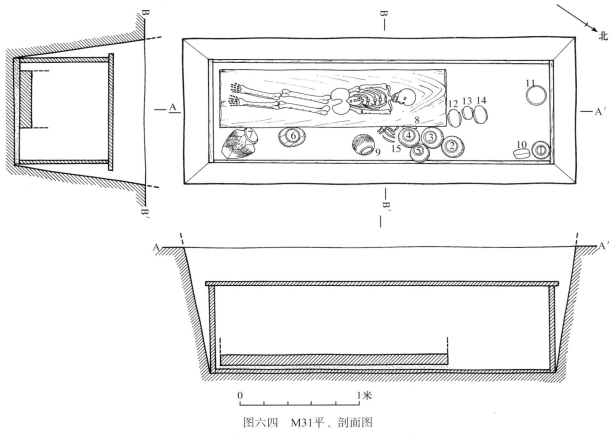

图六四 M31平、剖面图

1~7、9.陶釜 8.磨石 10.漆盒 11.漆盘 12~14.漆耳杯 15.狗骨

狗骨1副。随葬陶器主要置于椁室东部，漆器置于椁室北部。漆盘（M31：11）、漆耳杯（M31：12~M31：14）仅辨器形，无法提取。其他随葬器物情况如下。

陶釜 8件。M31：4，夹细砂灰褐陶。侈口，卷沿，圆唇，有领，溜肩，扁鼓腹，圜底，最大径在中腹部。肩部以下饰绳纹。口径11.4、高15、最大腹径18.8厘米（图六五，8；图版二四，1）。M31：1，夹细砂灰褐陶。口微敛，平沿，方唇，颈微束，溜肩，圆鼓腹，圜底，最大径在中腹部。颈部饰凹弦纹，肩部以下饰绳纹。口径13.8、高18、最大腹径20厘米（图六五，5；图版二四，2）。M31：5，陶质陶色、形制、纹饰与M31：1相同。口径11、高17、最大腹径18厘米（图六五，6）。M31：6，陶质陶色、形制、纹饰与M31：1相同。口径11.8、高18、最大腹径20厘米（图六五，3）。M31：3，夹细砂灰褐陶。口微敛，平沿，方唇，颈微束，溜肩，鼓腹下垂，圜底，最大径在下腹部。颈部饰凹弦纹，肩部以下饰绳纹。口径11、高19、最大腹径21.6厘米（图六五，4；图版二四，3）。M31：7，陶质陶色、形制、纹饰与M31：3相同。口径13.2、高20.4、最大腹径23.2厘米（图六五，2；图版二四，4）。M31：2，夹细砂灰褐陶。口微敛，平沿，方唇，颈微束，溜肩，弧腹甚扁，圜底，最大径在下腹部。颈部饰凹弦纹，肩部以下饰绳纹。口径12、高18、最大腹径20

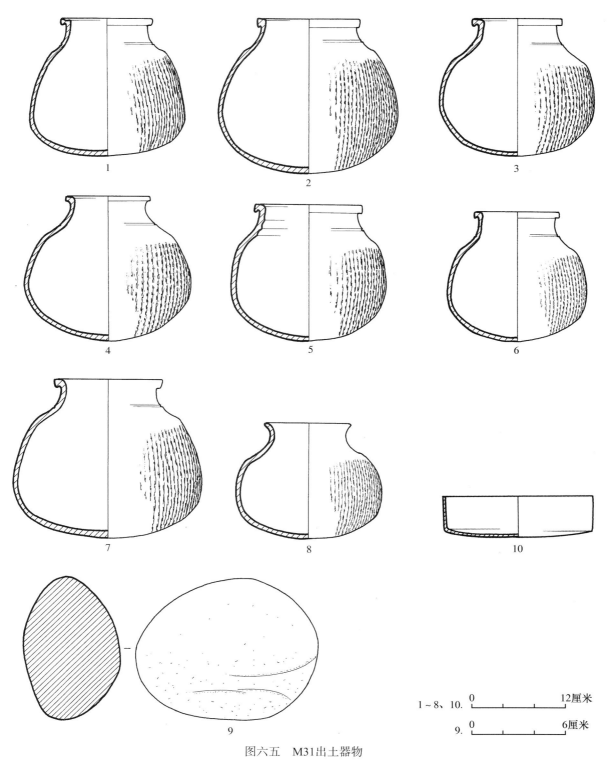

图六五　M31出土器物

1~8.陶釜（M31：2、M31：7、M31：6、M31：3、M31：1、M31：5、M31：9、M31：4）　9.磨石（M31：8）　10.漆盒（M31：10）

厘米（图六五，1）。M31：9，陶质陶色、形制、纹饰与M31：2相同。口径14、高21、最大腹径24.4厘米（图六五，7）。

磨石　1件。M31：8，略呈圆形，器表存人工使用痕迹。长11.6、宽9.4、厚6.2厘米（图六五，9；图版二四，5）。

漆盒　1件。M31：10，直口，直腹，平底。底部直径20、高5.6厘米（图六五，10）。

二五、M32

1. 墓葬形制

（1）墓葬结构

长方形竖穴土坑墓，直壁，平底，长约3.1、宽约1.2、残深0.8米。墓内填土为黄褐色夹膏泥五花黏土，墓室底部存膏泥痕迹。墓向320°（图六六）。

（2）葬具

葬具已朽，据四壁及墓底板灰痕迹推断为一椁一棺。从木椁板灰痕迹看，椁壁紧贴墓坑壁，具体尺寸不详。木棺位于椁室西部，平面呈长方形，长约2.2、宽约0.56、残高约0.3米，

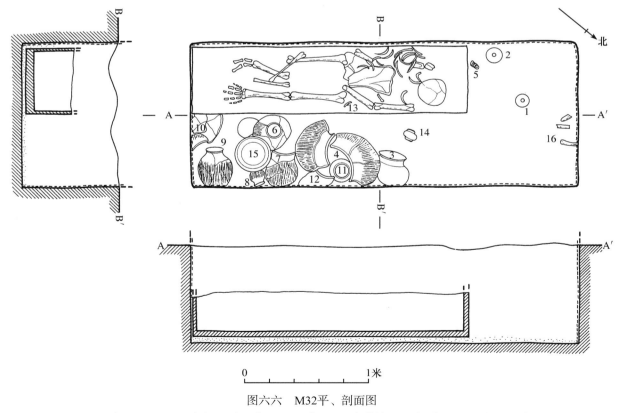

图六六　M32平、剖面图

1、2.陶豆　3、4、12.陶瓮　5.半两钱　6~11.陶釜　13.铜带钩　14.漆耳杯　15.漆盘　16.狗骨

棺侧板厚4、底板厚6厘米。

（3）人骨

单人仰身直肢葬，人骨较凌乱。人骨长约1.8米，性别、年龄不辨。

2. 随葬器物

随葬器物有陶器、漆器、铜器和钱币。陶器有瓮、釜和陶豆，漆器有耳杯和盘，铜器为带钩，钱币为榆荚半两，另存狗骨1副。随葬器物中陶豆、铜钱和狗骨置于木棺北侧，陶瓮和陶釜置于木棺东侧，铜带钩位于人骨腰部。1件陶瓮（M32∶3）和1件陶豆（M32∶2）仅辨器形，无法修复，漆耳杯（M32∶14）和漆盘（M32∶15）仅存痕迹。其他器物情况如下。

陶釜 6件。M32∶6，夹细砂灰陶。微侈口，平沿，方唇，束颈，溜肩，腹部扁圆，下腹外鼓较甚，圜底，最大径在下腹部。颈部饰弦纹，肩部以下饰绳纹。口径11、高15、最大腹径22厘米（图六七，1）。M32∶8，陶质陶色、形制、纹饰与M32∶6相同。口径10、高16、

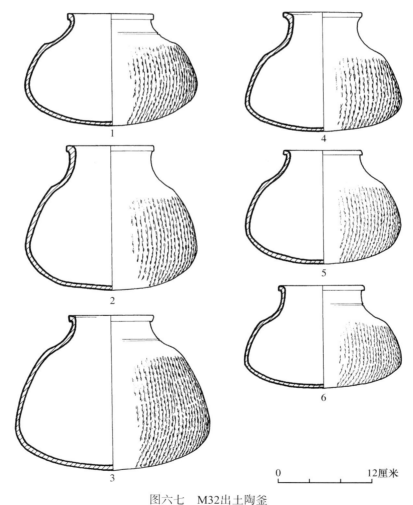

图六七 M32出土陶釜

1. M32∶6 2. M32∶9 3. M32∶7 4. M32∶8 5. M32∶10 6. M32∶11

最大腹径20厘米（图六七，4）。M32：10，陶质陶色、形制、纹饰与M32：6相同。口径10、高15、最大腹径20厘米（图六七，5）。M32：11，陶质陶色、形制、纹饰与M32：6相同。口径11、高13.5、最大腹径20厘米（图六七，6）。M32：7，夹细砂灰陶。直口，平沿，方唇，束颈，溜肩，弧腹，圜底，最大径在下腹部。颈部饰弦纹，肩部以下饰绳纹。口径10.8、高20.4、最大腹径24.8厘米（图六七，3）。M32：9，陶质陶色、形制、纹饰与M32：7相同。口径11.2、高19.2、最大腹径22厘米（图六七，2）。

陶瓮　2件。夹细砂灰陶。形制相同，敛口，圆唇，高领，广肩，弧腹，腹部以下斜弧内收，平底，最大径在肩部。肩腹部饰粗绳纹。M32：4，口径28、底径12.6、高39、最大肩径37.2厘米（图六八，2）。M32：12，口径23.4、底径10、高37.6、最大肩径39.2厘米（图六八，1）。

陶豆　1件。M32：1，夹砂灰陶。口微敛，圆唇，腹部斜收，平底微凹，矮圈足。器表施黑色陶衣。口径14、足径5.2、高5.2厘米（图六八，3）。

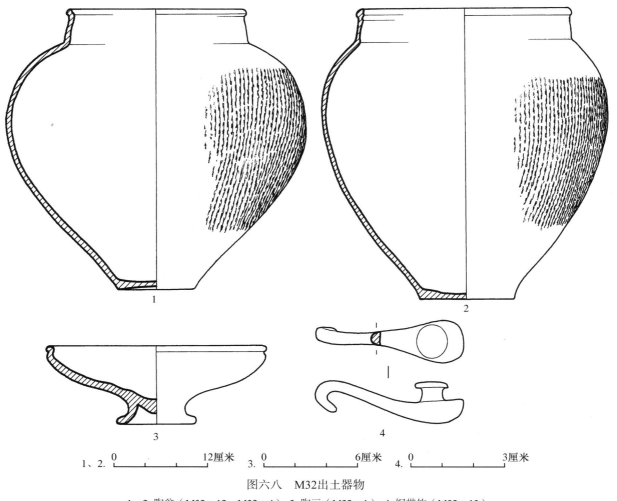

1、2. 陶瓮（M32：12、M32：4）　3. 陶豆（M32：1）　4. 铜带钩（M32：13）

图六八　M32出土器物

铜带钩　1件。M32：13，整体呈琵琶形，钩身从头部到尾部逐渐变宽，尾部呈长圆状，带扣位于尾部。长4.8、宽0.4～1.4、厚0.3～0.8厘米（图六八，4）。

半两钱　4枚。其中2枚甚残。M32：5-1，钱币不规整，较轻薄，钱文笔画圆弧，横画较短。钱径2.1、穿径0.8厘米，重1.2克（图六九，1）。M32：5-2，形制、钱文与M32：5-1相同。钱径2.2、穿径0.9厘米，重1.7克（图六九，2）。

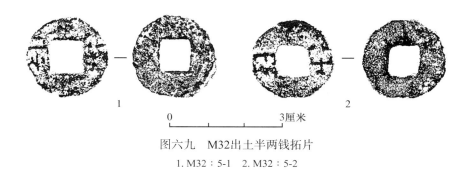

图六九　M32出土半两钱拓片
1. M32：5-1　2. M32：5-2

二六、M33

1. 墓葬形制

（1）墓葬结构

方形竖穴土坑墓，上部被破坏，直壁，平底，长、宽皆2.78、残深1.24米。墓内填土为黄褐色夹膏泥五花黏土，墓室底部存少量膏泥痕迹。墓向310°（图七〇）。

（2）葬具

墓底仅存少量板灰痕迹，葬具不辨。

（3）人骨

人骨不存。

2. 随葬器物

墓葬被盗扰严重，未见随葬器物。

二七、M34

1. 墓葬形制

（1）墓葬结构

近方形竖穴土坑墓，墓坑上部东北角被M4叠压打破，直壁，平底，长约3.62、宽约3、残深0.4米。墓内填黄褐色夹膏泥黏土，底部及四壁存膏泥痕迹。墓向310°（图七一）。

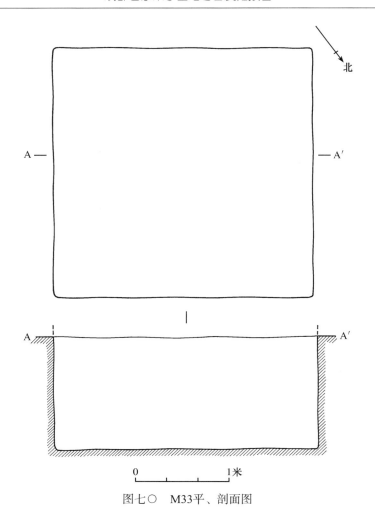

图七〇　M33平、剖面图

（2）葬具

葬具已朽，据四壁及墓底板灰痕迹推断为一椁一棺。木椁痕迹模糊，平面略呈方形，长约3.4、宽约2.8、残高0.2米，椁板厚约4厘米。木棺位于椁室东部，平面呈长方形，长约2.2、宽约0.7米，高度不详，木棺底板厚约4厘米。

（3）人骨

单人葬，人骨被严重扰乱，仅存头骨。葬式、性别、年龄不辨。

2. 随葬器物

随葬器物有陶器、铜器和铜钱。陶器为釜，铜器为带钩，钱币为半两，另存狗骨1副。铜带钩位于棺内头骨附近，陶器置于椁室南端，钱币和狗骨置于椁室西侧。

陶釜　5件。M34：4，夹细砂灰陶。侈口，卷沿，圆唇，有领，溜肩，扁鼓腹，圜底近平，最大径在下腹部。肩部以下饰绳纹。口径13、高16.8、最大腹径22厘米（图七二，4）。M34：7，夹细砂灰陶。侈口，斜方唇，束颈，溜肩，扁鼓腹，圜底，最大径在下腹部。颈部

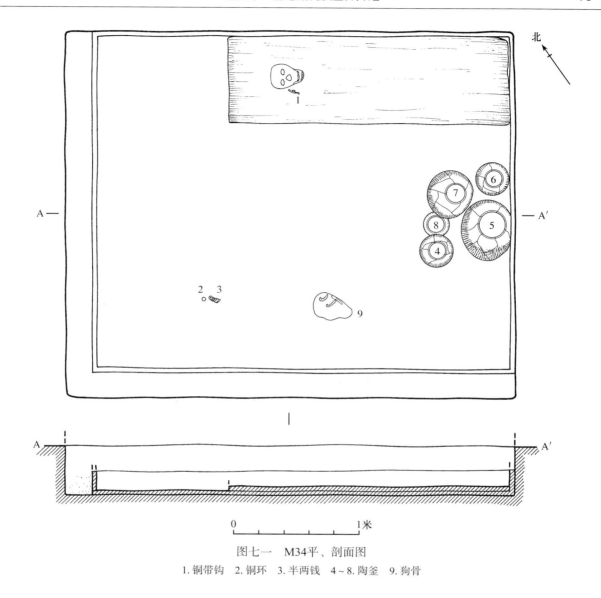

图七一 M34平、剖面图

1. 铜带钩 2. 铜环 3. 半两钱 4～8. 陶釜 9. 狗骨

饰一周凹弦纹，肩部以下饰绳纹。口径13、高16、最大腹径21厘米（图七二，5）。M34：5，夹细砂灰陶。口微侈，沿略斜，方唇，束颈，溜肩，圆鼓腹下垂，圜底较甚，最大径在下腹部。颈部饰凹弦纹，肩部以下饰绳纹。口径13.5、高25、最大腹径26.4厘米（图七二，1）。M34：6，夹细砂灰陶。口微侈，沿略斜，方唇，束颈，溜肩，扁鼓腹，圜底，最大径在中腹部。轮制，颈部饰凹弦纹，肩部以下饰绳纹。口径14、高17、最大腹径22厘米（图七二，2）。M34：8，夹细砂灰陶。口微侈，沿微斜，方唇，束颈，溜肩，弧腹，圜底，最大径在下腹部。颈部饰凹弦纹，肩部以下饰绳纹。口径11.6、高16.4、最大腹径18厘米（图七二，3）。

铜带钩 1件。M34：1，头部残，整体呈琵琶状，从头到尾部逐渐变宽，尾部呈长圆形，带扣位于尾部。残长2.6、宽1.3厘米（图七二，7）。

铜环 1件。M34：2，环截面呈圆形。直径2.5、宽0.4厘米（图七二，6；图版九六，2）。

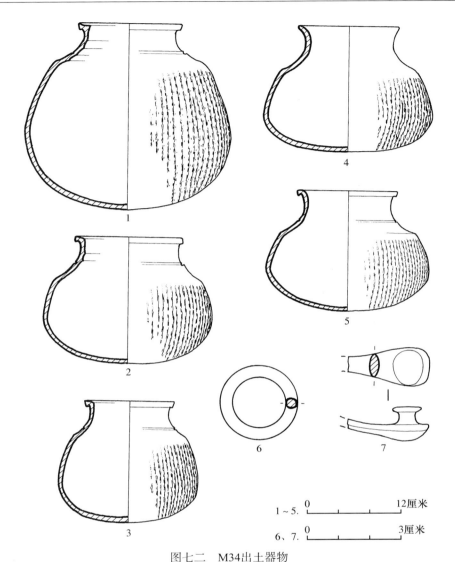

图七二　M34出土器物

1～5.陶釜（M34：5、M34：6、M34：8、M34：4、M34：7）　6.铜环（M34：2）　7.铜带钩（M34：1）

半两钱　11枚。其中1枚残。M34：3-1，钱币不甚规整，钱文高挺，横画较短。钱径3.2、穿径1厘米，重5.5克（图七三，10）。M34：3-2，钱币较规整，穿残，"两"字双人竖画长。钱径3、穿径0.8厘米，重5.1克（图七三，7）。M34：3-5，钱币厚重，下部存小砂眼。钱径3.1、穿径0.8厘米，重5.8克（图七三，6）。M34：3-4，钱币较大，两侧残，钱文较小，笔画圆弧。钱径3、穿径1厘米，重3.3克（图七三，1）。M34：3-6，钱币存上下茬口，整体呈灯笼状，不甚规整。钱径3、穿径0.8厘米，重3.5克（图七三，8）。M34：3-7，钱币不甚规整，钱文隶味浓，"半"字上下横画等长。钱径2.7、穿径0.9厘米，重2.8克（图七三，5）。M34：3-9，钱币较轻薄，钱文横画较短。钱径2.5、穿径0.7厘米，重1.6克（图七三，4）。M34：3-8，钱币不规整，钱币存三砂眼，笔画圆弧，大篆味浓，"半"字上下横画等长。钱径2.3、穿径0.8厘米，重1.6克（图七三，9）。M34：3-3，钱币轻薄，钱文规整，小篆味浓，"半"字上下横画等长。钱径3、穿径1厘米，重3.1克（图七三，3）。M34：3-10，钱币四周较残，形制、钱文与M34：3-3相同。钱径2.9、穿径1厘米，重1.4克（图七三，2）。

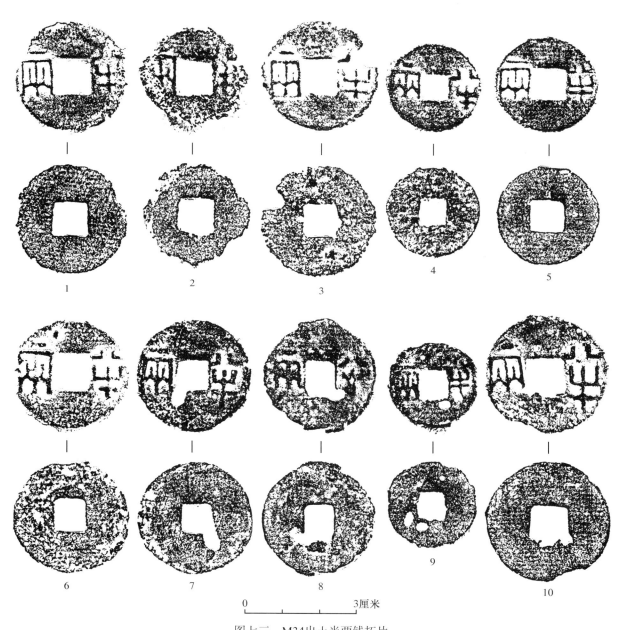

图七三　M34出土半两钱拓片

1. M34：3-4　2. M34：3-10　3. M34：3-3　4. M34：3-9　5. M34：3-7　6. M34：3-5　7. M34：3-2
8. M34：3-6　9. M34：3-8　10. M34：3-1

二八、M35

1. 墓葬形制

（1）墓葬结构

狭长形竖穴土坑墓，上部被破坏，直壁，平底，长约3.52、宽1.24～1.4、残深1.02米。墓内填黄褐色夹膏泥五花黏土，墓室底部存膏泥痕迹。墓向330°（图七四）。

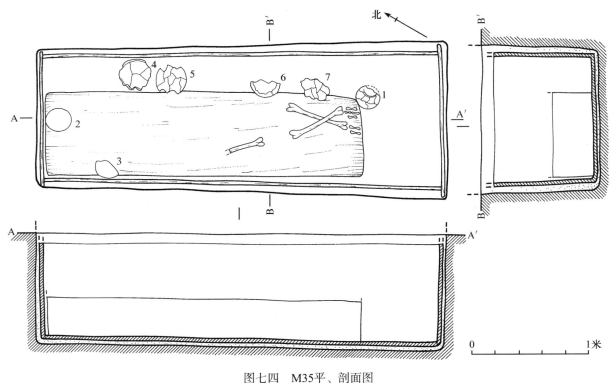

图七四　M35平、剖面图
1. 陶釜　2. 漆盘　3. 漆痕　4～7. 陶器

（2）葬具

葬具已朽，据四壁和墓底板灰痕迹推断为一椁一棺。椁室平面呈"Ⅱ"字形，长约3.44、宽约1.3、残高约0.9米，椁板厚约4厘米。木棺平面呈长方形，长约2.72、宽约0.74、残高0.38米，棺板厚约2厘米。

（3）人骨

单人葬，人骨保存极差，仅残留部分肢骨，葬式、性别、年龄不辨。

2. 随葬器物

随葬器物有陶器和漆器。陶器可辨者为釜，漆器可辨者为盘。陶器主要置于椁室东部，漆器则出土于木棺北部。墓葬被严重扰乱，器物保存极差，1件陶釜（M35：1）仅辨器形，无法提取，4件陶器器形不辨（M35：4~M35：7），2件漆器（M35：2、M35：3）仅存痕迹。

二九、M36

1. 墓葬形制

（1）墓葬结构

长方形竖穴土坑墓，上部被严重破坏，直壁，平底，长3.46、宽1.2、残深0.8米。墓内填土为黄褐色夹膏泥五花黏土，底部存膏泥痕迹。墓向334°（图七五）。

（2）葬具

葬具已朽，据四壁及墓底板灰痕迹判断为一椁一棺。椁室平面呈"Ⅱ"字形，长3.4、宽1.16、残高约0.2米，椁板厚约2厘米。木棺位于椁室东部，平面呈长方形，长2、宽0.55米，高度不详，棺板厚约3厘米。

（3）人骨

单人仰身直肢葬，双手交叉置于下腹部。人骨长约1.6米，性别、年龄不辨。

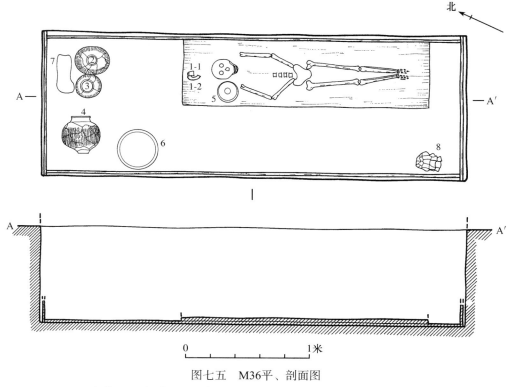

图七五　M36平、剖面图

1-1.铜铃　1-2.铜璜　2、3.陶釜　4.陶瓮　5.陶钵　6.漆盘　7.漆奁　8.陶器

2.随葬器物

随葬器物有陶器、铜器和漆器。陶器有瓮、釜和钵，铜器有铃和璜，漆器可辨器形有盘、奁。铜璜、铜铃位于棺内人骨头端，陶钵位于棺内人骨肩部，其他器物多置于椁室头端。2件釜（M36∶2、M35∶3）仅辨器形，无法提取，1件陶器器形不辨（M36∶8），2件漆器（M36∶6、M35∶7）仅存痕迹。其他器物情况如下。

陶瓮　1件。M36∶4，夹细砂灰褐陶。口微侈，圆唇，高领内敛，弧肩，鼓腹，腹部以下斜弧内收，小平底微凹，最大径在中腹部。肩部以下至近底部处饰粗绳纹。口径17.6、底径9、高32.6、最大腹径32.8厘米（图七六，1）。

陶钵　1件。M36∶5，泥质灰陶。敞口，斜沿，折腹，上腹较短，下腹较长，平底微凹。口径16、底径6.3、高5.5厘米（图七六，2）。

铜铃　1件。M36∶1-1，铃身下缘略弧，半环形纽。素面。宽5、高5.5厘米（图七六，4）。

铜璜　1件。M36∶1-2，宽拱平缓，整体大致呈圆弧状，顶部有一圆穿，两足外端上翘。其上纹饰分四组，中部及两端以凸弦纹隔开。上部饰尖角纹，下部和两侧饰直角卷云纹。一端微残。器残宽约9.2、高约4厘米，体宽1.5、厚约0.1厘米（图七六，3）。

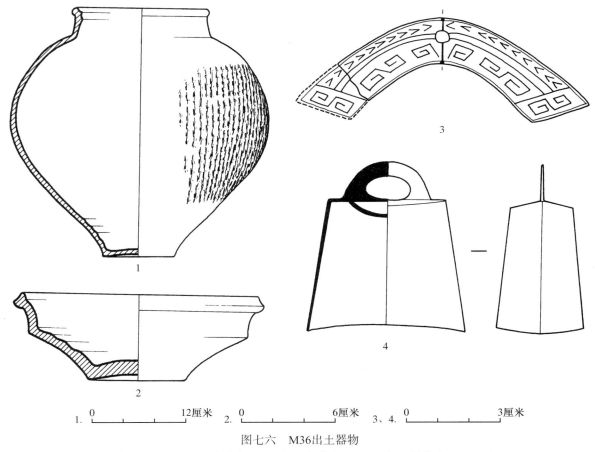

图七六　M36出土器物

1.陶瓮（M36∶4）　2.陶钵（M36∶5）　3.铜璜（M36∶1-2）　4.铜铃（M36∶1-1）

三〇、M37

1. 墓葬形制

（1）墓葬结构

近方形竖穴土坑墓，直壁，平底，长约2.3、宽约2.12、残深1.62米。墓内填土为黄褐色夹膏泥五花黏土，墓底部存膏泥痕迹。墓向310°（图七七）。

（2）葬具

葬具已朽，据四壁及墓底板灰痕迹判断为一椁一棺。木椁平面呈"Ⅱ"字形，长约2.26、

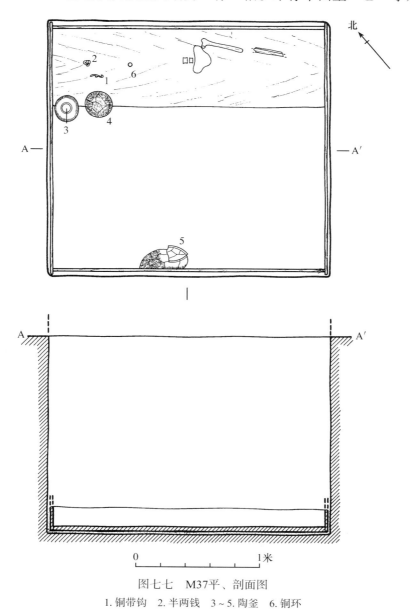

图七七　M37平、剖面图

1.铜带钩　2.半两钱　3~5.陶釜　6.铜环

宽约2.04、残高0.1米，椁板厚约2厘米。木棺位于椁室东部，平面呈长方形，长约2.2、宽约0.64米，高度及棺板厚度不详。

（3）人骨

单人仰身葬。人骨被严重扰乱，仅存盆骨和下肢骨，葬式、性别、年龄不辨。

2. 随葬器物

随葬器物有陶器、铜器和铜钱。陶器为釜，铜器为带钩和环，铜钱为半两。铜带钩、铜环和钱币位于棺内西端，陶器位于木棺西侧。

陶釜　3件。M37：3，夹细砂褐陶。侈口，卷沿，圆唇，有领，束颈，溜肩，扁鼓腹，圜底，最大径在中腹部。肩部以下饰绳纹。口径12、高15、最大腹径17.4厘米（图七八，4）。M37：5，夹细砂褐陶。口微侈，沿微斜，方唇，颈部微束，溜肩，扁弧腹，圜底，最大径在下腹部。颈部饰凹弦纹，肩部以下饰绳纹。口径13、高18、最大腹径22厘米（图七八，1）。M37：4，夹细砂褐陶。侈口，短斜沿，方唇，束颈，溜肩，弧腹，圜底，最大径在下腹部。颈部饰凹弦纹，肩部以下饰绳纹。口径10、高16.4、最大腹径19.6厘米（图七八，3）。

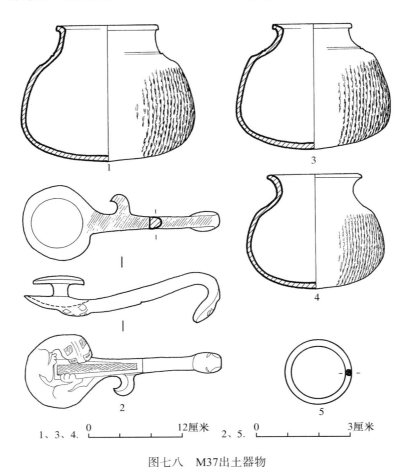

图七八　M37出土器物

1、3、4.陶釜（M37：5、M37：4、M37：3）　2.铜带钩（M37：1）　5.铜环（M37：6）

铜带钩　1件。M37：1，整体呈豹咬水禽状，豹四爪紧抓钩身，尾部上卷，带扣位于器物尾部。长6.2、宽2.4、厚0.4厘米（图七八，2；图版九六，3）。

铜环　1件。M37：6，平面呈环状，较小且截面呈圆形。外径2.1、内径1.7、厚0.2厘米（图七八，5）。

半两钱　13枚。选取标本2枚。M37：2-1，钱币上下端皆有切割痕迹，整体呈灯笼状，钱文较小，笔画圆弧，"半"字下横短，"两"字无上横。钱径2.9、穿径0.9厘米，重3.7克（图七九，1）。M37：2-2，钱币轻薄，上下端存切割痕迹，亦呈灯笼状，钱文书写随意，笔画圆弧，横画较短。钱径2.5、穿径0.7厘米，重1.7克（图七九，2）。

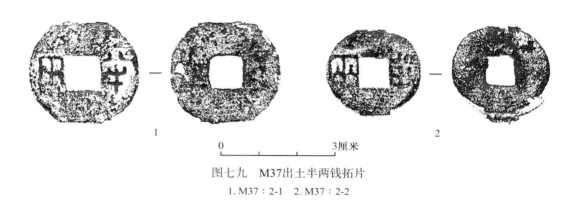

图七九　M37出土半两钱拓片
1. M37：2-1　2. M37：2-2

三一、M38

1. 墓葬形制

（1）墓葬结构

长方形竖穴土坑墓，墓葬被严重破坏，仅存北侧底部，残长1.8、宽1.28、残深约0.22米。墓内填黄褐色黏土，墓底存膏泥痕迹。墓向45°（图八〇）。

（2）葬具

葬具已朽，据墓底板灰痕迹判断为木板。其宽度与墓坑底部相同，为1.28米，长度及厚度不详。

（3）人骨

人骨不存。

2. 随葬器物

随葬器物有陶器、漆器及铜钱。陶器有瓮和釜，漆器仅存痕迹，铜钱为半两。随葬器物集主要置于墓葬北端。3件陶釜（M38：1、M38：2、M38：4）和1件陶瓮（M38：3）只辨器形，无法修复。随葬漆器（M38：6）仅存痕迹。其他随葬器物情况如下。

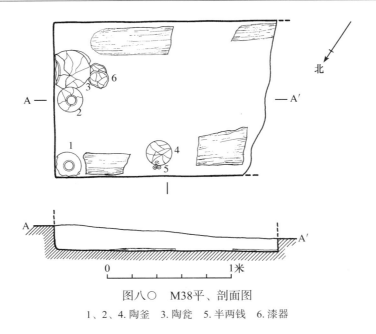

图八〇　M38平、剖面图

1、2、4.陶釜　3.陶瓮　5.半两钱　6.漆器

半两钱　6枚。其中1枚残。选取标本3枚。M38：5-1，钱币规整厚重，下部存茬口，钱文笔画较粗，字体规整，字体方折，"半"字较长，横画较短。钱径3.1、穿径1厘米，重6.4克（图八一，3）。M38：5-2，钱币厚重，钱文笔画圆弧高挺，横画较短。钱径2.7、穿径0.9厘米，重5.8克（图八一，2）。M38：5-3，钱币轻薄，右侧存砂眼，钱文浅平。钱径2.7、穿径0.7厘米，重2.2克（图八一，1）。

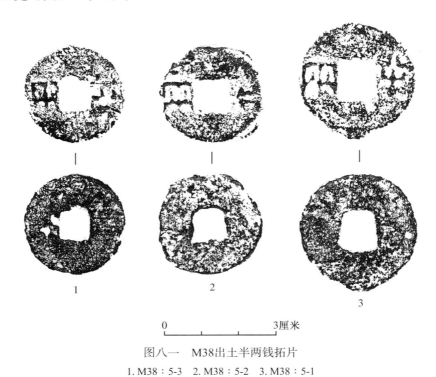

图八一　M38出土半两钱拓片

1. M38：5-3　2. M38：5-2　3. M38：5-1

三二、M39

1. 墓葬形制

（1）墓葬结构

近方形竖穴土坑墓，口部被破坏，直壁，平底，长约3、宽约2.56、残深1.24米。墓内填黄褐色夹膏泥五花黏土，墓底部存膏泥痕迹。墓向40°（图八二）。

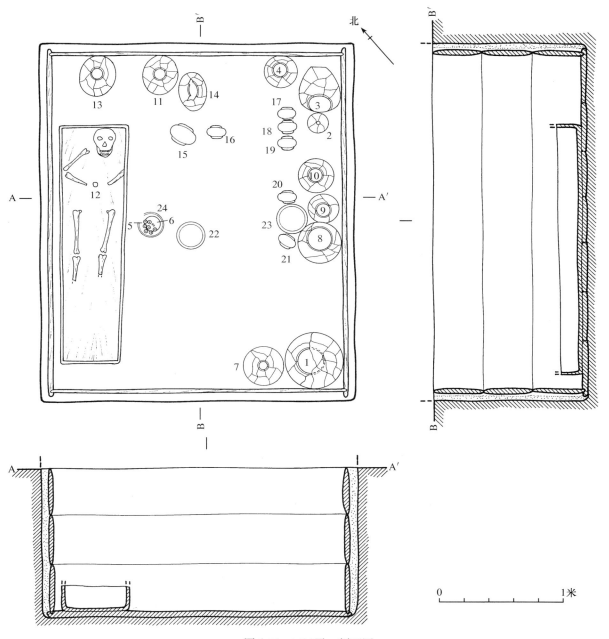

图八二　M39平、剖面图

1、3、8、14.陶瓮　2.陶豆　4、9～11、13.陶釜　5.半两钱　6.铜镜　7.陶器盖　12.铜剑首　15～21.漆耳杯　22、23.漆盘　24.漆奁

（2）葬具

葬具为一椁一棺。木椁平面呈"Ⅱ"字形，长约2.9、宽约2.24、高1.2米，椁板厚约4厘米，盖板由5块长方形木板横向平铺而成，底板由7块长方形木板横向平铺而成，侧板和挡板皆用3块长方形木板顺向竖砌而成。木棺位于椁室西部，平面呈长方形，长约2.02、宽约0.5～0.56、残高0.2米，棺板厚约2厘米。椁板外侧施厚约6厘米的膏泥。

（3）人骨

单人仰身直肢葬，上肢交叉置于腹部。人骨长约1.3米，性别、年龄不辨。

2. 随葬器物

随葬器物有陶器、漆器、铜器和铜钱。陶器有瓮、釜、豆和器盖，漆器有奁、耳杯和盘，铜器有镜和剑首，铜钱为半两。铜剑首置于棺内人骨腹部，其他器物置于椁室东部和中部。1件陶器盖（M39：7）和10件漆器（M39：15～M39：24）仅辨器形，无法提取。其他器物情况如下。

陶瓮　4件。M39：3，夹细砂灰陶。口微侈，圆唇，高领内敛，圆肩，弧腹，腹部以下斜

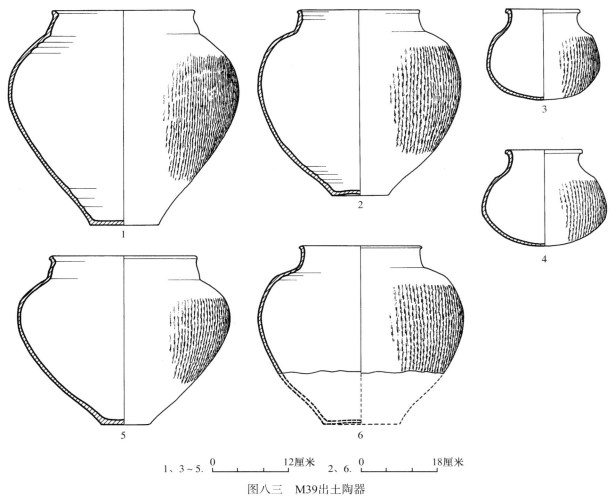

1、3～5.　0 ━━━━━━━ 12厘米　　2、6.　0 ━━━━━━━ 18厘米

图八三　M39出土陶器

1、2、5、6.瓮（M39：3、M39：14、M39：8、M39：1）　3、4.釜（M39：10、M39：9）

弧内收，小平底，最大径在肩部。肩部以下至近底部饰绳纹。口径22.8、底径11、高36、最大肩径37厘米（图八三，1）。M39：8，夹细砂灰陶。形制、纹饰与M39：3相同。口径24、底径8、高28、最大肩径34厘米（图八三，5）。M39：14，夹细砂灰陶。形制、纹饰与M39：3相同。口径29.6、底径14、高46.8、最大肩径48.6厘米（图八三，2）。M39：1，夹细砂灰陶。直口，圆唇，高领，溜肩，鼓腹，腹部以下斜弧内收，小平底，最大径在上腹部。肩部以下至近底部饰绳纹。口径29.4、底径18、残高32、最大腹径49.2厘米（图八三，6）。

陶釜　5件。M39：10，夹细砂灰陶。口微侈，沿略斜，方唇，束颈，溜肩，腹部圆鼓，圜底较甚，最大径在下腹部。肩部以下饰绳纹。口径12、高15、最大腹径18厘米（图八三，3）。M39：9，夹细砂灰陶。口微侈，沿略斜，方唇，束颈，溜肩，腹部外鼓较甚，圜底，最大径在下腹部。肩以下饰绳纹。口径12.5、高16、最大腹径20厘米（图八三，4）。M39：4，夹细砂灰陶。形制、纹饰与M39：9相同。口径13.2、高24、最大腹径28厘米（图八四，2）。M39：11，夹细砂灰陶。口微侈，沿略斜，方唇，束颈，溜肩，腹部圆

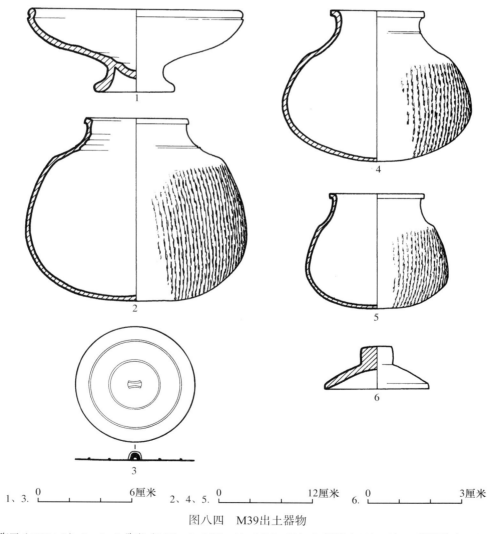

图八四　M39出土器物

1. 陶豆（M39：2）　2、4、5. 陶釜（M39：4、M39：11、M39：13）　3. 铜镜（M39：6）　6. 铜剑首（M39：12）

鼓较高，圜底近平，最大径在下腹部。颈部有一周弦纹，肩以下饰绳纹。口径12、高20、最大腹径24厘米（图八四，4）。M39：13，夹细砂灰陶。口微侈，沿略斜，方唇，颈微束，溜肩，弧腹微鼓，圜底近平，最大径在下腹部。肩以下饰绳纹。口径12、高15、最大腹径18厘米（图八四，5）。

陶豆　1件。M39：2，夹细砂灰褐陶。口近直，圆唇，腹部斜弧内收，平底微凹，矮圈足。口径13.8、足径5.2、高5.4厘米（图八四，1）。

铜镜　1件。M39：6，平面呈圆形，桥形纽。镜背饰两周凸弦纹。直径7.6、厚0.1厘米（图八四，3）。

铜剑首　1件。M39：12，柄部呈实心圆形。底径3.3、高1.4厘米（图八四，6）。

半两钱　7枚。其中5枚较残，选取标本1枚。M39：5-1，钱币不甚规整，右侧存茬口，钱文高挺，横画较短。钱径3.1、穿径1厘米，重3.7克（图八五）。

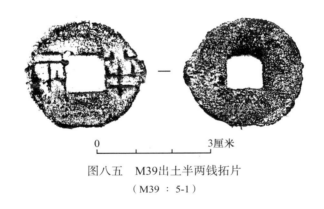

0 　　　　　 3厘米

图八五　M39出土半两钱拓片
（M39：5-1）

三三、M40

1. 墓葬形制

（1）墓葬结构

近方形竖穴土坑墓，上部被破坏，直壁，平底，长约3.32、宽约2.68、残深0.92米。墓内填黄褐色夹膏泥五花黏土，底部存膏泥痕迹。墓向41°（图八六；图版二五，1）。

（2）葬具

葬具已朽，据四壁及墓底板灰痕迹判断为一椁一棺。木椁平面呈"Ⅱ"字形，长约3.2、宽约2.54、残高0.92米，椁板厚约4厘米。木棺位于椁室东部，平面呈长方形，长约1.92、宽约0.46、残高约0.2米，棺板厚4～6厘米。

（3）人骨

单人仰身直肢葬，双手交叉置于腹部。人骨长度约1.54米，性别不辨，据牙齿磨损度判断年龄约25岁。

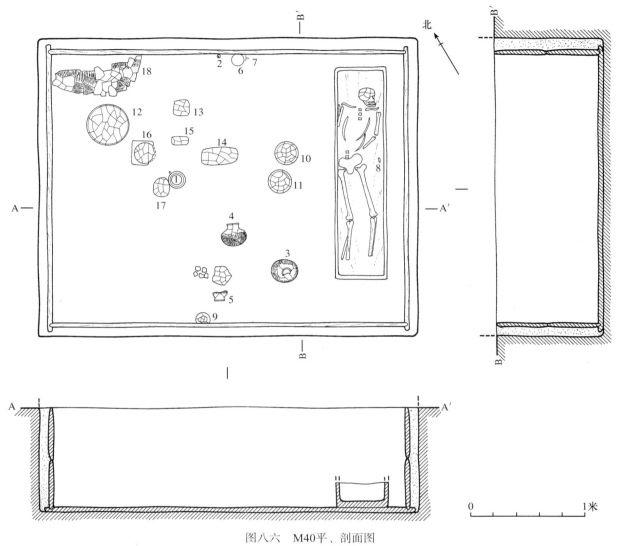

图八六　M40平、剖面图

1.铜鍪　2.半两钱　3~5.陶釜　6.陶饼　7.铜剑首　8.铜箭镞　9.陶豆　10、11、13、14、16、17.漆盘
12.漆盆　15.漆耳杯　18.陶瓮

2. 随葬器物

随葬器物有陶器、铜器、漆器和铜钱。陶器有釜、瓮、豆和饼，铜器有鍪、剑首和箭镞，漆器有盆、盘和耳杯，铜钱为半两。铜箭镞位于棺内人骨东侧，其他器物置于椁室中、西部。随葬陶器中1件陶釜（M40：5）和1件陶瓮（M40：18）仅辨器形，无法修复，随葬漆器（M40：13~M40：17）仅存痕迹，6件漆盘（M40：10、M40：11、M40：13、M40：14、M40：16、M40：17）和1件漆盆（M40：12）仅辨器形，无法提取（图版二五，2）。其他器物情况如下。

陶釜　2件。M40：3，夹细砂灰陶。口微侈，沿微斜，方唇，束颈，溜肩，鼓腹下垂，圜底较甚，最大径在下腹部。颈部饰凹弦纹，肩部以下饰绳纹。口径12.8、高20、最大腹径20.6

厘米（图八七，2；图版二六，1）。M40：4，夹细砂灰陶。形制与M40：3相同。颈部有一长方形戳印痕迹，印文漫漶不清。颈部饰一周凹弦纹，肩以下饰绳纹。口径12.3、高20、最大腹径22.8厘米（图八七，1；图版二六，2）。

陶豆　1件。M40：9，夹细砂褐陶。口微侈，圆唇，弧腹斜收，平底微凹，矮圈足。口径14.8、足径5.6、高5.8厘米（图八七，3；图版二六，3）。

陶饼　1件。M40：6，泥质灰陶。平面呈圆形。直径11、厚1.5厘米（图八七，7；图版二六，4）。

铜鍪　1件。M40：1，侈口，斜沿，长颈，溜肩，扁鼓腹，圜底近平，最大径在下腹部。肩腹部交接处存一辫索状环形耳。口径10.2、高12.4、最大腹径14.6厘米（图八七，5；图版二六，5）。

铜剑首　1件。M40：7，尾部呈圆形，柄部呈圆筒状。底径3.6、高1.9厘米（图八七，4）。

铜箭镞　1件。M40：8，镞身呈三角棱形，下部呈圆柱状。长3.8、宽1.15、厚1厘米（图八七，6；图版二六，6）。

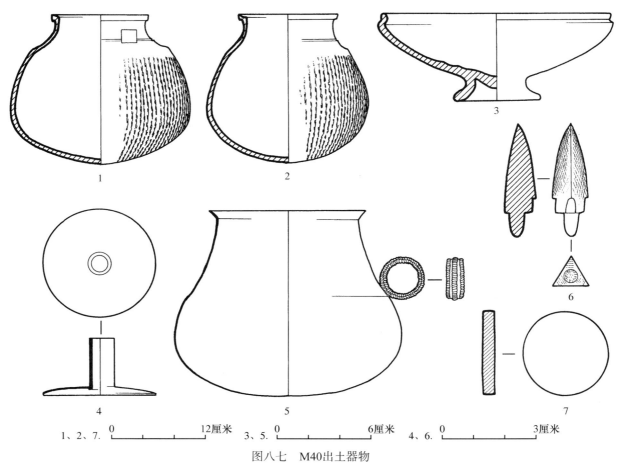

图八七　M40出土器物

1、2.陶釜（M40：4、M40：3）　3.陶豆（M40：9）　4.铜剑首（M40：7）　5.铜鍪（M40：1）

6.铜箭镞（M40：8）　7.陶饼（M40：6）

半两钱 2枚。M40：2-1，钱币不甚规整，钱文笔画圆弧，横画较短。钱径2.6、穿径0.9厘米，重1.8克（图八八，1）。M40：2-2，形制、钱文与M40：2-1相同。钱径2.5、穿径1厘米，重2.6克（图八八，2）。

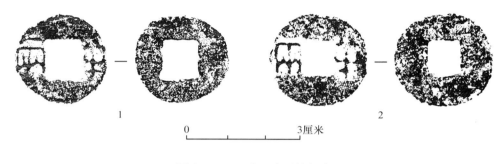

图八八 M40出土半两钱拓片
1. M40：2-1 2. M40：2-2

三四、M41

1. 墓葬形制

（1）墓葬结构

狭长形竖穴土坑墓，上部被破坏，直壁，平底，长3.3、宽1.05、残高0.25米。填土为灰褐色夹膏泥黏土。墓向335°（图八九）。

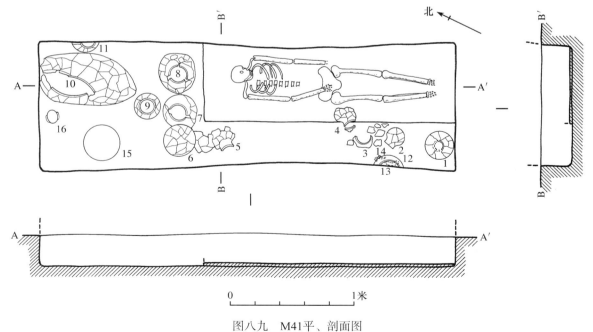

图八九 M41平、剖面图
1~9、11. 陶釜 10. 陶瓮 12. 铁器 13. 铜璜、铜铃 14. 铜带钩 15. 漆盘 16. 漆耳杯

（2）葬具

葬具已朽，墓底东南部有木棺板灰痕迹。据木棺板灰痕迹测量，木棺长2、宽0.6米，棺板厚约2厘米。棺底部存膏泥痕迹。

（3）人骨

单人仰身直肢葬，双手交叉置于腹部。人骨长1.66米，性别不辨，牙齿五度磨损，推测年龄40～50岁。

2. 随葬器物

随葬器物有陶器、铜器、铁器和漆器。陶器有瓮和釜，铜器有带钩、璜和铃，铁器器形不可辨，漆器有盘和耳杯。随葬器物均放置于棺外，陶瓮、陶釜和漆器置于墓坑北端，铜器、铁器和部分陶釜置于木棺外西侧。2件陶釜（M41：1、M41：6）仅辨器形，1件铁器（M41：12）仅辨质地，2件漆器（M41：15、M41：16）仅存痕迹，均无法提取。其他器物情况如下。

陶釜　8件。M41：2，夹细砂灰陶。侈口，卷沿，圆唇，束颈，溜肩，圆鼓腹，圜底较甚，最大径在中腹部。肩部以下饰绳纹。口径12.6、高18.6、最大腹径19.6厘米（图九〇，7）。M41：5，夹细砂黄褐陶。侈口，卷沿，圆唇，束颈，溜肩，鼓腹，圜底，最大径在中腹部。口径11、高15.4、最大腹径17.4厘米（图九〇，2）。M41：3，夹细砂灰陶。侈口，卷沿，圆唇，束颈，溜肩，扁鼓腹，圜底，最大径在下腹部。肩部以下饰绳纹。口径11.8、高15.6、最大腹径18.4厘米（图九〇，5）。M41：9，夹细砂黄褐陶。形制、纹饰与M41：3相同。口径11.8、高16、最大腹径18.8厘米（图九〇，1）。M41：11，夹细砂黄褐陶。形制、纹饰与M41：3相同。口径11.8、高16.6、最大腹径18.4厘米（图九〇，4）。M41：4，夹细砂灰陶。形制、纹饰与M41：3相同。肩部有长1.6、宽0.8厘米的长方形印痕，但印纹漫漶不辨。口径12.6、高18.6、最大腹径21.6厘米（图九〇，8）。M41：7，夹细砂黄褐陶。口微侈，沿微斜，方唇，束颈，溜肩，鼓腹下垂，圜底，最大径在下腹部。颈部饰一周凹弦纹，颈部以下饰绳纹。口径13.4、高21、最大腹径25.2厘米（图九〇，6）。M41：8，夹细砂黄褐陶。口微侈，沿略斜，方唇，束颈，溜肩，圆鼓腹，圜底，最大径在中腹部。口径13.8、高22.4、最大腹径24.4厘米（图九〇，3）。

陶瓮　1件。M41：10，泥质灰陶。直领，口微侈，圆唇，鼓腹较甚，腹部以下斜弧内收，小平底，最大径在中腹部。肩部以下至近底部饰绳纹。口径31.4、底径14、高64、最大腹径56厘米（图九一，1）。

铜带钩　1件。M41：14，尾部残，整体呈曲棒状，钩身略弯曲。残长6.3、宽1.1、厚0.3厘米（图九一，2）。

铜璜　1件。M41：13-1，宽拱平缓，整体大致呈圆弧状，顶部有一圆穿，两足外端上翘。其上纹饰分上下组，中部以凸弦纹隔开。上下皆饰尖角卷云纹。器残宽约9、高约4厘米，体宽约2、厚0.1厘米（图九一，3）。

铜铃　1件。M41：13-2，铃身下缘弧度较甚，半环形纽。宽4.8、高4.6厘米（图九一，4）。

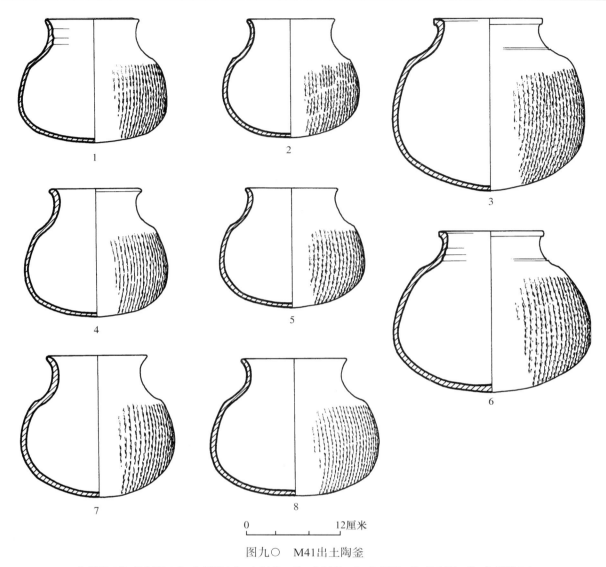

图九〇 M41出土陶釜

1. M41：9 2. M41：5 3. M41：8 4. M41：11 5. M41：3 6. M41：7 7. M41：2 8. M41：4

三五、M42

1. 墓葬形制

（1）墓葬结构

长方形竖穴土坑墓，上部被破坏，直壁，平底，长约3.52、宽约1.26、残深0.4米。墓内填黄褐色夹膏泥五花黏土，底部存膏泥痕迹。墓向325°（图九二；图版二七，1）。

（2）葬具

葬具已朽，据墓底板灰痕迹判断为木棺，位于墓坑西南部。木棺平面呈长方形，长约

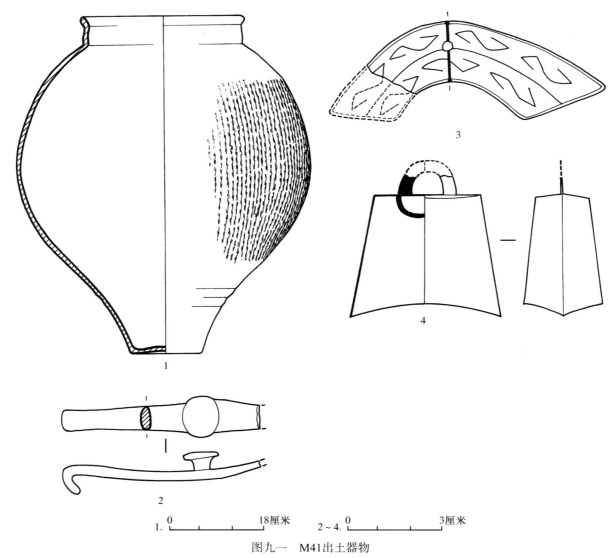

图九一　M41出土器物

1.陶瓮（M41：10）　2.铜带钩（M41：14）　3.铜璜（M41：13-1）　4.铜铃（M41：13-2）

2.04、宽约0.76米，高度不详，木棺底板厚约6厘米。

（3）人骨

单人仰身直肢葬。人骨长约1.8米，据盆骨形制判断为男性，据牙齿磨损度判断年龄在40～50岁。

2. 随葬器物

随葬器物有陶器、铜器和漆器（图版二七，2）。陶器有瓮、釜和罐，铜器为带钩，漆器为案，另随葬狗骨1副。随葬器物主要置于墓葬头端，狗骨置于木棺东侧。2件陶釜（M42：4、M42：7）和1件漆案（M42：10）仅辨器形，无法提取。其他器物情况如下。

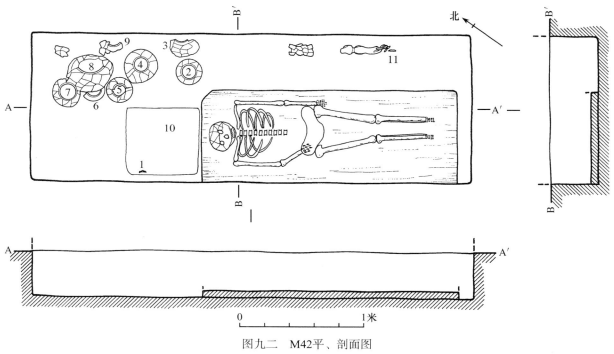

图九二 M42平、剖面图

1. 铜带钩 2～5、7、9. 陶釜 6. 陶罐 8. 陶瓮 10. 漆案 11. 狗骨

陶瓮 1件。M42：8，夹细砂灰褐陶。口微侈，斜方唇，高领，溜肩，圆鼓腹，腹部以下斜弧内收，小平底，最大径在上腹部。肩部以下至近底部处饰粗绳纹。口径27.8、底径13.6、高44、最大腹径42.8厘米（图九三，4；图版二八，1）。

陶釜 4件。M42：2，泥质灰陶。侈口，卷沿，圆唇，高领，溜肩，扁鼓腹，圜底，最大径在中腹部。肩部以下饰绳纹。口径12、高15.2、最大腹径16.8厘米（图九三，6；图版二八，2）。M42：5，夹细砂灰陶。口微侈，沿略斜，圆唇，束颈，溜肩，圆弧腹，圜底，最大径在中腹部。颈部饰凹弦纹，肩部以下饰中绳纹。口径11.6、高20.2、最大腹径21.2厘米（图九三，2）。M42：3，夹细砂灰陶。口微侈，沿略斜，方唇，束颈，溜肩，弧腹，下腹外鼓较甚，圜底，最大径在下腹部。颈部饰凹弦纹，肩部以下饰中绳纹。口径13、高19.4、最大腹径24.4厘米（图九三，1；图版二八，3）。M42：9，夹细砂灰陶。口微侈，沿略斜，方唇，束颈，溜肩，弧腹较高，圜底，最大径在下腹部。轮制，颈部饰凹弦纹，肩部以下饰中绳纹。口径12、高19.6、最大腹径21.2厘米（图九三，3；图版二八，4）。

陶罐 1件。M42：6，夹砂褐陶。直口，圆唇，高领，圆肩，弧腹，腹部以下斜直内收，平底，最大径在肩部。口径11.2、底径6、高9.5、最大肩径14.8厘米（图九三，5；图版二八，5）。

铜带钩 1件。M42：1，整体呈水禽状，腹部极短。长3.1、宽0.6～1.5、厚0.2～0.6厘米（图九三，7；图版二八，6）。

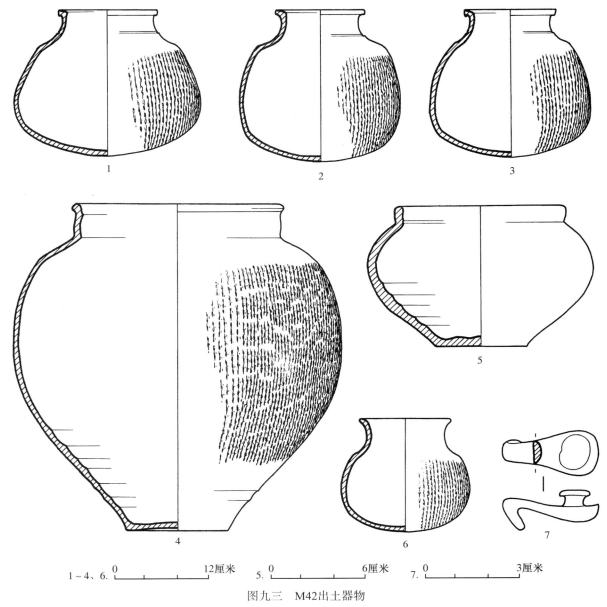

图九三　M42出土器物

1～3、6.陶釜（M42：3、M42：5、M42：9、M42：2）　4.陶瓮（M42：8）　5.陶罐（M42：6）　7.铜带钩（M42：1）

三六、M43

1. 墓葬形制

（1）墓葬结构

长方形竖穴土坑墓，上部被破坏，直壁，平底，长3.54、宽1.32、残深0.7米。墓内填土为黄褐色夹膏泥五花黏土，墓室底部存膏泥痕迹。墓向10°（图九四）。

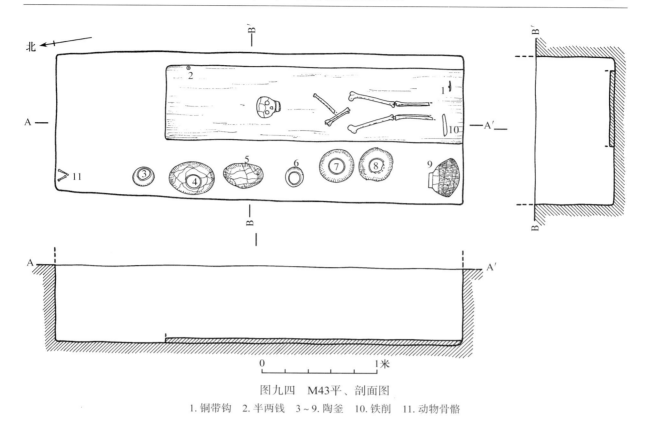

图九四 M43平、剖面图

1.铜带钩 2.半两钱 3~9.陶釜 10.铁削 11.动物骨骼

（2）葬具

葬具已朽，据墓底板灰痕迹推定为木棺，位于墓坑东南部。木棺平面呈长方形，长2.6、宽0.66米，高度不详，木棺底板厚约4厘米。

（3）人骨

单人仰身直肢葬。人骨长约1.5米，性别不辨，据牙齿磨损度判断年龄在30～35岁。

2. 随葬器物

随葬器物有陶器、铜器、铁器和铜钱。陶器为釜，铜器为带钩，铁器为削，铜钱为半两。陶器主要置于木棺西侧，铜钱置于木棺北端，铜器和铁器置于棺内南端。墓坑西北角存少量动物骨。2件陶釜（M43：6、M43：7）和铜钱（M43：2）仅辨器形，无法提取。其他器物情况如下。

陶釜 5件。M43：3，夹细砂灰陶。侈口，卷沿，圆唇，高领，溜肩，圆鼓腹，圜底，最大径在下腹部。肩部以下饰绳纹。口径10、高14.4、最大腹径16厘米（图九五，1）。M43：9，夹细砂灰陶。侈口，卷沿，圆唇，束颈，领较矮，溜肩，扁鼓腹，圜底，最大径在下腹部。颈部饰凹弦纹，肩部以下饰绳纹。口径11.6、高17.2、最大腹径23.2厘米（图九五，5）。M43：4，夹细砂灰陶。口微侈，短沿略斜，方唇，束颈，溜肩，鼓腹下垂，圜底，最大径在下腹部。颈部饰凹弦纹，肩部以下饰中绳纹。口径15.6、高29.8、最大腹径35.6厘米（图九五，4）。M43：5，夹细砂灰陶。形制、纹饰与M43：4相同。口径14.2、高24.4、最大腹径

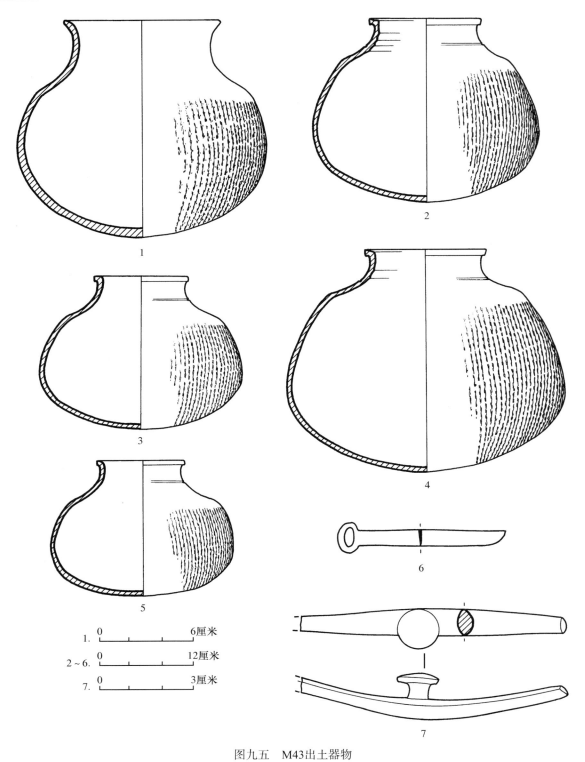

图九五　M43出土器物

1～5.陶釜（M43：3、M43：5、M43：8、M43：4、M43：9）　6.铁削（M43：10）　7.铜带钩（M43：1）

28.8厘米（图九五，2）。M43：8，夹细砂灰陶。直口，平沿，方唇，束颈，溜肩，扁弧腹，下腹外张较甚，圜底，最大径在下腹部。颈部饰凹弦纹，肩部以下饰绳纹。口径12、高21.5、最大腹径25.6厘米（图九五，3）。

铜带钩　1件。M43：1，钩部残，整体呈曲棒状，钩身略弯曲。残长8.5、宽0.5～0.9、厚0.5厘米（图九五，7）。

铁削　1件。M43：10，环首，弧刃。长21.5、宽2.2厘米（图九五，6）。

三七、M44

1. 墓葬形制

（1）墓葬结构

近方形竖穴土坑墓，上部被破坏，长约3.08、宽约2.92、残深1.34米。墓坑四壁在墓口以下约0.52米处内收成宽0.04～0.18、高0.86米的生土二层台。墓内填黄褐色夹膏泥五花黏土，墓底部存膏泥痕迹。墓向23°（图九六；图版二九，1）。

（2）葬具

葬具已朽，据墓底板灰痕迹判断为一椁一棺（图版二九，2）。椁室平面呈"Ⅱ"字形，长约2.62、宽约2.6、残高0.86米，椁板厚约4厘米。木棺位于椁室东侧，平面呈长方形，长约2.12、宽约0.58、残高0.26米，棺底板厚约6厘米。

（3）人骨

单人仰身直肢葬。人骨长约1.76米，性别、年龄不辨。

2. 随葬器物

随葬器物有陶器和漆器。陶器有瓮、釜、豆和器盖，漆器可辨者有盘、案、盒、奁和耳杯等，漆案附近存少量猪骨。随葬陶器中仅1件豆置于棺内人骨肩部西侧，其他器物置于椁室中部和南部。随葬漆器主要置于椁室北部。7件陶釜（M44：1、M44：5～M44：7、M44：9、M44：15、M44：16）和1件陶器盖（M44：13）仅辨器形，无法提取。随葬漆器（M44：18～M44：26）仅存痕迹。其他器物情况如下。

陶瓮　3件。M44：11，夹细砂灰褐陶。轮制。直口，圆唇，高领，圆肩，弧腹，腹部以下斜弧内收，小平底微凹，最大径在肩部。肩部以下至近底部饰绳纹。口径28.6、底径13、高44、最大肩径46.8厘米（图九七，2）。M44：12，夹细砂灰褐陶。口微敛，圆唇，高领，弧肩，鼓腹，腹部以下斜弧内收，小平底微凹，最大径在上腹部。肩部以下至近底部饰绳纹。口径22.4、底径11.4、高35.8、最大腹径35.2厘米（图九七，1；图版三〇，1）。M44：14，夹细砂灰褐陶。形制、纹饰与M44：12相同。口径22.8、底径11.2、高34、最大腹径34.6厘米（图九七，3）。

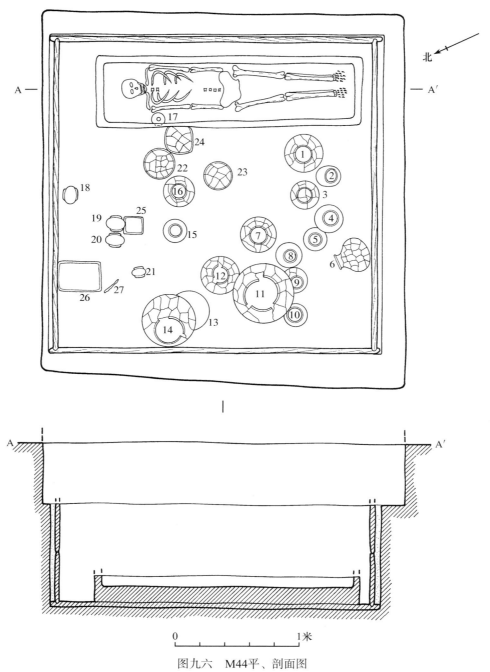

北

图九六　M44平、剖面图

1~10、15、16.陶釜　11、12、14.陶瓮　13.陶器盖　17.陶豆　18~21.漆耳杯　22、23.漆盘
24.漆奁　25.漆盒　26.漆案　27.猪骨

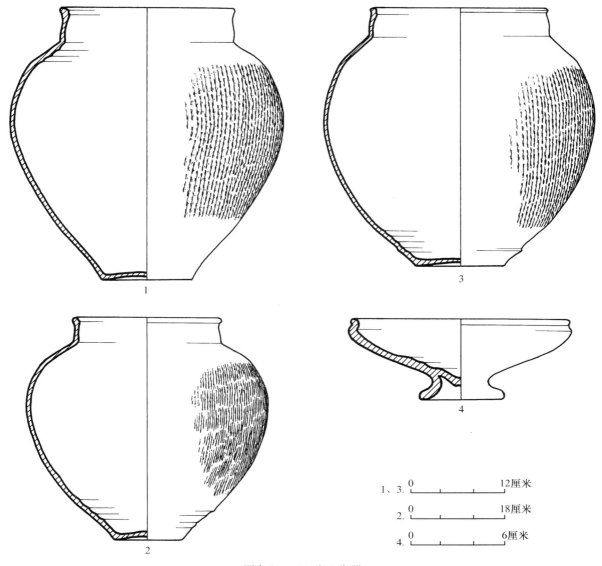

图九七 M44出土陶器
1~3.瓮（M44：12、M44：11、M44：14） 4.豆（M44：17）

陶釜 5件。M44：2，夹细砂灰陶。侈口，卷沿，圆唇，有领，束颈，溜肩，扁鼓腹，圜底，最大径在下腹部。肩部以下饰绳纹。口径12、高14.4、最大腹径18厘米（图九八，3；图版三〇，3）。M44：3，夹细砂灰陶。口微侈，短沿略斜，方唇，束颈，溜肩，鼓腹下垂，圜底，最大径在下腹部。颈部饰凹弦纹，肩部以下饰绳纹。口径12.4、高19.6、最大腹径23厘米（图九八，1；图版三〇，4）。M44：8，夹细砂灰褐陶。形制、纹饰与M44：3相同。口径11.6、高18.4、最大腹径20.8厘米（图九八，2）。M44：4，夹细砂灰陶。口微侈，沿微斜，方唇，束颈，溜肩，腹部扁圆，外鼓较甚，圜底，最大径在下腹部。颈部饰凹弦纹，肩部以下饰绳纹。口径13、高17.5、最大腹径21.6厘米（图九八，4；图版三〇，5）。

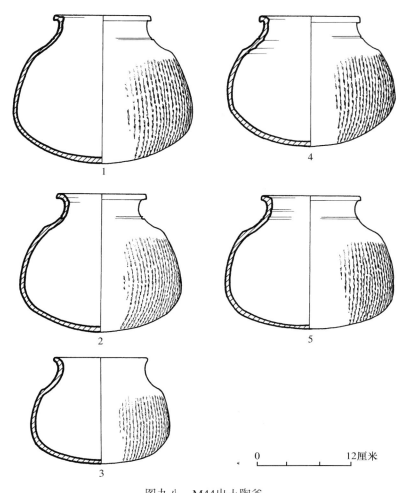

图九八　M44出土陶釜

1. M44：3　2. M44：8　3. M44：2　4. M44：4　5. M44：10

M44：10，夹细砂灰陶。口微侈，沿微斜，方唇，束颈，溜肩，弧腹较高，圜底近平，最大径在下腹部。颈部饰凹弦纹，肩部以下饰绳纹。口径12.8、高17.8、最大腹径21.6厘米（图九八，5；图版三〇，6）。

　　陶豆　1件。M44：17，夹细砂灰陶。敞口，圆唇，腹部斜弧内收，平底微凹，矮圈足。口径14、足径5.5、高5.3厘米（图九七，4；图版三〇，2）。

三八、M45

1. 墓葬形制

（1）墓葬结构

长方形竖穴土坑墓，上部被破坏，直壁，平底，长3.3、宽1.34、残深1.6米。墓内填土为黄褐色夹膏泥五花黏土，墓底部存膏泥痕迹。墓向330°（图九九）。

（2）葬具

葬具已朽，据四壁及墓底板灰痕迹判断为一椁一棺。椁室平面呈"Ⅱ"字形，长3.26、宽1.3、高0.8米，椁板厚约4厘米。木棺位于椁室西南部，平面呈长方形，长1.86、宽0.66米，高度不详，木板厚约2厘米。

（3）人骨

单人仰身直肢葬。人骨长约1.7米，性别、年龄不辨。

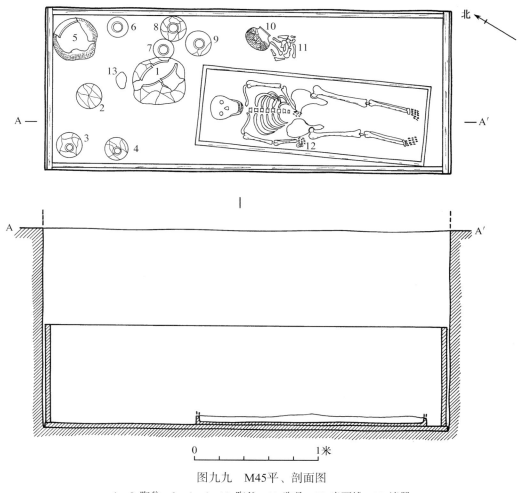

图九九　M45平、剖面图

1、5.陶瓮　2～4、6～10.陶釜　11.狗骨　12.半两钱　13.漆器

2. 随葬器物

随葬器物有陶器、漆器和铜钱。陶器为瓮和釜，漆器器形不辨，铜钱为半两，另存狗骨1副。随葬器物主要置于椁室北端，狗骨和1件陶釜置于木棺东侧，钱币置于棺内人骨右侧指骨旁。随葬陶器中7件釜（M45：2～M45：4、M45：6～M45：8、M45：10）仅辨器形，无法修

复，随葬漆器（M45：13）仅存痕迹。其他器物情况如下。

陶瓮　2件。M45：1，夹砂红褐陶。口微侈，圆唇，高领，圆肩，鼓腹，腹部以下斜弧内收，小平底微凹，最大径在上腹部。肩部以下至近底部饰粗绳纹。口径22、底径11.2、高29.2、最大腹径31.4厘米（图一○○，2）。M45：5，夹砂红褐陶。形制、纹饰与M45：1相同。口径27、底径14.4、高39.6、最大腹径41厘米（图一○○，3）。

陶釜　1件。M45：9，夹细砂褐陶。口微侈，沿略侈，尖圆唇，束颈，溜肩，弧腹，圜底近平，最大径在下腹部。肩部以下饰绳纹。口径14、高21、最大腹径24.8厘米（图一○○，1）。

半两钱　15枚。其中4枚较残。选取标本2枚。M45：12-1，钱币规整，左侧残，钱文笔画方折，横画较短。钱径3.1、穿径0.9厘米，残重3.1克（图一○一，1）。M45：12-2，钱币规整，钱文高挺，笔画圆弧，"半"字下横画较短，"两"字上横画长不及肩，双人竖画较长。钱径2.9、穿径0.8厘米，重3克（图一○一，2）。

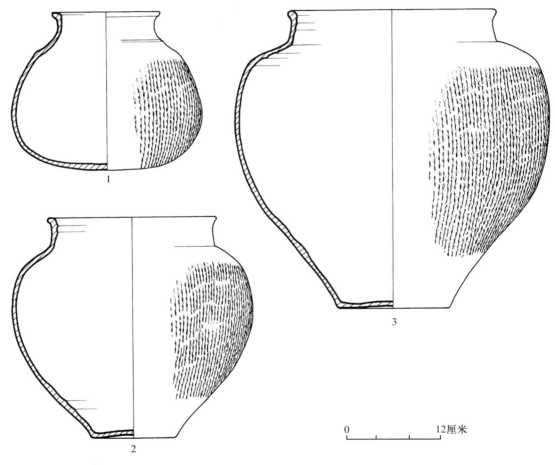

图一○○　M45出土陶器
1. 釜（M45：9）2、3. 瓮（M45：1、M45：5）

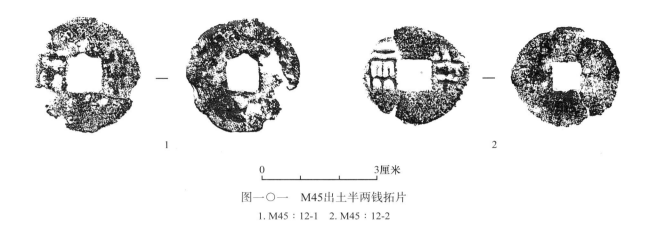

图一〇一 M45出土半两钱拓片
1. M45：12-1 2. M45：12-2

三九、M46

1. 墓葬形制

（1）墓葬结构

长方形竖穴土坑墓，口部被破坏，直壁，平底，长3.4、宽1.6、残深2.53米。墓内填黄褐色五花土夹膏泥黏土，墓底部存膏泥痕迹。墓向115°（图一〇二；图版三一，1）。

（2）葬具

葬具已朽，据墓壁及墓底板灰痕迹推断为一椁一棺。椁室平面呈长方形，长约3.3、宽约1.55、高1.12米，椁板厚约2厘米。木棺位于椁室西部，平面呈长方形，长约2.18、宽约0.65米，高度不详，棺板厚约1厘米。

（3）人骨

单人葬。人骨保存极差，仅残留少量牙齿和下肢痕迹。性别不辨，据牙齿磨损度判断墓主已成年。

2. 随葬器物

随葬器物有陶器、铜器、骨器、漆器和铜钱（图版三一，2）。陶器有瓮和釜，铜器有带钩、璜和铃，骨器为牌饰，漆器仅存痕迹，器形不辨，铜钱为半两，另存狗骨1副。随葬陶器置于椁室东南角和西南角，铜璜、铜铃及骨牌饰散落于木棺两端及北侧，漆器和狗骨置于木棺南侧，钱币位于棺内人骨上部位置。随葬器物中铜璜、铜铃与骨牌饰成套共出（M46：11），但铜璜、铜铃仅存痕迹，无法提取。随葬漆器（M46：14）仅存痕迹。其他器物情况如下。

陶釜 9件。M46：9，夹细砂褐陶。直口，平沿，尖圆唇，束颈，溜肩，圆鼓腹，圜底，最大径在中腹部。肩部以下饰绳纹。口径11.6、高23.2、最大腹径25.6厘米（图一〇三，3；图版三三，2）。M46：2，夹细砂灰陶。口微侈，沿略斜，斜方唇，束颈，溜肩，鼓腹下垂，

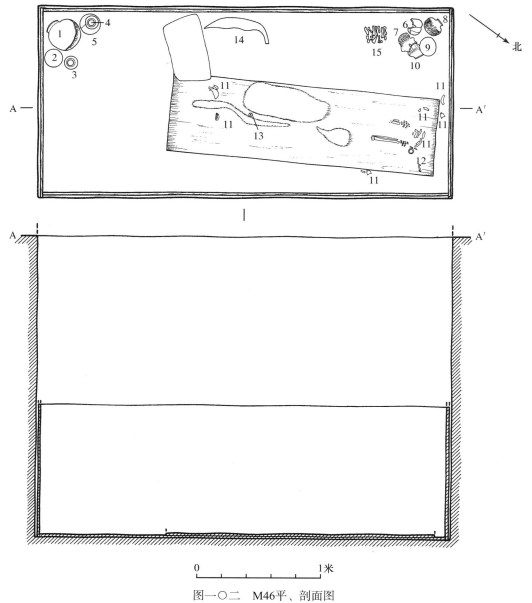

图一〇二　M46平、剖面图

1.陶瓮　2~10.陶釜　11.骨牌饰　12.铜带钩　13.半两钱　14.漆器　15.狗骨

圜底，最大径在下腹部。肩部以下饰绳纹。口径14.4、高26.4、最大腹径29.6厘米（图一〇三，7；图版三二，1）。M46：5，夹细砂褐陶。形制、纹饰与M46：2相同。口径12、高21.8、最大腹径24厘米（图一〇三，1；图版三二，4）。M46：8，陶质陶色、形制、纹饰与M46：2相同。口径12.2、高20.4、最大腹径23.6厘米（图一〇三，5）。M46：7，夹细砂灰陶。口微侈，沿略斜，方唇，束颈，溜肩，扁弧腹，下腹外鼓较甚，圜底，最大径在下腹部。肩部以下饰绳纹。口径12.4、高22、最大腹径26厘米（图一〇三，6）。M46：10，夹细砂灰陶。口微侈，沿微斜，方唇，束颈，溜肩，弧腹甚扁，圜底近平，最大径在下腹部。肩部以下饰粗绳纹。口径12.4、高21.6、最大腹径23.6厘米（图一〇三，4）。M46：6，夹细砂灰陶。形制、纹饰与M46：10相同。口径12.4、高23、最大腹径24.6厘米（图一〇三，2；图版三三，1）。M46：3，夹细砂灰陶。侈口，卷沿，圆唇，有领，束颈，溜肩，扁鼓腹，圜底，最大径在中腹部。肩部以下饰绳纹。口径11.4、高15.5、最大腹径18厘米（图一〇四，5；图版三二，2）。M46：4，夹细砂褐陶。形制、纹饰与M46：3相同。口径11.6、高15.6、最大腹径17.6厘米（图一〇四，6；图版三二，3）。

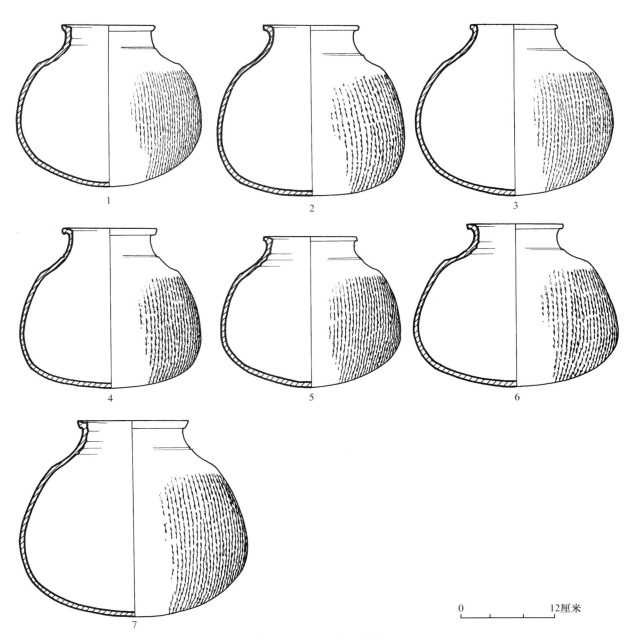

图一〇三　M46出土陶釜

1. M46：5　2. M46：6　3. M46：9　4. M46：10　5. M46：8　6. M46：7　7. M46：2

陶瓮　　1件。M46∶1，夹细砂灰陶。口微侈，圆唇，高领，溜肩，鼓腹，腹部以下斜弧内收，小平底，最大径在中腹部。肩部以下至近底部饰粗绳纹。口径27.8、底径12.6、高44.2、最大腹径46.2厘米（图一〇四，1）。

铜带钩　　1件。M46∶12，钩身后部残，整体呈曲棒状，略弯曲。残长7、宽0.7~0.9、厚0.4厘米（图一〇四，2；图版三三，4）。

骨牌饰　　2件。M46∶11-1、M46∶11-2，原与铜璜、铜铃成组出土，可提取者仅骨牌饰2件。2件骨牌饰形制一致，由动物骨骼磨制而成，平面略呈长方形，两端存圆孔。单面阴刻弦纹和同心圆纹。M46∶11-1，长8.2、宽0.8、厚0.5~0.8厘米（图一〇四，3）。M46∶11-2，长8.2、宽0.8、厚0.3~0.8厘米（图一〇四，4；图版三三，3）。

半两钱　　7枚。其中2枚残。选取标本3枚。M46∶13-1，钱币呈青褐色，上有砂眼。周边不规整，钱文较小，大篆味浓，"半两"二字横划较短，"两"字双人竖划长。钱径2.7、穿径0.8、肉厚约0.05厘米，重2.8克（图一〇五，2）。M46∶13-2，形制、钱文与M46∶13-1相同。钱径2.6、穿径0.8、肉厚约0.05厘米，重3.1克（图一〇五，3）。M46∶13-3，右侧存茬口，钱文笔画方折，"两"字上横不见。钱径2.8、穿径0.8、肉厚0.05厘米，重3克（图一〇五，1）。

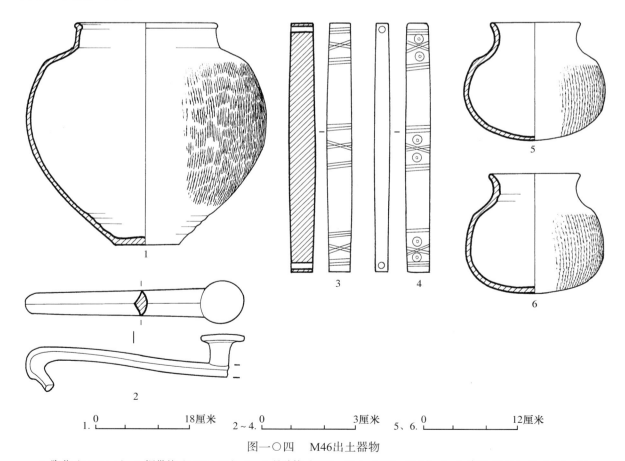

图一〇四　　M46出土器物

1.陶瓮（M46∶1）　2.铜带钩（M46∶12）　3、4.骨牌饰（M46∶11-1、M46∶11-2）　5、6.陶釜（M46∶3、M46∶4）

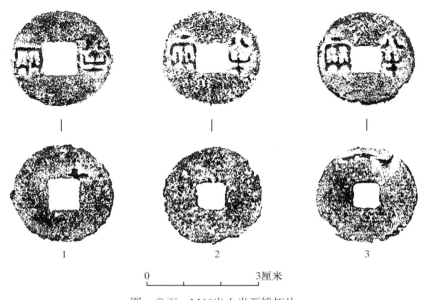

图一〇五　M46出土半两钱拓片
1. M46：13-3　2. M46：13-1　3. M46：13-2

四〇、M47

1. 墓葬形制

（1）墓葬结构

长方形竖穴土坑墓，口部被破坏，直壁，平底，长3.26、宽1.4、残深1.7米。墓内填土为黄褐色夹膏泥五花黏土，底部存膏泥痕迹。墓向350°（图一〇六）。

（2）葬具

葬具已朽，据墓壁及墓底板灰痕迹推断为一椁一棺。椁室平面呈"Ⅱ"字形，长3.1、宽1.28、高约0.4米，椁板厚约4厘米。木棺位于椁室南部，平面呈长方形，长约2.14、宽约0.64米，高度不详，棺板厚度不详。

（3）人骨

单人葬。人骨保存极差，仅残留牙齿和下肢痕迹，性别不辨，据牙齿磨损度判断，年龄大致在25～30岁。

2. 随葬器物

随葬器物皆为陶器，置于棺外，其中2件可辨为釜（M47：1、M47：2），无法修复，2件器形不辨（M47：3、M47：4）。

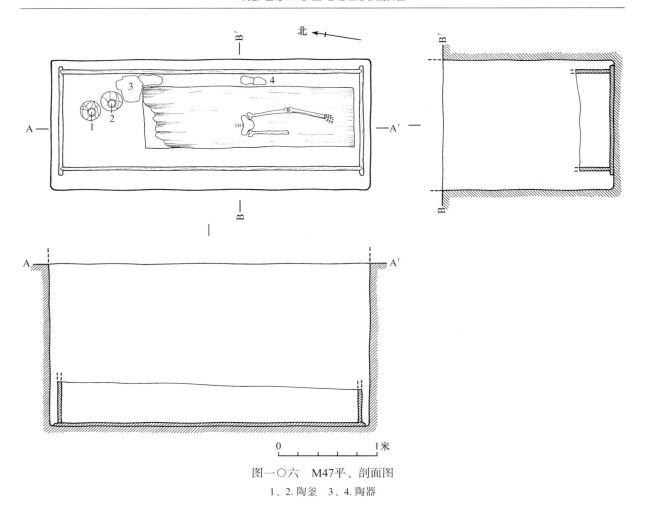

图一○六　M47平、剖面图
1、2.陶釜　3、4.陶器

四一、M48

1. 墓葬形制

（1）墓葬结构

狭长形竖穴土坑墓，口大底小，四壁底部内收，平底，口部长3.54、宽1.32米，底部长3.32、宽1.04米，残深1.52米。墓内填土为黄褐色夹膏泥五花黏土，墓室底部存膏泥痕迹。墓向325°（图一○七；图版三四，1）。

（2）葬具

葬具已朽，据墓底板灰痕迹推断为一椁一棺。木椁仅存底部残痕，平面略呈长方形，大小与墓底相仿。木棺位于椁室东南部，平面呈长方形，长2、宽0.42米，高度不详，木棺底板厚约4厘米。

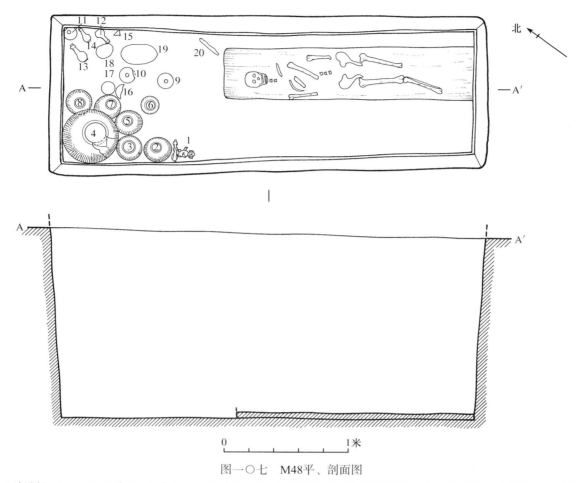

图一〇七　M48平、剖面图

1.陶骑俑　2、3、5~8.陶釜　4.陶瓮　9~11.陶豆　12~14.陶蒜头壶　15.陶漏斗形器　16~18.漆盘　19.漆奁　20.木棒

（3）人骨

单人仰身直肢葬。人骨长约1.6米，为女性，年龄在35~40岁。

2. 随葬器物

随葬器物有陶器、漆器和木器（图版三四，2）。陶器有釜、瓮、豆、蒜头壶、漏斗形器和骑俑，漆器可辨者有盘和奁，木器呈棒状。随葬器物集中置于椁室北端。5件陶釜（M48：2、M48：5~M48：8）仅辨器形，无法修复。漆器（M48：16~M48：19）和木器（M48：20）仅存痕迹，无法提取。其他器物情况如下。

陶瓮　1件。M48：4，夹细砂灰陶。侈口，圆唇，高领，圆肩，鼓腹，腹部以下斜弧内收，平底，最大径在中腹部。颈部存一长方形戳印痕迹，其内字迹漫漶不辨。肩部以下至近底部饰粗绳纹。口径21.6、底径10.4、高32、最大腹径35.2厘米（图一〇八，1；图版三五，4）。

陶釜　1件。M48：3，夹细砂褐陶。侈口，斜沿，圆唇，束颈，弧腹，圜底近平，最大径在下腹部。颈部饰凹弦纹，肩部以下饰绳纹。口径12.4、高19.2、最大腹径21.2厘米（图一〇八，2）。

陶豆　3件。泥质灰陶。形制相同，口微敛，圆唇，腹部斜收，平底微凹，矮圈足。M48：9，口径14、足径5.4、高5.4厘米（图一〇九，4；图版三五，1）。M48：10，口径14.2、足径5.4、高5.4厘米（图一〇九，3；图版三五，2）。M48：11，口径14.2、足径5.8、高5.7厘米（图一〇九，2；图版三五，3）。

陶蒜头壶　3件。M48：12，泥质褐陶。直口，唇下外凸呈蒜状，细长颈，溜肩，鼓腹，

图一〇八　M48出土陶器

1.瓮（M48：4）2.釜（M48：3）3.骑俑（M48：1）

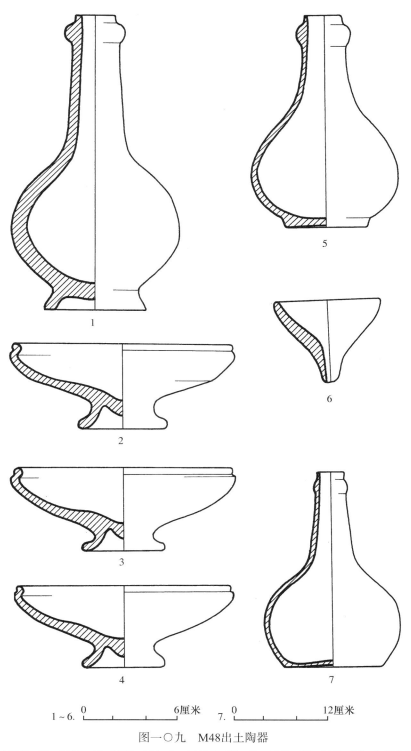

图一〇九　M48出土陶器

1、5、7.蒜头壶（M48：13、M48：12、M48：14）　2~4.豆（M48：11、M48：10、M48：9）　6.漏斗形器（M48：15）

腹部以下斜弧内收，平底。口径2.3、底径3.4、高14厘米（图一○九，5；图版三六，3）。M48：14，泥质灰陶。形制与M48：12相同。口径3.4、底径12.5、高25.7厘米（图一○九，7；图版三六，2）。M48：13，泥质褐陶。直口，唇下外凸呈蒜状，细长颈，圆肩，鼓腹，腹部以下斜弧内收，下接圈足。口径4.5、足径6.6、高19.5厘米（图一○九，1；图版三六，1）。

陶漏斗形器　1件。M48：15，泥质褐陶。整体呈漏斗状，大敞口，圆唇，斜直腹，底部呈圆管形，中部存孔。捏制，与蒜头壶伴出。口径6.8、高5.5厘米（图一○九，6；图版三五，5）。

陶骑俑　1件。M48：1，泥质灰陶。俑为捏制而成，比例不协调。由人俑和动物俑分制组合而成。人俑坐于动物背部，高鼻，大耳，张嘴呈微笑状，手部皆存圆形小孔，左手置于胸前似执缰绳状，右手向后置于右肩之上似执鞭或武器状，腿部较短。动物俑站姿，立耳，嘴微张，体态壮健，短尾下垂，蹄足粗短，形似马或羊。俑表施黑色陶衣。长19.2、宽6.8、通高20.1厘米（图一○八，3；图版三六，4）。

四二、M49

1. 墓葬形制

（1）墓葬结构

长方形竖穴土坑墓，口大底小，底部四壁内收，平底，口部长3.2、宽1.3米，底部长3.1、宽1.1米，残深1.9米。墓内填黄褐色五花土夹膏泥黏土，墓底部存膏泥痕迹。墓向320°（图一一○）。

（2）葬具

葬具已朽，据四壁及墓底板灰痕迹推断为一椁一棺。木椁仅存少量板灰痕迹，平面略呈长方形，平面大小与墓圹底部相仿，残高约0.7米，椁板厚度不详。木棺位于椁室南部，平面呈长方形，长1.92、宽0.54米，高度不详，棺底板厚约6厘米。

（3）人骨

单人仰身直肢葬，扰乱严重。人骨长约1.6米，年龄、性别不辨。

2. 随葬器物

随葬器物皆为陶器，有罐、蒜头壶和釜等，均置于椁室北部。2件釜（M49：3、M49：4）仅辨器形，无法修复。其他器物情况如下。

陶釜　2件。M49：5，泥质灰陶。侈口，卷沿，圆唇，有领，束颈，溜肩，扁鼓腹，圜底近平，最大径在下腹部。口径11.8、高19、最大腹径23.2厘米（图一一一，2）。M49：1，夹细砂褐陶。直口，平沿，方唇，束颈，溜肩，弧腹较高，圜底，最大径在下腹部。颈部饰凹弦纹，肩部以下饰绳纹。口径14.4、高20、最大腹径24厘米（图一一一，4）。

陶罐　1件。M49：6，夹砂褐陶。口微侈，矮领，圆鼓肩，弧腹，腹部以下斜直内收，平

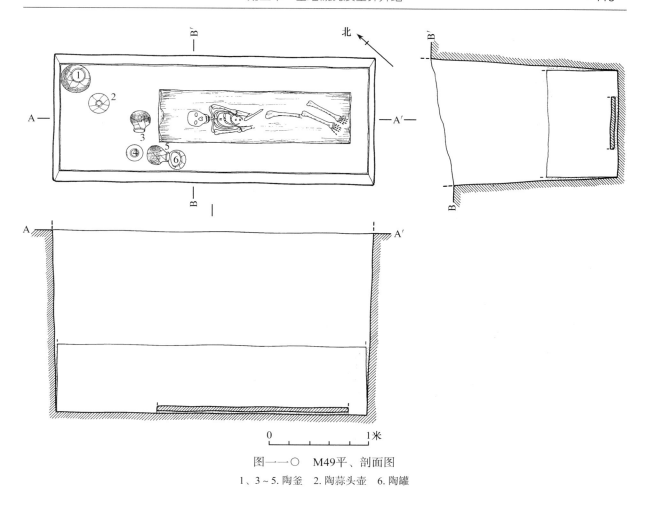

图一一〇　M49平、剖面图

1、3～5.陶釜　2.陶蒜头壶　6.陶罐

底，最大径在上腹部。口径15、底径5.8、高12.4、最大腹径18.8厘米（图一一一，1）。

　　陶蒜头壶　1件。M49：2，夹细砂褐陶。直口，唇下圆弧外凸呈蒜状，颈较短，圆鼓肩，弧腹，腹部以下斜直内收，平底。口径3.6、底径11、高22.4厘米（图一一一，3）。

四三、M50

1. 墓葬形制

（1）墓葬结构

　　长方形竖穴土坑墓，上部被扰乱，口底同大，平底，长3.52、宽1.4、残深1.4米。墓内填黄褐色夹膏泥五花黏土，墓底存膏泥痕迹。墓向340°（图一一二）。

（2）葬具

　　葬具已朽，据四壁及墓底板灰痕迹推断为一椁一棺。椁室平面呈"Ⅱ"字形，长3.5、宽

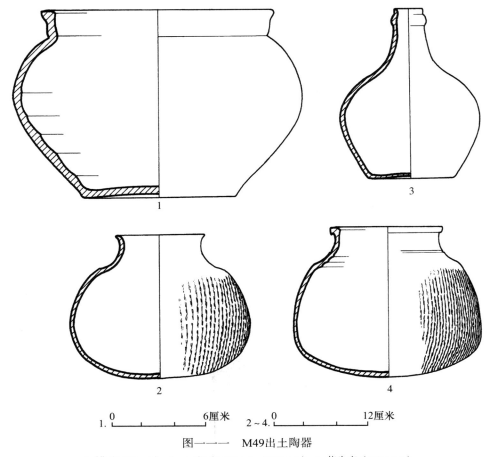

图一一一　　M49出土陶器

1. 罐（M49：6）　2、4. 釜（M49：5、M49：1）　3. 蒜头壶（M49：2）

1.36、残高0.8米，椁板厚4厘米。木棺位于椁室西南部，平面呈长方形，长2、宽0.6米，高度不详，棺底板厚约5厘米。

（3）人骨

单人仰身直肢葬，双手交叉置于下腹部。人骨长约1.8米，据头骨和髋骨判断为男性，据牙齿磨损度判断年龄在35岁左右。

2. 随葬器物

随葬器物有陶器、铁器和漆器。陶器有瓮、釜、豆和盆，铁器有锸、锛、削和斧，漆器有盘和耳杯。随葬器物置于椁室北部和东部。5件陶釜（M50：1～M50：3、M50：5、M50：6）和1件陶豆（M50：12）仅辨器形，无法修复。随葬漆器（M50：13～M50：15）仅存痕迹。其他器物情况如下。

陶瓮　1件。M50：4，夹细砂褐陶。口微侈，圆唇，高领，圆肩，弧腹，腹部以下斜弧内

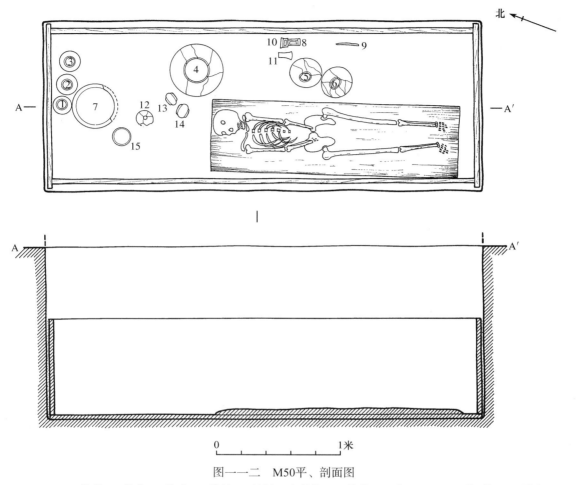

图一一二 M50平、剖面图

1~3、5、6.陶釜 4.陶瓮 7.陶盆 8.铁锸 9.铁削 10.铁锛 11.铁斧 12.陶豆 13、14.漆耳杯 15.漆盘

收，小平底微凹，最大径在肩部。肩部以下至近底部饰粗绳纹。口径25、底径10.5、高35.4、最大肩径38.4厘米（图一一三，1）。

陶盆 1件。M50：7，泥质褐陶。侈口，宽斜沿，方唇，溜肩，折腹，下腹部斜直微弧，平底。口径32.8、底径14、高9.8厘米（图一一三，3）。

铁锸 1件。M50：8，上部略残，平面呈"U"形，上宽下窄。宽15、残高10.6、厚2厘米（图一一三，2）。

铁削 1件。M50：9，两端残，直背。残长7、宽2.4、厚0.4厘米（图一一三，6）。

铁锛 1件。M50：10，平面略呈长方形，剖面上厚下薄，銎部呈长方形。长12、宽6、銎部厚3厘米（图一一三，4）。

铁斧 1件。M50：11，平面呈"凸"字形，剖面上厚下薄，銎部呈长方形。宽7、高9、銎部厚2.7厘米（图一一三，5）。

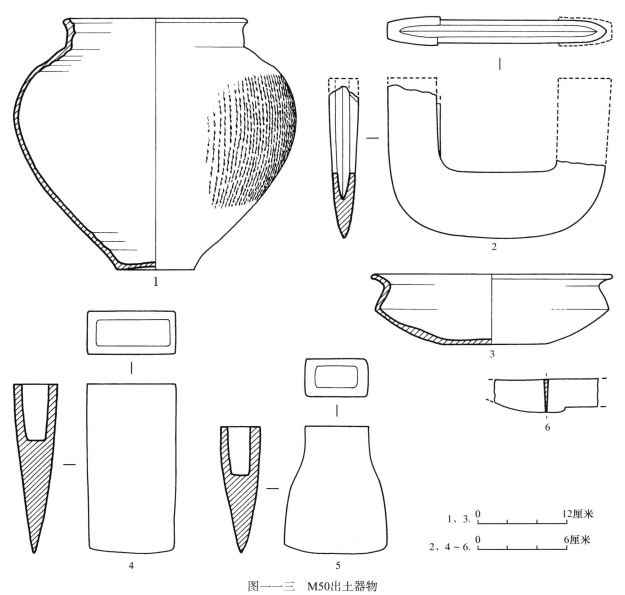

图一一三 M50出土器物

1. 陶瓮（M50：4） 2. 铁锸（M50：8） 3. 陶盆（M50：7） 4. 铁锛（M50：10） 5. 铁斧（M50：11） 6. 铁削（M50：9）

四四、M51

1. 墓葬形制

（1）墓葬结构

长方形竖穴土坑墓，直壁，平底，长约3.32、宽约1.4、残深1.04米。墓内填土为黄褐色夹膏泥五花黏土，底部存膏泥痕迹。墓向330°（图一一四）。

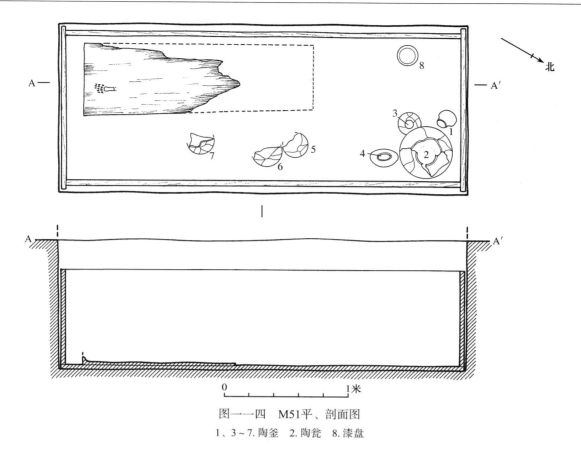

图一一四　M51平、剖面图
1、3~7.陶釜　2.陶瓮　8.漆盘

（2）葬具

葬具不存，据墓底板灰痕迹推测其为一椁一棺，高度不详。椁室平面呈"П"字形，长约3.28、宽约1.26米，椁板厚约0.04米。木棺位于椁室西南部，平面呈长方形，长约1.86、宽约0.6米，厚度不详。

（3）人骨

单人葬，保存极差，仅残存部分趾骨，葬式、性别和年龄皆不辨。

2. 随葬器物

随葬器物有陶釜、陶瓮和漆盘，放置于椁室北部和东部。墓葬扰乱严重，随葬器物中1件陶瓮（M51：2）、4件陶釜（M51：4~M51：7）和漆盘（M51：8）皆仅辨器形，无法提取。其他器物情况如下。

陶釜　2件。夹细砂灰褐陶。形制相同，侈口，卷沿，圆唇，束颈，溜肩，圆鼓腹，圜底，最大径在中腹部。颈部以下饰绳纹。M51：1，口径12、高13.5、最大腹径15厘米（图一一五，2）。M51：3，口径11.5、高13.2、最大腹径14.5厘米（图一一五，1）。

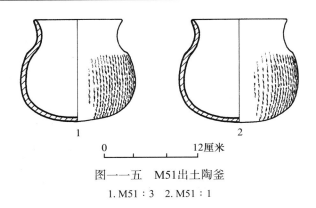

图一一五　M51出土陶釜
1. M51：3　2. M51：1

四五、M52

1. 墓葬形制

（1）墓葬结构

长方形竖穴土坑墓，上部被破坏，直壁，平底，长3.4、宽1.6、残深1.2米，东南角上部被砖室墓M8打破。墓内填土为黄色黏土。墓向340°（图一一六）。

（2）葬具

葬具为木棺，棺已朽，底部仅存板灰痕迹。据板灰测量木棺长2、宽0.52米，高度不详，木板厚度约2厘米。

（3）人骨

单人仰身直肢葬，人骨稍有扰动，双臂交叉置于腹部。人骨长约1.54米，为女性，嘴唇附近存朱砂痕迹。据牙齿磨损度判断年龄在30~35岁。

2. 随葬器物

随葬器物主要有陶器、银器、漆器和钱币。陶器皆为釜，漆器有盘和耳杯，银器为银环，钱币为半两钱。陶器和漆器集中置于木棺外侧头端附近，银环位于头骨附近，钱币分布于人骨臂、腹及手等部位。4件陶釜（M52：4~M52：6、M52：8）残破，无法提取，漆器（M52：9~M52：12）仅存痕迹。其他器物情况如下。

银环　2件。M52：7-1，略残，环体呈辫索状。直径3.7、截面直径0.2厘米（图一一七，1）。M52：7-2，平面呈环状。直径3.12、截面直径0.2厘米（图一一七，2）。

半两钱　81枚。选取标本13件。M52：2-1，钱币较残破，不规整。钱文较长，笔画随意粗犷。钱径3、穿径0.9厘米，重3.7克（图一一八，5）。M52：1-1，钱币不规整，下部存茬口，左上略残。钱文较浅平，笔画圆弧，"两"字上横较短，双人竖画长。钱径2.7、穿径0.8厘米，重3.3克（图一一八，3）。M52：1-2，钱币不规整，下部存茬口，左上略残。钱文

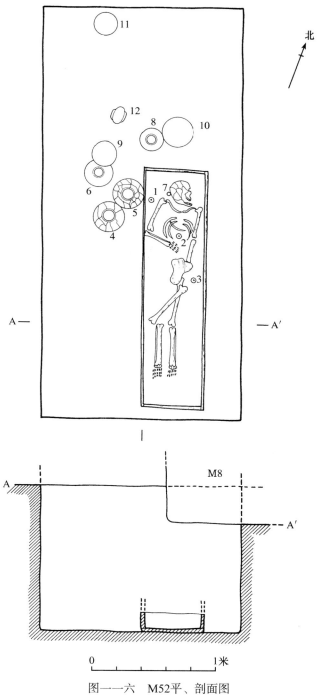

图一一六　M52平、剖面图

1~3.半两钱　4~6、8.陶釜　7.银环　9~11.漆器　12.漆耳杯

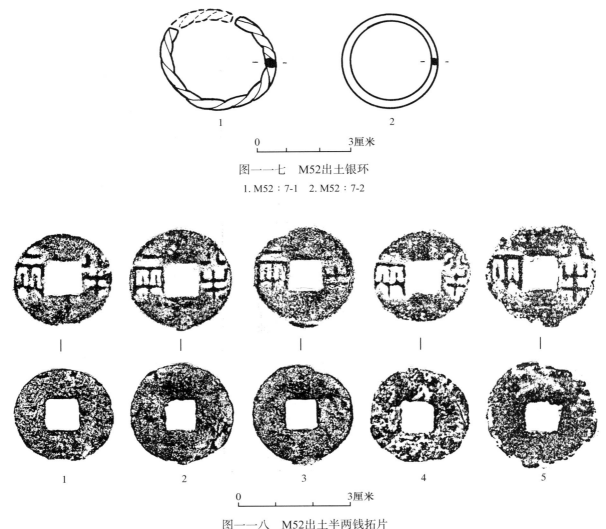

图一一七　M52出土银环

1. M52：7-1　2. M52：7-2

图一一八　M52出土半两钱拓片

1. M52：1-2　2. M52：1-3　3. M52：1-1　4. M52：2-2　5. M52：2-1

较浅平，笔画圆弧，"两"字上横较短，双人竖画长。钱径2.6、穿径0.9厘米，重3.3克（图一一八，1）。M52：1-3，钱币不规整，钱文较浅平，笔画圆弧，"两"字上横较短，双人竖画长。钱径2.7、穿径0.9厘米，重3.3克（图一一八，2）。M52：1-4，钱币不规整，上下端均存茬口，钱文高挺，笔画圆弧，"两"字上横画齐肩，双人连接呈"一"字状。钱径2.6、穿径1厘米，重4.6克（图一一九，8）。M52：1-5，钱币较规整，上端存茬口，钱文笔画方折，横画较短。钱径2.8、穿径0.9厘米，重3.4克（图一一九，7）。M52：1-6，钱币不规整，钱币厚重，钱文高挺，笔画圆弧。钱径2.5、穿径0.7厘米，重5.9克（图一一九，6）。M52：1-7，钱币不规整，钱文笔画圆弧。钱径2.6、穿径0.6厘米，重2.3克（图一一九，5）。M52：1-8，钱文形制与M52：1-7相同。钱径2.6、穿径0.9厘米，重2.4克（图一一九，4）。M52：1-9，钱币甚规整，正背皆有磨痕，钱文笔画圆弧，"半"字上下横等长，竖画短，"两"字上横较短。钱径2.5、穿径0.9厘米，重2.4克（图一一九，3）。M52∶2-2，钱币不甚规整，钱文书写随意，笔画圆弧，横画较短。钱径2.6、穿径0.9厘米，重3克（图一一八，4）。M52∶2-3，钱币不甚规整，钱文书写随意，笔画圆弧，横画较短。钱径2.6、穿径0.9厘米，重2.2克（图一一九，1）。M52∶2-4，钱文、大小与M52∶2-3相同。重2.5克（图一一九，2）。

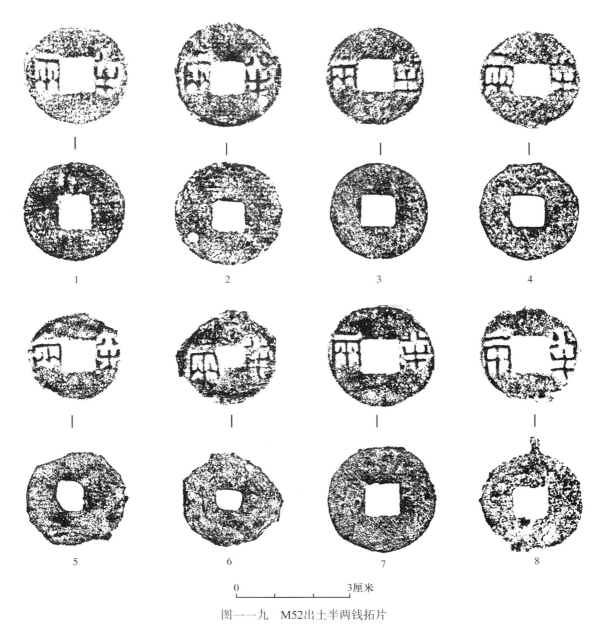

图一一九　M52出土半两钱拓片

1. M52∶2-3　2. M52∶2-4　3. M52∶1-9　4. M52∶1-8　5. M52∶1-7　6. M52∶1-6　7. M52∶1-5　8. M52∶1-4

四六、M53

1. 墓葬形制

（1）墓葬结构

长方形竖穴土坑墓，上部被破坏，直壁，平底，长1.56、宽0.7、残深0.32米。墓内填黄褐色花土，墓底存膏泥痕迹。墓向328°（图一二〇）。

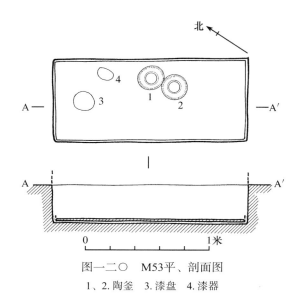

图一二〇　M53平、剖面图

1、2.陶釜　3.漆盘　4.漆器

（2）葬具

葬具已朽，从墓底板灰痕迹判断为木板。木板与墓坑底部大小相仿，长1.5、宽0.64米，厚度不详。

（3）人骨

人骨不存。

2. 随葬器物

随葬器物有陶器和漆器。陶器为釜，漆器可辨者为盘。陶器置于墓葬东部，漆器置于墓葬北部。漆器（M53：3、M53：4）仅存痕迹，无法提取。其他器物情况如下。

陶釜　2件。夹细砂灰陶。形制相同，侈口，短斜沿，圆唇，束颈，溜肩，腹部圆鼓，圜底，最大径在下腹部。肩部以下饰绳纹。M53：1，口径12、高16、最大腹径16.8厘米（图一二一，2）。M53：2，口径13、高18、最大腹径18厘米（图一二一，1）。

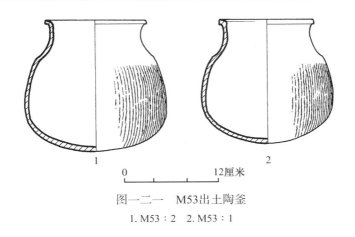

図一二一　M53出土陶釜
1. M53：2　2. M53：1

四七、M54

1. 墓葬形制

（1）墓葬结构

带墓道土坑砖室墓，墓圹西北部被M2打破，平面呈"凸"字形，北端带有墓道。墓圹平面呈长方形，长3.1、宽1.7、残深2.12米。墓道大致呈梯形，长1.38、宽0.6～1.1米。长方形墓室，长2.58、宽1.16、高1.46米。墓顶用扇形砖和楔形砖错缝横向起券，墓壁和墓底用长方形砖顺向平砌。墓砖皆为素面砖，扇形砖长33～40、宽20、厚8厘米，楔形砖长40、宽20、厚2～8厘米，长方形砖长46、宽20、厚8厘米。墓向310°（图一二二；图版三七）。

（2）葬具

在墓室底部发现有少量板灰痕迹，推断葬具为木棺。

（3）人骨

人骨不存。

2. 随葬器物

随葬器物有陶器、铁器和钱币。陶器有釜、甑、罐、井、灶、汲水小罐等，铁器有刀，钱币有半两和五铢。随葬器物主要分布于墓室南北两端。2件陶罐（M54：1、M54：9）仅辨器形，无法修复，铁刀（M54：4）完全锈蚀，无法提取。其他器物情况如下。

陶罐　4件。M54：5，夹细砂褐陶。侈口，卷沿，圆唇，鼓肩，鼓腹，腹部以下斜弧内收，平底，最大径在肩部。肩部饰一周戳印纹。口径10.8、底径13.2、高17、最大肩径21厘米（图一二三，1；图版三八，1）。M54：2，夹砂灰陶。侈口，卷沿，圆唇，圆肩，弧腹内收，平底略内凹，最大径在肩部。肩部饰凹弦纹，器表轮制痕迹明显。口径15.6、底径16、高24.8、最大肩径29.6厘米（图一二四，2；图版三八，2）。M54：3，陶

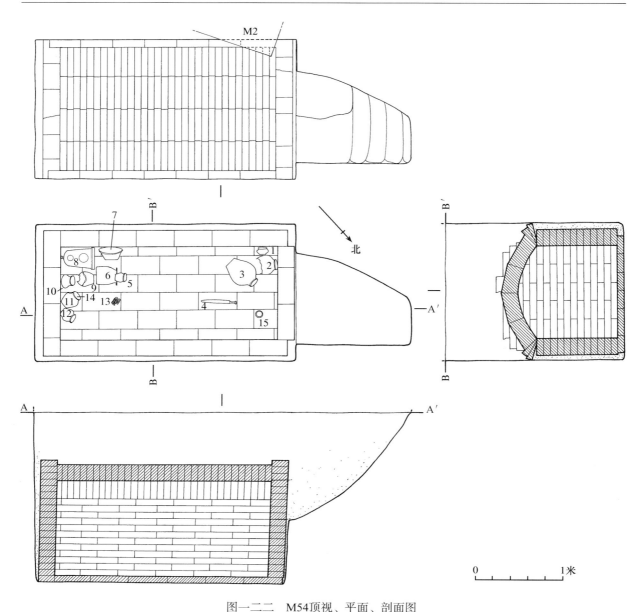

图一二二　M54顶视、平面、剖面图

1～3、5、9、12. 陶罐　4. 铁刀　6. 陶井　7. 陶甑　8. 陶灶　10、15. 陶釜　11、14. 汲水小陶罐　13. 钱币

质陶色、形制与M54：2相同。肩部饰凹弦纹，器表轮制痕迹明显。口径15.6、底径17、高25.6、最大肩径29.6厘米（图一二四，1）。M54：12，夹砂灰陶。侈口，圆唇，圆折肩，腹部斜直内收，平底微凹，最大径在肩部。口径10.4、底径9.4、高10.6、最大肩径15.6厘米（图一二四，4）。

汲水小陶罐　2件。M54：14，夹细砂灰陶。侈口，卷沿，圆唇，溜肩，鼓腹，平底，最大径在腹部。腹部饰凹弦纹，器表施黑色陶衣。口径6.1、底径5.6、高6.2、最大腹径9.2厘米（图一二四，6）。M54：11，夹细砂灰褐陶。口微侈，卷沿，圆唇，溜肩，鼓腹较甚，腹部

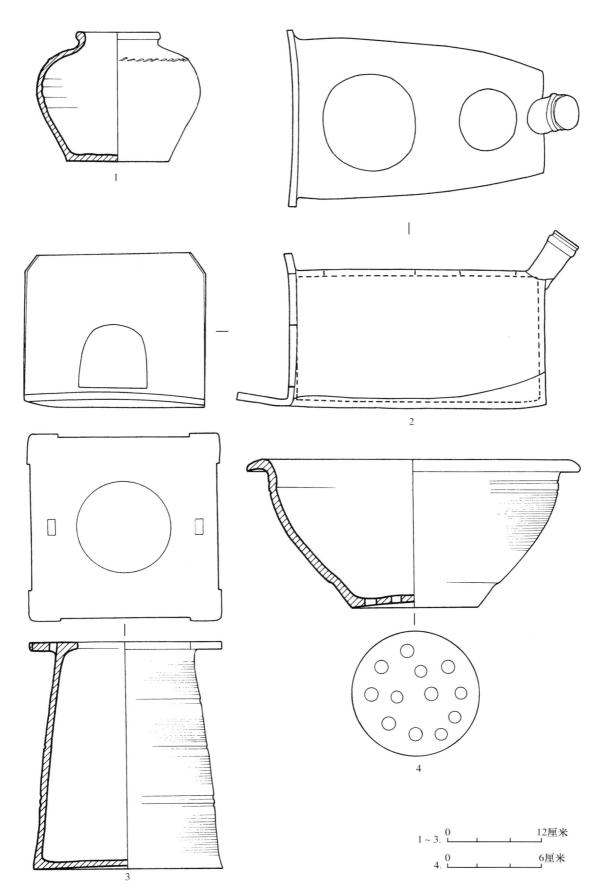

图一二三 M54出土陶器

1.罐（M54：5） 2.灶（M54：8） 3.井（M54：6） 4.甑（M54：7）

1～3. 0 _____ 12厘米

4. 0 _____ 6厘米

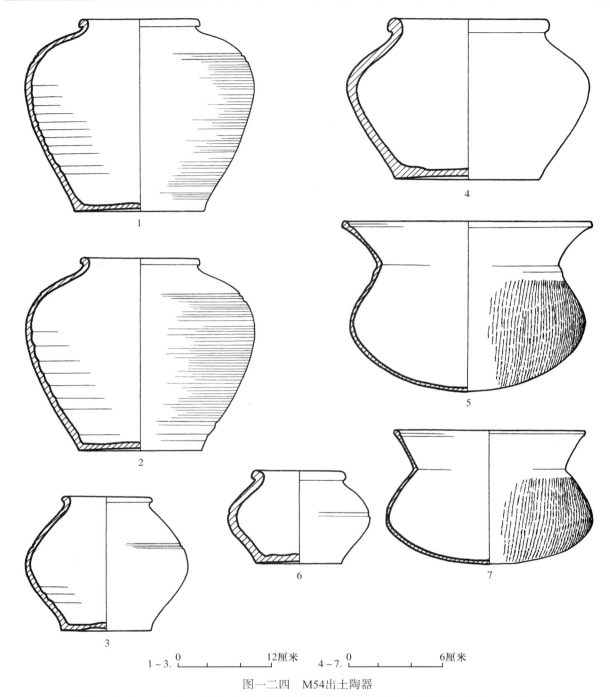

图一二四　M54出土陶器

1、2、4.罐（M54∶3、M54∶2、M54∶12）3、6.汲水小罐（M54∶11、M54∶14）5、7.釜（M54∶10、M54∶15）

以下斜直内收，平底微凹，最大径在腹部。肩部饰凹弦纹。口径11.8、底径11.6、高15.8、最大腹径21厘米（图一二四，3）。

　　陶釜　2件。夹细砂红陶。形制相同，侈口，宽斜沿，圆唇，束颈，腹部圆折，圜底较甚，最大径在腹部。肩部以下饰细绳纹，器底存烟熏痕迹。M54：10，口径16.2、高11.3、最大腹径15.3厘米（图一二四，5；图版三八，3）。M54：15，口径12.4、高8.9、最大腹径13.4厘米（图一二四，7）。

陶甑　1件。M54：7，夹细砂灰陶。敞口，宽沿，尖圆唇，腹微弧，平底微凹，底部存圆形箅孔13个。器表轮制痕迹明显，施黑色陶衣。口径21.4、底径8.2、高9.8厘米（图一二三，4）。

陶井　1件。M54：6，夹细砂灰陶。方形井台与圆筒状井身连为一体，井台上有两对称长

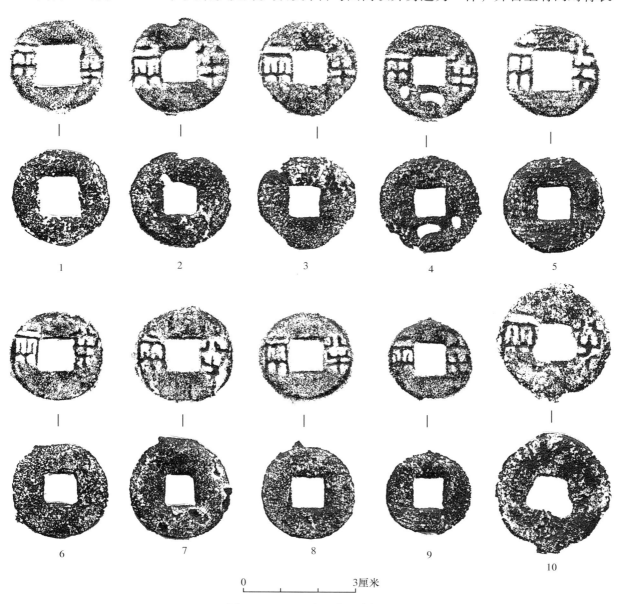

1　　　　2　　　　3　　　　4　　　　5

6　　　　7　　　　8　　　　9　　　　10

0　　　　　　3厘米

图一二五　M54出土半两钱拓片

1. M54：13-9　2. M54：13-3　3. M54：13-7　4. M54：13-4　5. M54：13-5　6. M54：13-8
7. M54：13-2　8. M54：13-6　9. M54：13-10　10. M54：13-1

方形孔，敛口，斜直腹，平底。腹部饰三周均匀分布的凹弦纹，器表施黑色陶衣。井台口径24.8、底径24.4、高30厘米（图一二三，3；图版三八，4）。

陶灶　1件。M54：8，夹细砂灰陶。平面略呈梯形，灶面存一大一小两个圆形火眼，灶尾端带圆柱状烟囱，挡火墙略呈方形，高于灶面，圆角长方形火门。长44、宽23.4、通高23.6厘米，烟囱高于灶体5.6厘米（图一二三，2；图版三八，5）。

半两钱　10枚。M54：13-1，钱币不甚规整，穿不规则，钱币厚重，上下存茬口，钱文笔画方折。钱径3.1、穿径1、肉厚0.1厘米，重7克（图一二五，10）。M54：13-2，钱币不规则，上部存茬口，钱文笔画圆弧，横画较短。钱径2.7、穿径0.8、肉厚0.1厘米，重3.9克（图一二五，7）。M54：13-3，钱币不规则，上部存茬口，钱文笔画圆弧，横画较短。钱径2.7、穿径0.8、肉厚0.5厘米，重2.5克（图一二五，2）。M54：13-4，钱文笔画方折，小篆味浓，"两"字双人竖划较短。钱币下部存砂眼。钱径2.6、穿径0.9、肉厚0.1厘米，重3.3克（图一二五，4）。M54：13-5，钱币厚重，钱文高挺，"两"字双人连接成"一"状。钱径2.6、穿径0.9、肉厚0.2厘米，重5.8克（图一二五，5）。M54：13-7，不甚规整，钱币厚重，钱文高挺，"两"字双人连接成"一"状。钱径2.6、穿径0.8厘米，重3.2克（图一二五，3）。M54：13-8，钱币呈金黄色，上端存茬口，钱文笔画圆弧，横画较短。钱径2.5、穿径0.8厘米，重3.1克（图一二五，6）。M54：13-9，钱文高挺，笔画圆弧。钱径2.5、穿径1.1厘米，重3.6克（图一二五，1）。M54：13-6，钱币上部存茬口痕迹，钱文纤细规整，"半"字上下横画等长，"两"字上横画齐肩。钱径2.5、穿径0.8、肉厚0.05厘米，重2.2克（图一二五，8）。M54：13-10，钱币上、下端存茬口，钱文笔画圆弧，有大篆味。钱径2.3、穿径0.8厘米，重1.4克（图一二五，9）。

五铢钱　50枚。选取标本5枚。M54：13-11，周郭不甚光滑，钱文隶意重，"五"字交笔斜直，"铢"字朱旁上部方折。钱径2.5、穿径1厘米，重2.8克（图一二六，5）。M54：13-12，

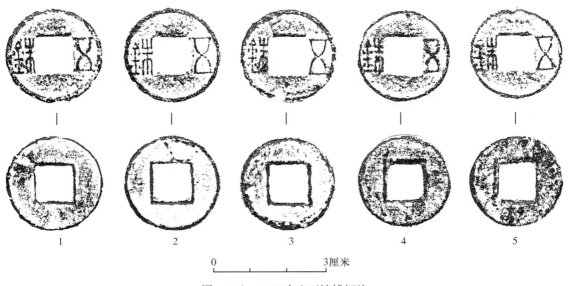

图一二六　M54出土五铢钱拓片

1. M54：13-15　2. M54：13-14　3. M54：13-13　4. M54：13-12　5. M54：13-11

"五"字交笔屈曲，朱旁上部方折。钱径2.5、穿径1厘米，重3.5克（图一二六，4）。M54：13-13，钱文形制、大小与M54：13-12相同。重2.4克（图一二六，3）。M54：13-14，钱文形制、大小与M54：13-12相同。重2.2克（图一二六，2）。M54：13-15，钱文形制、大小与M54：13-12相同。重2.1克（图一二六，1）。

四八、M55

1. 墓葬形制

（1）墓葬结构

狭长形竖穴土坑墓，上部被破坏，直壁，平底，长3.2、宽1.1～1.3、残深0.8米。墓内填黄褐色夹膏泥五花黏土，底部存膏泥痕迹。墓向330°（图一二七）。

（2）葬具

葬具已朽，据墓底板灰痕迹判断为木棺，位于墓坑南部，平面呈长方形，长2、宽0.7米，高度不详，木棺底板厚4厘米。

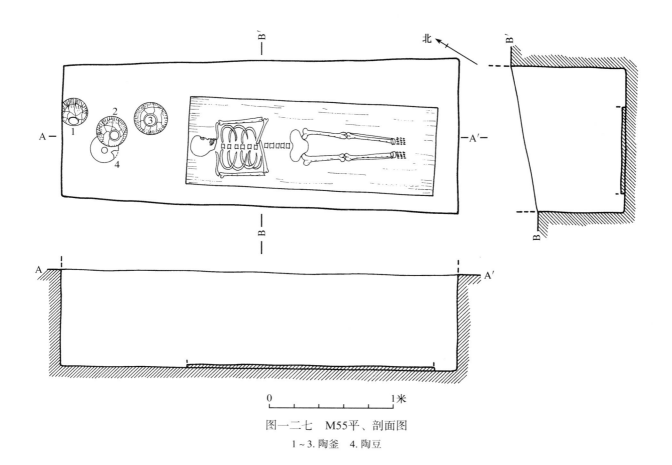

图一二七　M55平、剖面图

1～3. 陶釜　4. 陶豆

（3）人骨

单人仰身直肢葬，双手交叉置于腹部。人骨长约1.7米，性别不辨，年龄30～35岁。

2. 随葬器物

随葬器物均为陶器，有豆和釜，集中置于墓葬北部。随葬器物中3件釜（M55：1～M55：3）和1件豆（M55：4）皆仅辨器形，无法修复。

四九、M56

1. 墓葬形制

（1）墓葬结构

长方形竖穴土坑墓，上部被扰乱严重，直壁，平底，长3.36、宽1.32、残深0.18米。墓内填土为黄褐色夹膏泥五花黏土，墓底存膏泥痕迹。墓向340°（图一二八）。

（2）葬具

葬具已朽，据四壁及墓底板灰痕迹推断为一椁一棺。椁室平面呈"Ⅱ"字形，长3.35、宽1.31、残高0.18米，椁板厚4厘米。木棺位于椁室西南部，平面呈长方形，长2、宽0.7米，高度不详，木棺底板厚约4厘米。

（3）人骨

单人仰身直肢葬。人骨保存极差，葬式、性别、年龄皆不辨。

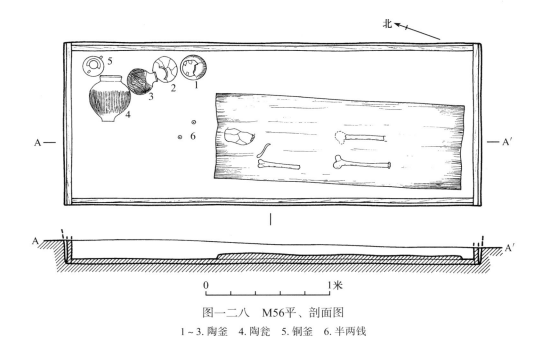

图一二八　M56平、剖面图

1～3.陶釜　4.陶瓮　5.铜釜　6.半两钱

2. 随葬器物

随葬器物有陶器、铜器和钱币。陶器有瓮和釜，铜器为釜，钱币为半两。随葬器物置于椁室东北部。半两钱（M56：6）仅存痕迹，无法提取。其他器物情况如下。

陶瓮　1件。M56：4，夹细砂灰褐陶。口近直，圆唇，高领，圆肩，鼓腹较甚，腹部以下斜弧内收，平底，最大径在中腹部。肩部以下至近底部饰绳纹。口径18.6、底径10.8、高36、最大腹径40厘米（图一二九，3）。

陶釜　3件。M56：2，夹细砂褐陶。侈口，卷沿，圆唇，有领，溜肩，圆鼓腹，圜底，最大径在中腹部。肩部以下饰绳纹。口径12、高15.2、最大腹径16厘米（图一二九，5）。M56：3，夹细砂褐陶。直口，平沿，方唇，束颈，溜肩，扁鼓腹，圜底，最大径在下腹部。颈部饰凹弦纹，肩部以下饰绳纹。口径13.6、高21、最大腹径26厘米（图一二九，1）。M56：1，夹细砂褐陶。口微侈，沿略斜，方唇，束颈，溜肩，弧腹甚扁，圜底，最大径在下腹部。颈部饰凹弦纹，肩部以下饰绳纹。口径13.5、高20.2、最大腹径23.4厘米（图一二九，2）。

铜釜　1件。M56：5，侈口，斜沿，溜肩，鼓腹，圜底，最大径在腹部。肩部存两个辫索状环形耳。口径19.4、高11、最大腹径20.4厘米（图一二九，4）。

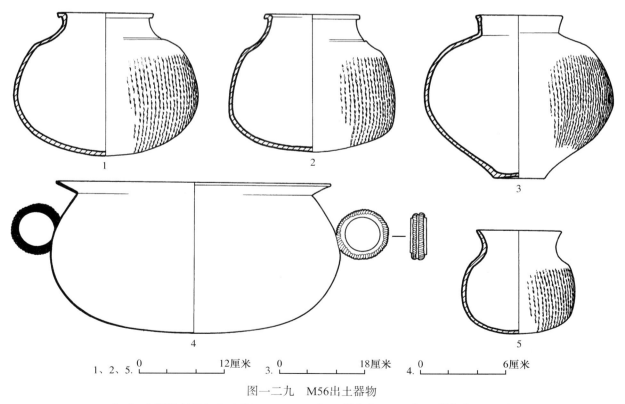

图一二九　M56出土器物

1、2、5. 陶釜（M56：3、M56：1、M56：2）　3. 陶瓮（M56：4）　4. 铜釜（M56：5）

五〇、M57

1. 墓葬形制

（1）墓葬结构

长方形竖穴土坑墓，上部被破坏严重，口底同大，长约3、宽约1.2、残深0.34米。墓内填黄褐色夹膏泥五花黏土，底部存膏泥痕迹。墓向330°（图一三〇）。

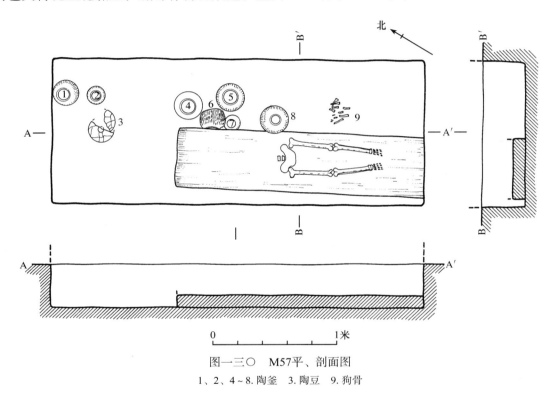

图一三〇　M57平、剖面图

1、2、4~8.陶釜　3.陶豆　9.狗骨

（2）葬具

葬具已朽，据墓底板灰痕迹推断为木棺，位于墓坑西南部，平面呈长方形，长约2、宽约0.5米，高度不详，木棺底板厚约10厘米。

（3）人骨

单人仰身直肢葬。人骨保存较差，仅存下肢，长约0.8米。据盆骨形状判断为男性，年龄不辨。

2. 随葬器物

随葬器物皆为陶器，有釜和豆，另存狗骨1副。随葬陶器和狗骨主要置于木棺东侧，少量陶器置于墓葬头端。2件陶釜（M57：1、M57：5）和1件陶豆（M57：3）仅辨器形，无法提取。其他器物情况如下。

陶釜 5件。M57：2，夹细砂灰陶。侈口，卷沿，圆唇，有领，溜肩，鼓腹，圜底近平，最大径在下腹部。肩部以下饰绳纹。口径10.8、高11、最大腹径13厘米（图一三一，4）。M57：7，夹细砂灰陶。侈口，卷沿，尖唇，束领，溜肩，扁鼓腹，圜底，最大径在下腹部。口径11、高12、最大腹径14厘米（图一三一，5）。M57：8，夹细砂灰陶。直口，平沿，方唇，束颈，溜肩，弧腹，圜底近平，最大径在下腹部。颈部饰一周凹弦纹，颈部以下饰绳纹。口径13、高18、最大腹径20厘米（图一三一，2）。M57：6，陶质陶色、形制、纹饰与M57：8相同。口径12.8、高17、最大腹径19厘米（图一三一，3）。M57：4，夹细砂灰陶。口微侈，平沿，方唇，束颈，溜肩，鼓腹下垂，圜底，最大径在下腹部。颈部饰一周凹弦纹，颈部以下饰绳纹。口径12.8、高20.8、最大腹径23.2厘米（图一三一，1）。

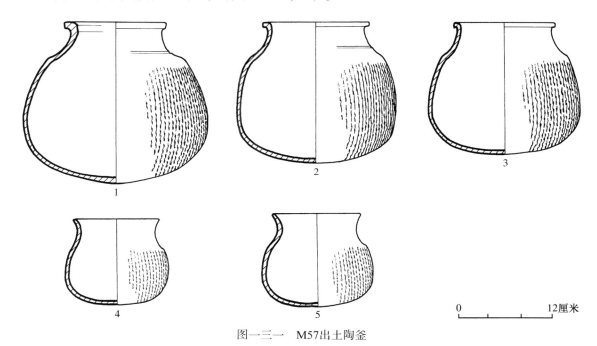

图一三一　M57出土陶釜
1. M57：4　2. M57：8　3. M57：6　4. M57：2　5. M57：7

五一、M60

1. 墓葬形制

（1）墓葬结构

长方形竖穴土坑墓，上部被破坏，直壁，平底，长3.28、宽1.3、残深0.4米。墓内填黄褐色夹膏泥五花黏土，底部存膏泥痕迹。墓向320°（图一三二）。

（2）葬具

葬具已朽，据四壁及墓底板灰痕迹推断为一椁一棺。椁室平面呈"Ⅱ"字形，长约3.27、

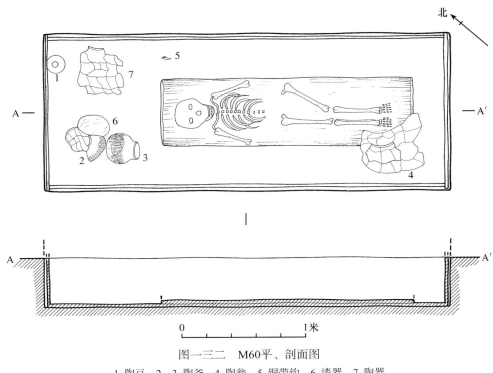

图一三二　M60平、剖面图
1. 陶豆　2、3. 陶釜　4. 陶瓮　5. 铜带钩　6. 漆器　7. 陶器

宽约1.3、残高约0.4米，椁板厚约2厘米。木棺位于椁室中部，平面呈长方形，长约2、宽约0.56米，高度不详，棺底板厚约2厘米。

（3）人骨

单人仰身直肢葬。人骨长约1.6米，为女性，据牙齿磨损度判断年龄在30岁左右。

2. 随葬器物

随葬器物有陶器、铜器和漆器。陶器有瓮、釜和豆，铜器为带钩，漆器器形不辨。陶瓮位于木棺西南角，其他器物位于墓葬头端。1件陶豆（M60：1）仅辨器形，无法修复，1件陶器（M60：7）器形不辨，无法修复，漆器（M60：6）仅存痕迹。其他器物情况如下。

陶瓮　1件。M60：4，夹细砂褐陶。敛口，圆唇，高领，圆肩，鼓腹，腹部以下斜弧内收，小平底，最大径在中腹部。颈部以下饰粗绳纹。口径21.4、底径9.4、高36.6、最大腹径38.6厘米（图一三三，1）。

陶釜　2件。夹细砂灰陶。形制相同，直口，平沿，方唇，束颈，溜肩，鼓腹下垂，圜底较甚，最大径在中腹部。肩部以下饰绳纹。M60：2，口径12、高16、最大腹径16厘米（图一三三，2）。M60：3，口径11.8、高15.5、最大腹径15厘米（图一三三，3）。

铜带钩　1件。M60：5，整体呈曲棒状，钩身略弯曲。长7.4、宽0.9、厚0.5厘米（图一三三，4）。

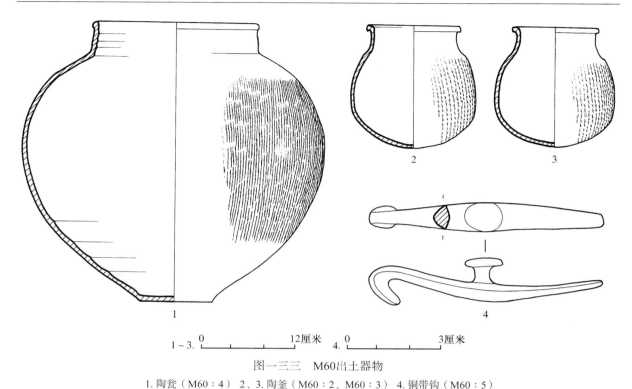

1~3. 0   12厘米   4. 0   3厘米

图一三三　M60出土器物

1.陶瓮（M60∶4）　2、3.陶釜（M60∶2、M60∶3）　4.铜带钩（M60∶5）

五二、M61

1. 墓葬形制

（1）墓葬结构

长方形竖穴土坑墓，上部被破坏，口底同大，长3.44、宽1.3、残深0.6~0.8米。墓内填黄褐色黏土夹白膏泥。墓向330°（图一三四）。

（2）葬具

葬具为木棺，已朽，仅存底部痕迹。木棺位于墓坑东南部，平面呈长方形，长2.16、宽0.6米，高度不详，木棺底板厚度约4厘米。

（3）人骨

单人仰身直肢葬，人骨被扰乱，人骨长度不详。男性，年龄在40~45岁。

2. 随葬器物

随葬器物有陶器和漆器。陶器有瓮、釜和豆，漆器为耳杯，大部分置于木棺头端外，另2件陶釜位于木棺西侧。1件陶釜（M61∶6）和1件陶豆（M61∶8）仅辨器形，无法修复。漆耳杯（M61∶13、M61∶14）仅存痕迹。其他器物情况如下。

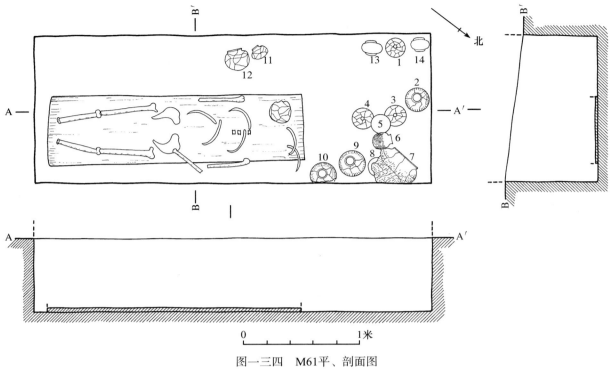

图一三四　M61平、剖面图

1、3~5、8.陶豆　2、6、9~12.陶釜　7.陶瓮　13、14.漆耳杯

陶瓮　1件。M61:7，夹细砂褐陶。侈口，斜沿圆唇，高领内敛，圆肩，肩部以下斜直内收，最大径在肩部。肩部以下饰绳纹。口径23.2、底径10、高33.4、最大肩径36厘米（图一三五，1）。

陶釜　5件。M61:2，夹细砂褐陶。侈口，卷沿，圆唇，有领，溜肩，圆鼓腹，圜底较甚，最大径在中腹部。肩部以下饰绳纹，底部有烟熏痕迹。口径12、高16、最大腹径18.4厘米（图一三六，4）。M61:11，夹细砂褐陶。侈口，斜折沿，尖唇，束颈，溜肩，扁鼓腹，圜底，最大径在下腹部。颈部以下饰绳纹，底部有烟熏痕迹。口径11.2、高12.8、最大腹径15.2厘米（图一三六，5）。M61:9，夹细砂褐陶。口微侈，沿略斜，束颈，溜肩，鼓腹下垂，圜底，最大径在下腹部。颈部饰一周凹弦纹，颈部以下饰绳纹。口径12、高19.6、最大腹径22厘米（图一三六，1）。M61:10，陶质陶色、形制与M61:9相同，釜底存小砾石若干。口径11.8、高19.6、最大腹径21.6厘米（图一三六，3）。M61:12，陶质陶色、形制与M61:9相同，底部存少许烟熏痕迹。口径12.6、高19.4、最大腹径22.4厘米（图一三六，2）。

陶豆　4件。夹细砂灰陶。形制相同，口微敛，圆唇，腹部斜弧内收，浅腹，矮圈足，口沿下部饰一周凹弦纹。M61:1，口径14.8、足径6、高5.4厘米（图一三五，2）。M61:3，口径14.2、足径6、高6厘米（图一三五，3）。M61:4，口径14.2、足径5.2、高5.8厘米（图一三五，4）。M61:5，口径14、足径5.2、高5.6厘米（图一三五，5）。

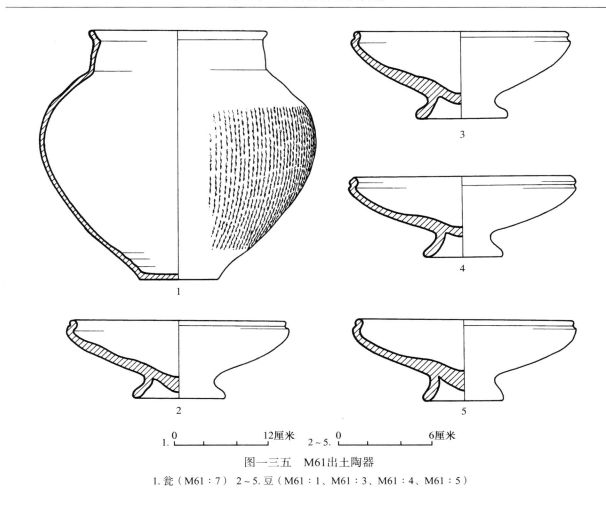

图一三五 M61出土陶器

1.瓮（M61：7） 2～5.豆（M61：1、M61：3、M61：4、M61：5）

五三、M62

1. 墓葬形制

（1）墓葬结构

长方形竖穴土坑墓，上部被破坏，直壁，平底，长2.6、宽1.38、残深0.46米。墓内填褐色黏土夹少许膏泥。墓向315°（图一三七）。

（2）葬具

墓底存板灰痕迹，根据板灰痕迹判断葬具为木棺。木棺在墓坑中摆放微斜，平面略呈长方形，长1.7、宽0.6米，高度不详。

（3）人骨

单人仰身直肢葬，上肢交叉置于腹部。人骨长约1.6米，性别不详，据牙齿磨损度判断年龄在35～40岁。

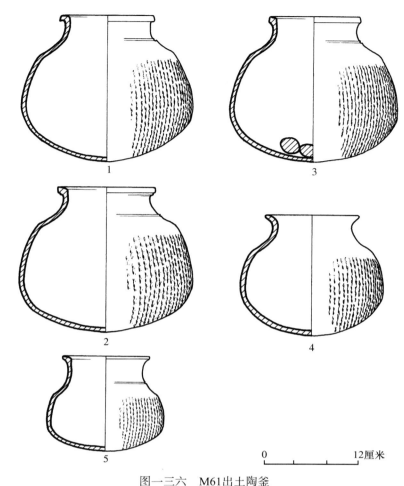

图一三六　　M61出土陶釜

1. M61：9　2. M61：12　3. M61：10　4. M61：2　5. M61：11

2. 随葬器物

随葬器物有陶器和银器。陶器有釜、豆和盘，银器为环，另存狗骨1副。银环位于棺内头骨附近，2件陶釜置于木棺南侧，陶盘、陶豆和狗骨集中放置于木棺东侧。随葬陶器陶质较差，2件陶盘（M62：3、M62：4）和2件陶釜（M62：6、M62：7）仅辨器形，无法修复。其他器物情况如下。

陶豆　3件。夹细砂灰陶。形制相同，口微侈，圆唇，斜弧腹，矮圈足，器表残存黑色陶衣。M62：1，口径13.4、足径5、高5.6厘米（图一三八，1）。M62：2，口径13.3、足径5.2、高4.6厘米（图一三八，2）。M62：5，口径14、足径5、高5.5厘米（图一三八，3）。

银环　2件。形制相同，平面呈环状，截面均为圆形。M62：8-1，直径2.2、截面直径0.1厘米（图一三八，4）。M62：8-2，直径2、截面直径0.1厘米（图一三八，5）。

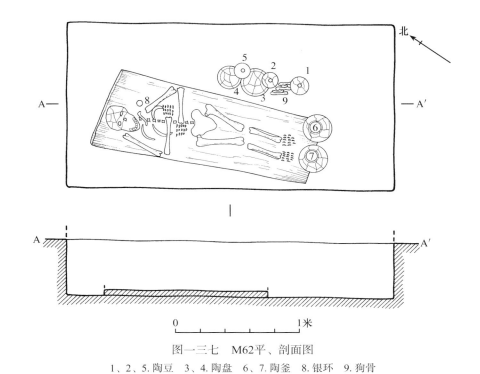

图一三七 M62平、剖面图

1、2、5.陶豆 3、4.陶盘 6、7.陶釜 8.银环 9.狗骨

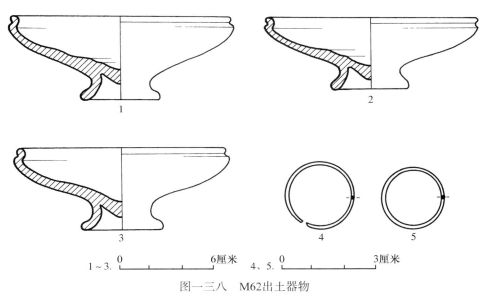

图一三八 M62出土器物

1~3.陶豆（M62：1、M62：2、M62：5） 4、5.银环（M62：8-1、M62：8-2）

五四、M63

1. 墓葬形制

（1）墓葬结构

长方形竖穴土坑墓，墓葬被严重盗扰，口底同大，长3、宽1.2、残深1.04米。墓内填黄褐色夹膏泥五花黏土，底部存膏泥痕迹。墓向330°（图一三九）。

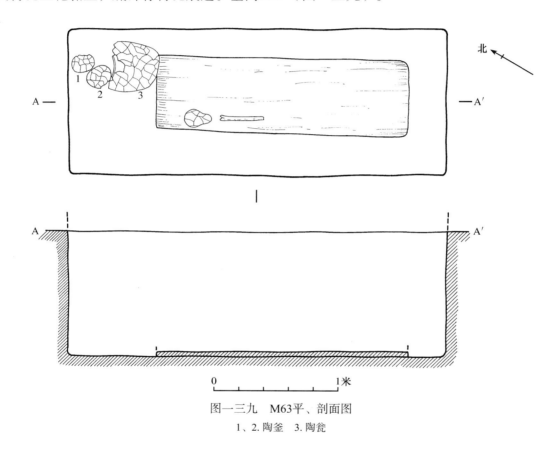

图一三九　M63平、剖面图
1、2.陶釜　3.陶瓮

（2）葬具

葬具已朽，据墓底炭灰痕迹判断为木棺。木棺平面呈长方形，长约2、宽约0.6米，高度不详，木棺底板厚约4厘米。

（3）人骨

单人葬。人骨保存极差，仅残留部分肢骨，葬式、性别及年龄不辨。

2. 随葬器物

随葬器物均为陶器，有釜和瓮。器物集中置于墓葬头端。2件釜（M63：1、M63：2）仅辨器形，无法修复。其他器物情况如下。

陶瓮 1件。M63：3，夹细砂灰陶。敛口，圆唇，高领，圆肩，圆鼓腹，腹部以下斜弧内收，小平底微凹，最大径在中腹部。颈部饰弦纹，肩部以下至近底部饰粗绳纹。口径22、底径9.4、高35、最大腹径36.4厘米（图一四〇）。

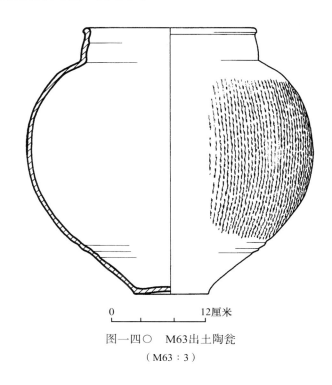

0   12厘米

图一四〇 M63出土陶瓮
（M63：3）

五五、M65

1. 墓葬形制

（1）墓葬结构

长方形竖穴土坑墓，上部被破坏，口底同大，长约2.54、宽约1.54、残深1米。墓内填黄褐色花土夹膏泥，底部存膏泥痕迹。墓向45°（图一四一）。

（2）葬具

葬具已朽，据四壁及墓底板灰痕迹判断为一椁一棺。椁室平面呈"Ⅱ"字形，长约2.44、宽约1.4、残高约0.3米，椁板厚约2厘米。木棺位于椁室西侧，平面呈长方形，长约1.86、宽约0.5米，高度不详，木棺底板厚约4厘米。

（3）人骨

单人仰身直肢葬。人骨被扰乱，葬式和性别不辨，年龄在30岁左右。

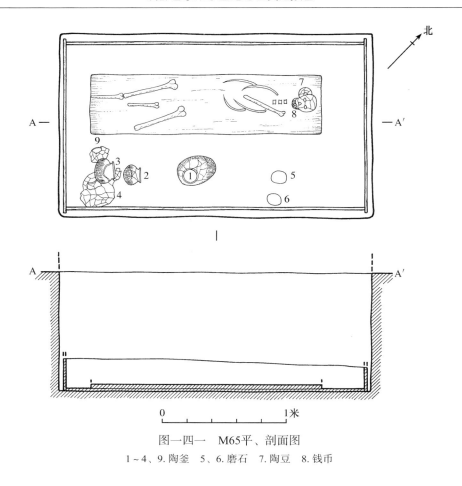

图一四一　M65平、剖面图
1~4、9.陶釜　5、6.磨石　7.陶豆　8.钱币

2. 随葬器物

随葬器物有陶器、石器和钱币。陶器有釜和豆，石器为磨石，铜钱甚残不可辨。陶豆位于棺内人骨头侧，钱币位于头骨附近，其他器物置于椁室东部。3件陶釜（M65：1、M65：3、M65：9）、1件陶豆（M65：7）仅辨器形，无法修复，钱币（M65：8）锈蚀严重，无法提取。其他器物情况如下。

陶釜　2件。M65：2，夹细砂灰陶。侈口，卷沿，尖唇，有领，溜肩，扁鼓腹，圜底，最大径在下腹部。肩部以下饰绳纹。口径11、高14、最大腹径18厘米（图一四二，4）。M65：4，夹细砂褐陶。口微侈，沿微斜，方唇，束颈，溜肩，腹部扁圆，圜底，最大径在下腹部。口径13.2、高23.4、最大腹径29.2厘米（图一四二，1）。

磨石　2件。灰色。形制相同，平面呈圆饼状，中间厚四周薄，平面打磨光滑。M65：5，直径11、厚1.7厘米（图一四二，2）。M65：6，直径12.2、厚2厘米（图一四二，3）。

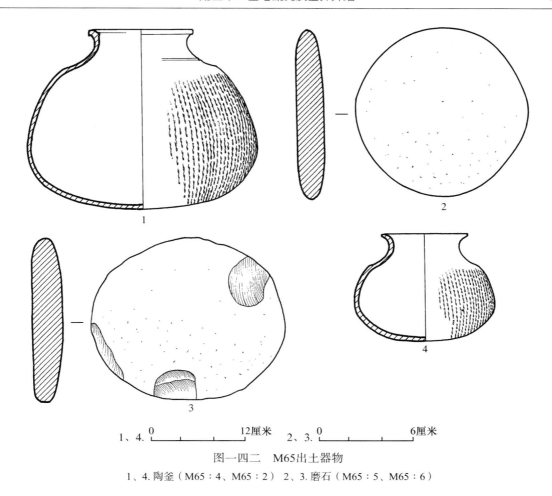

1、4. $\underset{0}{\llcorner\!\!\!\!\!\!\!\!\!\!\!\!\!\!\!\!}$ 12厘米　　2、3. $\underset{0}{\llcorner\!\!\!\!\!\!\!\!\!\!\!\!\!\!\!\!}$ 6厘米

图一四二　M65出土器物

1、4. 陶釜（M65∶4、M65∶2）　2、3. 磨石（M65∶5、M65∶6）

五六、M66

1. 墓葬形制

（1）墓葬结构

长方形竖穴土坑墓，上部被严重破坏，口底同大，长约3、宽约2.06、残深0.7米。墓内填黄褐色花土夹膏泥，底部存膏泥痕迹。墓向320°（图一四三）。

（2）葬具

墓底仅存少量板灰痕迹，葬具不辨。

（3）人骨

人骨不存。

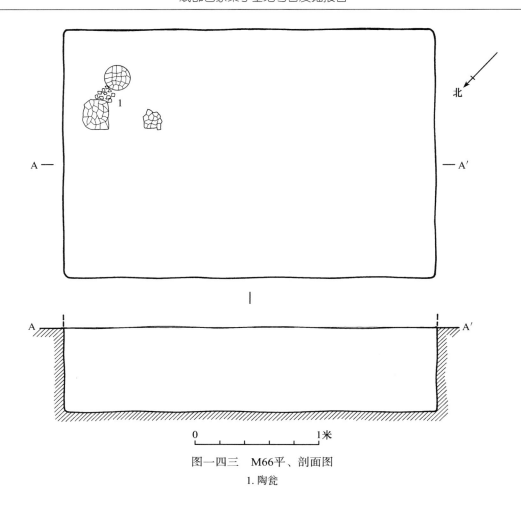

图一四三　M66平、剖面图
1. 陶瓮

2. 随葬器物

在墓坑东北角存陶瓮（M66∶1）1件，仅辨器形，无法修复。

五七、M67

1. 墓葬形制

（1）墓葬结构

近方形竖穴土坑墓，上部被破坏，直壁，平底，长约3.24、宽约2.54、残深1.24米。墓内填黄褐色花土夹膏泥，底部存膏泥痕迹。墓向325°（图一四四）。

（2）葬具

葬具已朽，据四壁和墓底板灰痕迹推断为一椁一棺。椁室平面呈"Ⅱ"字形，长约2.64、宽约2.08、残高约0.5米，椁板厚约4厘米。木棺仅在椁室东南角有残痕，规格不详，残存部分

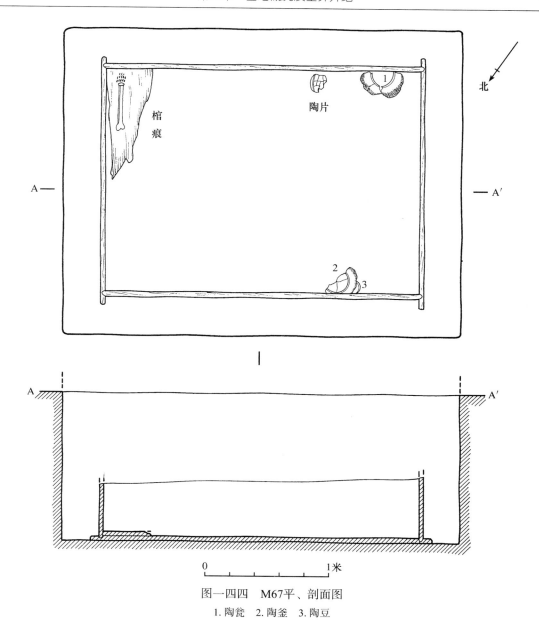

图一四四　M67平、剖面图

1. 陶瓮　2. 陶釜　3. 陶豆

底板厚约4厘米。

（3）人骨

人骨扰乱严重，仅在椁室东南角发现少量肢骨，葬式、性别、年龄不辨。

2. 随葬器物

由于墓葬扰乱严重，随葬器物可辨者皆为陶器，有瓮、釜、豆。随葬器物贴椁壁散乱分布。1件陶釜（M67：2）仅辨器形，无法修复。其他器物情况如下。

陶瓮　1件。M67：1，夹细砂灰褐陶。口微侈，尖唇，高领内敛，圆肩，弧腹微鼓，腹部以下斜弧内收，小平底微凹，最大径在肩部。肩部以下至近底部饰绳纹，器表拍打痕迹明显。口径24.2、底径11、高41.6、最大肩径39.2厘米（图一四五，1）。

　　陶豆　1件。M67：3，夹细砂灰褐陶。口微敛，圆唇，斜直腹内收，矮圈足。口径14、足径5.6、高5.2厘米（图一四五，2）。

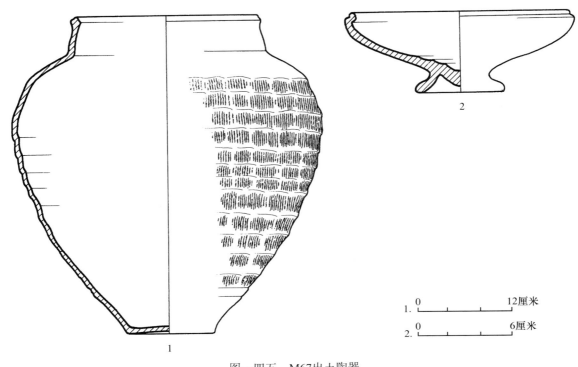

图一四五　M67出土陶器

1.瓮（M67：1）2.豆（M67：3）

五八、M68

1. 墓葬形制

（1）墓葬结构

长方形竖穴土坑墓，上部被破坏，直壁，平底，长3.52、宽1.22、残深0.54米。墓内填黄褐色花土夹膏泥，底部存膏泥痕迹。墓向320°（图一四六）。

（2）葬具

葬具已朽，据四壁及墓底板灰痕迹推定为一椁一棺。椁室平面呈"Ⅱ"字形，长约3.48、宽约1.18、残高0.5米，椁板厚约2厘米。木棺位于椁室中部，平面呈长方形，长2.12、宽0.54米，高度不详，棺底板厚约2厘米。

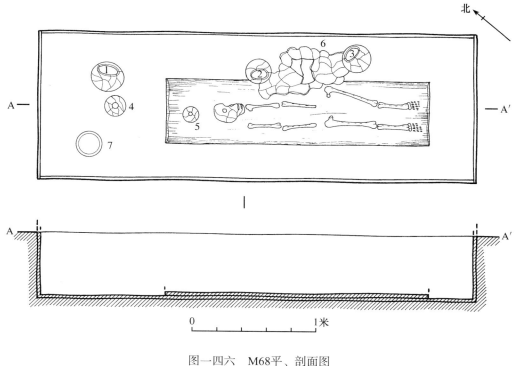

图一四六　M68平、剖面图

1～3.陶釜　4、5.陶豆　6.陶瓮　7.漆盘

（3）人骨

单人仰身直肢葬。人骨长约1.6米，性别不辨，年龄在25～30岁。

2. 随葬器物

随葬器物有陶器和漆器。陶器有瓮、釜和豆，漆器为盘。随葬器物主要置于木棺东侧和北侧，1件陶豆位于棺内人骨头端。3件陶釜（M68：1～M68：3）、1件陶豆（M68：4）和1件陶瓮（M68：6）仅辨器形，无法修复。1件漆盘（M68：7）亦仅存痕迹，无法提取。其他器物情况如下。

陶豆　1件。M68：5，夹砂褐陶。口微敛，圆唇，腹部斜收，圈足。口径14.4、足径6.6、高5.4厘米（图一四七）。

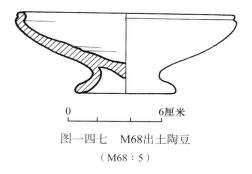

图一四七　M68出土陶豆

（M68：5）

五九、M69

1. 墓葬形制

（1）墓葬结构

长方形竖穴土坑墓，上部被破坏，直壁，平底，长3.42、宽1.22、残深0.76米。墓内填黄褐色花土夹膏泥，底部存膏泥痕迹。墓向345°（图一四八；图版三九，1）。

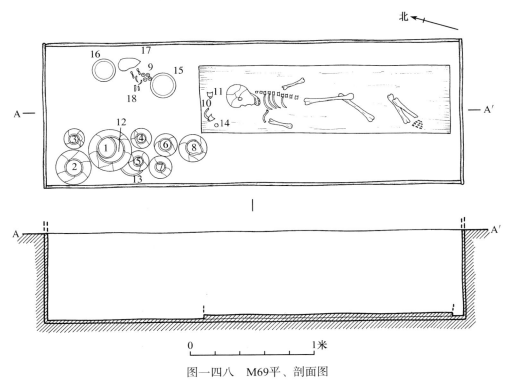

图一四八　M69平、剖面图

1、2. 陶瓮　3~8. 陶釜　9. 半两钱　10. 铁璜　11. 铜铃　12. 陶钵　13. 陶盘　14. 料珠　15、16. 漆盘　17. 漆器　18. 动物骨骼

（2）葬具

葬具已朽，据四壁及墓底板灰痕迹判断为一椁一棺。椁室平面呈"Ⅱ"字形，长约3.38、宽约1.18、残高约0.7米，椁板厚约2厘米。木棺位于椁室东南，平面呈长方形，长约2.02、宽约0.56、残高约0.1米，棺板厚约2厘米。

（3）人骨

单人仰身葬，肢骨散乱。性别不辨，据牙齿磨损度判断年龄约25岁。

2. 随葬器物

随葬器物有陶器、铜器、铁器、料珠、漆器和铜钱，另存少量动物骨骼（图版三九，2）。

陶器有瓮、釜、钵和盘，铜器为铃，铁器为璜，料珠为铜铃和铁璜的伴出饰件，铁璜因锈蚀严重能提取者仅1件。漆器可辨者为漆盘，铜钱为半两。随葬器物中铜铃、铁璜、料珠位于棺内头端，其他器物及少量动物骨集中置于墓葬头端。1件陶釜（M69：7）仅辨器形，无法修复。随葬漆器（M69：15～M69：17）仅存痕迹，无法提取。其他器物情况如下。

陶瓮　2件。M69：1，夹砂褐陶。口微侈，斜方唇，高领，圆肩，鼓腹，腹部以下斜弧内收，小平底，最大径在上腹部。肩部以下至近底部饰粗绳纹。口径25.2、底径9.4、高37.4、最大腹径42.8厘米（图一四九，1；图版四〇，1）。M69：2，夹砂褐陶。口微侈，斜方唇，高

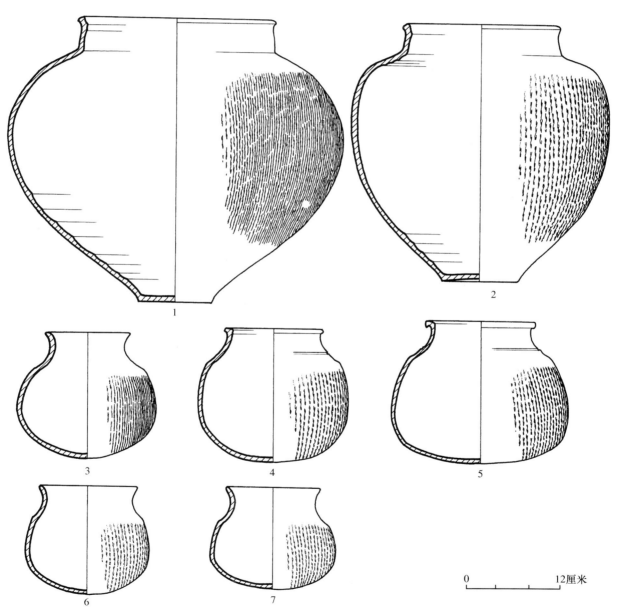

图一四九　M69出土陶器

1、2.瓮（M69：1、M69：2）　3～7.釜（M69：3、M69：5、M69：8、M69：4、M69：6）

领，鼓肩，腹微鼓，平底，最大径在上腹部。肩部以下至近底部饰绳纹。口径20、底径9.8、高34、最大腹径32.8厘米（图一四九，2）。

陶釜　5件。M69：3，夹细砂褐陶。侈口，卷沿，圆唇，有领，溜肩，圆鼓腹，圜底较甚，最大径在下腹部。肩部以下饰绳纹。口径10.6、高16、最大腹径18厘米（图一四九，3；图版四〇，2）。M69：4，夹细砂褐陶。侈口，卷沿，圆唇，有领，溜肩，鼓腹，圜底，最大径在下腹部。肩部以下饰绳纹。口径12.5、高14、最大腹径16厘米（图一四九，6）。M69：6，夹细砂褐陶。侈口，卷沿，圆唇，溜肩，扁鼓腹，圜底，最大径在下腹部。口径12、高13、最大腹径16厘米（图一四九，7；图版四〇，3）。M69：5，夹细砂灰陶。直口，平沿，尖唇，束颈，溜肩，圆弧腹，圜底，最大径在中腹部。颈部饰弦纹，肩部以下饰绳纹。口径12.6、高17.4、最大腹径19.2厘米（图一四九，4；图版四〇，4）。M69：8，夹细砂褐陶。直口，平沿，方唇，束颈，溜肩，弧腹甚扁，圜底近平，最大径在下腹部。颈部饰弦纹，肩部以下饰绳纹。口径14、高18.6、最大腹径22.6厘米（图一四九，5）。

陶钵　1件。M69：12，泥质灰褐陶。敞口，方唇，折腹，平底微凹。口径22.8、底径6.8、高7.8厘米（图一五〇，1；图版四〇，5）。

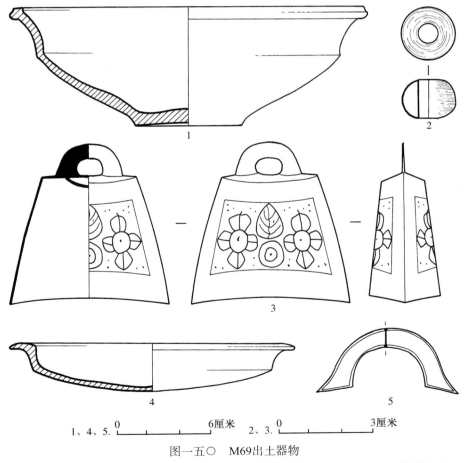

图一五〇　M69出土器物

1.陶钵（M69：12）　2.料珠（M69：14）　3.铜铃（M69：11）　4.陶盘（M69：13）　5.铁璜（M69：10）

　　陶盘　1件。M69：13，泥质灰陶。敞口，平沿，尖唇，圜底近平。口径18.2、高3.1厘米（图一五〇，4；图版四〇，6）。

　　铜铃　2件。M69：11，两件形制相同，底部略弧，半环形纽。器表饰花瓣纹。宽5.1、高5.2、厚2.3厘米（图一五〇，3）。

　　铁璜　1件。M69：10，宽拱平缓，整体大致呈圆弧状，两足端微上翘。锈蚀严重。器宽9、高4.2厘米，体宽2.2、厚0.3厘米（图一五〇，5）。

　　料珠　1件。M69：14，呈算珠状，中部存圆形穿孔。直径1.7、高1.3厘米（图一五〇，2）。

　　半两钱　5枚。其中2枚残。M69：9-1，钱币较规整，钱文"半两"依稀可辨。钱径3.1、穿径0.9厘米，重6.8克（图一五一，1）。M69：9-2，钱文与M69：9-1相同。钱径3.1、穿径0.9厘米，重6.1克（图一五一，3）。M69：9-3，钱币下端残，穿不规整，钱文书写随意，笔画圆弧。钱径2.6、穿径0.8厘米，重2.3克（图一五一，2）。

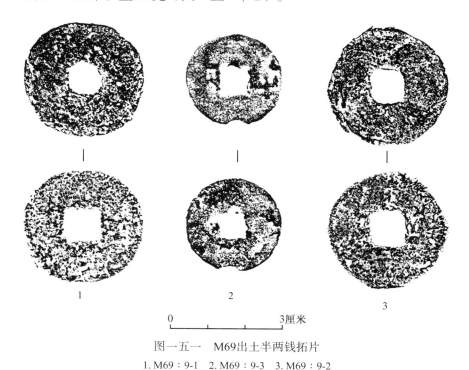

图一五一　M69出土半两钱拓片
1. M69：9-1　2. M69：9-3　3. M69：9-2

六〇、M70

1. 墓葬形制

（1）墓葬结构

　　长方形竖穴土坑墓，上部被破坏，直壁，平底，长3.08、宽1.62、残深0.6米。墓内填黄褐色花土夹膏泥，底部存膏泥痕迹。墓向350°（图一五二）。

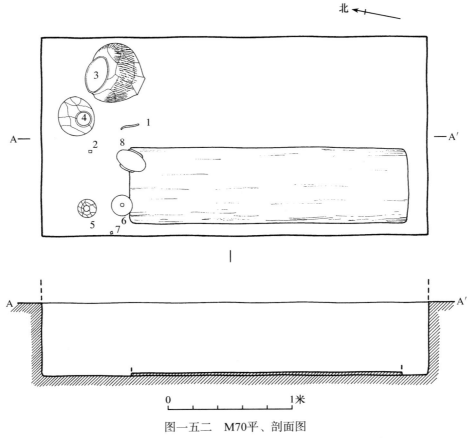

图一五二　M70平、剖面图

1.铜带钩　2、7.铜印章　3.陶瓮　4.陶釜　5、6.陶豆　8.漆耳杯

（2）葬具

葬具已朽，据墓底板灰痕迹推测为木棺，位于墓坑的西侧，平面呈长方形，长约2.2、宽约0.62米，高度不详，木棺底板厚约2厘米。

（3）人骨

未见人骨痕迹。

2. 随葬器物种类及放置情况

随葬器物有陶器、铜器和漆器。陶器有瓮、釜和豆，铜器有带钩和印章，漆器为耳杯。随葬器物集中置于墓坑北端。1件陶豆（M70：5）仅辨器形，无法修复，1件漆耳杯（M70：8）仅存痕迹，无法提取。其他器物情况如下。

陶瓮　1件。M70：3，夹砂灰陶。敛口，圆唇，高领，圆肩，鼓腹，腹部以下斜弧内收，小平底，最大径在上腹部。颈部以下饰粗绳纹。口径22.4、底径9.2、高34、最大腹径36厘米

（图一五三，1）。

陶釜　1件。M70：4，夹细砂灰陶。侈口，卷沿，圆唇，有领，溜肩，圆鼓腹，圜底，最大径在下腹部。颈部饰凹弦纹，肩部以下饰绳纹。口径11.5、高14、最大腹径16厘米（图一五三，4）。

陶豆　1件。M70：6，泥质灰陶。口微侈，圆唇，斜直腹，矮圈足。口径14.4、足径5、高5厘米（图一五三，3）。

铜带钩　1件。M70：1，整体呈曲棒状，钩身微弯曲。长11、宽1.1、厚0.5厘米（图一五三，2）。

铜印章　2枚。M70：2，整体上小下大呈须弥座状，印面略呈方形，桥形纽。印文为篆体横向阴刻"万岁"。印面长1.4、宽1.3厘米，印高1.4厘米（图一五三，5）。M70：7，印下部呈须弥座状，角状纽，纽下部一圆孔。印文漫漶不辨。印面长1.7、宽1厘米，印高2厘米（图一五三，6）。

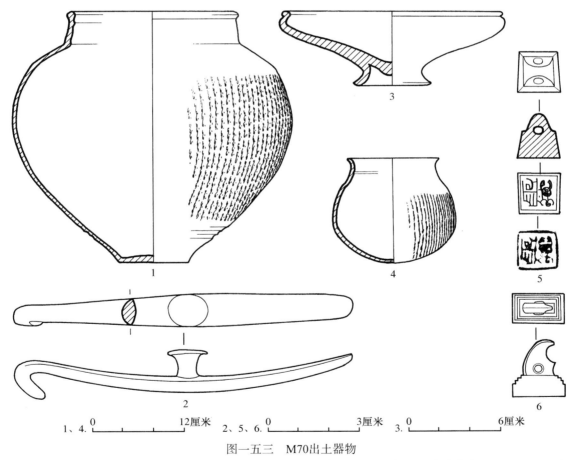

0　　　　　12厘米　　　　0　　　　　3厘米　　　0　　　　6厘米
1、4.　　　　　　　　　　2、5、6.　　　　　　　3.

图一五三　M70出土器物

1.陶瓮（M70：3）2.铜带钩（M70：1）3.陶豆（M70：6）4.陶釜（M70：4）5、6.铜印章（M70：2、M70：7）

六一、M71

1. 墓葬形制

（1）墓葬结构

长方形竖穴土坑墓，上部被破坏，直壁，平底，长3.52、宽1.7、残深1.32米。墓内填黄褐色花土夹膏泥，底部存膏泥痕迹。墓向310°（图一五四）。

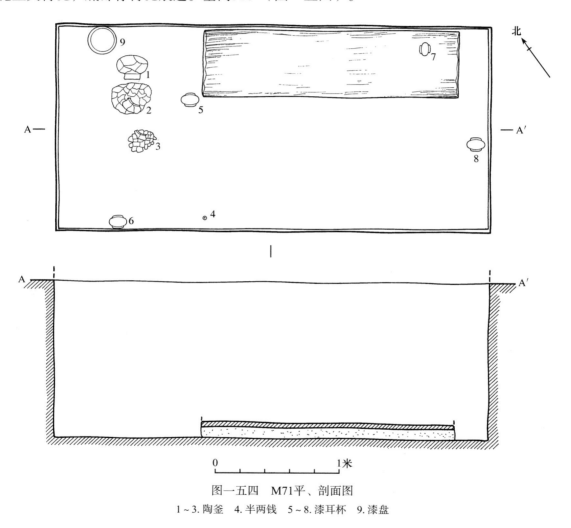

图一五四　M71平、剖面图

1~3.陶釜　4.半两钱　5~8.漆耳杯　9.漆盘

（2）葬具

葬具已朽，据四壁及墓底板灰痕迹推测为一椁一棺。木椁仅存痕迹，长约3.48、宽约1.66、高0.8米，底板由四块宽约0.5米的长方形木板拼合而成，椁板厚约2厘米。木棺位于椁室东南部，平面呈长方形，长约2.06、宽约0.54米，高度不详，木棺底板厚约4厘米。木棺底部存厚约8厘米的熟土棺台。

（3）人骨

人骨不存。

2. 随葬器物

随葬器物有陶釜、漆耳杯、漆盘和半两钱，2件漆耳杯被扰乱至椁室南端和西北部，其他器物置于墓坑北部。随葬漆器（M71：5～M71：9）皆仅存痕迹，无法提取。其他器物情况如下。

陶釜　3件。M71：1，夹细砂褐陶。口微侈，沿略斜，方唇，束颈，溜肩，腹部扁鼓，圜底，最大径在下腹部。肩部以下饰绳纹。口径11.2、高17、最大腹径22厘米（图一五五，1）。M71：2，夹细砂褐陶。形制与M71：1相同，颈部饰弦纹，肩部以下饰绳纹。口径12.8、高20、最大腹径24.4厘米（图一五五，2）。M71：3，夹细砂褐陶。口微侈，沿略斜，斜方唇，束颈，溜肩，鼓腹较甚，圜底，最大径在中腹部。颈部饰凹弦纹，肩部以下饰绳纹。口径13、高16.6、最大腹径20.8厘米（图一五五，3）。

半两钱　1枚。M71：4，钱币不规整，钱文漫漶。钱径2.5、穿径1厘米，重2.7克。

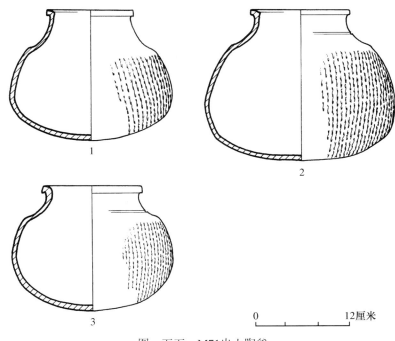

0　　　　　　　12厘米

图一五五　M71出土陶釜
1. M71：1　2. M71：2　3. M71：3

六二、M72

1. 墓葬形制

（1）墓葬结构

长方形竖穴砖室墓，北端被破坏，墓顶及直墙上部不存。墓圹平面呈长方形，北端残，残长约3.02、宽约1.94、残深约0.64米。长方形墓室，残长约2.76、宽约1.48、残高约0.64米。墓壁和墓底皆用长方形素面砖顺向错缝平砌而成。壁砖长45、宽19、厚8厘米，底砖长45、宽21、厚8厘米。墓向305°（图一五六；图版四一）。

（2）葬具

在墓室底部发现少量板灰残痕，推测葬具为木棺。

（3）人骨

人骨不存。

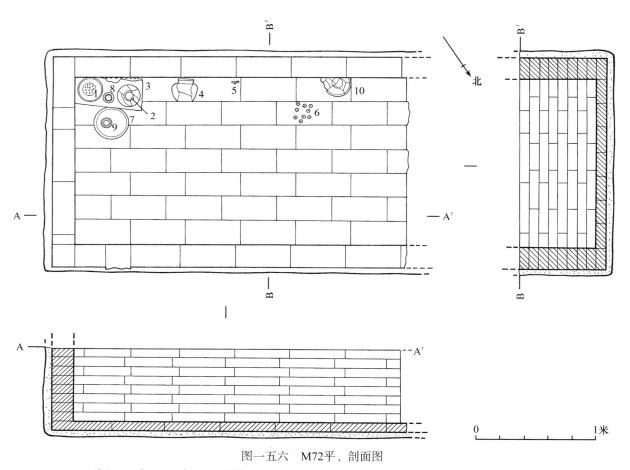

图一五六　M72平、剖面图

1. 陶甑　2. 陶釜　3. 陶灶　4. 陶罐　5. 铜盖弓帽　6. 五铢钱　7. 陶井　8、9. 汲水小陶罐　10. 陶盆

2. 随葬器物

随葬器物有陶器、铜器和钱币，陶器有釜、甑、罐、汲水小罐、盆、井和灶等，铜器为盖弓帽，钱币为五铢。随葬器物主要分布于墓室西侧。器物情况如下。

陶釜　1件。M72：2，夹细砂灰陶。口部略残，鼓肩，弧腹，圜底较甚，最大径在肩部。肩部存锥形錾一对，肩部饰凹弦纹，器表施黑色陶衣。残高10、最大肩径18厘米（图一五七，2）。

陶罐　1件。M72：4，夹细砂灰陶。口微侈，圆唇，束颈，圆肩，腹微鼓，平底，最大径在肩部。腹部饰两周凹弦纹。口径10.7、底径13、高18.4、最大肩径21.6厘米（图一五七，3；图版四二，1）。

汲水小陶罐　2件。M72：8，夹细砂灰陶。侈口，圆唇，圆肩，鼓腹，腹部以下斜弧内收，平底微凹，最大径在肩部。肩部饰弦纹，器表施黑色陶衣。口径6.2、底径6.4、高8.2、最大腹径10.6厘米（图一五七，4；图版四二，2）。M72：9，夹细砂灰陶。直口，鼓肩，斜直腹，平底，最大径在肩部。口径4.6、底径5.6、高7.8、最大肩径8.8厘米（图一五七，5；图版四二，3）。

陶甑　1件。M72：1，夹细砂灰陶。敞口，宽沿，圆唇，弧腹，平底，底部存圆形箅孔10余个。口径23.4、底径9.8、高12.2厘米（图一五八，2；图版四二，4）。

陶盆　1件。M72：10，夹细砂灰陶。敞口，宽沿，方唇，折腹，上腹略内束，下腹为弧腹，平底微凹。折腹处饰一周凸弦纹，底部饰席纹，器表施黑色陶衣。口径26.8、底径16.7、高12.8厘米（图一五八，3；图版四三，1）。

陶井　1件。M72：7，夹细砂灰陶。圆形井台与圆筒状井身连为一体，敛口，腹微弧，平底。井台饰凹弦纹，上腹部饰附加堆纹，器表施黑色陶衣。井台直径31.6、口径19.6、底径23、高29.2厘米（图一五七，1；图版四三，3）。

陶灶　1件。M72：3，夹细砂灰陶。平面呈梯形，灶面有一大一小两个火眼，灶尾有圆柱状烟囱，头部呈蒜头状，挡火墙略呈圆角方形，高于灶面，圆拱形火门。通长39.2、宽27.2～17.2、通高24厘米，烟囱高于灶体6.4厘米（图一五八，1；图版四三，2）。

铜盖弓帽　1件。M72：5，下部残，圆顶，钩略弧。残长3.8、直径0.8厘米（图一五七，6；图版四三，4）。

五铢钱　30枚。其中13枚残。选取标本4枚。M72：6-1，周郭不规整，无磨痕。钱文隶意重，"五"字交笔斜直，"铢"字金旁上部呈箭镞状，四点较短，朱旁上部方折。钱径2.5、穿径1厘米，重2.9克（图一五九，4）。M72：6-2，钱币较规整，"五"字交笔屈曲，朱旁上部方折。钱径2.5、穿径1厘米，重2.3克（图一五九，1）。M72：6-3，钱文形制与M72：6-2相同，重3.3克（图一五九，3）。M72：6-4，周郭稍窄，其他钱文形制与M72：6-2相同，重1.9克（图一五九，2）。

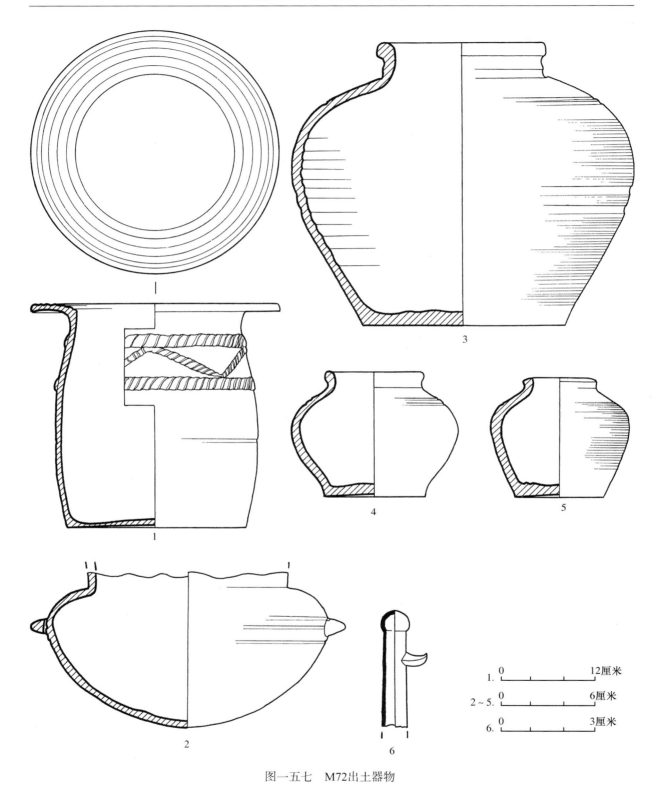

图一五七　M72出土器物

1. 陶井（M72：7）　2. 陶釜（M72：2）　3. 陶罐（M72：4）　4、5. 汲水小陶罐（M72：8、M72：9）　6. 铜盖弓帽（M72：5）

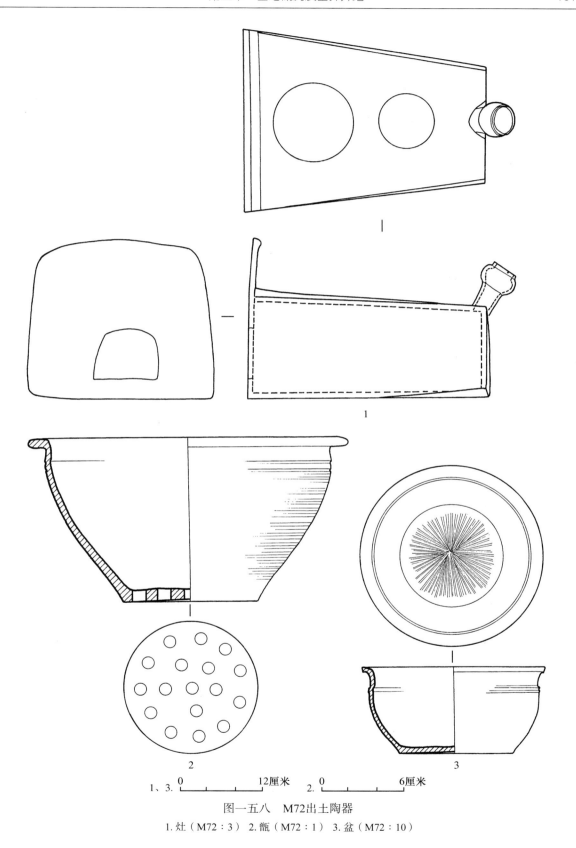

图一五八　M72出土陶器

1.灶（M72：3）　2.甑（M72：1）　3.盆（M72：10）

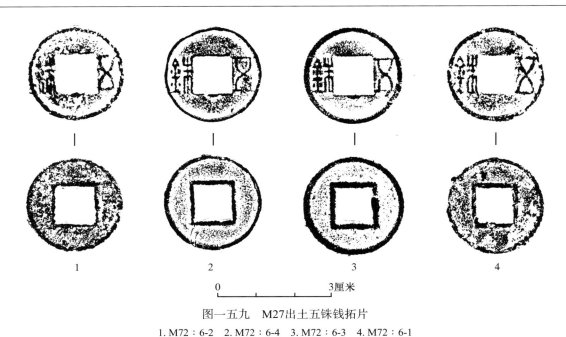

图一五九　M27出土五铢钱拓片
1. M72：6-2　2. M72：6-4　3. M72：6-3　4. M72：6-1

六三、M73

1. 墓葬形制

（1）墓葬结构

近方形竖穴土坑墓，上部被破坏，口底同大，长约3.12、宽约2.4、残深2.24米。墓内填黄褐色花土夹膏泥，底部存膏泥痕迹。墓向275°（图一六〇）。

（2）葬具

葬具已朽，据四壁及墓底板灰痕迹判断为一椁一棺。木椁平面呈"Ⅱ"字形，长约2.98、宽约2.28、残高约0.22米，椁板厚约4厘米。木棺位于椁室南侧，平面呈长方形，长约1.96、宽约0.44、残高约0.1米，棺板厚约2厘米。

（3）人骨

单人葬，仅存一截肢骨，葬式、性别、年龄不辨。

2. 随葬器物

随葬器物均为陶器，可辨器形有罐和釜。随葬器物主要置于椁室中部和北部。1件陶器（M73：6）器形不辨，1件陶釜（M73：4）仅辨器形，无法修复。其他器物情况如下。

陶釜　3件。M73：1，夹细砂褐陶。侈口，卷沿，圆唇，有领，溜肩，扁鼓腹，圜底，最大径在下腹部。肩部以下饰绳纹。口径13.4、高17.2、最大腹径21.2厘米（图一六一，3）。M73：3，夹细砂褐陶。形制、纹饰与M73：1相同。口径13、高18.4、最大腹径21.2厘米（图

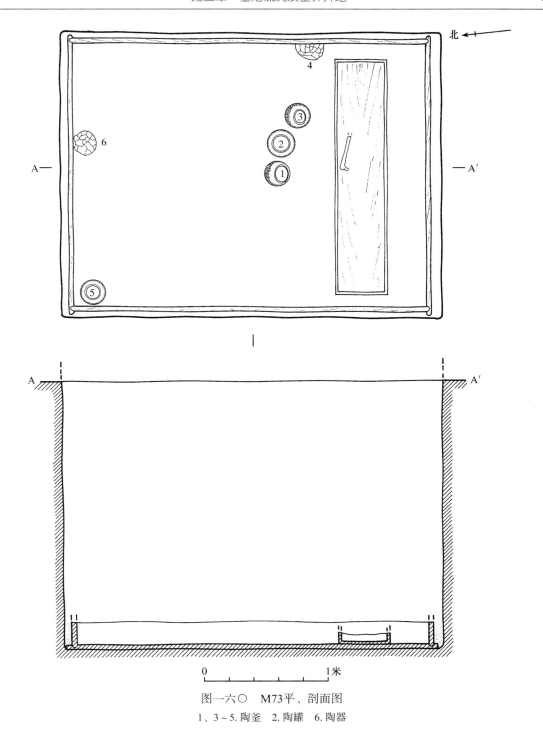

图一六〇　M73平、剖面图

1、3~5.陶釜　2.陶罐　6.陶器

一六一，4）。M73：5，夹细砂灰陶。侈口，斜沿，方唇，束颈，溜肩，扁鼓腹，圜底，最大径在下腹部。轮制，肩部以下饰绳纹。口径12.4、高13.8、最大腹径18.7厘米（图一六一，1）。

　　陶罐　1件。M73：2，夹细砂灰陶。口微侈，平沿，尖唇，折肩，斜直腹，平底微凹，最大径在肩部。口径14.2、底径9、高10.5、最大肩径18.8厘米（图一六一，2）。

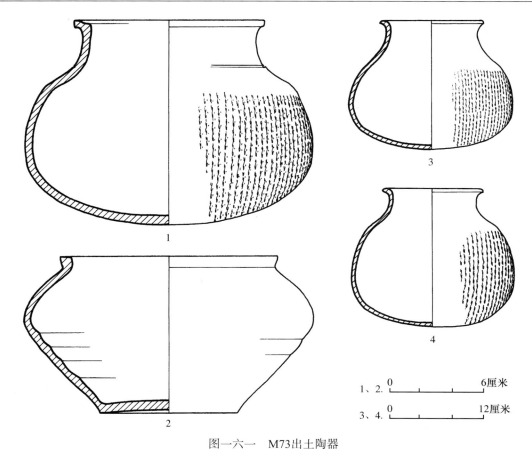

图一六一　M73出土陶器

1、3、4.釜（M73：5、M73：1、M73：3）　2.罐（M73：2）

六四、M74

1. 墓葬形制

（1）墓葬结构

长方形竖穴土坑墓，上部被破坏，口部长约3.68、宽约1.54米，底部长约3.5、宽约1.44米，残深1.12米。墓坑两端在近墓底约0.3米处内收成宽约0.1米的生土二层台。墓内填黄褐色花土夹膏泥，底部存膏泥痕迹。墓向55°（图一六二）。

（2）葬具

葬具已朽，据四壁及墓底板灰痕迹判断为一椁一棺。椁室平面呈"Ⅱ"字形，长约3.46、宽约1.4、残高1.12米，椁板厚约4厘米。木棺位于椁室南侧，平面呈长方形，长约2、宽约0.54米，高度不详，木棺底板厚约4厘米。

（3）人骨

保存极差，仅残留部分肢骨。葬式、性别、年龄不辨。

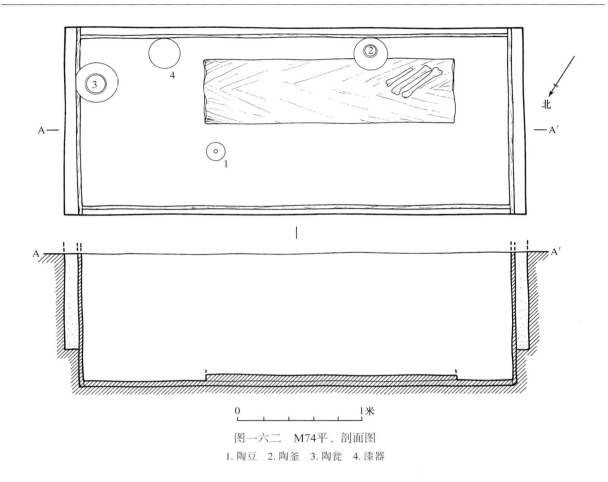

图一六二　M74平、剖面图
1.陶豆　2.陶釜　3.陶瓮　4.漆器

2. 随葬器物

随葬器物有陶器和漆器。陶器有瓮、釜和豆，漆器不辨器形。随葬器物被严重扰乱，主要置于椁室东部。漆器（M74：4）仅存痕迹，无法提取。其他器物情况如下。

陶瓮　1件。M74：3，夹砂灰褐陶。直口，圆唇，高领，圆折肩，腹微鼓，腹部以下斜弧内收，平底微凹，最大径在上腹部。肩部以下饰粗绳纹。口径20.4、底径10、高34、最大腹径33.3厘米（图一六三，1）。

陶釜　1件。M74：2，夹砂褐陶。口微侈，沿微斜，圆唇，束颈，溜肩，扁鼓腹，圜底，最大径在中腹部。颈部饰凹弦纹，肩部以下饰绳纹。口径12、高16、最大腹径20厘米（图一六三，3）。

陶豆　1件。M74：1，夹砂灰陶。口微侈，圆唇，腹部斜弧内收，矮圈足。口径14.3、足径5.2、高5.6厘米（图一六三，2）。

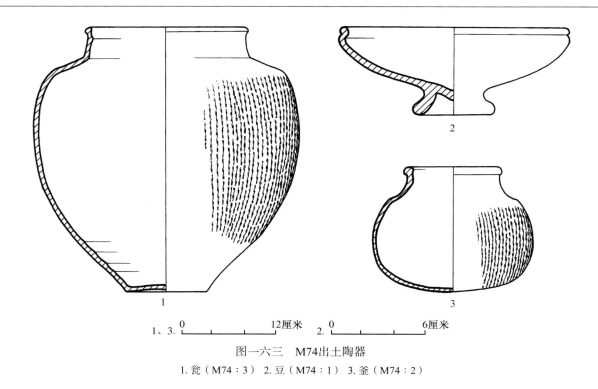

图一六三　M74出土陶器

1.瓮（M74∶3）　2.豆（M74∶1）　3.釜（M74∶2）

六五、M75

1. 墓葬形制

（1）墓葬结构

长方形竖穴土坑墓，被破坏严重，口底同大，长约3.02、宽约1.36、残深0.9米。墓内填黄褐色花土夹膏泥，底部存膏泥痕迹。墓向38°（图一六四）。

（2）葬具

葬具已朽，据四壁及墓底板灰痕迹推测为一椁一棺。椁室仅存板灰痕迹，平面呈长方形，长约2.99、宽约1.34、残高0.54米，椁板厚约2厘米。木棺位于椁室东南部，平面呈长方形，长约2.1、宽约0.56、残高0.1米，棺板厚约1厘米。

（3）人骨

人骨不存。

2. 随葬器物

随葬器物有陶器、铜器和漆器。陶器有瓮和釜，铜器为铃，漆器有盘和盒。随葬器物集中置于椁室北部。其中漆器（M75∶5、M75∶6）仅辨器形，无法提取。其他器物情况如下。

陶瓮　1件。M75∶3，夹砂红褐陶。直口，圆唇，高领，肩部圆广，弧腹微鼓，腹部以下

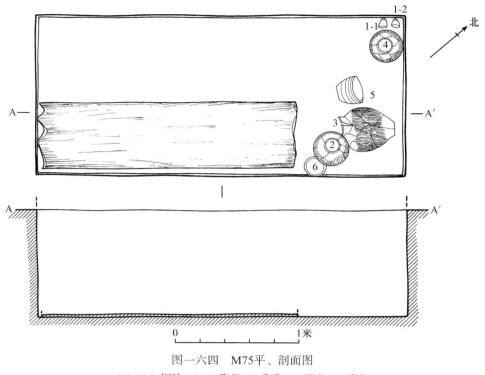

图一六四　M75平、剖面图

1-1、1-2.铜铃　2、4.陶釜　3.陶瓮　5.漆奁　6.漆盘

斜弧内收，小平底微凹，最大径在肩部。肩部以下饰绳纹。口径23、底径13、高36、最大肩径35.2厘米（图一六五，1）。

　　陶釜　2件。M75：4，夹细砂褐陶。口微侈，沿略斜，圆唇，束颈，溜肩，扁鼓腹，圜底，最大径在下腹部。肩部以下饰绳纹。口径12、高13.2、最大腹径16厘米（图一六五，3）。M75：2，夹细砂褐陶。敛口，平沿，方唇，束颈，溜肩，弧腹甚扁，圜底，最大径在下腹部。口径11、高16.1、最大腹径19.6厘米（图一六五，2）。

　　铜铃　2件。M75：1-1，下端甚弧，半环形纽。宽5.1、高5厘米（图一六五，4）。M75：1-2，下端甚弧，半圆形纽，纽上存圆孔。宽4.9、高5.6厘米（图一六五，5）。

六六、M76

1. 墓葬形制

（1）墓葬结构

长方形竖穴土坑墓，上部被破坏，口大底小，口部长3.5、宽1.36米，底部长3.32、宽1.2米，残深1.22米。墓内填黄褐色五花土夹膏泥，底部存膏泥痕迹。墓向35°（图一六六）。

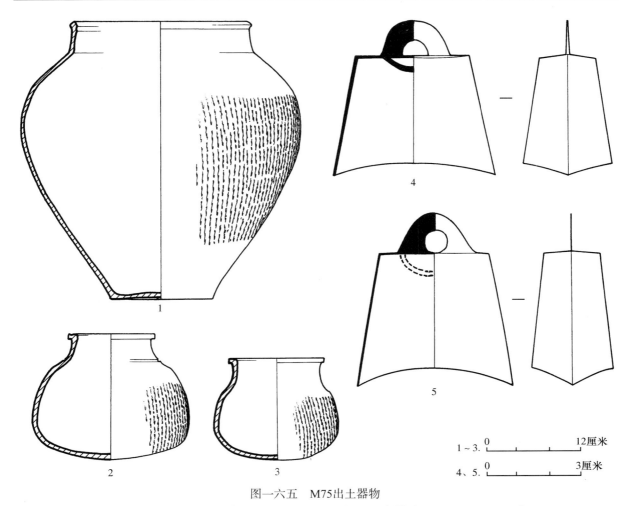

图一六五　M75出土器物

1. 陶瓮（M75：3）　2、3. 陶釜（M75：2、M75：4）　4、5. 铜铃（M75：1-1、M75：1-2）

（2）葬具

葬具已朽，据四壁及墓底板灰痕迹推测为一椁一棺。椁室平面呈长方形，长约3.32、宽约1.22、高约1.1米，椁板厚度不详。木棺位于椁室南部，平面呈长方形，长约2.08、宽约0.6、残高约0.2米，木棺厚度不详。

（3）人骨

单人仰身直肢葬，左上肢置于下腹部，右上肢被扰动。人骨长约1.62米，性别不辨，据牙齿磨损度判断年龄在25～30岁。

2. 随葬器物

随葬器物有陶釜和漆盘，陶器置于木棺东侧，漆器置于墓坑北部。其中1件陶釜（M76：3）保存较差，漆盘（M76：4）仅存痕迹，无法提取。其他器物情况如下。

陶釜 2件。M76：2，泥质灰陶。口微侈，沿微斜，方唇，溜肩，扁鼓腹，圜底，最大径在下腹部。颈部饰凹弦纹。口径13.2、高15.6、最大腹径21.2厘米（图一六七，1）。M76：1，夹砂褐陶。侈口，卷沿，圆唇，有领，溜肩，扁鼓腹，圜底，最大径在中腹部。颈部饰凹弦纹，肩部以下饰绳纹。口径9.4、高13.6、最大腹径16厘米（图一六七，2）。

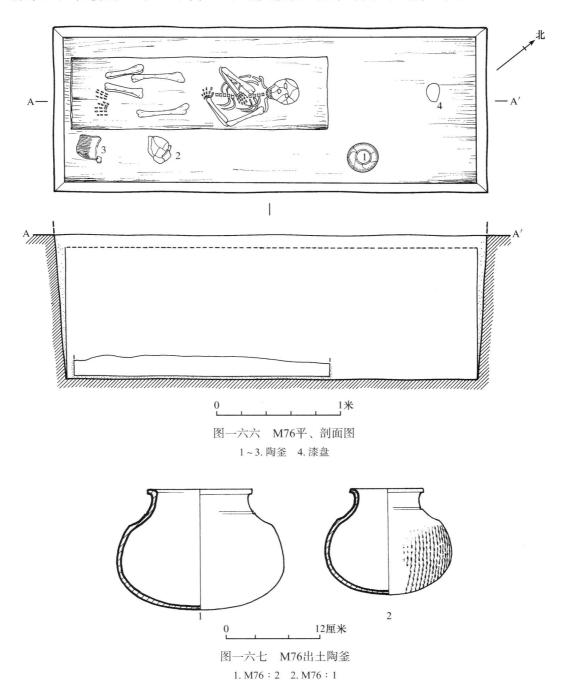

图一六六 M76平、剖面图

1～3.陶釜 4.漆盘

图一六七 M76出土陶釜

1. M76：2 2. M76：1

六七、M77

1. 墓葬形制

（1）墓葬结构

长方形竖穴土坑墓，上部被破坏，口略大于底，口部长约2.92、宽约1.3米，底部长约2.8、宽约1.18米，残深0.5米。墓内填黄褐色五花土夹膏泥，底部存膏泥痕迹。墓向346°（图一六八；图版四四，1）。

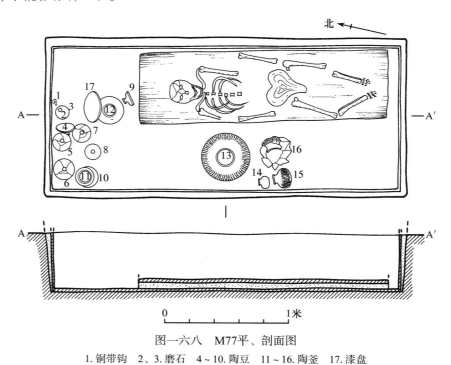

图一六八　M77平、剖面图
1. 铜带钩　　2、3. 磨石　　4~10. 陶豆　　11~16. 陶釜　　17. 漆盘

（2）葬具

葬具已朽，据四壁及墓底板灰痕迹推测为一椁一棺。木椁痕迹模糊，平面呈长方形，长约2.8、宽约1.18、残高0.5米，椁板厚度不详。木棺位于椁室东南，平面呈长方形，长约2.02、宽约0.58米，高度不详，木棺底板厚约4厘米。棺板下存厚约5厘米的熟土棺台。

（3）人骨

单人仰身直肢葬，人骨被挤压变形。人骨长约1.6米，性别不辨，据牙齿磨损度判断年龄为30岁左右。

2. 随葬器物

随葬器物有陶器、铜器、石器和漆器（图版四四，2）。陶器有釜和豆，铜器为带钩，石器为磨石，漆器为盘。随葬器物主要置于椁室西部和北端，其中2件陶釜（M77：11、M77：15）、3件陶豆（M77：6、M77：7、M77：9）仅辨器形，无法修复，1件漆盘（M77：17）仅存痕迹，无法提取。其他器物情况如下。

陶釜　4件。M77：14，夹细砂灰陶。侈口，卷沿，尖唇，有领，圆唇，溜肩，圆鼓腹，圜底，最大径在中腹部。肩部以下饰绳纹。口径9.8、高13.2、最大腹径14.2厘米（图一六九，6；图版四五，2）。M77：16，夹细砂褐陶。侈口，卷沿，圆唇，束颈，溜肩，扁鼓腹，圜底，最大径在中腹部。口径13、高14、最大腹径17.6厘米（图一六九，5）。M77：12，夹砂褐陶。口微侈，沿略斜，尖唇，颈微束，溜肩，鼓腹下垂，圜底较甚，最大径在下腹部。颈部饰凹弦纹，肩部以下饰绳纹。口径11.2、高18.4、最大腹径22厘米（图一七〇，2；图版四五，3）。M77：13，夹砂褐陶。直口，沿略外翻，方唇，束颈，溜肩，扁鼓腹，圜底，最大径在腹部。颈部饰凹弦纹，肩部以下饰绳纹。口径17、高24、最大腹径28.8厘米（图一七〇，1）。

陶豆　4件。夹砂灰陶。形制相同，口微侈，圆唇，腹部斜弧内收，矮圈足。M77：4，口径14、足径6、高6.2厘米（图一六九，1；图版四五，1）。M77：10，口径14.4、足径6.6、高5.7厘米（图一六九，2）。M77：8，口径14.2、足径6.2、高6厘米（图一六九，3）。M77：5，口径14.4、足径5.6、高5厘米（图一六九，4）。

铜带钩　1件。M77：1，钩身残，钩尾呈面具状，其上饰线构饕餮纹。残长1.9、宽2.1厘米（图一七〇，4；图版四五，4）。

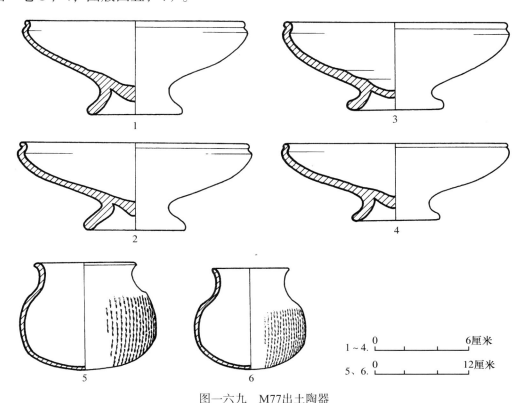

图一六九　M77出土陶器

1～4.豆（M77：4、M77：10、M77：8、M77：5）　5、6.釜（M77：16、M77：14）

磨石　2件。M77：3，平面呈圆形，中间厚、四周薄，器表打磨光滑。直径10.7、厚1.8厘米（图一七〇，3；图版四五，5）。M77：2，青石。圆柱形，两端都切割平整，周身打磨光滑。上顶直径1.2～1.6、下底直径1.9～2.8、高2.4厘米（图一七〇，5；图版四五，6）。

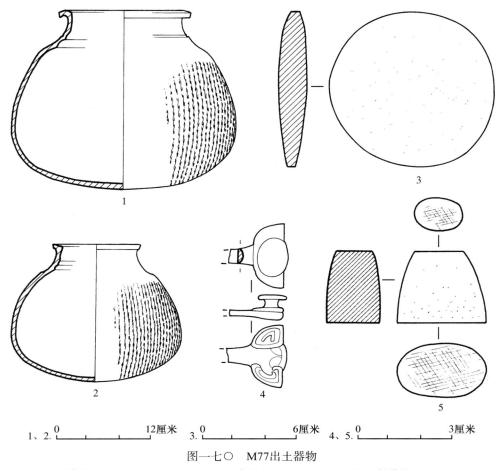

1、2.　0 _____ 12厘米　3.　0 _____ 6厘米　4、5.　0 _____ 3厘米

图一七〇　M77出土器物

1、2.陶釜（M77：13、M77：12）　3、5.磨石（M77：3、M77：2）　4.铜带钩（M77：1）

六八、M78

1. 墓葬形制

（1）墓葬结构

长方形竖穴土坑墓，上部被破坏，口底同大，长约3.42、宽约1.5、残深0.52米。墓内填黄褐色五花土夹膏泥，底部存膏泥痕迹。墓向5°（图一七一）。

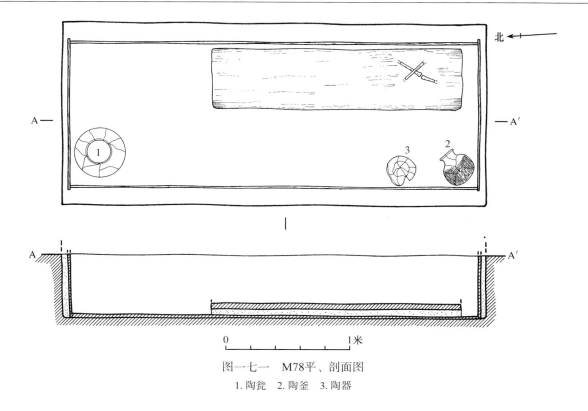

图一七一　M78平、剖面图
1. 陶瓮　2. 陶釜　3. 陶器

（2）葬具

葬具已朽，据四壁及墓底板灰痕迹推测为一椁一棺。椁室平面略呈"Ⅱ"字形，长约3.3、宽约1.2、残高约0.5米，椁板厚约2厘米。木棺位于椁室东南，平面呈长方形，长约2、宽约0.5米，高度不详，木棺底板厚约5厘米。棺下部存厚约6厘米的熟土棺台。

（3）人骨

单人葬。人骨保存极差，仅存少量下肢骨。葬式、性别、年龄皆不辨。

2. 随葬器物

随葬器物均为陶器，可辨者有瓮和釜，置于椁室西侧。其中1件陶器（M78：3）器形不辨。其他器物情况如下。

陶瓮　1件。M78：1，夹砂红陶。侈口，斜方唇，高领内敛，圆肩，弧腹微腹，腹部以下斜弧内收，小平底微凹，最大径在上腹部。肩部以下饰粗绳纹。口径22、底径10.2、高34、最大腹径35.4厘米（图一七二，1）。

陶釜　1件。M78：2，夹砂褐陶。口微侈，沿微斜，尖唇，束颈，溜肩，鼓腹下垂，圜底，最大径在下腹部。轮制，颈部饰凹弦纹，肩部以下饰绳纹。口径13.6、高20.5、最大腹径25.2厘米（图一七二，2）。

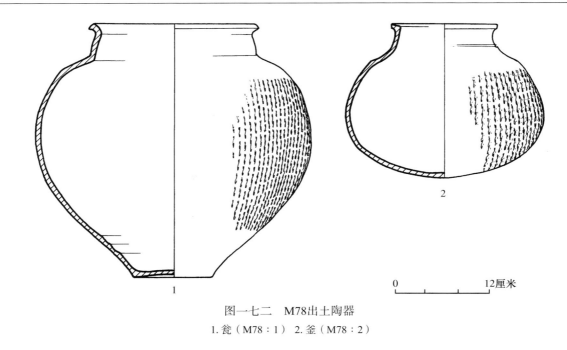

图一七二　M78出土陶器
1. 瓮（M78：1） 2. 釜（M78：2）

六九、M79

1. 墓葬形制

（1）墓葬结构

长方形竖穴土坑墓，上部被破坏，口底同大，长3.92、宽1.98、残深0.46米。墓内填黄褐色五花土夹膏泥，底部存膏泥痕迹。墓向2°（图一七三）。

（2）葬具

葬具已朽，据四壁及墓底板灰痕迹推测为一椁一棺。椁室平面呈"Ⅱ"字形，长约3.8、宽约1.88、残高约0.14米，椁板厚约4厘米。木棺位于椁室西侧，平面呈长方形，长约2.12、宽约0.6米，高度不详，木棺底板厚约2厘米。

（3）人骨

单人葬。人骨保存极差，仅存少量肢骨。葬式、性别、年龄不辨。

2. 随葬器物

随葬器物均为陶器，可辨者有釜和钵，置于椁室北部和东部。其中1件陶釜（M79：1）仅辨器形，无法提取，1件陶器（M79：5）器形不辨。其他器物情况如下。

陶釜　1件。M79：2，夹细砂灰陶。侈口，卷沿，圆唇，有领，溜肩，扁鼓腹，圜底，最大径在下腹部。肩部以下饰绳纹。口径12.4、高15.2、最大腹径18.4厘米（图一七四，2）。

陶钵　2件。形制相同，侈口，圆唇，束颈，鼓肩，弧腹，平底微凹，最大径在肩部。

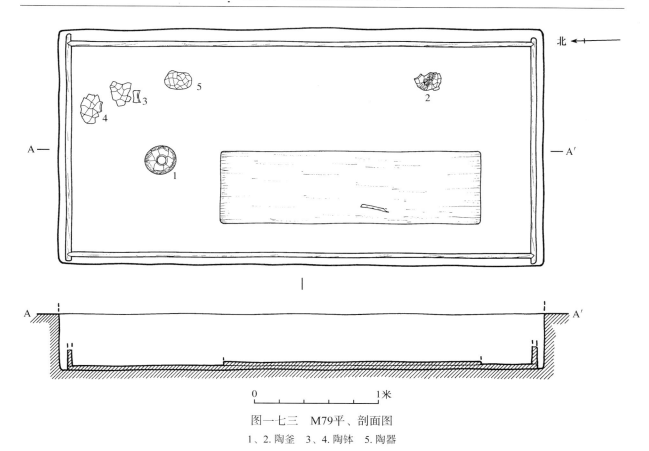

图一七三　M79平、剖面图

1、2.陶釜　3、4.陶钵　5.陶器

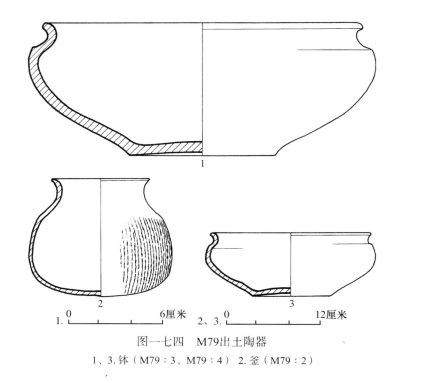

图一七四　M79出土陶器

1、3.钵（M79：3、M79：4）　2.釜（M79：2）

M79：3，夹砂褐陶。口径20.5、底径9.4、高8.6、最大肩径22.2厘米（图一七四，1）。

M79：4，泥质灰陶。口径20.4、底径9.6、高8.2、最大肩径21.6厘米（图一七四，3）。

七〇、M80

1. 墓葬形制

（1）墓葬结构

近方形竖穴土坑墓，口大底小，口部长4、宽3米，底部长3.7、宽2.7米，残深1.8米。墓内填黄褐色五花土夹膏泥。墓向320°（图一七五）。

（2）葬具

墓底仅存少量板灰痕迹，葬具不辨。

（3）人骨

人骨不存。

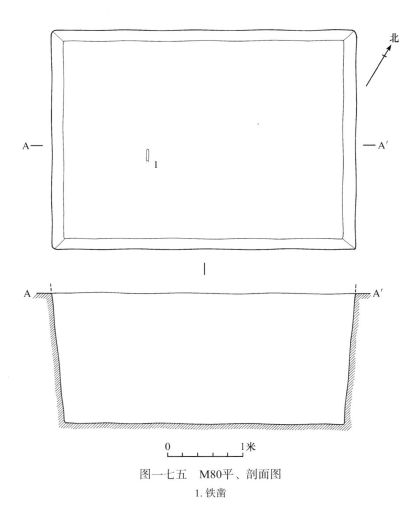

图一七五　M80平、剖面图

1. 铁凿

2. 随葬器物

墓葬被扰乱严重，仅存铁凿1件，位于墓坑南部。

铁凿 1件。M80：1，平面呈长条形，刃部较宽，下部略内收，长方形銎。长21.4、宽2.2~2.8、最厚处1.6厘米，銎孔长1.8、宽1厘米（图一七六）。

七一、M81

1. 墓葬形制

（1）墓葬结构

长方形竖穴土坑墓，口底同大，平底，长约3.9、宽约1.8、残深0.7米。墓内填黄褐色五花土夹膏泥，底部存膏泥痕迹。墓向342°（图一七七）。

（2）葬具

葬具已朽，据四壁及墓底板灰痕迹推测为一椁一棺。木椁仅存板灰痕迹，平面大致呈长方形，长约3.62、宽约1.5、残高0.7米，椁板厚度不

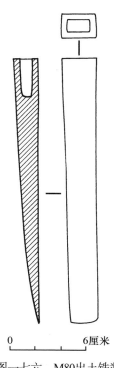

图一七六 M80出土铁凿
（M80：1）

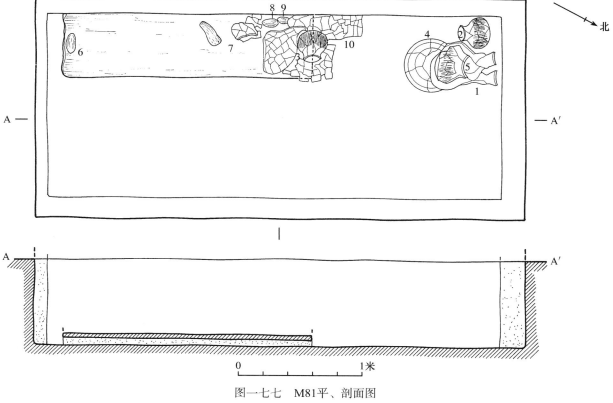

图一七七 M81平、剖面图
1. 陶瓮 2、3、5. 陶釜 4. 陶盘 6~9. 漆器 10. 陶器

详。木棺位于椁室西南部，平面呈长方形，长约2.1、宽约0.5米，高度不详，木棺底板厚约4厘米。棺底板下存厚约8厘米的熟土棺台。

（3）人骨

人骨不存。

2. 随葬器物

随葬器物有陶器和漆器。陶器中可辨的有瓮、釜、盘，漆器器形不辨。随葬器物主要置于椁室西北角和棺室北部。其中1件陶瓮（M81：1）、3件陶釜（M81：2、M81：3、M81：5）和1件陶盘（M81：4）仅辨器形，无法修复，1件陶器（M81：10）器形不辨。随葬漆器（M81：6～M81：9）仅存痕迹。

七二、M82

1. 墓葬形制

（1）墓葬结构

长方形竖穴土坑墓，上部被破坏，直壁，平底，长约3.2、宽约1.1、残深0.6米。墓内填黄褐色五花土夹膏泥，底部存膏泥痕迹。墓向50°（图一七八）。

（2）葬具

葬具已朽，据墓底板灰痕迹判断为木棺。木棺位于墓坑西北部，平面呈长方形，长约2、宽约0.46米，高度不详，木棺底板厚约4厘米。棺底板下存厚约4厘米的白膏泥棺台。

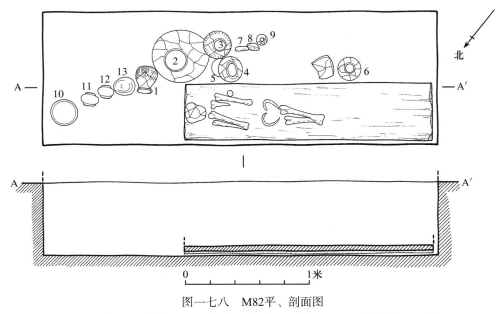

图一七八　M82平、剖面图

1、3～6.陶釜　2.陶瓮　7、8.磨石　9.陶豆　10.漆盘　11、12.漆耳杯　13.漆奁

（3）人骨

单人仰身直肢葬。人骨保存极差，葬式、性别、年龄不辨。

2. 随葬器物

随葬器物有陶器、石器和漆器。陶器有瓮、釜和豆，石器为磨石，漆器可辨者有耳杯、盘、奁。随葬器物中漆器集中置于墓葬头端，陶器和石器置于木棺东侧。随葬陶器中3件釜（M82：1、M82：5、M82：6）和1件豆（M82：9）仅辨器形，无法修复。随葬漆器（M82：10～M82：13）仅辨器形，无法提取。其他器物情况如下。

陶瓮　1件。M82：2，夹砂灰褐陶。口微敛，圆唇，高颈，圆肩，鼓腹，腹部以下斜弧内收，小平底微凹，最大径在中腹部。肩部以下至近底部饰粗绳纹。口径20、底径8.8、高31.6、最大腹径33.2厘米（图一七九，1）。

陶釜　2件。M82：4，夹细砂褐陶。侈口，沿略斜，圆唇，束颈，溜肩，扁鼓腹，圜底，

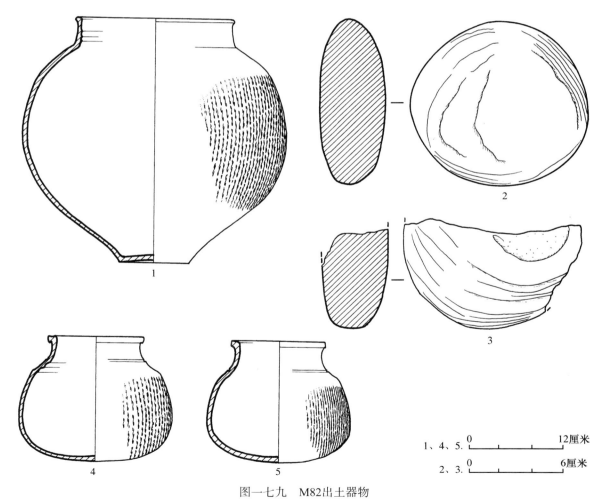

图一七九　M82出土器物

1.陶瓮（M82：2）　2、3.磨石（M82：7、M82：8）　4、5.陶釜（M82：3、M82：4）

最大径在下腹部。颈部饰凹弦纹，肩部以下饰绳纹。口径12、高15.4、最大腹径18厘米（图一七九，5）。M82：3，夹细砂褐陶。直口，平沿，方唇，束颈，溜肩，弧腹甚扁，圜底近平，最大径在下腹部。颈部饰凹弦纹，肩部以下饰绳纹。口径12、高16、最大腹径19.2厘米（图一七九，4）。

磨石　2件。形制相同，均略呈圆形，中部厚、四周薄，周身打磨光滑。M82：7，直径11.1、中部厚4.1厘米（图一七九，2）。M82：8，残长11.3、中部厚4.2厘米（图一七九，3）。

七三、M83

1. 墓葬形制

（1）墓葬结构

近方形竖穴土坑墓，上部被破坏，直壁，平底，长约2.92、宽约2.44、残深0.42米。墓内填黄褐色五花土夹膏泥，底部存膏泥痕迹。墓向320°（图一八〇；图版四六，1）。

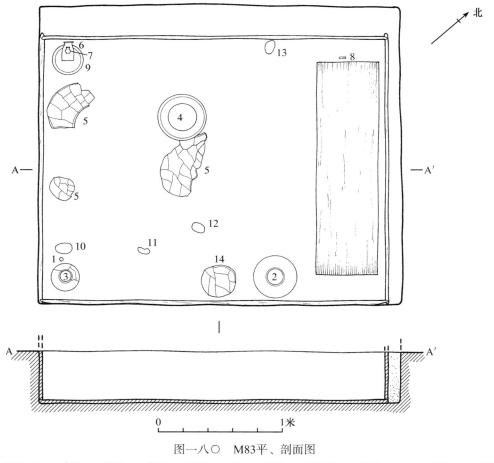

图一八〇　M83平、剖面图

1. 铜环　2、5. 陶瓮　3. 陶釜　4. 陶钵　6. 陶井　7. 汲水小陶罐　8. 铜铃舌　9. 漆盘　10～13. 漆器　14. 陶器

（2）葬具

葬具已朽，据四壁及墓底板灰痕迹判断为一椁一棺。木椁平面近方形，长约2.76、宽约2.4、残高0.42米，椁板厚约2厘米。木棺位于椁室北侧，平面呈长方形，长约1.96、宽约0.5米，高度及棺板厚度不详。

（3）人骨

未见人骨痕迹。

2. 随葬器物

随葬器物有陶器、铜器和漆器。陶器可辨者有瓮、釜、钵、井和汲水小罐，铜器有环和铃，漆器可辨者为盘（图版四六，2）。随葬器物中铜铃位于木棺西端外侧，其他器物主要置于椁室中部和南部。汲水小陶罐（M83：7）置于陶井（M83：6）内。随葬陶器中1件器物（M83：14）

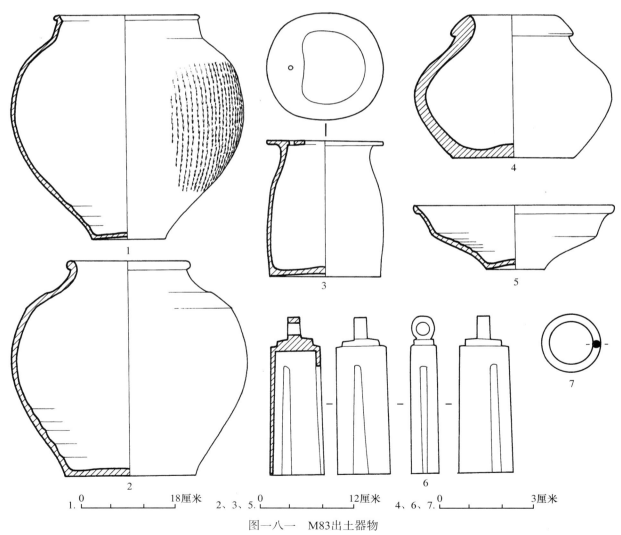

图一八一　M83出土器物

1、2.陶瓮（M83：5、M83：2）3.陶井（M83：6）4.汲水小陶罐（M83：7）5.陶钵（M83：4）6.铜铃舌（M83：8）7.铜环（M83：1）

器形不辨，1件釜（M83：3）仅辨器形，无法修复。随葬漆器（M83：9～M83：13）皆仅存痕迹。其他器物情况如下。

陶瓮　2件。M83：5，夹细砂灰陶。敛口，方唇，高领，溜肩，鼓腹，腹部以下斜弧内收，小平底微凹，最大径在上腹部。肩部以下饰绳纹。口径28.4、底径14.6、高45、最大腹径45厘米（图一八一，1；图版四七，1）。M83：2，夹细砂灰陶。侈口，圆唇，束颈，肩微鼓，鼓腹，腹部以下斜弧内收，平底，最大径在腹部。口径16、底径17、高28.4、最大腹径30.6厘米（图一八一，2）。

汲水小陶罐　1件。M83：7，夹细砂褐陶。侈口，斜方唇，溜肩，鼓腹，腹部以下斜弧内收，平底，最大径在腹部。口径4、底径4、高4.8、最大腹径6.4厘米（图一八一，4；图版四七，4）。

陶钵　1件。M83：4，夹细砂灰陶。敞口，圆唇，折腹，平底微凹。口径26.4、底径7.6、高8.5厘米（图一八一，5；图版四七，2）。

陶井　1件。M83：6，夹细砂灰陶。圆形井台与井身连为一体，井身整体呈圆筒状，颈微束，腹部微鼓，平底。井台直径15.2、底径14.6、高18厘米（图一八一，3；图版四七，3）。

铜环　1件。M83：1，截面呈圆形。直径1.9、截面直径0.25厘米（图一八一，7；图版四七，5）。

铜铃舌　1件。M83：8，整体呈方柱状，上部存圆形穿。宽1.8、高5.2厘米（图一八一，6；图版四七，6）。

七四、M84

1. 墓葬形制

（1）墓葬结构

近方形竖穴土坑墓，墓葬被破坏严重，口底同大，长约2.82、宽约2.02、残深0.2米。墓内填黄褐色五花土夹膏泥，底部存膏泥痕迹。墓向30°（图一八二）。

（2）葬具

葬具已朽，据四壁及墓底板灰痕迹判断为一椁一棺。木椁痕迹模糊，平面略呈长方形，长约2.81、宽约2米，高度及椁板厚度不详。木棺位于椁室东北部，平面呈长方形，长约2、宽约0.5米，高度不详，木棺底板厚约4厘米。木棺底部存厚约6厘米的熟土棺台。

（3）人骨

未见人骨痕迹。

2. 随葬器物

随葬器物有陶器和漆器，陶器可辨者有罐和汲水小罐，主要置于木棺两侧。随葬器物中

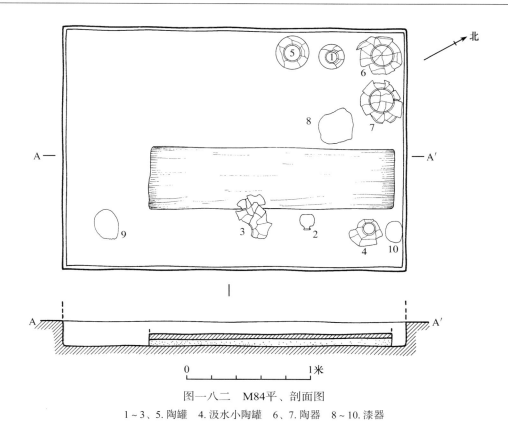

图一八二　M84平、剖面图

1~3、5.陶罐　4.汲水小陶罐　6、7.陶器　8~10.漆器

2件陶器（M84：6、M84：7）器形不辨，2件陶罐（M84：1、M84：5）仅辨器形，无法修复。随葬漆器（M84：8~M84：10）仅存痕迹，器形不辨。其他器物情况如下。

陶罐　2件。M84：2，夹细砂褐陶。侈口，圆唇，溜肩，鼓腹，腹部以下斜弧内收，平底，最大径在腹部。肩部饰凹弦纹。口径8.8、底径10、高11、最大腹径15.7厘米（图一八三，1）。M84：3，夹细砂灰陶。侈口，斜方唇，颈微束，鼓肩，斜直腹，小平底微凹，最大径在肩部。肩部饰三周凹弦纹。口径5.4、底径5.4、高8.5、最大肩径9.2厘米（图一八三，3）。

汲水小陶罐　1件。M84：4，夹细砂灰陶。侈口，尖唇，溜肩，鼓腹，平底，最大径在腹部。肩部饰一周凹弦纹。口径9.4、底径8、高8.6、最大腹径13.6厘米（图一八三，2）。

七五、M85

1. 墓葬形制

（1）墓葬结构

长方形竖穴土坑墓，上部被破坏，直壁，平底，长约3.2、宽约1.2、残深0.66米。墓内填黄褐色五花土夹膏泥，底部存膏泥痕迹。墓向25°（图一八四）。

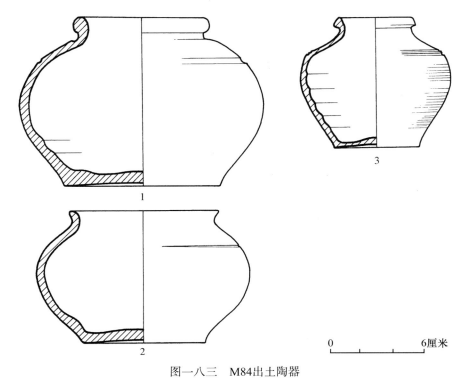

图一八三　M84出土陶器

1、3.罐（M84：2、M84：3）　2.汲水小罐（M84：4）

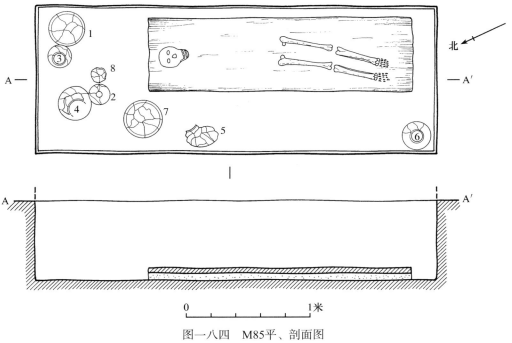

图一八四　M85平、剖面图

1、7.陶盘　2.陶豆　3～6.陶釜　8.陶器

（2）葬具

葬具已朽，据四壁及墓底板灰痕迹推测为一椁一棺。木椁仅存痕迹，平面呈长方形，长约3.1、宽约1.1、残高0.66米，椁板厚约2厘米。木棺置于椁室东南部，平面呈长方形，长约2.1、宽约0.6米，高度不详，木棺底板厚约6厘米。棺底板下存厚约6厘米的熟土棺台。

（3）人骨

单人仰身直肢葬。人骨保存差，上身不存，人骨下肢长约0.8米，性别不辨，据牙齿磨损度判断年龄在40～50岁。

2. 随葬器物

随葬器物均为陶器，有釜、豆、盘，主要置于椁室西部和北部。其中3件陶釜（M85：3、M85：4、M85：6）和1件陶豆（M85：2）仅辨器形，无法修复，1件陶器（M85：8）器形不辨。其他器物情况如下。

陶釜　1件。M85：5，夹细砂红褐陶。侈口，方唇，有领，束颈，溜肩，鼓腹，尖圜底，最大径在下腹部。颈部饰凹弦纹，肩部以下饰绳纹。釜底存砾石数颗。口径10.4、高14.4、最大腹径16厘米（图一八五，3）。

陶盘　2件。夹细砂红褐陶。形制相同，敞口，宽平沿微斜，圆唇，折腹，圜底。M85：1，口径28、高7厘米（图一八五，1）。M85：7，口径23、高5.4厘米（图一八五，2）。

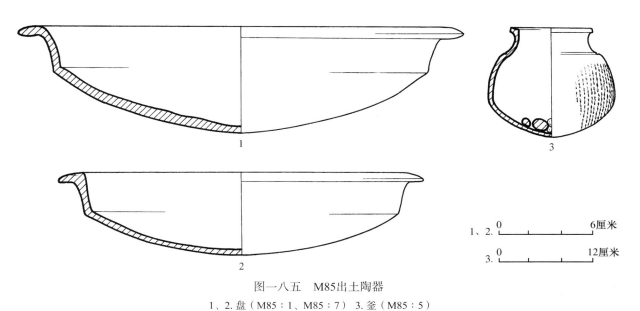

图一八五　M85出土陶器

1、2.盘（M85：1、M85：7）3.釜（M85：5）

七六、M86

1. 墓葬形制

（1）墓葬结构

长方形竖穴土坑墓，上部被破坏，口部长约3.36、宽约1.4米，底部长约3.36、宽约1.2米，残深0.36米。墓坑西壁在近墓底0.14米处内收成宽约0.19米的生土二层台。墓内填黄褐色五花土夹膏泥，底部存膏泥痕迹。墓向25°（图一八六）。

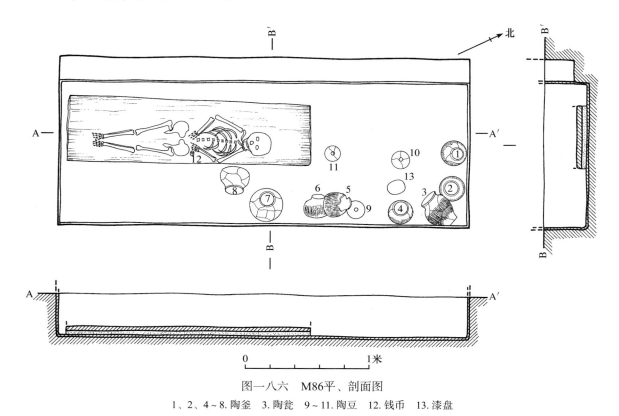

图一八六　M86平、剖面图

1、2、4～8.陶釜　3.陶瓮　9～11.陶豆　12.钱币　13.漆盘

（2）葬具

葬具已朽，据四壁及墓底板灰痕迹推测为一椁一棺。木椁痕迹模糊，平面略呈长方形，长约3.35、宽约1.2、残高约0.36米，椁板厚度不详。木棺置于椁室南部，平面呈长方形，长约2、宽约0.56米，高度不详，木棺底板厚约4厘米。木棺底板下存厚约4厘米的熟土棺台。

（3）人骨

单人仰身直肢葬，双手交叉置于下腹部。人骨长约1.4米，性别不辨，据牙齿磨损度判断年龄为30岁左右。

2. 随葬器物

随葬器物有陶器、漆器和铜钱。陶器有瓮、釜、豆。钱币位于人骨手部，其他器物置于椁室东北部。随葬陶器中1件瓮（M86：3）、4件釜（M86：2、M86：4、M86：5、M86：8）和1件豆（M86：11）仅辨器形，无法修复。随葬漆盘（M86：13）和铜钱（M86：12）皆仅存痕迹，无法提取。其他器物情况如下。

陶釜　3件。M86：1，夹细砂灰褐陶。侈口，卷沿，圆唇，束颈，折肩，圆鼓腹，圜底，最大径在中腹部。肩部以下饰绳纹。口径13、高17.4、最大腹径19.6厘米（图一八七，4）。M86：7，夹细砂灰褐陶。直口，平沿，方唇，束颈，溜肩，鼓腹下垂，圜底，最大径在下腹部。颈部饰凹弦纹，肩部以下饰绳纹。口径14.8、高25.2、最大腹径27.4厘米（图一八七，5）。M86：6，夹细砂灰褐陶。直口，平沿，方唇，束颈，溜肩，扁鼓腹，圜底近平，最

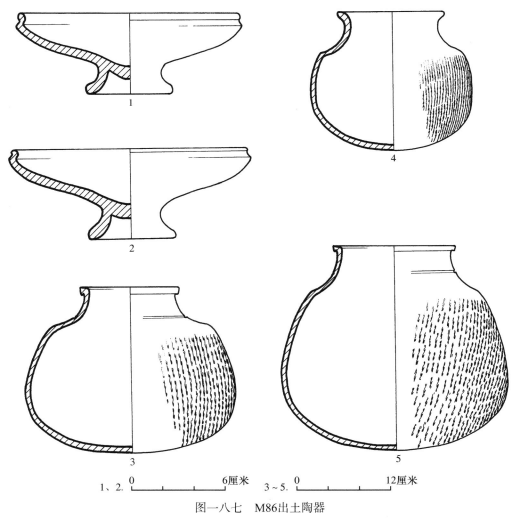

图一八七　M86出土陶器

1、2.豆（M86：10、M86：9）　3～5.釜（M86：6、M86：1、M86：7）

大径在下腹部。颈部饰凹弦纹，肩部以下饰绳纹。口径12、高20.4、最大腹径25.4厘米（图一八七，3）。

陶豆　2件。夹细砂灰陶。形制相同，口微侈，圆唇，腹部斜弧内收，矮圈足。M86：9，口径14.2、足径5.3、高5.6厘米（图一八七，2）。M86：10，口径13.4、足径5.3、高5厘米（图一八七，1）。

七七、M87

1. 墓葬形制

（1）墓葬结构

长方形竖穴土坑墓，直壁，长约4.52、宽约3.12、残深2.5米。墓内上部填黄褐色花土夹膏泥，底部存厚约1.06米的膏泥层。墓向350°（图一八八）。

（2）葬具

葬具保存较好，为一椁一棺。椁室平面近方形，长约3.68、宽约3、残高1.12米，底板厚约12、侧板厚约18厘米。椁底板由6块长方形木板横向平铺而成，侧壁由2块长方形木板顺向竖砌而成。木椁四壁外侧施厚约8厘米白膏泥，底板下有厚约1米的膏泥层。木棺位于椁室东侧，平面呈长方形，用一块原木掏空制成，长约2.4、宽约0.8、残高0.48、厚0.02~0.14米。

（3）人骨

未见人骨痕迹。

2. 随葬器物

由于墓葬被严重盗扰，仅出土陶瓮、磨石和半两钱，钱币位于棺内，其他器物置于椁室西南角。

陶瓮　1件。M87：1，夹细砂灰褐陶。敛口，圆唇，高领，广肩，弧腹，腹部以下斜弧内收，小平底微凹，最大径在肩部。肩以下至近底部饰粗绳纹。口径21.2、底径10.4、高32.6、最大肩径34.8厘米（图一八九，1）。

磨石　2件。M87：2，略呈椭圆形，不甚规则，器表磨光。长11.6、宽8.8、厚6.8厘米（图一八九，2）。M87：3，呈椭圆形，仅存半部。残长13、残厚3.5厘米（图一八九，3）。

半两钱　4枚。M87：4-1，钱币不规整，钱文书写随意，笔画圆弧。钱径2.2、穿径0.8厘米，重3克（图一九〇，1）。M87：4-3，钱币不规整，钱文模糊。钱径1.7、穿径0.9厘米，重0.9克（图一九〇，4）。M87：4-4，形制、钱文与M87：4-3相同。钱径1.5、穿径0.7厘米，重0.6克（图一九〇，3）。M87：4-2，钱币轻薄，穿大肉薄，钱文窄长。钱径2.1、穿径1.2厘米，重0.7克（图一九〇，2）。

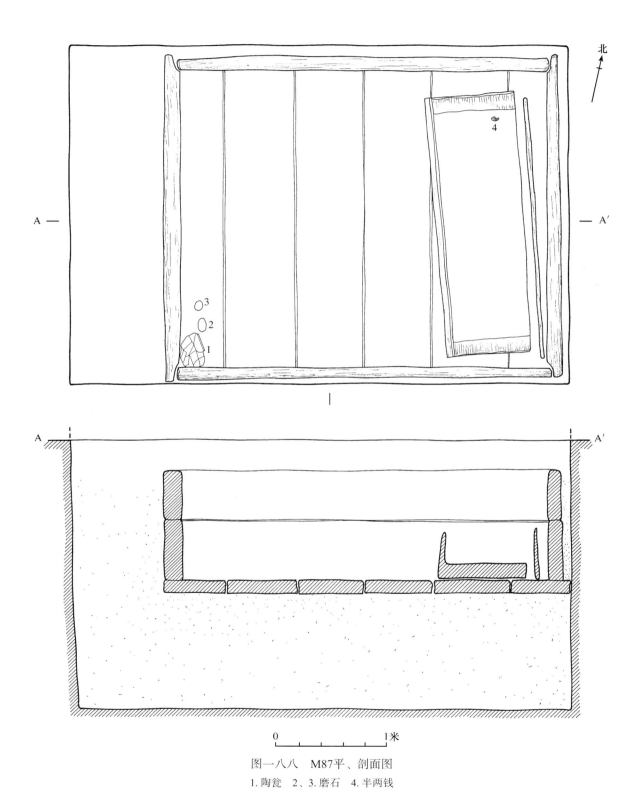

图一八八 M87平、剖面图
1.陶瓮 2、3.磨石 4.半两钱

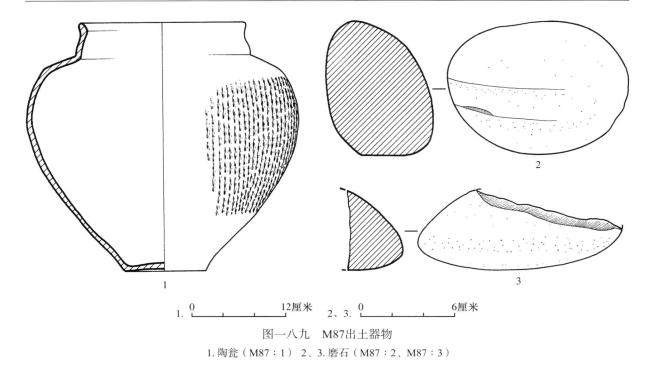

1. 　　0　　　　　12厘米　　2、3. 　　0　　　　　6厘米

图一八九　M87出土器物

1.陶瓮（M87：1）　2、3.磨石（M87：2、M87：3）

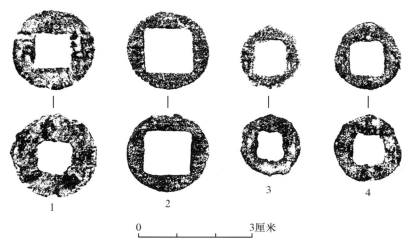

0　　　　　　　3厘米

图一九〇　M87出土半两钱拓片

1.M87：4-1　2.M87：4-2　3.M87：4-4　4.M87：4-3

七八、M88

1. 墓葬形制

（1）墓葬结构

长方形竖穴土坑墓，上部被破坏，口底同大，长约3.62、宽约1.7、残深0.7米。墓内填黄褐

色五花土夹膏泥，底部存膏泥痕迹。墓向350°（图一九一）。

（2）葬具

葬具不存，据四壁及墓底板灰痕迹推测为一椁一棺。椁室平面呈"Ⅱ"字形，长约3.24、宽约1.5、残高0.66米，椁板厚约2厘米。木棺位于椁室东南部，平面呈长方形，长约2.28、宽约0.6米，高度不详，木棺底板厚约2厘米。

（3）人骨

单人仰身葬，肢骨凌乱。葬式、性别、年龄不辨。

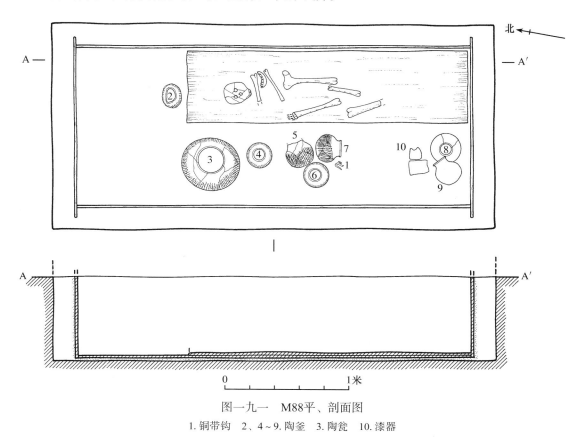

图一九一　M88平、剖面图
1. 铜带钩　2、4~9. 陶釜　3. 陶瓮　10. 漆器

2. 随葬器物

随葬器物有陶器、铜器和漆器。陶器有瓮和釜，铜器为带钩，漆器器形不辨。随葬器物主要置于木棺西侧。随葬陶器中5件釜（M88：2、M88：4、M88：5、M88：8、M88：9）和1件瓮（M88：3）仅辨器形，无法修复。漆器（M88：10）仅存痕迹。其他器物情况如下。

陶釜　2件。M88：7，夹细砂灰褐陶。直口，平沿，方唇，束颈，溜肩，圆鼓腹，圜底较甚，最大径在下腹部。颈部饰凹弦纹，肩部以下饰绳纹。口径12、高22、最大腹径24.6厘米（图一九二，1）。M88：6，夹细砂灰褐陶。口微侈，沿微斜，尖唇，束颈，溜肩，腹部扁圆，圜底，最大径在下腹部。肩部以下饰绳纹。口径10.8、高17、最大腹径19.8厘米（图一九二，2）。

铜带钩　1件。M88：1，呈水禽状，短腹，钩身甚弯。长3.2、宽1.5厘米（图一九二，3；图版九六，4）。

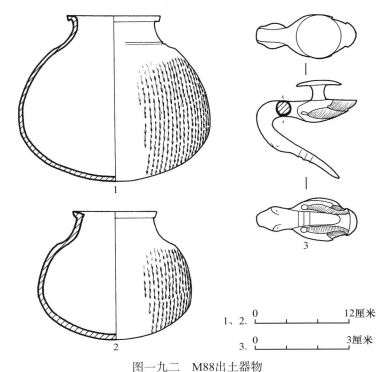

图一九二　M88出土器物
1、2.陶釜（M88：7、M88：6）　3.铜带钩（M88：1）

七九、M89

1. 墓葬形制

（1）墓葬结构

长方形竖穴土坑墓，上部被破坏，口底同大，长3、宽约1.5、残深0.86米，墓坑东西两壁各有宽约0.14、高0.24米的生土二层台。墓底木棺下垫厚约8厘米的熟土。木棺以北区域在生土上放置随葬器物，未垫熟土。墓向10°（图一九三）。

（2）葬具

葬具为木棺，已朽，仅存底部板灰痕迹。棺底痕迹被部分扰乱，残存部分呈长方形，残长1.08、宽0.46米，棺底板厚约8厘米，高度不详。

（3）人骨

仅在棺上发现零星人骨痕迹，推断为单人葬，葬式不详。

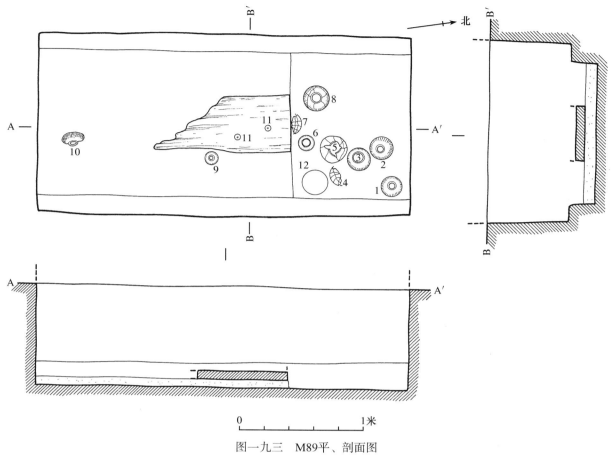

图一九三　M89平、剖面图

1～3、6、8～10.陶釜　4、7.陶豆　5.陶罐　11.半两钱　12.漆盘

2. 随葬器物

随葬器物有陶器、漆器和铜钱。陶器有釜、罐和豆，漆器器形不辨，铜钱为半两。陶器和漆器大部分集中置于墓坑棺外北端，仅2件陶釜位于木棺东侧，铜钱置于木棺北部。随葬陶器中3件釜（M89：1、M89：6、M89：10）甚残，仅辨器形，无法修复。半两钱（M89：11）和漆盘（M89：12）仅存痕迹，无法提取。其他器物情况如下。

陶釜　4件。M89：2，夹细砂褐陶。侈口，卷沿，圆唇，有领，束颈，溜肩，圆鼓腹，圜底，最大径在中腹部。颈部以下饰绳纹，器表存少许烟熏痕迹。口径12.6、高19、最大腹径23.4厘米（图一九四，7）。M89：3，夹细砂褐陶。形制、纹饰与M89：2相同。口径12、高19、最大腹径20厘米（图一九四，5）。M89：8，夹砂灰陶。侈口，卷沿，圆唇，有领，束颈，溜肩，腹较扁鼓，圜底，最大径在下腹部。颈部以下饰绳纹，器底存烟熏痕迹。口径12.2、高18.6、最大腹径22厘米（图一九四，6）。M89：9，夹细砂灰陶。侈口，卷沿，圆唇，束颈，溜肩，扁鼓腹，圜底，最大径在中腹部。口径10.4、高11.8、最大腹径14.4厘米（图一九四，4）。

陶罐　1件。M89：5，夹细砂褐陶。侈口，矮领，折肩，腹部以下斜直内收，平底微凹，最大径在肩部。口径13.6、底径13.8、高20.8、最大肩径26.4厘米（图一九四，3）。

陶豆 2件。夹细砂灰陶。形制相同，口微侈，圆唇，腹部斜弧内收，矮圈足。器表施黑色陶衣。M89：4，口径13.3、足径5.7、高6厘米（图一九四，2）。M89：7，口径13.6、足径5.7、高5.8厘米（图一九四，1）。

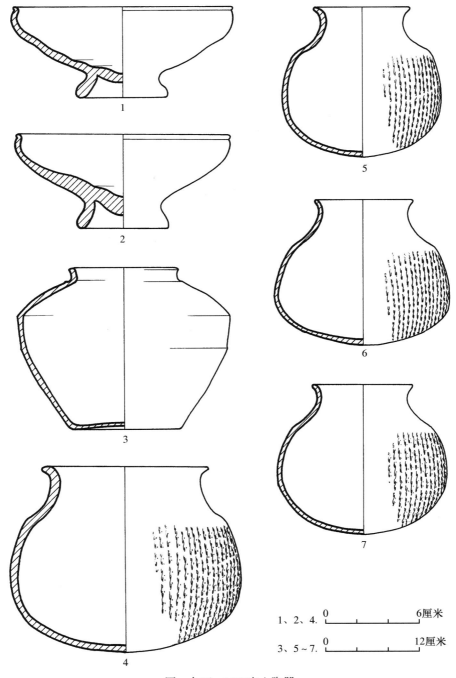

1、2、4. 0 —————— 6厘米
3、5~7. 0 —————— 12厘米

图一九四 M89出土陶器
1、2.豆（M89：7、M89：4）3.罐（M89：5）4~7.釜（M89：9、M89：3、M89：8、M89：2）

八〇、M90

1. 墓葬形制

（1）墓葬结构

长方形竖穴土坑墓，上部被破坏，口底同大，长约3.42、宽约1.28、残深0.64米。墓内填黄褐色花土夹膏泥，底部存膏泥痕迹。墓向10°（图一九五）。

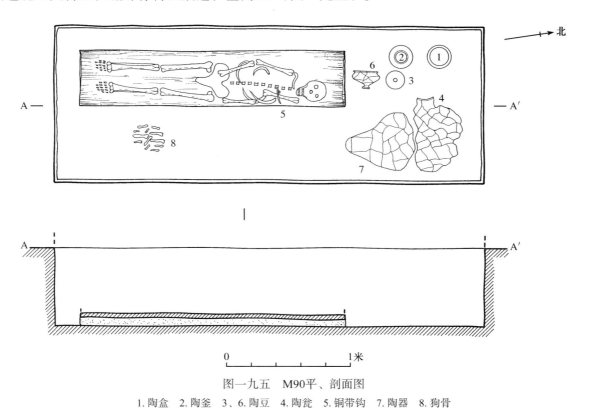

图一九五　M90平、剖面图

1. 陶盒　2. 陶釜　3、6. 陶豆　4. 陶瓮　5. 铜带钩　7. 陶器　8. 狗骨

（2）葬具

葬具已朽，据四壁及墓底板灰痕迹判断为一椁一棺。木椁仅存痕迹，平面呈长方形，长约3.4、宽约1.27、残高约0.6米，椁板厚度不详。木棺置于椁室西南，平面呈长方形，长约2.1、宽约0.46米，高度不详，木棺底板厚约4厘米，底板下存厚约8厘米的熟土棺台。

（3）人骨

单人仰身直肢葬。人骨长约1.8米，性别不辨，年龄在50岁左右。

2. 随葬器物

随葬器物有陶器和铜器。陶器有瓮、釜、豆和盒，铜器为带钩，另存狗骨1副。随葬器物集中置于椁室头端。狗骨位于木棺东侧，其下存木炭痕迹。随葬器物中1件陶盒（M90：1）仅辨器形，无法修复，1件陶器（M90：7）器形不辨。其他器物情况如下。

陶瓮　1件。M90：4，夹砂灰陶。口近直，斜方唇，高领，溜肩，鼓腹，腹部以下斜弧内收，平底微凹，最大径在中腹部。肩部以下至近底部饰粗绳纹。口径19、底径10.4、高28、最大腹径28.2厘米（图一九六，4）。

陶釜　1件。M90：2，泥质灰褐陶。口微侈，卷沿，圆唇，有领，束颈，溜肩，圆鼓腹，圜底，最大径在下腹部。肩部以下饰绳纹。口径12.4、高16.6、最大腹径18.8厘米（图一九六，5）。

陶豆　2件。泥质灰陶。形制相同，口微侈，圆唇，腹部斜弧内收，矮圈足。M90：3，口径14.3、足径5.6、高6.4厘米（图一九六，3）。M90：6，口径15、足径5.6、高6.6厘米（图一九六，2）。

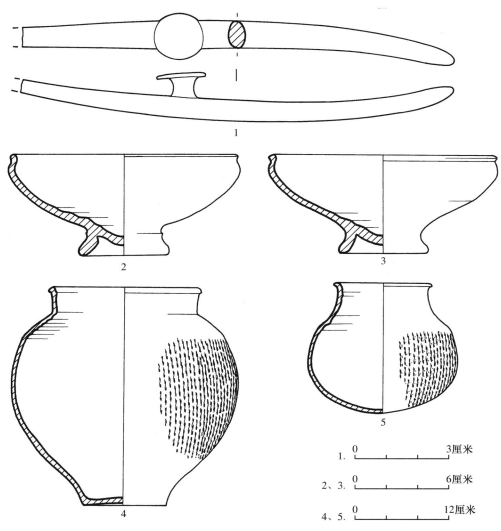

图一九六　M90出土器物

1.铜带钩（M90：5）　2、3.陶豆（M90：6、M90：3）　4.陶瓮（M90：4）　5.陶釜（M90：2）

铜带钩　　1件。M90：5，整体呈曲棒状，钩身略弯曲。残长13.6、宽0.9、厚0.5厘米（图一九六，1）。

八一、M91

1. 墓葬形制

（1）墓葬结构

长方形竖穴土坑墓，墓葬被严重破坏，上部不存，直壁，平底，长约2.92、宽约1.34、残深0.28米。墓内填黄褐色五花土夹膏泥，底部存膏泥痕迹。墓向110°（图一九七）。

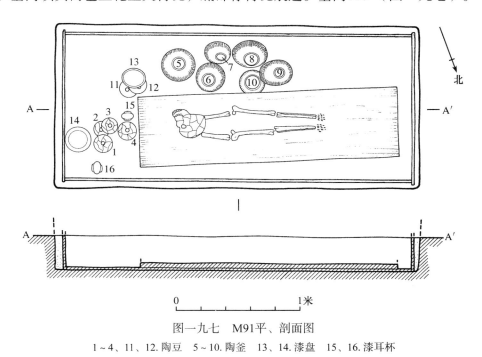

图一九七　M91平、剖面图

1~4、11、12.陶豆　5~10.陶釜　13、14.漆盘　15、16.漆耳杯

（2）葬具

葬具已朽，据四壁及墓底板灰痕迹判断为一椁一棺。椁室平面呈"Ⅱ"字形，长约2.82、宽约1.28米，高度不详，椁板厚度约2厘米。木棺置于椁室北侧，平面呈长方形，长约2.06、宽约0.58米，高度不详，木棺底板厚度约4厘米。

（3）人骨

单人仰身直肢葬。人骨被扰乱。性别不辨，据牙齿磨损度判断年龄在12~14岁。

2. 随葬器物

随葬器物有陶器和漆器。陶器有釜和豆，漆器可辨者有盘和耳杯，主要置于椁室东部和南部。随葬陶器中3件釜（M91：6、M91：9、M91：10）、4件豆（M91：1、M91：2、M91：4、M91：12）仅辨器形，无法修复，2件漆盘（M91：13、M91：14）和2件漆耳杯（M91：15、M91：16）仅存痕迹，无法提取。其他器物情况如下。

陶釜　3件。夹砂红陶。形制相同，口微侈，沿略斜，方唇，束颈，溜肩，弧腹较扁，圜底近平，最大径在下腹部。颈部饰凹弦纹，肩部以下饰绳纹。M91：5，口径13.6、高18.2、最大腹径20.8厘米（图一九八，5）。M91：7，口径12、高17、最大腹径19.4厘米（图一九八，3）。M91：8，口径14、高18.8、最大腹径21.8厘米（图一九八，4）。

陶豆　2件。夹细砂灰陶。形制相同，口微侈，圆唇，腹部斜弧内收，矮圈足。M91：3，口径13.6、足径5.4、高5厘米（图一九八，1）。M91：11，口径14、足径5.4、高5.5厘米（图一九八，2）。

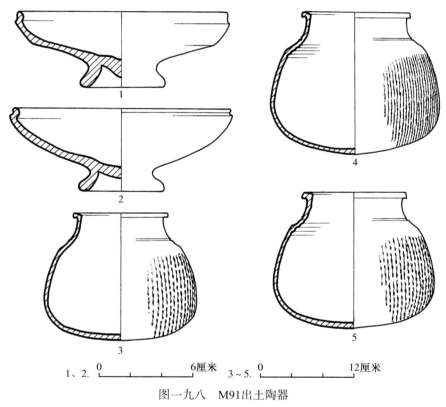

图一九八　M91出土陶器
1、2.豆（M91：3、M91：11）3～5.釜（M91：7、M91：8、M91：5）

八二、M92

1. 墓葬形制

（1）墓葬结构

近方形竖穴砖室墓，墓葬被严重破坏，仅存直墙下部和少量铺地砖。墓圹平面近方形，长约3.16、宽约2.96、残深0.9米。长方形墓室，长约2.6、宽约2.4、残高0.9米。墓底中部横向砌长2.6、宽0.8、高0.3米的长方形凹槽，凹槽底部低于墓底约0.3米。墓壁用长方形砖顺向错缝平砌，墓底用长方形砖横向平铺，墓砖之间用黄灰色黏土做黏合剂。墓砖皆为长40、宽20.4、厚8厘米的素面砖。墓向135°（图一九九）。

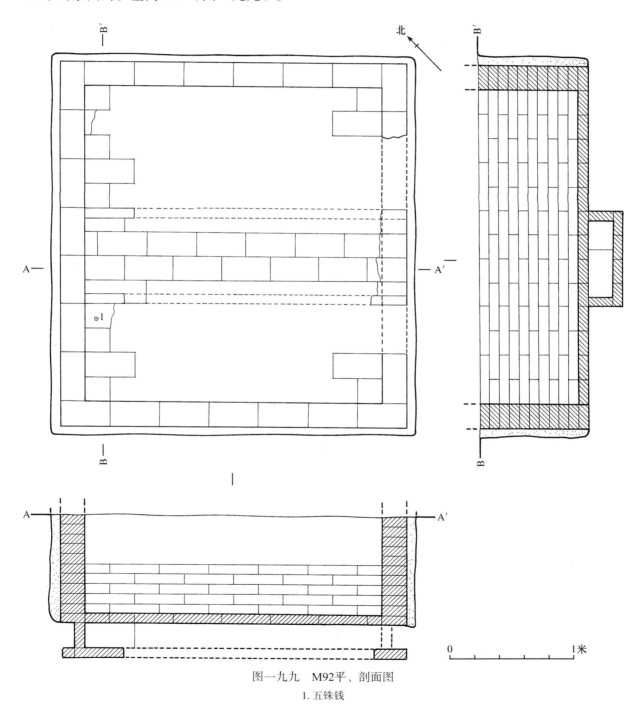

图一九九　M92平、剖面图

1. 五铢钱

（2）葬具

在墓室中部发现长方形砖砌棺室，推断葬具应为砖棺，长2.4、宽0.8、残高0.3米。

（3）人骨

未见人骨。

2. 随葬器物

墓葬被严重盗扰，仅在墓底发现五铢钱1枚。

五铢钱　1枚。M92：1，周郭及穿郭极窄，钱币轻薄。钱文漫漶。钱径2.5、穿径1厘米，重1.3克（图二〇〇）。

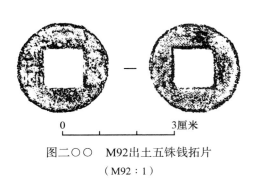

图二〇〇　M92出土五铢钱拓片
（M92：1）

八三、M93

1. 墓葬形制

（1）墓葬结构

长方形竖穴土坑墓，上部被破坏，直壁，平底，长约3.72、宽约1.32、残深0.26米。墓内填黄褐色五花土夹膏泥，底部存膏泥痕迹。墓向0°（图二〇一）。

（2）葬具

葬具已朽，据四壁及墓底板灰痕迹判断其为一椁一棺。椁室平面呈"Ⅱ"字形，长约

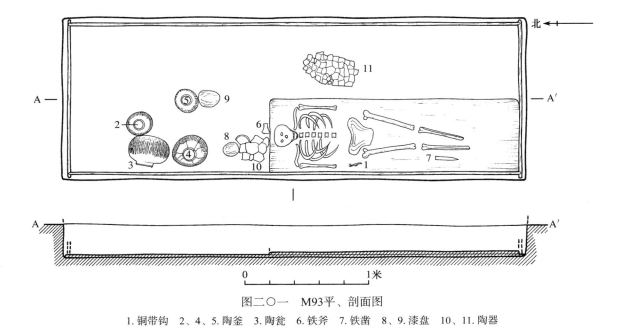

图二〇一　M93平、剖面图

1. 铜带钩　2、4、5. 陶釜　3. 陶瓮　6. 铁斧　7. 铁凿　8、9. 漆盘　10、11. 陶器

3.64、宽约1.28米，高度不详，椁板厚约2厘米。木棺位于椁室西南部，平面呈长方形，长约2、宽约0.6米，高度不详，木棺底板厚约2厘米。

（3）人骨

单人仰身直肢葬。人骨长约1.6米，性别、年龄不辨。

2. 随葬器物

随葬器物丰富，有陶器、铜器、铁器和漆器。陶器有瓮和釜，铜器为带钩，铁器有斧和凿，漆器为盘。陶器和漆器主要置于椁室北端，铜带钩和铁凿置于棺内人骨西侧。随葬器物中2件陶器（M93：10、M93：11）器形不辨，1件铁凿（M93：7）仅辨器形，无法提取。随葬漆盘（M93：8、M93：9）仅存痕迹。其他器物情况如下。

陶瓮　1件。M93：3，夹细砂褐陶。口微敛，圆唇，高领内敛，溜肩，腹部圆鼓，腹部以下斜弧内收，平底微凹，最大径在中腹部。肩部以下至近底部饰绳纹。口径23.6、底径11、高34、最大腹径38.4厘米（图二〇二，1）。

陶釜　3件。M93：5，夹细砂褐陶。侈口，卷沿，圆唇，有领，束颈，溜肩，扁鼓腹，圜底，最大径在下腹部。肩部以下饰绳纹。口径12、高14.4、最大腹径17.6厘米（图二〇二，2）。M93：2，夹细砂褐陶。口微侈，短沿略斜，方唇，束颈，溜肩，腹部圆鼓，圜底，最大径在下腹部。颈部饰凹弦纹，肩部以下饰绳纹。口径12、高14、最大腹径17.6厘米（图二〇二，3）。M93：4，夹细砂褐陶。口微敛，平沿，尖唇，束颈，溜肩，弧腹，圜底，最大径在下腹部。颈部饰凹弦纹，肩部以下饰绳纹。口径13.6、高22、最大腹径27.2厘米（图二〇二，4）。

铜带钩　1件。M93：1，整体呈曲棒状，钩身弯曲较甚。钩头呈蛇头状，器表阴刻漩涡纹。长12.7、宽1.1、厚0.8厘米（图二〇二，6；图版九六，5）。

铁斧　1件。M93：6，整体呈梯形，上小下大，銎与身分界不明显，长方形銎。通长9.2、銎宽4.2、刃残宽7.4、最厚处2.7厘米（图二〇二，5）。

八四、M94

1. 墓葬形制

（1）墓葬结构

带墓道竖穴砖室墓。墓葬平面大致呈“中”字形，由墓道和墓室两部分组成，墓室南北两端皆带有墓道。该墓有三次墓道修筑行为，其中最早的墓道应为北侧较短的墓道（墓道1），平面呈长方形，呈斜坡状，长约3、宽约1.43、深0.5～1.82米。北侧另一条墓道（墓道2）部分打破墓道1，并借用其南侧部分结构，长约3.8、宽1.5～1.6、深0.43～1.82米。南侧墓道（墓道3）平面呈长方形，呈斜坡状，长约4.1、宽约1、深0～1.7米。墓圹平面呈长方形，长

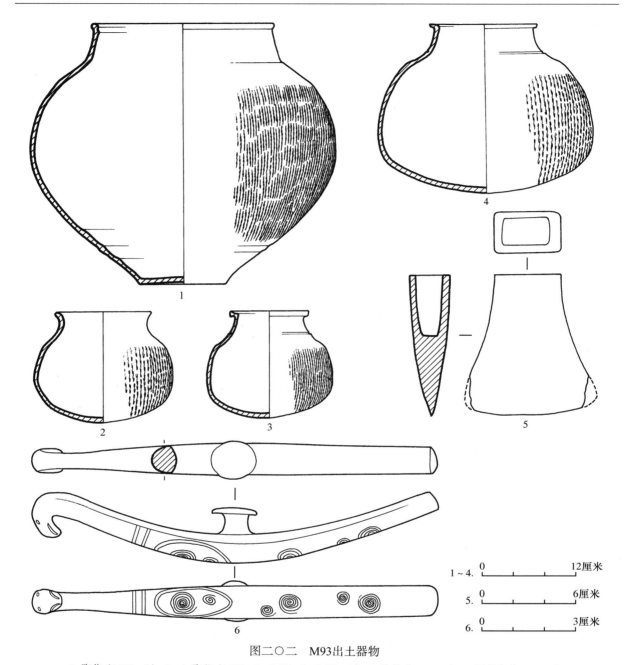

图二〇二　M93出土器物

1.陶瓮（M93：3）　2~4.陶釜（M93：5、M93：2、M93：4）　5.铁斧（M93：6）　6.铜带钩（M93：1）

约6、宽约2.52、残深2.56米。长方形墓室，长约5.6、宽约2、高2米。墓顶用扇形单侧菱形纹砖横向起券，顶砖长34~42、宽22、厚8厘米。墓壁东西两壁用素面扇形砖错缝顺砌，东西墙砖长34~40、宽22、厚8厘米。南北两壁用长方形素面砖、单侧菱形纹砖和单侧联璧纹砖间杂错缝横砌，南北墙砖长36、宽21、厚7.5厘米。墓底用长方形素面砖斜向平铺，底砖长38、宽21、厚8厘米。墓向355°（图二〇三；图版四八、图版四九）。

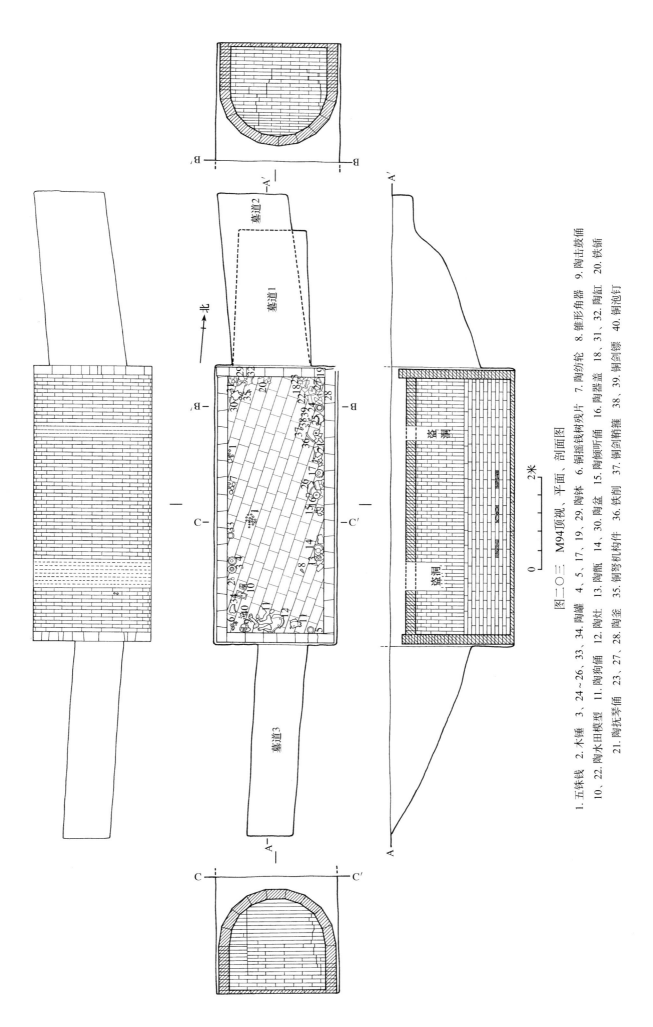

図二〇三　M94頂視、平面、剖面図

1. 五銖銭　2. 木錘　3、24～26、33、34. 陶罐　4、5、17、19、29. 陶鉢　6. 銅揺銭樹残片　7. 陶紡輪　8. 錐形角器　9. 陶撃鼓俑
10、22. 陶水田模型　11. 陶狗俑　12. 陶灶　13. 陶甑　14、30. 陶盆　15. 陶器蓋　16. 陶傾听俑　18、31、32. 陶缸　20. 鉄鍤
21. 陶抚琴俑　23、27、28. 陶釜　35. 銅弩机构件　36. 鉄削　37. 銅剣鞘構件　38、39. 銅剣鏢　40. 銅泡釘

（2）葬具

未见葬具，但墓底存铜泡钉，推测葬具为木棺。

（3）人骨

未见人骨痕迹，墓葬存三条墓道，据此推测为多人合葬。

2. 随葬器物

随葬器物丰富，有陶器、铜器、铁器、木器、角器和钱币，陶器有釜、钵、罐、甑、盆、器盖、缸、纺轮、灶、水田模型、狗俑、抚琴俑、击鼓俑、倾听俑等，铜器有弩机构件、剑镖、剑鞘箍、泡钉、摇钱树残片等，铁器有锸和削，木器为木锤，角器为锥形器，钱币为五铢。因盗扰严重，随葬器物分布十分散乱，主要分布于墓室四侧。以下分别介绍。

陶釜　3件。M94：23，夹砂灰陶。侈口，斜沿，圆唇，束颈，鼓腹，圜底近平，最大径在腹部。肩部饰一道凹弦纹，肩以下至近底部处满饰戳印纹，器底饰细绳纹。口径19.6、高11.8、最大腹径20.6厘米（图二〇四，3；图版五〇，1）。M94：28，夹砂红陶。形制、纹饰与M94：23相同。口径18、高12.4、最大腹径20厘米（图二〇四，2；图版五〇，2）。M94：27，夹砂红陶。侈口，斜方唇，高领，长颈微束，斜肩，折腹，圜底，最大径在下腹部。肩部以下饰绳纹。口径25.7、高20、最大腹径30.4厘米（图二〇四，5；图版五〇，3）。

陶罐　6件。M94：26，夹细砂灰陶。侈口，斜沿，方唇，束颈，鼓肩，弧腹，平底，最大径在肩部。肩上部饰两周凹弦纹和三周戳印纹。口径11、底径11.8、高18、最大肩径20.8厘米（图二〇五，6；图版五一，1）。M94：33，陶质陶色、形制与M94：26相同。肩部饰一周凹弦纹和一周戳印纹。口径11.8、底径12.2、高15.4、最大肩径20.6厘米（图二〇五，5）。M94：34，夹细砂灰陶。侈口，卷沿，圆唇，束颈，圆肩，鼓腹，腹部以下斜弧内收，平底，最大径在上腹部。肩部饰一周凹弦纹。口径10.4、底径9.2、高13.8、最大腹径17.2厘米（图二〇五，4）。M94：25，夹细砂灰陶。侈口，卷沿，圆唇，束颈，溜肩，弧腹，平底，最大径在肩部。肩部饰一周凹弦纹。口径10.8、底径8、高15.4、最大肩径17.4厘米（图二〇六，1；图版五一，2）。M94：3，夹砂灰陶。双口，口近直，鼓肩，斜直腹，平底，最大径在肩部。肩部和腹部各戳印两周圆涡纹。外口径12.8、内口径9.2、底径8、高16.5、最大肩径16.3厘米（图二〇六，2）。M94：24，夹细砂灰陶。形制、纹饰与M94：3相同，带盖。外口径14.4、内口径8.4、底径9、高21.8、最大肩径17.8厘米（图二〇六，3；图版五一，3、4）。

陶盆　2件。M94：14，泥质灰陶。敞口，沿外斜，方唇，上腹斜直，下腹微弧，平底微凹。口径24.8、底径13.6、高13.6厘米（图二〇四，6；图版五〇，4）。M94：30，夹砂灰陶。敛口，平沿，方唇，束颈，圆肩，弧腹，腹部以下斜弧内收，平底。口径24.2、底径11、高9.4厘米（图二〇四，1）。

陶甑　1件。M94：13，夹细砂灰陶。敞口，宽沿，方唇，弧腹，平底，底部存8个圆形箅孔。口径33.4、底径14.6、高20.4厘米（图二〇四，4；图版五〇，5）。

陶缸　3件。泥质灰陶。形制相同，敛口，圆唇，圆折肩，弧腹微鼓，腹部以下斜弧内

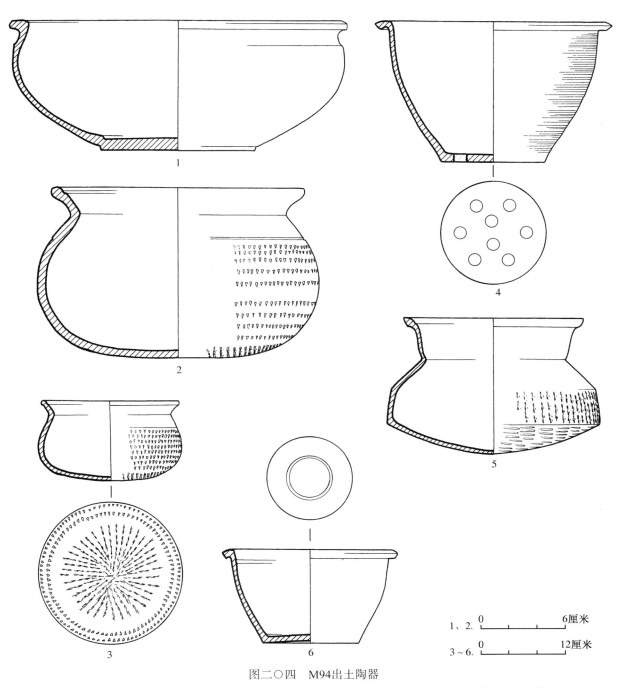

图二〇四 M94出土陶器

1、6.盆（M94：30、M94：14）2、3、5.釜（M94：28、M94：23、M94：27）4.甑（M94：13）

收，近底部存一圆孔，平底略内凹，最大径在腹部。肩部以下至近底部饰模印网格纹组成的数周倒三角纹。M94：18，口径34.6、底径19.8、高34.4、最大腹径49.2厘米（图二〇五，1）。M94：31，口径34.8、底径21、高33、最大腹径46.4厘米（图二〇五，2；图版五〇，6）。M94：32，腹部以下残。口径36、底径22、残高33.6、最大腹径47.6厘米（图二〇五，3）。

1 ~ 3.　0 ━━━━━ 12厘米　　4 ~ 6.　0 ━━━━━ 6厘米

图二〇五　M94出土陶器

1 ~ 3.缸（M94：18、M94：31、M94：32）　4 ~ 6.罐（M94：34、M94：33、M94：26）

陶钵　5件。M94：4，夹砂灰陶。敞口，圆唇，折腹，平底略呈饼状。器表存黑色陶衣痕迹。口径15.4、底径6、高5.4厘米（图二〇七，6）。M94：17，夹细砂灰陶。形制与M94：4相同。口径16、底径5.6、高5.8厘米（图二〇七，3；图版五一，5）。M94：19，夹细砂灰陶。形制与M94：4相同。口径17.2、底径6.4、高6.1厘米（图二〇七，2）。M94：29，夹细砂灰陶。形制与M94：4相同。口径20.2、底径7.6、高8厘米（图二〇七，1）。M94：5，夹细砂灰陶。口微敛，肩部微鼓，弧腹，平底，最大径在肩部。口径11.4、底径5.2、高4.8、最大肩径11.6厘米（图二〇七，5；图版五一，6）。

陶器盖　1件。M94：16，夹砂灰陶。直口，圆唇，直腹，圆饼形纽。与M94：24伴出。口径11.4、纽径4.9、高4.8厘米（图二〇七，4；图版五二，1）。

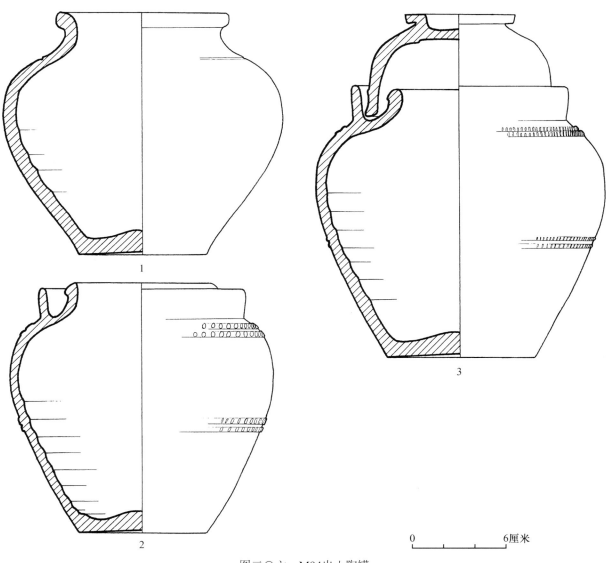

0　　　　　　6厘米

图二〇六　M94出土陶罐

1. M94：25　2. M94：3　3. M94：24

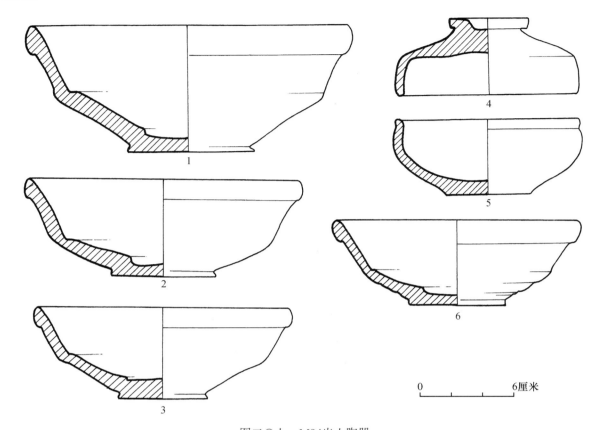

图二〇七　M94出土陶器

1~3、5、6.钵（M94：29、M94：19、M94：17、M94：5、M94：4）　4.器盖（M94：16）

陶灶　1件。M94：12，夹细砂灰陶。平面略呈马蹄状，顶部不密封，存三只柱状支架，支架尾端尖嘴圆目呈蛙状。进火口平面呈"八"字形，剖面略呈长方形。口沿以下及进火口外侧饰连续水波状附加堆纹。长39.6、宽31.2、高22厘米（图二〇八，1；图版五二，2）。

陶水田模型　2件。M94：10，夹砂灰陶。平面呈长方形，上部残，直壁，平底，底部捏制有水鸟、莲、龟、鱼和贝类等常见动植物。残长19.6、宽32、高4厘米（图二〇八，3）。M94：22，夹砂灰陶。平面呈长方形，敞口，大宽沿，方唇，斜直腹，平底。底部中央用一道宽约2.4厘米的横向直墙将水田分为两部分，横向直墙中部用两条短竖墙形成通道，使得分开的两部分得以连通。长57.4、宽45、高6厘米（图二〇八，2；图版五二，3）。

陶击鼓俑　1件。M94：9，夹砂红陶。头戴帻巾，外着交领宽袖长袍，内着圆领内衣，双腿屈膝而坐，鼓置于双膝盖之间，右手上扬至肩部以上呈执棒击打状，左手扶鼓面。模制，中空。底宽22.2、高28.6厘米（图二〇九，1；图版五二，5）。

陶抚琴俑　1件。M94：21，夹砂红陶。头戴系边帻巾，外着交领宽袖长袍，内着圆领内衣，双脚盘腿而坐，琴置于双膝之上，双手做抚琴状。圆目，圆鼻，嘴微张，神情轻松。模制，中空。宽19.2、高26.4厘米（图二一〇，2；图版五二，6）。

陶倾听俑　1件。M94：15，夹砂红陶。头部残，外着交领宽袖长袍，腰部系宽带，内着

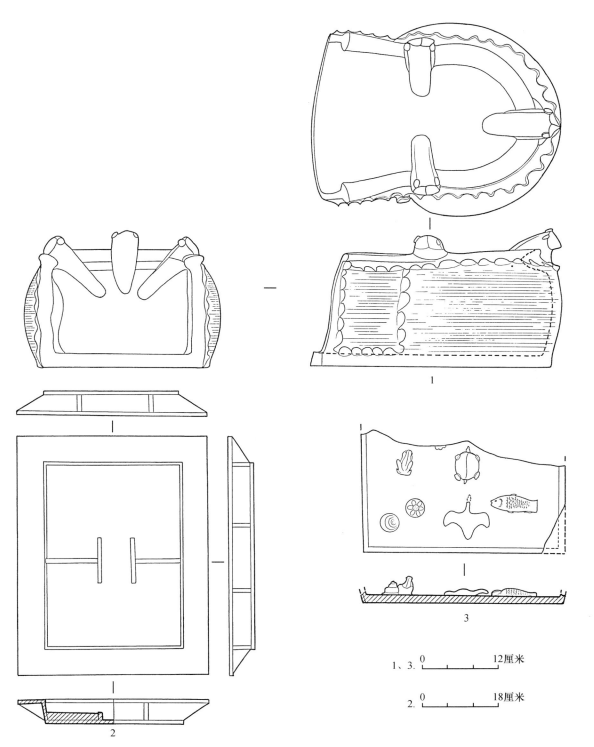

图二〇八　M94出土陶器

1. 灶（M94：12）　2、3. 水田模型（M94：22、M94：10）

1

2

1. 　0 ————— 6厘米　　2. 　0 ————— 12厘米

图二〇九　M94出土陶俑
1.击鼓俑（M94：9）　2.狗俑（M94：11）

图二一〇　M94出土陶俑

1. 倾听俑（M94：15）　2. 抚琴俑（M94：21）

圆领内衣，左手放于耳部做倾听状，右手自然下垂于膝后，双脚跪坐。宽23.4、残高17.6厘米（图二一〇，1）。

陶狗俑　1件。M94：11，夹砂红陶。立姿，耳部竖立，双眼圆睁，双唇紧闭，颈部存项圈，尾部蜷曲至背部，四肢强壮有力。模制，中空。长45.2、宽22.4、高43.6厘米（图二〇九，2；图版五二，4）。

陶纺轮　4件。泥质灰陶。呈算珠状。M94：7-1，直径3.6、高1.9厘米（图二一一，1；图

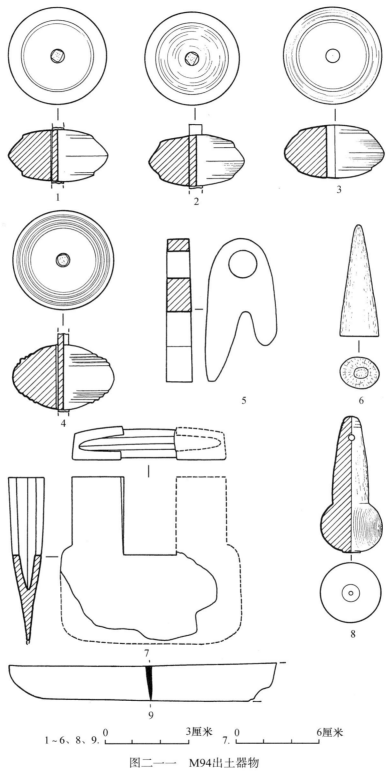

图二一一　M94出土器物

1~4.陶纺轮（M94：7-1、M94：7-2、M94：7-3、M94：7-4）　5.铜弩机构件（M94：35）

6.锥形角器（M94：8）　7.铁锸（M94：20）　8.木锤（M94：2）　9.铁削（M94：36）

版五三，1）。M94：7-2，直径3.4、高1.9厘米（图二一一，2）。M94：7-3，直径3.6、高2厘米（图二一一，3）。M94：7-4，直径3.7、高2.4厘米（图二一一，4）。

铜弩机构件 1件。M94：35，仅存悬刀，呈圆角片状，尖角部存圆孔。长5.3、宽2.6、厚0.9厘米（图二一一，5；图版五三，2）。

铜剑镖 2件。形制相同，平面呈长方形，剖面中部厚、两侧薄。器表饰凸水珠纹。M94：38，宽3.8、高2、厚1厘米（图二一二，5）。M94：39，宽2.8、高1.5厘米（图二一二，6）。

铜剑鞘箍 1件。M94：37，平面呈长方形，剖面中部略厚。长5.2、宽2.6、厚1厘米（图二一二，4）。

铜摇钱树残片 2件。M94：6-1，呈树枝状，枝上可辨周边带火焰状的铜钱和鸟类。宽7、高7.2厘米（图二一二，1；图版五三，3）。M94：6-2，枝上残片，可辨攀猿及鸟类。宽2.1、高4.4厘米（图二一二，2；图版五三，3）。

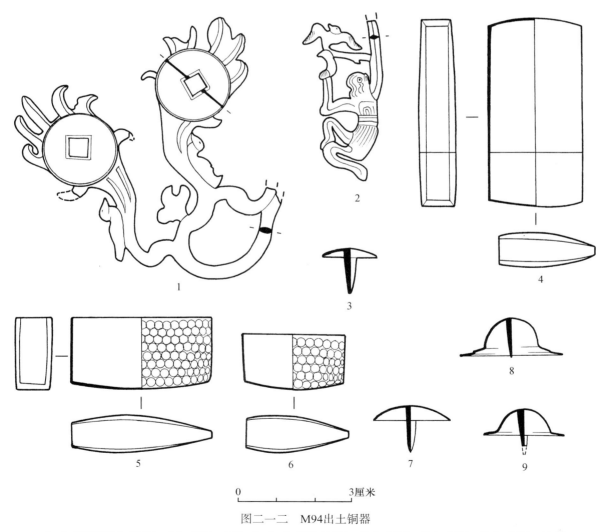

图二一二 M94出土铜器

1、2.摇钱树残片（M94：6-1、M94：6-2） 3、7~9.泡钉（M94：40-4、M94：40-1、M94：40-2、M94：40-3）
4.剑鞘箍（M94：37） 5、6.剑镖（M94：38、M94：39）

铜泡钉　9枚。形制相同，上部呈弧顶圆帽状，下部呈针状（图版五三，4）。其中4枚保存较好，如M94：40-1，直径2、高1.3厘米（图二一二，7）。M94：40-2，直径2.8、高1厘米（图二一二，8）。M94：40-3，直径2.2、高1厘米（图二一二，9）。M94：40-4，直径1.5、高1.2厘米（图二一二，3）。

铁锸　1件。M94：20，整体平面呈"凹"字形，銎部平面呈弧角长方形。宽11.3、高12.2、厚2.6厘米（图二一一，7）。

铁削　1件。M94：36，刀首残，刀尖呈弧状，直背，单面刃。残长9.7、宽1.4、厚0.2厘米（图二一一，9）。

锥形角器　1件。M94：8，上细下粗呈圆锥状。下部直径1.4、高4.1厘米（图二一一，6；图版五三，5）。

木锤　1件。M94：2，上部呈圆锥状，近顶部存一小圆孔，下部呈球状，底部存一圆圈，圈内中部存一圆孔。锤头直径2.2、高5.1厘米（图二一一，8；图版五三，6）。

五铢钱　135枚。选取标本6枚。M94：1-1，钱币较规整，"五"字交笔弯曲，"铢"字

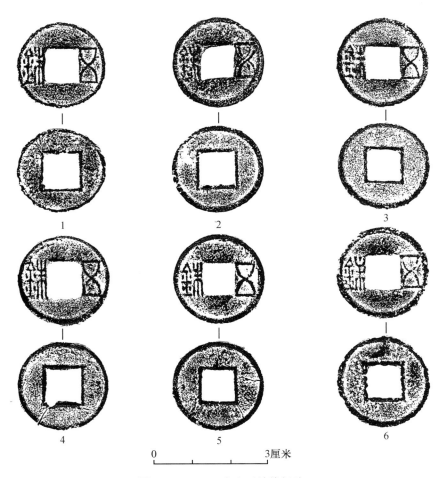

0　　　　　　　3厘米

图二一三　M94出土五铢钱拓片

1. M94：1-1　2. M94：1-2　3. M94：1-3　4. M94：1-4　5. M94：1-5　6. M94：1-6

金旁四点较长，朱旁上下部笔画皆圆弧。钱径2.5、穿径1、周郭0.1、穿郭0.1厘米，重2.2克（图二一三，1）。M94：1-2，形制、规格、钱文与M94：1-1相同。重2.7克（图二一三，2）。M94：1-3，形制、规格、钱文与M94：1-1相同。重2.6克（图二一三，3）。M94：1-4，形制、规格、钱文与M94：1-1相同。重2.5克（图二一三，4）。M94：1-5，钱币不甚规整，"五"字交笔弯曲，"铢"字朱旁上部有弧意，钱文整体较宽。钱径2.3、穿径1、周郭0.1、穿郭0.1厘米，重1.5克（图二一三，5）。M94：1-6，形制、钱文与M94：1-5相同。钱径2.5厘米，重2.5克（图二一三，6）。

八五、M95

1. 墓葬形制

（1）墓葬结构

长方形竖穴砖室墓。墓葬平面呈"凸"字形，由墓道和墓室两部分组成。墓室南端带长方形斜坡墓道，长约2.7、宽0.88～0.92、深0～1.24米。墓圹平面呈长方形，长约4.18、宽约2.4、残深1.08米。墓室平面亦呈长方形，长约3.6、宽约2.1、残高1.08米。墓葬上部被破坏，仅存直墙下部和铺地砖。墓门两侧用立砖象征门框，一侧一排，另一侧两排。墓壁用纹饰朝内的长方形单侧祥云纹砖和单侧菱形纹砖顺向错缝平砌，墓底用长方形单侧菱形纹砖"人"字形斜铺，墓砖皆长36、宽21、厚6～7厘米。墓向185°（图二一四）。

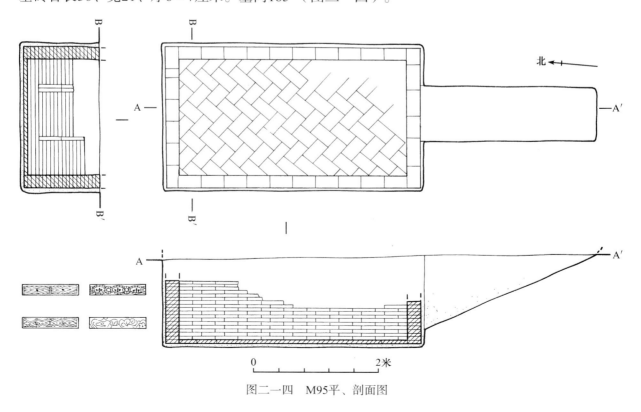

图二一四 M95平、剖面图

（2）葬具

未见葬具痕迹。

（3）人骨

未见人骨痕迹。

2. 随葬器物

墓葬被盗扰严重，未见随葬品。

八六、M96

1. 墓葬形制

（1）墓葬结构

狭长形竖穴土坑墓，上部被破坏，口底同大，长约3.12、宽约0.92、残深0.28米。墓内填黄褐色花土夹膏泥，底部存膏泥痕迹。墓向30°（图二一五）。

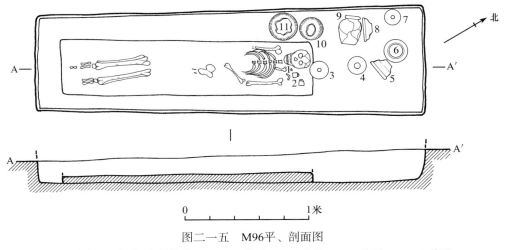

图二一五　M96平、剖面图

1. 铜印章　2. 铜璜、铜铃饰品　3、4、7. 陶豆　5、8. 陶钵　6、9. 陶罐　10、11. 陶釜

（2）葬具

葬具已朽，据四壁及墓底板灰痕迹判断为一椁一棺。木椁仅存板灰痕迹，平面略呈长方形，长约3.1、宽约0.9、残高0.28米，椁板厚度不详。木棺置于椁室南部，平面呈长方形，长约2.04、宽约0.44米，高度及棺板厚度不详。棺底部存厚约6厘米的熟土棺台。

（3）人骨

单人仰身直肢葬。人骨中部被扰乱。性别不辨，据牙齿磨损度判断年龄在25～30岁。

2. 随葬器物

随葬器物有陶器和铜器。陶器有釜、罐、钵和豆，铜器有印章和璜、铃饰品。陶器集中置于椁室北部，铜印章和璜、铃饰品位于木棺内头骨东侧。印章下部存木灰痕迹，可能原置于木器内。随葬陶器中2件釜（M96：10、M96：11）、1件罐（M96：9）、2件豆（M96：3、M96：7）和1件钵（M96：5）仅辨器形，无法修复。铜璜、铜铃饰品（M96：2）亦仅辨器形，无法提取。其他器物情况如下。

陶罐　1件。M96：6，泥质灰陶。直口，高领，圆肩，弧腹，平底，最大径在肩部。口径14、底径10、高12、最大肩径18厘米（图二一六，4）。

陶豆　1件。M96：4，泥质灰陶。直口，圆唇，腹部斜收，矮圈足。口径15.4、足径5.8、高6.2厘米（图二一六，2）。

陶钵　1件。M96：8，夹细砂褐陶。敞口，翻沿，折腹，下腹部斜直内收，平底。口径19.6、底径7、高6.5厘米（图二一六，1）。

铜印章　1件。M96：1，整体呈须弥座状，上小下大，印面呈方形，桥形纽。印面文字漫漶不辨。印面边长1厘米，印高1厘米（图二一六，3）。

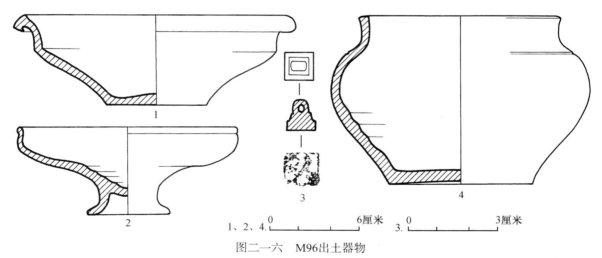

图二一六　M96出土器物

1.陶钵（M96：8）　2.陶豆（M96：4）　3.铜印章（M96：1）　4.陶罐（M96：6）

八七、M97

1. 墓葬形制

（1）墓葬结构

近方形竖穴土坑墓，直壁，平底，长3.12、宽3.1、残深2.1米。墓内填褐色黏土，墓底存少许炭灰和膏泥痕迹。墓向335°（图二一七；图版五四，1）。

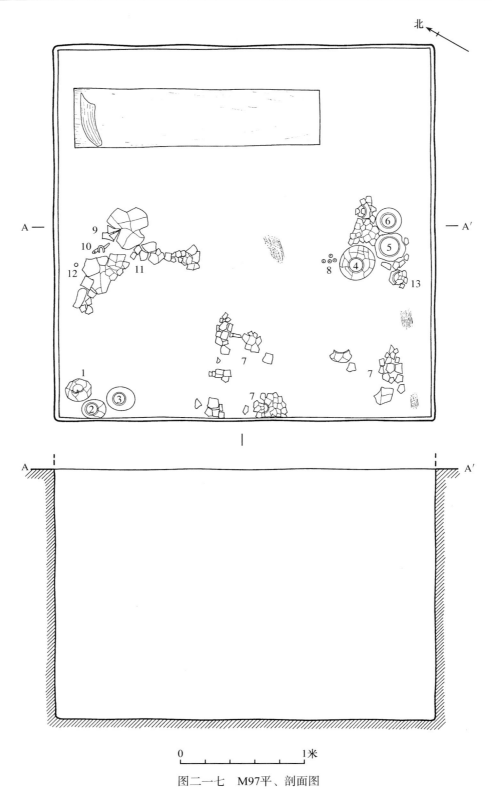

北

图二一七　M97平、剖面图

1～7.陶罐　8.五铢钱　9.铁斧　10.铜弩机　11.陶壶　12.铜剑首　13.汲水小陶罐

（2）葬具

葬具已朽，据墓底板灰痕迹判断为一椁一棺。木椁痕迹模糊，平面呈方形，规格与墓圹相仿，高度及椁板厚度不详。木棺位于椁室东北，平面呈长方形，长约2、宽约0.5米，高度及棺板厚度不详。

（3）人骨

未见人骨痕迹。

2. 随葬器物

随葬器物有陶器、铜器、铁器和钱币（图版五四，2）。陶器有罐、汲水小罐和壶，铜器有弩机和剑首，铁器为斧，钱币为五铢。随葬器物主要分布于椁室中部和西部。随葬器物中1件陶罐（M97：3）仅辨器形，无法修复。其他器物情况如下。

陶壶　1件。M97：11，泥质灰陶。盘口，方唇，长颈微束，溜肩，鼓腹，高圈足，最大径在腹部。器表施黑色陶衣，肩、腹部分别饰凹弦纹，肩部有铺首一对，器表残存少许朱砂痕迹。口径20.4、足径31、高53.5、最大腹径39厘米（图二一八，1；图版五五，1）。

汲水小陶罐　1件。M97：13，泥质灰陶。直口，圆唇，溜肩，鼓腹，腹部以下斜弧内收，平底，最大径在腹部。器表施黑色陶衣。口径3.6、底径3.4、高6.4、最大腹径6.6厘米（图二一八，4）。

陶罐　6件。M97：5，夹细砂褐陶。侈口，圆唇，束颈，肩部圆折较低，斜直腹，平底微凹，最大径在肩部。口径10.3、底径8、高10.4、最大肩径16.2厘米（图二一八，6；图版五六，1）。M97：1，夹细砂灰陶。侈口，圆唇，束颈，鼓肩，弧腹微鼓，腹部以下斜弧内收，平底，最大径在肩部。肩部饰凹弦纹。口径10、底径12.4、高15.2、最大肩径20厘米（图二一八，3；图版五五，3）。M97：4，夹细砂褐陶。形制、纹饰与M97：1相同。器表存朱砂痕迹。口径11.7、底径14、高16.4、最大肩径22厘米（图二一八，2；图版五五，4）。M97：7，陶质陶色、形制、纹饰与M97：1相同。口径12.2、底径14.6、高22.8、最大肩径26.2厘米（图二一八，5；图版五五，2）。M97：6，泥质灰陶。侈口，卷沿，溜肩，腹部扁鼓，平底略内凹，最大径在肩部。肩部饰弦纹，器表有较多刮削痕迹。口径11.2、底径16.4、高14.8、最大肩径21.2厘米（图二一九，1；图版五六，2）。M97：2，夹细砂灰陶。侈口，圆唇，束颈，圆肩，弧腹微鼓，腹部以下斜弧内收，平底略内凹，最大径在肩部。肩部饰两周凹弦纹，弦纹间有刮削痕迹。口径10.4、底径13.8、高15.8、最大肩径19.8厘米（图二一九，2；图版五六，3）。

铁斧　1件。M97：9，銎与斧身分界不明显，銎口平面呈长方形，弧形刃宽于銎口。宽7.2、高9.4、最厚处2.4厘米（图二一九，4）。

铜弩机　1件。M97：10，结构简单，无郭，由望山、悬刀、牙和钩心组成。宽2.7、通高6.5厘米（图二一九，3；图版五六，4）。

铜剑首　1件。M97：12，底部呈圆形，柄部呈扁"U"形。底径3.9、高2.8厘米（图二一九，5）。

　　五铢钱　共3枚。其中2枚残。M97：8，周郭较规整，"五"字交笔斜直，"铢"字朱旁上部方折。钱径2.5、穿径1厘米，重2.9克（图二二〇）。

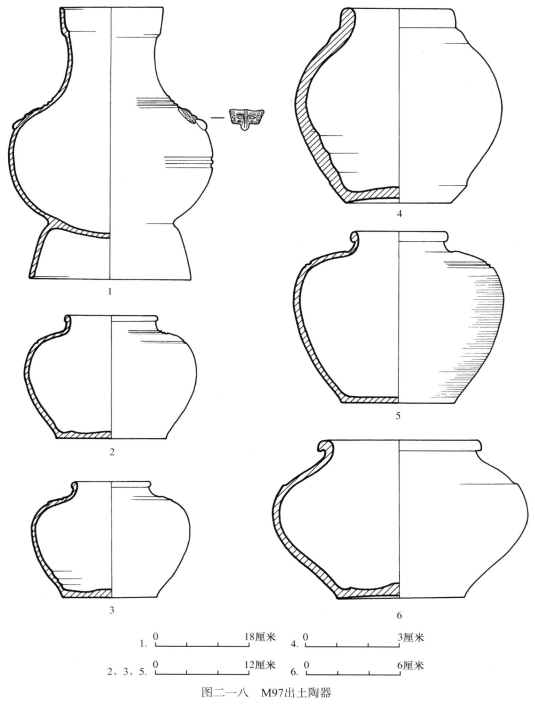

图二一八　M97出土陶器

1.壶（M97：11）　2、3、5、6.罐（M97：4、M97：1、M97：7、M97：5）　4.汲水小罐（M97：13）

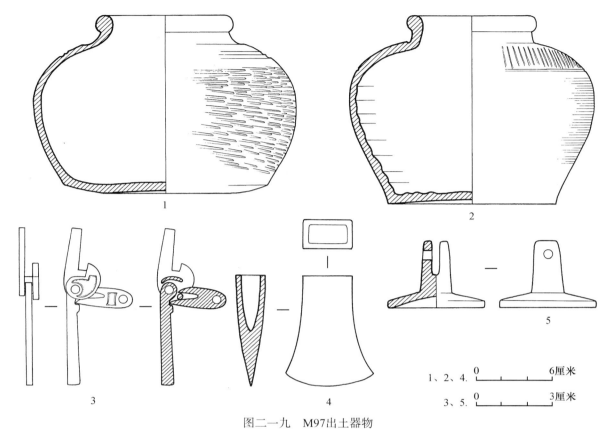

图二一九　M97出土器物

1、2.陶罐（M97:6、M97:2）3.铜弩机（M97:10）4.铁斧（M97:9）5.铜剑首（M97:12）

八八、M98

1. 墓葬形制

（1）墓葬结构

长方形竖穴砖室墓，顶部和直墙上部不存。墓圹平面呈长方形，长约5.96、宽约2.46、残深0.9米。长方形墓室，长约5.38、宽约1.9、残高0.9米。墓室分二次建成，

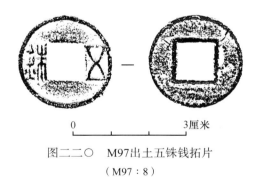

图二二〇　M97出土五铢钱拓片

（M97:8）

第一次修建时墓壁用扇形砖错缝顺砌，墓底用长方形砖横铺，用砖皆为素面青砖，扇形砖长34~40、宽22、厚7厘米，长方形砖长38、宽18、厚7厘米。第二次修建是在墓葬南端加长墓室，墓壁用长方形素面砖错缝顺砌，墓底则用长方形素面砖和单侧菱形纹砖纵铺。素面砖长38、宽22、厚7厘米，菱形纹砖长38、宽18、厚7厘米。墓向230°（图二二一；图版五七，1）。

（2）葬具

未见葬具痕迹。

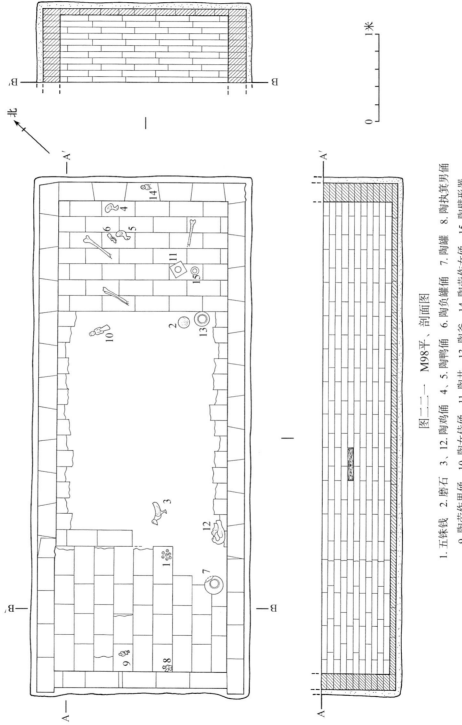

图二二　M98平、剖面图

1. 五铢钱　2. 磨石　3、12. 陶鸡俑　4、5. 陶鸭俑　6. 陶负罐俑　7. 陶罐　8. 陶执箕男俑　9. 陶劳作男俑　10. 陶侍男俑　11. 陶井　13. 陶釜　14. 陶劳作女俑　15. 陶璧形器

（3）人骨

在墓葬北部残存少量下肢骨。

2. 随葬器物

随葬器物有陶器、石器和钱币（图版五七，2）。陶器有璧形器、罐、井、釜、鸡俑、鸭俑和劳作俑等，石器为磨石，钱币为五铢。因被严重盗扰，随葬器物分布十分散乱，其中1件陶罐（M98：7）仅辨器形，无法修复。其他器物情况如下。

陶釜　1件。M98：13，夹细砂灰陶。侈口，斜沿，圆唇，束颈，斜直腹，圜底较甚，最大径在下腹部。肩部以下至底部饰数周戳印纹，底部饰席纹。口径14.8、高11.2、最大腹径16厘米（图二二二，1；图版五八，1）。

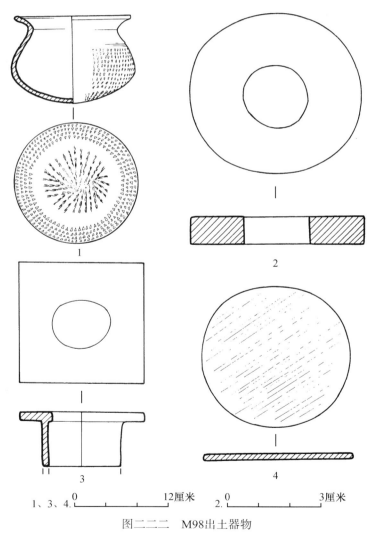

图二二二　M98出土器物

1.陶釜（M98：13）　2.陶璧形器（M98：15）　3.陶井（M98：11）　4.磨石（M98：2）

陶璧形器　1件。M98：15，夹细砂红陶。平面呈圆形，中间有圆孔。直径5.5、穿径2.1、厚0.9厘米（图二二二，2）。

陶井　1件。M98：11，夹细砂红陶。方形井台，井台上有圆形井口，井身残。井台边长16、残高7.2厘米（图二二二，3；图版五八，2）。

陶鸡俑　2件。M98：12，夹砂灰陶。子母鸡，母鸡蹲卧，尾部残，小鸡位于母鸡背部，母鸡扭头做喂食状，较矮胖。残长18、宽12、高12厘米（图二二三，4；图版五八，3）。M98：3，夹细砂红陶。双脚直立，喙部较尖，脖颈短，双翅收拢，尾部较平，形似母鸡。长23.6、宽10.6、高17厘米（图二二三，3；图版五八，4）。

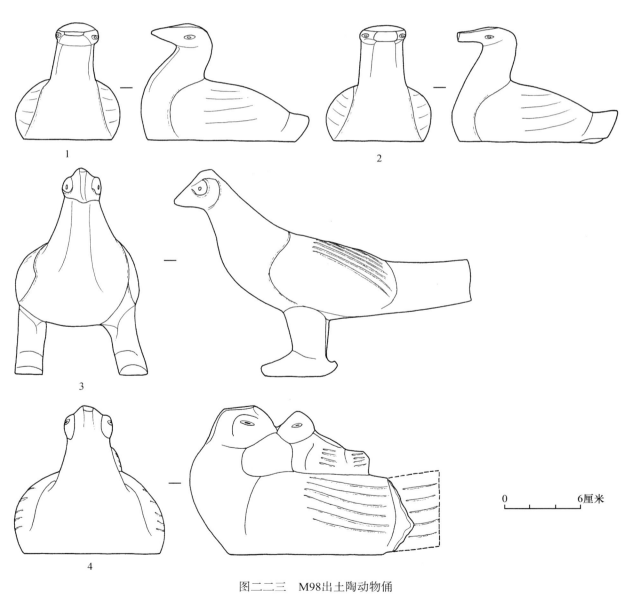

图二二三　M98出土陶动物俑
1、2. 鸭俑（M98：4、M98：5）　3、4. 鸡俑（M98：3、M98：12）

　　陶鸭俑　2件。夹砂红陶。形制相同，蹲卧状，刻画简单，线条流畅，双翅收拢，鸭嘴前伸。M98：4，长13.4、宽8.3、高9.3厘米（图二二三，1；图版五八，5）。M98：5，长13.2、宽8.4、高9.4厘米（图二二三，2）。

　　陶负罐俑　1件。M98：6，夹砂红陶。上身着及膝交领长衫，脚部着靴，左手扶陶罐于左肩之上，右手置于胸前。捏制，较粗糙。宽6.2、高14.8厘米（图二二四，2；图版五九，1）。

　　陶执箕男俑　1件。M98：8，夹砂红陶。高鼻，大耳，身着圆领长袍，双手执箕，双腿弯曲跪坐。捏制，较粗糙。残宽8.4、高12.2厘米（图二二四，1；图版五九，2）。

　　陶劳作男俑　1件。M98：9，夹砂灰陶。直立，上身着圆领及膝长衫，上身略弯做劳作

0　　　　　　　6厘米

图二二四　M98出土陶俑

1.执箕男俑（M98：8）　2.负罐俑（M98：6）　3.女侍俑（M98：10）

4.劳作男俑（M98：9）　5.劳作女俑（M98：14）

状。捏制，较粗糙。宽5.5、高12.7厘米（图二二四，4；图版五九，3）。

陶女侍俑　1件。M98：10，夹细砂灰陶。直立，头部包巾，上身着圆领长袍，袍长盖脚，宽松广袖，双手相握于袖内。捏制，较粗糙。宽6.8、高16.8厘米（图二二四，3；图版五九，4）。

陶劳作女俑　1件。M98：14，下部残，胸部突出，右手执物做劳作状。捏制，较粗糙。宽5、残高8厘米（图二二四，5）。

磨石　1件。M98：2，黑色砂岩质。平面呈圆形。直径19、厚0.8厘米（图二二二，4；图版五八，6）。

五铢钱　共20枚。其中11枚残。选取标本3枚。M98：1-1，钱币规整，钱文"五"字交笔弯曲，"铢"字朱旁上部有弧意，钱文整体较宽。钱径2.5、穿径1、周郭0.1、穿郭0.1厘米，重2.6克（图二二五，3）。M98：1-2，形制、规格和钱文与M98：1-1相同。重2.5克（图二二五，2）。M98：1-3，形制、规格和钱文与M98：1-1相同。重2.5克（图二二五，1）。

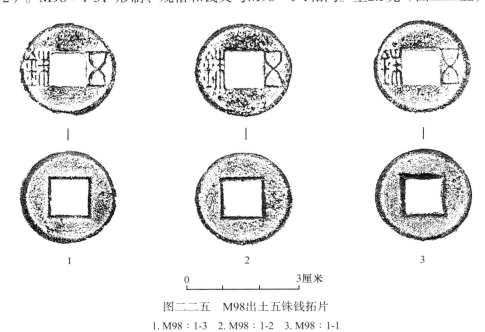

0　　　　　　　3厘米

图二二五　M98出土五铢钱拓片

1. M98：1-3　2. M98：1-2　3. M98：1-1

八九、M99

1. 墓葬形制

（1）墓葬结构

带墓道长方形竖穴土坑墓，上部被破坏，东北角被M98打破。墓坑北端有两长方形坑状墓道，其中东侧墓道打破西侧墓道和墓葬北端，东侧墓道长约5、宽约2.05米，西侧墓道长约5.05、宽约1.75米。墓坑口底同大，长约4.05、宽约3.45、残深1.4米。墓内填黄褐色花土夹膏泥，底部存有膏泥痕迹。墓向340°（图二二六；图版六〇）。

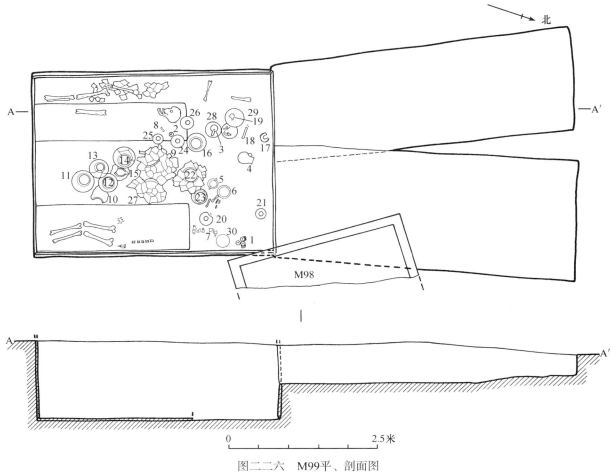

图二二六　M99平、剖面图

1、2.半两钱　3.铜勺　4、5.铜鍪　6.铜洗　7.铜铃、铜环　8.铜管　9、22、27.陶瓮　10～16、23.陶釜
17.铁锸　18.铜带钩　19.铜扣件　20、21、24～26.陶豆　28.漆盘　29.漆壶　30.漆器

（2）葬具

葬具已朽，据墓底板灰痕迹判断为一椁双棺。椁室平面呈长方形，长约4、宽约3.4，高度不详，椁板厚约4厘米。两木棺平面均呈长方形，分别位于椁室东西两侧，东侧木棺长约2.6、宽约0.8米，高度及棺板厚度不详。西侧木棺长约2.55、宽约0.7米，高度不详，棺底板厚约4厘米。

（3）人骨

双人合葬，皆仰身。人骨扰乱严重，葬式不详，性别不辨，据牙齿磨损度判断年龄均在45～50岁。

2. 随葬器物

随葬器物有陶器、铜器、铁器、漆器和钱币，陶器有瓮、釜和豆，铜器有勺、鍪、洗和管等，漆器可辨者有盘、壶等，铁器为锸，钱币为半两。随葬器物主要置于椁室北部和两棺之间。随葬器物中2件陶豆（M99：24、M99：25）仅辨器形，无法修复，1件铜洗（M99：6）仅辨器形，无法提取，随葬漆器（M99：28～M99：30）仅存痕迹。其他器物情况如下。

陶瓮　3件。M99：27，夹砂灰陶。口微侈，斜方唇，高领，圆肩，弧腹，腹部以下斜弧内收，平底微凹，最大径在肩部。肩部以下至近底部饰粗绳纹。口径24、底径9、高36.5、最大肩径38.8厘米（图二二七，1；图版六一，1）。M99：9，夹砂灰陶。敛口，斜方唇，高领，圆肩，弧腹，腹部以下斜弧内收，平底微凹，最大径在肩部。肩部以下至近底部饰粗绳纹。口径

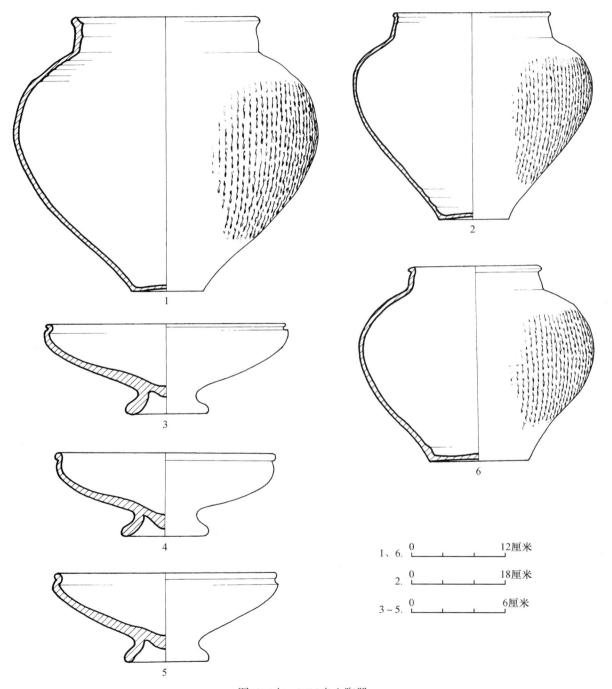

1、6. ⊢————————⊣ 12厘米

2. ⊢————————⊣ 18厘米

3～5. ⊢————————⊣ 6厘米

图二二七　M99出土陶器

1、2、6.瓮（M99：27、M99：22、M99：9）　3～5.豆（M99：20、M99：26、M99：21）

16.8、底径12.6、高26、最大肩径30厘米（图二二七，6）。M99：22，夹砂灰陶。形制、纹饰与M99：9相同。口径30、底径13.5、高41、最大肩径45.6厘米（图二二七，2；图版六一，2）。

　　陶豆　3件。夹细砂褐陶。形制相同，口微侈，圆唇，斜直腹，矮圈足。M99：20，口径14.4、足径5、高6厘米（图二二七，3）。M99：21，口径14.2、足径5.7、高5.8厘米（图二二七，5；图版六一，3）。M99：26，内壁有朱砂。口径14.1、足径5.6、高5.5厘米（图二二七，4）。

　　陶釜　8件。M99：13，夹细砂褐陶。口微侈，沿略斜，方唇，束颈，溜肩，圆鼓腹，圜底较甚，最大径在中腹部。颈部饰凹弦纹，肩部以下饰粗绳纹。颈部有长方形戳印痕迹，其内字迹漫漶不清。釜底存若干砾石。口径12.4、高20.4、最大腹径25.4厘米（图二二八，2；图版六一，4）。M99：14，夹细砂灰陶。口微侈，沿微斜，方唇，束颈，溜肩，圆鼓腹，腹部以下斜弧内收，圜底，最大径在中腹部。颈部饰凹弦纹，肩部以下饰绳纹。颈部有长方形戳印痕迹，其内字

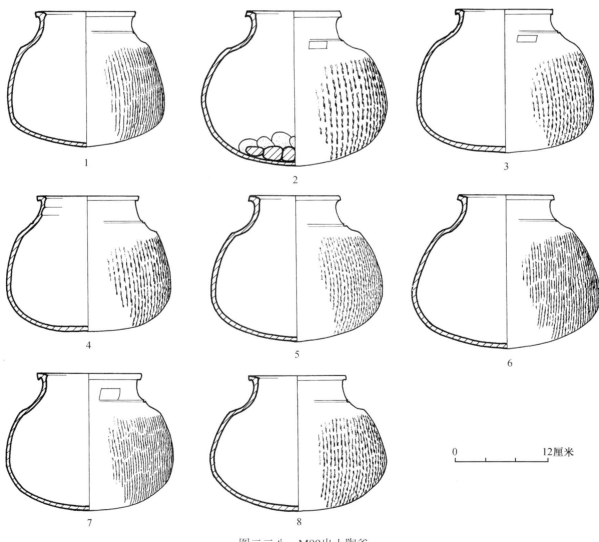

图二二八　M99出土陶釜

1. M99：15　2. M99：13　3. M99：12　4. M99：10　5. M99：16　6. M99：23　7. M99：14　8. M99：11

迹漫漶不清。口径13.2、高17.8、最大腹径21.2厘米（图二二八，7）。M99：11，夹细砂灰陶。
侈口，沿略斜，方唇，束颈，溜肩，扁弧腹，圜底，最大径在下腹部。颈部饰凹弦纹，肩部以
下饰绳纹。口径12.5、高17.6、最大腹径22.4厘米（图二二八，8）。M99：16，夹细砂灰陶。
直口微侈，斜平沿，束颈，溜肩，圆鼓腹，圜底，最大径在下腹部。口径11.8、高19、最大腹
径22厘米（图二二八，5）。M99：23，陶质陶色、形制、纹饰与M99：11相同。口径12.4、高
20、最大腹径24厘米（图二二八，6）。M99：10，夹细砂灰陶。口微侈，沿微斜，方唇，束
颈，溜肩，弧腹甚扁，圜底近平，最大径在下腹部。颈部饰凹弦纹，肩部以下饰绳纹，腹部存
朱砂痕迹。口径13、高17.8、最大腹径21厘米（图二二八，4；图版六一，5）。M99：12，夹
细砂灰陶。直口微敛，平沿，方唇，束颈，弧肩，扁鼓腹，最大径在下腹部。颈部存长方形戳
印痕迹，印文漫漶不清。口径12.4、高18.8、最大腹径22.4厘米（图二二八，3）。M99：15，
夹细砂灰陶。形制、纹饰与M99：12相同，只是底部稍有差异，圜底更甚。口径12.8、高
17.8、最大腹径20厘米（图二二八，1）。

　　铁锸　1件。M99：17，平面呈"U"状，銎呈圆角长方形。宽10.8、高12、厚2厘米（图

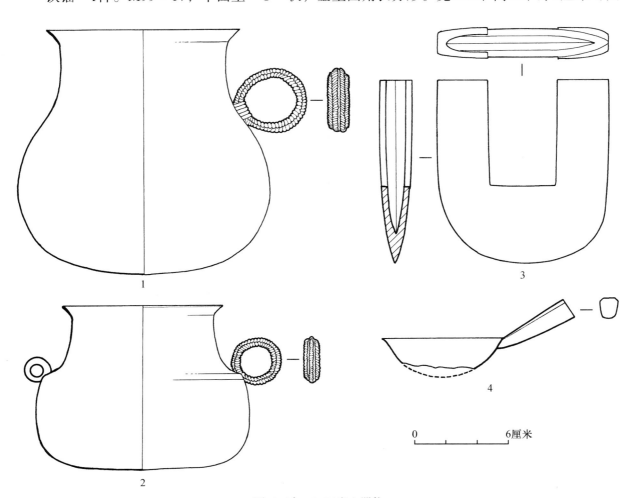

0　　　　　　　6厘米

图二二九　M99出土器物
1、2.铜鍪（M99：4、M99：5）3.铁锸（M99：17）4.铜勺（M99：3）

二二九，3）。

铜鍪 2件。M99：5，侈口，斜沿，长颈，圆折肩，肩部有一大一小二对称辫索状环形耳，扁鼓腹，圜底近平，最大径在腹部。口径10、高10.6、最大腹径13.6厘米（图二二九，2；图版六二，1）。M99：4，侈口，斜沿，长颈，溜肩，肩部有一辫索状环形耳，鼓腹，圜底，最大径在腹部。口径12.2、高16、最大腹径16厘米（图二二九，1；图版六二，2）。

铜勺 1件。M99：3，勺部敞口，深腹，圜底，勺柄呈圆筒状。勺径7.6、残深2厘米，带柄通长12.2厘米（图二二九，4）。

铜铃 共8件（图版六二，4），选取标本3件。M99：7-2，铃身下缘略弧，半环形纽，一面饰花草纹。宽5.3、高5.2、壁厚0.05厘米（图二三〇，3）。M99：7-3，形制与M99：7-2相同。一面饰卷云纹。宽5.3、高5.2、壁厚0.05厘米（图二三〇，2）。M99：7-1，铃身下缘弧度较大，两角下伸较甚，半环形纽，一面饰花草纹和网格纹。宽5.8、高6.3、壁厚0.05厘米（图二三〇，1）。

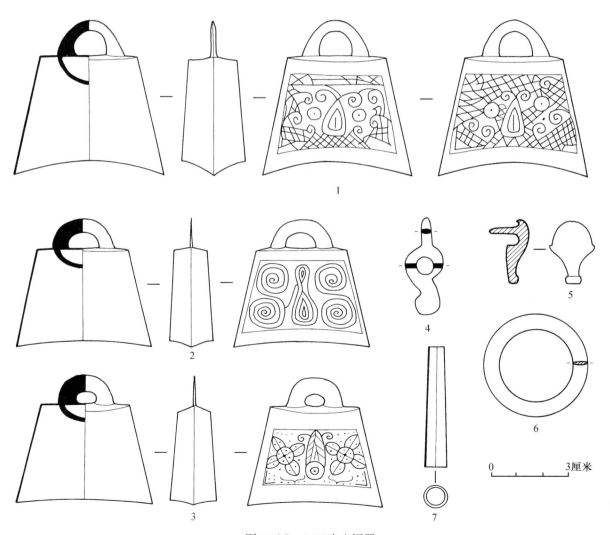

图二三〇 M99出土铜器

1~3.铃（M99：7-1、M99：7-3、M99：7-2） 4.扣件（M99：19） 5.带钩（M99：18） 6.环（M99：7-4） 7.管（M99：8）

铜带钩　1件。M99：18，整体呈蝉状，后部略呈椭圆形。长2.5、宽1.8厘米（图二三〇，5）。

铜环　1件。M99：7-4，截面呈扁圆形。直径约4.1、截面宽0.5厘米（图二三〇，6）。

铜管　1件。M99：8，呈上细下粗管状。长4.8、直径0.6～0.9厘米（图二三〇，7）。

铜扣件　3件。M99：19，整体呈"8"状。长3.8、宽1.4、厚0.1～0.2厘米（图二三〇，4；图版六二，3）。

半两钱　共53枚。其中1枚较残。选取标本15枚。M99：1-1，钱币不甚规整，钱文书写随意，笔画较圆弧，"半"字较长，横画较短，"两"字无上横画，双人竖画长。钱径3.1、穿径0.9厘米，重5.4克（图二三一，8）。M99：1-4，钱币较规整，钱文笔画方折，"半"字较长，"两"字外撇。钱径3.2、穿径0.9厘米，重6.3克（图二三一，7）。M99：1-3，钱币上下端有切割痕迹，呈灯笼状。钱文笔画方折，"半"字上下横画等长，"两"字上画较短。钱径3.1、穿径1厘米，重8.3克（图二三一，6）。M99：1-5，钱币不甚规整，钱文纤细，笔画方折，横画较短。钱径3.2、穿径1厘米，重6克（图二三一，1）。M99：1-6，钱币不甚规整，钱文纤细高挺，笔画方折，横画较短。钱径3.1、穿径0.9厘米，重6.3克（图二三一，3）。M99：1-7，钱币不规整，下部存切割痕迹，钱文纤细，笔画方折，横画较短。钱径3.1、穿径1厘米，重5克（图二三一，4）。M99：1-8，钱币不规整，右侧存茬口，钱文纤细方折，横画较短。钱径3.2、穿径1厘米，重3.1克（图二三一，2）。M99：1-9，钱币上部存切割痕迹，钱文较小，笔画圆弧。钱径3、穿径0.7厘米，重4.7克（图二三一，5）。M99：1-2，钱币厚重、规整，钱文较长，"半"字上窄下宽，下横画长于上横画，"两"字上横画较短。钱径3.2、穿径1厘米，重6.9克（图二三二，7）。M99：2-1，钱文高挺，笔画圆弧。钱径3.5、穿径1.1厘米，重6.1克（图二三二，2）。M99：2-2，钱币厚重，钱文高挺随意。钱径3.5、穿径1厘米，重9.5克（图二三二，6）。M99：2-3，钱文高挺，笔画圆弧。钱径3.5、穿径1.1厘米，重5.5克（图二三二，4）。M99：2-4，钱币厚重，钱文高挺随意。钱径3.5、穿径1厘米，重7.2克（图二三二，5）。M99：2-5，钱币厚重，钱文高挺随意。钱径3.5、穿径1厘米，重7.3克（图二三二，3）。M99：2-6，钱币厚重，钱文高挺随意。上部存茬口，"半"字高挺。钱径3.5、穿径1厘米，重13克（图二三二，1）。

九〇、M100

1. 墓葬形制

（1）墓葬结构

狭长形竖穴土坑墓，上部被破坏，直壁，长2.65、宽0.8、残深1米。墓内填黄褐色花土，墓底存少许膏泥痕迹。墓向340°（图二三三）。

（2）葬具

葬具为木棺，已朽，仅存板灰痕迹。木棺平面呈长方形，长1.85、宽0.5米，高度及木板厚度不详，木棺底部铺厚约2厘米的白膏泥。

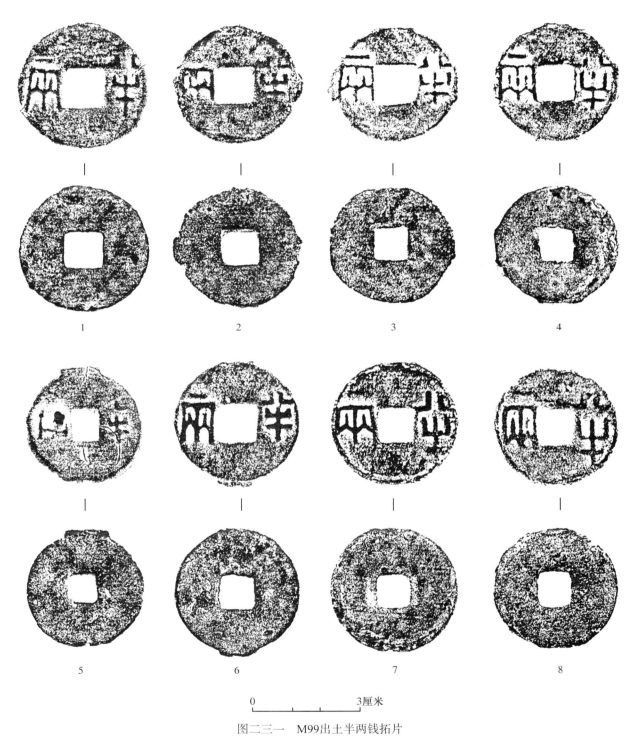

图二三一　M99出土半两钱拓片

1. M99：1-5　2. M99：1-8　3. M99：1-6　4. M99：1-7　5. M99：1-9　6. M99：1-3　7. M99：1-4　8. M99：1-1

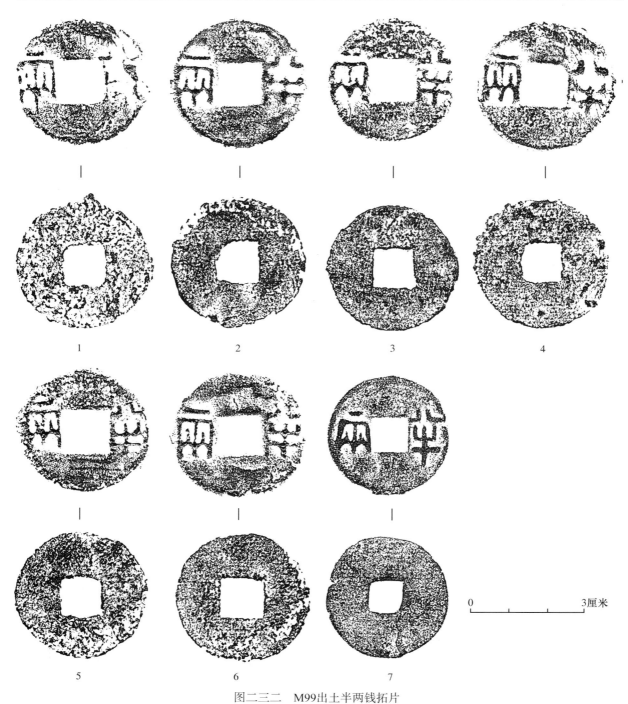

图二三二　M99出土半两钱拓片
1. M99：2-6　2. M99：2-1　3. M99：2-5　4. M99：2-3　5. M99：2-4　6. M99：2-2　7. M99：1-2

（3）人骨

单人仰身直肢葬，上肢交叉置于腹部。人骨长约1.68米，性别及年龄不详。

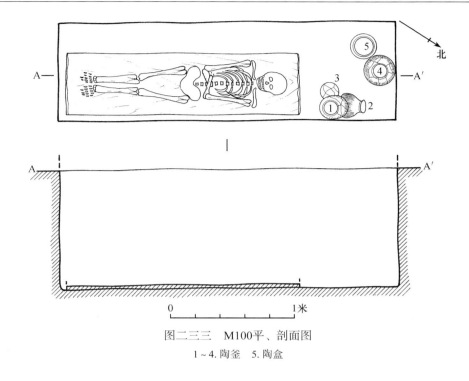

图二三三　M100平、剖面图

1~4.陶釜　5.陶盒

2. 随葬器物

随葬器物仅见陶器，器形有釜和盒。器物集中置于墓葬北端。陶器陶质较差，其中3件釜（M100：1~M100：3）仅辨器形，无法修复。其他器物情况如下。

陶釜　1件。M100：4，夹细砂灰陶。口近直，平沿，圆唇，束颈，溜肩，弧腹微鼓，圜底，最大径在下腹部。颈部饰一周凹弦纹，颈部以下饰粗绳纹。口径12、高21.2、最大腹径26.8厘米（图二三四，1）。

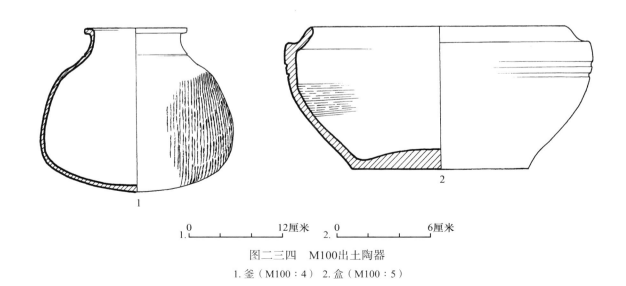

图二三四　M100出土陶器

1.釜（M100：4）　2.盒（M100：5）

　　陶盒　1件。M100：5，夹细砂褐陶。敛口，尖圆唇，折肩，腹部斜弧内收，平底，最大径在肩部。肩部饰两周凹弦纹。口径16.5、底径11.2、高9.3、最大肩径19.6厘米（图二三四，2）。

九一、M101

1. 墓葬形制

（1）墓葬结构

　　近方形竖穴土坑墓，墓葬被破坏、盗扰严重，口底同大，长约3.26、宽约2.86、残深0.44米。墓内填黄褐色花土夹膏泥，底部存膏泥痕迹。墓向145°（图二三五）。

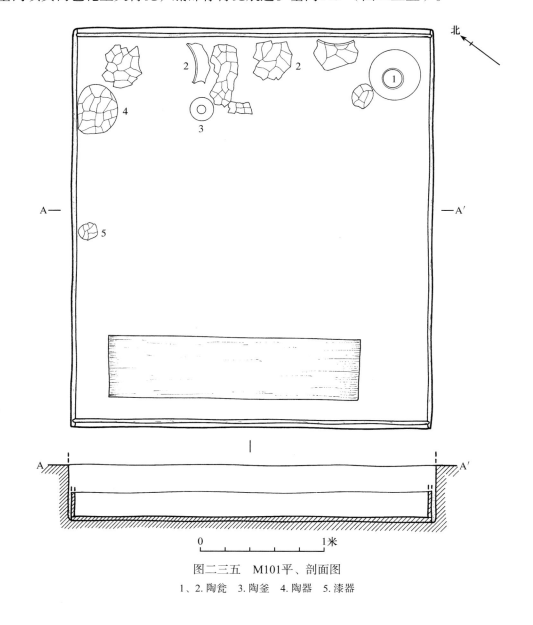

图二三五　M101平、剖面图

1、2.陶瓮　3.陶釜　4.陶器　5.漆器

（2）葬具

葬具已朽，据四壁及墓底板灰痕迹判断为一椁一棺。椁室平面略呈"Ⅱ"字形，长约3.14、宽约2.75、残高0.2米，椁板厚约2厘米。木棺位于椁室西侧，平面呈长方形，长约2、宽约0.5米，高度及棺板厚度不详。

（3）人骨

人骨不存。

2. 随葬器物

随葬器物有陶器和漆器。陶器可辨者有瓮和釜，漆器器形不辨。随葬器物主要置于椁室东侧。随葬陶器中1件器物（M101：4）器形不辨，2件瓮（M101：1、M101：2）和1件釜（M101：3）仅辨器形，无法修复。随葬漆器（M101：5）仅存痕迹。

九二、M102

1. 墓葬形制

（1）墓葬结构

长方形竖穴土坑墓，上部被破坏，墓底未被扰乱，直壁，平底，长2.3、宽1.5、残深0.4米。墓内填黄褐色黏土。墓向305°（图二三六）。

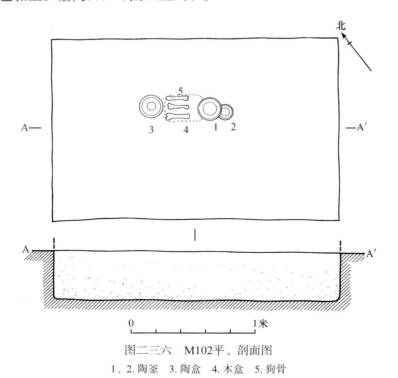

图二三六　M102平、剖面图

1、2. 陶釜　3. 陶盒　4. 木盒　5. 狗骨

（2）葬具

无葬具。

（3）人骨

人骨不存。

2. 随葬器物

随葬器物有陶器和木器。陶器有釜和盒，木器为盒，木盒内存完整狗骨1副。随葬陶器、木器和狗骨集中分布于墓坑中部。其中木盒（M102：4）仅存痕迹，无法提取，其他随葬器物情况如下。

陶釜　2件。泥质红陶。形制相同，侈口，斜沿，圆唇，束颈，斜肩，折腹，圜底较甚。颈部以下饰绳纹。M102：1，口径24、高18厘米（图二三七，2）。M102：2，口径12.8、高10厘米（图二三七，3）。

陶盒　1件。M102：3，夹细砂灰陶。敞口，圆唇，弧腹，腹部以下斜弧内收，饼足微凹，最大径在上腹部。口径20.4、底径7.8、高8、最大腹径20.4厘米（图二三七，1）。

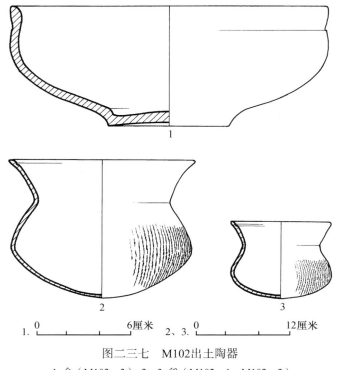

图二三七　M102出土陶器

1. 盒（M102：3）　2、3. 釜（M102：1、M102：2）

九三、M103

1. 墓葬形制

（1）墓葬结构

长方形竖穴土坑墓，上部被破坏，直壁，长约3.6、宽约1.3、残深0.6米。墓内填黄褐色花土夹膏泥，底部存膏泥痕迹。墓向15°（图二三八）。

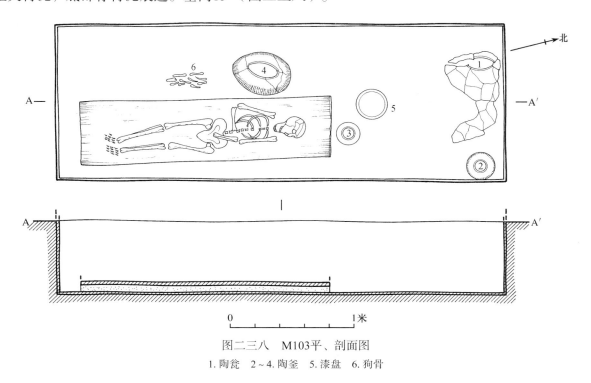

图二三八　M103平、剖面图
1.陶瓮　2~4.陶釜　5.漆盘　6.狗骨

（2）葬具

葬具已朽，据墓壁及墓底板灰痕迹判断为一椁一棺。木椁平面仅存板灰痕迹，呈长方形，长约3.5、宽约1.2、残高约0.6米，椁板厚度不详。木棺置于椁室东南，平面呈长方形，长约2、宽约0.5米，高度不详，木棺底板厚约4厘米。棺底板下存厚约6厘米的熟土棺台。

（3）人骨

单人仰身直肢葬，上肢交叉置于下腹部。人骨长约1.6米，性别不辨，据牙齿磨损度判断年龄在35~40岁。

2. 随葬器物

随葬器物有陶器和漆器。陶器有瓮和釜，漆器为盘，另存狗骨1副。随葬器物中狗骨和1件陶釜位于木棺西侧，其他器物置于椁室北端。1件陶釜（M103：3）无法修复，1件漆盘

（M103：5）仅辨器形，无法提取。其他器物情况如下。

陶瓮　1件。M103：1，夹砂褐陶。口微侈，圆唇，高领内敛，圆肩，鼓腹，腹部以下斜弧内收，平底微凹，最大径在中腹部。肩部以下至近底部饰粗绳纹。口径23.4、底径11、高39.4、最大腹径39.6厘米（图二三九，3）。

陶釜　2件。夹砂褐陶。形制相同，口微侈，沿微斜，斜方唇，颈微束，溜肩，扁弧腹，圜底近平，最大径在下腹部。颈部饰凹弦纹，肩部以下饰绳纹。M103：2，口径12.4、高16.8、最大腹径19.2厘米（图二三九，2）。M103：4，口径13、高16.2、最大腹径20厘米（图二三九，1）。

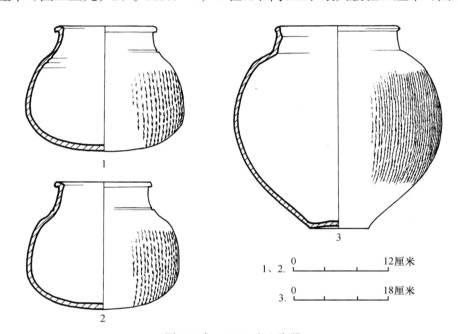

图二三九　M103出土陶器
1、2.釜（M103：4、M103：2）3.瓮（M103：1）

九四、M104

1. 墓葬形制

（1）墓葬结构

近方形竖穴土坑墓，上部被破坏，口底同大，长约2.6、宽约1.9、残深0.24米。墓内填黄褐色花土夹膏泥，底部存膏泥痕迹。墓向0°（图二四○）。

（2）葬具

墓底仅存少量板灰痕迹，葬具不辨。

（3）人骨

单人葬，人骨被扰乱严重，仅存下肢骨，葬式、性别、年龄不辨。

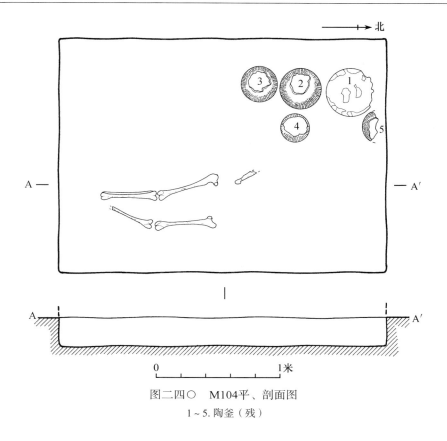

图二四〇　M104平、剖面图

1~5.陶釜（残）

2. 随葬器物

随葬器物皆为陶釜，主要置于墓室西北部。由于盗扰严重，5件陶釜（M104：1~M104：5）皆仅辨器形，无法修复。

九五、M105

1. 墓葬形制

（1）墓葬结构

长方形竖穴砖室墓，墓葬平面呈"凸"字形，由墓道和墓室两部分组成。墓道位于墓葬西端，平面呈长方形，斜坡状，长约2.2、宽约1.1、深0~1.36米。墓葬上部被破坏，墓底被严重盗扰，仅存直墙下部和铺地砖。墓圹平面呈长方形，长约4.2、宽约2.9、深1.7米。长方形墓室，长约3.6、宽约2.3、残高约1.4米。墓壁用长方形砖顺向错缝平砌，夹有少量扇形砖，墓底用长方形砖斜向平铺。墓砖皆为素面砖，长方形砖长38、宽22、厚7厘米，扇形砖长34~40、宽22、厚7厘米。墓向257°（图二四一）。

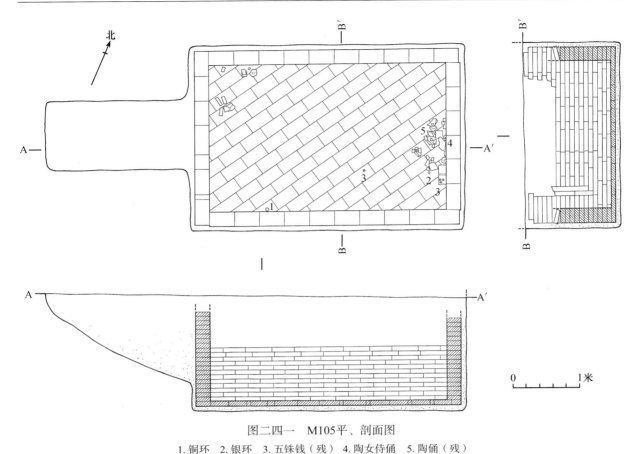

图二四一　M105平、剖面图
1. 铜环　2. 银环　3. 五铢钱（残）　4. 陶女侍俑　5. 陶俑（残）

（2）葬具

未见葬具痕迹。

（3）人骨

未见人骨痕迹。

2. 随葬器物

随葬器物有陶器、铜器、银器和钱币。陶器为俑，铜器为环，银器为环，钱币为五铢，因盗扰严重，器物分布十分散乱，主要分布于墓室东西两端。随葬器物中1件陶俑（M105∶5）无法修复，五铢钱（M105∶3）仅存痕迹，无法提取。其他器物情况如下。

陶女侍俑　1件。M105∶4，夹砂红陶。头残，外着交领宽袖拖地长袍，内着圆领内衣，双手交握于袖内。宽13.2、残高20.2厘米（图二四二，1）。

铜环　1件。M105∶1，平面呈圆形。直径4.2、截面直径0.6厘米（图二四二，2）。

银环　1件。M105∶2，平面呈环状，截面呈圆形。直径2、截面直径0.1厘米（图二四二，3）。

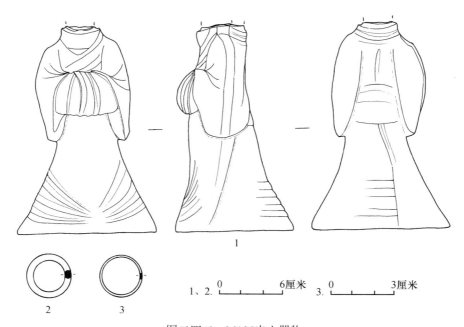

图二四二　M105出土器物

1. 陶女侍俑（M105：4）　2. 铜环（M105：1）　3. 银环（M105：2）

九六、M106

1. 墓葬形制

（1）墓葬结构

长方形竖穴土坑墓，上部被破坏，墓底被扰乱，长3.4、宽1.22、残深0.9米，东、南、北三壁为直壁，西壁底部留有宽0.24、高0.2米的生土二层台。墓内填黄褐色黏土，墓底存少许膏泥痕迹。墓向355°（图二四三）。

（2）葬具

葬具为木棺，已朽，仅存板灰痕迹，位于墓坑南部，平面呈长方形，长2、宽0.5米，高度不详，棺板厚度约4厘米。棺底部铺白膏泥一层。

（3）人骨

单人葬，人骨被挤压，严重变形，葬式不明。性别不辨，据牙齿磨损度判断年龄在20岁左右。

2. 随葬器物

随葬器物有陶器和漆器。陶器有釜和豆，漆器有耳杯和盘。器物集中置于墓葬头端。陶器陶质较差，5件釜（M106：1、M106：2、M106：4、M106：6、M106：7）和2件豆（M106：8、M106：9）皆仅辨器形，无法修复。3件漆器（M106：11~M106：13）仅存痕

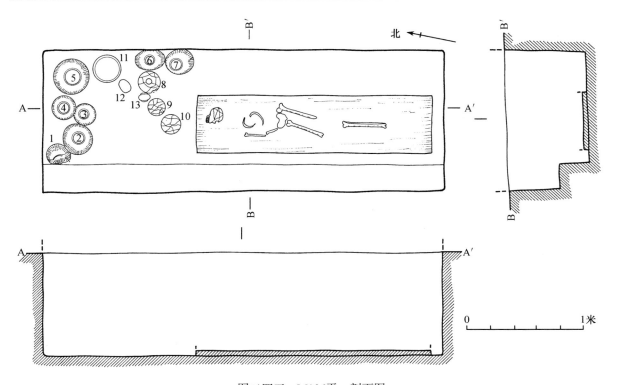

图二四三　M106平、剖面图

1～7.陶釜　8～10.陶豆　11.漆盘　12.漆痕　13.漆耳杯

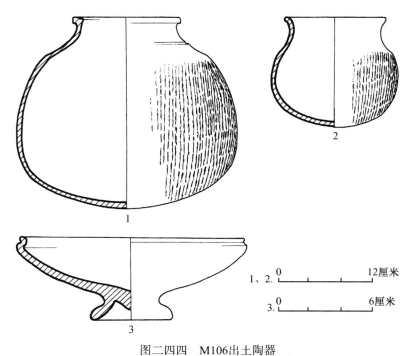

图二四四　M106出土陶器

1、2.釜（M106：5、M106：3）　3.豆（M106：10）

迹，无法提取。其他器物情况如下。

陶釜　2件。M106：3，夹细砂褐陶。侈口，卷沿，圆唇，有领，束颈，溜肩，鼓腹，圜底，最大径在中腹部。颈部以下饰绳纹，器底存烟熏痕迹。口径13、高14.4、最大腹径16.2厘米（图二四四，2）。M106：5，夹砂灰陶。口微侈，短沿略斜，束颈，溜肩，鼓腹，圜底，最大径在下腹部。颈部以下饰绳纹。口径14、高25.2、最大腹径28.4厘米（图二四四，1）。

陶豆　1件。M106：10，夹细砂灰陶。口微侈，圆唇，斜直腹，矮圈足。器表施黑色陶衣。口径14.7、足径5.3、高5.4厘米（图二四四，3）。

九七、M112

1. 墓葬形制

（1）墓葬结构

长方形竖穴土坑墓，口底同大，长约3、宽约1.1、残深0.8米。墓内填黄褐色花土夹膏泥，底部存膏泥痕迹。墓向352°（图二四五；图版六三，1）。

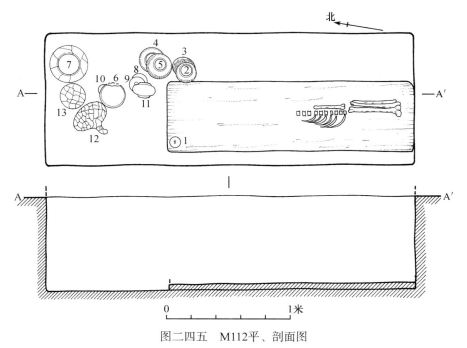

图二四五　M112平、剖面图

1. 铜镜　2～5. 陶釜　6. 陶钵　7. 陶罐　8～10. 陶豆　11. 漆耳杯　12. 漆匜　13. 漆奁

（2）葬具

葬具已朽，据墓底板灰痕迹判断为木棺，位于墓坑南部，平面呈长方形，长2、宽0.58米，高度不详，木棺底板厚6厘米。

（3）人骨

单人仰身直肢葬。人骨上部被严重扰乱，性别、年龄不辨。

2. 随葬器物

随葬器物有陶器、铜器和漆器（图版六三，2）。陶器有釜、豆、钵和罐，铜器为镜，漆器可辨者有耳杯、奁和匜。随葬器物中铜镜位于棺内西北角，其他器物集中置于墓坑北部。随葬陶器中1件釜（M112：4）和1件豆（M112：10）仅辨器形，无法修复。随葬漆器（M112：11～M112：13）亦仅存痕迹，无法提取。其他器物情况如下。

陶釜　3件。M112：2，夹细砂灰褐陶。侈口，卷沿，圆唇，有领，束颈，溜肩，扁鼓腹，圜底近平，最大径在下腹部。肩部以下饰绳纹。口径11.6、高14.6、最大腹径18.8厘米（图二四六，6；图版六四，1）。M112：5，夹细砂灰褐陶。口微侈，短沿略斜，颈微束，溜肩，鼓腹下垂，圜底，最大径在下腹部。肩部以下饰绳纹。口径12.2、高19、最大腹径22.4厘米（图二四六，2；图版六四，2）。M112：3，夹细砂灰褐陶。口微侈，沿微斜，斜方唇，束颈，溜肩，扁鼓腹，圜底近平，最大径在下腹部。肩部以下饰绳纹。口径13、高20、最大腹径24.6厘米（图二四六，3；图版六四，3）。

陶罐　1件。M112：7，泥质灰陶。直口，斜沿，尖唇，束颈，圆折肩，弧腹，平底，最大径在肩部。腹部饰箍纹。口径17.2、底径13.6、高23.4、最大肩径29.6厘米（图二四六，1；图版六四，4）。

陶钵　1件。M112：6，泥质灰褐陶。敞口，圆唇，折腹，上腹略弧，下腹斜直内收，平底微凹。口径21.2、底径7.2、高10厘米（图二四六，7；图版六五，1）。

陶豆　2件。夹砂褐陶。形制相同，敞口，圆唇，腹部斜收，矮圈足。M112：8，口径13、足径4.8、高4.8厘米（图二四六，5；图版六五，2）。M112：9，口径13、足径5、高5厘米（图二四六，4；图版六五，3）。

铜镜　1件。M112：1，平面呈圆形，桥形纽。镜背饰两周凸弦纹。直径7.2、厚0.1～0.15厘米，纽长0.8、高0.6厘米（图二四六，8；图版六五，4）。

九八、M113

1. 墓葬形制

（1）墓葬结构

长方形竖穴土坑墓，上部被破坏，口底同大，长约2.72、宽约2.42、残深1.96米。墓坑东端带有斜坡墓道，墓道平面呈"凸"字形，前部长2.3、宽1.3米，后部南北长2.6、东西长1.1、深0～1.7米。墓道内填土为黑色膏泥，墓内填黄褐色花土夹膏泥，花土下有一层厚约0.3米的木炭层，墓室底部亦铺有木炭层和膏泥层。墓向60°（图二四七；图版六六）。

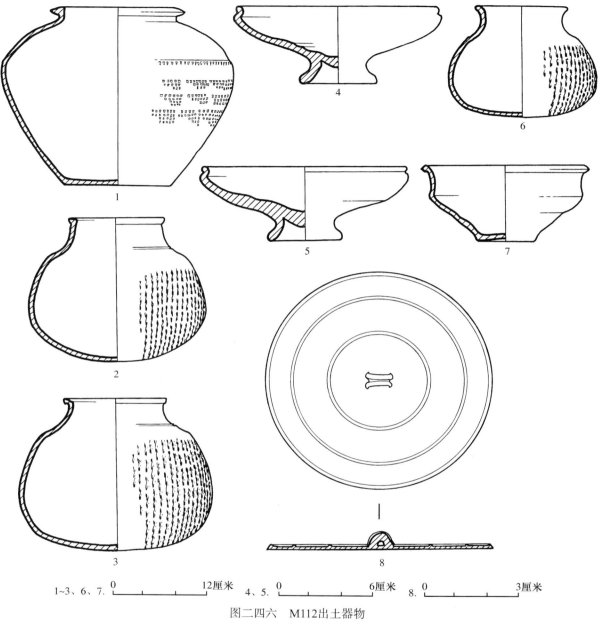

图二四六 M112出土器物

1. 陶罐（M112：7） 2、3、6. 陶釜（M112：5、M112：3、M112：2） 4、5. 陶豆（M112：9、M112：8）

7. 陶钵（M112：6） 8. 铜镜（M112：1）

（2）葬具

葬具已朽，据四壁和墓底板灰痕迹判断为一椁一棺。椁室平面呈"Ⅱ"字形，长约2.46、宽约1.9、高1.1米，椁板厚约4厘米。木棺位于椁室西侧，平面呈长方形，长约2.42、宽约0.5米，高度及棺板厚度不详。

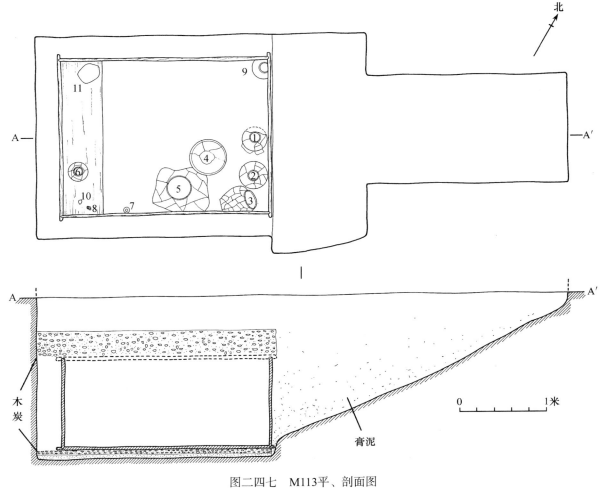

图二四七　M113平、剖面图

1、2、6、7.陶罐　3、5、9.陶瓮　4.陶簋　8.半两钱　10.铜饰件　11.漆器

（3）人骨

未见人骨痕迹。

2. 随葬器物

随葬器物有陶器、铜器、漆器和铜钱。陶器有瓮、罐和簋，铜器为饰件，漆器器形不辨，铜钱为半两。铜钱、铜饰件和漆器位于棺内，其他器物主要置于椁室东南部。随葬陶器中2件瓮（M113：3、M113：5）和1件罐（M113：7）仅辨器形，无法修复。漆器（M113：11）仅存痕迹，无法提取。其他器物情况如下。

陶瓮　1件。M113：9，夹砂褐陶。侈口，斜沿，方唇，束颈，鼓肩，弧腹内收，平底，最大径在肩部。颈部饰凹弦纹，肩部以下至近底部饰细绳纹。口径12.8、底径9.2、高15.5、最大肩径19.7厘米（图二四八，5；图版六七，1）。

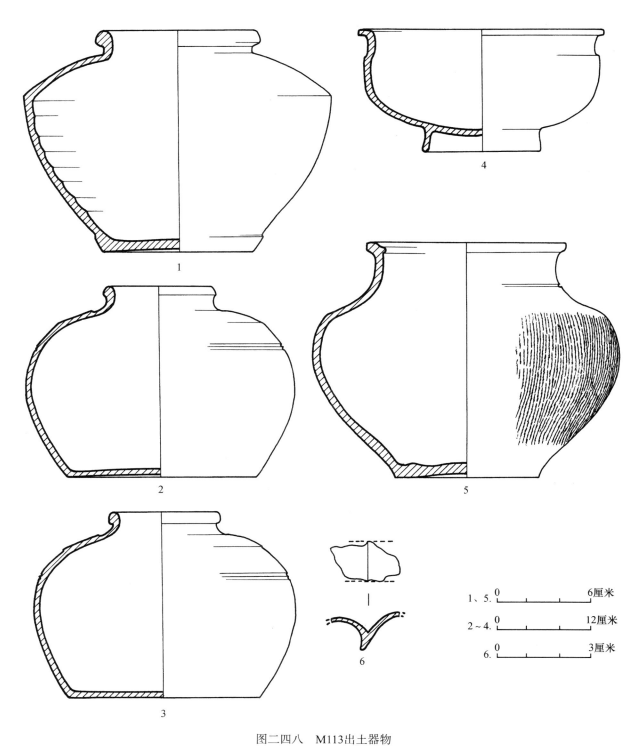

图二四八 M113出土器物

1~3.陶罐（M113：6、M113：1、M113：2） 4.陶簋（M113：4） 5.陶瓮（M113：9） 6.铜饰件（M113：10）

陶罐　3件。M113∶6，泥质灰褐陶。侈口，卷沿，圆唇，折肩，斜弧腹，平底，最大径在肩部。口径10.6、底径9.6、高14.5、最大肩径19.4厘米（图二四八，1；图版六七，2）。M113∶1，泥质灰陶。口微侈，圆唇，圆肩，鼓腹，平底，最大径在肩部。肩部饰一组凹弦纹。口径14.4、底径24.2、高25.2、最大肩径34.4厘米（图二四八，2；图版六七，3）。M113∶2，陶质陶色、形制、纹饰与M113∶1相同。口径14.2、底径24.6、高24.2、最大肩径33.6厘米（图二四八，3；图版六七，4）。

陶簋　1件。M113∶4，泥质灰陶。直口，平沿，方唇，弧腹微鼓，圜底接圈足。器内壁施红漆。口径31.4、足径15.2、高16厘米（图二四八，4；图版六七，5）。

铜饰件　1件。M113∶10，残存部分平面呈长条状，剖面呈"V"字形。残长2.2、宽1.3、厚0.1～0.2厘米（图二四八，6）。

半两钱　2枚。形制相同，钱币不规整，钱文高挺，"半"字上下横等长，"两"字上横长度齐肩，双人连接呈"一"字。M113∶8-1，钱径2.3、穿径1厘米，重1.6克（图二四九，2）。M113∶8-2，钱径2.3、穿径0.9厘米，重1.3克（图二四九，1）。

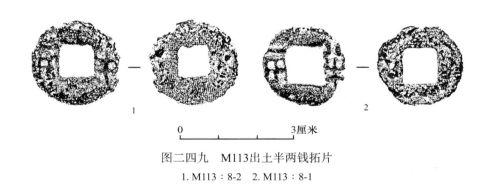

图二四九　M113出土半两钱拓片
1. M113∶8-2　2. M113∶8-1

九九、M114

1. 墓葬形制

（1）墓葬结构

长方形竖穴土坑墓，上部被破坏，直壁，平底，长3.7、宽1.48、残深1米。墓内填黄褐色黏土，墓底存膏泥痕迹。墓向335°（图二五○）。

（2）葬具

葬具为木棺，位于墓坑南部，上部已朽，仅存底板，平面呈长方形，长1.9、宽0.4米，高度不详，木棺底板厚约4厘米。

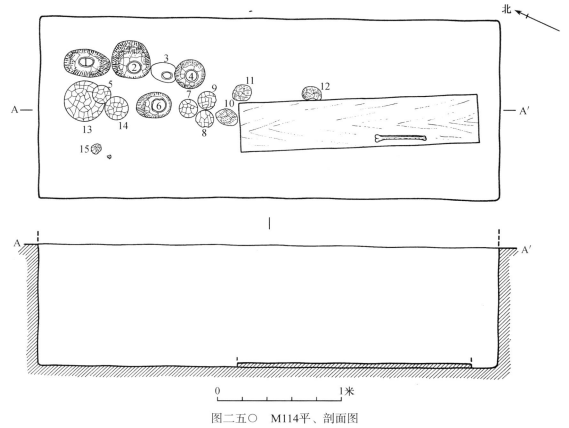

图二五〇 M114平、剖面图

1~4、6、10~12.陶釜 5、7~9.陶豆 13.漆盘 14.漆盒 15.狗骨

（3）人骨

单人葬，人骨扰乱严重，仅存上肢骨一节。葬式、性别、年龄不详。

2. 随葬器物

随葬器物有陶器和漆器。陶器有釜和豆，漆器有盘和盒，另存狗骨1副。随葬器物及狗骨大部分置于墓坑北端，仅在木棺东侧存陶釜1件。随葬器物中4件陶釜（M114：1~M114：4）和3件陶豆（M114：5、M114：7、M114：8）仅辨器形，无法修复。漆盘（M114：13）、漆盒（M114：14）和狗骨（M114：15）均仅存痕迹，无法提取。其他器物情况如下。

陶釜 4件。M114：12，夹细砂褐陶。侈口，沿略斜，方唇，束颈较长，溜肩，圆鼓腹，圜底，最大径在中腹部。颈部以下饰绳纹。口径12、高16、最大腹径16厘米（图二五一，2）。M114：11，夹细砂褐陶。形制与M114：12相同，口径12.6、高16.8、最大腹径18厘米（图二五一，3）。M114：10，夹细砂褐陶。侈口，卷沿，有领，圆唇，束颈，溜肩，扁鼓腹，圜底，最大径在下腹部。颈部以下饰绳纹。口径12.8、高16.8、最大腹径19.6厘米（图二五一，4）。M114：6，夹细砂褐陶。口微侈，沿略斜，束颈，溜肩，鼓腹下垂，圜底，最大径在下腹部。颈部饰一周凹弦纹，颈部以下饰粗绳纹。口径13、高19、最大腹径23.6厘米（图二五一，1）。

陶豆 1件。M114：9，夹细砂灰陶。口微侈，圆唇，斜直腹内收，浅腹，圈足。口径13.3、足径5.4、高4.8厘米（图二五一，5）。

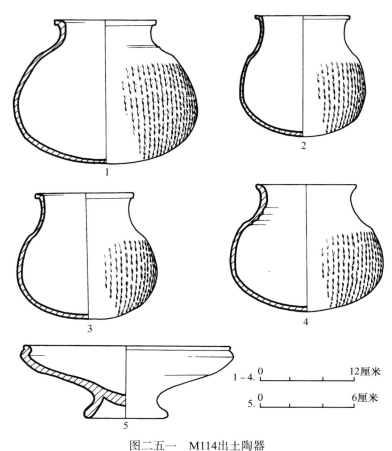

图二五一 M114出土陶器

1~4.釜（M114：6、M114：12、M114：11、M114：10） 5.豆（M114：9）

一〇〇、M115

1. 墓葬形制

（1）墓葬结构

长方形竖穴土坑墓，上部被破坏，口略大于底，口部长约3.42、宽约1.42米，底部长3.2、宽1.22米，残深0.9米。墓内填黄褐色花土夹膏泥，底部存膏泥痕迹。墓向23°（图二五二）。

（2）葬具

葬具已朽，据四壁及墓底板灰痕迹判断为一椁一棺。木椁仅存痕迹，平面呈长方形，长约

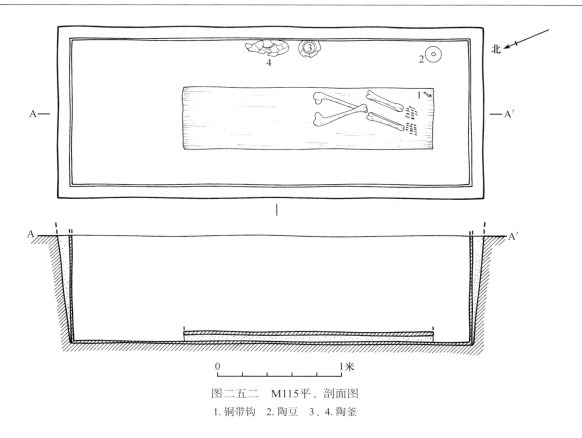

图二五二　M115平、剖面图
1. 铜带钩　2. 陶豆　3、4. 陶釜

3.2、宽约1.22、残高约0.9米，椁板厚度不详。木棺位于椁室中部，平面呈长方形，长约2、宽约0.4米，高度不详，木棺底板厚约2厘米。木棺底板下存厚约6厘米的熟土棺台。

（3）人骨

单人葬。仅存下肢骨，葬式、性别、年龄不辨。

2. 随葬器物

随葬器物有陶器和铜器。陶器有釜和豆，铜器为带钩。铜带钩位于棺内东南角，其他器物置于椁室东侧。器物情况如下。

陶釜　2件。M115：3，夹细砂褐陶。侈口，短沿略斜，方唇，束颈，溜肩，扁鼓腹下垂，圜底，最大径在下腹部。口径11.2、高17、最大腹径20.8厘米（图二五三，2）。M115：4，夹细砂红褐陶。口部残，束颈，溜肩，扁鼓腹，圜底，最大径在下腹部。残高17.2、最大腹径22厘米（图二五三，3）。

陶豆　1件。M115：2，夹砂褐陶。口微侈，圆唇，腹部斜收，矮圈足。口径13.8、足径5.4、高5.4厘米（图二五三，1）。

铜带钩　1件。M115：1，整体呈曲棒状，钩身略弯曲。长5.1、宽1、厚0.4厘米（图二五三，4）。

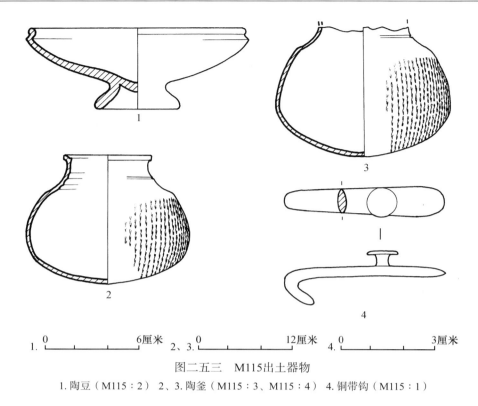

图二五三　M115出土器物

1. 陶豆（M115∶2）　2、3. 陶釜（M115∶3、M115∶4）　4. 铜带钩（M115∶1）

一〇一、M116

1. 墓葬形制

（1）墓葬结构

长方形竖穴土坑墓，上部被破坏，直壁，长3、宽0.64、残深0.56米。墓内填土为灰褐色黏土夹膏泥，底部存膏泥痕迹。墓向13°（图二五四）。

（2）葬具

葬具已朽，据墓底板灰痕迹判断为木棺，置于墓坑南部，平面呈长方形，长1.84、宽0.38米，高度不详，木棺底板厚约4厘米。

（3）人骨

单人仰身直肢葬。上肢交叉置于腹部。人骨长1.52米，女性，年龄不详。

2. 随葬器物

随葬器物有陶器、铜器和漆器。陶器皆为釜，铜器为带钩，漆器仅存漆痕。陶器皆位于墓坑北部，漆器位于棺内头端。随葬陶器中2件釜（M116∶1、M116∶5）仅辨器形，无法修复。漆器（M116∶7）仅存痕迹，无法提取。其余器物情况如下。

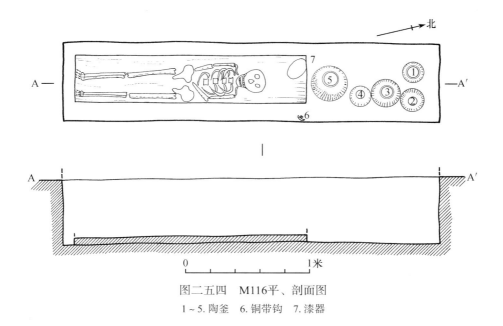

图二五四 M116平、剖面图
1~5.陶釜 6.铜带钩 7.漆器

陶釜 3件。M116：3，夹细砂褐陶。口微侈，沿略斜，束颈，溜肩，弧腹，下腹外张，圜底，最大径在下腹部。颈部饰一周凹弦纹，颈部以下饰绳纹，器底存烟熏痕迹。口径12.4、高22.8、最大腹径26厘米（图二五五，1）。M116：2，夹细砂褐陶。侈口，卷沿，圆唇，有领，束颈，圆鼓腹，圜底，最大径在中腹部。颈部以下饰绳纹。口径11、高13、最大腹径

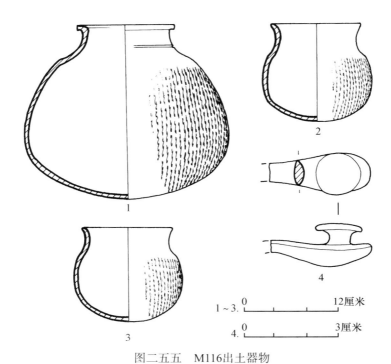

图二五五 M116出土器物
1~3.陶釜（M116：3、M116：2、M116：4） 4.铜带钩（M116：6）

14厘米（图二五五，2）。M116：4，陶质陶色、形制、纹饰与M116：2相同，口径11.5、高12.5、最大腹径14厘米（图二五五，3）。

铜带钩　1件。M116：6，头部残，钩身从头部到尾部逐渐变宽，尾部呈长圆状，带扣位于尾部。残长约3.3、宽0.6～1.4厘米（图二五五，4）。

一〇二、M117

1. 墓葬形制

（1）墓葬结构

长方形竖穴土坑墓，直壁，长约2.42、宽约1、残深1.1米。墓内填黄褐色花土夹膏泥，底部存膏泥痕迹。墓向340°（图二五六）。

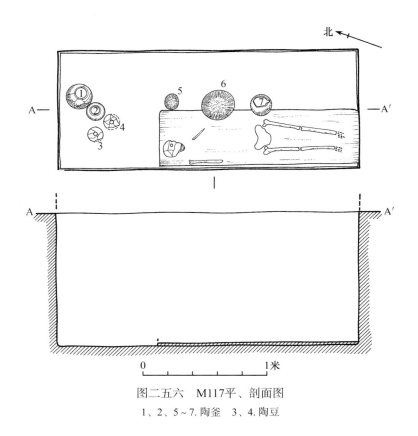

图二五六　M117平、剖面图
1、2、5～7.陶釜　3、4.陶豆

（2）葬具

葬具已朽，据四壁及墓底板灰痕迹判断为一椁一棺。椁室痕迹模糊，平面呈长方形，长约2.41、宽约1、残高1米，椁板厚度不详。木棺位于椁室西南角，平面呈长方形，长约1.6、宽约0.46米，高度不详，木棺底板厚约2厘米。

（3）人骨

单人仰身直肢葬。上肢被扰乱。人骨长约1.4米，性别不辨，据牙齿磨损度判断年龄在40岁左右。

2. 随葬器物

随葬器物均为陶器，有釜和豆，主要置于木棺东侧和墓坑北部。陶器陶质很差，有3件釜（M117：1、M117：2、M117：5）仅辨器形，无法修复。其他器物情况如下。

陶釜　2件。M117：7，夹砂褐陶。口微侈，沿微斜，方唇，束颈，溜肩，圆鼓腹，圜底较甚，最大径在下腹部。颈部饰凹弦纹，肩部以下饰绳纹。口径10.8、高22、最大腹径24厘米（图二五七，1）。M117：6，夹细砂灰陶。口微侈，沿略斜，方唇，束颈，溜肩，弧腹甚扁，圜底近平，最大径在下腹部。颈部饰凹弦纹，肩部以下饰绳纹。口径12.6、高19.6、最大腹径22厘米（图二五七，2）。

陶豆　2件。夹砂灰陶。形制相同，口微侈，圆唇，腹部斜弧内收，矮圈足。M117：3，口径13.2、足径5、高5.4厘米（图二五七，4）。M117：4，口径14.6、足径5.6、高6厘米（图二五七，3）。

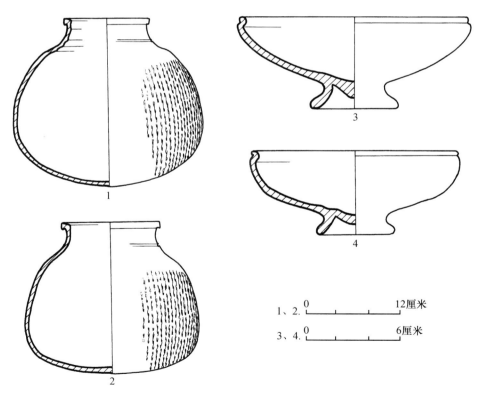

图二五七　M117出土陶器

1、2.釜（M117：7、M117：6）3、4.豆（M117：4、M117：3）

一〇三、M118

1. 墓葬形制

（1）墓葬结构

长方形竖穴土坑墓，墓葬被严重破坏，仅存底部，口底同大，长2.6、宽1.3、残深0.2米。墓内填土为夹膏泥黄褐色黏土，墓底存少许膏泥痕迹。墓向5°（图二五八）。

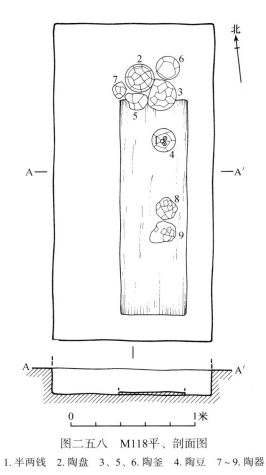

图二五八　M118平、剖面图
1. 半两钱　2. 陶盘　3、5、6. 陶釜　4. 陶豆　7~9. 陶器

（2）葬具

葬具为木棺，已朽，仅存底部板灰痕迹，位于墓坑东侧，平面呈长方形，长1.76、宽0.54米，高度不详，木板厚约2厘米，棺底存白膏泥。

（3）人骨

未见人骨痕迹。

2. 随葬器物

随葬器物仅有陶器和铜钱。陶器有釜、盘和豆，铜钱为半两。器物位置被扰乱，清理时大部分器物置于墓葬头端，豆和2件陶器位于木棺之内，钱币放置于豆内。随葬器物中1件陶豆（M118：4）和2件陶釜（M118：5、M118：6）仅辨器形，无法修复。3件陶器（M118：7~M118：9）不辨器形。其他器物情况如下。

陶釜 1件。M118：3，夹细砂灰陶。口微侈，沿略斜，束颈，溜肩，弧腹微鼓，圜底近平，最大径在中腹部。颈部饰一周凹弦纹，颈部以下饰绳纹。口径11.2、高14.8、最大腹径16.5厘米（图二五九，1）。

陶盘 1件。M118：2，泥质灰陶。敞口，宽平沿，折腹，圜底近平。口径23.2、高3.8厘米（图二五九，2）。

半两钱 3枚。M118：1-1，钱文高挺，书写随意，"半"字较长，横画较短。钱径2.4、穿径0.8厘米，重2.4克（图二六○，2）。M118：1-2，钱币轻薄，钱文高挺漫漶，周边不规

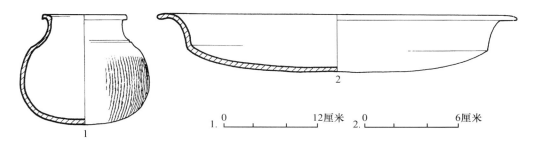

　　　　　　　　　1. ⎣—————⎦　　2. ⎣———⎦
　　　　　　　　　0　　12厘米　　0　　6厘米

图二五九 M118出土陶器
1. 釜（M118：3） 2. 盘（M118：2）

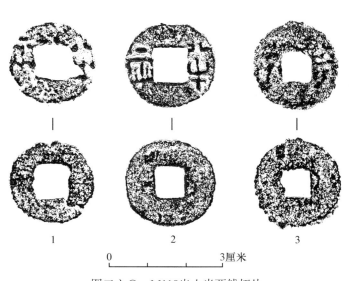

0 ⎣——————⎦ 3厘米

图二六○ M118出土半两钱拓片
1. M118：1-2 2. M118：1-1 3. M118：1-3

整。钱径2.2、穿径0.8厘米，重1.2克（图二六〇，1）。M118：1-3，形制与M118：1-2相同。钱径2.2、穿径1厘米，重1.4克（图二六〇，3）。

一〇四、M119

1. 墓葬形制

（1）墓葬结构

近方形竖穴土坑墓，上部被破坏严重，直壁，长1.88、宽1.5、残深0.24米。墓内填黄褐色黏土，墓底及四壁存少量膏泥痕迹。墓向30°（图二六一）。

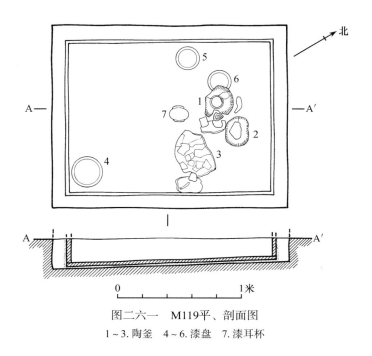

图二六一　M119平、剖面图
1~3.陶釜　4~6.漆盘　7.漆耳杯

（2）葬具

葬具已朽，根据墓底及四壁板灰痕迹推断应为木椁。木椁平面呈长方形，长1.68、宽1.28米，侧板残高0.24米，木板厚约3厘米，椁底板下和外侧皆施白膏泥。

（3）人骨

未见人骨痕迹。

2. 随葬器物

随葬器物有陶器和漆器。陶器为釜，漆器为盘和耳杯。由于墓底被扰乱，随葬器物大部分集中置于椁室北部，仅1件漆盘置于椁室东南角。随葬陶釜（M119：1～M119：3）和漆器（M119：4～M119：7）皆仅存痕迹，无法提取。

一〇五、M120

1. 墓葬形制

（1）墓葬结构

长方形竖穴土坑墓，上部被扰乱，仅存底部，直壁，平底，长3.42、宽1.28、残深0.36米。墓内填黄褐色花土夹膏泥，墓坑四壁及底部存厚约2厘米的白膏泥。墓向315°（图二六二）。

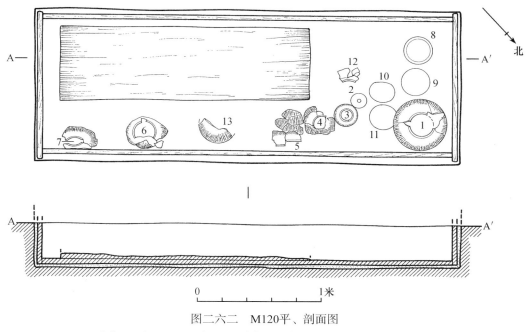

图二六二 M120平、剖面图

1.陶瓮 2.陶豆 3～7.陶釜 8.漆盘 9.漆奁 10、11.漆器 12、13.陶器

（2）葬具

葬具已朽，据四壁及墓底板灰痕迹判断为一椁一棺。椁室平面呈"Ⅱ"字形，长约3.36、宽约1.24、残高约0.3米，椁板厚约4厘米。木棺置于椁室东南，平面呈长方形，长约2、宽约0.62米，高度不详，木棺底板厚约4厘米。

（3）人骨

人骨不存。

2. 随葬器物

随葬器物有陶器和漆器。陶器有瓮、釜和豆，漆器可辨者为盘和奁等。随葬器物置于椁室西部和北部。其中2件陶器（M120：12、M120：13）器形不辨，随葬漆器（M120：8～M120：11）皆仅存痕迹。其他器物情况如下。

陶瓮　1件。M120：1，夹砂褐陶。直口，圆唇，直领，斜肩，鼓腹内收，平底微凹，最大径在上腹部。肩部以下饰粗绳纹。口径25、底径12、高40.6、最大腹径43.2厘米（图二六三，1）。

陶釜　5件。M120：5，夹细砂灰褐陶。侈口，斜沿，方唇，束颈，溜肩，圆鼓腹，圜底较甚，最大径在中腹部。颈部饰凹弦纹，肩部以下饰绳纹。口径12、高22、最大腹径24.8厘米（图二六三，2）。M120：3，夹细砂灰陶。口微侈，沿微斜，方唇，束颈，溜肩，扁弧腹，下腹外鼓，圜底，最大径在下腹部。颈部饰凹弦纹，肩部以下饰绳纹。口径12.4、高20.8、最大腹径23.6厘米（图二六三，3）。M120：6，陶质陶色、形制、纹饰与M120：3相同。口径12.7、高19.2、最大腹径24厘米（图二六三，6）。M120：7，夹细砂灰陶。口微侈，沿微斜，方唇，束颈，溜肩，扁弧腹，横截面大致呈圆角长方形，圜底，最大径在下腹部。口径13、高18、最大腹径22厘米（图二六三，5）。M120：4，夹细砂褐陶。口微侈，沿略斜，方唇，束颈，溜肩，弧腹甚扁，圜底近平，最大径在下腹部。颈部饰凹弦纹，肩部以下饰绳纹。口径12、高17.8、最大腹径20.4厘米（图二六三，7）。

陶豆　1件。M120：2，泥质灰褐陶。口微敛，圆唇，腹部斜直内收，矮圈足。口径14.2、足径5.7、高5.8厘米（图二六三，4）。

一〇六、M121

1. 墓葬形制

（1）墓葬结构

近方形竖穴土坑墓，上部被破坏，直壁，平底，长约2.8、宽约2.4、残深0.92米。墓内填黄褐色花土夹膏泥，底部存膏泥痕迹。墓向320°（图二六四）。

（2）葬具

葬具已朽，据四壁及墓底板灰痕迹判断为一椁一棺。椁室平面呈"Ⅱ"字形，长约2.7、宽约2.36、残高0.6米，椁板厚约6厘米，椁底板由三块长方形木板南北向平铺而成。木棺置于椁室西侧，平面呈长方形，长约1.6、宽约0.44米，高度不详，木棺底板厚约4厘米。

（3）人骨

单人葬。人骨扰乱严重，仅存下肢骨，葬式、性别、年龄不辨。

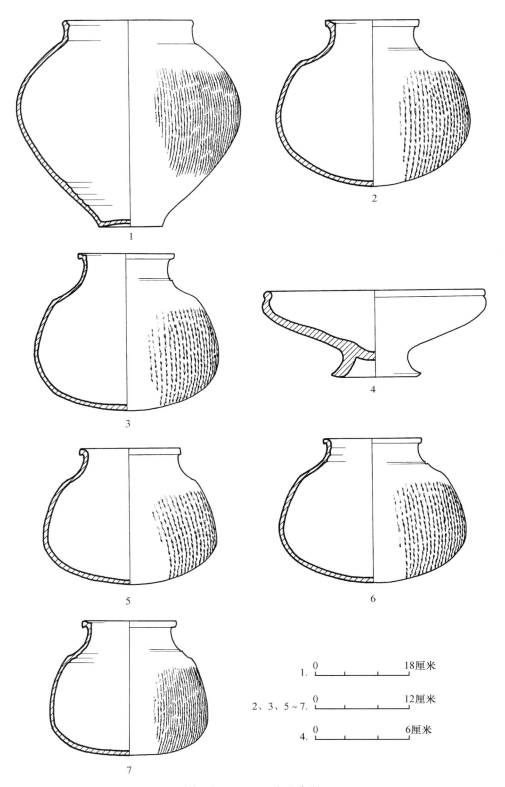

图二六三　M120出土陶器

1. 瓮（M120：1）　2、3、5～7.釜（M120：5、M120：3、M120：7、M120：6、M120：4）　4.豆（M120：2）

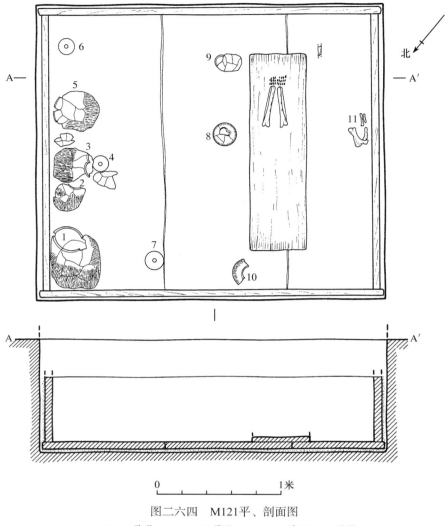

图二六四　M121平、剖面图

1、2、5.陶瓮　3、8~10.陶釜　4、6、7.陶豆　11.狗骨

2. 随葬器物

随葬器物均为陶器，有瓮、釜和豆，另存狗骨1副。随葬器物置于棺外椁室东部，狗骨置于椁室西侧。

陶釜　4件。M121：3，夹细砂灰陶。侈口，卷沿，圆唇，有领，束颈，溜肩，圆鼓腹，圜底，最大径在中腹部。肩部以下饰篮纹。口径12.4、高16.4、最大腹径18.4厘米（图二六五，3）。M121：9，夹细砂褐陶。侈口，卷沿，圆唇，有领，束颈，溜肩，扁弧腹，圜底，最大径在下腹部。肩部以下饰绳纹。口径12.2、高15.8、最大腹径18厘米（图二六五，2）。M121：10，陶质陶色、形制、纹饰与M121：9相同，器内底部存若干砾石。口径12、高15.2、最大腹径18.4厘米（图二六五，1）。M121：8，夹细砂灰陶。口微侈，沿微斜，方唇，

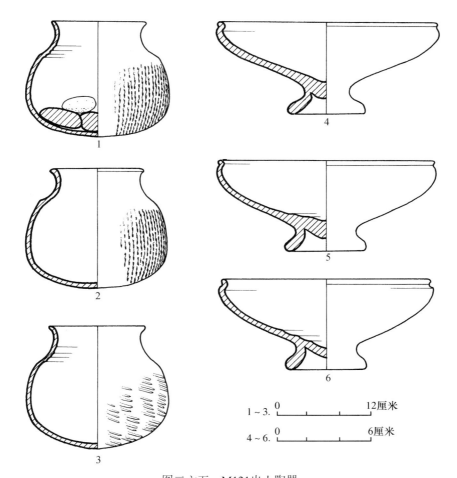

图二六五　　M121出土陶器

1～3.釜（M121：10、M121：9、M121：3）　4～6.豆（M121：4、M121：6、M121：7）

束颈，溜肩，扁弧腹，腹下部外张较甚，圜底，最大径在下腹部。口径15.2、高23.4、最大腹径28.8厘米（图二六六，4）。

陶瓮　3件。M121：2，夹细砂灰陶。直口，圆唇，高领，圆肩，鼓腹内收，小平底，最大径在中腹部。肩部以下至近底部饰粗绳纹。口径15.6、底径11、高21.5、最大腹径26.8厘米（图二六六，3）。M121：1，夹细砂褐陶。敛口，圆唇，高领，圆肩，鼓腹内收，平底微凹，最大径在上腹部。肩部以下至近底部饰绳纹。口径28.4、底径13、高42、最大腹径44.4厘米（图二六六，1）。M121：5，夹细砂灰陶。口微侈，圆唇，高领内敛，圆肩，鼓腹内收，平底微凹，最大径在中腹部。肩部以下至近底部饰绳纹。口径22.5、底径12.6、高34.6、最大腹径37.6厘米（图二六六，2）。

陶豆　3件。夹细砂灰陶。形制相同，口微侈，圆唇，腹部斜弧内收，矮圈足。M121：4，口径14.2、足径5、高6厘米（图二六五，4）。M121：6，口径13.9、足径5.2、高6厘米（图二六五，5）。M121：7，口径13.4、足径5.2、高6.2厘米（图二六五，6）。

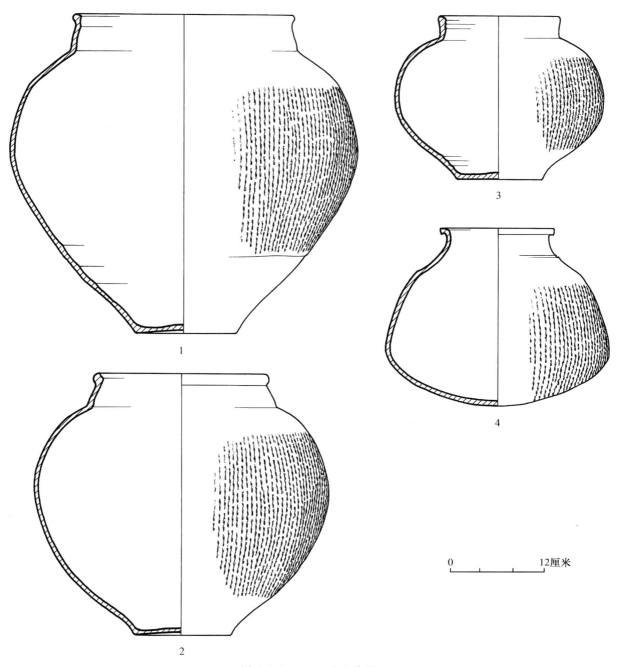

图二六六　M121出土陶器

1～3.瓮（M121：1、M121：5、M121：2）　4.釜（M121：8）

一〇七、M122

1. 墓葬形制

（1）墓葬结构

长方形竖穴土坑墓，上部被破坏，直壁，平底，长约3.12、宽约1.5、残深0.7米。墓内填黄褐色花土夹膏泥，底部存膏泥痕迹。墓向40°（图二六七）。

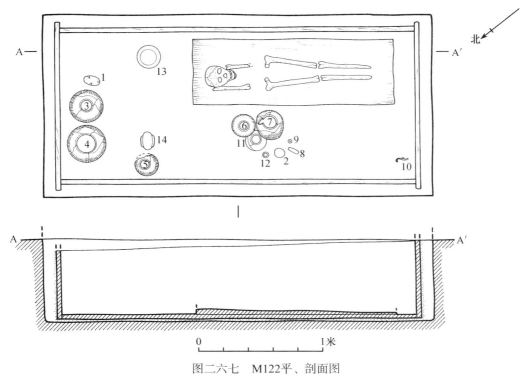

图二六七　M122平、剖面图

1. 铜三足盘　2. 磨石　3、5~7、11. 陶釜　4. 陶瓮　8. 铜圆柱形构件　9. 半两钱　10. 铜带钩　12. 铜环　13. 漆盘　14. 漆耳杯

（2）葬具

葬具已朽，据四壁及墓底板灰痕迹判断为一椁一棺。木椁平面呈"Ⅱ"字形，长约2.9、宽约1.38、残高约0.58米，椁板厚约4厘米。木棺置于椁室东南，平面呈长方形，长约1.6、宽约0.54米，高度不详，木棺底板厚约4厘米。椁板四周及底部存白膏泥。

（3）人骨

单人仰身直肢葬。人骨上部被扰乱。下肢长约0.86米，性别不辨，年龄在30~35岁。

2. 随葬器物

随葬器物有陶器、铜器、石器、漆器和钱币。陶器有釜和瓮，铜器有带钩、三足盘、环和饰件，石器为磨石，漆器可辨者有耳杯和盘，钱币为半两。随葬器物主要置于椁室西部和北部。漆器（M122：13、M122：14）仅存痕迹，无法提取。其他器物情况如下。

陶瓮　1件。M122：4，夹细砂灰褐陶。口微侈，圆唇，高领，肩部圆广，弧腹微鼓，腹部以下斜弧内收，平底，最大径在肩部。肩部以下至近底部饰粗绳纹。口径20、底径10、高28.7、最大肩径32厘米（图二六八，1；图版六八，1）。

陶釜　5件。M122：6，夹细砂灰褐陶。侈口，卷沿，圆唇，有领，束颈，溜肩，圆鼓腹，圜底较甚，最大径在中腹部。颈部以下饰绳纹。口径13、高14、最大腹径16厘米（图二六八，4；图版六八，2）。M122：5，夹细砂灰褐陶。口微侈，沿甚短，圆唇，束颈，溜肩，圆鼓腹，圜底较甚，最大径在中腹部。颈部饰凹弦纹，肩部以下饰绳纹。口径10、高12、最大腹径15厘米（图二六八，6）。M122：3，夹细砂灰褐陶。口微侈，平沿，方唇，颈微束，溜肩，扁弧腹，圜底，最大径在下腹部。颈部饰凹弦纹，肩部以下饰绳纹。口径12、高

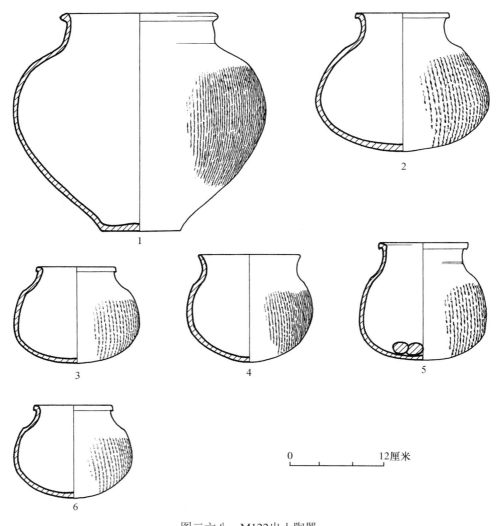

图二六八　M122出土陶器

1. 瓮（M122：4）　2~6. 釜（M122：3、M122：11、M122：6、M122：7、M122：5）

18、最大腹径22厘米（图二六八，2）。M122：11，夹细砂灰褐陶。口微侈，方唇，颈微束，溜肩，扁鼓腹，圜底，最大径在中腹部。肩部以下饰绳纹。口径10、高13.4、最大腹径16厘米（图二六八，3）。M122：7，夹细砂灰褐陶。侈口，沿略斜，方唇，束颈，溜肩，鼓腹甚扁，圜底近平，最大径在中腹部。颈部饰凹弦纹，肩部以下饰绳纹，釜底存砾石。口径11.4、高15.2、最大腹径16厘米（图二六八，5）。

铜三足盘　1件。M122：1，直口，直腹，平底，底部存三蹄形足。直径11.6、盘深1.8、通高3.8厘米（图二六九，4；图版六八，3）。

铜带钩　1件。M122：10，尾部残，整体呈琵琶状，带扣位于钩中部。残长3.6、宽1.4厘米（图二六九，1；图版六八，4）。

铜圆柱形构件　1件。M122：8，整体呈圆柱形，中部饰一周球形纹饰。残长约8.8、直径约3厘米（图二六九，2）。

铜环　1件。M122：12，截面呈圆形。直径2.4、截面直径0.5厘米（图二六九，3）。

磨石　1件。M122：2，平面呈圆形，较规整，周边经过切割，通体磨光。直径8.3、厚1厘米（图二六九，5；图版六八，5）。

半两钱　6枚。M122：9-4，钱币规整，钱文笔画圆弧，大篆味浓，钱文横画较短，"两"字双人较长。钱径3、穿径0.9厘米，重3.4克（图二七〇，3）。M122：9-2，钱币不甚规整，上部存茬口，钱文纤细，笔画方折，横画较短。钱径3、穿径0.9厘米，重4.1克（图二七〇，

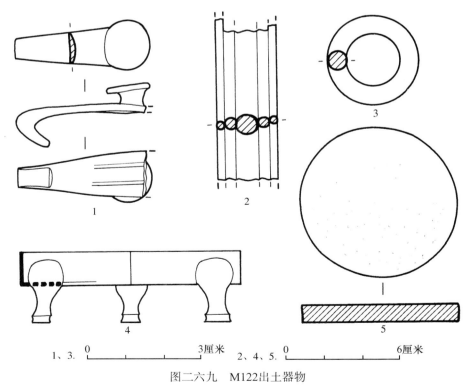

1、3. 0 ⊢――――――⊣ 3厘米　　2、4、5. 0 ⊢――――――⊣ 6厘米

图二六九　M122出土器物

1. 铜带钩（M122：10）　2. 铜圆柱形构件（M122：8）　3. 铜环（M122：12）　4. 铜三足盘（M122：1）　5. 磨石（M122：2）

4）。M122：9-1，钱币规整，上下端存茬口，整体呈灯笼状，钱文较小，笔画圆弧。钱径3、穿径0.9厘米，重4.4克（图二七〇，5）。M122：9-5，钱币不甚规整，钱文笔画圆弧，"半两"二字横画较短，"两"字双人竖画较长。钱径2.6、穿径0.8厘米，重2.3克（图二七〇，2）。M122：9-6，形制与M122：9-5相同，钱径2.6、穿径0.8厘米，重1.7克（图二七〇，1）。M122：9-3，钱质差，多砂眼。钱币不规整，钱文方折。钱径3、穿径1.1厘米，重1.7克（图二七〇，6）。

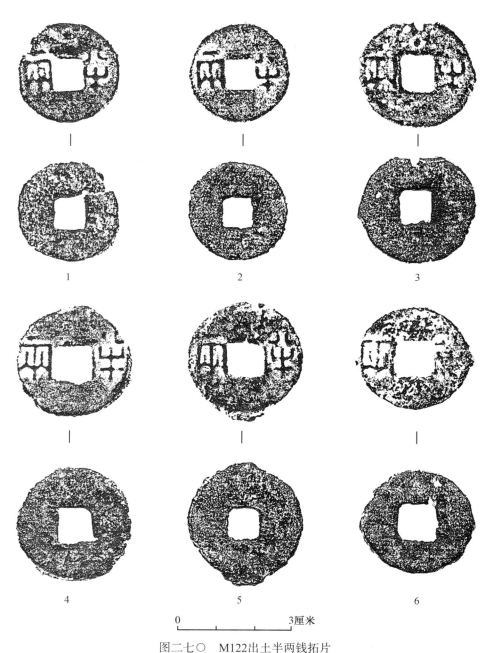

0   3厘米

图二七〇　M122出土半两钱拓片

1.M122：9-6　2.M122：9-5　3.M122：9-4　4.M122：9-2　5.M122：9-1　6.M122：9-3

一〇八、M123

1. 墓葬形制

（1）墓葬结构

长方形竖穴土坑墓，被严重破坏，仅存墓底，直壁，长约2.3、宽约1.66、残深0.1米。墓内填黄褐色花土夹膏泥，底部存膏泥痕迹。墓向35°（图二七一）。

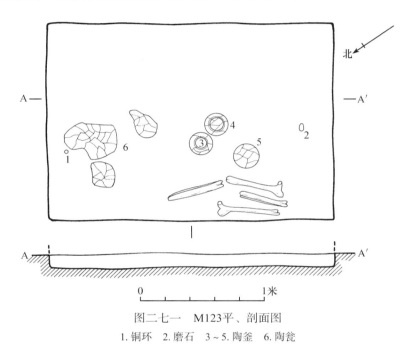

图二七一　M123平、剖面图

1. 铜环　2. 磨石　3～5. 陶釜　6. 陶瓮

（2）葬具

墓底仅存少量板灰痕迹，葬具不辨。

（3）人骨

单人葬，人骨被严重扰乱，仅存少量肢骨。葬式、性别、年龄不辨。

2. 随葬器物

随葬器物有陶器、铜器和石器。陶器有瓮和釜，铜器为环，石器为磨石，主要置于墓底中部。随葬陶瓮（M123：6）和陶釜（M123：3～M123：5）陶质极差，皆无法提取，其他器物情况如下。

铜环　1件。M123：1，环截面呈圆形。直径2.5、截面直径0.5厘米（图二七二，2）。

磨石　1件。M123：2，整体呈长条形，一端经过切割，一端为自然面，切割面磨光。长3.3、宽1.5～4.3厘米（图二七二，1）。

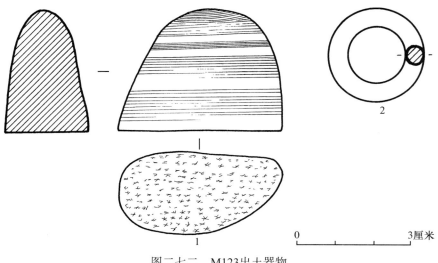

图二七二　M123出土器物

1. 磨石（M123：2）　2. 铜环（M123：1）

一〇九、M124

1. 墓葬形制

（1）墓葬结构

长方形竖穴土坑墓，上部被严重破坏，直壁，长约3.7、宽约1.46、残深0.24米。墓内填黄褐色花土夹膏泥，墓坑四壁及底部存厚约2厘米的白膏泥。墓向40°（图二七三）。

（2）葬具

葬具已朽，据四壁及墓底板灰痕迹判断为一椁一棺。木椁平面呈"Ⅱ"字形，长约3.64、宽约1.42、残高0.2米，椁板厚4厘米。木棺置于椁室南半部，平面呈长方形，长约1.8、宽约0.48米，高度及棺板厚度不详。

（3）人骨

单人仰身直肢葬。上肢交叉置于腹部。人骨长约1.6米，性别不辨，据牙齿磨损度判断年龄在50~55岁。

2. 随葬器物

随葬器物有陶器、铜器和漆器。陶器有瓮、釜和壶，铜器有镜和铃，漆器为盘。随葬器物中铜器置于棺内人骨东侧，其他器物集中置于椁室北部。漆盘（M124：8）仅存痕迹，无法提取。其他器物情况如下。

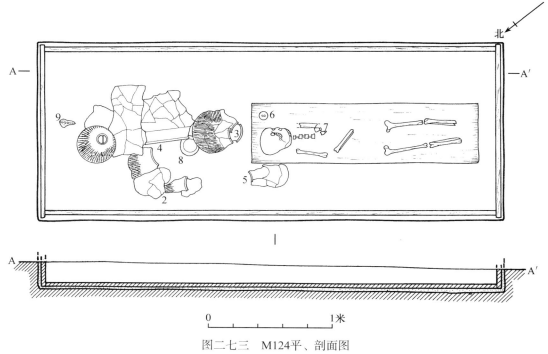

图二七三　M124平、剖面图

1、3、5. 陶釜　2. 陶壶　4. 陶瓮　6. 铜镜　7. 铜铃　8. 漆盘　9. 狗骨

　　陶瓮　1件。M124：4，夹砂褐陶。敛口，圆唇，高领内敛，圆肩，弧腹，腹部以下斜弧内收，小平底，最大径在肩部。肩部以下饰绳纹。口径24、底径12、高30、最大肩径35厘米（图二七四，6）。

　　陶釜　3件。M124：5，夹细砂褐陶。侈口，卷沿，圆唇，有领，束颈，溜肩，圆鼓腹，圜底，最大径在中腹部。肩部以下饰绳纹。口径12.8、高13.2、最大腹径16厘米（图二七四，4）。M124：3，夹细砂褐陶。侈口，短沿，方唇，束颈，溜肩，扁弧腹，圜底，最大径在下腹部。肩部以下饰绳纹。口径19.2、高20、最大腹径27.2厘米（图二七四，2）。M124：1，夹细砂褐陶。侈口，短沿，方唇，束颈，溜肩，弧腹甚扁，圜底近平，最大径在下腹部。肩部以下饰绳纹。口径12、高18.4、最大腹径20.4厘米（图二七四，3）。

　　陶壶　1件。M124：2，夹砂褐陶。口微侈，斜方唇，长颈，溜肩，鼓腹斜弧内收，平底微凹，最大径在腹部。肩部饰并排的二双重菱形纹。口径8.4、底径15、高27、最大腹径21.6厘米（图二七四，1）。

　　铜镜　1件。M124：6，平面呈圆形，桥形纽。镜背饰两周凸弦纹。直径7.2、厚0.1厘米（图二七四，7）。

　　铜铃　1件。M124：7，铃身下缘略弧，半环形纽。铃身一面饰花瓣纹。宽5.3、高5.1、壁厚0.05厘米（图二七四，5）。

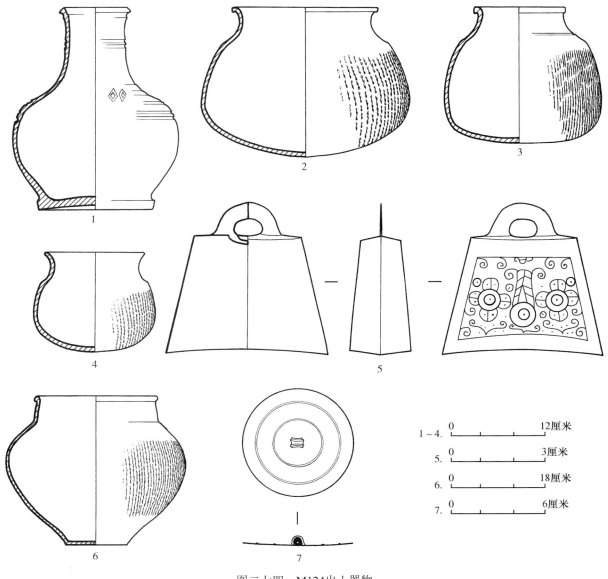

图二七四　M124出土器物

1. 陶壶（M124∶2）　2~4. 陶釜（M124∶3、M124∶1、M124∶5）

5. 铜铃（M124∶7）　6. 陶瓮（M124∶4）　7. 铜镜（M124∶6）

一一〇、M125

1. 墓葬形制

（1）墓葬结构

近方形竖穴土坑墓，墓葬被盗扰，直壁，长约2.66、宽约2.16、残深0.92米。墓内填黄褐色花土夹膏泥，底部存膏泥痕迹。墓向60°（图二七五）。

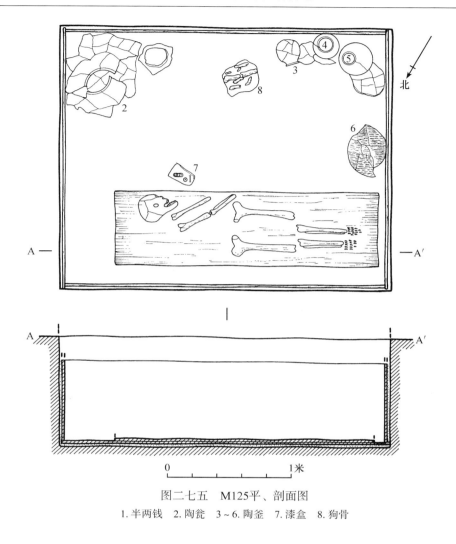

图二七五 M125平、剖面图
1.半两钱 2.陶瓮 3~6.陶釜 7.漆盒 8.狗骨

（2）葬具

葬具已朽，据四壁及墓底板灰痕迹判断为一椁一棺。木椁平面呈"Ⅱ"字形，长约2.6、宽约2.1、残高0.7米，椁板厚约2厘米。木棺位于椁室北部，平面呈长方形，长约2.1、宽约0.6米，高度及棺板厚度不详。

（3）人骨

单人仰身直肢葬。人骨被挤压变形，上肢略弯曲，下肢直肢。人骨长约1.6米，性别、年龄不辨。

2. 随葬器物

随葬器物有陶器、漆器和铜钱。陶器有瓮和釜，漆器为盒，钱币为半两，另存狗骨1副。钱币和漆盒位于木棺南侧，陶器和狗骨位于椁室南部。陶器陶质较差，3件釜（M125：3、M125：4、M125：6）仅辨器形，无法提取。随葬漆盒（M125：7）为放置钱币容器，仅存痕迹。其他器物情况如下。

陶瓮　1件。M125∶2，夹细砂褐陶。口微敛，圆唇，高领，溜肩，鼓腹，腹部以下斜弧内收，小平底微凹，最大径在上腹部。肩部以下饰绳纹。口径28、底径13.2、高44、最大腹径46.2厘米（图二七六，1）。

陶釜　1件。M125∶5，夹细砂灰陶。侈口，斜沿，方唇，束颈，溜肩，鼓腹下垂，圜底较甚，最大径在下腹部。颈部饰凹弦纹，肩部以下饰绳纹。口径12.8、高23.4、最大腹径24.8厘米（图二七六，2）。

半两钱　4枚。2枚较残。M125∶1-2，钱币规整，钱文笔画圆弧。钱径3.1、穿径0.9厘米，重6克（图二七七，1）。M125∶1-1，钱币上部残，钱文高挺，笔画圆弧。钱径2.7、穿径0.9厘米，重2.5克（图二七七，2）。

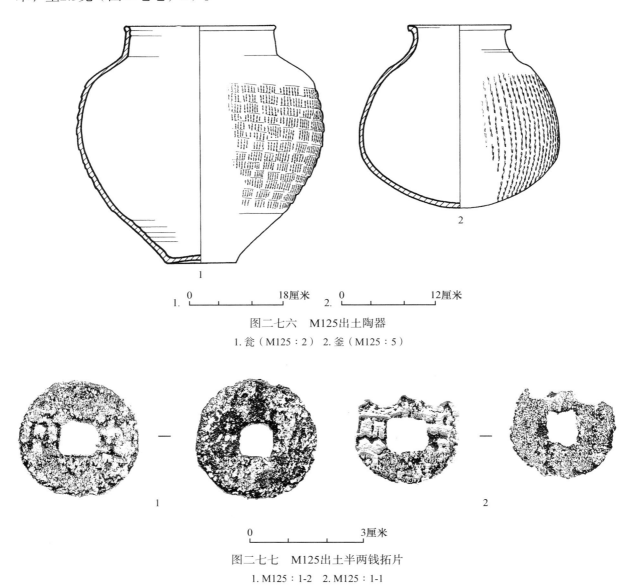

1. |0　　　　　　　　　18厘米|　　2. |0　　　　　　　　12厘米|

图二七六　M125出土陶器

1. 瓮（M125∶2）　2. 釜（M125∶5）

0　　　　　　　　3厘米

图二七七　M125出土半两钱拓片

1. M125∶1-2　2. M125∶1-1

一一一、M126

1. 墓葬形制

（1）墓葬结构

长方形竖穴土坑墓，墓葬被严重扰乱，直壁，长约3.12、宽约2.52、残深1.38米。墓内填黄褐色花土夹膏泥，底部存膏泥痕迹。墓向40°（图二七八）。

（2）葬具

葬具已朽，据四壁及墓底板灰痕迹判断为一椁一棺。木椁平面呈"Ⅱ"字形，长约3.04、宽约2.48、残高0.82米，椁板厚约4厘米，椁底板由五块长方形木板横向平铺而成。木棺置于椁室东北，平面呈长方形，长约1.7、宽约0.6米，高度不详，木棺底板厚约0.2米。

（3）人骨

单人葬。人骨保存差，肢骨被扰。性别、年龄不辨。

2. 随葬器物

随葬器物有陶器、铁器、石器和铜钱。陶器有瓮、釜、盘，铁器有锸和削，石器为磨石，铜钱为半两。随葬钱币和1件陶釜位于椁室北端，其他器物集中置于椁室南端。随葬器物中1件陶瓮（M126：2）、2件陶釜（M126：12、M126：13）、1件铁锸（M126：5）和1件磨石（M126：6）仅辨器形，无法提取。其他器物情况如下。

陶瓮　1件。M126：10，夹细砂褐陶。敛口，圆唇，高领内敛，圆肩，弧鼓腹，腹部以下斜弧内收，平底微凹，最大径在上腹部。肩部以下至近底部饰绳纹。口径28、底径13、高37.8、最大腹径45.6厘米（图二七九，1）。

陶釜　4件。M126：9，夹细砂灰陶。敛口，平沿，方唇，束颈，溜肩，扁鼓腹，圜底，最大径在下腹部。肩部以下饰绳纹。口径10.8、高12.6、最大腹径16厘米（图二七九，6）。M126：3，夹细砂灰陶。口微侈，沿略斜，方唇，束颈，溜肩，弧腹甚扁，圜底，最大径在下腹部。颈部饰凹弦纹，肩部以下饰绳纹。口径11.2、高15.6、最大腹径17.4厘米（图二七九，7）。M126：4，陶质陶色、形制、纹饰与M126：3相同。口径11、高16、最大腹径17.2厘米（图二七九，3）。M126：8，夹细砂灰陶。口微侈，沿略斜，方唇，束颈，溜肩，扁鼓腹，圜底，最大径在中腹部。颈部饰凹弦纹，肩部以下饰绳纹。口径12.2、高15.4、最大腹径18.4厘米（图二七九，2）。

陶盘　1件。M126：11，夹细砂灰褐陶。敞口，大平沿，圆唇，弧腹较浅，圜底。口径17.6、高3厘米（图二七九，5）。

铁削　1件。M126：7，首部残，身较直，背至刃逐渐变薄，尖端略上弧。残长13、宽2厘米（图二七九，4）。

半两钱　263枚。其中71枚残。选取标本10枚。M126：1-1，钱币上部存茬口，钱币厚

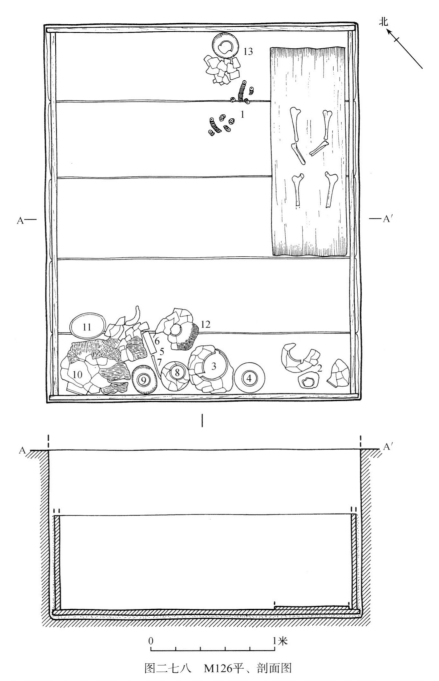

图二七八　M126平、剖面图

1. 半两钱　2、10. 陶瓮　3、4、8、9、12、13. 陶釜　5. 铁锸　6. 磨石　7. 铁削　11. 陶盘

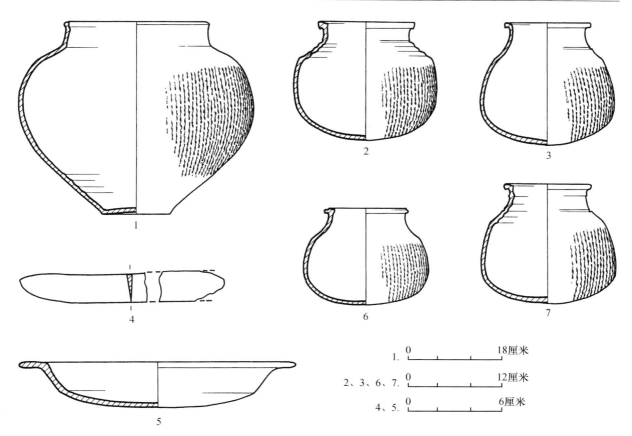

图二七九 M126出土器物

1.陶瓮（M126：10） 2、3、6、7.陶釜（M126：8、M126：4、M126：9、M126：3） 4.铁削（M126：7） 5.陶盘（M126：11）

重，钱文高挺，笔画圆弧，横画较短，"两"字双人竖画长。钱径2.7、穿径0.8厘米，重4.2克（图二八〇，3）。M126：1-3，钱币规整，钱文横画短，笔画方折。钱径2.6、穿径0.9厘米，重2.6克（图二八〇，5）。M126：1-5，钱币不甚规整，钱文横画较短，笔画方折。钱径2.7、穿径1厘米，重3.1克（图二八〇，4）。M126：1-6，钱币不甚规整，钱文纤细，横画较短，笔画较圆弧。钱径2.7、穿径1厘米，重2.3克（图二八〇，6）。M126：1-7，钱币下部存茬口，"半"字上下横画等长，"两"字横画齐肩。钱径2.7、穿径1.1厘米，重2.6克（图二八〇，1）。M126：1-9，钱币上部存茬口，钱文高挺，横画较短，笔画圆弧。钱径2.6、穿径0.8厘米，重4.1克（图二八〇，2）。M126：1-8，钱文隶意重，"两"字横画齐肩，双人连接呈"一"状。钱径2.3、穿径0.8厘米，重2克（图二八一，3）。M126：1-10，钱币横画较短，隶意重。钱径2.4、穿径0.8厘米，重2.4克（图二八一，2）。M126：1-4，钱币上部有切割痕迹，下部有砂眼，穿上部稍残，钱文较小，笔画圆弧。钱径2.9、穿径0.8厘米，重2.4克（图二八一，4）。M126：1-2，钱币规整，横画较短，笔画圆弧。钱径3、穿径1.1厘米，重5.5克（图二八一，1）。

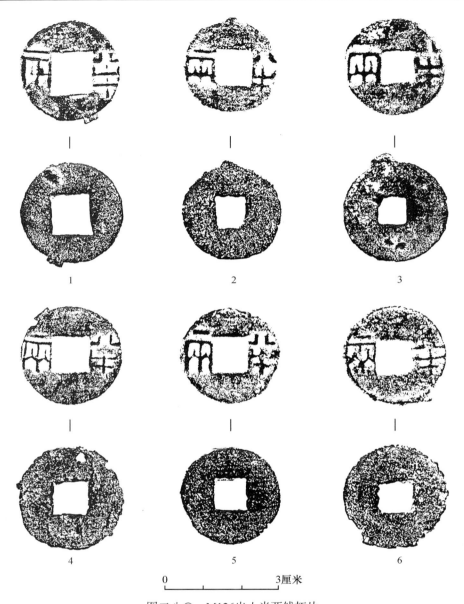

图二八〇　M126出土半两钱拓片

1. M126：1-7　2. M126：1-9　3. M126：1-1　4. M126：1-5　5. M126：1-3　6. M126：1-6

一一二、M127

1. 墓葬形制

（1）墓葬结构

长方形竖穴土坑墓，上部被扰乱，直壁，长约2.42、宽约1.2、残深0.52米。墓内填黄褐色花土夹膏泥，底部存膏泥痕迹。墓向225°（图二八二）。

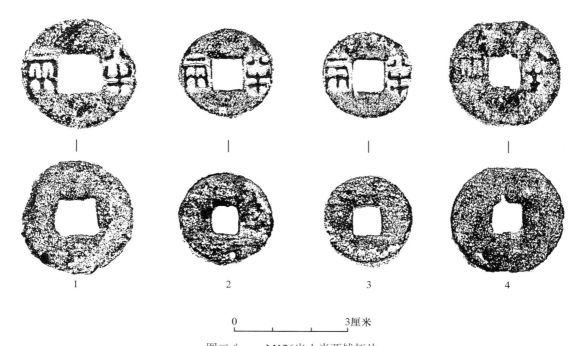

图二八一 M126出土半两钱拓片

1. M126：1-2 2. M126：1-10 3. M126：1-8 4. M126：1-4

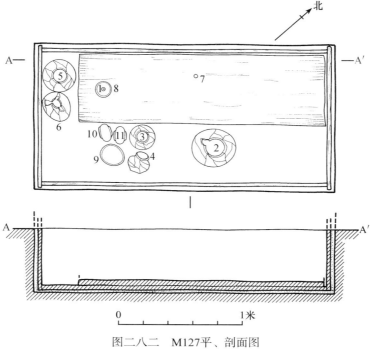

图二八二 M127平、剖面图

1. 半两钱 2~6. 陶釜 7. 铜环 8. 漆盒 9. 漆奁 10、11. 漆耳杯

（2）葬具

葬具已朽，据四壁及墓底板灰痕迹判断为一椁一棺。椁室平面呈"Ⅱ"字形，长约2.38、宽约1.16、残高0.52米，椁板厚3～4厘米。木棺平面呈长方形，长约2、宽约0.56米，高度不详，木棺底板厚约4厘米。椁板外侧和底部皆施白膏泥。

（3）人骨

未见人骨痕迹。

2. 随葬器物

随葬器物有陶器、铜器、漆器和钱币。陶器为釜，铜器为环，漆器有奁、盒和耳杯，铜钱为半两。钱币置于棺内漆盒（M127：8）内，其他器物主要置于椁室南部和西部。随葬器物中2件陶釜（M127：2、M127：4）仅辨器形，无法提取。4件漆器（M127：8～M127：11）仅存痕迹，无法提取。其他器物情况如下。

陶釜　3件。夹砂灰褐陶。形制相同，口微侈，沿微斜，方唇，束颈，溜肩，弧腹甚扁，圜底近平，最大径在下腹部。颈部饰凹弦纹，肩部以下饰绳纹。M127：3，口径11、高17.6、最大腹径19厘米（图二八三，3）。M127：5，口径12.5、高9.2、最大腹径22.4厘米（图二八三，1）。M127：6，口径12、高18.6、最大腹径22.4厘米（图二八三，2）。

铜环　1件。M127：7，截面呈圆形。直径1.9、截面直径0.3厘米（图二八三，4）。

半两钱　4枚。M127：1-1，钱币不规整，钱文书写随意。钱径2、穿径1.1厘米，重1.4克

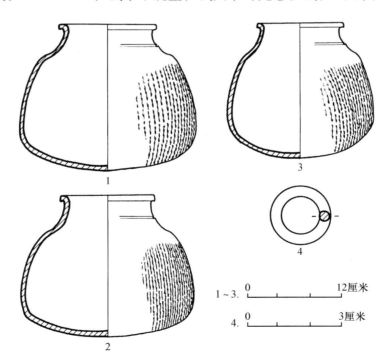

图二八三　M127出土器物

1～3.陶釜（M127：5、M127：6、M127：3）　4.铜环（M127：7）

（图二八四，3）。M127：1-2，钱币不规整，上部存茬口，钱文浅平，书写随意。钱径2.1、穿径1厘米，重1.3克（图二八四，4）。M127：1-3，钱币右侧残，钱文浅平。钱径2.1、穿径0.7厘米，重1.8克（图二八四，2）。M127：1-4，钱文浅平、纤细。钱径2.1、穿径0.8厘米，重1.6克（图二八四，1）。

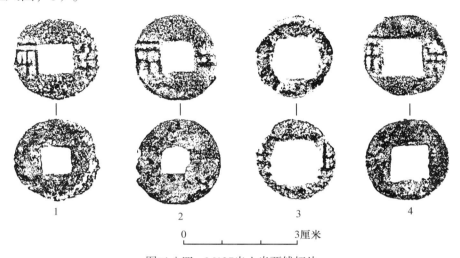

图二八四　M127出土半两钱拓片

1. M127：1-4　2. M127：1-3　3. M127：1-1　4. M127：1-2

一一三、M128

1. 墓葬形制

（1）墓葬结构

狭长形竖穴土坑墓，上部被破坏，直壁，长3.5、宽1.1～1.3、残深0.44米。墓内填土为黄褐色黏土，底部存少许膏泥痕迹。墓向37°（图二八五）。

（2）葬具

葬具已朽，据墓底板灰痕迹判断为木板，其长度和宽度与墓坑长宽相仿，长3.46、宽1.1～1.2米，厚度不详。

（3）人骨

单人葬，上部被严重扰乱，仅存下肢。下肢长约1米，人骨葬式、性别及年龄不详。

2. 随葬器物

随葬器物有陶器、铜器、银器、漆器和铜钱。陶器有瓮和釜，铜器为镜，银器为环，漆器可辨者为盘，铜钱为半两，另存狗骨1副。随葬陶器、漆器、铜钱和狗骨主要置于人骨北侧和头端，铜镜和银环置于人骨上半附近。其中半两钱（M128：7）仅辨钱文，无法提取，漆器（M128：8、M128：9）仅存痕迹。其他器物情况如下。

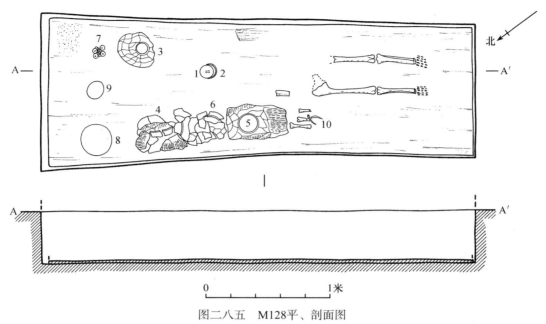

图二八五　M128平、剖面图

1.铜镜　2.银环　3、5、6.陶釜　4.陶瓮　7.半两钱　8.漆盘　9.漆器　10.狗骨

陶瓮　1件。M128：4，夹细砂灰陶。口微侈，斜沿，高领内敛，圆肩，弧腹微鼓，平底，最大径在肩部。肩部以下至近底部饰粗绳纹。口径20.4、底径10.4、高32、最大肩径31.2厘米（图二八六，1）。

陶釜　3件。M128：5，夹细砂褐陶。口微侈，沿略斜，圆唇，颈微束，溜肩，鼓腹，圜底，最大径在中腹部。颈部饰一周凹弦纹，颈部以下饰绳纹。口径12.8、高17.6、最大腹径21.6厘米（图二八六，2）。M128：3，夹细砂褐陶。侈口，斜沿，斜方唇，颈微束，溜肩，弧腹微鼓，圜底，最大径在下腹部。颈部饰一周凹弦纹，颈部以下饰绳纹。口径13、高17、最大腹径20厘米（图二八六，3）。M128：6，陶质陶色、形制、纹饰与M128：3相同。口径15、高19.2、最大腹径22.8厘米（图二八六，4）。

铜镜　1枚。M128：1，平面呈圆形，桥形纽。镜背饰两周凸弦纹。直径7.1、厚0.1厘米，纽长2、宽1厘米（图二八六，7；图版九六，6）。

银环　2件。形制相同，环状，截面呈圆形。M128：2-1，直径2、截面直径0.1厘米（图二八六，6）。M128：2-2，直径1.8、截面直径0.1厘米（图二八六，5）。

一一四、M129

1. 墓葬形制

（1）墓葬结构

长方形竖穴砖棺墓，墓圹上部被破坏，棺室保存完整。墓圹平面呈长方形，长约2.2、宽

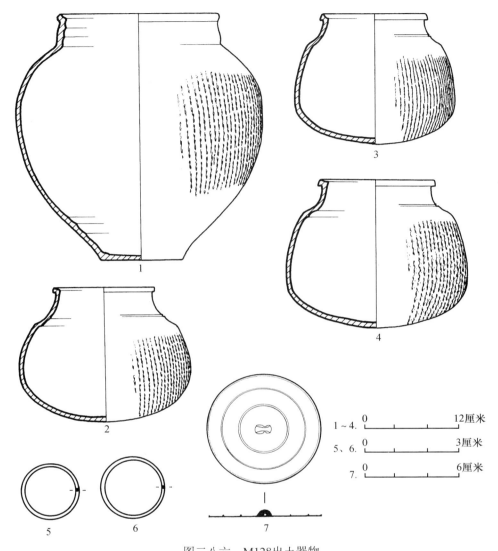

图二八六　M128出土器物

1.陶瓮（M128：4）2～4.陶釜（M128：5、M128：3、M128：6）

5、6.银环（M128：2-2、M128：2-1）7.铜镜（M128：1）

约0.98、残深0.53米。砖棺分为南北两棺，北棺长约1.84、宽约0.36、高0.43米，棺壁用长方形素面砖顺向竖砌，顶部用长方形砖横向平铺，底部用长方形素面砖纵向平铺，砖缝之间用白膏泥抹缝，墓砖长46、宽18、厚7厘米。南棺长约1.76、宽约0.35、高0.5米，棺壁和顶部构筑方法与北棺相同，底部用长方形素面砖横向平铺，墓砖长43、宽18、厚7厘米。墓向300°（图二八七）。

（2）葬具

以砖砌的棺室为葬具。

（3）人骨

未见人骨痕迹，从墓葬结构判断为双人合葬。

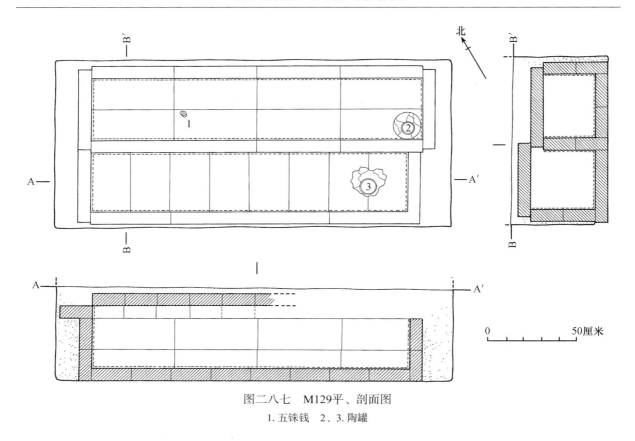

图二八七　M129平、剖面图
1. 五铢钱　2、3. 陶罐

2. 随葬器物

随葬器物有陶罐和五铢钱。北棺随葬品分布于中部和东端，南棺随葬品分布于东端。出土器物介绍如下。

陶罐　2件。M129：2，夹砂灰陶。侈口，卷沿，圆唇，圆肩，弧腹，腹部以下斜直内收，平底微凹，最大径在肩部。口径11.6、底径11.8、高16、最大肩径22厘米（图二八八，

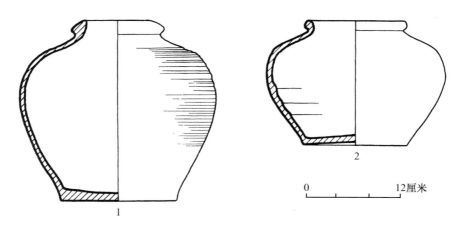

图二八八　M129出土陶罐
1. M129：3　2. M129：2

2）。M129：3，夹砂灰陶。敛口，斜方唇，鼓肩，弧腹微鼓，腹部以下斜弧内收，平底，最大径在肩部。口径10.4、底径13.2、高23.5、最大肩径25厘米（图二八八，1）。

五铢钱　6枚。其中3枚残。形制相同，皆周郭较规整，"五"字交笔屈曲，上下两横画较长，朱旁上部笔画方折。M129：1-1，钱径2.5、穿径1厘米，重2.2克（图二八九，3）。M129：1-2，钱径2.5、穿径1厘米，重2.5克（图二八九，2）。M129：1-3，钱径2.6、穿径1厘米，重2.3克（图二八九，1）。

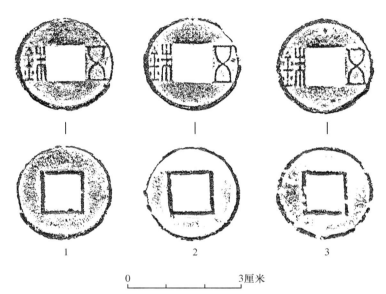

图二八九　M129出土五铢钱拓片
1. M129：1-3　2. M129：1-2　3. M129：1-1

一一五、M130

1. 墓葬形制

（1）墓葬结构

长方形竖穴土坑墓，上部被破坏，口大底小，口长3、宽1.54米，底长2.8、宽1.3米，残深1.2米。墓内填黄褐色黏土，墓底存膏泥痕迹。墓向70°（图二九〇）。

（2）葬具

葬具已朽，据残存板灰痕迹推断为木椁。木椁平面呈长方形，长2.8、宽1.42米，侧板高0.7米，木板厚约2厘米。椁底部铺有一层白膏泥。

（3）人骨

人骨不存。

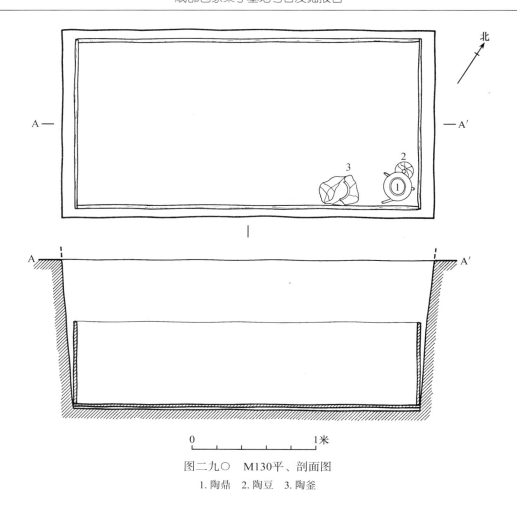

图二九〇　M130平、剖面图

1. 陶鼎　2. 陶豆　3. 陶釜

2. 随葬器物

随葬器物皆为陶器，可辨器形有豆、釜和鼎，集中置于椁室东北角。

陶鼎　1件。M130：1，夹细砂褐陶。侈口，斜沿，方唇，束颈，溜肩，鼓腹，圜底，三柱状足底端上翘，最大径在中腹部。器底饰绳纹。口径17.8、通高22.4、最大腹径20.8厘米（图二九一，1）。

陶釜　1件。M130：3，夹细砂褐陶。口微侈，短斜沿，溜肩，鼓腹下垂，圜底，最大径在下腹部。颈部饰一周凹弦纹，颈部以下饰绳纹。口径11.2、高18.4、最大腹径21厘米（图二九一，3）。

陶豆　1件。M130：2，夹细砂红陶。口微侈，圆唇，斜直腹，矮圈足。口径15.2、足径5.2、高5.8厘米（图二九一，2）。

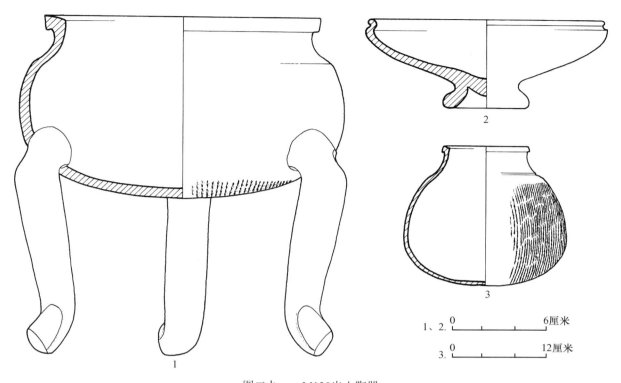

图二九一　M130出土陶器
1. 鼎（M130：1）　2. 豆（M130：2）　3. 釜（M130：3）

一一六、M131

1. 墓葬形制

（1）墓葬结构

狭长形竖穴土坑墓，上部被破坏，口大底小，口长3.1、宽1.1～1.3米，底长2.9、宽1.1～1.2米，残深0.54米。墓内填土为黄褐色五花土，底部存少许膏泥痕迹。墓向340°（图二九二）。

（2）葬具

葬具已朽，据墓底板灰痕迹判断为木棺，置于墓坑南部，平面呈长方形，长2.02、宽0.5米，高度不详，木棺底板厚约4厘米。木棺下部铺厚约0.4米的白膏泥。

（3）人骨

单人仰身直肢葬。人骨上部被扰乱。人骨长1.88米，骨骼粗壮，为男性，年龄不详。

2. 随葬器物

随葬器物有陶器和铜器。陶器有瓮、釜和豆，铜器为带钩。器物皆放置于墓坑北部。陶器陶质较差，其中3件釜（M131：4～M131：6）和1件豆（M131：3）甚残，无法修复。其他器物情况如下。

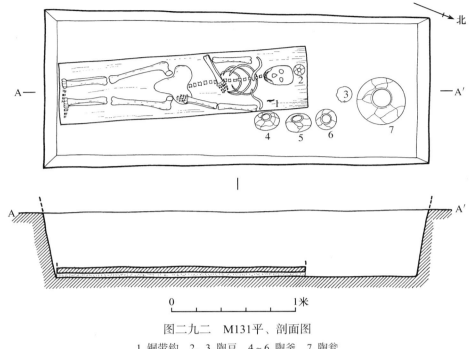

图二九二　M131平、剖面图

1. 铜带钩　2、3. 陶豆　4～6. 陶釜　7. 陶瓮

　　陶瓮　1件。M131：7，夹细砂褐陶。口微侈，圆唇，高领内敛，弧肩，鼓腹内收，平底微凹，最大径在中腹部。肩部至近底部饰绳纹。口径24、底径10.6、高36、最大腹径37厘米（图二九三，1）。

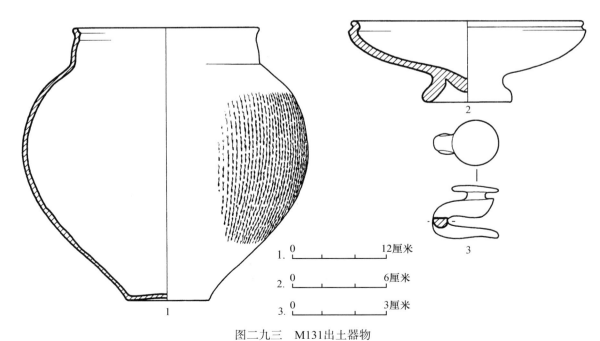

1. ┣0━━━━━━━━12厘米┫

2. ┣0━━━6厘米┫

3. ┣0━3厘米┫

图二九三　M131出土器物

1. 陶瓮（M131：7）　2. 陶豆（M131：2）　3. 铜带钩（M131：1）

陶豆　1件。M131：2，夹细砂灰陶。口微侈，圆唇，肩部以下斜弧内收，矮圈足。器表施黑色陶衣。口径15、足径5.8、高5.4厘米（图二九三，2）。

铜带钩　1件。M131：1，整体呈水禽状，腹极短。长1.5、高1.8、纽直径约1.5厘米（图二九三，3）。

一一七、M132

1. 墓葬形制

（1）墓葬结构

长方形竖穴土坑墓，上部被破坏，直壁，平底，长约3.5、宽约1.4、残深0.6米。墓内填黄褐色花土夹膏泥，底部存膏泥痕迹。墓向100°（图二九四）。

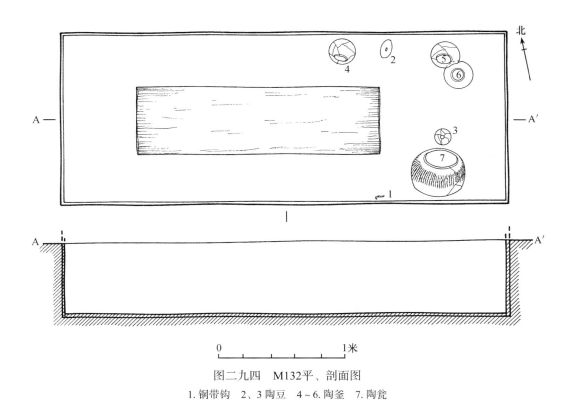

图二九四　M132平、剖面图
1.铜带钩　2、3陶豆　4~6.陶釜　7.陶瓮

（2）葬具

葬具已朽，据四壁及墓底板灰痕迹判断为一椁一棺。木椁仅存板灰痕迹，平面呈长方形，规格与墓圹相仿，椁板厚度不详。木棺位于椁室中部，平面呈长方形，长约1.9、宽约0.56米，高度及棺板厚度不详。

（3）人骨

人骨不存。

2. 随葬器物

随葬器物有陶器和铜器。陶器有瓮、釜和豆，铜器为带钩，主要置于椁室东端。随葬器物中3件陶釜（M132：4～M132：6）仅辨器形，无法修复。其他器物情况如下。

陶瓮　1件。M132：7，夹细砂灰褐陶。口微侈，圆唇，高领，圆肩，弧腹，腹部以下斜弧内收，小平底微凹，最大径在肩部。肩部以下饰粗绳纹。口径23.6、底径11、高36.6、最大肩径37.6厘米（图二九五，1）。

陶豆　2件。夹细砂灰褐陶。形制相同，口微侈，圆唇，腹部斜弧内收，矮圈足。M132：2，口径14.2、足径5.2、高5.8厘米（图二九五，2）。M132：3，口径14、足径5.6、高5.4厘米（图二九五，3）。

铜带钩　1件。M132：1，整体呈琵琶形，钩身从头部到尾部逐渐变宽，尾部呈长圆状，带扣在钩身中部。残长4.9、宽1.4厘米（图二九五，4）。

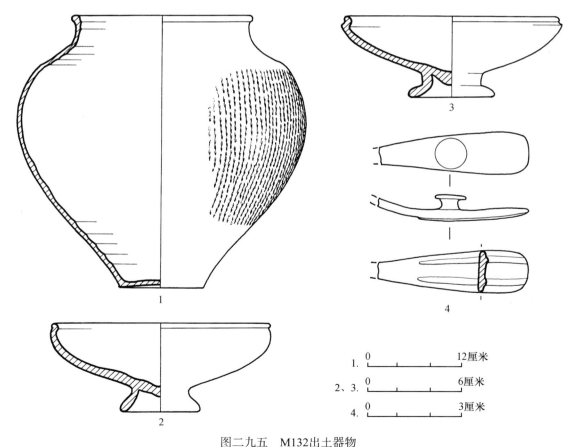

1.　0 ——————— 12厘米

2、3.　0 ——————— 6厘米

4.　0 ——————— 3厘米

图二九五　M132出土器物

1. 陶瓮（M132：7）　2、3. 陶豆（M132：2、M132：3）　4. 铜带钩（M132：1）

一一八、M133

1. 墓葬形制

（1）墓葬结构

长方形竖穴土坑墓，上部被破坏，口底同大，长约3.1、宽约1.42、残深0.5米。墓内填黄褐色花土夹膏泥，底部存膏泥痕迹。墓向132°（图二九六）。

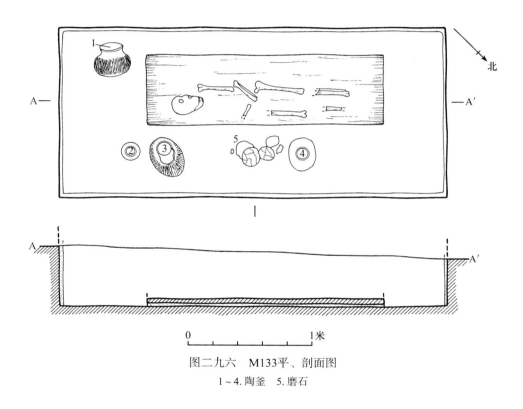

图二九六 M133平、剖面图
1~4.陶釜 5.磨石

（2）葬具

葬具已朽，据四壁及墓底板灰痕迹判断为一椁一棺。椁室平面呈长方形，长约3.04、宽约1.34、残高约0.5米，椁板厚度不详。木棺置于椁室南侧，平面呈长方形，长约1.9、宽约0.58米，高度不详，木棺底板厚约4厘米。棺底部存厚约2厘米的熟土棺台。

（3）人骨

单人仰身葬，人骨被严重扰乱，残长约1.4米，性别、年龄不辨。

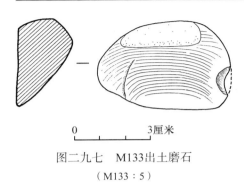

图二九七　M133出土磨石
（M133：5）

2. 随葬器物

随葬器物有陶釜和磨石，主要置于椁室北侧，1件陶釜置于椁室东南角。4件陶釜（M133：1～M133：4）皆仅辨器形，无法修复。其他器物情况如下。

磨石　1件。M133：5，椭圆形，器表存人工磨制及使用痕迹。长5.3、宽3.6、厚2.2厘米（图二九七）。

一一九、M134

1. 墓葬形制

（1）墓葬结构

狭长形竖穴土坑墓，上部被破坏，直壁，底部有生土二层台，口部长3.42、宽1.5米，底部长3、宽1.22米，残深1米。墓坑四壁在近墓底约0.2米处内收成宽0.12～0.24米的生土二层台。墓内填黄褐色花土夹膏泥，底部存膏泥痕迹。墓向20°（图二九八）。

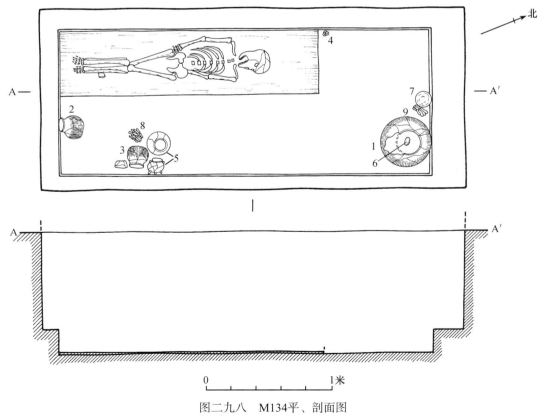

图二九八　M134平、剖面图

1.陶瓮　2、3.陶釜　4.半两钱　5.陶釜甑　6.磨石　7.漆盘　8.狗骨　9.鸡骨

（2）葬具

葬具已朽，据墓底板灰痕迹判断为一椁一棺。木椁痕迹模糊，平面呈长方形，规格与墓坑底部相仿，高度与椁板厚度不详。木棺位于椁室西南，平面呈长方形，长约2.08、宽约0.54米，高度和棺板厚度不详。

（3）人骨

单人仰身直肢葬，上肢交叉置于腹部，腿部及盆骨上存朱砂痕迹。人骨长度约1.5米，性别不辨，据牙齿磨损度判断年龄为40岁左右。

2. 随葬器物

随葬器物有陶器、石器、漆器和铜钱。陶器有瓮、釜和釜甑，石器为磨石，漆器为盘，铜钱为半两。漆盘周围存少量鸡骨，另存狗骨1副。随葬器物中钱币位于木棺头端外侧，其他器物和狗骨置于椁室东北部和东南部。1件陶瓮（M134：1）仅辨器形，无法修复。漆盘（M134：7）仅存痕迹。其他器物情况如下。

陶釜 2件。M134：3，夹砂灰褐陶。侈口，卷沿，圆唇，有领，束颈，溜肩，扁鼓腹，圜底近平，最大径在中腹部。肩部以下饰绳纹。口径11、高13、最大腹径14.6厘米（图二九九，2）。M134：2，夹砂灰褐陶。口微侈，短斜沿，方唇，颈微束，溜肩，圆鼓腹，圜底较甚，最大径在中腹部。颈部饰凹弦纹，肩部以下饰绳纹。釜底存卵石数颗。口径10.2、高17.8、最大腹径21厘米（图二九九，3）。

陶釜甑 1件。M134：5，夹细砂灰褐陶。釜、甑分体。M134：5-2，甑，侈口，斜沿，圆唇，鼓腹，圜底接圈足，最大径在中腹部。底部存四条形孔，肩腹交接处存环形耳一对。甑口径17.2、高11.2、最大腹径17.2厘米。M134：5-1，釜，直口，长颈，溜肩，鼓腹，圜底，底有三锥状足，最大径在中腹部。肩部有环形耳一对。口径10.2、通高15.6、最大腹径16.5厘米。器物通高24.3厘米（图二九九，1）。

磨石 1件。M134：6，略呈椭圆形，不甚规整。长11.6、宽8.6、厚6厘米（图二九九，4）。

半两钱 5枚。3枚较残。M134：4-1，钱币不甚规整，下部存荐口，钱文书写随意，"两"字双人呈"一"状。钱径2.5、穿径1厘米，重2.7克（图三〇〇，1）。M134：4-2，钱币厚重。钱径2.4、穿径0.7厘米，重4.8克（图三〇〇，2）。

一二〇、M135

1. 墓葬形制

（1）墓葬结构

长方形竖穴土坑墓，墓葬被严重盗扰，直壁，长约4.2、宽约3.3、残深1.62米。墓内填黄褐色花土夹膏泥，底部存膏泥痕迹。墓向35°（图三〇一）。

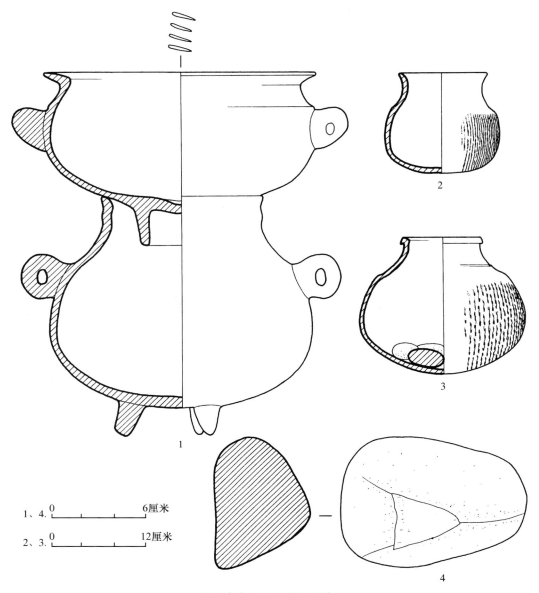

图二九九　M134出土器物

1. 陶釜甑（M134：5）　2、3. 陶釜（M134：3、M134：2）　4. 磨石（M134：6）

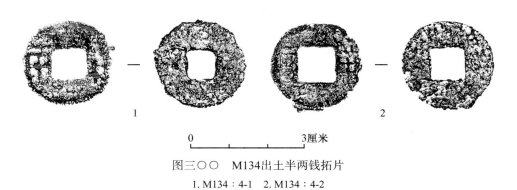

图三〇〇　M134出土半两钱拓片

1. M134：4-1　2. M134：4-2

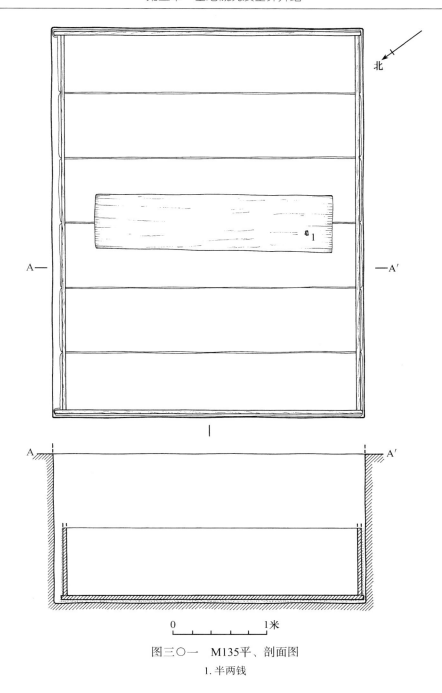

图三〇一 M135平、剖面图
1. 半两钱

（2）葬具

葬具已朽，据四壁及墓底板灰痕迹判断为一椁一棺。椁室平面呈"Ⅱ"字形，长约4.16、宽约3.26、残高0.74米，椁板厚约4厘米。椁底板由6块长方形木板横向平铺而成。木棺置于椁室中部，平面呈长方形，长约2.52、宽约0.6米，高度及棺板厚度不详。

（3）人骨

人骨不存。

2. 随葬器物

由于墓葬被严重盗扰，仅在棺内出土半两钱5枚。

半两钱　5枚。形制、钱文相同，均较轻薄，周边不规整，钱文随意，笔画圆弧。M135：1-1，钱径2、穿径0.9厘米，重1.3克（图三〇二，5）。M135：1-2，钱径2、穿径1厘米，重1.1克（图三〇二，4）。M135：1-3，钱径2.1、穿径0.8厘米，重1.7克（图三〇二，3）。M135：1-4，钱径2.1、穿径0.9厘米，重1.5克（图三〇二，2）。M135：1-5，钱径2.1、穿径0.9厘米，重1.3克（图三〇二，1）。

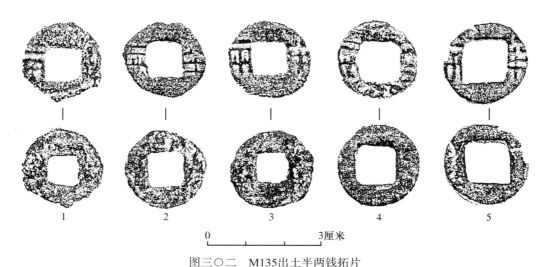

图三〇二　M135出土半两钱拓片

1. M135：1-5　2. M135：1-4　3. M135：1-3　4. M135：1-2　5. M135：1-1

一二一、M136

1. 墓葬形制

（1）墓葬结构

椭圆形土坑瓮棺葬，直壁，圜底，长边1.84、短边1.2、残深0.26～0.5米。墓内填土为黄褐色五花土。墓向310°（图三〇三）。

（2）葬具

葬具为口部相扣的陶盆和陶瓮。

（3）人骨

瓮底发现少量肢骨和牙齿，据牙齿磨损度判断，墓主人为2～4岁儿童。

2. 随葬器物

除作为葬具的陶盆和陶瓮，未发现其他随葬器物。盆和瓮口部相扣平放于墓坑内，其

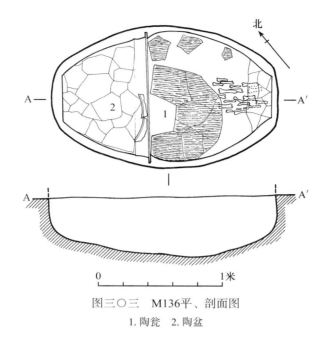

图三〇三 M136平、剖面图

1. 陶瓮 2. 陶盆

具体情况如下。

陶瓮 1件。M136：1，夹细砂灰陶。直口，圆唇，高领，圆肩，弧腹微鼓，腹部以下斜弧内收，平底微凹，最大径在上腹部。器表施黑色陶衣，肩部以下至近底部皆饰绳纹。口径37.4、底径14.6、高58.8、最大腹径58.8厘米（图三〇四，1）。

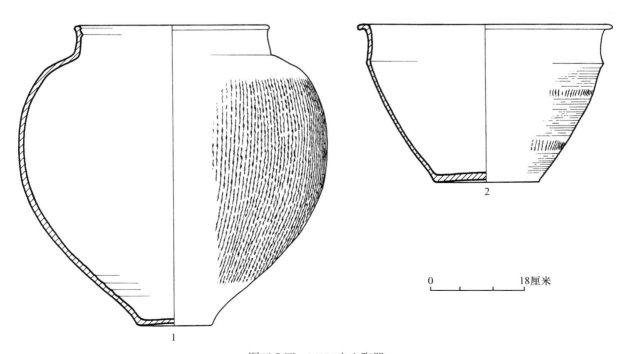

图三〇四 M136出土陶器

1. 瓮（M136：1） 2. 盆（M136：2）

陶盆　1件。M136：2，夹细砂褐陶。直口，宽平沿，圆唇，折腹，上腹较直，下腹斜直且较长，平底微凹。口径48.8、底径20、高31厘米（图三〇四，2）。

一二二、M137

1. 墓葬形制

（1）墓葬结构

近方形竖穴土坑墓，上部被破坏，直壁，平底，长约2.9、宽约2.22、残深0.92米。墓内填黄褐色花土夹膏泥，底部存膏泥痕迹。墓向120°（图三〇五）。

（2）葬具

葬具已朽，据墓底及四壁板灰痕迹判断为一椁一棺。椁室平面呈"Ⅱ"字形，长约2.4、

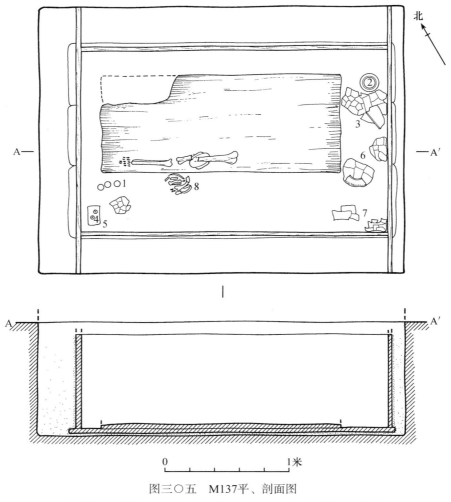

图三〇五　M137平、剖面图

1. 银环　2. 陶釜　3. 陶瓮　4. 半两钱　5. 漆盒　6、7. 陶器　8. 狗骨

宽约2.22、残高0.82米，椁板厚约4厘米。椁底板由三块长约2.6、宽约0.6米的长方形木板纵向平铺而成，挡板长约2.9米。木棺置于椁室中部，平面呈长方形，长约1.9、宽约0.8米，高度不详，底板厚约4厘米。

（3）人骨

单人葬。仅残留部分肢骨，葬式、性别、年龄不辨。

2. 随葬器物

随葬器物有陶器、银器、漆器和钱币。陶器可辨器形有瓮和釜，银器为环，漆器为盒，钱币为半两，另存狗骨1副。随葬器物和狗骨主要置于椁室东端和南侧。随葬器物中2件陶器（M137：6、M137：7）器形不辨、1件陶釜（M137：2）仅辨器形，无法修复。漆盒（M137：5）仅存痕迹。其他器物情况如下。

陶瓮　1件。M137：3，夹细砂褐陶。直口，圆唇，高领，圆肩，弧腹，腹部以下斜弧内收，小平底微凹，最大径在肩部。肩部以下至近底部饰粗绳纹。口径22、底径10.8、高32.4、最大肩径36.8厘米（图三〇六，1）。

银环　3件。形制一致。以M137：1-1为例，平面呈圆形，截面呈圆形。直径2.3、截面直径0.1厘米（图三〇六，2）。

半两钱　18枚。选取标本8枚。M137：4-1，钱文横画较短，“两”字双人竖画长。钱径3.5、穿径1.1厘米，重6.3克（图三〇七，1）。M137：4-2，钱币不甚规整，钱文高挺，笔画圆弧。钱径2.6、穿径0.9厘米，重2.4克（图三〇七，4）。M137：4-3，形制、钱文与M137：4-2

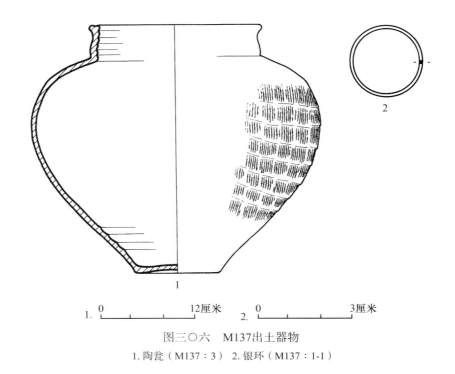

1.　0　　　　　　12厘米　　2.　0　　　　3厘米

图三〇六　M137出土器物

1. 陶瓮（M137：3）　2. 银环（M137：1-1）

相同，钱径2.5、穿径1厘米，重3.8克（图三〇七，2）。M137：4-7，上部存茬口。钱径2.2、穿径0.6厘米，重3.1克（图三〇七，6）。M137：4-4，钱币不规整，穿残，钱文较平，隶意重。钱径2.3、穿径1厘米，重1.7克（图三〇七，8）。M137：4-5，钱币轻薄，"半"字上下横画等长。钱径2.3、穿径1厘米，重0.9克（图三〇七，3）。M137：4-6，钱币轻薄，"半"字上下横画等长。钱径2、穿径1厘米，重0.7克（图三〇七，7）。M137：4-8，钱文高挺，笔画圆弧，大篆味浓。钱径2.1、穿径0.9厘米，重1.5克（图三〇七，5）。

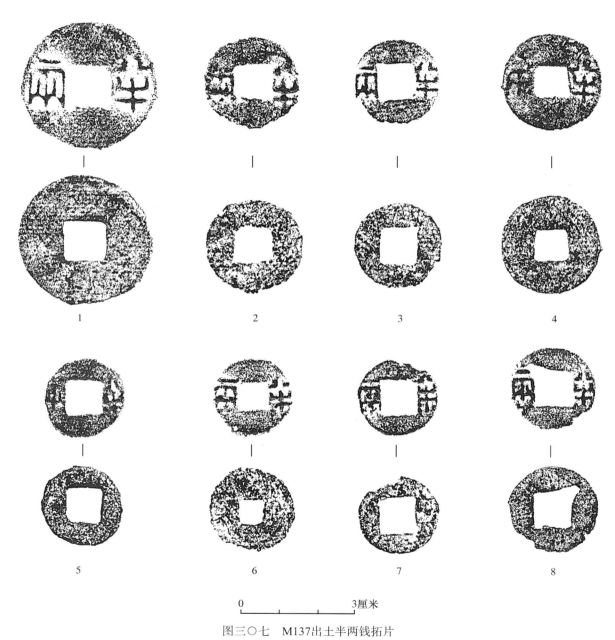

0　　　　　　　　3厘米

图三〇七　M137出土半两钱拓片

1. M137：4-1　2. M137：4-3　3. M137：4-5　4. M137：4-2　5. M137：4-8　6. M137：4-7　7. M137：4-6　8. M137：4-4

一二三、M138

1. 墓葬形制

（1）墓葬结构

近方形竖穴土坑墓，上部被破坏，墓底被扰乱，直壁，长2.5～2.7、宽1.98、残深1.27米。墓内填土为黄褐色黏土，底部存膏泥痕迹。墓向60°（图三〇八；图版六九，1）。

（2）葬具

葬具已朽，从墓底及四壁板灰痕迹判断为一椁一棺。椁平面呈"Ⅱ"字形，长2.46、宽1.78、残高0.86米，椁壁板厚约3、底板厚约4厘米。椁底部和外侧施白膏泥。木棺置于椁室北侧，平面呈长方形，长约2、宽约0.6米，高度及棺板厚度不详。

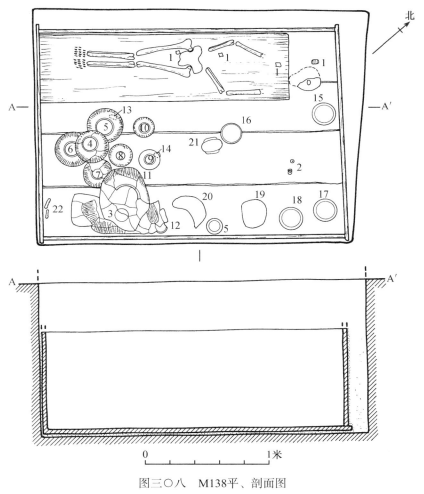

图三〇八 M138平、剖面图

1. 玉剑璏 2. 半两钱 3. 陶瓮 4～12. 陶釜 13、14. 磨石 15～20. 漆盘 21. 漆耳杯 22. 动物骨骼

（3）人骨

单人仰身直肢葬。头骨被扰至棺外，上肢交叉置于下腹部。人骨残长1.6米，性别和年龄不辨。

2. 随葬器物

随葬器物有陶器、漆器、玉器、石器及钱币（图版六九，2）。陶器有瓮和釜，漆器有盘和耳杯，玉器为剑璏，石器为磨石，钱币为半两，另存少量动物骨骼。玉剑璏出土于人骨之上，陶器集中置于椁室西南部，漆器和钱币置于椁室东南部，2件磨石（M138：13、M138：14）分别出自陶釜（M138：5、M138：9）的底部。随葬器物中漆器（M138：15～M138：21）仅存痕迹，无法提取。其他器物情况如下。

陶釜　9件。M138：4，夹细砂褐陶。口微侈，沿略斜，方唇，束颈，溜肩，圆鼓腹，圜底，最大径在中腹部。颈部饰凹弦纹，肩部以下饰绳纹。口径13.6、高20、最大腹径22.4厘米（图三〇九，5；图版七〇，1）。M138：6，夹细砂灰陶。口微敛，沿略斜，方

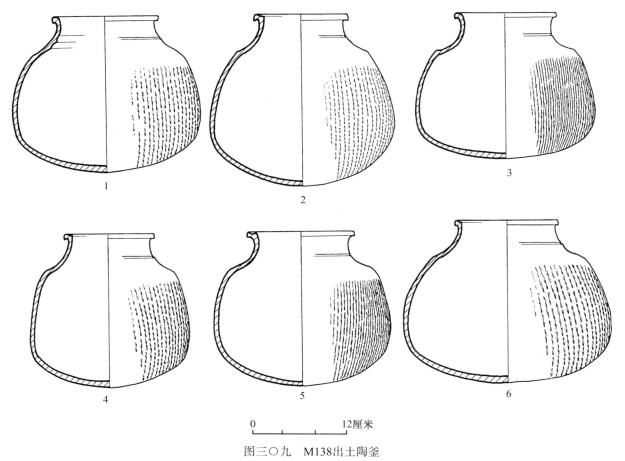

0　　　　　　　　12厘米

图三〇九　M138出土陶釜

1. M138：12　2. M138：6　3. M138：8　4. M138：5　5. M138：4　6. M138：7

唇，束颈，溜肩，鼓腹下垂，圜底较甚，最大径在下腹部。颈部饰凹弦纹，肩部以下饰绳纹。口径12、高22.6、最大腹径23.4厘米（图三〇九，2）。M138：7，夹细砂灰陶。口微侈，短沿微斜，方唇，束颈，溜肩，扁弧腹，圜底，最大径在下腹部。颈部饰凹弦纹，肩部以下饰绳纹。口径13.2、高21.2、最大腹径26.4厘米（图三〇九，6）。M138：5，夹细砂灰陶。口微侈，沿微斜，方唇，束颈，溜肩，弧腹略扁，圜底，最大径在下腹部。颈部饰凹弦纹，肩部以下饰绳纹。口径11.6、高20、最大腹径20.4厘米（图三〇九，4；图版七〇，2）。M138：8，夹细砂灰陶。形制、纹饰与M138：5相同。口径13、高19.2、最大腹径22.8厘米（图三〇九，3；图版七〇，3）。M138：12，夹细砂灰陶。形制、纹饰与M138：5相同。口径13.4、高20.6、最大腹径24厘米（图三〇九，1；图版七〇，4）。M138：10，夹细砂褐陶。侈口，卷沿，圆唇，有领，束颈，溜肩，圆弧腹，圜底，最大径在中腹部。肩部以下饰绳纹。口径10.2、高15.8、最大腹径18.4厘米（图三一〇，5）。M138：11，夹细砂褐陶。形制、纹饰与M138：10相同。口径11.4、高13.6、最大腹径16厘米（图三一〇，2）。M138：9，夹细砂褐陶。侈口，卷沿，圆唇，束颈，溜肩，扁鼓腹，圜底，最大径在中腹部。肩部以下饰绳纹，器底存砾石两颗。口径11.4、高14、最大腹径17.2厘米（图三一〇，4；图版七一，1）。

陶瓮　1件。M138：3，夹细砂灰陶。口微侈，圆唇，直领较高，圆肩，鼓腹内收，平底，最大径在上腹部。肩部以下至近底部饰绳纹。口径31.6、底径13、高56.4、最大腹径49.8厘米（图三一〇，1）。

玉剑璏　1件。M138：1，正面呈长方形，反面呈扣状。正面饰甲片纹。长8.7、宽2.3、厚1.2厘米（图三一〇，3；图版七一，2）。

磨石　2件。M138：13，青砂石质。不甚规整，平面略呈三角形。长12、宽6.3、厚2.2厘米（图三一〇，6；图版七一，3）。M138：14，青砂石质。不甚规整，平面略呈椭圆形。长8、宽5.6、厚3.3厘米（图三一〇，7；图版七一，4）。

半两钱　11枚。选取标本7枚。M138：2-1，钱币规整、厚重，钱文笔画较细，笔画方折味重，横画较短，"两"字双人竖画长。钱径3.2、穿径1厘米，重5.3克（图三一一，1）。M138：2-3，形制、钱文与M138：2-1相同。钱径2.9、穿径1厘米，重3.6克（图三一一，3）。M138：2-4，形制、钱文与M138：2-1相同。钱径2.9、穿径0.9厘米，重4.8克（图三一一，2）。M138：2-5，钱币不甚规整，钱文纤细，笔画方折。钱径2.6、穿径0.9厘米，重2.2克（图三一一，6）。M138：2-6，钱币不规整，较厚重，钱文高挺，笔画圆弧。钱径2.5、穿径1厘米，重4.7克（图三一一，7）。M138：2-7，钱币较轻薄，钱文笔画圆弧。钱径2.6、穿径0.8厘米，重2.4克（图三一一，5）。M138：2-2，钱币轻薄，钱文笔画方折，"半"字上下横画等长，"两"字双人下部连接呈"一"字状。钱径3、穿径1厘米，重2.3克（图三一一，4）。

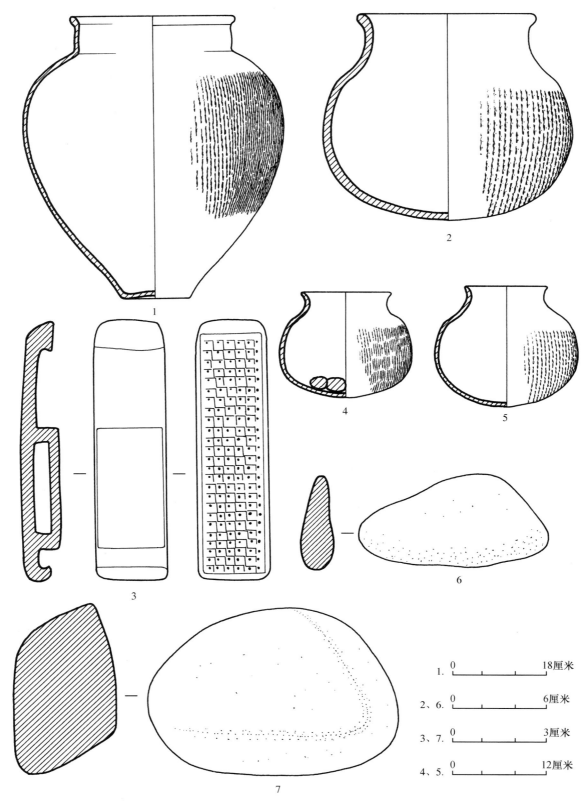

图三一〇　M138出土器物

1.陶瓮（M138：3）　2、4、5.陶釜（M138：11、M138：9、M138：10）　3.玉剑璏（M138：1）　6、7.磨石（M138：13、M138：14）

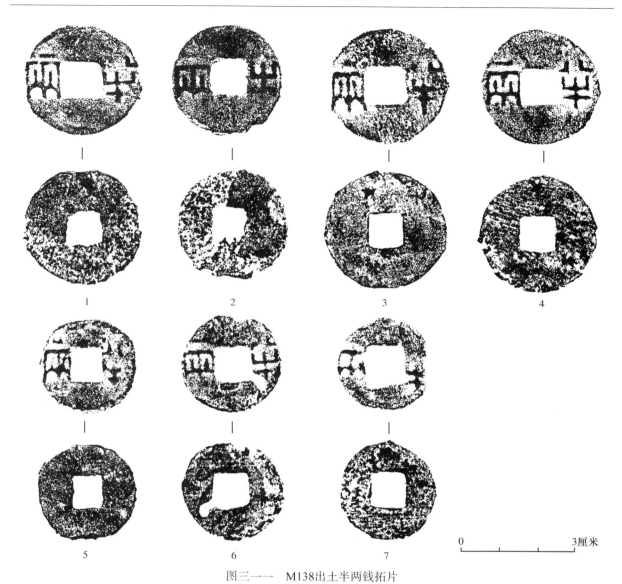

图三一一　M138出土半两钱拓片

1. M138：2-1　2. M138：2-4　3. M138：2-3　4. M138：2-2　5. M138：2-7　6. M138：2-5　7. M138：2-6

一二四、M139

1. 墓葬形制

（1）墓葬结构

近方形竖穴土坑墓，上部被破坏，西部有一长方形盗洞，直壁，长2.9、宽2.9、残深0.98米。墓内填黄褐色花土夹膏泥，底部存膏泥痕迹。墓向30°（图三一二）。

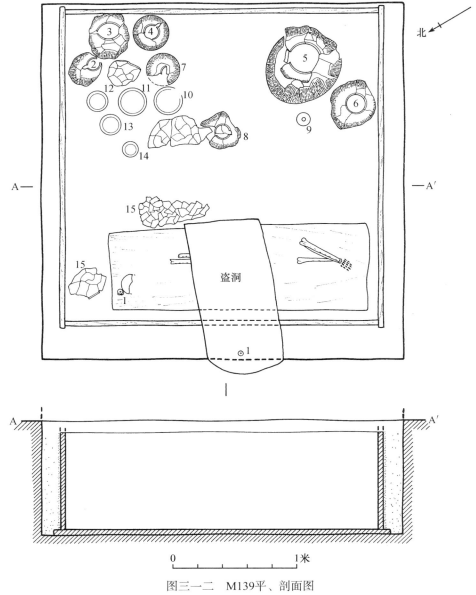

图三一二　M139平、剖面图

1. 半两钱　2~4、6~8. 陶釜　5. 陶瓮　9. 陶豆　10~14. 漆盘　15. 陶器

（2）葬具

葬具已朽，据四壁及墓底板灰痕迹判断为一椁一棺。木椁平面呈"Ⅱ"字形，长约2.64、宽约2.6、残高0.84米，椁板厚约4厘米。木棺位于椁室西侧，平面呈长方形，长约2.1、宽约0.72米，高度及棺板厚度不详。

（3）人骨

单人葬。人骨被严重扰乱，葬式及性别不辨，据残存牙齿磨损度判断年龄约45岁。

2. 随葬器物

随葬器物有陶器、漆器和铜钱。陶器有瓮、釜和豆，漆器为盘，铜钱为半两。随葬器物中钱币主要置于木棺头端，部分钱币被扰至盗洞中，陶器和漆器主要置于椁室东部。1件陶器（M139：15）器形不辨，1件陶釜（M139：3）仅辨器形，无法修复。随葬漆盘（M139：10～M139：14）皆仅存痕迹。其他器物情况如下。

陶瓮　1件。M139：5，夹细砂灰陶。敛口，圆唇，高领，圆肩，鼓腹内收成平底，最大径在上腹部。肩部以下至近底部饰绳纹。口径34.8、底径16、高61.6、最大腹径61.2厘米（图三一三，4）。

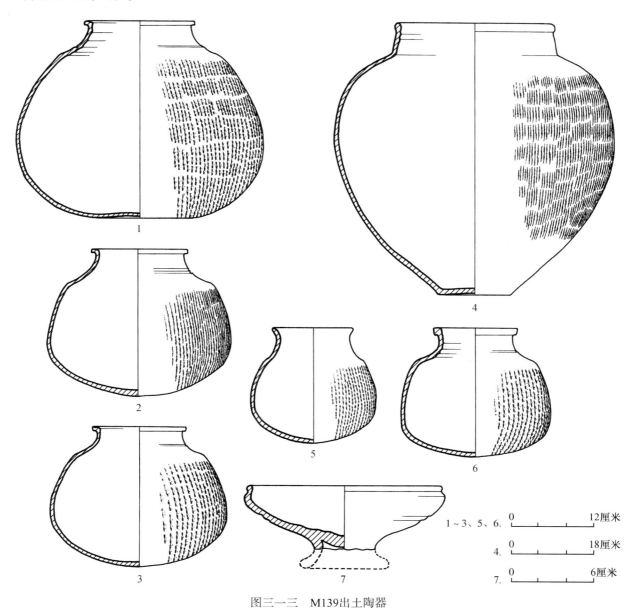

图三一三　M139出土陶器

1～3、5、6釜（M139：6、M139：7、M139：4、M139：2、M139：8）4.瓮（M139：5）7.豆（M139：9）

陶釜　5件。M139：2，夹细砂灰陶。侈口，卷沿，圆唇，有领，束颈，溜肩，扁弧腹，圜底，最大径在下腹部。肩部以下饰绳纹。口径11.8、高17.5、最大腹径18.4厘米（图三一三，5）。M139：4，夹细砂灰陶。直口，平沿，方唇，束颈，溜肩，圆鼓腹，圜底，最大径在下腹部。颈部饰凹弦纹，肩部以下饰绳纹。口径13.6、高21、最大腹径26厘米（图三一三，3）。M139：7，陶质陶色、形制、纹饰与M139：4相同。口径13.8、高22、最大腹径26.6厘米（图三一三，2）。M139：6，夹细砂灰陶。口微侈，沿微斜，方唇，束颈，溜肩，扁弧腹，圜底近平，最大径在下腹部。颈部饰凹弦纹，肩部以下饰绳纹。口径16、高29.8、最大腹径36厘米（图三一三，1）。M139：8，夹细砂灰陶。口微侈，平沿，方唇，束颈，溜肩，弧腹甚扁，圜底，最大径在下腹部。颈部饰凹弦纹，肩部以下饰绳纹。口径12.2、高19.2、最大腹径22厘米（图三一三，6）。

陶豆　1件。M139：9，夹细砂灰褐陶。口微敛，圆唇，腹部斜弧内收，矮圈足残。口径14.2、残高4.8厘米（图三一三，7）。

半两钱　7枚。其中2枚残。M139：1-1，钱币厚重、规整，钱文横画较短，"两"字下部外撇，双人连接呈"一"字状。钱径3、穿径0.7厘米，重6克（图三一四，1）。M139：1-2，钱币轻薄，钱币不规整，钱文笔画方折，横画较短。钱径2.8、穿径0.8厘米，重2.6克（图三一四，4）。M139：1-4，"两"字双人连接呈"一"字状。钱径2.6、穿径0.8厘米，重2克（图三一四，5）。M139：1-5，"两"字双人竖画较长。钱径2.6、穿径0.8厘米，重2.7克（图三一四，3）。M139：1-3，钱币右侧存茬口，钱文浅平方折，"半"字上下横等长，"两"字上横长度齐肩。钱径2.9、穿径0.8厘米，重3.1克（图三一四，2）。

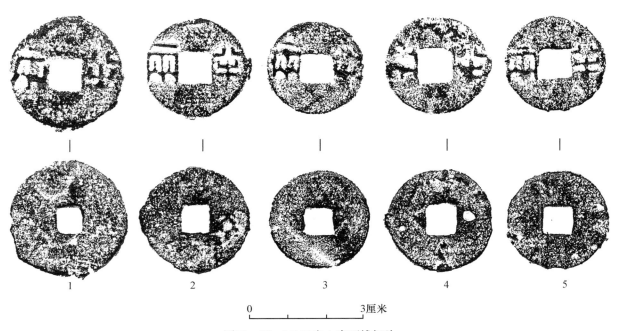

图三一四　M139出土半两钱拓片

1. M139：1-1　2. M139：1-3　3. M139：1-5　4. M139：1-2　5. M139：1-4

一二五、M140

1. 墓葬形制

（1）墓葬结构

近方形竖穴土坑墓，上部被破坏，直壁，长3.42、宽2.82、残深0.72米。墓内填黄褐色五花土夹膏泥，底部存膏泥痕迹。墓向35°（图三一五）。

（2）葬具

葬具已朽，据四壁及墓底板灰痕迹判断为一椁一棺。木椁平面呈"Ⅱ"字形，长约3、宽约2.76、残高0.6米，椁板厚约4厘米。木棺置于椁室东北部，平面呈长方形，长约1.88、宽约

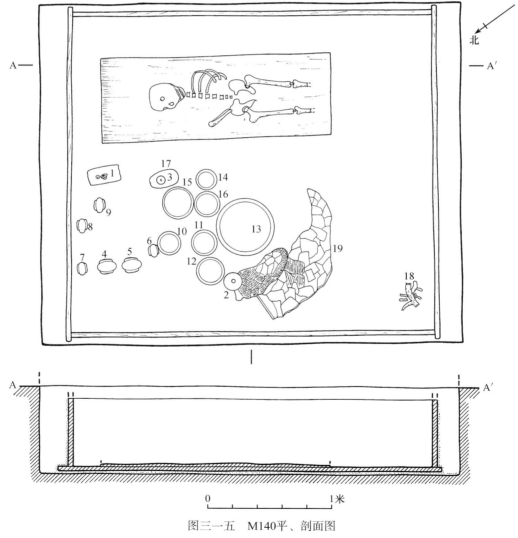

图三一五　M140平、剖面图

1. 半两钱　2. 陶豆　3. 铜镜　4~9. 漆耳杯　10~15. 漆盘　16. 漆盒　17. 漆奁　18. 狗骨　19. 陶器

0.7米，高度及棺板厚度不详。椁底部及侧壁施厚约2厘米的白膏泥。

（3）人骨

单人仰身直肢葬。人骨被挤压变形，上肢交叉置于腹部。人骨残长约1.3米，性别、年龄不辨。

2. 随葬器物

随葬器物有陶器、铜器、漆器和钱币。另随葬狗骨1副。陶器可辨者为豆，铜器为镜，漆器可辨者有耳杯、盘、盒和奁，钱币为半两。随葬器物主要置于椁室西部，殉狗置于椁室西南角。1件陶器（M140：19）器形不辨，随葬漆器（M140：4～M140：17）皆仅存痕迹。其他器物情况如下。

陶豆　1件。M140：2，夹细砂灰褐陶。口微侈，圆唇，腹部斜弧内收，矮圈足。口径13.9、足径5、高5.5厘米（图三一六，2）。

铜镜　1件。M140：3，平面呈圆形，桥形纽。镜背饰三周凸弦纹。直径11、厚0.2厘米（图三一六，1）。

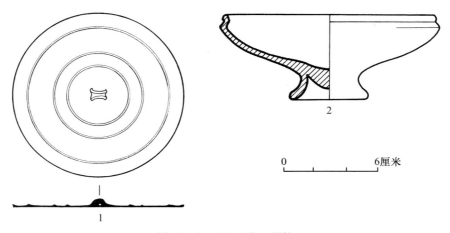

图三一六　M140出土器物
1. 铜镜（M140：3）　2. 陶豆（M140：2）

半两钱　12枚。皆置于漆盒内，其中4枚较残，选取标本6枚。M140：1-1，钱币厚重，下部残，钱文纤细，笔画圆弧。钱径3.1、穿径0.8厘米，重7.2克（图三一七，6）。M140：1-2，钱币不甚规整，钱文纤细，笔画方折，横画较短，"两"字双人竖画较长。钱径3.1、穿径1厘米，重3克（图三一七，5）。M140：1-3，钱币左侧微残，钱文高挺，其他形制与M140：1-2相同。钱径3.2、穿径1厘米，重3.9克（图三一七，4）。M140：1-4，钱币不规整，钱文纤细，笔画圆弧，横画较短，"两"字双人竖画较长。钱径2.7、穿径0.9厘米，重2.9克（图三一七，1）。M140：1-5，钱文书写随意，其他形制与M140：1-4相同。钱径2.5、穿径1厘米，重3.9克（图三一七，2）。M140：1-6，钱文纤细，笔画方折，其他形制与M140：1-4相同。钱径2.5、穿径0.9厘米，重2.7克（图三一七，3）。

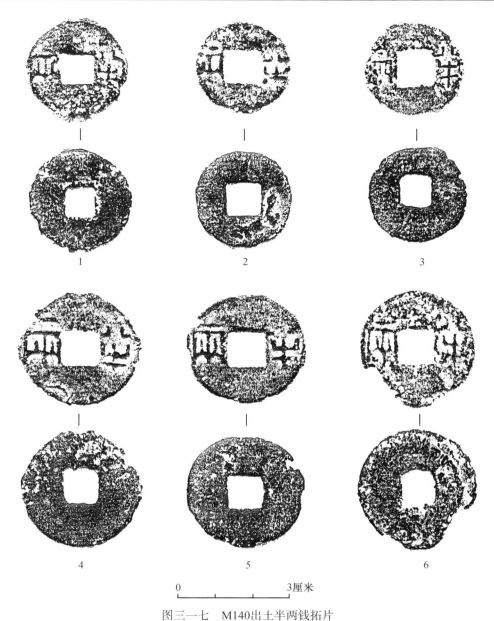

图三一七　M140出土半两钱拓片

1. M140：1-4　2. M140：1-5　3. M140：1-6　4. M140：1-3　5. M140：1-2　6. M140：1-1

一二六、M141

1. 墓葬形制

（1）墓葬结构

近方形竖穴土坑墓，上部被破坏，直壁，平底，长3.42、宽2.92、残深1米。墓内填土为黄褐色五花土夹膏泥，底部存膏泥痕迹。墓向30°（图三一八）。

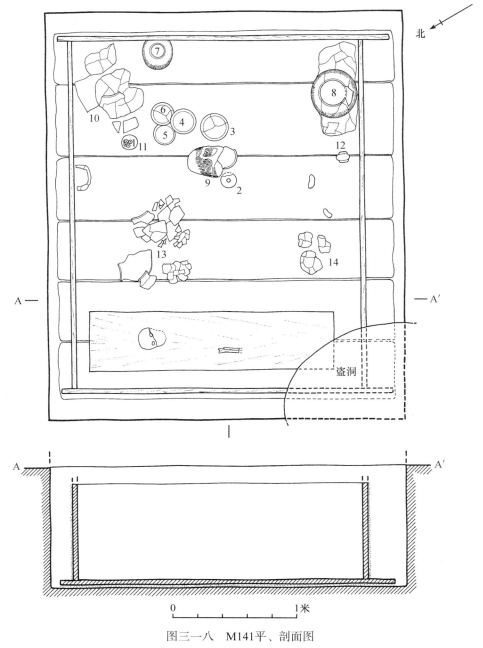

图三一八　M141平、剖面图

1. 半两钱　2. 陶豆　3~6. 陶盘　7、9. 陶釜　8、10. 陶瓮　11. 漆盒　12. 漆耳杯　13、14. 陶器

（2）葬具

葬具已朽，据四壁和墓底板灰痕迹判断为一椁一棺。木椁平面呈"Ⅱ"字形，长约2.98、宽约2.72、残高0.84米，椁板厚约4厘米，椁底板由6块长方形木板横向平铺而成。木棺置于椁室西端，平面呈长方形，长约2、宽约0.5米，高度及棺板厚度不详。椁底板及四壁外侧施白膏泥。

（3）人骨

单人葬。人骨被严重扰乱，仅残存少量肢骨。葬式、性别、年龄不辨。

2. 随葬器物

随葬器物有陶器、漆器和铜钱。陶器可辨者有瓮、釜、豆、盘，漆器可辨者有盒、耳杯，铜钱为半两。随葬器物主要分布于椁室中部和东部。随葬陶器中2件器物（M141：13、M141：14）器形不辨，2件釜（M141：7、M141：9）、1件豆（M141：2）和1件盘（M141：3）仅辨器形，无法修复；随葬漆器（M141：11、M141：12）仅存痕迹。其他器物情况如下。

陶瓮　2件。M141：10，夹细砂灰陶。直口，圆唇，高领，圆肩，弧腹内收，平底微凹，最大径在肩部。肩部以下至近底部饰粗绳纹。口径18.8、底径10.8、高32.8、最大肩径32.1厘米（图三一九，1）。M141：8，夹细砂灰陶。口微敛，圆唇，高领内敛，圆肩，鼓腹，腹部以下斜弧内收，平底微凹，最大径在上腹部。肩部以下至近底部饰绳纹。口径21、底径12.6、高37、最大腹径37.8厘米（图三一九，2）。

陶盘　3件。夹细砂灰陶。形制相同，敞口，宽平沿，圆唇，斜弧腹，圜底近平。M141：4，口径20、高2.6厘米（图三一九，3）。M141：5，口径19、高2.4厘米（图三一九，4）。M141：6，口径17、高2.2厘米（图三一九，5）。

半两钱　23枚。皆置于漆盒内，其中4枚较残，选取标本6枚。M141：1-1，钱币较规整，

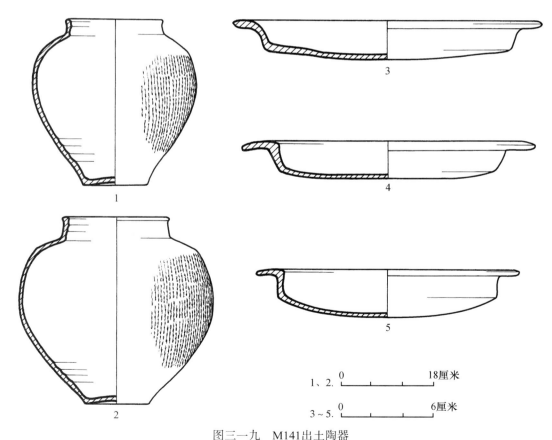

1、2. $\frac{0}{}$ ————— 18厘米

3~5. $\frac{0}{}$ ————— 6厘米

图三一九　M141出土陶器

1、2.瓮（M141：10、M141：8）　3~5.盘（M141：4、M141：5、M141：6）

下端存茬口，钱文高挺，笔画方折，"半"字下部较短，"两"字无上横。钱径3.1、穿径1.1厘米，重4.7克（图三二〇，5）。M141：1-2，钱币较薄，穿右侧略残，笔画方折。钱径3、穿径1厘米，重4.3克（图三二〇，4）。M141：1-4，钱币较规整，上下端存茬口。钱文较小，笔画圆弧。钱径2.9、穿径0.9厘米，重3.1克（图三二〇，6）。M141：1-3，钱币不规整，笔画圆弧，横画较短。钱径2.7、穿径1厘米，重2.5克（图三二〇，2）。M141：1-5，穿部不规整，钱文纤细，书写随意，横画较短。钱径2.7、穿径0.9厘米，重3.7克（图三二〇，1）。M141：1-6，钱币不规整，钱文书写随意。钱径2.5、穿径1.1厘米，重2.7克（图三二〇，3）。

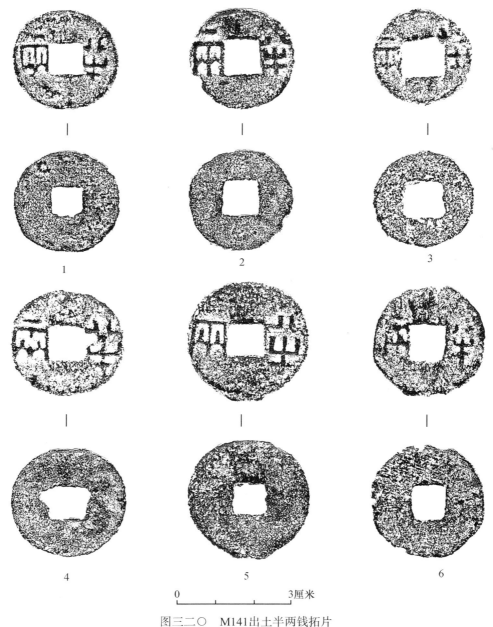

图三二〇　M141出土半两钱拓片

1. M141：1-5　2. M141：1-3　3. M141：1-6　4. M141：1-2　5. M141：1-1　6. M141：1-4

一二七、M142

1. 墓葬形制

（1）墓葬结构

长方形竖穴土坑墓，上部被破坏，直壁，长4.2、宽3.1、残深1.4米。墓内填黄褐色五花土夹膏泥，底部存膏泥痕迹。墓向25°（图三二一）。

（2）葬具

葬具已朽，据四壁及墓底板灰痕迹判断为一椁一棺。椁室平面呈"Ⅱ"字形，长约3.66、

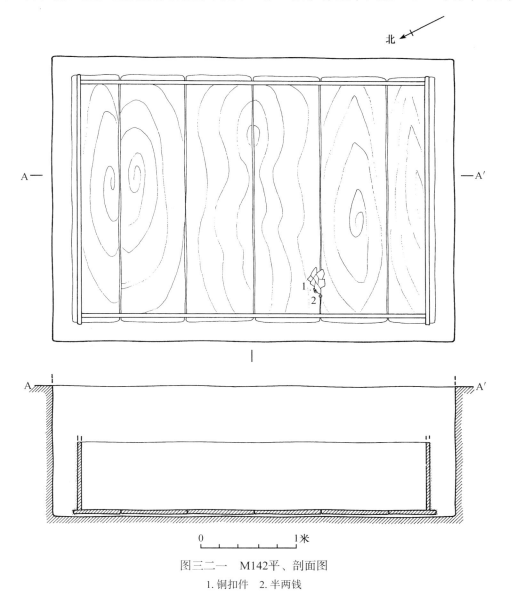

图三二一　M142平、剖面图

1. 铜扣件　2. 半两钱

宽约2.58、残高0.8米，椁板厚约0.4厘米。椁底板由6块长方形木板横向平铺而成。木棺甚残，形制不辨。

（3）人骨

人骨不存。

2. 随葬器物

由于墓葬被严重盗扰，仅在棺内出土2枚铜钱和2件铜扣件，铜钱为半两。

铜扣件　2件。形制相同，整体呈"8"字形。以M142：1-1为例，长2.8、宽1.4、厚0.2厘米（图三二二，2）。

半两钱　2枚。M142：2-1，钱币极不规整，钱文随意。钱径2.1、穿径0.9厘米，重1克（图三二二，1）。M142：2-2，形制、钱文与M142：2-1相同。钱径2、穿径1厘米，重0.6克（图三二二，2）。

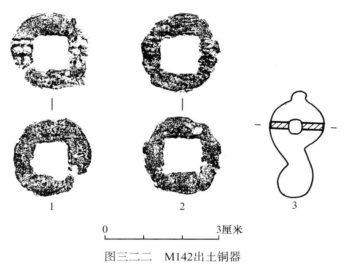

图三二二　M142出土铜器

1、2. 半两钱（M142：2-1、M142：2-2）　3. 扣件（M142：1-1）

一二八、M143

1. 墓葬形制

（1）墓葬结构

近方形竖穴土坑墓，上部被破坏，直壁，长3.12、宽2.9、残深0.72米。墓内填黄褐色五花土夹膏泥，底部存膏泥痕迹。墓向15°（图三二三）。

（2）葬具

葬具已朽，据墓底及四壁板灰痕迹判断为一椁一棺。椁室平面呈"Ⅱ"字形，长约2.5、宽

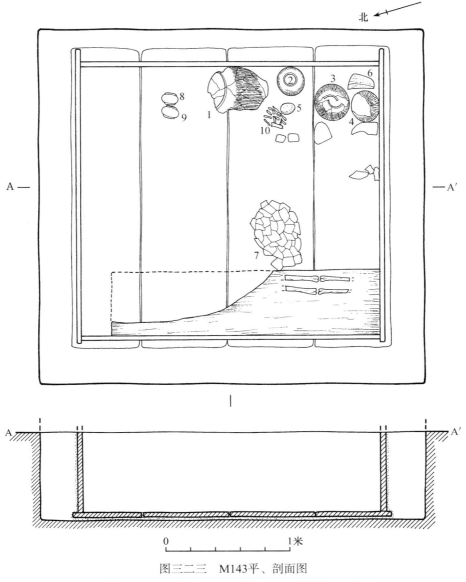

图三二三　M143平、剖面图
1.陶瓮　2~4、7.陶釜　5、6.磨石　8、9.漆耳杯　10.狗骨

约2.42、残高0.7米，椁板厚约4厘米，椁底板由4块长方形木板横向平铺而成。木棺位于椁室西侧，痕迹模糊，平面呈长方形，长约2.16、宽约0.56米，高度及棺板厚度不详。

（3）人骨

单人葬。人骨被严重扰乱，仅存下肢骨，葬式、性别、年龄不辨。

2.随葬器物

随葬器物有陶瓮、陶釜、磨石和漆耳杯，另有随葬狗骨1副，主要置于椁室东侧。漆耳杯（M143：8、M143：9）仅存痕迹，无法提取。其他器物情况如下。

陶瓮　1件。M143：1，夹砂灰褐陶。口微敛，圆唇，高领，溜肩，鼓腹内收，平底微凹，最大径在上腹部。肩部以下至近底部饰粗绳纹。口径32、底径13.4、高49、最大腹径49.2厘米（图三二四，4）。

陶釜　4件。M143：3，夹细砂褐陶。口微侈，沿略斜，方唇，束颈，溜肩，圆鼓腹，圜底，最大径在中腹部。颈部饰凹弦纹，肩部以下饰绳纹。口径11.2、高18.4、最大腹径20.8厘米（图三二四，3）。M143：7，夹细砂灰陶。直口微敛，平沿，方唇，束颈，溜肩，扁鼓腹，圜底，最大径在下腹部。口径13、高19.8、最大腹径22.4厘米（图三二四，2）。M143：2，夹砂褐陶。口微侈，沿微斜，方唇，束颈，溜肩，圆鼓腹，圜底近平，最大径在下腹部。颈部饰凹弦纹，肩部以下饰绳纹。口径11、高17.8、最大腹径22厘米（图三二四，5）。M143：4，夹砂红陶。直口，平沿，方唇，束颈，溜肩，弧腹甚扁，圜底，最大径在下腹部。颈部饰凹弦纹，肩部以下饰绳纹。口径12.6、高19.6、最大腹径24.6厘米（图三二四，1）。

磨石　2件。M143：5，略呈椭圆形，不甚规整。长10.3、宽8.2、厚5厘米（图三二四，6）。M143：6，残破，不甚规整。残长17.8、残宽10.4厘米（图三二四，7）。

一二九、M144

1. 墓葬形制

（1）墓葬概况

近方形竖穴土坑墓，上部被破坏，直壁，长3.4、宽2.7、残深1.3米。墓内填黄褐色五花土夹膏泥，底部存膏泥痕迹。墓向155°（图三二五；图版七二，1）。

（2）葬具

葬具已朽，据四壁及墓底板灰痕迹判断为一椁一棺。椁室平面呈"Ⅱ"字形，长约3、宽约2.5、残高0.86米，椁板厚约4厘米，木椁壁板外侧和底板下皆施白膏泥。木棺位于椁室西侧，平面呈长方形，长约2.12、宽约0.76米，高度不详，木棺底板厚约2厘米，底板下存厚约10厘米的熟土棺台。

（3）人骨

单人葬。人骨扰乱严重，葬式、性别不辨。据牙齿磨损度判断年龄在30～35岁。

2. 随葬器物

墓葬随葬器物有陶器、石器、漆器和铜钱（图版七二，2）。陶器有瓮、釜、豆、鼎、盆、钵和器盖，石器为磨石，漆器可辨者为耳杯，铜钱为半两。钱币位于棺内头端和木棺西侧，其他器物集中置于椁室东部。随葬陶器中3件釜（M144：3、M144：11、M144：17）、1件鼎（M144：5）和2件器盖（M144：14、M144：15）仅辨器形，无法修复。随葬漆器（M144：18、M144：19）仅存痕迹，无法提取。其他器物情况如下。

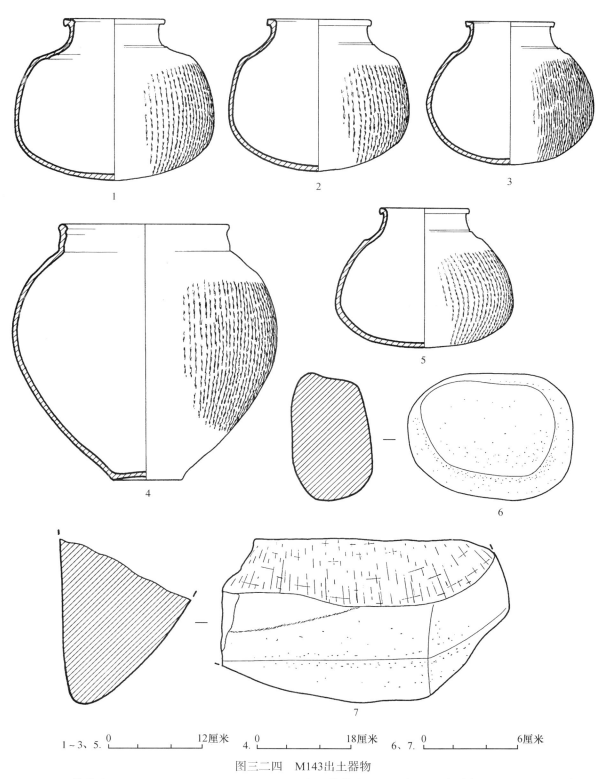

图三二四 M143出土器物

1~3、5.陶釜（M143:4、M143:7、M143:3、M143:2） 4.陶瓮（M143:1） 6、7磨石（M143:5、M143:6）

图三二五　M144平、剖面图

1.半两钱　2、8、10、13、16.陶瓮　3、11、17.陶釜　4.陶盆　5.陶鼎　6.陶钵　7、14、15.陶器盖　9.陶豆　12.磨石　18、19.漆耳杯

　　陶瓮　5件。M144：13，夹细砂灰陶。直口，方唇，高领，圆肩，弧腹内收，平底，最大径在肩部。肩部以下至近底部饰粗绳纹。口径25.4、底径11.6、高35.2、最大肩径38厘米（图三二六，5；图版七三，2）。M144：8，夹细砂灰陶。口微敛，圆唇，高领，圆肩，弧腹内收，平底，最大径在肩部。肩部以下至近底部饰绳纹。口径25.2、底径10.8、高36.6、最大肩径37.5厘米（图三二六，4）。M144：16，夹细砂灰陶。口微侈，圆唇，高领，圆肩，鼓腹内收，平底，最大径在肩部。肩部以下至近底部饰绳纹。口径25.2、底径9.4、高33.4、最大腹径35.4厘米（图三二六，2）。M144：2，夹细砂灰陶。形制、纹饰与M144：16相同。口径25、

底径10、高36、最大腹径37.4厘米（图三二六，1；图版七三，1）。M144：10，夹细砂灰陶。形制、纹饰与M144：2相同。口径25.6、底径11、高33、最大腹径36厘米（图三二六，3）。

陶盆 1件。M144：4，夹细砂红褐陶。敞口，平沿，圆唇，折腹，上腹部略内弧，下腹部略外弧，平底。口径27.6、底径16.8、高14.8厘米（图三二七，4；图版七三，4）。

陶豆 1件。M144：9，夹细砂褐陶。敛口，圆唇，腹部斜弧内收，矮圈足。口径14.7、足径5、高5.5厘米（图三二七，2；图版七三，3）。

陶钵 1件。M144：6，夹砂褐陶。敞口，折腹，平底。口径21、底径5.4、高7厘米（图三二七，1；图版七四，1）。

陶器盖 1件。M144：7，夹细砂褐陶。敞口，斜方唇，斜直腹，尖棱饼形纽。口径26.6、纽径6、高9.2厘米（图三二七，3；图版七四，2）。

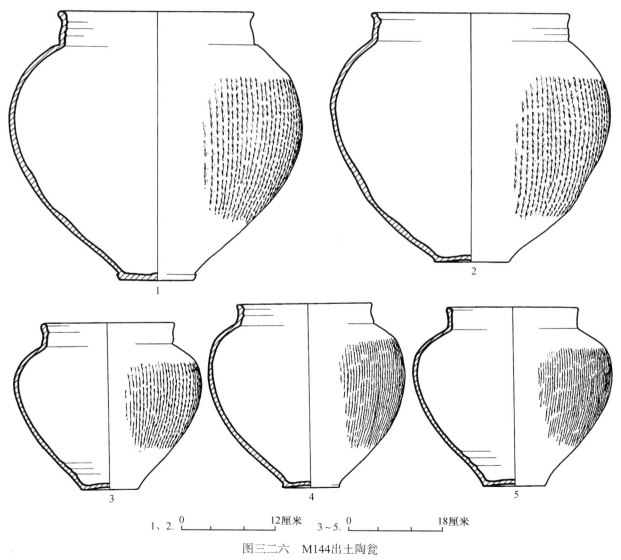

图三二六 M144出土陶瓷
1.M144：2 2.M144：16 3.M144：10 4.M144：8 5.M144：13

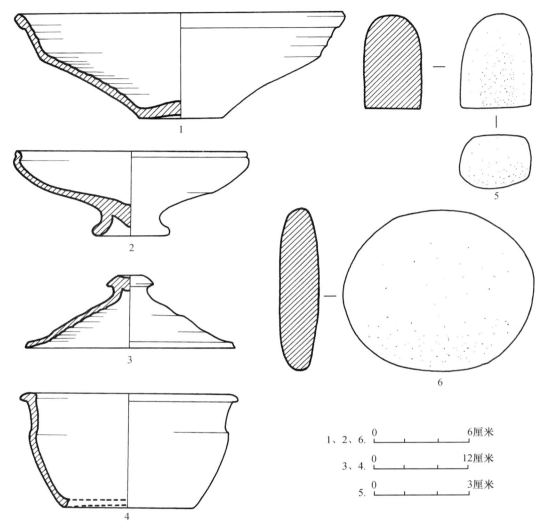

图三二七　M144出土器物

1. 陶钵（M144：6）　2. 陶豆（M144：9）　3. 陶器盖（M144：7）　4. 陶盆（M144：4）

5、6. 磨石（M144：12-1、M144：12-2）

　　磨石　2件。成套出土。M144：12-1，整体呈圆条状，一端人工切割成平面，周身磨光。直径2.2、高3.2厘米（图三二七，5；图版七四，3）。M144：12-2，整体呈圆饼状，中间厚，四周略薄。直径12、厚2.5厘米（图三二七，6；图版七四，4）。

　　半两钱　53枚。其中47枚较残，选取标本3枚。M144：1-3，肉薄，依稀可见细长"半两"二字。钱径2、穿径1厘米，重0.7克（图三二八，1）。M144：1-1，不甚规整，下部存茬口，穿背无郭，钱文较纤细，近小篆，"半"字下横和"两"字上横均较长。钱径2.2、穿径0.9厘米，重1.5克（图三二八，3）。M144：1-2，下部残，形制和钱文与M144：1-1相同。钱径2.3、穿径1厘米，重1.3克（图三二八，2）。

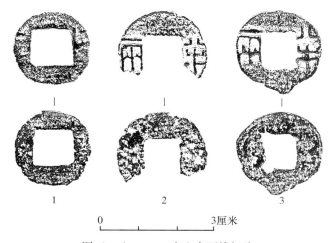

图三二八　M144出土半两钱拓片
1. M144：1-3　2. M144：1-2　3. M144：1-1

一三〇、M145

1. 墓葬形制

（1）墓葬结构

近方形竖穴土坑墓，墓葬被破坏严重，直壁，长3.58、宽3.12、残深1.42米。墓内填黄褐色五花土夹膏泥，底部存膏泥痕迹。墓向190°（图三二九）。

（2）葬具

葬具已朽，据四壁及墓底板灰痕迹推测其为一椁二棺。椁室平面呈"Ⅱ"字形，长约3.08、宽约2.6、残高0.88米，椁板厚约4厘米，椁壁板外侧和底板下皆施白膏泥。两木棺平面均呈长方形，置于椁室中部，西侧木棺长约2.32、宽约0.74米，东侧木棺长约2.32、宽约0.64米，高度和厚度皆不详。

（3）人骨

双人合葬，仰身。人骨扰乱严重，葬式、性别不辨，据牙齿磨损度判断两墓主年龄皆约40岁。

2. 随葬器物

随葬器物有陶器、漆器和铜钱。陶器有瓮、豆、釜、鼎、甑、器盖和罐，漆器器形不辨，铜钱为半两。随葬器物中漆器置于椁室西北角，钱币位于西侧棺内人骨腹部附近，其他器物集中置于椁室东端。其中1件陶瓮（M145：5）、1件陶豆（M145：1）、1件陶鼎（M145：2）、1件陶甑（M145：3）和1件陶器盖（M145：11）仅辨器形，无法修复，漆器（M145：12）仅存痕迹，无法提取。其他器物情况如下。

陶瓮　3件。M145：7，夹细砂褐陶。直口，圆唇，高领，圆肩，弧腹内收，平底微凹，

北

图三二九　　M145平、剖面图

1. 陶豆　2. 陶鼎　3. 陶甑　4. 陶釜　5~7、10. 陶瓮　8. 半两钱　9. 陶罐　11. 陶器盖　12. 漆器

最大径在肩部。肩部以下至近底部饰粗绳纹。口径30、底径12.6、高41.2、最大肩径44.4厘米（图三三〇，1）。M145：10，夹细砂褐陶。形制、纹饰与M145：10相同。口径27.6、底径12.8、高43、最大肩径41厘米（图三三〇，2）。M145：6，夹细砂褐陶。敛口，圆唇，高

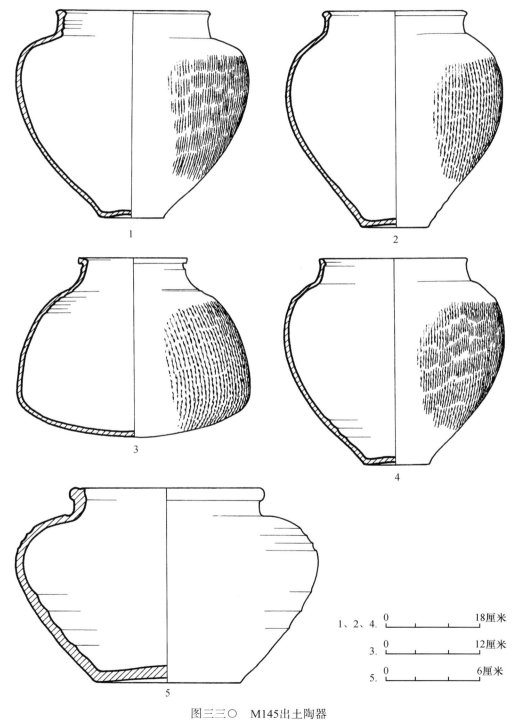

图三三〇　M145出土陶器

1、2、4.瓮（M145：7、M145：10、M145：6）3.釜（M145：4）5.罐（M145：9）

领，圆肩，弧腹内收，平底微凹，最大径在肩部。肩部以下至近底部饰粗绳纹。口径28、底径12.4、高41、最大肩径42厘米（图三三〇，4）。

陶釜　1件。M145：4，夹细砂褐陶。口微侈，沿略斜，方唇，束颈，溜肩，斜弧腹较扁，圜底，最大径在下腹部。肩部以下饰绳纹。口径14、高23.8、最大腹径29.6厘米（图三三〇，3）。

陶罐　1件。M145：9，夹砂褐陶。口近直，卷沿，圆唇，鼓肩，弧腹，平底微凹，最大径在肩部。口径12.4、底径9.2、高12.8、最大肩径19.2厘米（图三三〇，5）。

半两钱　119枚。其中23枚较残，选取标本11枚。M145：8-1，钱币厚重，钱大穿小，钱文高挺。钱径3.1、穿径0.7、肉厚0.1厘米，重8.5克（图三三一，4）。M145：8-2，钱文"半"字较长，笔画圆弧。钱径3.1、穿径0.7厘米，重5.2克（图三三一，5）。M145：8-4，钱币规整，笔画圆弧。钱径3、穿径1厘米，重4.2克（图三三一，3）。M145：8-6，钱币轻薄，钱文规整，小篆味浓。钱径2.8、穿径0.9厘米，重2.7克（图三三一，2）。M145：8-9，形制、钱文与M145：8-6相同。钱径3、穿径0.8厘米，重2.9克（图三三一，1）。M145：8-3，钱币规整、厚重，钱文笔画较粗，字体规整，"半"字较长，字体方折。钱径3.2、穿径0.9厘米，重5.7克（图三三二，6）。M145：8-5，钱币厚重，钱文笔画较细，笔画方折味重。钱径3.1、穿径1厘米，重5.6克（图三三二，2）。M145：8-7，形制、钱文与M145：8-5相同。钱径3、穿径1厘米，重3.9克（图三三二，1）。M145：8-8，钱大且规整，钱文较小，笔画圆弧，钱文高挺。钱径3.1、穿径0.9厘米，重5.7克（图三三二，3）。M145：8-10，钱文笔画圆弧，钱文高挺。钱径2.7、穿径0.9厘米，重5.7克（图三三二，5）。M145：8-11，形制、钱文与M145：8-10相同。钱径2.8、穿径0.6厘米，重5.5克（图三三二，4）。

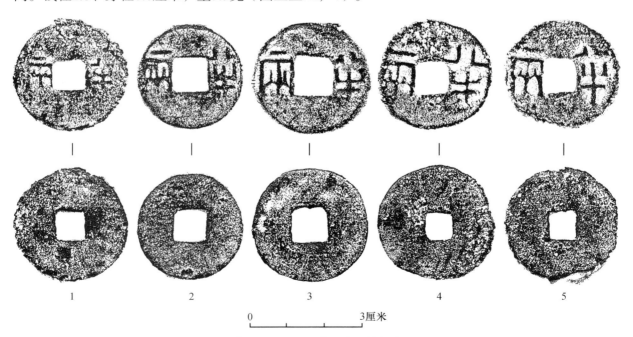

图三三一　M145出土半两钱拓片

1. M145：8-9　2. M145：8-6　3. M145：8-4　4. M145：8-1　5. M145：8-2

图三三二　M145出土半两钱拓片

1. M145∶8-7　2. M145∶8-5　3. M145∶8-8　4. M145∶8-11　5. M145∶8-10　6. M145∶8-3

一三一、M146

1. 墓葬形制

（1）墓葬结构

近方形竖穴土坑墓，墓葬被破坏严重，直壁，长3.22、宽2.62、残深0.8米。墓内填黄褐色五花土夹膏泥，底部存膏泥痕迹。墓向35°（图三三三；图版七五，1）。

（2）葬具

葬具已朽，据四壁及墓底板灰痕迹判断为一椁一棺。椁室平面呈"Ⅱ"字形，长约3.18、宽约2.4、残高0.56米，椁板厚约4厘米，木椁侧壁外侧及底板下部施厚约2厘米的白膏泥。木棺置于椁室西侧，平面呈长方形，长约2.2、宽约0.54米，高度和棺板厚度不详。

（3）人骨

单人葬。人骨被严重扰乱，仅残留一节下肢骨。葬式、性别、年龄不辨。

2. 随葬器物

随葬器物丰富，有陶器、铜器、铁器、漆器和钱币（图版七五，2）。陶器有瓮、釜和

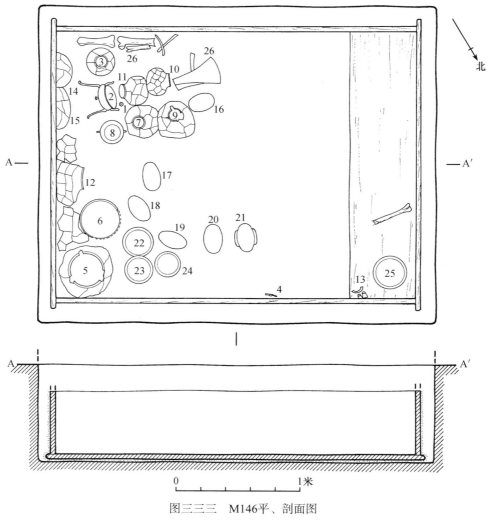

图三三三　M146平、剖面图

1. 五铢钱　2. 铁鼎　3、7、9、11、14、15. 陶釜　4. 铜带钩　5、12. 陶瓮　6. 铜洗　8. 铜鍪　10. 陶罐
13. 铜璜、铜铃　16～20. 漆器　21. 漆耳杯　22～25. 漆盘　26. 牛骨

罐，铜器有鍪、洗、带钩、铃和璜，铁器有鼎，漆器可辨者有耳杯和盘，钱币为半两。墓底
另存牛肢骨和肩胛骨。随葬器物中铜璜、铜铃和1件漆盘位于棺内北端，其他器物集中置于
椁室东部。其中3件陶釜（M146：9、M146：14、M146：15）仅辨器形，无法修复。五铢钱
（M146：1）和漆器（M146：16~M146：25）仅存痕迹，无法提取。其他器物情况如下。

陶瓮　2件。夹细砂褐陶。形制相同，敛口，方唇，高领，圆肩，弧腹内收，平底微凹，
最大径在肩部。肩部以下至近底部饰粗绳纹。M146：12，口径29.4、底径13、高40.4、最大肩
径42.9厘米（图三三四，5；图版七六，1）。M146：5，口径28.6、底径14.6、高44.4、最大肩
径46.8厘米（图三三四，1；图版七六，2）。

陶釜　3件。M146：11，夹细砂褐陶。侈口，沿略斜，方唇，束颈，溜肩，鼓腹下垂，
圜底较甚，最大径在下腹部。颈部饰凹弦纹，肩部以下饰绳纹。釜底存有砾石。口径12.4、
高20.8、最大腹径22.8厘米（图三三四，6；图版七六，3）。M146：3，夹细砂灰陶。侈
口，沿略斜，方唇，束颈，溜肩，弧腹略扁，圜底，最大径在下腹部。颈部饰凹弦纹，肩
部以下饰绳纹。口径12.2、高19.6、最大腹径23.2厘米（图三三四，3；图版七六，4）。
M146：7，夹细砂灰陶。侈口，沿略斜，方唇，束颈，溜肩，鼓腹，圜底，最大径在中腹
部。颈部饰凹弦纹，肩部以下饰绳纹。口径12、高21.2、最大腹径25.4厘米（图三三四，2；
图版七七，1）。

陶罐　1件。M146：10，泥质灰陶。侈口，卷沿，圆唇，束颈，圆肩，弧腹内收，平底，最
大径在肩部。口径14、底径16.4、高23.4、最大肩径29.4厘米（图三三四，4；图版七七，2）。

铜鍪　1件。M146：8，侈口，束颈，溜肩，鼓腹，圜底，最大径在中腹部。肩部有一大
一小二辫索纹耳。口径12.6、高15.2、最大腹径18.4厘米（图三三五，1；图版七七，3）。

铜洗　1件。M146：6，直口，平沿，直壁，平底。口径32.4、底径28.6、高7.2厘米
（图三三五，4；图版七七，4）。

铜带钩　1件。M146：4，整体呈曲棒状，钩身略弯曲。长8.3、宽0.5、厚0.3~0.5厘米
（图三三五，2；图版七七，5）。

铜璜铜铃　1套。由2件铜铃和2件铜璜构成。

铜铃　2件。M146：13-3，铃身下端略弧，环形纽。宽4.7、高5、壁厚0.1厘米（图
三三五，3）。M146：13-4，形制与M146：13-3相同。宽5.8、高5.5、壁厚0.1厘米（图
三三六，4）。

铜璜　2件。M146：13-1，宽拱平缓，整体大致呈圆弧状，顶部有一圆穿，两足外端上
翘。纹饰分上下两组，中间以横向弦纹隔离，上组纹饰为尖角纹，下组纹饰为尖角卷云纹。器
宽10.2、高4.7厘米，体宽1.9、厚0.1厘米（图三三六，1）。M146：13-2，形制与M146：13-1
相同。纹饰有差异，分上下两组，中间以横向弦纹隔离，上下组皆为直角卷云纹。器宽10.8、
高5.4厘米，体宽2.6、厚0.1厘米（图三三六，2）。

铁鼎　1件。M146：2，敛口，腹微鼓，圜底近平，最大径在腹部，底部有三蹄足。肩颈
交接处有二环形立耳。口径22.9、高26、最大腹径26厘米（图三三六，3）。

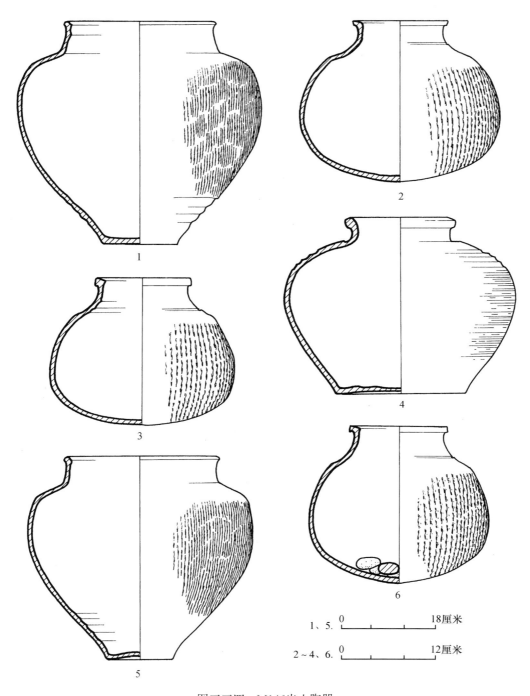

图三三四　M146出土陶器

1、5.瓮（M146：5、M146：12）　2、3、6.釜（M146：7、M146：3、M146：11）　4.罐（M146：10）

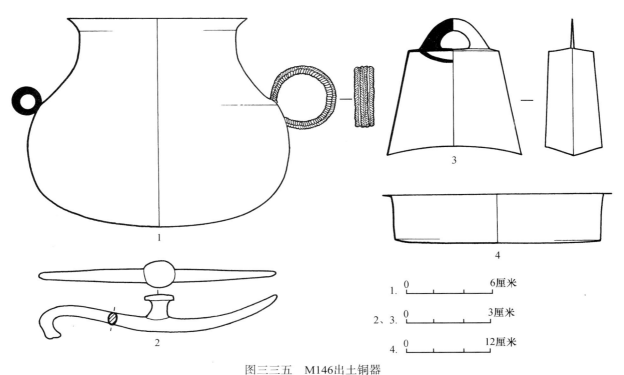

1. 0 ⊢———————⊣ 6厘米

2、3. 0 ⊢———————⊣ 3厘米

4. 0 ⊢———————⊣ 12厘米

图三三五　M146出土铜器

1.鏊（M146：8）　2.带钩（M146：4）　3.铃（M146：13-3）　4.洗（M146：6）

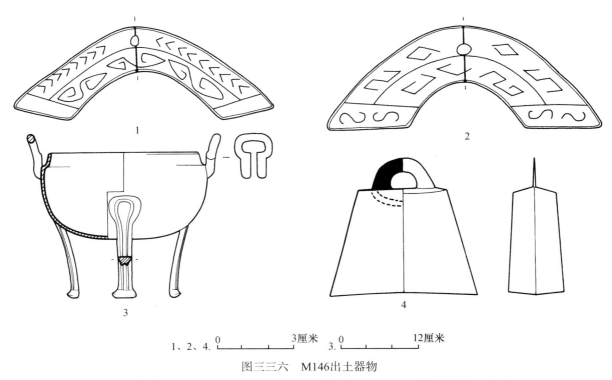

1、2、4. 0 ⊢———————⊣ 3厘米　　3. 0 ⊢———————⊣ 12厘米

图三三六　M146出土器物

1、2.铜璜（M146：13-1、M146：13-2）　3.铁鼎（M146：2）　4.铜铃（M146：13-4）

一三二、M147

1. 墓葬形制

（1）墓葬结构

近方形竖穴土坑墓，上部被破坏，墓底被扰乱，直壁，长3.2、宽3.06、残深1.2米。墓内填黄褐色五花土夹膏泥，底部有膏泥痕迹。墓向40°（图三三七）。

（2）葬具

葬具已朽，据四壁和墓底板灰痕迹判断为一椁一棺。椁室平面呈"Ⅱ"字形，长约2.86、宽约2.66、残高0.88米，椁板厚约2厘米。木棺置于椁室西北，平面呈长方形，长约2.2、宽约0.58米，厚度不详。

（3）人骨

单人葬。人骨扰乱严重，仰身，下肢直姿，其他葬式不详。性别、年龄不详。

2. 随葬器物

随葬器物有陶器、铜器、石器、骨器、贝器和漆器。陶器有釜和瓮，铜器有璜、铃、洗和带钩，石器为磨石，骨器为牌饰，贝器为饰物，漆器为耳杯，另随葬少量牛骨。随葬器物中铜璜位于木棺东北侧，其他器物集中置于椁室东半部。随葬陶器中2件釜（M147：4、M147：9）仅辨器形，无法修复，漆耳杯（M147：18）仅存痕迹。其他器物情况如下。

陶瓮　1件。M147：7，夹细砂灰褐陶。口微侈，斜方唇，高领，广肩，弧腹内收，平底微凹，最大径在肩部。肩部以下至近底部饰粗绳纹，腹部存朱砂痕迹。口径30.8、底径14、高53.4、最大肩径57.4厘米（图三三八，1）。

陶釜　5件。M147：10，夹砂灰褐陶。侈口，卷沿，圆唇，有领，束颈，溜肩，圆鼓腹，圜底，最大径在下腹部。肩部以下饰绳纹。口径11.6、高16.6、最大腹径18.6厘米（图三三八，3）。M147：3，夹砂灰褐陶。口微侈，沿略斜，方唇，束颈，溜肩，扁弧腹，圜底近平，最大径在下腹部。肩部以下饰绳纹。口径12.8、高21.6、最大腹径27.8厘米（图三三八，6）。M147：5，夹砂灰褐陶。侈口，斜沿，方唇，束颈，溜肩，圆鼓腹，圜底较甚，最大径在下腹部。肩部以下饰绳纹。口径12、高20.4、最大腹径23.6厘米（图三三八，4）。M147：6，夹砂灰褐陶。形制、纹饰与M147：5相同。口径12.4、高20.6、最大腹径22.6厘米（图三三八，2）。M147：8，夹砂灰褐陶。形制、纹饰与M147：5相同。口径13.6、高23、最大腹径26.4厘米（图三三八，5）。

铜璜　4件。M147：1-1，宽拱平缓，整体大致呈圆弧状，顶部有一圆穿，两足外端上翘。纹饰分上下两组，中间以横向弦纹隔离，上组纹饰为尖角纹，下组纹饰为直角卷云纹。器宽10.9、高4厘米，体宽1.8、厚0.1厘米（图三三九，2）。M147：1-2，形制、纹饰与M147：1-1

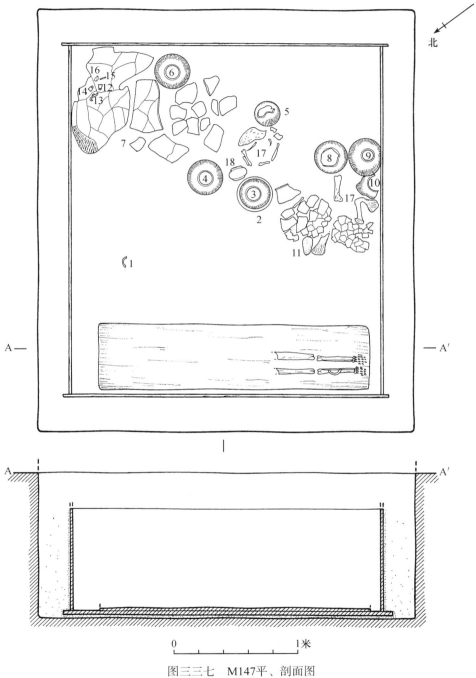

图三三七　M147平、剖面图

1. 铜璜　2. 铜洗　3～6、8～10. 陶釜　7. 陶瓮　11. 磨石　12、14. 铜铃

13. 铜带钩　15. 骨牌饰　16. 贝饰　17. 牛骨　18. 漆耳杯

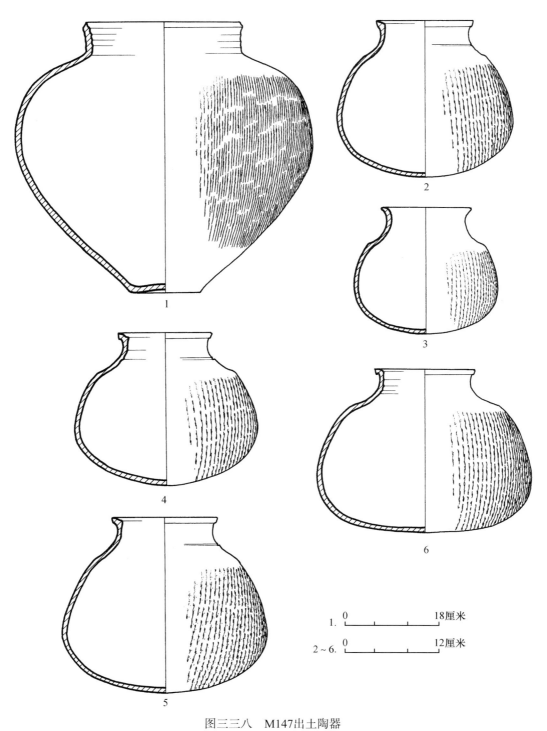

图三三八　M147出土陶器

1.瓮（M147：7）　2~6.釜（M147：6、M147：10、M147：5、M147：8、M147：3）

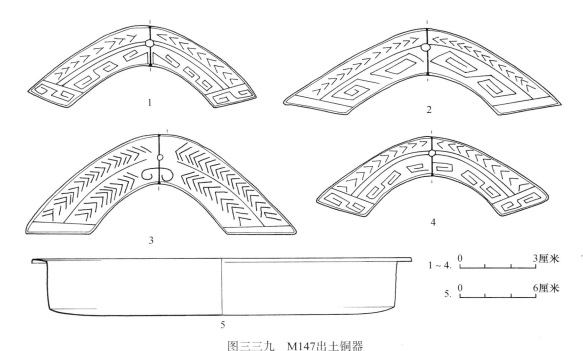

图三三九 M147出土铜器

1~4.璜（M147：1-2、M147：1-1、M147：1-3、M147：1-4） 5.洗（M147：2）

相同。器宽9、高3厘米，体宽1.6、厚0.1厘米（图三三九，1）。M147：1-4，形制、纹饰与M147：1-2相同。器宽9.2、高4.8厘米，体宽1.8、厚0.1厘米（图三三九，4）。M147：1-3，宽拱平缓，整体呈圆弧状，顶部有一圆穿，两足外端平齐。纹饰分上下两组，中间以横向弦纹隔离，上下组皆为尖角纹。器宽10.7、高5厘米，体宽2.2、厚0.1厘米（图三三九，3）。

铜洗 1件。M147：2，直口，大平沿，直腹，平底。口径30、底径27.6、高4.6厘米（图三三九，5）。

铜铃 2件。M147：12，铃身下缘弧度较大，两角下伸较甚，半环形纽，铃内存长条形铃舌。宽4、高4.4厘米（图三四〇，2）。M147：14，形制、纹饰与M147：12相同。宽4.2、高4.4、壁厚0.1厘米（图三四〇，4）。

铜带钩 1件。M147：13，整体呈曲棒状，钩身略弯曲。长8.8、宽0.8、厚0.4厘米（图三四〇，1）。

磨石 1件。M147：11，整体不规则，略呈长方形。残长13.6、宽7、厚6.6厘米（图三四〇，3）。

骨牌饰 1件。M147：15，下部略残，呈条状，表面阴刻交叉斜线和同心圆纹。残长4.5、宽0.7厘米（图三四〇，5）。

贝饰 1件。M147：16，略残，贝壳器表磨光，应为与铜璜铜铃套伴出的贝饰。残长2.9、残宽1.8厘米（图三四〇，6）。

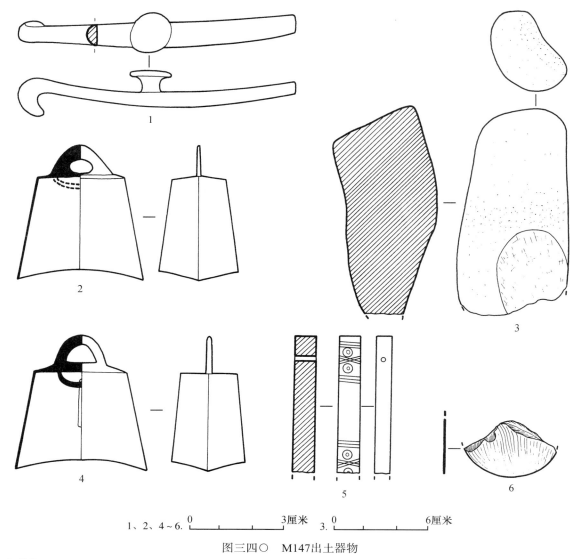

1、2、4～6. 0 ————————— 3厘米　　3. 0 ————————— 6厘米

图三四〇　M147出土器物

1. 铜带钩（M147：13）　2、4. 铜铃（M147：12、M147：14）　3. 磨石（M147：11）　5. 骨牌饰（M147：15）　6. 贝饰（M147：16）

一三三、M148

1. 墓葬形制

（1）墓葬结构

近方形竖穴土坑墓，上部被破坏，直壁，长2.7、宽2.64、残深0.84米。墓内填黄褐色五花土夹膏泥，底部有膏泥痕迹。墓向12°（图三四一；图版七八，1）。

（2）葬具

葬具已朽，据四壁和墓底板灰痕迹判断为一椁一棺。椁室平面呈"Ⅱ"字形，长约2.44、

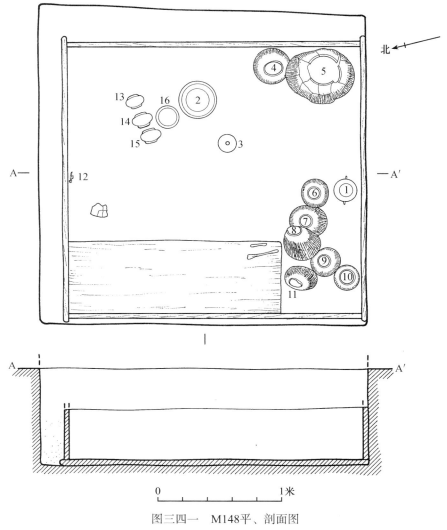

图三四一　M148平、剖面图

1.铜鍪　2.铜洗　3.陶豆　4、5.陶瓮　6～11.陶釜　12.铜带钩　13～15.漆耳杯　16.漆盘

宽约2.4、残高0.46米，椁板厚约4厘米。木棺位于椁室西侧，平面呈长方形，长约1.74、宽约0.58米，高度及棺板厚度不详。

（3）人骨

单人葬。人骨扰乱严重，仅存零星肢骨，葬式、性别、年龄不详。

2. 随葬器物

随葬器物有陶器、铜器和漆器（图版七八，2）。陶器有瓮、釜和豆，铜器有鍪、洗和带钩，漆器有盘和耳杯，器物主要置于椁室中部和南端。随葬陶器中5件釜（M148：6～M148：9、M148：11）和1件瓮（M148：4）仅辨器形，无法修复。随葬漆器（M148：13～M148：16）仅存痕迹。其他器物情况如下。

陶瓮　1件。M148：5，夹细砂褐陶。口微侈，圆唇，高领内敛，溜肩，鼓腹内收，平底微凹，最大径在上腹部。肩部以下至近底部饰粗绳纹。口径30、底径14.4、高42.6、最大腹径47.5厘米（图三四二，1；图版七九，1）。

陶釜　1件。M148：10，夹细砂灰陶。侈口，沿微斜，方唇，束颈，溜肩，扁鼓腹，圜底，最大径在中腹部。颈部饰凹弦纹，肩部以下饰绳纹。口径12、高18.4、最大腹径22.8厘米（图三四二，6；图版七九，2）。

陶豆　1件。M148：3，夹细砂褐陶。敛口，圆唇，斜直腹内收，矮圈足。口径13.2、足径4.8、高5.2厘米（图三四二，3；图版七九，3）。

铜鍪　1件。M148：1，侈口，斜沿，长颈微束，折肩，扁鼓腹，圜底近平，最大径在腹部。颈肩部有一大一小二辫索纹环形耳。口径12、高13.4、最大腹径17厘米（图三四二，2；图版七九，4）。

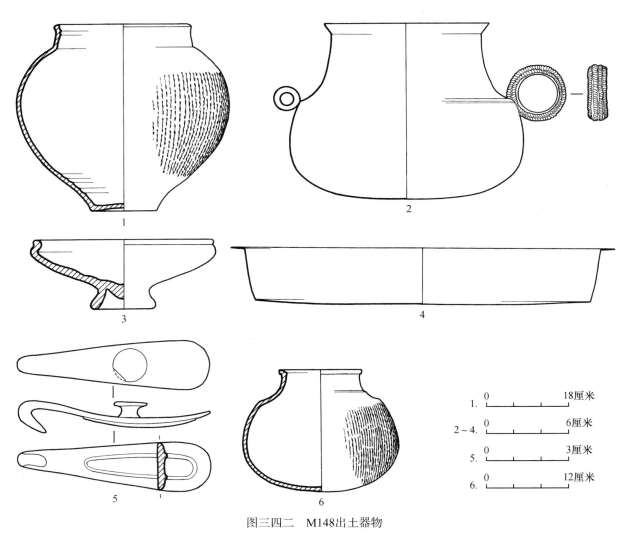

图三四二　M148出土器物

1.陶瓮（M148：5）　2.铜鍪（M148：1）　3.陶豆（M148：3）　4.铜洗（M148：2）　5.铜带钩（M148：12）　6.陶釜（M148：10）

　　铜洗　1件。M148：2，敞口，平沿，斜直腹，平底。口径27.8、底径24.4、高4厘米（图三四二，4；图版七九，5）。

　　铜带钩　1件。M148：12，整体呈琵琶状，从头至尾部逐步变宽，尾部为长圆形，带扣在器身中部。长7、最宽处1.9、厚0.1～0.5厘米（图三四二，5；图版七九，6）。

一三四、M149

1. 墓葬形制

（1）墓葬结构

　　长方形竖穴土坑墓，上部被破坏，直壁，长3、宽2.12、残深0.86米。墓内填黄褐色五花土夹膏泥，底部存膏泥痕迹。墓向25°（图三四三）。

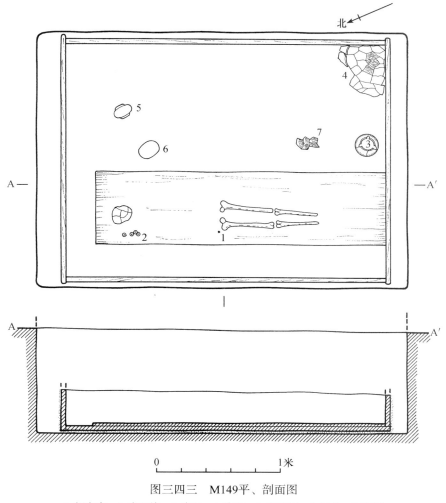

图三四三　M149平、剖面图

1. 铜印章　2. 半两钱　3. 陶釜　4. 陶瓮　5. 漆耳杯　6. 漆盘　7. 陶器

（2）葬具

葬具已朽，据墓底板灰痕迹判断为一椁一棺。椁室平面呈"Ⅱ"字形，长约2.68、宽约2.04、残高约0.3米，椁板厚约4厘米。木棺置于椁室西侧，平面呈长方形，长约2.34、宽约0.6米，高度不详，木棺底板厚约2厘米。椁外侧及底部施白膏泥。

（3）人骨

单人仰身直肢葬。上肢被扰乱。葬式、性别、年龄不辨。

2. 随葬器物

随葬器物有陶器、铜器、漆器和钱币。陶器有瓮和釜，铜器为印章，漆器有耳杯和盘，钱币为半两。随葬器物中铜钱位于棺内人骨头侧，其他器物位于椁室东部。随葬器物中1件陶器（M149∶7）器形不辨，随葬漆器（M149∶5、M149∶6）仅辨器形，无法提取。其他器物情况如下。

陶瓮　1件。M149∶4，夹砂褐陶。口近直，圆唇，高领略内敛，溜肩，鼓腹内收，平底微凹，最大径在上腹部。肩部以下至近底部饰粗绳纹。口径28.8、底径13.4、高43.4、最大腹径44.6厘米（图三四四，1）。

陶釜　1件。M149∶3，夹砂褐陶。侈口，沿略斜，方唇，束颈，溜肩，圆鼓腹，圜底较甚，最大径在中腹部。颈部饰凹弦纹，肩部以下饰绳纹。口径11、高18、最大腹径20.4厘米（图三四四，2）。

铜印章　1件。M149∶1，整体呈台状，印面呈长方形，桥形纽。印面周边存界线，中部存一横向界线将印面分为上下两部分，其内竖向篆刻"亯（享）宜"二字。印面长1.4、宽0.9厘米，印高1厘米（图三四四，3）。

半两钱　20枚。选取标本10枚。M149∶2-1，钱币规整，穿背无郭，钱文规整方折，

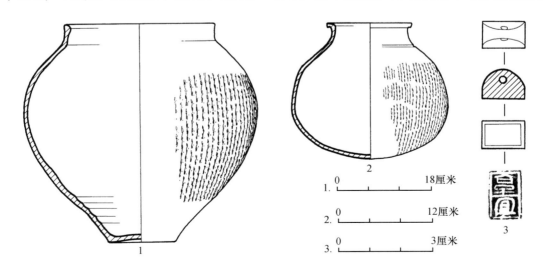

图三四四　M149出土器物

1. 陶瓮（M149∶4）　2. 陶釜（M149∶3）　3. 铜印章（M149∶1）

"两"字无上横，下部外撇。钱径3.2、穿径0.9厘米，重4.7克（图三四五，2）。M149：2-2，下部残。钱径3.2、穿径0.9厘米，重4.7克（图三四五，1）。M149：2-4，钱文横画短。钱径3.1、穿径0.9厘米，重5克（图三四五，3）。M149：2-6，钱币不甚规整，上端存茬口，钱币较轻薄，钱文横画短。钱径3.3、穿径1厘米，重3.7克（图三四五，5）。M149：2-7，钱币较厚重，上端存茬口，钱文较小，大篆味浓。钱径3.1、穿径0.9厘米，重5.9克（图三四五，10）。M149：2-3，整体呈灯笼状，钱币厚重，钱文笔画圆弧，横画较短，"两"字竖划长。钱径3.1、穿径0.9厘米，重6.9克（图三四五，9）。M149：2-5，上部残，钱文方折微弧。钱径2.7、穿径0.9厘米，重2.2克（图三四五，4）。M149：2-8，左下稍残，钱币较规整，钱文规整，横画较短。钱径2.6、穿径0.9厘米，重1.9克（图三四五，6）。M149：2-9，钱币不规整，钱文小篆味浓，横画较短。左右径2.6、上下径2.3、穿径0.9厘米，重2.5克（图三四五，8）。M149：2-10，钱币不甚规整，下端存茬口，上部存砂眼，"半两"二字笔画圆弧高挺，"半"字下横画较短，"两"字无上横。钱径2.1、穿径0.8厘米，重1.1克（图三四五，7）。

一三五、M150

1. 墓葬形制

（1）墓葬结构

长方形竖穴土坑墓，上部被破坏，直壁，长4.1、宽2.6、残深1米。墓内填黄褐色五花土夹膏泥，底部存膏泥痕迹。墓向5°（图三四六）。

（2）葬具

葬具已朽，据四壁及墓底板灰痕迹判断为一椁一棺。椁室平面呈"Ⅱ"字形，长约3.3、宽约1.96、残高0.78米，椁板厚约4厘米。木椁四壁外侧及底板下部施厚约2厘米的白膏泥。木棺位于椁室东北部，平面呈长方形，长约1.88、宽约0.5米，高度及棺板厚度不详。

（3）人骨

人骨不存。

2. 随葬器物

随葬器物有陶器、铜器、漆器和铜钱。陶器为瓮，铜器为镜，漆器有耳杯、盘和奁，铜钱为半两。随葬器物中铜钱和铜镜位于棺内北端，其他器物置于椁室西侧。随葬漆器（M150：4～M150：7）仅存痕迹，无法提取。其他器物情况如下。

陶瓮　1件。M150：3，夹砂褐陶。口微侈，斜方唇，高领内敛，溜肩，鼓腹内收，平底，最大径在上腹部。肩部以下至近底部饰绳纹。口径26.5、底径14.4、高37.6、最大腹径39.2厘米（图三四七，1）。

铜镜　1件。M150：1，平面呈圆形，桥形纽。镜背饰三周凸弦纹。直径9.3、高0.5、厚

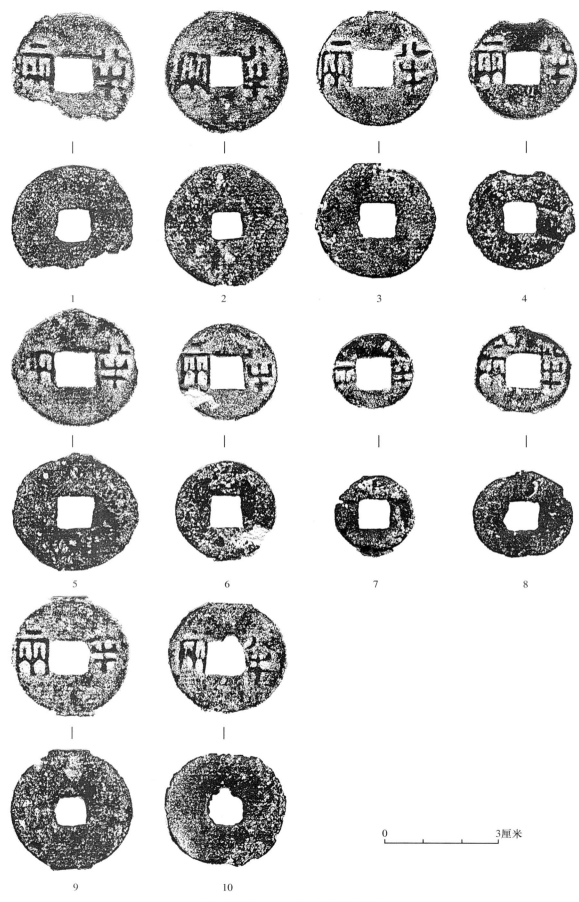

图三四五　M149出土半两钱拓片

1. M149：2-2　2. M149：2-1　3. M149：2-4　4. M149：2-5　5. M149：2-6　6. M149：2-8

7. M149：2-10　8. M149：2-9　9. M149：2-3　10. M149：2-7

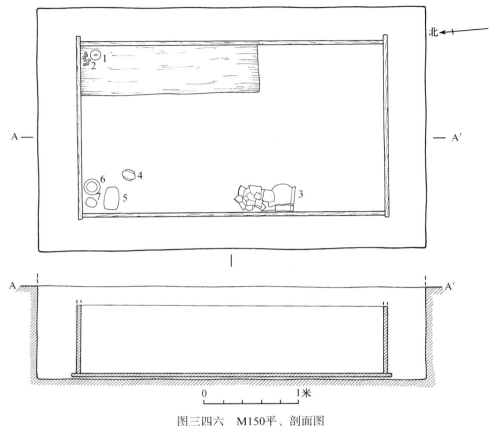

图三四六　M150平、剖面图

1.铜镜　2.半两钱　3.陶瓮　4.漆耳杯　5.漆奁　6.漆盘　7.漆器

0.1～0.2厘米（图三四七，2）。

半两钱　26枚。其中3枚较残，选取标本4枚。M150：2-1，钱币厚重，不甚规整，钱文高挺随意，横画较短。钱径2.6、穿径0.9厘米，重4.8克（图三四八，2）。M150：2-2，钱币轻薄，钱文笔画圆弧，横画较短。钱径2.6、穿径0.9厘米，重1.5克（图三四八，4）。M150：2-3，钱币厚重，钱文随意，笔画圆弧。钱径2.5、穿径0.8厘米，重4.2克（图三四八，3）。M150：2-4，钱文纤细随意。钱径2.6、穿径1厘米，重3.6克（图三四八，1）。

一三六、M151

1. 墓葬形制

（1）墓葬结构

近方形竖穴土坑墓，上部被扰乱破坏，直壁，长3.1、宽2.5、残深0.9米。墓内填土为黄褐色五花土夹膏泥，底部存膏泥痕迹。墓向20°（图三四九）。

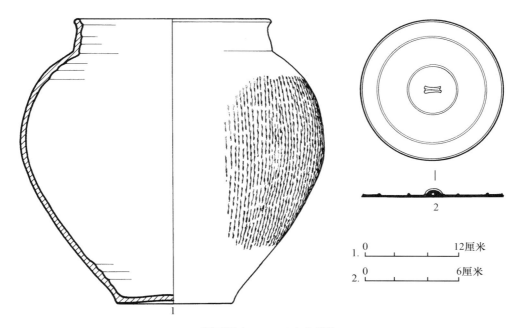

图三四七　M150出土器物

1. 陶瓮（M150：3）　2. 铜镜（M150：1）

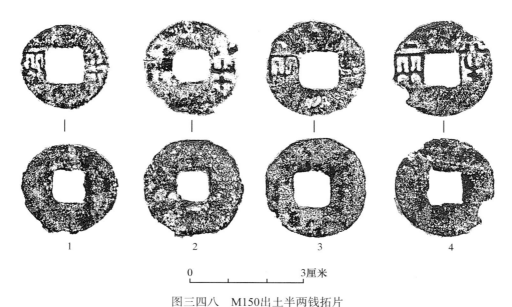

图三四八　M150出土半两钱拓片

1. M150：2-4　2. M150：2-1　3. M150：2-3　4. M150：2-2

（2）葬具

　　葬具已朽，据四壁及墓底板灰痕迹判断为一椁一棺。木椁平面呈"Ⅱ"字形，长约3.06、宽约2.44、残高0.68米，椁板厚约2厘米。木棺置于椁室东侧，平面呈长方形，长约2.02、宽约0.74米，高度不详，木棺底板厚约4厘米。椁底板和四壁外侧施厚约1厘米的白膏泥。

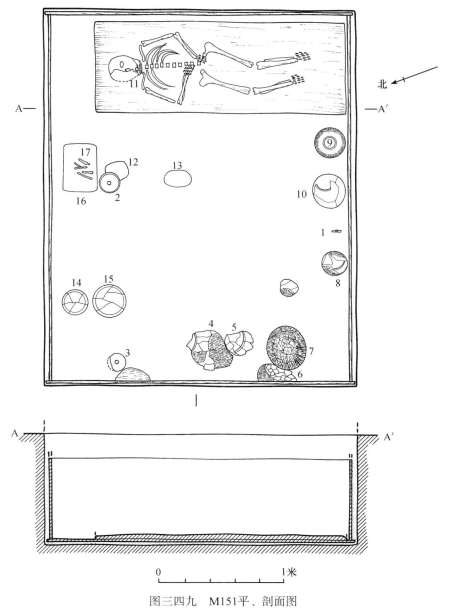

图三四九 M151平、剖面图

1.铜带钩 2.陶钵 3.陶豆 4.陶瓮 5～10.陶釜 11.铜印章 12、13.漆器 14、15.漆盒 16.漆盘 17.狗骨

（3）人骨

单人仰身直肢葬。人骨被挤压略变形，上肢交叉置于下腹部。人骨长约1.5米，性别不辨，据牙齿磨损度判断年龄在50～55岁。

2.随葬器物

随葬器物有陶器、铜器和漆器，另随葬狗骨1副。陶器有瓮、釜、豆、钵，铜器有带钩和印章，漆器可辨者有盒、盘。铜印章位于人骨口部，其他器物置于椁室中部和西部。随葬陶器中1件釜（M151：5）和1件豆（M151：3）仅辨器形，无法修复。随葬漆器（M151：12～M151：16）仅存痕迹。其他器物情况如下。

陶釜　5件。M151：7，夹细砂灰陶。口微侈，沿略斜，方唇，束颈，溜肩，扁弧腹，圜底，最大径在下腹部。颈部饰凹弦纹，肩部以下饰绳纹。口径13.4、高23.8、最大腹径29.2厘米（图三五〇，4）。M151：8，夹细砂灰陶。形制、纹饰与M151：7相同。口径11、高18.2、最大腹径20.8厘米（图三五〇，3）。M151：9，夹细砂灰陶。口微侈，沿微斜，方唇，束颈，溜肩，扁鼓腹，圜底，最大径在中腹部。颈部饰凹弦纹，肩部以下饰绳纹。口径12.4、高22.5、最大腹径28.4厘米（图三五〇，5）。M151：6，夹细砂褐陶。口微侈，短斜沿，方唇，束颈，溜肩，弧腹甚扁，圜底近平。颈部饰凹弦纹，肩部以下饰绳纹，最大径在下腹部。口径11.2、高16.4、最大腹径19.2厘米（图三五〇，2）。M151：10，夹细砂灰陶。形制、纹饰与M151：6相同。口径10.4、高18、最大腹径19.6厘米（图三五〇，1）。

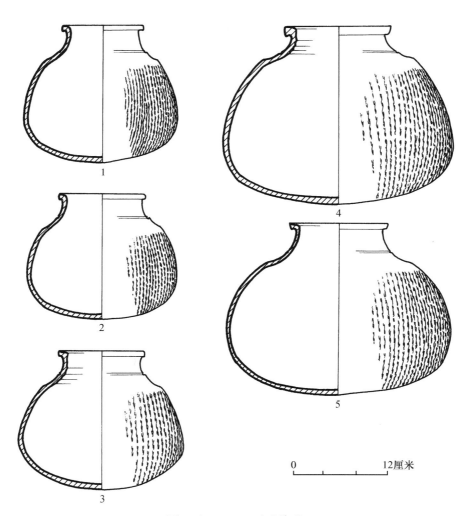

0　　　　　　　　12厘米

图三五〇　M151出土陶釜

1. M151：10　2. M151：6　3. M151：8　4. M151：7　5. M151：9

陶瓮　1件。M151：4，夹细砂灰褐陶。口近直，方唇，高领略内敛，圆肩，弧腹内收，平底微凹，最大径在肩部。肩部以下至近底部饰绳纹。口径17.6、底径13、高27.8、最大肩径30.4厘米（图三五一，1）。

陶钵　1件。M151：2，夹细砂褐陶。敞口，平沿，方唇，折腹，上腹短，下腹较长，平底微凹。口径15、底径5.4、高5.2厘米（图三五一，2）。

铜带钩　1件。M151：1，整体呈曲棒状，钩身较短且略弯曲。长5.4、宽0.9、厚0.2米（图三五一，3）。

铜印章　1件。M151：11，整体呈须弥座状，印面呈方形，桥形纽。印面中部阴刻竖向界线，印文篆刻，经释读为"享腾"。印面长1.3、宽1.2厘米，印高0.9厘米（图三五一，4）。

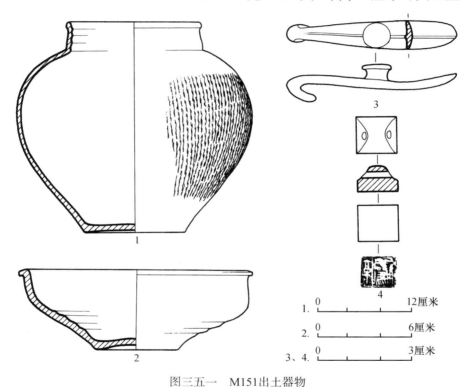

图三五一　M151出土器物

1.陶瓮（M151：4）2.陶钵（M151：2）3.铜带钩（M151：1）4.铜印章（M151：11）

一三七、M152

1. 墓葬形制

（1）墓葬结构

长方形竖穴土坑墓，上部被破坏，直壁，长3.8、宽1.9、残深0.86米。墓内填黄褐色五花土夹膏泥，四壁及底部存膏泥痕迹。墓向35°（图三五二）。

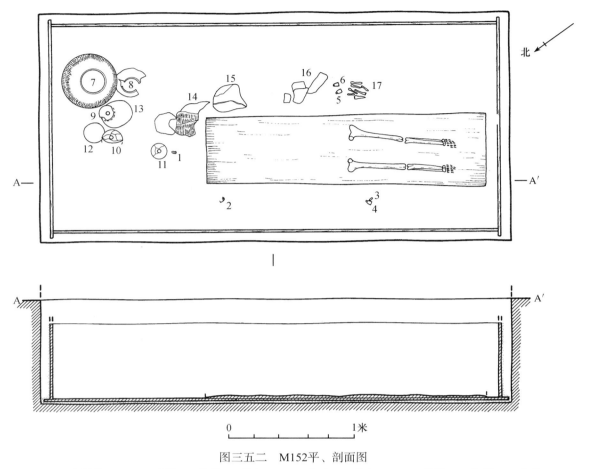

图三五二　M152平、剖面图

1、3. 铜牌饰　2、4～6. 铜铃　7. 陶瓮　8. 陶釜　9～11. 陶豆　12. 漆盘　13～15. 漆器　16. 陶器　17. 狗骨

（2）葬具

葬具已朽，据四壁及墓底板灰痕迹判断为一椁一棺。椁室平面呈"Ⅱ"字形，长约3.66、宽约1.78、残高0.62米，椁板厚约2厘米。椁室侧板及底部外侧施白膏泥。木棺位于椁室南部，平面呈长方形，长约2.26、宽约0.6米，高度及棺板厚度不详。

（3）人骨

单人葬，人骨上部被破坏，下肢直姿。人骨下肢长约0.8米，葬式、性别、年龄不辨。

2. 随葬器物

随葬器物有陶器、铜器、漆器。陶器有瓮、釜和豆，铜器有铃和牌饰，漆器可辨者为盘，另存狗骨1副。陶器和漆器主要置于椁室北部，铜牌饰和铜铃分散置于木棺四侧，狗骨置于木棺东侧。随葬陶器中1件釜（M152：8）和2件豆（M152：10、M152：11）仅辨器形，无法修复，1件陶器（M152：16）器形不辨。随葬漆器（M152：12～M152：15）仅存痕迹。其他器物情况如下。

陶瓮　1件。M152：7，夹砂褐陶。口微侈，圆唇，高领内敛，弧肩，鼓腹内收，平底微凹，最大径在中腹部。肩部以下至近底部饰粗绳纹。口径21、底径12.8、高34.4、最大腹径36.8厘米（图三五三，3）。

陶豆　1件。M152：9，夹砂红褐陶。口微侈，圆唇，腹部斜弧内收，矮圈足。口径13.3、残高5.3厘米（图三五三，1）。

铜牌饰　2件。形制大致相同，中部两圆形饰纵向相连，上部有一半环形纽，下部为两个较小的圆形饰并连。M152：1，通长4.6、宽2.1、厚0.2～0.3厘米（图三五三，2）。M152：3，通长5.1、宽2.6、厚0.1～0.2厘米（图三五四，3）。

铜铃　4件。M152：2，铃身下缘平齐，半环形纽。宽4.7、高5、厚2.6厘米（图三五四，4）。M152：4，铃身下缘略弧，半环形纽。铃身存纹饰，但漫漶不清。宽5.9、高5.5厘米（图三五四，2）。M152：5，形制与M152：4相同。宽5、残高4.6厘米（图三五四，1）。M152：6，形制与M152：4相同，铃身饰饕餮纹。宽4.7、高5.3厘米（图三五四，5）。

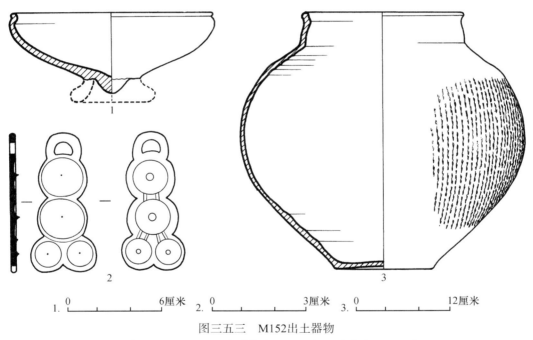

图三五三　M152出土器物

1. 陶豆（M152：9）　2. 铜牌饰（M152：1）　3. 陶瓮（M152：7）

一三八、M153

1. 墓葬形制

（1）墓葬结构

长方形竖穴土坑墓，中部有一圆形盗洞，口部长3.12、宽2.02米，底部长2.7、宽1.7米，残

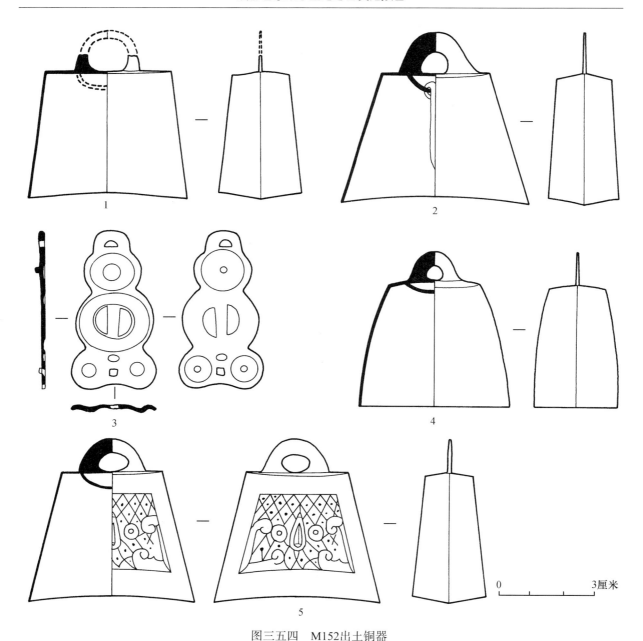

图三五四　M152出土铜器

1、2、4、5.铃（M152：5、M152：4、M152：2、M152：6）　3.牌饰（M152：3）

深约1米。东、西、北三壁在近底部约0.4米处内收成宽0.16～0.26的生土二层台。墓内填黄褐色五花土夹膏泥，底部存膏泥痕迹。墓向35°（图三五五）。

（2）葬具

葬具已朽，据四壁及底部板灰痕迹判断为一椁一棺。木椁痕迹模糊，平面呈长方形，长约2.7、宽约1.7米，高度及椁板厚度不详。木棺置于椁室西侧，平面呈长方形，长约2.1、宽约0.6米，高度不详，木棺底板厚约0.3米。

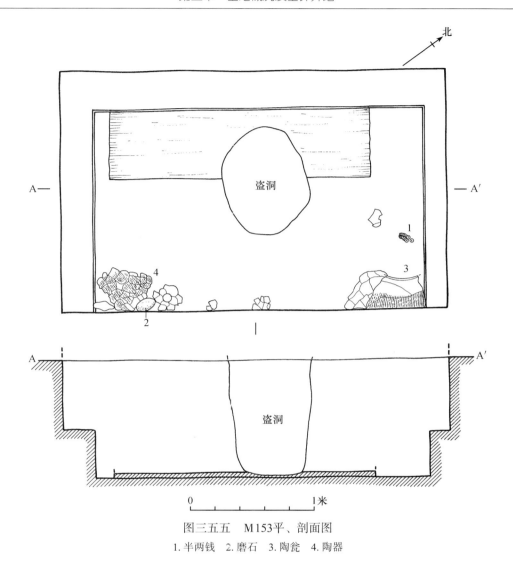

图三五五　M153平、剖面图
1. 半两钱　2. 磨石　3. 陶瓮　4. 陶器

（3）人骨

人骨不存。

2. 随葬器物

随葬器物有陶器、石器和铜钱。陶器可辨者为瓮，石器为磨石，铜钱为半两。铜钱位于椁室北端，其他器物置于椁室东北角和东南角。随葬器物中1件陶器（M153：4）器形不辨，其他器物情况如下。

陶瓮　1件。M153：3，夹砂褐陶。口略敛，圆唇，高领，圆肩，鼓腹内收，平底微凹，最大径在上腹部。肩部以下至近底部饰粗绳纹。口径25、底径12.5、高41.4、最大腹径46.2厘米（图三五六，2）。

磨石　1件。M153：2，大致呈长条状，不甚规则。长17、宽8.5、厚8.2厘米（图三五六，1）。

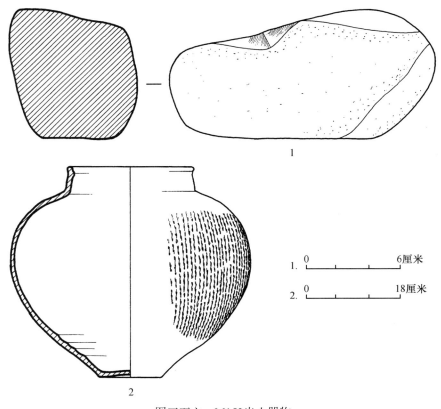

图三五六　M153出土器物
1. 磨石（M153：2）　2. 陶瓮（M153：3）

半两钱　24枚。其中5枚残，选取标本5枚。M153：1-1，钱币不规整，右上侧稍残，钱文笔画方折，"半"字上下横画等长，"两"字上横画较短，双人竖画长。钱径3.3、穿径1.2厘米，重3.5克（图三五七，4）。M153：1-2，形制、钱文与M153：1-1相同。钱径3、穿径1厘米，重3.9克（图三五七，3）。M153：1-4，钱币上下端存茬口，钱文较小，横画较短。钱径3、穿径0.8厘米，重4.1克（图三五七，2）。M153：1-3，钱币不规整，上端存茬口。钱文笔画方折，横画较短。钱径2.7、穿径0.9厘米，重2.7克（图三五七，5）。M153：1-5，钱币轻薄，穿左侧稍残，钱文隶意重，"半"字上下横画等长，"两"字上横与肩等长。钱径2.2、穿径0.9厘米，重1.2克（图三五七，1）。

一三九、M154

1. 墓葬形制

（1）墓葬结构

长方形竖穴土坑墓，上部被破坏，底部被扰动，直壁，长2.46、宽0.9、残深0.3米。墓圹填

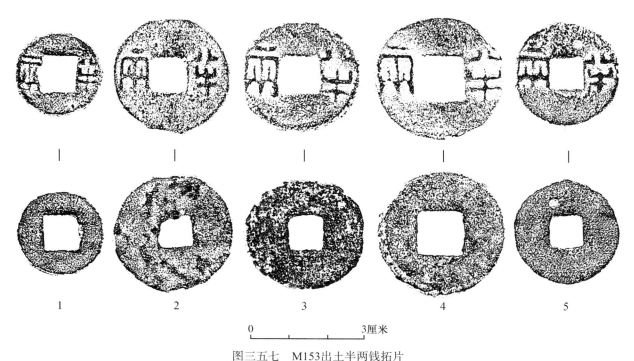

图三五七 M153出土半两钱拓片

1. M153：1-5 2. M153：1-4 3. M153：1-2 4. M153：1-1 5. M153：1-3

土为黄褐色五花土，底部有白膏泥痕迹。墓向5°（图三五八）。

（2）葬具

葬具已朽，据墓底板灰痕迹判断为木板。木板平面呈长方形，长2.2、宽0.6米，高度不详。

（3）人骨

单人葬，人骨被严重扰乱，仅在墓葬南部存肢骨痕迹，葬式、性别、年龄不辨。

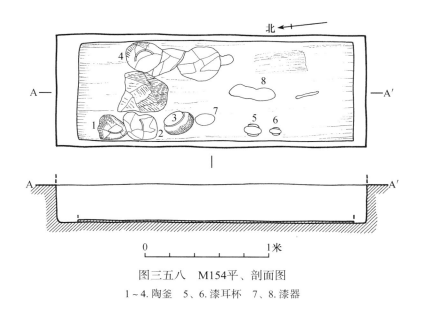

图三五八 M154平、剖面图

1~4.陶釜 5、6.漆耳杯 7、8.漆器

2. 随葬器物

随葬器物有陶器和漆器，集中置于墓葬中部。陶器皆为釜（M154：1～M154：4），仅辨器形，无法修复。漆器可辨者为耳杯（M154：5、M154：6），仅存痕迹，无法提取。

一四〇、M155

1. 墓葬形制

（1）墓葬结构

长方形竖穴土坑墓，上部被破坏，直壁，长3.22、宽1.5、残深0.72米。墓内填黄褐色五花土夹膏泥，底部存膏泥痕迹。墓向0°（图三五九）。

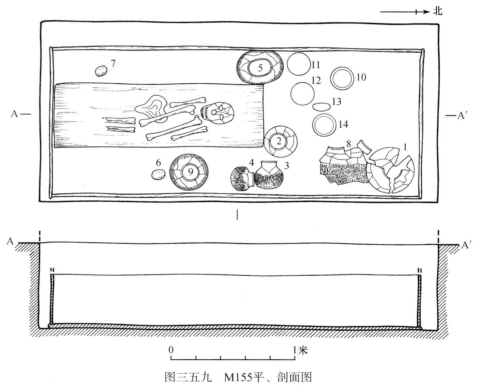

图三五九　M155平、剖面图

1.陶瓮　2～5、8、9.陶釜　6、7.磨石　10.漆盒　11、12、14.漆盘　13.漆器

（2）葬具

葬具已朽，据四壁及墓底板灰痕迹判断为一椁一棺。椁室平面呈长方形，长约3.02、宽约1.26、残高0.42米，椁板厚约2厘米。木棺置于椁室南部，平面呈长方形，长约1.7、宽约0.52米，高度及棺板厚度不详。

（3）人骨

单人仰身葬，肢骨十分凌乱。葬式及性别不辨，据牙齿磨损度判断年龄在35岁左右。

2. 随葬器物

随葬器物有陶器、石器和漆器。陶器有瓮和釜，石器为磨石，漆器（M155：10～M155：12、M155：14）可辨器形为盒和盘。陶器和漆器主要置于椁室北半部，磨石和1件陶釜位于木棺两侧。其中3件釜（M155：2、M155：5、M155：9）仅辨器形，无法修复。器物情况如下。

陶瓮　1件。M155：1，夹砂褐陶。口微侈，圆唇，高领内敛，弧肩，鼓腹内收，平底，最大径在中腹部。肩部以下至近底部饰绳纹。口径21、底径10、高32.5、最大腹径33.9厘米（图三六〇，4）。

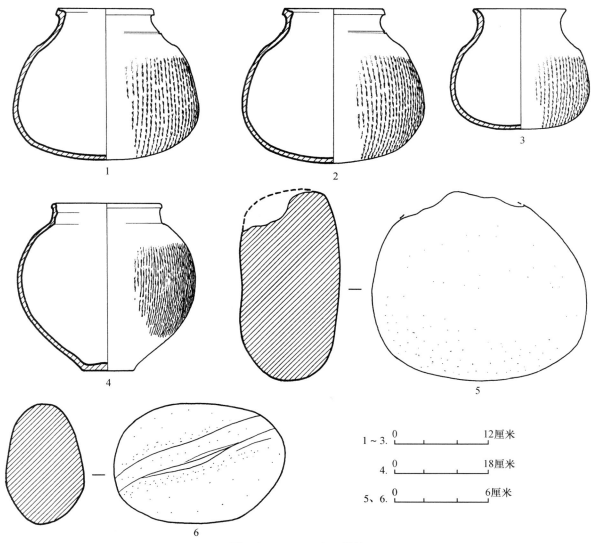

图三六〇　M155出土器物

1～3. 陶釜（M155：8、M155：3、M155：4）　4. 陶瓮（M155：1）　5、6. 磨石（M155：6、M155：7）

陶釜　3件。M155：4，夹砂灰褐陶。侈口，卷沿，圆唇，有领，束颈，溜肩，扁鼓腹，圜底近平，最大径在中腹部。肩部以下饰绳纹。口径11.4、高15.6、最大腹径17.4厘米（图三六〇，3）。M155：3，夹砂灰褐陶。侈口，短斜沿，方唇，束颈，溜肩，圆鼓腹，圜底，最大径在中腹部。颈部饰凹弦纹，肩部以下饰绳纹。口径13、高20.2、最大腹径23厘米（图三六〇，2）。M155：8，夹砂灰褐陶。侈口，短斜沿，方唇，束颈，溜肩，扁腹剖面呈圆角长方形，圜底，最大径在下腹部。口径12.6、高20、最大腹径23.4厘米（图三六〇，1）。

磨石　2件。M155：6，圆形，但周边未经切割，利用扁平的圆形石块磨制。直径13.7、厚6.4厘米（图三六〇，5）。M155：7，不规则形，器表存打击痕迹，且经过磨制。长11、宽7.8、厚5厘米（图三六〇，6）。

一四一、M156

1. 墓葬形制

（1）墓葬结构

近方形竖穴土坑墓，上部被破坏，直壁，长3.5、宽2.94、残深0.54米。墓内填土为黄褐色黏土。墓向135°（图三六一；图版八〇，1）。

（2）葬具

葬具已朽，据墓底板灰痕迹判断为一椁一棺。木椁痕迹模糊，平面略呈长方形，长3.16、宽2.48米，高度不详。木棺位于椁室西侧，平面呈长方形，长2.18、宽0.55米，高度及棺板厚度不详，木棺底部存厚约4厘米的熟土棺台。

（3）人骨

单人仰身葬，人骨被严重扰乱。人骨残长1.46米，性别不详，据牙齿磨损度判断年龄在45～50岁。

2. 随葬器物

随葬器物有陶器和钱币（图版八〇，2）。钱币主要置于棺内人骨手部，小部分被扰至棺外，其他器物集中置于木棺东侧。陶器有鼎、钫、釜、甑、灶、盆、罐、汲水小罐等，随葬陶器中1件罐（M156：11）和1件钫（M156：10）仅辨器形，无法修复。随葬铜钱中1枚可辨为半两钱（M97：8），甚残，无法提取。其他器物情况如下。

陶罐　6件。M156：1，夹细砂灰陶。侈口，卷沿，圆唇，束颈，溜肩，鼓腹内收，平底，最大径在上腹部。肩部饰三周凹弦纹。口径13.2、底径9.6、高15.6、最大腹径19.8厘米（图三六二，2；图版八一，1）。M156：4，夹细砂灰陶。侈口，卷沿，圆唇，束颈，鼓肩，弧腹内收，平底，最大径在肩部。口径11.8、底径12.4、高18、最大肩径21.6厘米

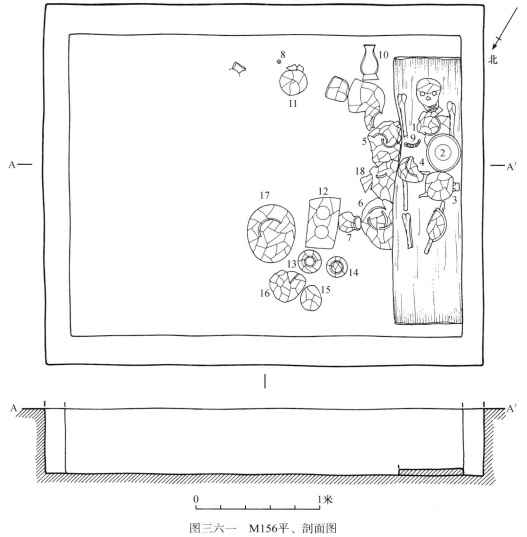

图三六一　M156平、剖面图

1、4~6、11、17、18.陶罐　2.陶盆　3.陶鼎　7.汲水小陶罐　8、9.半两钱　10.陶钫

12.陶灶、陶甑　13~15.陶釜　16.陶甑

（图三六二，6）。M156：6，夹细砂灰陶。形制与M156：4相同。口径11、底径12.4、高16.6、最大肩径20.8厘米（图三六二，7；图版八一，2）。M156：17，夹细砂灰陶。侈口，卷沿，圆唇，束颈，肩微鼓，弧腹，平底，最大径在肩部。口径14、底径11、高13.2、最大肩径19.8厘米（图三六二，1；图版八一，3）。M156：18，夹细砂褐陶。直口，方唇，圆肩，鼓腹内收，平底微凹，最大径在中腹部。腹部饰一周谷穗纹，肩及口沿残存朱砂痕迹。口径17、底径18.6、高27.2、最大腹径35.8厘米（图三六二，3；图版八一，4）。M156：5，夹细砂灰陶。直口，圆唇，领较高，溜肩，鼓腹内收，平底微凹，最大径在中腹部。肩部饰一周凹弦纹。口径12.8、底径11.4、高16.8、最大腹径20厘米（图三六二，5；图版八一，5）。

　　汲水小陶罐　1件。M156：7，夹细砂褐陶。侈口，圆唇，溜肩，鼓腹较甚，平底，最大

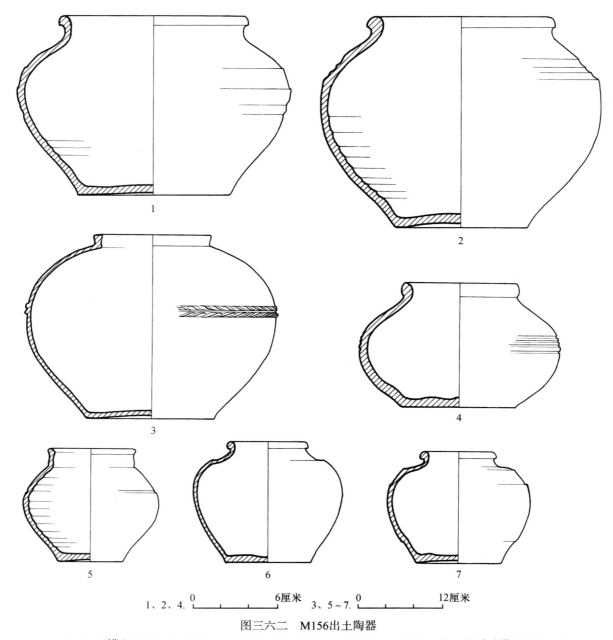

图三六二　M156出土陶器

1~3、5~7.罐（M156：17、M156：1、M156：18、M156：5、M156：4、M156：6）　4.汲水小罐（M156：7）

径在中腹部。腹部饰一组凹弦纹。口径8.5、底径8.2、高9.2、最大腹径14.5厘米（图三六二，4；图版八一，6）。

　　陶盆　1件。M156：2，夹细砂灰陶。敞口，平沿，圆唇，弧腹微鼓，平底微凹。口径27、底径16、高11.6厘米（图三六三，4；图版八二，1）。

　　陶甑　2件。M156：12-2，夹砂褐陶。敞口，宽平沿，折腹，下腹部斜弧内收，平底，底部有5个圆形箅孔。上腹饰一组凹弦纹。口径25.8、底径7.8、高9.6厘米（图三六三，3；图版

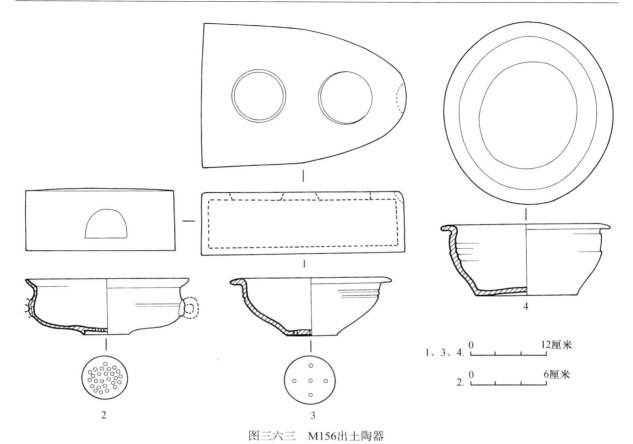

图三六三　M156出土陶器

1. 灶（M156：12-1）　2、3.甑（M156：16、M156：12-2）　4.盆（M156：2）

八二，2）。M156：16，夹细砂灰陶。侈口，斜沿，圆唇，腹微弧，圜底近平，肩部双环形耳残，底部存若干圆形箅孔。腹部饰一周凹弦纹。口径13.2、底径3.6、高4.5厘米（图三六三，2；图版八二，3）。

陶鼎　1件。M156：3，夹细砂灰陶。敛口，方唇，腹微弧，圜底近平，最大径在腹部。肩部有两立耳，底部三蹄形足。肩部饰一周凸弦纹。口径16.8、高18.7、最大腹径22.8厘米（图三六四，4；图版八二，4）。

陶釜　3件。M156：14，夹细砂灰陶。侈口，斜沿，圆唇，束颈，鼓腹，圜底，最大径在腹部。腹、底部饰篮纹。口径13.6、高8.8、最大腹径16厘米（图三六四，2；图版八三，1）。M156：13，夹粗砂褐陶。侈口，大翻沿，束颈，鼓腹下垂，圜底，最大径在腹部。颈部以下饰绳纹。口径13.6、高9.4、最大腹径13.4厘米（图三六四，3；图版八三，2）。M156：15，夹细砂灰陶。侈口，斜沿，圆唇，长颈，溜肩，圆鼓腹，圜底近平，最大径在腹部。肩部有两个对称环形耳，底部三蹄形足。肩部墨绘一周花瓣纹。口径12.2、高17.4、最大腹径17.2厘米（图三六四，1；图版八三，3）。

陶灶　1件。M156：12-1，夹细砂灰陶。灶面呈船形，前端圆弧，后端竖直，灶面存2个圆形火眼。长32.4、宽23.8、高10.4厘米（图三六三，1；图版八三，4）。

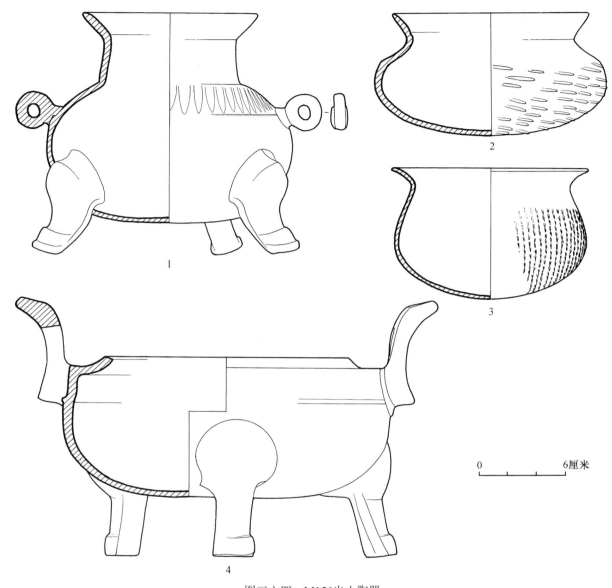

图三六四　M156出土陶器

1~3. 釜（M156：15、M156：14、M156：13）　4. 鼎（M156：3）

　　半两钱　75枚。其中48枚较残，选取标本4枚。M156：9-1，钱币上部存茬口，"半"字上下横画等长，"两"字双人连接呈"一"字状。钱径2.2、穿径0.8厘米，重2.3克（图三六五，2）。M156：9-2，"半"字上下画等长，上横长度齐肩。钱径2.3、穿径0.9厘米，重2.1克（图三六五，1）。M156：9-3，形制、钱文与M156：9-2相同。钱径2.3、穿径0.7厘米，重1.7克（图三六五，3）。M156：9-4，形制、钱文与M156：9-2相同。钱径2.3、穿径0.9厘米，重2.2克（图三六五，4）。

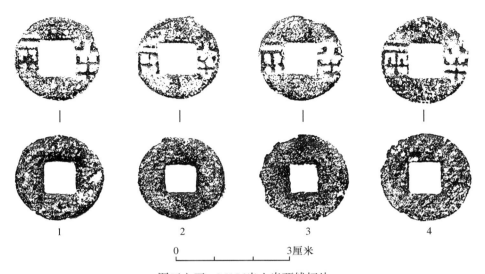

图三六五 M156出土半两钱拓片

1.M156：9-2 2.M156：9-1 3.M156：9-3 4.M156：9-4

一四二、M157

1. 墓葬形制

（1）墓葬结构

长方形竖穴土坑墓，上部被破坏，直壁，长3.36、宽1.5、残深1.04米。墓内填黄褐色花土夹膏泥，墓底存膏泥痕迹。墓向10°（图三六六）。

（2）葬具

葬具已朽，据墓底板灰痕迹判断为木椁，平面呈长方形，长3.2、宽1.38米，侧板残高约0.42米，板厚约4厘米。侧板外侧施一层白膏泥。

（3）人骨

单人葬，肢骨被严重扰乱。人骨残长1.36米，葬式及性别不辨，据牙齿磨损度判断年龄约35岁。

2. 随葬器物

随葬器物有陶器、铁器、漆器、石器和铜钱。陶器有瓮、釜和豆，漆器有案、盘和盒，铁器为削，铜钱为半两，另存狗骨1副。陶器、铜钱和狗骨置于人骨西侧，漆器置于棺内东北角，磨石和铁削在漆案上，西北部有少量动物骨骼。随葬陶器中4件釜（M157：5～M157：7、M157：9）仅辨器形，无法修复。随葬漆器（M157：10～M157：12）仅存痕迹，

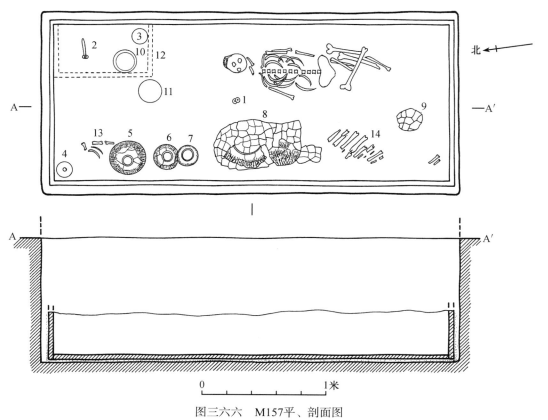

图三六六　M157平、剖面图

1. 半两钱　2. 铁削　3. 磨石　4. 陶豆　5~7、9. 陶釜　8. 陶瓮　10. 漆盒　11. 漆盘　12. 漆案　13. 动物骨骼　14. 狗骨

无法提取。其他器物情况如下。

　　陶瓮　1件。M157：8，夹细砂褐陶。口近直，圆唇，高领，弧肩，鼓腹内收，平底，最大径在上腹部。肩部以下至近底部饰绳纹。口径25.2、底径10.8、高36.8、最大腹径36厘米（图三六七，1）。

　　陶豆　1件。M157：4，夹细砂灰陶。口微侈，圆唇，斜直腹，矮圈足残。口径13.9、残高4.6厘米（图三六七，4）。

　　铁削　1件。M157：2，环首，直背，单面刃。残长14.3、宽1.1、厚0.2米（图三六七，3）。

　　磨石　1件。M157：3，青灰色。平面大致呈圆形，中间厚、四周薄。直径约12、厚1~3厘米（图三六七，2）。

　　半两钱　5枚。其中3枚甚残，选取标本1件。M157：1，钱币不甚规整，下部存茬口，钱文较纤细，"半"字上部笔画圆弧，"两"字上横较短，双人竖画较长。钱径2.7、穿径0.8厘米，重3.3克（图三六八）。

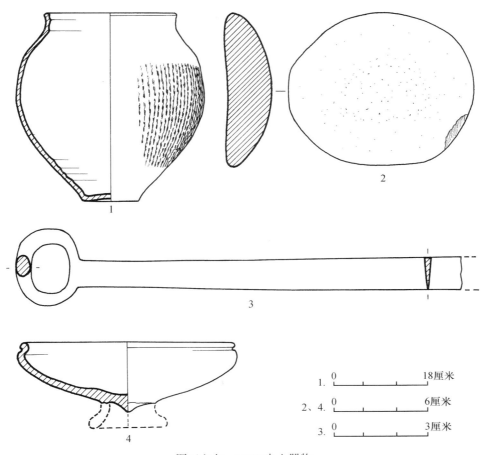

图三六七　M157出土器物

1. 陶瓮（M157：8）　2. 磨石（M157：3）　3. 铁削（M157：2）　4. 陶豆（M157：4）

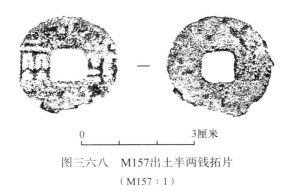

图三六八　M157出土半两钱拓片

（M157：1）

一四三、M158

1. 墓葬形制

（1）墓葬结构

长方形竖穴土坑墓，上部被破坏，盗扰严重，直壁，长3.5、宽1.52、残深0.5米。墓内填土为黄褐色五花土夹膏泥，底部有膏泥痕迹。墓向15°（图三六九）。

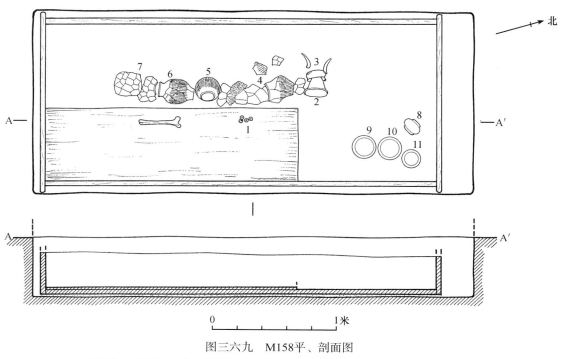

图三六九　M158平、剖面图

1.半两钱　2.陶甑　3.陶釜形鼎　4、6.陶瓮　5.陶釜　7.陶罐　8.漆耳杯　9～11.漆盘

（2）葬具

葬具已朽，据四壁及墓底板灰痕迹判断为一椁一棺。椁室平面呈"Ⅱ"字形，长约3.2、宽约1.48、残高0.36米，椁板厚约4厘米。木棺置于椁室东南部，平面呈长方形，长约2、宽约0.6米，高度不详，木棺底板厚约2厘米。

（3）人骨

单人葬，人骨被严重扰乱，仅存一段肢骨。葬式、性别、年龄均不辨。

2. 随葬器物

随葬器物有陶器、漆器和铜钱。陶器集中置于木棺外西侧，漆器集中置于椁室北端，铜钱位于棺内北部西侧。陶器有瓮、釜、甑、釜形鼎和罐，漆器可辨者有盘和耳杯，铜钱为半两。陶器中1件釜（M158：5）和1件釜形鼎（M158：3）仅辨器形，无法修复。随葬漆器（M158：8～M158：11）仅辨器形，无法提取。其他器物情况如下。

陶瓮 2件。M158：6，夹砂褐陶。口微侈，圆唇，高领，肩微鼓，弧腹内收，平底微凹，最大径在肩部。肩部以下至近底部饰粗绳纹。口径21、底径8.5、高29.5、最大肩径33.3厘米（图三七〇，4）。M158：4，夹砂褐陶。口微敛，圆唇，高领，溜肩，鼓腹内收，平底微凹，最大径在中腹部。肩部以下至近底部饰粗绳纹。口径23、底径10.5、高30.4、最大腹径35.2厘米（图三七〇，1）。

陶罐 1件。M158：7，泥质灰陶。喇叭口，圆唇，溜肩，鼓腹，腹部以下斜直内收，平底，最大径在上腹部。颈部饰凹弦纹。口径14、底径11.2、高16.6、最大腹径21.2厘米（图三七〇，2）。

陶甑 1件。M158：2，夹细砂灰褐陶。直口，平沿，方唇，弧腹微鼓，腹部以下斜弧内收，平底微凹。底部存2个圆形孔。口径19.6、底径8.6、高11厘米（图三七〇，3）。

半两钱 22枚。其中2枚残，选取标本共10枚。M158：1-1，钱币周边不甚规整，钱文较

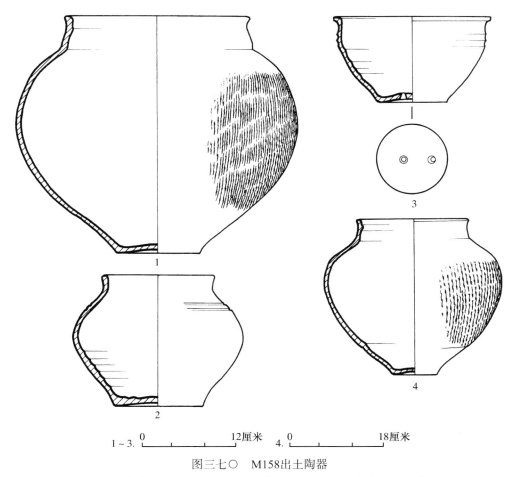

| 1～3. | 0 | 12厘米 | 4. | 0 | 18厘米 |

图三七〇 M158出土陶器

1、4.瓮（M158：4、M158：6） 2.罐（M158：7） 3.甑（M158：2）

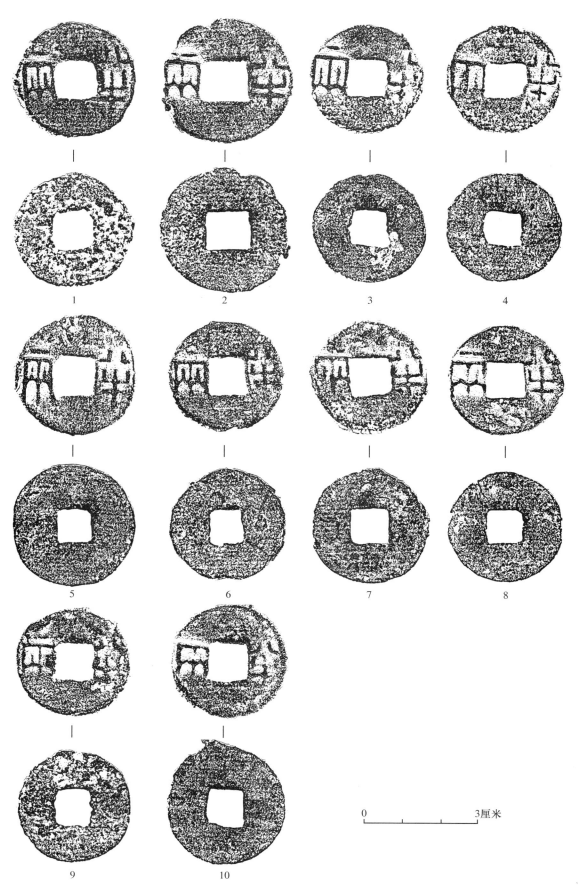

图三七一　M158出土半两钱拓片

1.M158：1-1　2.M158：1-4　3.M158：1-3　4.M158：1-6　5.M158：1-2　6.M158：1-8　7.M158：1-5

8.M158：1-7　9.M158：1-10　10.M158：1-9

粗犷，"半"字整体较长，上下横画等长，"两"字上横较短，双人竖画较长。钱径3.1、穿径1厘米，重4.2克（图三七一，1）。M158：1-2，钱币厚重，钱文整体较长，横画较短。钱径3.2、穿径0.9厘米，重7.7克（图三七一，5）。M158：1-4，钱币不规整，钱文书写随意，横画较短。钱径3.4、穿径1.2厘米，重4.7克（图三七一，2）。M158：1-5，钱币厚重，钱文笔画方折，横画较短。钱径3、穿径0.9厘米，重6.9克（图三七一，7）。M158：1-8，形制、钱文与M158：1-5相同。钱径3、穿径1.1厘米，重4.8克（图三七一，6）。M158：1-10，钱币规整，钱文笔画纤细圆弧，横画较短。钱径3、穿径1厘米，重3.7克（图三七一，9）。M158：1-3，钱币不甚规整，钱文笔画纤细方折，横画较短。钱径3、穿径1厘米，重3.7克（图三七一，3）。M158：1-6，"两"字双人竖画较长。钱径3、穿径1厘米，重4.5克（图三七一，4）。M158：1-9，钱币上部存茬口，钱文较小，笔画圆弧高挺。钱径3.1、穿径1厘米，重6.4克（图三七一，10）。M158：1-7，钱币轻薄，"半"字上部笔画圆弧，"半两"二字横画较短。钱径3、穿径1厘米，重2.5克（图三七一，8）。

一四四、M159

1. 墓葬形制

（1）墓葬结构

近方形竖穴土坑墓，上部被破坏严重，直壁，长2.7、宽2.2、残深0.4米。墓内填黄褐色五花土夹膏泥，底部存膏泥痕迹。墓向0°（图三七二）。

（2）葬具

葬具已朽，据四壁及墓底板灰痕迹判断为一椁一棺。木椁平面呈"Ⅱ"字形，长约2.54、宽约2.16、残高0.4米，椁板厚约2厘米。木棺置于椁室东侧，平面呈长方形，长约2、宽约0.76米，高度不详，木棺底板厚约4厘米。

（3）人骨

单人仰身直肢葬，双手交叉置于下腹部。人骨长约1.8米，男性，据牙齿磨损度判断年龄在45岁左右。

2. 随葬器物

随葬器物有陶器、铜器、漆器和铜钱。陶器为釜，铜器为印章，漆器可辨器者为盘，铜钱为半两。铜印章位于人骨口部，其他器物主要置于椁室西部。随葬器物中2件陶釜（M159：3、M159：7）仅辨器形，无法修复。随葬漆器（M159：5、M159：6）仅存痕迹。其他器物情况如下。

陶釜　1件。M159：2，夹细砂灰陶。口微侈，沿略斜，方唇，束颈，溜肩，圆鼓腹，圜底，最大径在中腹部。颈部饰凹弦纹，肩部以下饰绳纹。口径12、高21.4、最大腹径22.4厘米（图三七三，1）。

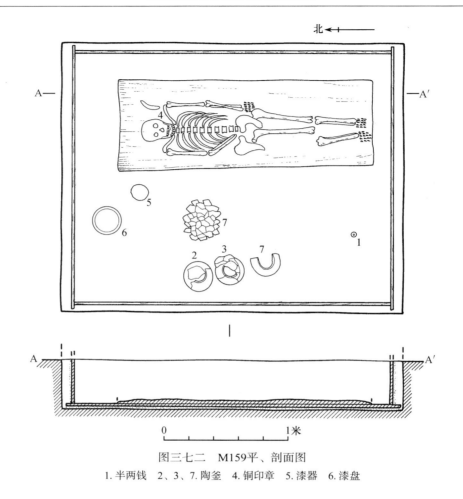

图三七二　M159平、剖面图
1.半两钱　2、3、7.陶釜　4.铜印章　5.漆器　6.漆盘

　　铜印章　1枚。M159：4，整体呈圆塔状，印面呈圆形，桥形纽。印面中部存一阴刻竖向界线，印文篆刻，经释读为"梁固"。印面直径1.4厘米，印高1.6厘米（图三七三，2）。

　　半两钱　共3枚。M159：1-1，钱币上部存茬口，钱文笔画方折，"半"字下横较短，"两"字上横呈点状，双人竖画较长。钱径2.8、穿径0.9厘米，重3.3克（图三七四，1）。M159：1-2，钱币不甚规整，形制、钱文与M159：1-1相同。钱径3、穿径1厘米，重3.5克（图三七四，3）。M159：1-3，钱币不规整，钱文书写随意。钱径2.7、穿径0.8厘米，重3.2克（图三七四，2）。

一四五、M160

1. 墓葬形制

（1）墓葬结构

　　近方形竖穴土坑墓，上部被破坏，直壁，长3.3、宽3.1、残深1.84米。墓内填土为黄褐色五花土夹膏泥，底部存膏泥痕迹。墓向190°（图三七五；图版八四，1）。

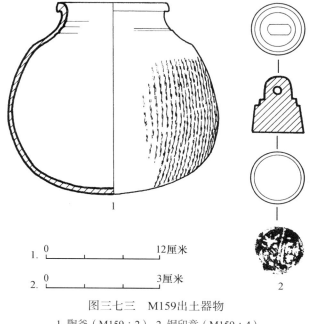

图三七三　M159出土器物

1. 陶釜（M159：2）　2. 铜印章（M159：4）

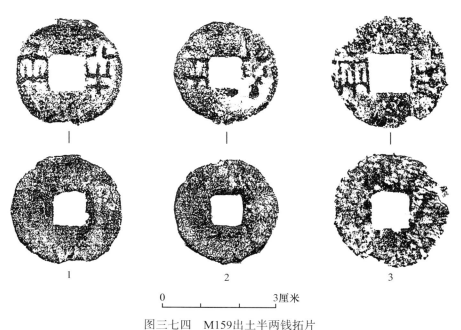

图三七四　M159出土半两钱拓片

1. M159：1-1　2. M159：1-3　3. M159：1-2

（2）葬具

葬具已朽，据四壁及墓底板灰痕迹判断为一椁一棺。椁室平面呈"Ⅱ"字形，长约2.92、宽约2.9、残高0.42米，椁板厚约4厘米。木棺置于椁室东侧，平面呈长方形，长约2.7、宽约0.56米，高度及棺板厚度不详。

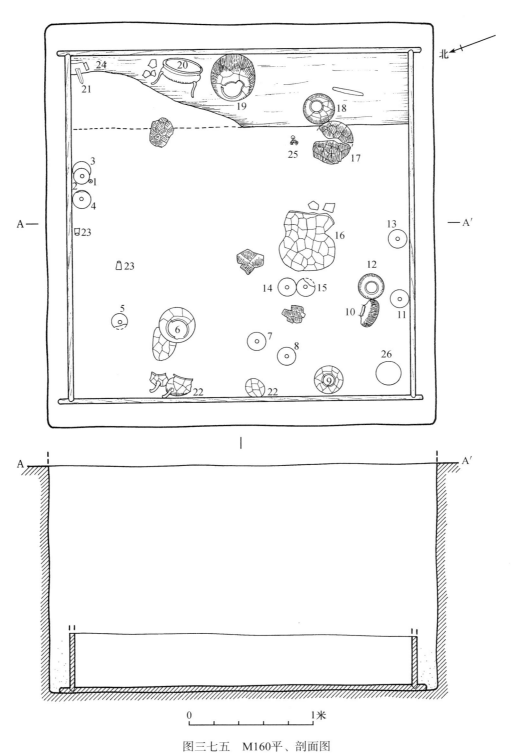

图三七五　M160平、剖面图

1.半两钱　2~5、7、8、11、13~15.陶豆　6.陶罐　9、10、12、16~19.陶釜　20、22.陶鼎
21.铜镈　23.铜铃　24.铜镦　25.铜铺首　26.漆盘

（3）人骨

单人葬，仅残留一段肢骨。葬式、性别、年龄不辨。

2.随葬器物

随葬器物有陶器、铜器、漆器和钱币（图版八四，2）。陶器有釜、豆、罐和鼎，铜器有铃、镈、镦和铺首，漆器仅存痕迹，铜钱为半两。由于底部被盗扰，器物散落于椁室各处。随葬陶器中3件釜（M160：12、M160：17、M160：18）和6件豆（M160：2～M160：5、M160：11、M160：14）仅辨器形，无法修复。随葬漆器（M160：26）仅存痕迹。其他器物情况如下。

陶鼎　2件。夹细砂褐陶。形制相同，口微侈，短斜沿，方唇，颈微束，鼓腹，圜底，最大径在中腹部，器底三柱状足。底部饰少量粗绳纹。M160：20，口径22、高26.8、最大腹径27.4厘米（图三七六，1；图版八五，1）。M160：22，口径21、高26.6、最大腹径26厘米

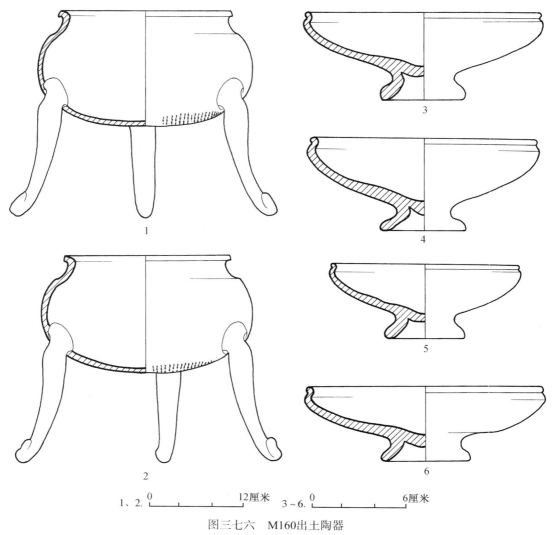

图三七六　M160出土陶器

1、2.鼎（M160：20、M160：22）　3～6.豆（M160：15、M160：8、M160：7、M160：13）

（图三七六，2）。

陶釜　4件。M160：9，夹细砂灰褐陶。口部残，束颈，溜肩，扁鼓腹，圜底近平，最大径在下腹部。肩部以下饰绳纹。残高18、最大腹径24.8厘米（图三七七，2）。M160：19，夹细砂灰陶。直口，平沿，方唇，束颈，溜肩，弧腹，圜底较甚，最大径在下腹部。颈部饰凹弦纹，肩部以下饰绳纹。口径16.6、高32.2、最大腹径36厘米（图三七七，4；图版八五，2）。M160：16，夹细砂灰陶。口微侈，沿微斜，方唇，束颈，溜肩，弧腹，圜底近平，最大径在下腹部。颈部饰凹弦纹，肩部以下饰绳纹。口径15.6、高26.4、最大腹径29.6厘米（图三七七，1）。M160：10，夹细砂灰陶。直口，平沿，方唇，束颈，溜肩，鼓腹甚扁，圜底，最大径在中腹部。颈部饰凹弦纹，肩部以下饰绳纹。口径12.6、高17.4、最大腹径20.4厘米（图三七七，3；图版八五，3）。

陶罐　1件。M160：6，夹细砂灰陶。侈口，尖唇，矮领，鼓肩，斜直腹内收，平底微凹，最大径在肩部。口径15.6、底径14.4、高21.6、最大肩径29厘米（图三七七，5；图版八五，4）。

陶豆　4件。夹细砂灰褐陶。形制相同，口微侈，圆唇，腹部斜弧内收，矮圈足。M160：7，口径11.9、足径5、高4.8厘米（图三七六，5；图版八六，1）。M160：8，口径14.3、足径5.4、高6厘米（图三七六，4；图版八六，2）。M160：13，口径15、足径5.6、高4.8厘米

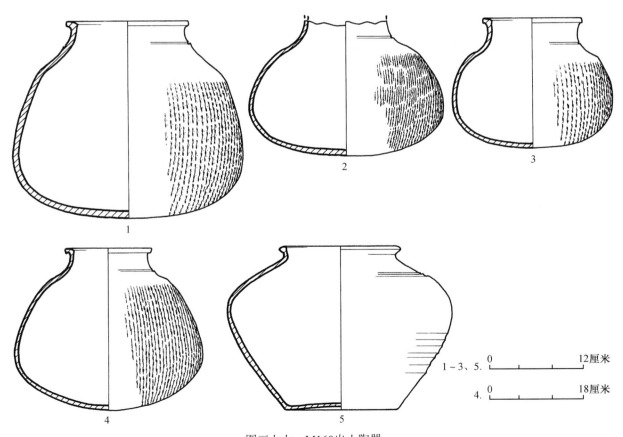

图三七七　M160出土陶器

1～4.釜（M160：16、M160：9、M160：10、M160：19）　5.罐（M160：6）

（图三七六，6；图版八六，3）。M160：15，口径14.8、足径5.4、高5.7厘米（图三七六，3）。

铜镈 1件。M160：21，上部残，仅存头端，整体呈圆锥形。残长3.8厘米（图三七八，4；图版八六，4）。

铜镦 1件。M160：24，仅存一小段，截面呈扁圆形，中空。中部饰凸弦纹。残长5、截面长径约1.4厘米（图三七八，2）。

铜铃 2件。形制相同。M160：23，铃身下缘略弧，半环形纽。宽5.9、高5.9厘米（图三七八，1；图版八六，5）。

铜铺首 1件。M160：25，铺首呈饕餮状，纹饰线条复杂，嘴中衔环。宽3、通高4.3厘米（图三七八，3；图版八六，6）。

半两钱 5枚。M160：1-3，上部残，横画较短，笔画圆弧。钱径3.1、穿径0.9厘米，重4.6克（图三七八，5）。M160：1-4，右上侧残，较轻薄，钱文小且笔画圆弧。钱径3、穿径0.8厘米，重2.7克（图三七八，6）。M160：1-1，较厚重，不甚规整。钱径3.1、穿径0.9厘米，重6.2克（图三七八，8）。M160：1-2，形制、钱文与M160：1-1相同。钱径3.1、穿径0.8厘米，重5.2克（图三七八，9）。M160：1-5，不甚规整，钱文高挺，笔画圆弧。钱径2.6、穿径1厘米，重4.1克（图三七八，7）。

一四六、M161

1. 墓葬形制

（1）墓葬结构

近方形竖穴土坑墓，上部被破坏，直壁，长3.9、宽3.3、残深1.56米。墓内填土黄褐色五花土夹膏泥，底部存膏泥痕。墓向320°（图三七九；图版八七，1）。

（2）葬具

葬具已朽，据四壁及墓底板灰痕迹判断为一椁一棺。椁室平面呈"Ⅱ"字形，长约3.12、宽约3.06、残高1米，椁底板厚约4、侧板厚约2厘米，侧板外侧及底部板下部施白膏泥。木棺位于椁室西部，平面呈长方形，长约2、宽约0.56米，高度不详，木棺底板厚约6厘米。

（3）人骨

单人葬，仰身。人骨被扰乱，残长约1.6米，葬式、性别、年龄不辨。

2. 随葬器物

随葬器物有陶器、铜器、玉器、石器、漆器。陶器有瓮、釜和鼎，铜器有带钩和镜，玉器为黛砚，石器为磨石，漆器可辨者有盘、奁和耳杯。随葬器物主要置于椁室中部和东部，铜镜和玉黛砚置于漆奁内（图版八七，2）。随葬陶器中4件釜（M161：5、M161：7～M161：9）和1件鼎（M161：13）仅辨器形，无法修复。随葬漆器（M161：18～M161：25）仅存痕迹。

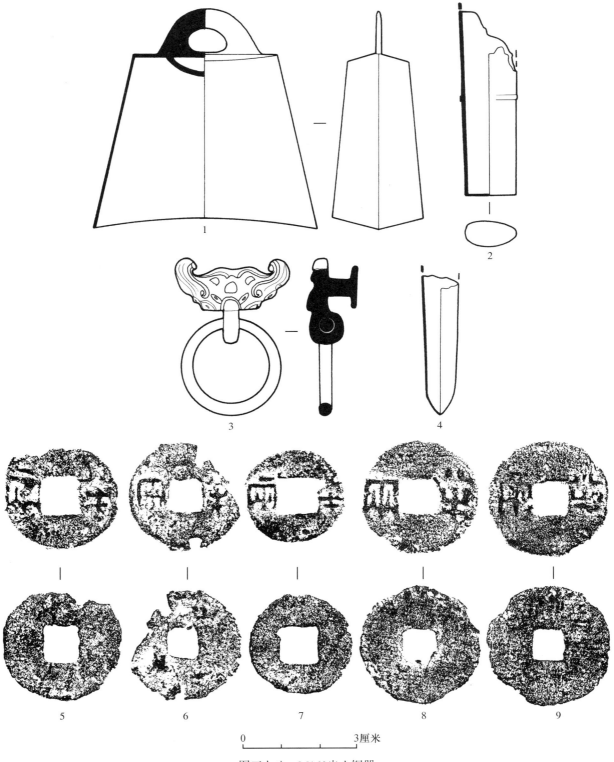

图三七八　M160出土铜器

1.铃（M160∶23）　2.镦（M160∶24）　3.铺首（M160∶25）　4.镡（M160∶21）

5~9.半两钱（M160∶1-3、M160∶1-4、M160∶1-5、M160∶1-1、M160∶1-2）

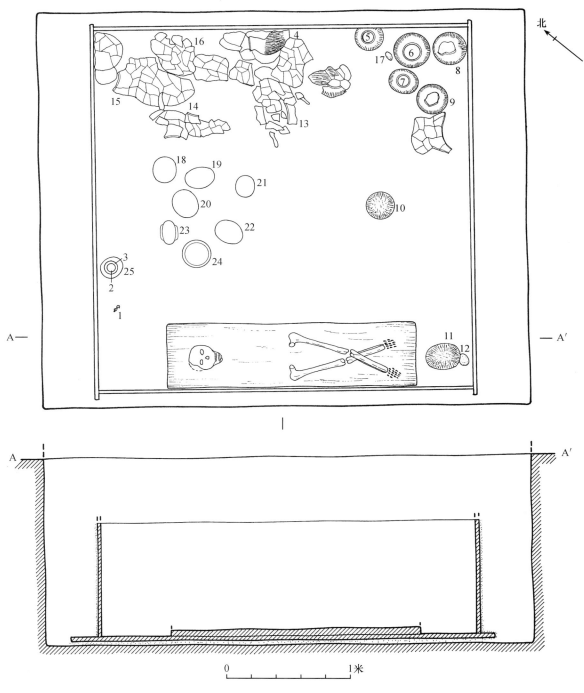

图三七九　M161平、剖面图

1. 铜带钩　2. 玉黛砚　3. 铜镜　4、15、16. 陶瓮　5～11. 陶釜　12、17. 磨石
13、14. 陶鼎　18～22. 漆器　23. 漆耳杯　24. 漆盘　25. 漆奁

其他器物情况如下。

陶瓮　3件。M161：4，夹细砂灰褐陶。直口，圆唇，高领，圆肩，弧腹内收，平底微凹，最大径在肩部。肩部以下至近底部饰绳纹。口径28.6、底径12.4、高42、最大肩径46.6厘米（图三八〇，2；图版八八，1）。M161：15，夹细砂灰陶。直口，圆唇，高领，溜肩，鼓腹内收，平底微凹，最大径在上腹部。肩部以下至近底部饰绳纹。口径20、底径9.5、高32.2、最大腹径33厘米（图三八〇，1）。M161：16，夹细砂灰陶。形制、纹饰与M161：15相同。口径27.6、底径13、高43、最大腹径47.2厘米（图三八〇，3）。

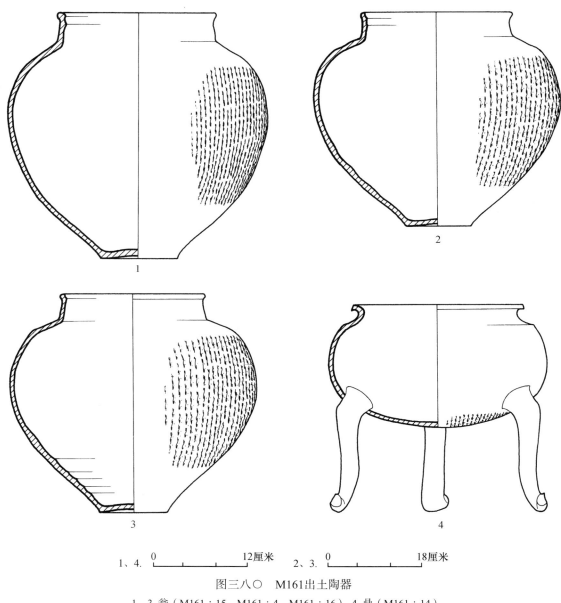

图三八〇　M161出土陶器

1～3.瓮（M161：15、M161：4、M161：16）　4.鼎（M161：14）

陶鼎 1件。M161：14，夹细砂褐陶。侈口，翻沿，斜方唇，颈微束，鼓腹，圜底，最大径在中腹部。器底三柱状足。底部饰少量绳纹。口径21.6、高27、最大腹径27.6厘米（图三八〇，4；图版八八，2）。

陶釜 3件。M161：10，夹细砂灰褐陶。口微侈，沿微斜，方唇，束颈，溜肩，圆鼓腹，圜底，最大径在中腹部。颈部饰凹弦纹，肩部以下饰绳纹。口径11.2、高18.6、最大腹径20厘米（图三八一，4；图版八八，3）。M161：11，夹细砂灰陶。直口微侈，平沿，方唇，束颈，溜肩，弧腹，圜底，最大径在下腹部。颈部饰凹弦纹，肩部以下饰绳纹。口径13.4、高24、最大腹径29.4厘米（图三八一，1；图版八八，4）。M161：6，夹细砂灰陶。侈口，短斜沿，方唇，束颈，溜肩，弧腹甚扁，圜底近平，最大径在下腹部。颈部饰凹弦纹，肩部以下饰绳纹。口径14、高23.4、最大腹径26.6厘米（图三八一，2；图版八八，5）。

铜带钩 1件。M161：1，呈水禽状，腹部极短呈圆形。长3.3、宽0.5～1.8厘米（图三八一，7；图版八九，1）。

铜镜 1件。M161：3，平面呈圆形，桥形纽。镜背饰两周凸弦纹。直径8.2、高0.6、厚0.1厘米（图三八一，8；图版八九，2）。

玉黛砚 1件。M161：2，平面呈圆形，四周切割打磨整齐。素面，器表存朱砂痕迹。出土于漆盒内。直径5.3、厚0.9厘米（图三八一，3；图版八九，3）。

磨石 2件。M161：12，略呈椭圆形，器表磨光。长9.2、宽7.3、厚5.2厘米（图三八一，6；图版八九，4）。M161：17，略呈长条形，器表磨光。长10.5、宽5.7、厚2厘米（图三八一，5；图版八九，5）。

一四七、M162

1. 墓葬形制

（1）墓葬结构

近方形竖穴土坑墓，上部被破坏严重，直壁，长3.9、宽3.42、残深1米。墓内填黄褐色五花土夹膏泥，底部有膏泥痕迹。墓向30°（图三八二）。

（2）葬具

墓底仅存少量板灰痕迹，葬具不辨。

（3）人骨

未见人骨痕迹。

2. 随葬器物

由于墓葬被盗扰严重，未发现随葬器物。

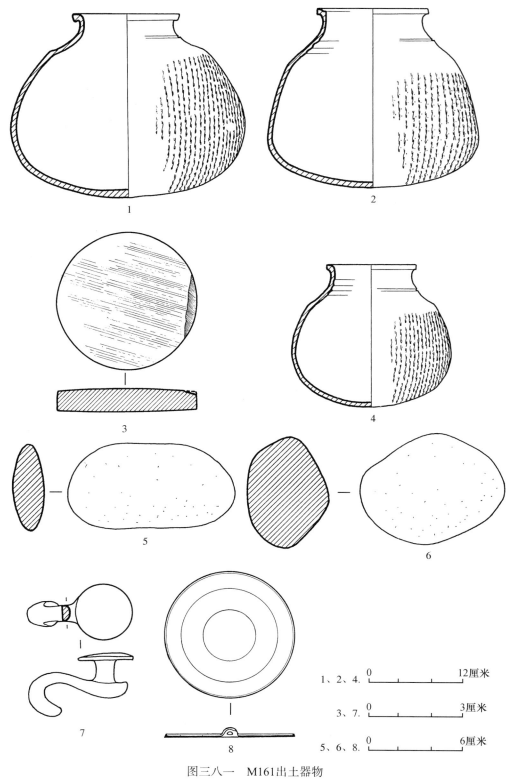

图三八一　M161出土器物

1、2、4.陶釜（M161：11、M161：6、M161：10）　3.玉黛砚（M161：2）

5、6.磨石（M161：17、M161：12）　7.铜带钩（M161：1）　8.铜镜（M161：3）

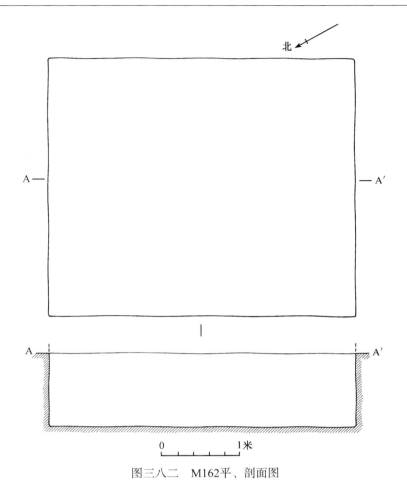

图三八二　M162平、剖面图

一四八、M163

1. 墓葬形制

（1）墓葬结构

长方形竖穴土坑墓，上部被破坏，直壁，长3.4、宽1.7、残深1.1米。墓内填黄褐色五花土夹膏泥，底部有膏泥痕迹。墓向15°（图三八三）。

（2）葬具

葬具已朽，据四壁及墓底板灰痕迹判断为一椁一棺。椁室平面呈长方形，底板由三块长条形木板纵向平铺而成，长约3.3、宽约1.6、残高约0.7米，椁板厚约2厘米。木棺位于椁室西南，平面呈长方形，长约2.1、宽约0.7米，高度不详，木棺底板厚约3厘米。

（3）人骨

人骨不存。

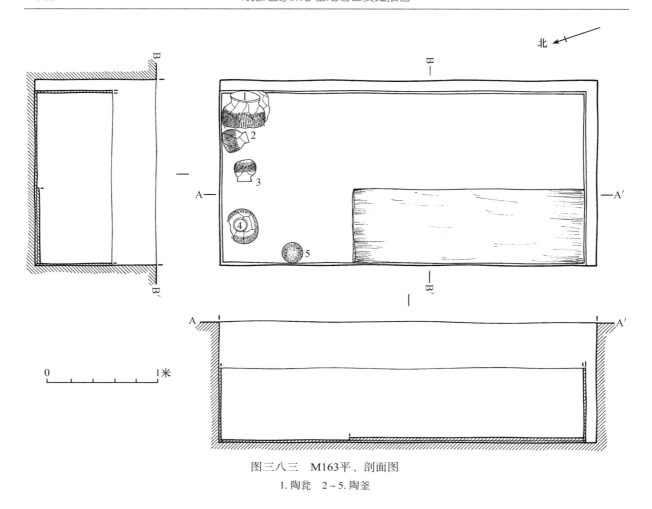

图三八三　M163平、剖面图

1. 陶瓮　2~5. 陶釜

2. 随葬器物

随葬器物有陶瓮和陶釜，主要置于椁室北端。随葬陶器中2件釜（M163：4、M163：5）仅辨器形，无法修复。其他器物情况如下。

陶瓮　1件。M163：1，夹细砂灰褐陶。口微敛，圆唇，高领，广肩，弧腹微鼓内收，平底微凹，最大径在肩部。肩部以下至近底部饰细绳纹。口径25.4、底径10.8、高37、最大肩径43.2厘米（图三八四，1）。

陶釜　2件。夹砂褐陶。形制相同，口微侈，沿略斜，方唇，束颈，溜肩，弧腹，圜底，最大径在下腹部。颈部饰凹弦纹，肩部以下饰绳纹。M163：2，口径12.6、高19.6、最大腹径27.2厘米（图三八四，3）。M163：3，口径11、高16.6、最大腹径21.2厘米（图三八四，2）。

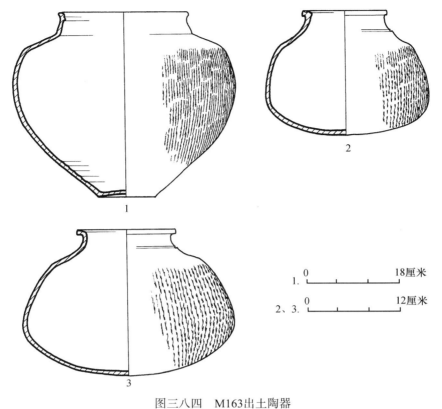

图三八四　M163出土陶器

1. 瓮（M163∶1）　2、3. 釜（M163∶3、M163∶2）

一四九、M164

1. 墓葬形制

（1）墓葬结构

长方形竖穴土坑墓，上部被破坏，直壁，长3.12、宽1.52、残深0.9米。墓内填黄褐色五花土夹膏泥，底部存膏泥痕迹。墓向310°（图三八五）。

（2）葬具

葬具已朽，据四壁及墓底板灰痕迹判断为一椁一棺。椁室平面呈"Ⅱ"字形，长约3.04、宽约1.48、残高0.68米，椁板厚约2厘米。木棺置于椁室中部，平面呈长方形，长约1.86、宽约0.52米，高度不详，木棺底板厚约4厘米。椁室外侧及底部施白膏泥。

（3）人骨

单人仰身直肢葬，上肢被破坏。人骨长约1.4米，性别、年龄不辨。

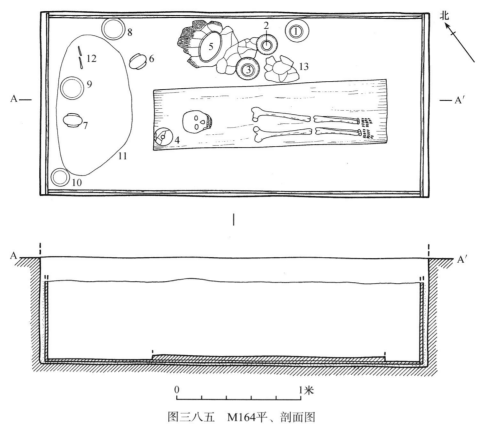

图三八五　M164平、剖面图

1~3.陶釜　4.陶豆　5.陶瓮　6、7.漆耳杯　8~10.漆盘　11.漆案　12.动物骨　13.陶器

2. 随葬器物

随葬器物有陶器和漆器。陶器有瓮、釜和豆，漆器可辨者有盘、耳杯和案。陶器主要置于木棺北侧，仅1件豆置于木棺头端，漆器皆置于椁室头端，原应置于漆案之上，另在漆案上存少量动物骨，可能为鸡骨。随葬陶器中2件釜（M164：1、M164：2）和1件瓮（M164：5）仅辨器形，无法修复，1件陶器（M164：13）器形不辨。随葬漆器（M164：6~M164：11）皆仅存痕迹，无法提取。其他器物情况如下。

陶釜　1件。M164：3，夹砂褐陶。侈口，沿略斜，方唇，束颈，溜肩，扁鼓腹，圜底，最大径在中腹部。颈部饰凹弦纹，肩部以下饰绳纹。口径11.7、高15.6、最大腹径18.4厘米（图三八六，2）。

陶豆　1件。M164：4，泥质灰陶。口微侈，圆唇，腹部斜弧内收，矮圈足。口径15.4、足径5.9、高5.6厘米（图三八六，1）。

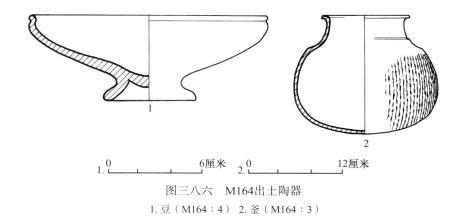

图三八六　M164出土陶器
1.豆（M164：4）　2.釜（M164：3）

一五〇、M165

1. 墓葬形制

（1）墓葬结构

长方形竖穴土坑墓，上部被破坏，口部长3.88、宽1.86米，底部长3.68、宽1.74米，残深0.74米。墓坑四壁在近底部约0.3米处内收成宽0.06～0.1米的生土二层台。墓内填黄褐色五花土夹膏泥，底部有膏泥痕迹。墓向315°（图三八七）。

（2）葬具

葬具已朽，据墓底板灰痕迹判断为一椁一棺。木椁平面呈"Ⅱ"字形，长约3.18、宽约1.72、残高0.3米，椁板厚约4厘米。木棺置于椁室东南，平面呈长方形，长约1.82、宽约0.5米，高度不详，木棺底板厚约2厘米。

（3）人骨

单人仰身直肢葬。人骨被挤压，略变形，长约1.54米，性别不辨，据牙齿磨损度判断年龄在35～40岁。

2. 随葬器物

随葬器物有陶器、铜器、铁器和钱币。陶器有瓮和釜，铜器有带钩和印章，铁器有斧和凿，钱币为半两，另存殉狗1只。铜带钩位于棺内人骨腰部，其他器物和殉狗置于椁室西部和北部。随葬器物中1件陶器（M165：11）器形不辨，其他器物情况如下。

陶瓮　1件。M165：5，夹砂灰陶。口微侈，圆唇，高领，圆肩，鼓腹内收，平底微凹，最大径在上腹部。肩部以下至近底部饰粗绳纹。口径24.5、底径9.8、高33.3、最大腹径38.2厘米（图三八八，1）。

陶釜　4件。M165：6，夹砂灰褐陶。侈口，卷沿，圆唇，有领，束颈，溜肩，圆鼓

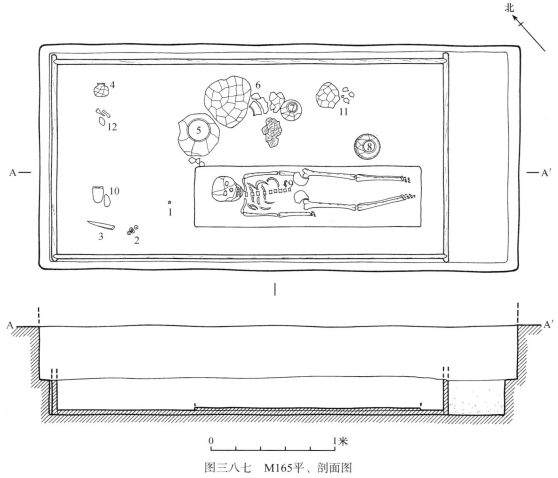

图三八七　M165平、剖面图

1. 铜印章　2. 半两钱　3. 铁凿　4、6~8. 陶釜　5. 陶瓮　9. 铜带钩　10. 铁斧　11. 陶器　12. 狗骨

腹，圜底，最大径在中腹部。肩部以下饰绳纹。口径12.4、高14.4、最大腹径16.8厘米（图三八八，2）。M165：7，夹砂灰褐陶。侈口，卷沿，斜方唇，有领，束颈，溜肩，扁鼓腹，圜底，最大径在中腹部。肩部以下饰绳纹。口径12、高14、最大腹径16厘米（图三八八，4）。M165：4，夹砂灰褐陶。敛口，平沿，方唇，束颈，溜肩，弧腹略扁，圜底，最大径在下腹部。颈部饰凹弦纹，肩部以下饰绳纹。口径11、高16.4、最大腹径18.4厘米（图三八八，5）。M165：8，夹砂灰褐陶。侈口较大，斜沿，方唇，束颈，溜肩，鼓腹甚扁，圜底，最大径在下腹部。肩部以下饰绳纹。口径12、高11.5、最大腹径15厘米（图三八八，3）。

　　铜带钩　1件。M165：9，呈水禽状，腹部极短，大致呈圆形。长3.4、宽1.4、厚0.9厘米（图三八九，3）。

　　铜印章　1枚。M165：1，印面呈长方形，桥形纽。印面中部阴刻横向界线，印文为阴刻纵向篆体"尹赵"二字。印面长1.6、宽1厘米，印高1厘米（图三八九，4）。

　　铁凿　1件。M165：3，平面呈长条形，刃部较宽，双面刃，长方形銎。长21、宽3.2、最

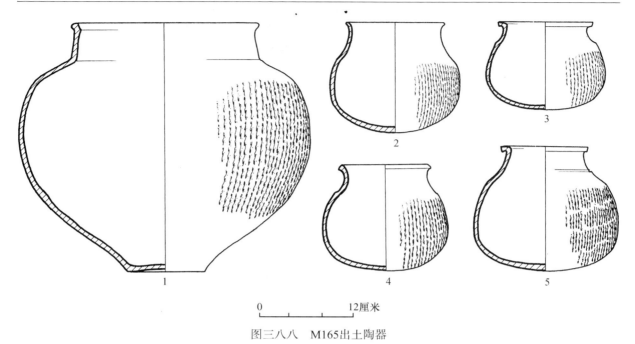

0　　　　　　12厘米

图三八八　M165出土陶器

1.瓮（M165：5）　2~5.釜（M165：6、M165：8、M165：7、M165：4）

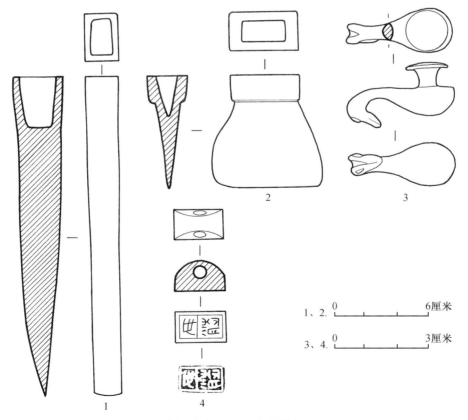

1、2. 0　　　　　　6厘米

3、4. 0　　　　　　3厘米

图三八九　M165出土器物

1.铁凿（M165：3）　2.铁斧（M165：10）　3.铜带钩（M165：9）　4.铜印章（M165：1）

厚处2.2厘米（图三八九，1）。

铁斧　1件。M165：10，平面整体上窄下宽，长方形銎，銎与身分界明显。通长7.4、銎长4.4、銎宽2.6、刃宽7.1、最厚处2.8厘米（图三八九，2）。

半两钱　5枚。M165：2-1，不规整，钱文高挺随意，横画较短。钱径2.7、穿径1厘米，重3.4克（图三九〇，4）。M165：2-2，笔画圆弧，其他特征与M165：2-1相同。钱径2.4、穿径0.8厘米，重2.6克（图三九〇，3）。M165：2-3，钱文形制特征与M165：2-1相同。钱径2.5、穿径0.9厘米，重3.6克（图三九〇，5）。M165：2-4，不规整，钱文随意，笔画圆弧。钱径2.2、穿径0.8厘米，重1.4克（图三九〇，1）。M165：2-5，形制及钱文与M165：2-4相同。钱径2、穿径1厘米，重0.8克（图三九〇，2）。

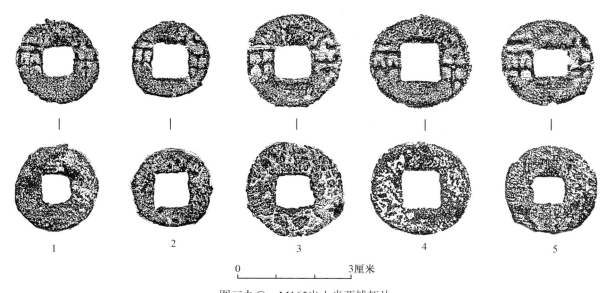

图三九〇　M165出土半两钱拓片

1. M165：2-4　2. M165：2-5　3. M165：2-2　4. M165：2-1　5. M165：2-3

一五一、M166

1. 墓葬形制

（1）墓葬结构

长方形竖穴土坑墓，上部被破坏，直壁，长3.12、宽0.94、残深0.2米。墓内填黄褐色五花土夹膏泥，底部存膏泥痕迹。墓向330°（图三九一）。

（2）葬具

葬具已朽，据墓底板灰痕迹推断为木棺。木棺平面呈长方形，长约1.9、宽约0.58米，高度不详，木棺底板厚约2厘米。

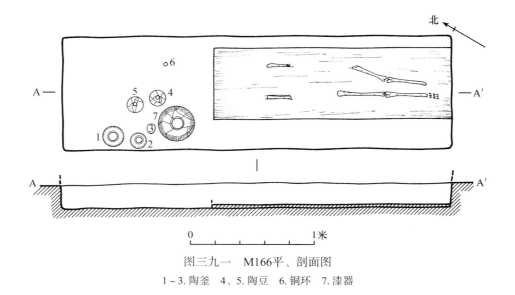

图三九一 M166平、剖面图

1~3.陶釜 4、5.陶豆 6.铜环 7.漆器

（3）人骨

单人葬。仅存肢骨，葬式、性别不辨，据牙齿磨损度判断年龄在40~45岁。

2. 随葬器物

随葬器物有陶器、铜器和漆器。陶器有釜和豆，铜器为环，漆器器形不辨，皆位于墓坑北部。随葬陶器中2件釜（M166∶2、M166∶3）和1件豆（M166∶4）仅辨器形，无法修复。随葬漆器（M166∶7）仅存痕迹。其他器物情况如下。

陶釜 1件。M166∶1，夹砂灰褐陶。侈口，卷沿，圆唇，有领，束颈，溜肩，扁鼓腹，圜底，最大径在中腹部。轮制，肩部以下饰绳纹。口径10、高12.2、最大腹径14厘米（图三九二，2）。

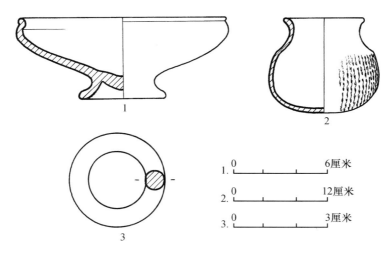

图三九二 M166出土器物

1.陶豆（M166∶5） 2.陶釜（M166∶1） 3.铜环（M166∶6）

陶豆　1件。M166：5，夹砂灰陶。口微侈，圆唇，腹部斜弧内收，矮圈足。口径13.2、足径5.4、高5.2厘米（图三九二，1）。

铜环　1件。M166：6，截面呈圆形。直径3、截面直径约0.5厘米（图三九二，3）。

一五二、M167

1. 墓葬形制

（1）墓葬结构

长方形竖穴土坑墓，上部被破坏，直壁，长3.6、宽1.9、残深0.96米。墓圹填土为黄褐色黏土，墓底存膏泥痕迹。墓向335°（图三九三；图版九〇，1）。

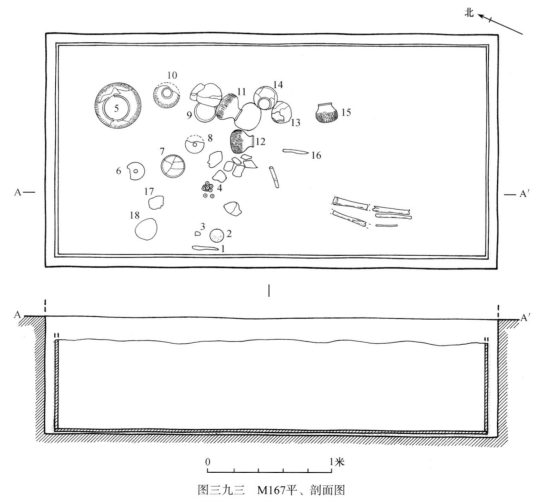

图三九三　M167平、剖面图

1. 铁削　2. 陶饼　3. 磨石　4. 铜钱　5. 陶瓮　6、8. 陶豆　7、9. 陶盘　10～15. 陶釜　16. 铁凿　17、18. 漆器

（2）葬具

葬具已朽，从墓底及四壁板灰痕迹判断为木椁。木椁平面呈长方形，长3.4、宽1.7米，侧板高约0.7米，椁板厚约2厘米，板外侧施厚约2厘米的白膏泥一层。

（3）人骨

单人葬，人骨被严重扰乱，仅存下肢和少量牙齿。葬式及性别不详，据牙齿磨损度判断年龄约30岁。

2. 随葬器物

随葬器物有陶器、铁器、石器、漆器和铜钱（图版九〇，2）。陶器有瓮、釜、豆、盘和饼等，铁器为削和凿，石器为磨石，漆器仅存痕迹，铜钱有半两和五铢。随葬器物集中置于木椁中部，磨石和陶饼共出，其中3件陶釜（M167：13～M167：15）和1件陶豆（M167：6）皆仅辨器形，无法修复。随葬漆器（M167：17、M167：18）仅存痕迹。其他器物情况如下。

陶瓮　1件。M167：5，夹细砂褐陶。直口，圆唇，高领，溜肩，鼓腹内收，平底微凹，最大径在中腹部。肩部以下至近底部饰绳纹。口径21.8、底径11、高33.6、最大腹径33.4厘米（图三九四，1；图版九一，1）。

陶釜　3件。M167：10，夹细砂褐陶。侈口，卷沿，圆唇，有领，束颈，鼓腹，圜底，最大径在中腹部。颈部以下饰绳纹。口径11、高14.6、最大腹径16.4厘米（图三九五，4）。M167：12，夹细砂褐陶。侈口，卷沿，圆唇，有领，束颈，鼓腹略扁，圜底近平，最大径在中腹部。颈部以下饰绳纹。口径10.4、高14.4、最大腹径16.8厘米（图三九五，5；图版九一，2）。M167：11，夹细砂褐陶。侈口，圆唇，沿略斜，溜肩，弧腹，圜底近平，最大径在下腹部。颈部饰一周凹弦纹，颈部以下饰绳纹。口径11.6、高17.6、最大腹径19.2厘米（图三九五，6）。

陶盘　2件。泥质灰陶。形制相同，敞口，宽沿，圆唇，折腹较浅，圜底近平。M167：7，口径17.3、高2.8厘米（图三九五，2；图版九一，3）。M167：9，口径17.2、高3厘米（图三九五，1；图版九一，4）。

陶豆　1件。M167：8，夹细砂灰陶。口微敛，圆唇，斜直腹，矮圈足。口径13.4、足径5.2、高5.6厘米（图三九五，3；图版九一，5）。

陶饼　1件。M167：2，平面呈圆形，由夹细砂褐色绳纹陶片制成，陶片内侧打磨光滑。直径11.3、厚1.3厘米（图三九四，5；图版九一，6）。

铁削　1件。M167：1，环首，单侧刃，直背。通长16.5、宽0.9、厚0.4厘米（图三九四，2）。

铁凿　1件。M167：16，平面略呈三角形，刃部微上翘，长方形銎。长21、宽2.8、最厚处2厘米（图三九四，3）。

磨石　1件。M167：3，由圆柱形青色砾石切割而成，切面略呈圆形，十分光滑。切面直径约2.6、高3厘米（图三九四，4）。

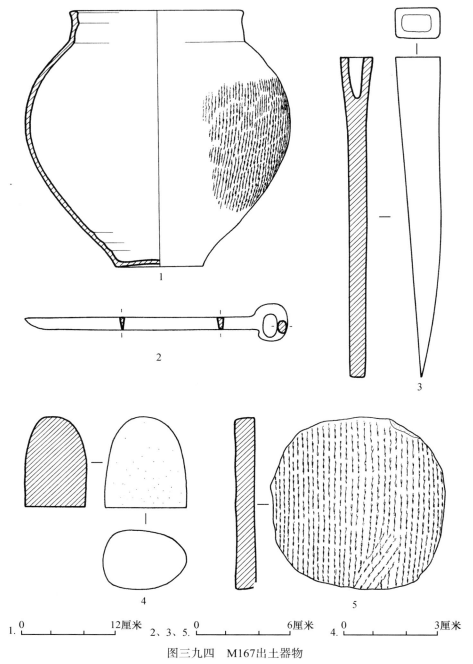

图三九四　M167出土器物

1. 陶瓮（M167：5）　2. 铁削（M167：1）　3. 铁凿（M167：16）　4. 磨石（M167：3）　5. 陶饼（M167：2）

　　半两钱　26枚。其中4枚较残，选取标本6件。M167：4-1，钱币规整、厚重，上下存茬口，整体呈灯笼状，钱文笔画较粗，字体规整，"半"字较长，字体方折。钱径3、穿径0.9、肉厚0.1厘米，重6.5克（图三九六，2）。M167：4-3，钱币规整、厚重，笔画偏细，较厚重，"半"字上部笔画圆弧，上下横画等长，双人竖画长。钱径3.1、穿径1厘米，重4.2克（图

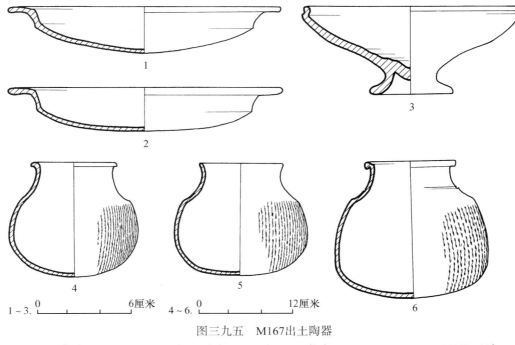

图三九五　M167出土陶器

1、2.盘（M167：9、M167：7）3.豆（M167：8）4～6.釜（M167：10、M167：12、M167：11）

三九六，3）。M167：4-4，钱币不甚规整，钱文笔画圆弧，横画较短。钱径2.6、穿径0.9厘米，重4.2克（图三九六，6）。M167：4-5，钱文高挺，笔画圆弧，横画短。钱径2.7、穿径0.9厘米，重3.8克（图三九六，5）。M167：4-6，钱币较厚重，上部存茬口，钱文书写随意，笔画圆弧。钱径2.5、穿径0.9厘米，重4.7克（图三九六，7）。M167：4-2，钱币较轻薄，上部存茬口，钱文笔画方折，"半"字上下横画等长，"两"字上横较长，双人竖画长。钱径3、穿径1厘米，重3.1克（图三九六，4）。

五铢钱　1枚。M167：4-7，周郭不甚规整，钱文隶意浓，"五"字交笔斜直，钱文较窄。钱径2.5、穿径1厘米，重4克（图三九六，1）。

一五三、M168

1. 墓葬形制

（1）墓葬结构

长方形竖穴土坑墓，上部被破坏，口大底小，口部长2.52、宽1.14米，底部长2.12、宽约0.9米，残深1.3米。墓坑四壁在距墓口0.22米处内收成宽0.12～0.28米的生土二层台。墓坑底部有长方形腰坑，长1.02、宽0.3、深0.36米。墓内填土为黄褐色五花土夹膏泥，底部及四壁存膏泥痕迹。墓向125°（图三九七；图版九二）。

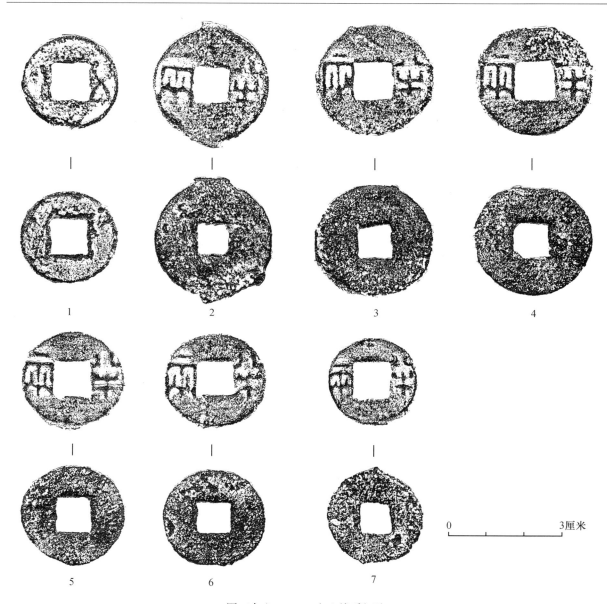

图三九六　M167出土钱币拓片

1. 五铢钱（M167∶4-7）　2～7. 半两钱（M167∶4-1、M167∶4-3、M167∶4-2、M167∶4-5、M167∶4-4、M167∶4-6）

（2）葬具

葬具已朽，据四壁及墓底板灰痕迹判断为一椁一棺。木椁痕迹模糊，平面略长方形，平面大小与墓坑底部相仿，残高0.48米，椁板厚度不详。木棺置于椁室中部，平面呈长方形，长约1.9、宽约0.44米，木棺高度及棺板厚度不详。

（3）人骨

单人仰身葬。人骨被挤压严重变形，葬式、性别及年龄不辨。

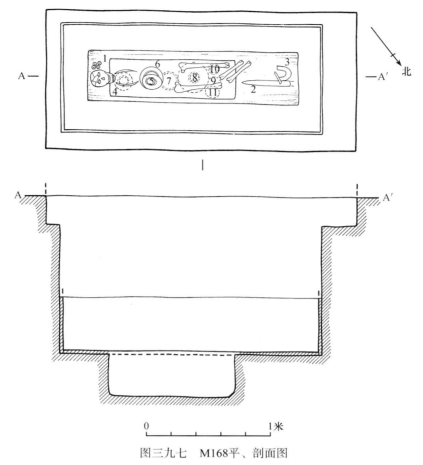

图三九七　M168平、剖面图

1. 五铢钱　2. 铁环首刀　3. 铁锸　4~6. 陶釜　7. 陶甑　8. 陶蒜头壶　9、10. 陶罐　11. 陶钵

2. 随葬器物

随葬器物有陶器、铁器和铜钱。陶器有釜、甑、罐、蒜头壶和钵，铁器有环首刀和锸，铜钱为五铢。随葬器物中钱币位于棺内人头骨南侧，铁器位于棺内西端，其他器物置于腰坑内。具体情况如下。

陶釜　3件。M168：6，夹细砂灰陶。直口，宽平沿，斜方唇，长颈，折肩，弧腹，圜底，最大径在肩部。肩部以下饰绳纹。口径14.7、高16.3、最大肩径20.4厘米（图三九八，1；图版九三，1）。M168：4，夹细砂灰陶。侈口，斜沿，圆唇，束颈，斜直腹，圜底，最大径在下腹部。肩部以下饰绳纹。口径9、高8、最大腹径10.6厘米（图三九八，4；图版九三，2）。M168：5，夹细砂灰陶。形制、纹饰与M168：4相同。口径12.6、高10.48、最大腹径13.4厘米（图三九八，6；图版九三，3）。

陶罐　2件。夹细砂灰陶。形制相同，侈口，卷沿，圆唇，溜肩，弧腹内收，平底，最大径在上腹部。肩部饰凹弦纹。M168：9，口、肩部存朱砂痕迹。口径10.6、底径8.4、高11.5、最大腹径15.4厘米（图三九九，2；图版九三，4）。M168：10，口径10.6、底径8.3、高11.4、

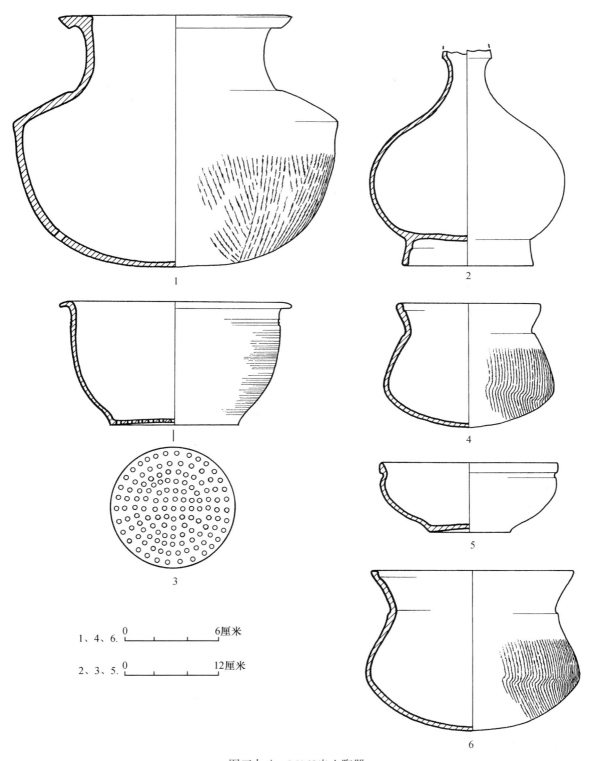

图三九八　M168出土陶器

1、4、6.釜（M168：6、M168：4、M168：5）　2.蒜头壶（M168：8）　3.甑（M168：7）　5.钵（M168：11）

最大腹径15.4厘米（图三九九，1）。

　　陶甑　1件。M168：7，夹细砂灰陶。敞口，平沿略外翻，圆唇，弧腹微鼓，平底，底部存圆形箅孔。口径29、底径16、高16厘米（图三九八，3）。

　　陶钵　1件。M168：11，泥质灰陶。口微侈，圆唇，颈部微束，圆肩，弧腹内收，平底微凹。口径22.3、底径10、高9.2厘米（图三九八，5）。

　　陶蒜头壶　1件。M168：8，泥质灰陶。口部残，细长颈，溜肩，鼓腹内收，平底接圈足，最大径在中腹部。足径16.4、残高28.4、最大腹径24.4厘米（图三九八，2；图版九三，5）。

　　铁环首刀　1件。M168：2，刀首残，直背，单面刃。残长30、宽2.8、厚0.6厘米（图三九九，3）。

　　铁锸　1件。M168：3，平面呈“凹”字形，弧形刃，銎部平面呈长方形。长11、宽12、

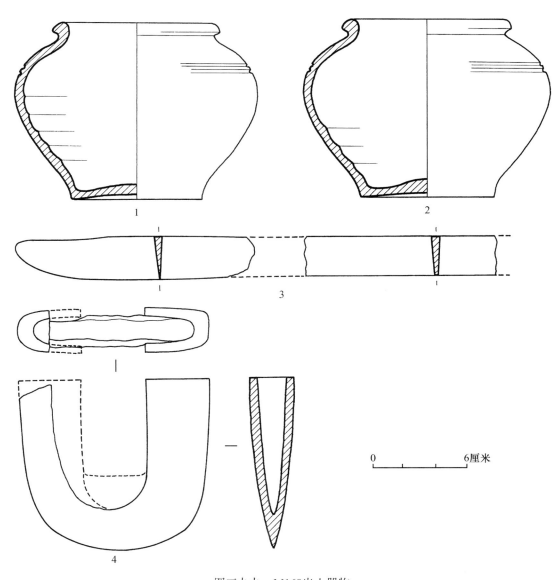

图三九九　M168出土器物

1、2.陶罐（M168：10、M168：9）3.铁环首刀（M168：2）4.铁锸（M168：3）

最厚处2.8厘米（图三九九，4）。

五铢钱　40枚。其中6枚较残，选取标本11枚。M168：1-1，钱币规整，正背存周郭，背面存穿郭。钱文隶意重，"五"字交笔斜直，"铢"字朱旁头部方折。钱径2.5、穿径1、周郭0.1、穿郭0.1厘米，重3.7克（图四〇〇，2）。M168：1-2，钱文形制、大小与M168：1-1相同。重3.1克（图四〇〇，1）。M168：1-3，钱文形制、大小与M168：1-1相同。重3.6克（图四〇〇，5）。M168：1-4，钱文形制、大小与M168：1-1相同。重2.5克（图四〇〇，3）。M168：1-5，钱文形制、大小与M168：1-1相同。重3.3克（图四〇〇，6）。M168：1-6，钱文形制、大小与M168：1-1相同。重2.9克（图四〇〇，4）。M168：1-7，钱币规整，周郭光滑，"五"字交笔屈曲，上下两横稍长，"铢"字朱旁头部方折。钱径2.5、穿径1厘米，重3.2克（图四〇一，3）。M168：1-8，钱文形制、大小与M168：1-7相同。重3克（图四〇一，4）。

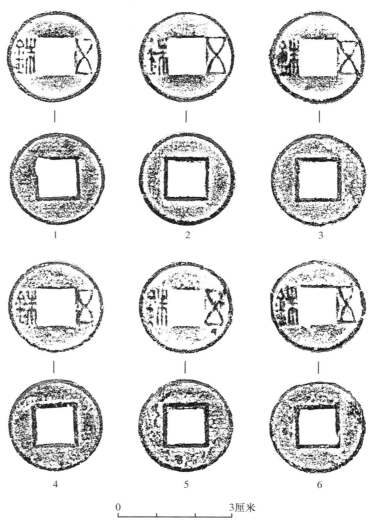

0　　　　　　3厘米

图四〇〇　M168出土五铢钱拓片

1. M168：1-2　2. M168：1-1　3. M168：1-4　4. M168：1-6　5. M168：1-3　6. M168：1-5

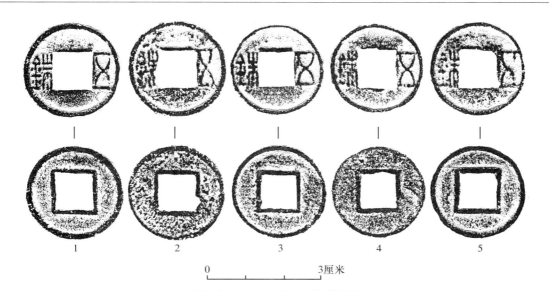

图四〇一　M168出土五铢钱拓片
1. M168：1-11　2. M168：1-10　3. M168：1-7　4. M168：1-8　5. M168：1-9

M168：1-9，钱文形制、大小与M168：1-7相同。重3.7克（图四〇一，5）。M168：1-10，钱文形制、大小与M168：1-7相同。重3.6克（图四〇一，2）。M168：1-11，钱文形制、大小与M168：1-7相同。重2.6克（图四〇一，1）。

一五四、M169

1. 墓葬形制

（1）墓葬结构

长方形竖穴土坑墓，上部被破坏，口部长3.06、宽1.12米，底部长2.8、宽0.86米，残深0.88米。四壁在距墓口约0.1米处内收成宽约0.14米的生土二层台。墓内填黄褐色五花土夹膏泥，底部存膏泥痕迹。墓向330°（图四〇二）。

（2）葬具

葬具已朽，据墓底板灰痕迹判断为一椁一棺。木椁痕迹模糊，平面呈长方形，规格与墓圹底部相仿，高度及椁板厚度不详。木棺置于椁室西南，平面呈长方形，长约1.7、宽约0.52米，高度及棺板厚度不详。

（3）人骨

单人葬。上肢骨不存。葬式、性别、年龄不详。

2. 随葬器物

随葬器物有陶器和漆器，主要置于椁室北部和东部。陶器有釜、豆、盘，漆器可辨者有耳

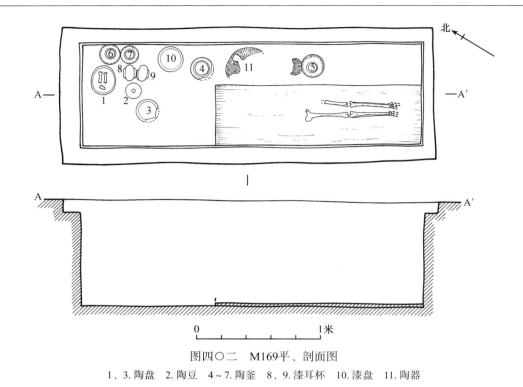

图四〇二　M169平、剖面图

1、3.陶盘　2.陶豆　4~7.陶釜　8、9.漆耳杯　10.漆盘　11.陶器

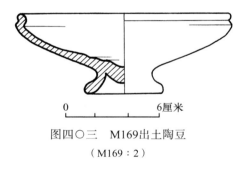

图四〇三　M169出土陶豆
（M169：2）

杯、盘等。随葬陶器中4件釜（M169：4~M169：7）和2件盘（M169：1、M169：3）仅辨器形，无法修复。另有1件陶器（M169：11）器形不辨。随葬漆器（M169：8~M169：10）仅存痕迹。其他器物情况如下。

陶豆　1件。M169：2，泥质灰陶。口微侈，圆唇，腹部斜弧内收，矮圈足。口径13.6、足径5、高5.3厘米（图四〇三）。

一五五、M170

1. 墓葬形制

（1）墓葬结构

长方形竖穴土坑墓，上部被破坏，口部长3.4、宽1.4米，底部长2.86、宽1.4米，残深0.54米。墓坑南北两端在近墓底约0.22米处内收成宽约0.28米的生土二层台。墓内填土为黄褐色黏土，墓底有膏泥痕迹。墓向35°（图四〇四；图版九四，1）。

（2）葬具

葬具已朽，从板灰痕迹判断为一椁一棺。木椁平面呈"Ⅱ"字形，长2.84、宽1.3、残高约

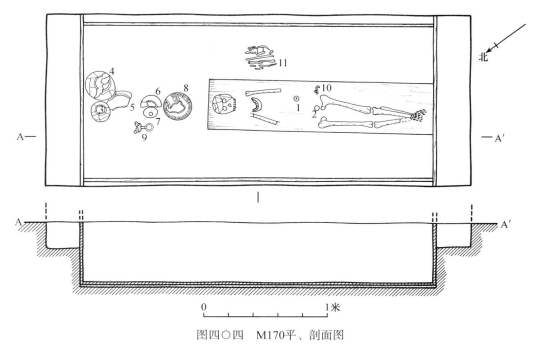

图四〇四　M170平、剖面图
1.半两钱　2.银环　3、4、6、8.陶釜　5.陶器盖　7.陶豆　9.铜铺首　10.铜带钩　11.狗骨

0.32米，椁板厚约2厘米。木棺位于椁室南部，平面呈长方形，长1.8、宽0.42米，高度及棺板厚度不详。椁底部和外侧施白膏泥。

（3）人骨

单人仰身直肢葬。人骨被扰乱，长约1.6米，性别不辨，据牙齿磨损度判断年龄在30～35岁。

2. 随葬器物

随葬器物有陶器、铜器、银器和铜钱。陶器有釜和豆，铜器为铺首和带钩，银器为环，铜钱为半两，另存狗骨1副（图版九四，2）。钱币位于棺内人骨手部，铜器和银器位于棺内人骨腰部，狗骨位于木棺东侧，其他陶器集中置于椁室北端。随葬陶器中4件釜（M170：3、M170：4、M170：6、M170：8）和1件器盖（M170：5）仅辨器形，无法修复。其他器物情况如下。

陶豆　1件。M170：7，夹细砂灰陶。口微侈，圆唇，腹部斜弧较甚，矮圈足。口径14.8、足径6、高6.6厘米（图四〇五，1；图版九五，1）。

铜铺首　2件。M170：9-1、M170：9-2，形制相同，饕餮纹线条复杂，嘴中衔环。如M170：9-1，宽3、通高4.3厘米（图四〇五，2；图版九五，2）。

铜带钩　1件。M170：10，整体呈琵琶状，尾部呈圆形，两侧带翼。长3.9、宽2.4、厚0.3厘米（图四〇五，4；图版九五，3）。

银环　5件。形制一致，平面为环状，截面呈圆形。以M170：2-1为例，直径1.8、截面直径0.1厘米（图四〇五，3；图版九五，4）。

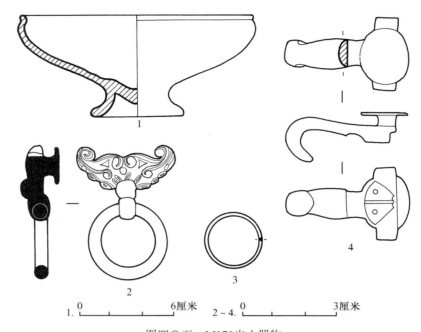

图四〇五　M170出土器物

1. 陶豆（M170：7）　2. 铜铺首（M170：9-1）　3. 银环（M170：2-1）　4. 铜带钩（M170：10）

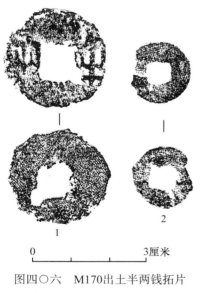

图四〇六　M170出土半两钱拓片

1. M170：1-1　2. M170：1-2

半两钱　2枚。M170：1-1，钱币厚重、规整，钱文笔画偏粗，字体圆弧，大篆味浓，横画较短，"两"字双人较长。钱径2.9、穿径0.8厘米，重4.1克（图四〇六，1）。M170：1-2，左侧残，钱文漫漶，依稀可辨为"半两"二字。钱径1.7、穿径0.6厘米，重0.6克（图四〇六，2）。

一五六、M171

1. 墓葬形制

（1）墓葬结构

长方形竖穴土坑墓，上部被破坏，直壁，长3.4、宽1.34、残深0.42米。墓内填土为黄褐色黏土，墓底及四壁存膏泥痕迹。墓向50°（图四〇七）。

（2）葬具

葬具已朽，据四壁及墓底板灰痕迹判断为一椁一棺。木椁平面呈"Ⅱ"字形，长3.36、宽1.3、残高约0.4米，椁板厚约2厘米。木棺位于椁室西南部，平面呈长方形，长1.82、宽0.48米，高度及棺板厚度不详。木椁底部和外侧施厚约2厘米的白膏泥。

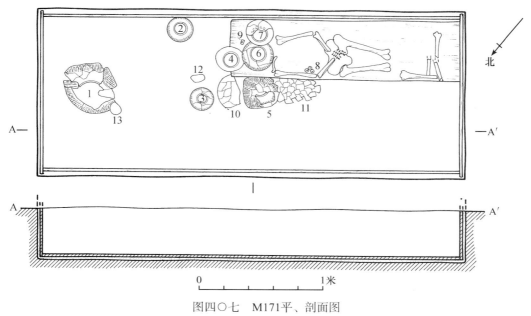

图四○七　M171平、剖面图

1.陶瓮　2～7.陶釜　8.半两钱　9.铜印章　10、11.陶器　12、13.漆器

（3）人骨

单人仰身直肢葬。人骨被扰乱，头部不存，上肢交叉置于下腹部。人骨残长约1.26米，性别不详，据牙齿磨损度判断年龄在35～40岁。

2. 随葬器物

随葬器物有陶器、铜器、漆器和钱币，陶器和漆器置于人骨北侧和东侧，铜印章置于人骨头部位置，铜钱置于人骨肘部。陶器可辨器形有瓮和釜，铜器为印章，漆器仅存痕迹，钱币为半两。随葬陶器中，2件釜（M171：2、M171：3）仅辨器形，无法修复，2件陶器（M171：10、M171：11）器形不辨。随葬漆器（M171：12、M171：13）仅存痕迹，无法提取。其他器物情况如下。

陶瓮　1件。M171：1，夹细砂褐陶。口微敛，方唇，高领，圆肩，弧腹微鼓内收，平底微凹，最大径在肩部。肩部以下至近底部饰绳纹。口径23.5、底径10.4、高35.5、最大肩径39.6厘米（图四○八，1）。

陶釜　4件。M171：4，夹细砂灰陶。侈口，卷沿，圆唇，束颈，溜肩，圆鼓腹，圜底，最大径在下腹部。肩部以下饰绳纹。口径11、高14、最大腹径15.8厘米（图四○八，5）。M171：5，夹细砂灰陶。口微侈，沿微斜，方唇，束颈，溜肩，弧腹，圜底，最大径在下腹部。颈部饰凹弦纹，肩部以下饰绳纹。口径12.6、高22.4、最大腹径26.8厘米（图四○八，4）。M171：7，夹细砂灰陶。形制特征、纹饰与M171：5相同。口径12.4、高16.6、最大腹径17厘米（图四○八，3）。M171：6，夹细砂灰陶。直口，平沿，方唇，束颈，溜肩，扁鼓

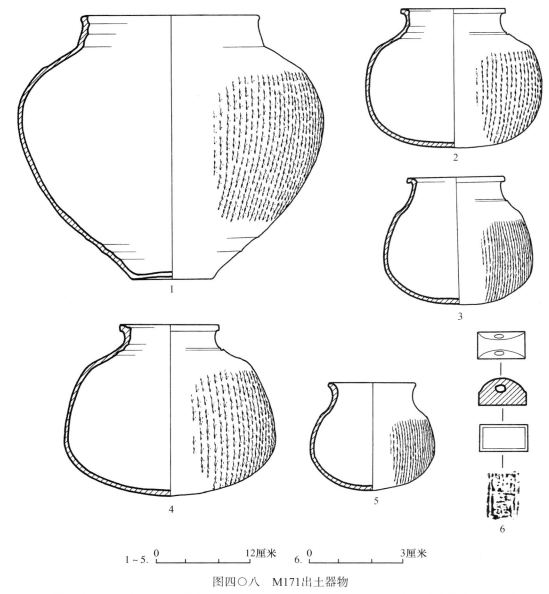

1 ~ 5. |0　　　　　　12厘米　　6. 0　　　　　3厘米

图四〇八　M171出土器物

1. 陶瓮（M171：1）　2 ~ 5. 陶釜（M171：6、M171：7、M171：5、M171：4）　6. 铜印章（M171：9）

腹，圜底近平，最大径在中腹部。颈部饰凹弦纹，肩部以下饰绳纹。口径13.2、高18、最大腹径22.4厘米（图四〇八，2）。

铜印章　1枚。M171：9，印面呈长方形，桥形纽。印面中部阴刻横向界线，印文纵向篆体阴刻，经辨认为"赵廮"。印面长1.5、宽0.9厘米，印高0.9厘米（图四〇八，6）。

半两钱　7枚。6枚残，选取标本1枚。M171：8-1，钱币上部存茬口，钱文横画较短，"两"字双人竖画较长。钱径3.5、穿径1.1厘米，重6.8克（图四〇九）。

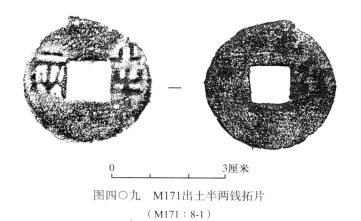

图四〇九　M171出土半两钱拓片
（M171：8-1）

一五七、M172

1. 墓葬形制

（1）墓葬结构

长方形竖穴土坑墓，上部被破坏，直壁，长2.3、宽1.3、残深0.5米。墓内填土为黄褐色黏土，墓底有膏泥痕迹。墓向30°（图四一〇）。

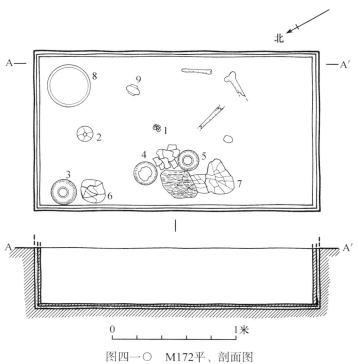

图四一〇　M172平、剖面图
1.五铢钱　2.陶豆　3～7.陶釜　8.漆盘　9.漆耳杯

（2）葬具

葬具已朽，据墓底及四壁板灰痕迹判断为木椁。木椁平面呈长方形，长2.28、宽1.28米，椁残板高约0.48米，椁板厚约2厘米。椁底部和侧板外侧施厚约2厘米的白膏泥。

（3）人骨

单人葬，人骨被严重扰乱，仅存少量牙齿和肢骨。葬式及性别不辨，据牙齿磨损度判断年龄在11～13岁。

2. 随葬器物

随葬器物有陶器、漆器及铜钱。陶器有釜和豆，漆器有盘和耳杯，铜钱为五铢。陶器主要置于椁室西侧，漆器置于椁室东北部，铜钱置于椁室中部。随葬陶器中3件釜（M172：3、M172：6、M172：7）仅辨器形，无法修复，漆器（M172：8、M172：9）仅存痕迹。其他器物情况如下。

陶釜　2件。M172：5，泥质褐陶。侈口，平沿，圆唇，束颈，溜肩，扁鼓腹，圜底，最大径在下腹部。颈部以下饰绳纹。口径11、高13.2、最大腹径15.4厘米（图四一一，2）。M172：4，夹细砂褐陶。侈口，短斜沿，方唇，束颈，溜肩，弧腹微鼓，下腹外鼓较甚，圜底，最大径在下腹部。颈部饰一周凹弦纹，颈部以下饰绳纹。口径12、高17.4、最大腹径22.8厘米（图四一一，1）。

陶豆　1件。M172：2，夹细砂灰陶。口微侈，圆唇，斜直腹，矮圈足。口径14.4、足径5.5、高5.5厘米（图四一一，3）。

五铢钱　3枚。M172：1-1，钱币规整，正背皆有周郭，周郭窄且高，背穿带郭。钱文为

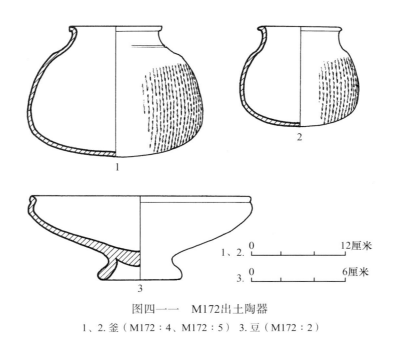

图四一一　M172出土陶器

1、2.釜（M172：4、M172：5）3.豆（M172：2）

小篆，整体较窄，"五"字交笔斜直，"铢"字朱旁上部笔画方折，下部圆弧，金旁上部呈三角形，下部四点较短。钱径2.5、穿径1厘米，重3.5克（图四一二，1）。M172：1-2，周郭较宽，部分钱币正面穿上有横线。钱文小篆，"五"字交笔屈曲，上下横画偏长，"铢"字朱旁上部方折，少部分稍有弧意，下部圆弧。钱径2.5、穿径1厘米，重3.2克（图四一二，2）。M172：1-3，形制、钱文特征及钱径大小与M172：1-2相同，重3克（图四一二，3）。

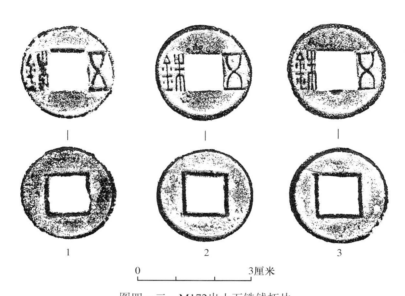

图四一二　M172出土五铢钱拓片

1. M172：1-1　2. M172：1-2　3. M172：1-3

一五八、M175

1. 墓葬形制

（1）墓葬结构

长方形竖穴土坑墓，上部被破坏，直壁，长2.2、宽1.56、残深0.85米。墓内填土为黄褐色黏土，墓底有膏泥痕迹。墓向130°（图四一三）。

（2）葬具

葬具已朽，据墓底及四壁板灰痕迹判断为木椁。木椁平面呈长方形，底板由两块长方形板竖向并排拼合而成，长2.18、宽1.38米，侧板残高0.8米，椁板厚约4厘米。木椁底部和外侧施厚约2厘米的白膏泥。

（3）人骨

单人仰身直肢葬，上肢交叉置于下腹部。人骨残长1.44米，性别不辨，据牙齿磨损度判断年龄在45~50岁。

图四一三　M175平、剖面图

1、3.陶豆　2、4.陶釜　5.陶瓮　6、7.漆盘　8.动物骨骼

2. 随葬器物

随葬器物有陶器和漆器，陶器有瓮、釜和豆，漆器为盘，在漆盘内存少量动物骨骼。随葬器物放置于人骨的西侧和东侧，其中1件陶釜（M175：2）仅辨器形，无法修复，2件漆器（M175：6、M175：7）仅存痕迹。其他器物情况如下。

陶瓮　1件。M175：5，夹细砂褐陶。口微敛，圆唇，高领，圆肩，弧腹内收，平底，最大径在肩部。肩部以下至近底部饰粗绳纹。口径23.4、底径10.6、高33.6、最大肩径33.6厘米（图四一四，1）。

陶釜　1件。M175：4，夹细砂褐陶。侈口，卷沿，圆唇，有领，束颈，溜肩，圆鼓腹，圜底，最大径在下腹部。通体素面，器底存烟熏痕迹。口径13、高13.8、最大腹径16.8厘米（图四一四，2）。

陶豆　2件。夹细砂灰陶。形制相同，口微侈，圆唇，斜直腹，矮圈足。M175：1，口径13.2、足径5、高5厘米（图四一四，4）。M175：3，口径12.7、足径4.7、高4.8厘米（图四一四，3）。

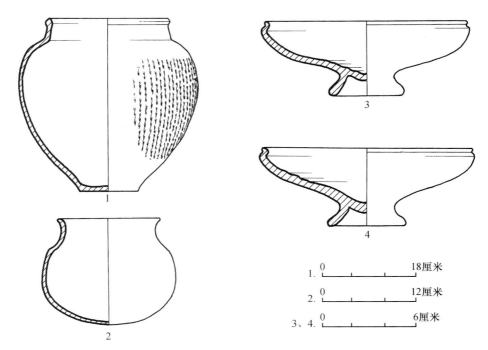

图四一四 M175出土陶器
1.瓮（M175：5） 2.釜（M175：4） 3、4.豆（M175：3、M175：1）

一五九、M176

1. 墓葬形制

（1）墓葬结构

长方形竖穴土坑墓，上部被破坏，直壁，长3.2、宽2.1、残深1.2米。墓内填黄褐色五花土夹膏泥，底部有膏泥痕迹。墓向325°（图四一五）。

（2）葬具

葬具已朽，据四壁及墓底板灰痕迹判断为一椁一棺。椁室平面呈"Ⅱ"字形，长约3.02、宽约1.9、残高0.8米，椁板厚约8厘米，椁底板由三块长方形木板铺成。木棺位于椁室南侧，平面呈长方形，长约1.82、宽约0.52米，高度不详，棺底板厚约3厘米。

（3）人骨

单人葬。人骨甚残，仅残余一段下肢骨。葬式、性别、年龄不辨。

2. 随葬器物

随葬器物有陶器、铜器、漆器和铜钱。陶器有瓮和釜，铜器为镜，漆器可辨者有盘和耳杯，铜钱为半两。随葬器物置于椁室北半部和东部，其中3件陶釜（M176：3、M176：6、

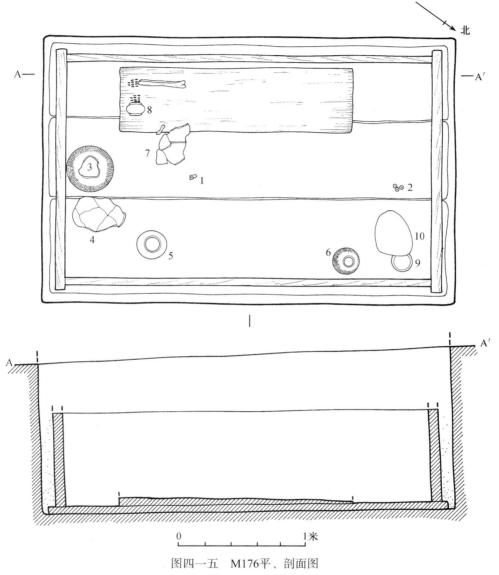

图四一五　M176平、剖面图
1.铜镜　2.半两钱　3、5～7.陶釜　4.陶瓮　8.漆耳杯　9.漆盘　10.漆器

M176：7）和1件陶瓮（M176：4）仅辨器形，无法修复，3件漆器（M176：8～M176：10）仅存痕迹，钱币（M176：2）可辨为半两，甚残无法提取。其他器物情况如下。

　　陶釜　1件。M176：5，夹细砂灰陶。口微侈，短斜沿，方唇，束颈，溜肩，扁弧腹，下腹外鼓，圜底，最大径在下腹部。颈部饰凹弦纹，肩部以下饰绳纹。口径12.6、高19.8、最大腹径23.6厘米（图四一六，1）。

　　铜镜　1件。M176：1，仅存一小片，桥形纽。残长3.8、残高0.6厘米（图四一六，2）。

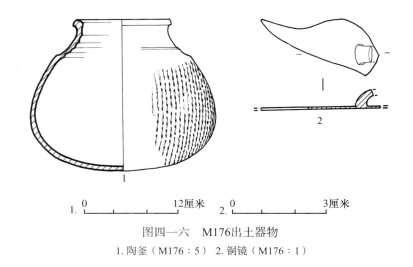

图四一六　M176出土器物

1. 陶釜（M176：5）　2. 铜镜（M176：1）

一六〇、M177

1. 墓葬形制

（1）墓葬结构

近方形竖穴土坑墓，直壁，长2.8、宽2.5、残深1.2米。墓内填黄褐色五花土夹膏泥，底部存膏泥痕迹。墓向25°（图四一七）。

（2）葬具

墓底仅存少量板灰痕迹，葬具不辨。

（3）人骨

未见人骨痕迹。

2. 随葬器物

墓坑西北角存少量陶片，器形不辨。

一六一、M178

1. 墓葬形制

（1）墓葬结构

长方形竖穴土坑墓，上部被破坏，直壁，长3.26、宽1.08、残深1.12米。墓内填黄褐色五花土夹膏泥，底部存膏泥痕迹。墓向280°（图四一八）。

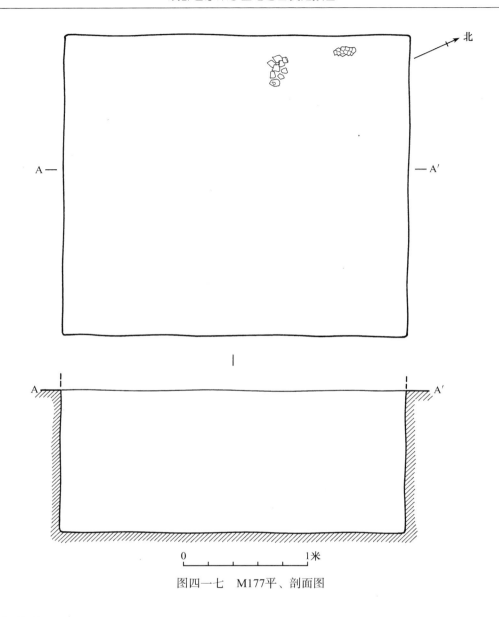

图四一七　M177平、剖面图

（2）葬具

葬具已朽，据四壁及墓底板灰痕迹判断为一椁一棺。木椁平面呈"Ⅱ"字形，长约3.22、宽约1.02、残高0.82米，椁板厚约4厘米。木棺痕迹较残，位于椁室东北角，平面略呈长方形，残长约1.2、残宽约0.46米，高度及棺板厚度不详。

（3）人骨

人骨不存。

2. 随葬器物

随葬器物有陶器和漆器。陶器可辨器形有瓮和豆，漆器为盘。随葬器物主要置于椁室南半

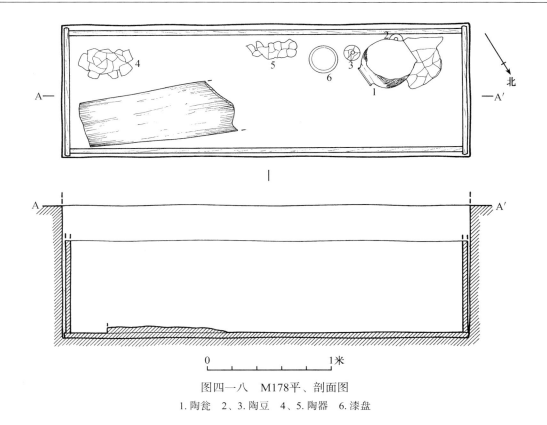

图四一八　M178平、剖面图
1.陶瓮　2、3.陶豆　4、5.陶器　6.漆盘

部，其中2件陶器（M178：4、M178：5）器形不辨，1件漆盘（M178：6）仅存痕迹，无法提取。其他器物情况如下。

陶瓮　1件。M178：1，夹细砂褐陶。直口，斜方唇，高领，溜肩，鼓腹内收，平底微凹，最大径在中腹部。肩部以下至近底部饰绳纹。口径23.2、底径8、高35.6、最大腹径37.2厘米（图四一九，1）。

陶豆　2件。M178：2，夹细砂褐陶。口微敛，圆唇，斜直腹，矮圈足。口径13.6、足径5.6、高5.4厘米（图四一九，3）。M178：3，夹细砂褐陶。口微侈，斜弧腹内收，矮圈足。口径13.6、足径5、高5厘米（图四一九，2）。

一六二、M179

1. 墓葬形制

（1）墓葬结构

长方形竖穴土坑墓，上部被破坏，直壁，长3.62、宽1.5、残深0.62米。墓内填黄褐色五花土夹膏泥，底部存膏泥痕迹。墓向338°（图四二〇）。

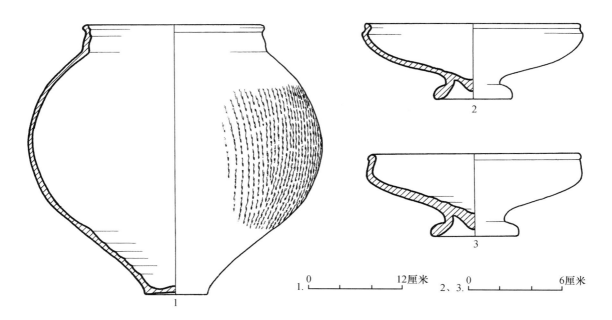

图四一九　M178出土陶器

1.瓮（M178：1）　2、3.豆（M178：3、M178：2）

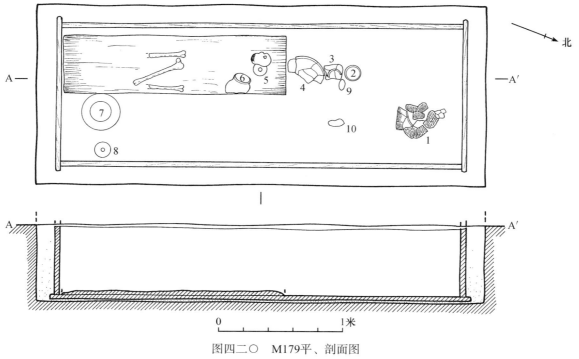

图四二〇　M179平、剖面图

1、6、7.陶釜　2、3.陶钵　4.陶盆　5、8.陶豆　9、10.漆器

（2）葬具

葬具已朽，据四壁及墓底板灰痕迹判断为一椁一棺。椁室平面呈"Ⅱ"字形，长约3.3、宽约1.3、残高0.6米，椁板厚约4厘米。木棺置于椁室西南，平面呈长方形，长约1.8、宽约0.48米，高度不详，木棺底板厚约4厘米。

（3）人骨

单人葬，墓底被严重扰乱，仅存肢骨。葬式、性别、年龄不辨。

2. 随葬器物

随葬器物有陶器和漆器。陶器有釜、钵、盆和豆，漆器器形不辨。随葬器物置于椁室北部、东南部和木棺北部，陶器中2件釜（M179：6、M179：7）、2件豆（M179：5、M179：8）、1件钵（M179：3）和1件盆（M179：4）仅辨器形，无法修复，2件漆器（M179：9、M179：10）仅存痕迹，无法提取。其他器物情况如下。

陶釜　1件。M179：1，夹砂褐陶。直口，平沿，方唇，束颈，溜肩，弧腹略扁，圜底近平，最大径在下腹部。颈部饰凹弦纹，肩部以下饰粗绳纹。口径13.6、高23.2、最大腹径28厘米（图四二一，2）。

陶钵　1件。M179：2，夹砂褐陶。敞口，卷沿，圆唇，折腹，上腹斜直较短，下腹略弧且较长，平底略内凹。底部有印文"新"字。口径14.8、底径6.2、高4.8厘米（图四二一，1）。

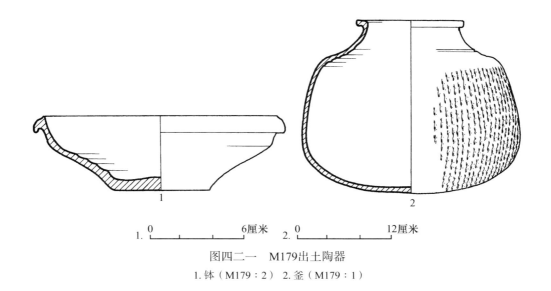

图四二一　M179出土陶器

1.钵（M179：2）2.釜（M179：1）

一六三、M180

1. 墓葬形制

（1）墓葬结构

长方形竖穴土坑墓，口大底小，口部长3.7、宽1.8米，底部长3.5、宽1.4米，残深1.7米。墓内填黄褐色五花土夹膏泥，底部存膏泥痕迹。墓向343°（图四二二）。

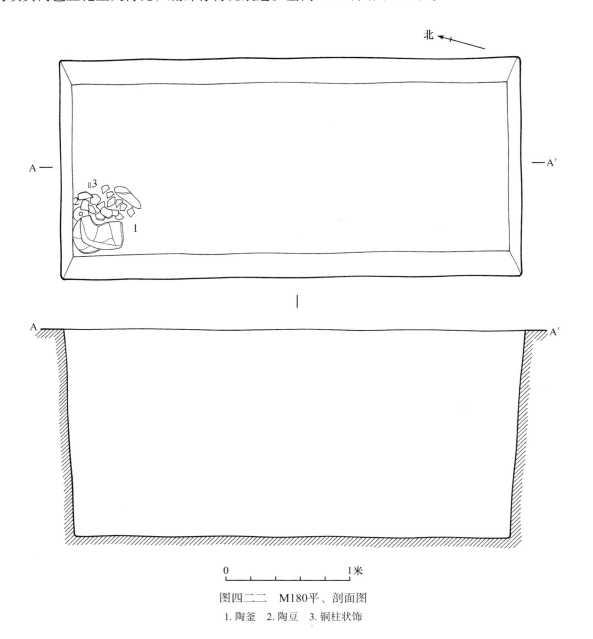

图四二二　M180平、剖面图

1.陶釜　2.陶豆　3.铜柱状饰

（2）葬具

墓底仅存少量板灰痕迹，葬具不辨。

（3）人骨

未见人骨痕迹。

2. 随葬器物

随葬器物有陶器和铜器。陶器有釜和豆，铜器为柱状饰。随葬器物置于椁室西北部，其中1件陶豆（M180：2）仅辨器形，无法修复。其他器物情况如下。

陶釜　1件。M180：1，夹细砂灰陶。直口，斜方唇，中领，圆肩，圆鼓腹，圜底，最大径在中腹部。下腹部及底部饰席纹。口径20.8、高29.4、最大腹径39厘米（图四二三，1）。

铜柱状饰　1件。M180：3，横截面呈长方形。口长1.5、宽1.1～1.5厘米，底长0.9、宽0.3厘米，壁厚0.2厘米，高4厘米（图四二三，2）。

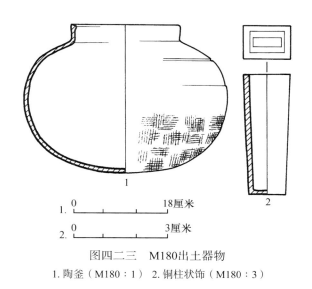

1. 0 —— 18厘米
2. 0 —— 3厘米

图四二三　M180出土器物

1. 陶釜（M180：1）　2. 铜柱状饰（M180：3）

一六四、M181

1. 墓葬形制

（1）墓葬结构

长方形竖穴土坑墓，上部被破坏，直壁，长3.92、宽1.96、残深1.2米。墓内填黄褐色五花土夹膏泥，底部存膏泥痕迹。墓向342°（图四二四）。

（2）葬具

葬具已朽，据四壁及墓底板灰痕迹判断为一椁一棺。椁室平面呈"Ⅱ"字形，长约3.3、宽

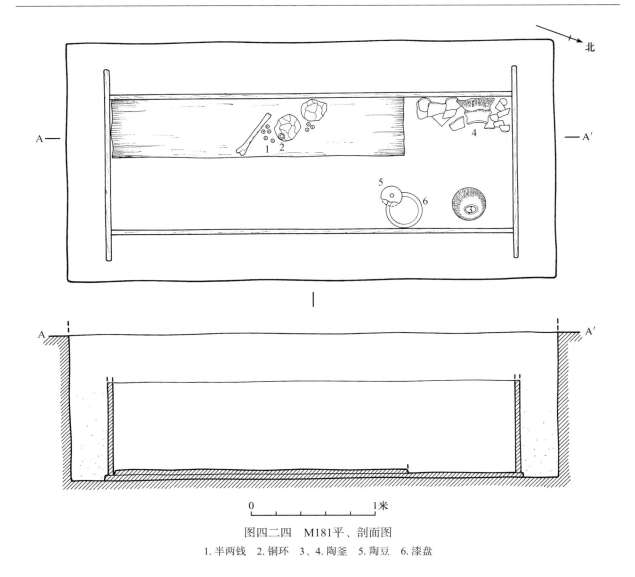

图四二四　M181平、剖面图

1. 半两钱　2. 铜环　3、4. 陶釜　5. 陶豆　6. 漆盘

约1.2、残高0.8米，椁板厚约4厘米。木棺置于椁室西南，平面呈长方形，长约2.34、宽约0.48米，高度度不详，木棺底板厚约4厘米。

（3）人骨

单人葬。人骨扰乱严重，仅存肢骨。葬式、性别、年龄不详。

2. 随葬器物

随葬器物有陶器、铜器、漆器和钱币，主要置于椁室北部，铜钱则位于木棺中部。陶器有釜和豆，铜器为环，漆器为盘，铜钱为半两。随葬陶器中2件釜（M181：3、M181：4）和1件豆（M181：5）仅辨器形，无法修复，漆盘（M181：6）仅存痕迹，无法提取。其他器物情况如下。

铜环 1件。M181：2，圆环，截面呈圆形。直径2.4、截面直径0.4厘米（图四二五，2）。

半两钱 4枚。其中3枚较残，选取标本1枚。M181：1，穿背光滑无郭，钱文较小，可辨为篆体"半两"。钱径2.7、穿径0.9厘米，重2.9克（图四二五，1）。

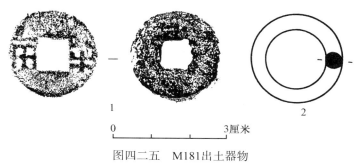

0 　　　　　　3厘米

图四二五　M181出土器物
1. 半两钱（M181：1）2. 铜环（M181：2）

一六五、M182

1. 墓葬形制

（1）墓葬结构

长方形竖穴土坑墓，上部被破坏，直壁，长3.1、宽1、残高1米。墓内填土为褐色黏土，墓底存少许膏泥痕迹。墓向60°（图四二六）。

（2）葬具

葬具为木棺，已朽，存底部板灰痕迹。木棺平面呈长方形，据板灰痕迹测量，长2.1、宽0.7米，高度不详，木板厚度约2厘米。棺底部铺有白膏泥一层。

（3）人骨

单人葬，人骨扰乱严重，仅存下部肢骨。下肢骨长约1米。

2. 随葬器物

随葬器物有陶器和漆器。陶器有瓮、釜和豆，漆器有盘和耳杯。随葬器物中1件陶豆和1件漆耳杯置于木棺内，其余器物置于墓坑头端。随葬陶器陶质差，其中1件瓮（M182：6）、4件釜（M182：7～M182：10）、3件豆（M182：1、M182：2、M182：4）仅能辨别器形，存底部，无法修复。漆器仅存痕迹（M182：11～M182：13）。其他器物情况如下。

陶豆 2件。夹细砂灰陶。形制相同，口微侈，圆唇，肩部以下斜弧内收，矮圈足。器表施黑色陶衣。M182：3，口径12.8、足径5、高4.6厘米（图四二七，1）。M182：5，口径13.6、足径5、高5.1厘米（图四二七，2）。

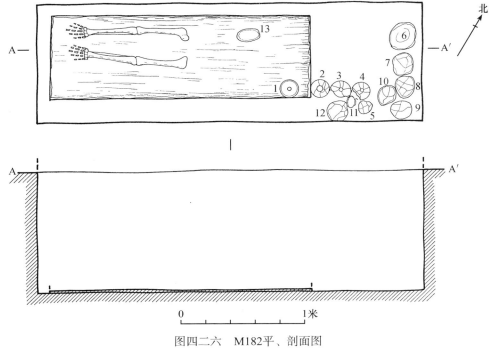

图四二六　M182平、剖面图

1~5.陶豆　6.陶瓮　7~10.陶釜　11.漆耳杯　12.漆盘　13.漆器

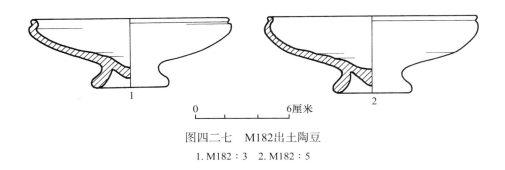

图四二七　M182出土陶豆

1. M182：3　2. M182：5

一六六、M183

1. 墓葬形制

（1）墓葬结构

长方形竖穴土坑墓，上部被破坏，直壁，长3、宽2、残深1.12米。墓内填土为黄褐色黏土，墓底存膏泥痕迹。墓向300°（图四二八）。

（2）葬具

葬具已朽。从四壁及墓底板灰痕迹判断为一椁一棺。木椁平面呈"Ⅱ"字形，长2.92、宽1.88、残高约0.86米，底部由6块长1.88、宽约0.5米的长方形木板横铺而成，椁侧板厚约4、底

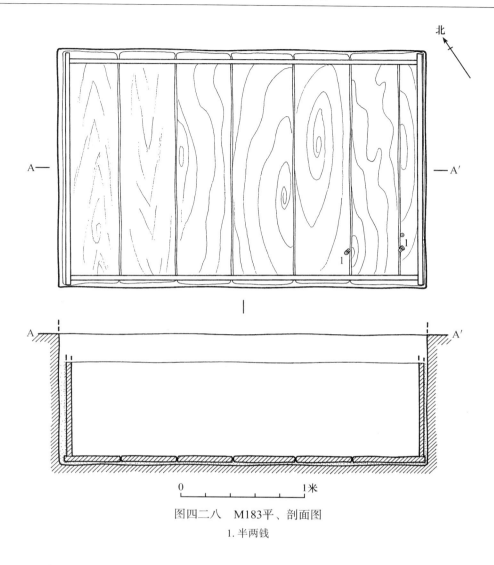

图四二八　M183平、剖面图
1. 半两钱

板厚约5厘米。椁底部和外侧施白膏泥。木棺痕迹模糊，形制不辨。

（3）人骨

未见人骨痕迹。

2. 随葬器物

墓葬盗扰严重，仅在墓葬西南部发现半两钱14枚。

半两钱　14枚。其中2枚较残，选取标本4枚。M183：1-1，穿部不规整，钱文高挺，笔画圆弧，横画较短。钱径2.7、穿径0.9厘米，重4.2克（图四二九，3）。M183：1-2，钱币不规整，穿下部残，钱文高挺，笔画圆弧。钱径2.5、穿径0.9厘米，重2.9克（图四二九，2）。M183：1-3，钱币不甚规整，钱文高挺，笔画圆弧。钱径2.5、穿径1厘米，重3克（图四二九，1）。M183：1-4，钱币规整、轻薄，钱文浅平。钱径2.2、穿径1厘米，重1.9克（图四二九，4）。

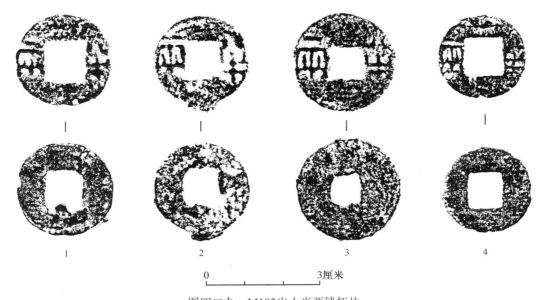

图四二九　M183出土半两钱拓片

1. M183：1-3　2. M183：1-2　3. M183：1-1　4. M183：1-4

一六七、M186

1. 墓葬形制

（1）墓葬结构

长方形竖穴土坑墓，直壁，长2.46、宽0.96、残高1.57米。墓内填土为黄褐色黏土。墓底中部有一长方形腰坑，方向与墓坑一致，长1、宽0.45、深0.24米。墓向310°（图四三〇）。

（2）葬具

葬具为木棺，上部已朽，仅存底板。棺平面呈长方形，长2.17、宽0.66米，高度不详，棺板厚度约3厘米。

（3）人骨

人骨不存。

2. 随葬器物

随葬器物有陶器和漆器，陶器有罐和釜，皆出土于腰坑内。漆器置于棺内，器形不辨。随葬陶器中的釜（M186：5）甚残，仅辨器形，无法修复。漆器（M186：6）仅存痕迹。其他器物情况如下。

陶罐　4件。M186：4，夹砂红陶。侈口，圆唇，束颈，鼓肩，肩部以下斜直内收，平底，最大径在肩部。器表施黑色陶衣。口径11.4、底径7.5、高9.8、最大肩径15.5厘米（图四三一，2）。M186：1，夹细砂灰陶。直口，斜方唇，束颈，鼓肩，弧腹内收，平底，最大

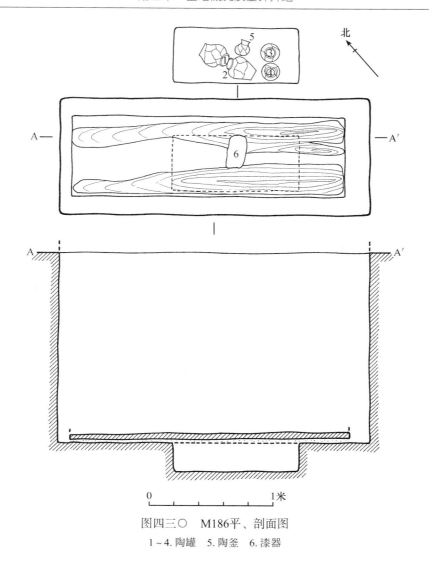

图四三〇　M186平、剖面图
1~4.陶罐　5.陶釜　6.漆器

径在肩部。器表存黑色陶衣痕迹。口径10.6、底径13、高22、最大肩径24厘米（图四三一，1）。M186：2，夹细砂灰陶。形制与M186：1相近。口径12、底径12、高21.2、最大肩径22厘米（图四三一，3）。M186：3，夹砂红陶。侈口，束颈，圆折肩，腹部斜直内收，平底微凹。器表施黑色陶衣，素面。口径11、底径7.6、高12、最大肩径16.5厘米（图四三一，4）。

一六八、M187

1. 墓葬形制

（1）墓葬结构

长方形竖穴土坑墓，口大底小，口部长3.3、宽1.3米，底部长3.1、宽1.1米，残深1.18米。

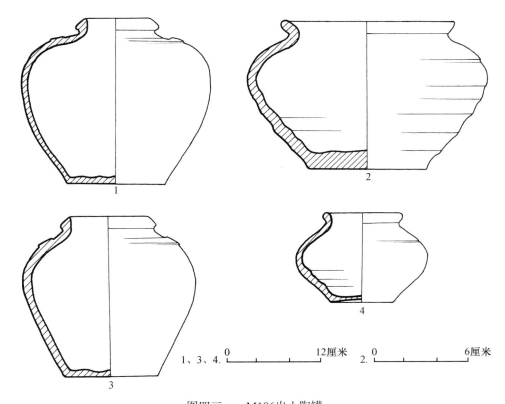

图四三一　M186出土陶罐

1. M186：1　2. M186：4　3. M186：2　4. M186：3

墓内填黄褐色五花土夹膏泥，底部存膏泥痕迹。墓向15°（图四三二）。

（2）葬具

葬具已朽，据墓底板灰痕迹推测其为一椁一棺。木椁痕迹模糊，平面呈长方形，长约3.1、宽约1.1、残深1.3米，椁板厚度不详。木棺位于椁室南部，平面呈长方形，长约1.74、宽约0.46米，高度不详，木棺底板厚约6厘米，其下存厚约2厘米的熟土棺台。

（3）人骨

单人仰身直肢葬，双臂交叉于腹部。人骨长约1.58米，性别不辨，据牙齿磨损度判断年龄在30～35岁。

2. 随葬器物

随葬器物有陶器、铜器和漆器，陶器有釜和豆，铜器为蹄形器，漆器为盘。随葬器物主要位于椁室北端，仅1件陶豆置于棺室头端。其中2件陶釜（M187：2、M187：3）和1件陶豆（M187：5）仅辨器形，无法修复，漆盘（M187：7）仅存痕迹。其他器物情况如下。

陶釜　1件。M187：4，夹细砂褐陶。敛口，平沿，方唇，束颈，溜肩，扁弧腹，圜底，最大径在下腹部。颈部饰凹弦纹，肩部以下饰绳纹。口径13、高22.6、最大腹径28.2厘米

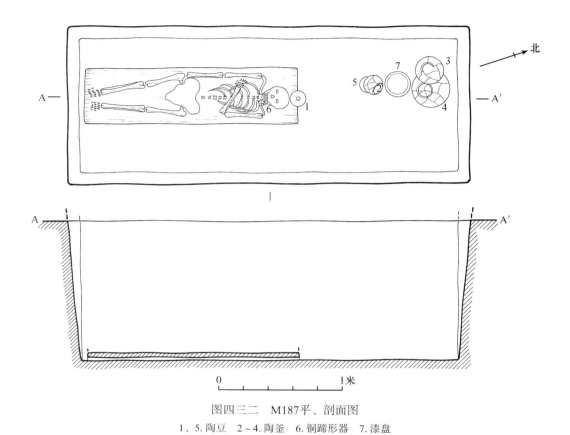

图四三二　M187平、剖面图

1、5.陶豆　2~4.陶釜　6.铜蹄形器　7.漆盘

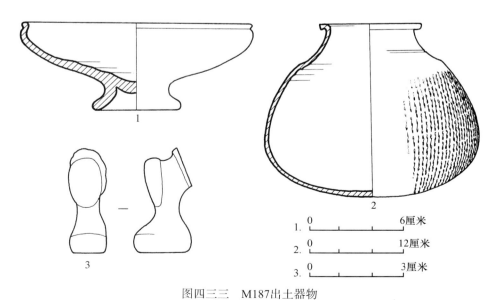

1. |0　　　　　　　　6厘米
2. |0　　　　　　　　12厘米
3. |0　　　　　　　　3厘米

图四三三　M187出土器物

1.陶豆（M187：1）　2.陶釜（M187：4）　3.铜蹄形器（M187：6）

（图四三三，2）。

陶豆　1件。M187：1，夹细砂灰陶。口微敛，圆唇，腹部斜收，矮圈足。口径14.6、足径5.6、高5.6厘米（图四三三，1）。

铜蹄形器　1件。M187：6，呈蹄状，可能为器物配件。宽1.2、高3.4厘米（图四三三，3）。

一六九、M188

1. 墓葬形制

（1）墓葬结构

长方形竖穴土坑墓，上部被破坏，直壁，长3.32、宽1.16、残深0.94米。墓内填黄褐色五花土夹膏泥，底部有膏泥痕迹。墓向20°（图四三四）。

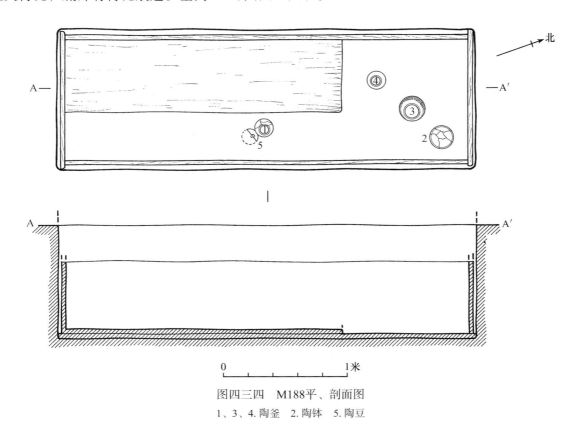

图四三四　M188平、剖面图

1、3、4. 陶釜　2. 陶钵　5. 陶豆

（2）葬具

葬具已朽，据四壁及墓底板灰痕迹判断为一椁一棺。椁室平面呈"Ⅱ"字形，长约3.3、宽约1.12、残高0.62米，椁板厚约4厘米。木棺置于椁室西南，平面呈长方形，长约2.2、宽约0.6

米，高度不详，木棺底板厚约4厘米。

（3）人骨

人骨不存。

2. 随葬器物

随葬器物均为陶器，有釜、豆和钵，置于椁室东部和北部。

陶釜　3件。M188：1，夹细砂灰褐陶。侈口，卷沿，圆唇，有领，束颈，溜肩，扁鼓腹，圜底，最大径在下腹部。肩部以下饰绳纹。口径12、高11、最大腹径16厘米（图四三五，5）。M188：4，夹细砂灰褐陶。形制、纹饰与M188：1相同。口径13、高12.8、最大腹径17.2厘米（图四三五，4）。M188：3，夹细砂灰陶。口微侈，沿微斜，方唇，束颈，溜肩，圆鼓腹，圜底，最大径在中腹部。颈部饰凹弦纹，肩部以下饰绳纹。口径13、高21.6、最大腹径23.6厘米（图四三五，3）。

陶钵　1件。M188：2，夹砂灰陶。敞口，方唇，折腹，上腹短且略内弧，下腹长且斜直内收，平底。口径18.2、底径6.2、高5.6厘米（图四三五，1）。

陶豆　1件。M188：5，泥质褐陶。口微敛，圆唇，腹部斜弧内收，矮圈足。口径14.1、足径5.5、高5.6厘米（图四三五，2）。

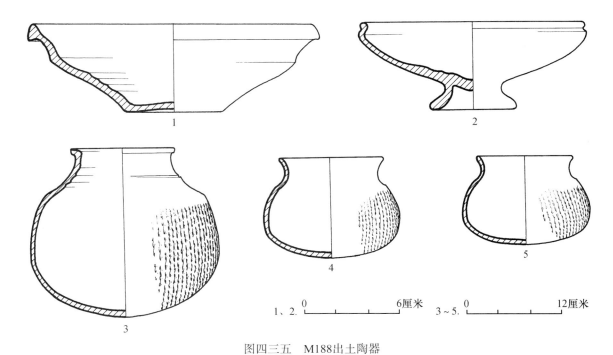

图四三五　M188出土陶器

1.钵（M188：2）　2.豆（M188：5）　3~5.釜（M188：3、M188：4、M188：1）

一七〇、M189

1. 墓葬形制

（1）墓葬结构

长方形竖穴土坑墓，上部被破坏，直壁，长3.36、宽1.4、残深2.1米。墓内填黄褐色五花土夹膏泥，底部存膏泥痕迹。墓向310°（图四三六）。

（2）葬具

葬具已朽，据四壁及墓底板灰痕迹判断为一椁一棺。椁室平面呈"Ⅱ"字形，长约3.34、宽约1.36、残高0.4米，椁板厚约4厘米。木棺置于椁室东南，平面呈长方形，长约1.96、宽约

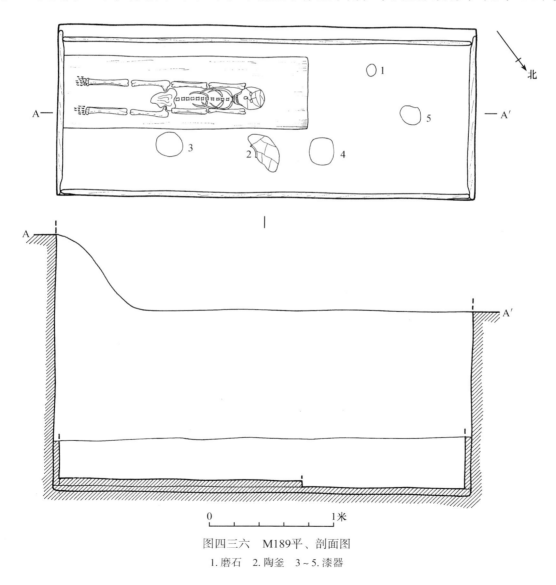

图四三六　M189平、剖面图

1. 磨石　2. 陶釜　3~5. 漆器

0.6米，高度不详，木棺底板厚约4厘米。

（3）人骨

单人仰身直肢葬。人骨长约1.5米，性别、年龄不辨。

2. 随葬器物

随葬器物有陶釜、磨石和漆器，主要置于椁室西部和北部。随葬陶器中1件陶釜（M189：2）仅辨器形，无法修复，漆器（M189：3～M189：5）皆仅存痕迹，器形不辨。其他器物情况如下。

磨石　1件。M189：1，平面呈圆形，周边未经切割，利用扁平的圆形石块磨制而成。直径10、厚3.8厘米（图四三七）。

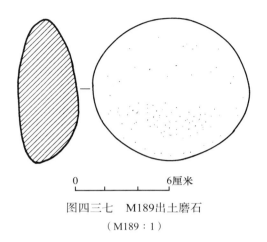

图四三七　M189出土磨石（M189：1）

一七一、M190

1. 墓葬形制

（1）墓葬结构

长方形竖穴土坑墓，直壁，墓坑长3.1、宽1.6、残深0.8米。墓内填土为黄褐色黏土，底部有零星膏泥痕迹。墓向320°（图四三八）。

（2）葬具

葬具为木棺，已朽，仅存底部板灰痕迹。木棺位于墓坑东南，平面呈长方形，长2.05、宽0.54米，高度不详，木板厚度约2厘米。棺底铺有一层极薄的膏泥。

（3）人骨

单人葬，人骨被扰乱，人骨现存长度约1.66米。葬式、性别和年龄不详。

2. 随葬器物

随葬器物有陶器和漆器。陶器有釜和瓮，漆器可辨器形为盘。随葬器物主要放置于木棺外北侧，仅1件漆器和1件陶瓮置于墓坑西端。随葬器物其中7件陶釜（M190：1～M190：4、M190：6～M190：8）仅辨器形，无法修复。2件漆器（M190：10、M190：11）亦仅存痕迹。其他器物情况如下。

陶釜　1件。M190：5，夹细砂灰陶。侈口，卷沿，圆唇，有领，束颈，溜肩，扁鼓腹，圜底，最大径在中腹部。颈部以下饰粗绳纹，器底存烟熏痕迹。口径10、高11.5、最大腹径14厘米（图四三九，1）。

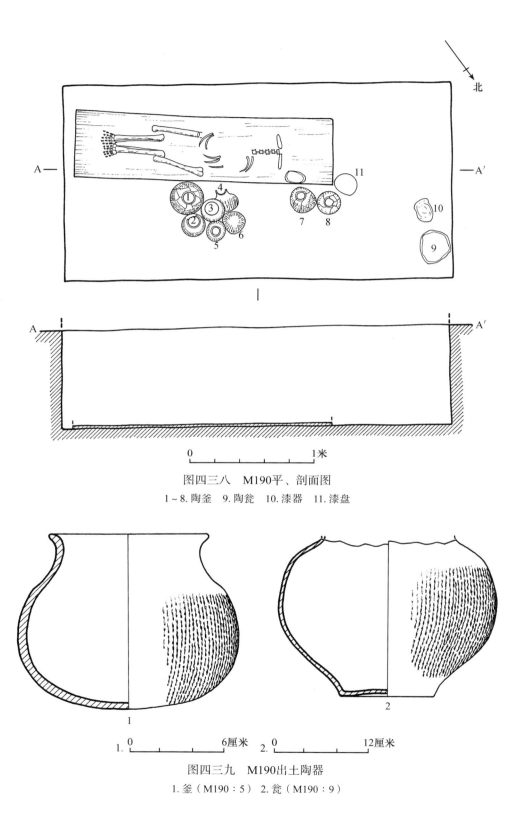

图四三八　M190平、剖面图

1～8.陶釜　9.陶瓮　10.漆器　11.漆盘

图四三九　M190出土陶器

1.釜（M190：5）　2.瓮（M190：9）

陶瓮　1件。M190：9，夹细砂灰陶。颈部以上残缺，鼓腹内收，平底微凹，最大径在中腹部。肩部以下至近底部饰绳纹。底径11.8、残高20.4、最大腹径27.4厘米（图四三九，2）。

一七二、M191

1. 墓葬形制

（1）墓葬结构

狭长形竖穴土坑墓，上部被破坏，直壁，长3.78、宽0.7、残深0.6米。墓内填黄褐色五花土夹膏泥，底部存膏泥痕迹。墓向335°（图四四〇）。

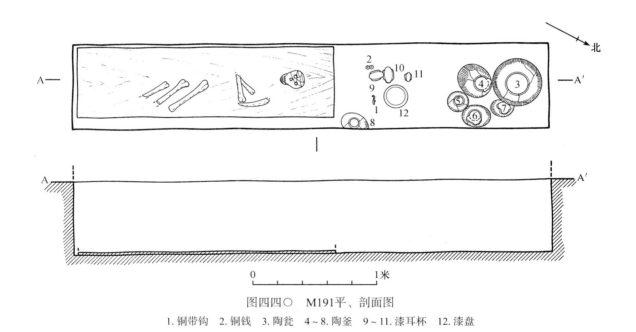

图四四〇　M191平、剖面图
1.铜带钩　2.铜钱　3.陶瓮　4~8.陶釜　9~11.漆耳杯　12.漆盘

（2）葬具

葬具已朽，据墓底板灰痕迹判断为木棺。木棺置于墓坑南部，平面呈长方形，据板灰痕迹测量，长约2.04、宽约0.58米，高度及棺板厚度不详。

（3）人骨

单人葬。人骨扰乱严重，葬式、性别、年龄不辨。

2. 随葬器物

随葬器物有陶器、铜器、漆器和钱币。陶器有瓮和釜，铜器为带钩，漆器为盘和耳杯，钱币（M191：2）甚残不可辨。随葬器物皆置于墓坑棺外北端，其中5件陶釜（M191：4～M191：8）仅辨器形，不能修复，4件漆器（M191：9～M191：12）仅存痕迹，无法提取。其他器物情况如下。

陶瓮　1件。M191：3，夹细砂红褐陶。口近直，圆唇，高领略内敛，溜肩，鼓腹内收，小平底， 最大径在肩部。肩部以下至近底部处饰粗绳纹。口径22、底径10、高31、最大腹径37.5厘米（图四四一，1）。

铜带钩　1件。M191：1，呈水禽状，短腹。长4.3、宽1.8、厚0.6厘米（图四四一，2）。

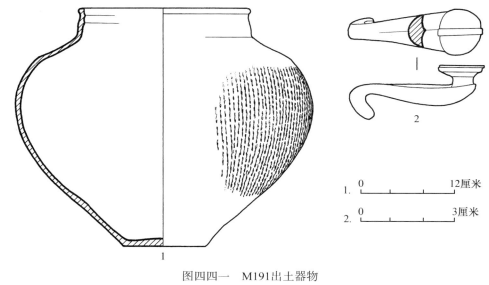

图四四一　M191出土器物
1. 陶瓮（M191：3）　2. 铜带钩（M191：1）

一七三、M192

1. 墓葬形制

（1）墓葬结构

长方形竖穴土坑墓，上部被破坏，直壁，长3.3、宽1.1、残深1米。墓内填土为褐色黏土，四壁及墓底施白膏泥。墓向335°（图四四二）。

（2）葬具

葬具已朽，据墓底板灰痕迹判断为木棺，木棺平面呈长方形，据板灰痕迹测量，棺残长1.8、宽0.54米，高度及棺板厚度不详。木棺底部铺厚约5厘米的膏泥层。

（3）人骨

人骨不存。

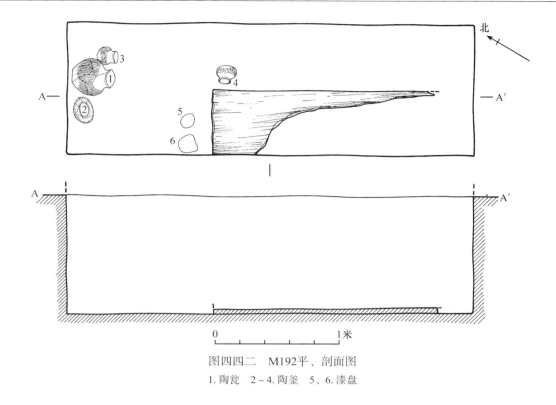

图四四二 M192平、剖面图
1.陶瓮 2~4.陶釜 5、6.漆盘

2. 随葬器物

随葬器物有陶瓮、陶釜和漆盘，陶器大部分位于墓坑北端，1件陶釜位于墓葬木棺东北角。随葬陶器（M192：1~M192：4）均仅辨器形，无法提取，随葬漆器（M192：5、M192：6）仅存痕迹，无法提取。

一七四、M193

1. 墓葬形制

（1）墓葬结构

长方形竖穴土坑墓，上部被破坏，直壁，长2.9、宽0.8、残深0.64米。墓内填土为夹黑色颗粒的黄褐色黏土，墓底存少许膏泥痕迹。墓向318°（图四四三）。

（2）葬具

葬具已朽，据四壁及墓底炭灰痕迹判断为一椁一棺。木椁痕迹模糊，平面呈长方形，规格与墓圹相仿。木棺位于椁室东南，平面呈长方形，长1.9、宽0.42米，高度不详，木棺底板厚约4厘米。棺底铺有少许膏泥。

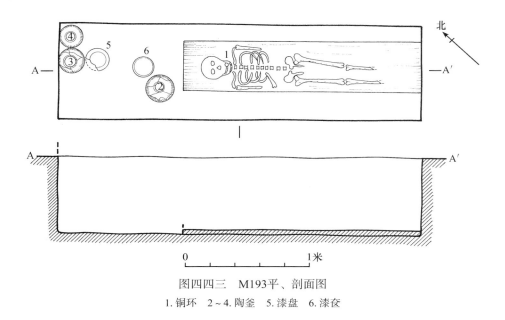

图四四三　M193平、剖面图

1. 铜环　2～4.陶釜　5.漆盘　6.漆奁

（3）人骨

单人仰身直肢葬。人骨被挤压稍变形，长约1.5米，性别不辨，据牙齿磨损度判断年龄为30岁左右。

2. 随葬器物

随葬器物有陶器、铜器和漆器，陶器为釜，铜器为环，漆器为盘和奁。铜环位于头骨东侧，其他器物皆置于墓葬头端。随葬器物中2件陶釜（M193：2、M193：4）仅辨器形，无法修复，2件漆器（M193：5、M193：6）仅辨器形，无法提取。其他器物情况如下。

陶釜　1件。M193：3，夹砂灰褐陶。直口微敛，平沿，方唇，束颈，溜肩，弧腹略扁，圜底，最大径在下腹部。颈部饰凹弦纹，肩部以下饰粗绳纹。口径12、高17.2、最大腹径20厘米（图四四四，1）。

铜环　1件。M193：1，圆环状，截面呈圆形。直径2.3、截面直径0.4厘米（图四四四，2）。

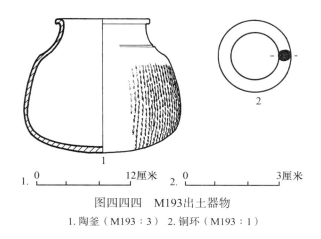

1. ⎣0━━━━12厘米⎦　2. ⎣0━━━━3厘米⎦

图四四四　M193出土器物

1. 陶釜（M193：3）　2.铜环（M193：1）

一七五、M194

1. 墓葬形制

（1）墓葬结构

长方形竖穴土坑墓，上部被破坏，直壁，长3.32、宽1.32、残深1.14米。墓内填黄褐色五花土夹膏泥，底部存膏泥痕迹。墓向15°（图四四五）。

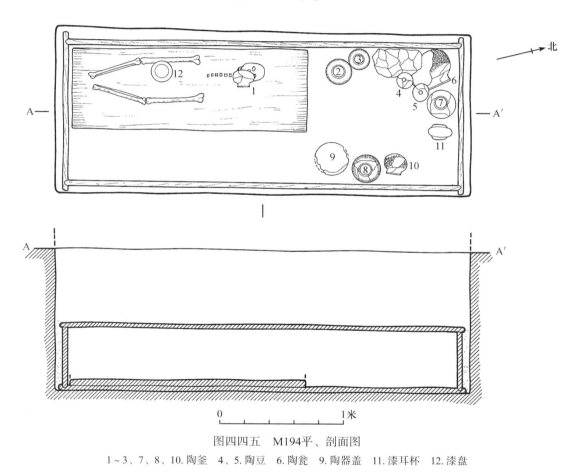

图四四五　M194平、剖面图

1~3、7、8、10.陶釜　4、5.陶豆　6.陶瓮　9.陶器盖　11.漆耳杯　12.漆盘

（2）葬具

葬具已朽，据四壁及墓底板灰痕迹判断为一椁一棺。椁室平面呈"Ⅱ"字形，长约3.2、宽约1.3、残高0.54米，椁板厚约4厘米。木棺置于椁室西南部，平面呈长方形，长约1.88、宽约0.7米，高度不详。木棺底板厚约4厘米。

（3）人骨

单人仰身直肢葬。人骨被扰乱，上肢骨缺失。人骨残长1.4米，性别、年龄不辨。

2. 随葬器物

随葬器物有陶器和漆器，陶器有瓮、器盖、釜和豆，漆器有耳杯和盘。随葬器物主要置于椁室北端，1件漆盘和1件陶釜被扰至棺内。随葬器物中5件陶釜（M194：2、M194：3、M194：7、M194：8、M194：10）和1件陶器盖（M194：9）仅辨器形，无法修复，2件漆器（M194：11、M194：12）仅存痕迹。其他器物情况如下。

陶瓮　1件。M194：6，夹砂褐陶。直口，圆唇，高领，弧肩，鼓腹内收，平底，最大径在中腹部。颈部存一长方形戳印痕迹，印文漫漶不清。肩部以下至近底部饰粗绳纹。口径22.2、底径9.8、高33.8、最大腹径37厘米（图四四六，4）。

陶釜　1件。M194：1，夹砂褐陶。口微侈，短斜沿，方唇，束颈，溜肩，弧腹甚扁，圜底，最大径在下腹部。颈部饰凹弦纹，且有一长方形戳印痕迹，印文漫漶不清。肩部以下饰绳纹。口径11.4、高18、最大腹径18.4厘米（图四四六，3）。

陶豆　2件。夹砂褐陶。形制相同，口微侈，圆唇，腹部斜收，矮圈足。M194：4，口径12.6、足径5.2、高4.4厘米（图四四六，2）。M194：5，口径15.2、足径5.2、高5.6厘米（图四四六，1）。

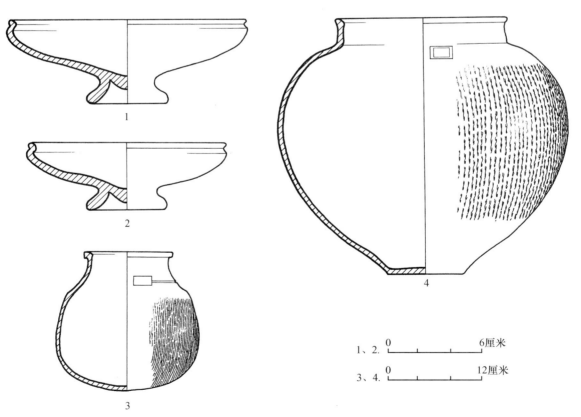

1、2. 豆（M194：5、M194：4）　3. 釜（M194：1）　4. 瓮（M194：6）

图四四六　M194出土陶器

一七六、M195

1. 墓葬形制

（1）墓葬结构

长方形竖穴土坑墓，墓坑四壁有生土二层台，口部长3.4、宽1.66米，底部长3、宽0.94米，残深1.2米。东西两侧二层台宽0.36、南北两端二层台宽为0.2米，高皆为0.66米。墓内填土为黄褐色五花土。墓向10°（图四四七）。

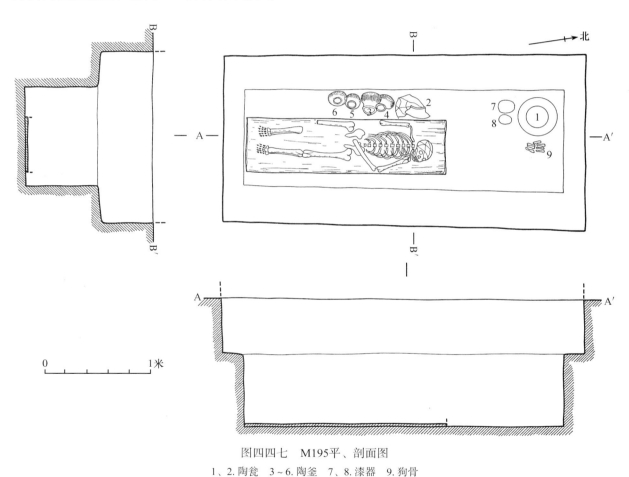

图四四七　M195平、剖面图

1、2.陶瓮　3~6.陶釜　7、8.漆器　9.狗骨

（2）葬具

葬具为木棺，置于墓坑南部，已朽，仅存底板零星板灰痕迹。据板灰痕迹，推测木棺平面呈长方形，长1.9、宽0.52米，高度不详，棺板厚度约2厘米。棺底存少量膏泥痕迹。

（3）人骨

单人仰身直肢葬，上肢稍被扰乱，应为交叉置于下腹部。人骨长1.68米，性别不详，据牙齿磨损度判断已成年。

2. 随葬器物

随葬器物有陶器和漆器，陶器有瓮和釜，漆器器形不辨。陶瓮、漆器置于墓坑北端，陶釜集中置于木棺外西侧，另在墓坑北端发现狗骨1副。随葬器物中2件陶釜（M195：5、M195：6）仅辨器形，无法修复，2件漆器（M195：7、M195：8）仅存痕迹。其他器物情况如下。

陶瓮　2件。M195：1，夹细砂红陶。口微敛，斜方唇，高领，圆肩，弧腹内收，平底微凹，最大径在肩部。器表施黑色陶衣，肩部以下至近底部饰绳纹。口径24.6、底径10、高33.5、最大肩径35厘米（图四四八，1）。M195：2，夹细砂褐陶。口微敛，方唇，高领，溜肩，鼓腹内收，平底微凹，最大径在中腹部。器表部分区域残存黑色陶衣痕迹，肩部以下饰粗绳纹。口径20、底径14、高23.8、最大腹径29.2厘米（图四四八，2）。

陶釜　2件。夹细砂褐陶。形制相同，口微侈，短斜沿，方唇，颈微束，溜肩，弧腹，下

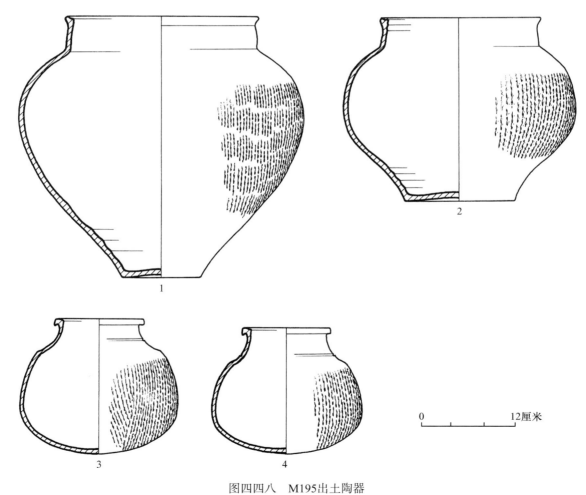

图四四八　M195出土陶器

1、2. 瓮（M195：1、M195：2）　3、4. 釜（M195：4、M195：3）

腹外鼓，圜底，最大径在下腹部。器表施黑色陶衣，颈部饰一周凹弦纹，颈部以下饰绳纹。M195：3，口径11.2、高16.2、最大腹径19.2厘米（图四四八，4）。M195：4，口径11.4、高17.4、最大腹径20厘米（图四四八，3）。

一七七、M196

1. 墓葬形制

（1）墓葬结构

长方形竖穴土坑墓，墓坑四壁在近底部0.26米处内收成宽0.16米的生土二层台，口部长2.6、宽1.3米，底部长2.34、宽1.02米，残深0.48米。墓内填黄褐色五花土夹膏泥，底部存膏泥痕迹。墓向275°（图四四九）。

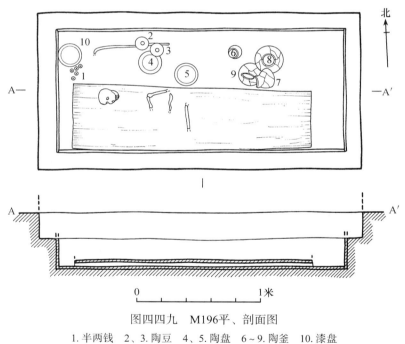

图四四九　M196平、剖面图
1.半两钱　2、3.陶豆　4、5.陶盘　6~9.陶釜　10.漆盘

（2）葬具

葬具已朽，据四壁及墓底板灰痕迹判断为一椁一棺。木椁痕迹模糊，平面呈长方形，长约2.36、宽约1.04、残高0.26米，椁板厚约2厘米。长方形木棺位于椁室南部，长约1.92、宽约0.54米，高度不详，木棺底板厚约2厘米。棺底部存厚约4厘米的熟土棺台。

（3）人骨

单人葬。人骨被严重扰乱，部分肢骨被扰至棺外北侧。葬式、性别、年龄不辨。

2. 随葬器物

随葬器物有陶器、漆器和铜钱。陶器有釜、豆和盘,漆器为盘,铜钱为半两。随葬器物主要置于木棺北侧,其中1件陶釜(M196:8)、2件陶豆(M196:2、M196:3)、2件陶盘(M196:4、M196:5)仅辨器形,无法修复,1件漆盘(M196:10)仅存痕迹。其他器物情况如下。

陶釜　3件。M196:7,夹细砂红陶。侈口,卷沿,圆唇,有领,束颈,溜肩,扁鼓腹,圜底,最大径在下腹部。肩部以下饰绳纹。口径11.8、高16、最大腹径17.6厘米(图四五〇,2)。M196:9,夹细砂红陶。形制与M196:7相近,腹部扁鼓。纹饰与M196:7相同。口径11.4、高15.6、最大腹径18厘米(图四五〇,3)。M196:6,夹细砂灰陶。口微侈,方唇,束颈,溜肩,扁鼓腹,圜底近平,最大径在中腹部。颈部饰凹弦纹,肩部以下饰绳纹。口径12、高19.8、最大腹径26.6厘米(图四五〇,1)。

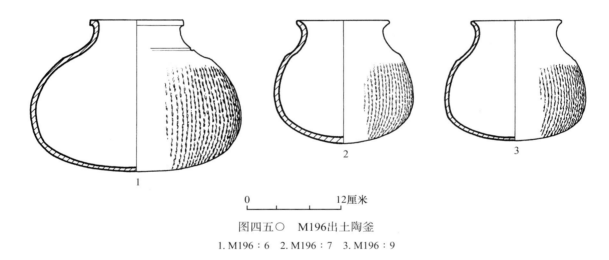

图四五〇　M196出土陶釜
1. M196:6　2. M196:7　3. M196:9

半两钱　13枚。M196:1-3,穿不规整,穿背无郭,钱币厚重,钱文小篆味浓,“半”字及“两”字横画较短,“两”字下部外撇,内双人竖画较长。钱径2.6、穿径1厘米,重3克(图四五一,5)。M196:1-4,钱币厚重,穿背无郭,钱文较小,字迹漫漶,笔画圆弧。钱径2.6、穿径0.9厘米,重4.6克(图四五一,8)。M196:1-5,钱文笔画圆弧,横画较短,“两”字双人呈“一”状。钱径2.5、穿径0.8厘米,重3克(图四五一,7)。M196:1-6,穿不规整,钱文漶漫,依稀可辨为半两。钱径2.6、穿径1厘米,重2.5克(图四五一,6)。M196:1-7,钱币厚重,上部存茬口,钱文纤细高挺,笔画圆弧,“半两”二字横画较短,“两”字双人竖画短,人字连接呈“一”状。钱径2.5、穿径1厘米,重3.1克(图四五一,4)。M196:1-8,钱文纤细漫漶。钱径2.6、穿径1厘米,重3.1克(图四五一,3)。M196:1-9,钱币轻薄,钱文不规整。钱径2.5、穿径0.9厘米,重1.7克(图四五一,2)。M196:1-13,钱币不规整,穿背无郭,钱币厚重,钱文为大篆体,但较小,漫漶不清。钱径2.5、穿径1厘米,重5.6克(图

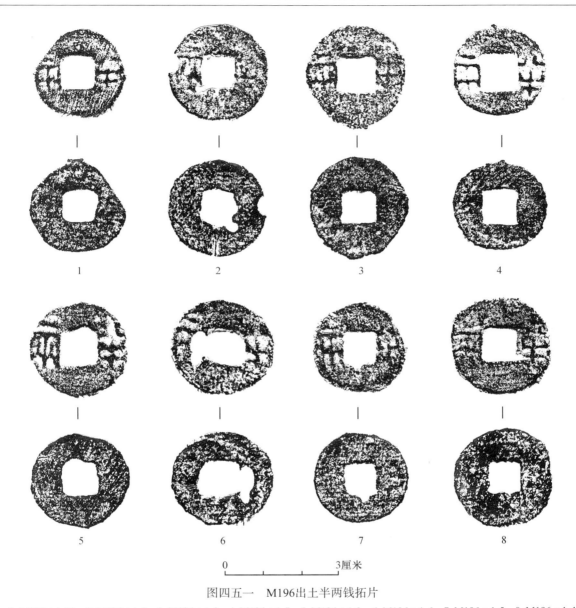

图四五一　M196出土半两钱拓片

1. M196：1-13　2. M196：1-9　3. M196：1-8　4. M196：1-7　5. M196：1-3　6. M196：1-6　7. M196：1-5　8. M196：1-4

四五一，1）。M196：1-1，上下两端边缘被截，整体呈灯笼状，正背无郭，钱文高挺厚重，笔画圆弧，大篆味浓。钱径3、穿径0.9厘米，重3.8克（图四五二，1）。M196：1-2，钱币较规整、轻薄，穿背无郭，钱文在大篆向小篆转化阶段，"半"字下横及"两"字上横短，"两"字双人竖画较长。钱径2.9、穿径1厘米，重2.3克（图四五二，2）。M196：1-10，钱币极不规整，无郭，钱文不清。钱径2、穿径1.2厘米，重0.7克（图四五二，5）。M196：1-12，钱文漫漶，隐约可见"半"字。钱径2.3、穿径1厘米，重1.8克（图四五二，4）。M196：1-11，钱币不规整，钱文高挺。钱径2.2、穿径0.8厘米，重2.5克（图四五二，3）。

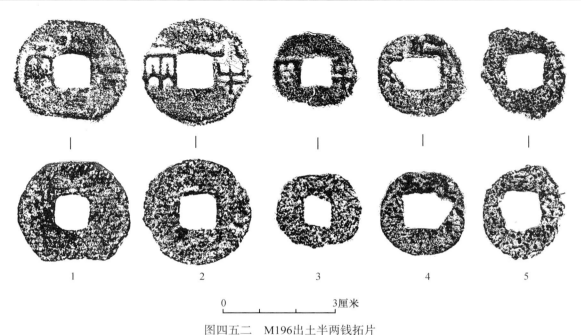

图四五二　M196出土半两钱拓片

1. M196：1-1　2. M196：1-2　3. M196：1-11　4. M196：1-12　5. M196：1-10

一七八、M197

1. 墓葬形制

（1）墓葬结构

长方形竖穴土坑墓，东、南、西三壁有生土二层台，口部长2.7、宽1米，底部长2.6、宽0.78米，残深0.5米，二层台宽0.06～0.1、高0.18米。墓内填土为黄褐色五花土，墓底存膏泥痕迹。墓向0°（图四五三）。

（2）葬具

无葬具痕迹。

（3）人骨

单人仰身直肢葬。人骨长1.64米，为男性，据牙齿磨损度判断年龄在30～35岁。

2. 随葬器物

随葬器物有陶器和漆器，陶器有釜和豆，漆器有盘和耳杯。1件陶豆置于人骨东侧肩部，其他器物集中分布于墓坑头端。随葬陶器中3件釜（M197：2、M197：4、M197：5）和1件豆（M197：1）仅辨器形，无法修复，漆器（M197：6～M197：9）仅存痕迹。其他器物情况如下。

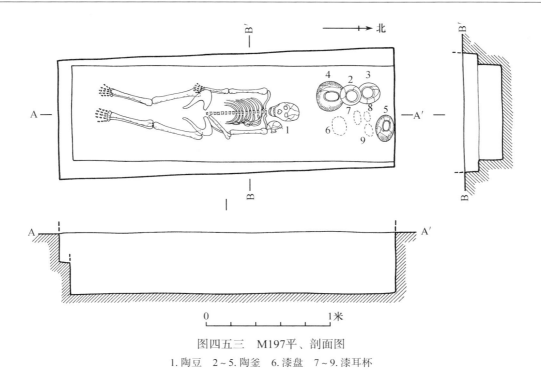

图四五三 M197平、剖面图

1.陶豆 2~5.陶釜 6.漆盘 7~9.漆耳杯

陶釜 1件。M197:3，夹细砂灰陶。口微侈，沿略斜，方唇，肩微鼓，鼓腹，圜底，最大径在中腹部。颈部饰一周凹弦纹，肩部以下饰绳纹。口径12.8、高21、最大腹径24厘米（图四五四）。

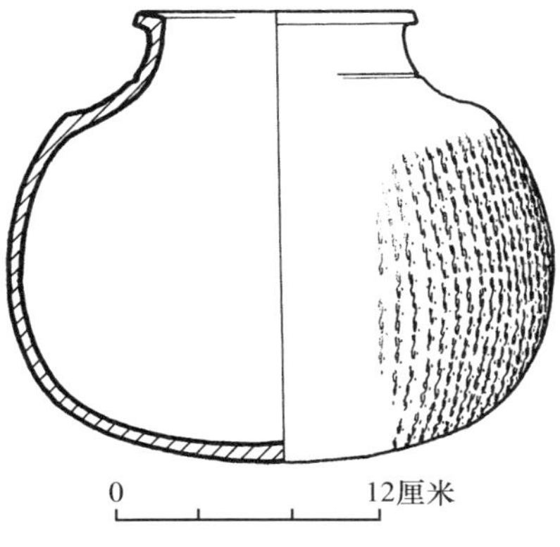

一七九、M198

1. 墓葬形制

图四五四 M197出土陶釜
（M197:3）

（1）墓葬结构

长方形竖穴土坑墓，上部被破坏，四壁有生土二层台，口部长2.98、宽1.7米，底部长2.78、宽1.24米，残深1.2米。南北两壁二层台宽0.1米，东西两端二层台宽0.26米，高均为0.9米。墓内填土为黄褐色五花土。墓向20°（图四五五）。

（2）葬具

葬具已朽，据四壁及墓底板灰痕迹判断为一椁一棺。木椁痕迹模糊，平面大致呈长方形，据板灰痕迹测量，长2.76、宽1.1~1.24米，高度及椁板厚度不详。木棺置于椁室西南，平面呈长方形，长1.98、宽0.5米，高度不详，木棺底板厚度约2厘米。棺底铺白膏泥。

（3）人骨

单人仰身直肢葬。人骨长1.68米，性别和年龄不详。

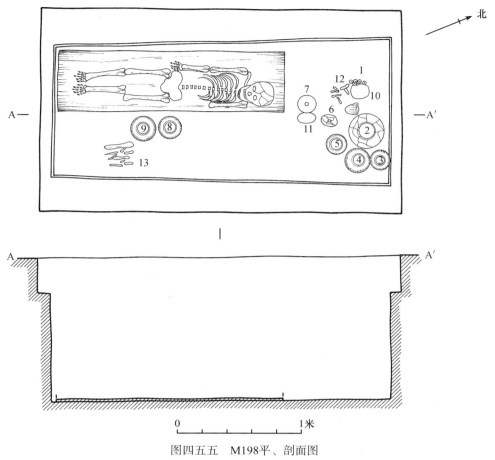

图四五五　M198平、剖面图
1. 半两钱　2. 陶罐　3~5、8、9. 陶釜　6、7. 陶豆　10. 漆盘　11. 漆器　12. 动物骨骼　13. 狗骨

2. 随葬器物

随葬器物有陶器、漆器和铜钱。陶器有釜、罐和豆，漆器可辨器形为盘，铜钱为半两，另发现狗骨1副。随葬器物主要置于椁室北端，2件陶釜置于木棺东侧，另在椁室北端发现少量动物骨骼，木棺东侧发现殉狗1只。随葬陶器中4件釜（M198：3~M198：5、M198：8）仅辨器形，无法修复，漆器（M198：10、M198：11）仅存痕迹。其他器物情况如下。

陶釜　1件。M198：9，夹细砂灰陶。侈口，卷沿，圆唇，束颈，溜肩，圆鼓腹，圜底，最大径在中腹部。肩部以下饰绳纹。口径11.8、高16、最大腹径17.6厘米（图四五六，3）。

陶罐　1件。M198：2，夹细砂灰陶。直口，斜方唇，矮领，溜肩，弧腹内收，平底微凹，最大径在肩部。口径16.5、底径16.2、高28.2、最大肩径30厘米（图四五六，4）。

陶豆　2件。泥质灰陶。形制相同，侈口，圆唇，腹部斜弧内收，矮圈足。M198：6，圈足残。口径12.6、残高4.8厘米（图四五六，2）。M198：7，口径12.9、足径5.4、高5.2厘米（图四五六，1）。

半两钱　5枚。M198：1-2，钱币厚重，上端存茬口，钱文笔画纤细圆弧，横画较短。钱径

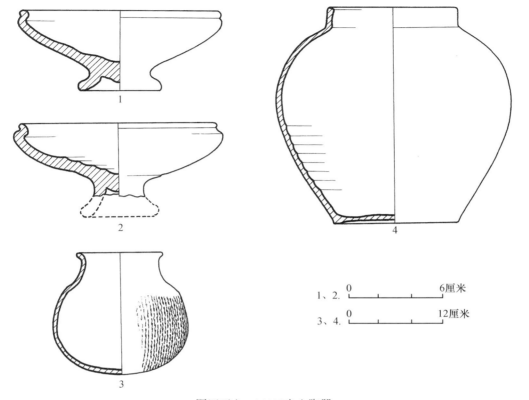

图四五六　M198出土陶器
1、2.豆（M198：7、M198：6）　3.釜（M198：9）　4.罐（M198：2）

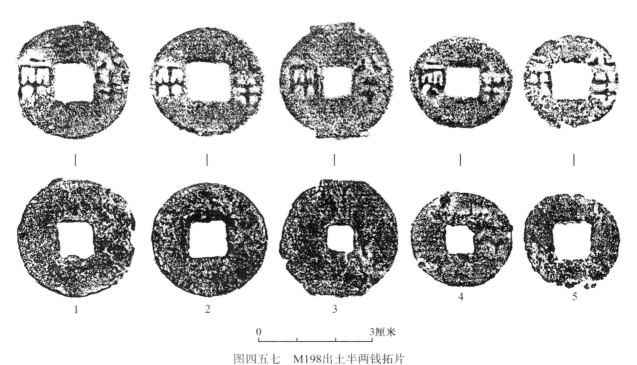

图四五七　M198出土半两钱拓片
1. M198：1-2　2. M198：1-3　3. M198：1-1　4. M198：1-5　5. M198：1-4

3.1、穿径0.9厘米，重6.5克（图四五七，1）。M198：1-3，钱文形制特征、大小与M198：1-2相同，重6.1克（图四五六，2）。M198：1-1，钱币上下两端存切割痕迹，钱文较小，笔画圆弧，横画较短。钱径3、穿径0.7厘米，重3.7克（图四五七，3）。M198：1-5，穿部不规整，钱文较小，笔画圆弧，横画较短。钱径2.6、穿径0.8厘米，重2.7克（图四五七，4）。M198：1-4，钱币不甚规整，钱文较高挺，笔画方折，"半"字上下横画等长，"两"字上横长度齐肩，"两"字双人连接呈"一"状。钱径2.5、穿径1.1厘米，重2.2克（图四五七，5）。

一八〇、M199

1. 墓葬形制

（1）墓葬结构

长方形竖穴土坑墓，上部被破坏，仅存底部，长1.8、宽0.8、残深0.2米。墓内填土为黄褐色花土，墓底有膏泥痕迹。墓向25°（图四五八）。

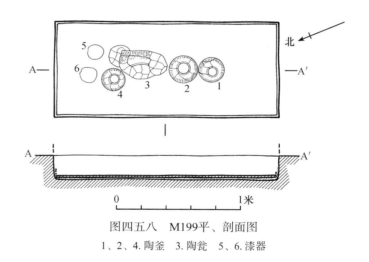

图四五八　M199平、剖面图
1、2、4.陶釜　3.陶瓮　5、6.漆器

（2）葬具

葬具已朽，从墓底及四壁板灰痕迹推测应为木椁，大小与墓底部相同，侧板紧贴墓坑四壁而建，残高0.2米。椁板厚度不详，底部及外侧皆施膏泥。

（3）人骨

人骨不存。

2. 随葬器物

随葬器物有陶器和漆器，陶器置于木椁中部，可辨器形有釜和瓮。漆器置于木椁北部，仅存痕迹，器形不辨。随葬器物保存极差，皆不能提取。

第三章　墓葬类型学分析

战国秦汉时期墓葬根据构筑方式的不同，可以分为两大类，第一大类为竖穴土坑墓：先在地上开挖竖穴土坑，然后在土坑内下葬，或在土坑内放入木椁，或放入木棺，或放入木板，或不用葬具直接下葬。第二大类为砖室（棺）墓：先在地上开挖竖穴土坑，然后在土坑内以砖砌筑墓葬，最后再下葬。

第一节　土　坑　墓

土坑墓共165座，皆为竖穴墓。根据葬具可以分为五类：甲类，无葬具墓；乙类，木棺墓；丙类，木椁墓；丁类，木板墓；戊类，瓮棺墓。

甲类　无葬具墓。共11座。包括M16、M33、M66、M80、M102、M104、M123、M162、M177、M180和M197。其中M102和M197，根据发掘情况，可以确认无葬具，其余9座在墓坑底部均发现有少量的板灰和膏泥痕迹，但是否有葬具或是何种葬具无法确认，也归入无葬具类。根据有无二层台结构，分为二型。

A型　10座。无二层台。包括M16、M33、M66、M80、M102、M104、M123、M162、M177和M180。墓葬平面呈长方形，无墓道，除M80、M180墓壁为斜壁外，其余墓葬根据墓坑平面长宽变化，分为二亚型。

Aa型　2座。墓坑平面长宽比大于1.5。包括M102和M180。M102墓壁为直壁，口底同大；M180为斜壁，口大底小。

Ab型　8座。墓葬平面近方形，墓坑平面长宽比小于1.5、接近1。包括M16、M33、M66、M80、M104、M123、M162和M177。除M80墓壁为斜壁外，其余墓葬墓壁均为直壁，口底同大。

B型　1座。即M197，有二层台，墓葬平面呈长方形，无墓道。墓坑的两侧壁和一端带有二层台。

乙类　木棺墓。共29座，以单棺为葬具。墓葬平面呈长方形，无墓道。根据有无二层台结构，分为二型。

A型　26座。无二层台。包括M15、M20、M26、M41～M43、M52、M55、M57、M61～M63、M70、M82、M100、M112、M114、M116、M118、M131、M166、M182、M186、M190～M192。其中23座墓葬为直壁，口底同大，仅有3座墓葬即M15、M20和M131墓壁略斜，口大于底。

B型　3座。有二层台。包括M89、M106和M195。M89的东西两壁有二层台，M106的西侧壁有二层台，M195的四壁均有二层台。

丙类　木椁墓。共120座，以椁、棺为葬具。根据棺、椁情况，分为二型。

A型　7座。有椁无棺，仅以椁为葬具，在木椁内直接放置尸体和随葬器物。包括M119、M130、M157、M167、M172、M175和M199。墓规模一般较小，墓葬平面呈长方形，无墓道，除M130为斜壁外，其余墓葬为直壁，口底同大。

B型　113座。有椁有棺，在木椁内放置木棺，一般棺内放置尸体，椁内放置随葬器物，有一椁一棺和一椁多棺。根据有无二层台及墓道结构，分为三亚型。

Ba型　98座。无二层台和墓道结构，墓葬平面呈长方形。根据椁、棺情况，分为二式。

Ⅰ式：58座。木椁较窄，长宽之比在2左右，可称为窄长方形木椁。包括M18、M19、M21、M22、M24、M29、M31、M32、M35、M36、M45～M51、M56、M60、M65、M68、M69、M71、M75～M79、M81、M85、M88、M90、M91、M93、M96、M103、M115、M117、M120、M122、M124、M127、M132、M133、M152、M155、M158、M163、M164、M171、M178、M179、M181、M187～M189、M193和M194。该式墓绝大部分墓坑为直壁，口底同大；M19、M31、M48、M49、M76、M77、M115和M187，口大底小。

Ⅱ式：40座。木椁较宽，长宽之比在1.5左右，绝大部分小于1.5，可称之为宽长方形木椁。包括M13、M14、M28、M30、M34、M37、M39、M40、M67、M73、M83、M84、M87、M97、M101、M121、M125、M126、M135、M137～M151、M156、M159～M161、M176和M183。该式墓除M13和M28墓坑为斜壁、口略大于底外，其余为直壁，口底同大。

Bb型　13座。有二层台，无墓道，墓葬平面呈长方形，墓壁均为直壁。包括M23、M27、M44、M74、M86、M134、M153、M165、M168～M170、M196和M198。

Bc型　2座。无二层台，有墓道。包括M99和M113，墓坑平面近方形，长宽比接近1：1。根据墓道的不同，分为二式。

Ⅰ式：1座。即M99，在墓坑一端的带有两条长方形斜坡墓道，两墓道有打破关系。

Ⅱ式：1座。即M113，在墓坑一端带有"凸"字形斜坡墓道。

丁类　木板墓。共4座，以木板为葬具。包括M38、M53、M128和M154。此类墓葬规模不大，平面呈长方形，无墓道，均为直壁，口底同大。

戊类　瓮棺墓。1座，即M136，以1件陶盆和1件陶瓮倒扣作为葬具。墓葬平面大致呈椭圆形，直壁，底部呈锅底状。

第二节　砖室（棺）墓

砖室（棺）墓15座，均为长方形竖穴土圹。墓葬构筑方法是先在地面开挖一长方形土圹，然后在土圹内以砖构筑墓葬。根据墓葬的构筑情况，可分为两类：甲类，砖棺墓；乙类，砖室墓。

甲类　砖棺墓。1座，即M129，以砖砌成棺，在砖棺内放置尸体和随葬品。墓葬平面呈长方形，棺壁用长方形素面砖顺向竖砌，顶部用长方形砖横向平铺，底部用长方形素面砖纵向平铺，砖棺中部以竖砖相隔，分成南北二棺。

乙类　砖室墓。共14座，以砖构筑墓室，在墓室内放置棺和随葬品。根据有无墓道，分为二型。

A型　6座。无墓道。墓葬平面呈长方形，长方形墓圹，长方形墓室。包括M2、M4、M5、M72、M92和M98。墓壁以长方形素面砖、长方形花纹砖、扇形砖顺向平砌而成，墓底用长方形素面砖或长方形花纹砖平铺，有顺铺，也有斜铺。

B型　8座。有墓道。包括M1、M3、M8、M17、M54、M94、M95和M105。根据墓葬平面的不同，分为二亚型。

Ba型　7座。墓葬平面大致呈"凸"字形，在墓圹一端带有长方形斜坡墓道。包括M1、M3、M8、M17、M54、M95和M105。依据墓室平面的不同，可分为二式。

Ⅰ式：6座。墓室平面呈长方形。包括M3、M8、M17、M54、M95和M105。墓壁以长方形素面砖、长方形花纹砖、扇形砖顺向平砌而成，墓底用长方形素面砖或长方形花纹砖平铺，有顺铺，也有斜铺。

Ⅱ式：1座。即M1，墓底平面呈"凸"字形，带有长方形甬道。墓壁用长方形联璧纹砖和素面砖间杂平砖错缝顺砌而成，底部用长方形素面砖错缝横砌。

Bb型　1座。即M94，墓葬平面大致呈"中"字形，在墓室两端均带有长方形斜坡墓道。墓室平面呈长方形，券顶。墓壁用长方形素面砖、菱形纹砖、联璧纹砖、扇形素面砖平砌而成，墓底用长方形素面砖斜向平铺，顶部用菱形纹扇形砖横向起券。

第四章 随葬器物类型学分析

包家梁子墓地出土器物按质地可分为陶器、铜器、铁器、银器、玉石器、漆木器、骨器、角器、贝饰和料珠饰，可提取者共915件，另出土铜钱共1464枚。下文按质地分类叙述。

第一节 陶 器

墓葬出土陶器共690件，以夹细砂灰陶为主，有少量夹细砂红陶、褐陶和泥质陶。陶器为快轮制作，俑类多为模制，仅少量小俑为捏制。纹饰以绳纹为主，另有少量弦纹、附加堆纹和篮纹，部分陶瓷肩部存印章状戳印痕迹。陶器器类有鼎、壶、蒜头壶、盒、豆、盆、甑、盘、钵、簋、釜、瓮、罐、缸、汲水小罐、器盖、漏斗形器、壁形器、饼、纺轮、井、灶、房、摇钱树座等，另存动物俑、劳作俑、生活娱乐俑、骑俑等。

1. 鼎

5件。根据鼎身的不同，分为二型。

A型 4件。釜形鼎，器身似大口浅腹圜底釜，下接三柱状足。根据鼎足的变化，分为三式。

Ⅰ式：1件。M130：1，三足斜直内收较甚，足尖外翻。口径17.8、通高22.4、最大腹径20.8厘米（图四五九，2）。

Ⅱ式：1件。M161：14，三足弯曲，略内收，足尖外翻。口径21.6、通高27、最大腹径27.6厘米（图四五九，3）。

Ⅲ式：2件。三足弯曲外撇，足尖外翻较甚。包括M160：20和M160：22。如M160：20，口径22、通高26.8、最大腹径27.4厘米（图四五九，4）。

B型 1件。M156：3，仿铜鼎，敛口，肩部存双立耳，腹部存三蹄形足。口径16.8、高18.7、最大腹径22.8厘米（图四五九，1）。

2. 壶

3件。根据有无圈足，分为二型。

A型 2件。圈足。根据口、腹部的变化，分为二式。

Ⅰ式：1件。M97：11，盘口较直，鼓腹，高圈足。口径20.4、足径31、高53.5、最大腹径39厘米（图四六〇，1）。

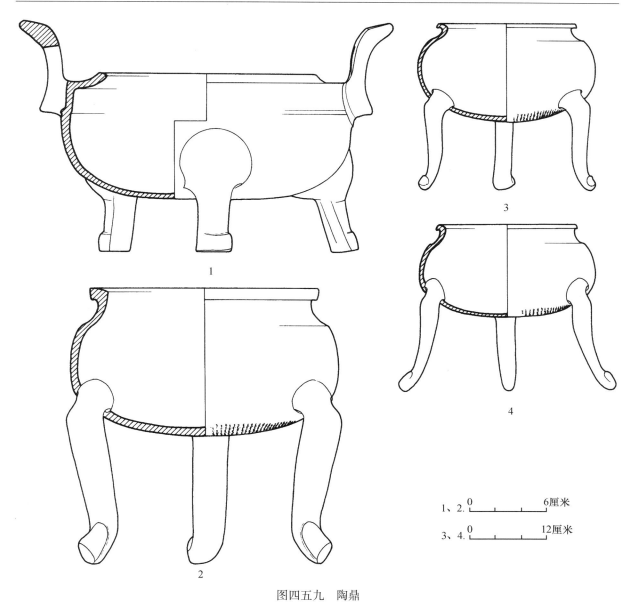

图四五九 陶鼎

1.B型（M156∶3） 2.AⅠ式（M130∶1） 3.AⅡ式（M161∶14） 4.AⅢ式（M160∶20）

Ⅱ式：1件。M3∶7，盘口外侈，鼓腹，圈足更高。口径19.6、足径20.4、高41厘米（图四六〇，2）。

B型 1件。M124∶2，无圈足。口径8.4、底径15、高27、最大腹径21.6厘米（图四六〇，5）。

3.蒜头壶

5件。根据有无圈足，分为二型。

A型 3件。平底。根据颈、肩和腹部的变化，分为二式。

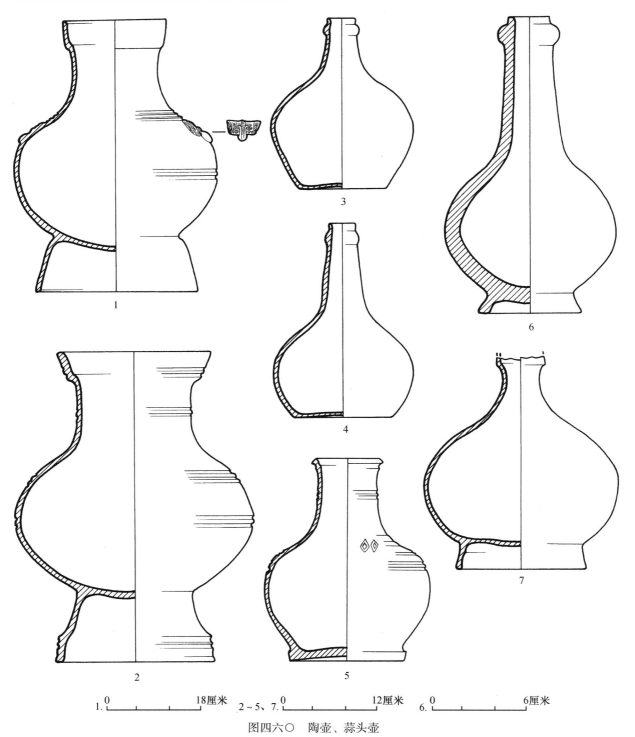

图四六〇　陶壶、蒜头壶

1. AⅠ式壶（M97：11）　2. AⅡ式壶（M3：7）　3. AⅠ式蒜头壶（M49：2）　4. AⅡ式蒜头壶（M48：14）

5. B型壶（M124：2）　6. BⅠ式蒜头壶（M48：13）　7. BⅡ式蒜头壶（M168：8）

Ⅰ式：1件。M49：2，颈较短，肩略鼓，弧腹。口径3.6、底径11、高22.4厘米（图四六〇，3）。

Ⅱ式：2件。包括M48：12和M48：14。以M48：14为例，颈较长，溜肩，鼓腹略扁。口径3.4、底径12.8、高25.7厘米（图四六〇，4）。

B型　2件。圈足。根据颈、腹、圈足的变化，分为二式。

Ⅰ式：1件。M48：13，长颈，扁鼓腹，矮圈足。口径4.5、足径6.6、高19.5厘米（图四六〇，6）。

Ⅱ式：1件。M168：8，口残，细长颈，圆鼓腹，圈足较高。足径16.4、残高28.4、最大腹径24.4厘米（图四六〇，7）。

4.盒

2件。根据盒身的不同，分为二型。

A型　1件。M102：3，敞口。口径20.4、底径7.8、高8、最大腹径20.4厘米（图四六一，1）。

B型　1件。M100：5，敛口。口径16.5、底径11.2、高9.3、最大肩径19.6厘米（图四六一，2）。

5.豆

83件。矮圈足，圈足较小。根据腹部的变化，分为二式。

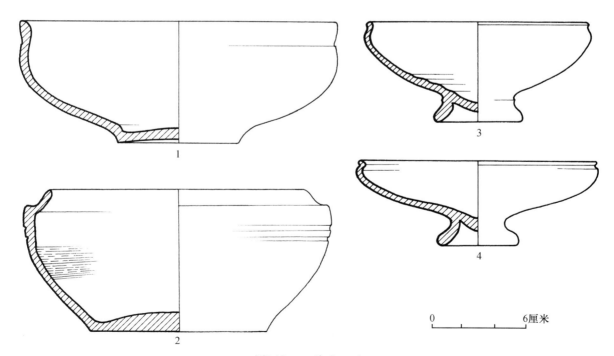

图四六一　陶盒、豆

1.A型盒（M102：3）　2.B型盒（M100：5）　3.Ⅰ式豆（M90：6）　4.Ⅱ式豆（M194：5）

Ⅰ式：3件。腹部斜弧较甚且较深，底部略凹或近平。包括M90：3、M90：6、M170：7。如M90：6，口径15、足径5.6、高6.6厘米（图四六一，3）。

Ⅱ式：80件。腹部略斜弧或斜直较浅。包括M19：3、M24：3～M24：5、M26：12、M29：3、M32：1、M39：2、M40：9、M44：17、M48：9～M48：11、M61：1、M61：3～M61：5、M62：1、M62：2、M62：5、M67：3、M68：5、M70：6、M74：1、M77：4、M77：5、M77：8、M77：10、M86：9、M86：10、M89：4、M89：7、M91：3、M91：11、M96：4、M99：20、M99：21、M99：26、M106：10、M112：8、M112：9、M114：9、M115：2、M117：3、M117：4、M120：2、M121：4、M121：6、M121：7、M130：2、M131：2、M132：2、M132：3、M139：9、M140：2、M144：9、M148：3、M152：9、M157：4、M160：7、M160：8、M160：13、M160：15、M164：4、M166：5、M167：8、M169：2、M172：2、M175：1、M175：3、M178：2、M178：3、M182：3、M182：5、M187：1、M188：5、M194：4、M194：5、M198：6和M198：7。如M194：5，口径15.2、足径5.2、高5.6厘米（图四六一，4）。

6. 盆

7件。根据肩、腹部的不同，分为三型。

A型　5件。折腹。根据上腹的不同，分为二亚型。

Aa型　2件。上腹较直。根据上下腹的变化，分为二式。

Ⅰ式：1件。M136：2，上腹为直腹，较短，下腹斜直内收，较长，上下腹分界明显。口径48.8、底径20、高31厘米（图四六二，2）。

Ⅱ式：1件。M94：14，上腹斜直，下腹略弧，长于上腹，上下腹分界不明显。口径24.8、底径13.6、高13.6厘米（图四六二，5）。

Ab型　3件。上腹略内束，下腹为弧腹。包括M72：10、M144：4和M156：2。如M144：4，口径27.6、底径16.8、高14.8厘米（图四六二，3）。

B型　1件。鼓腹。M94：30，口径24.2、底径11、高9.4厘米（图四六二，1）。

C型　1件。溜肩，折腹。M50：7，口径32.8、底径14、高9.8厘米（图四六二，4）。

7. 甑

10件。根据器形的不同，分为二型。

A型　2件。釜形。包括M134：5-2、M156：16。如M134：5-2，口径17.2、高11.2、最大腹径17.2厘米（图四六三，1）。

B型　8件。盆形。根据腹部的变化，分为二式。

Ⅰ式：1件。浅腹。M156：12-2，口径25.8、底径7.8、高9.6厘米（图四六三，5）。

Ⅱ式：7件。深腹。包括M2：5、M8：3、M54：7、M72：1、M94：13、M158：2和M168：7。如M168：7，口径29、底径16、高16厘米（图四六三，4）。

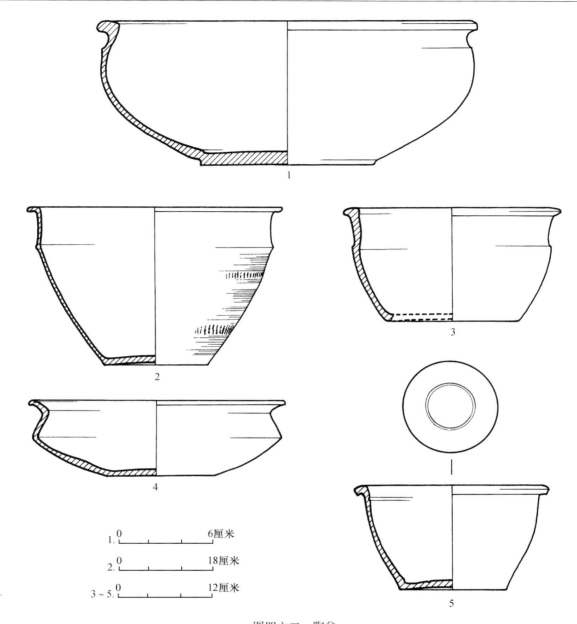

图四六二　陶盆

1. B型（M94∶30）　2. AaⅠ式（M136∶2）　3. Ab型（M144∶4）　4. C型（M50∶7）　5. AaⅡ式（M94∶14）

8. 盘

12件。根据腹部和底部的变化，分为二式。

Ⅰ式：2件。器身较高，圜底较甚。包括M85∶1和M85∶7。如M85∶1，口径28、高7厘米（图四六三，3）。

Ⅱ式：10件。器身变矮，圜底近平。包括M27∶4、M27∶5、M69∶13、M118∶2、M126∶11、M141∶4～M141∶6、M167∶7和M167∶9。如M118∶2，口径23.2、高3.8厘米（图四六三，2）。

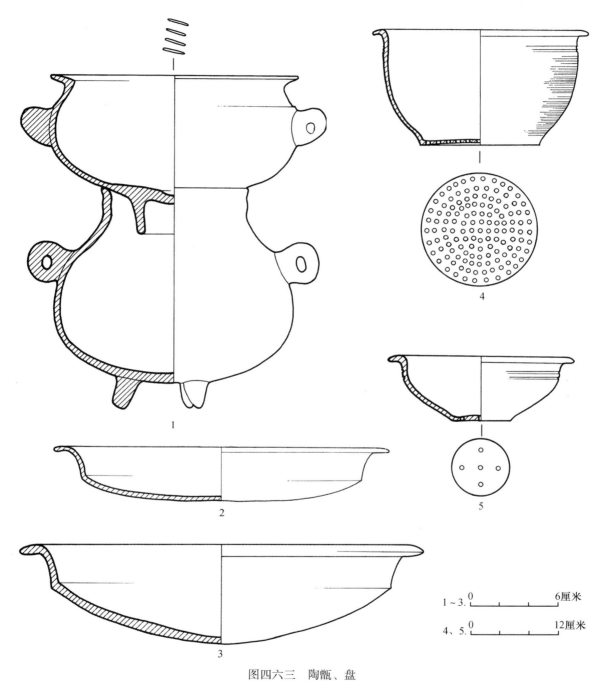

图四六三　陶甑、盘

1. A型甑（M134：5）　　2. Ⅱ式盘（M118：2）　　3. Ⅰ式盘（M85：1）　　4. BⅡ式甑（M168：7）　　5. BⅠ式甑（M156：12-2）

9. 钵

19件。根据腹部的不同，分为二型。

A型　15件。折腹。根据腹部和底部的变化，分为三式。

Ⅰ式：4件。敞口，上腹近直较短，下腹长，腹部转折处靠近口部，平底略内凹。包括M36∶5、M96∶8、M112∶6和M179∶2。如M112∶6，口径21.2、底径7.2、高10厘米（图四六四，4）。

Ⅱ式：6件。敞口，上腹略内收较短，下腹长，平底略内凹。包括M26∶5、M69∶12、M83∶4、M144∶6、M151∶2和M188∶2。如M69∶12，口径22.8、底径6.8、高7.8厘米（图四六四，1）。

Ⅲ式：5件。敞口，上、下腹均斜直，腹部转折处在中部，饼足。包括M17∶9、

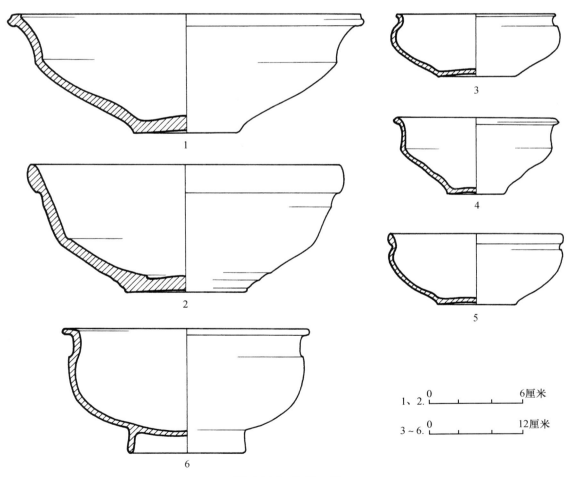

1、2. ⎣0＿＿＿＿＿6厘米

3～6. ⎣0＿＿＿＿＿12厘米

图四六四　陶钵、簋

1. AⅡ式钵（M69∶12）　2. AⅢ式钵（M17∶9）　3. BⅠ式钵（M79∶4）
4. AⅠ式钵（M112∶6）　5. BⅡ式钵（M168∶11）　6. 簋（M113∶4）

M94∶4、M94∶17、M94∶19和M94∶29。如M17∶9，口径20.2、底径7.8、高8.3厘米（图四六四，2）。

B型　4件。弧腹。根据肩部的变化，分为二式。

Ⅰ式：2件。肩部外鼓较甚。包括M79∶3和M79∶4。如M79∶4，口径20.4、底径9.6、高8.2、最大肩径21.6厘米（图四六四，3）。

Ⅱ式：2件。肩部微鼓。包括M94∶5和M168∶11。如M168∶11，口径22.3、底径10、高9.2厘米（图四六四，5）。

10. 簋

1件。M113∶4，直口，平沿，颈微束，鼓腹，平底，圈足。口径31.4、足径15.2、高16厘米（图四六四，6）。

11. 釜

316件。根据器形的不同，分为五型。

A型　73件。小口，有领，圜底。根据腹部的不同，分为二亚型。

Aa型　28件。圆鼓腹，腹部纵截面大致呈圆形，腹较深。根据腹部最大径的变化，分为二式。

Ⅰ式：8件。最大径在下腹靠近底部。包括M20∶6、M22∶2、M69∶3、M69∶4、M70∶4、M147∶10、M171∶4和M175∶4。如M147∶10，口径11.6、高16.6、最大腹径18.6厘米（图四六五，7）。

Ⅱ式：20件。最大径在中腹。包括M41∶2、M41∶5、M43∶3、M51∶1、M51∶3、M56∶2、M61∶2、M77∶14、M86∶1、M89∶2、M89∶3、M106∶3、M116∶2、M116∶4、M121∶3、M122∶6、M124∶5、M138∶10、M138∶11和M165∶6。如M41∶2，口径12.6、高18.6、最大腹径19.6厘米（图四六五，8）。

Ab型　45件。扁鼓腹，腹部纵截面大致呈横长椭圆形。根据腹部最大径的变化，分为二式。

Ⅰ式：26件。最大径在下腹靠近底部。包括M34∶4、M41∶3、M41∶4、M41∶9、M41∶11、M44∶2、M49∶5、M57∶2、M57∶7、M65∶2、M69∶6、M73∶1、M73∶3、M79∶2、M89∶8、M93∶5、M112∶2、M114∶10、M121∶9、M121∶10、M139∶2、M172∶5、M188∶1、M188∶4、M196∶7和M196∶9。如M112∶2，口径11.6、高14.6、最大腹径18.8厘米（图四六五，6）。

Ⅱ式：19件。最大径在中腹。包括M27∶7、M27∶8、M30∶8、M31∶4、M37∶3、M42∶2、M46∶3、M46∶4、M77∶16、M89∶9、M134∶3、M138∶9、M155∶4、M165∶7、M166∶1、M167∶10、M167∶12、M190∶5和M198∶9。如M37∶3，口径12、高15、最大腹径17.4厘米（图四六五，9）。

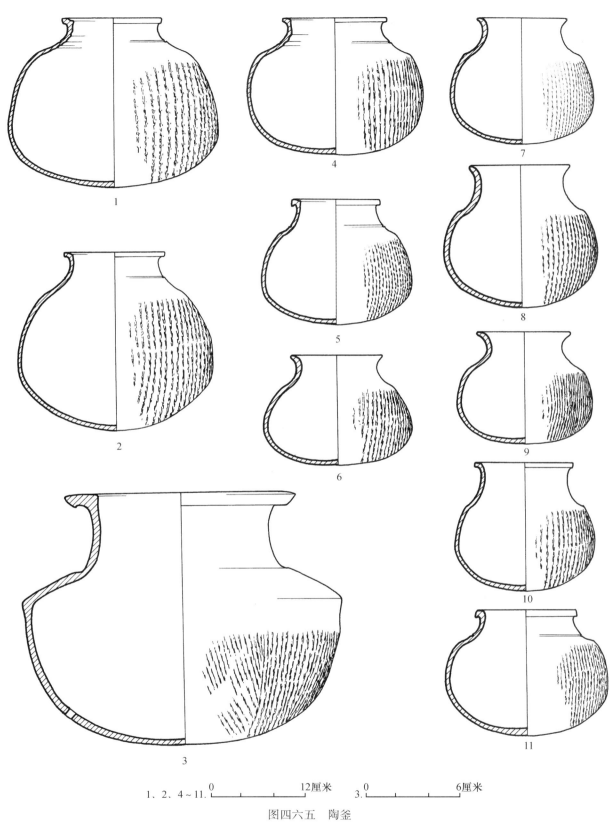

1、2、4～11. └────┴────┴────┘ 12厘米   3. └────┴────┴────┘ 6厘米
0   0

图四六五　陶釜

1. Bc Ⅰ 式（M171∶5）　　2. Ba Ⅰ 式（M125∶5）　　3. Bc Ⅲ 式（M168∶6）　　4. Bc Ⅱ 式（M171∶6）

5. Bb Ⅰ 式（M195∶3）　　6. Ab Ⅰ 式（M112∶2）　　7. Aa Ⅰ 式（M147∶10）　　8. Aa Ⅱ 式（M41∶2）

9. Ab Ⅱ 式（M37∶3）　　10. Ba Ⅱ 式（M114∶11）　　11. Bb Ⅱ 式（M71∶3）

B型　224件。小口，有沿，圜底。根据腹部、底部的不同，分为三亚型。

Ba型　67件。腹部纵截面大致呈圆形，圜底较甚。根据腹部最大径的变化，分为二式。

Ⅰ式：42件。鼓腹下垂，最大径在下腹。包括M18：1、M21：10、M22：3、M22：5、M28：9、M30：9、M31：3、M31：7、M34：5、M39：10、M40：3、M40：4、M41：7、M42：9、M46：2、M46：5、M46：8、M46：9、M53：1、M53：2、M57：4、M61：9、M61：10、M61：12、M86：7、M88：7、M90：2、M93：2、M99：16、M106：5、M112：5、M117：7、M120：5、M125：5、M138：6、M139：4、M139：7、M143：2、M147：5、M147：6、M147：8和M160：19。如M125：5，口径12.8、高23.4、最大腹径24.8厘米（图四六五，2）。

Ⅱ式：25件。腹部圆鼓，最大径在中腹。包括M31：1、M31：5、M31：6、M41：8、M42：5、M46：6、M46：10、M60：2、M60：3、M69：5、M99：13、M99：14、M114：11、M114：12、M122：5、M134：2、M138：4、M143：3、M146：11、M149：3、M155：3、M159：2、M160：10、M161：10和M188：3。如M114：11，口径12.6、高16.8、最大腹径18厘米（图四六五，10）。

Bb型　89件。腹部纵截面大致呈扁圆形，外鼓较甚。根据腹部最大径的变化，分为二式。

Ⅰ式：72件。最大径在下腹部。包括M15：5、M23：2、M23：3、M24：2、M28：6～M28：8、M29：5、M32：6～M32：11、M34：7、M37：5、M39：9、M39：11、M39：13、M42：3、M43：4、M43：5、M43：8、M43：9、M44：3、M44：4、M44：8、M65：4、M71：1、M71：2、M73：5、M75：4、M77：12、M77：13、M78：2、M82：4、M85：5、M86：6、M88：6、M93：4、M99：11、M99：12、M99：23、M112：3、M114：6、M115：3、M115：4、M116：3、M120：3、M120：6、M121：8、M122：3、M124：3、M130：3、M138：7、M139：6、M146：3、M147：3、M151：6～M151：8、M151：10、M160：9、M161：11、M163：2、M163：3、M165：8、M172：4、M176：5、M187：4、M195：3和M195：4。如M195：3，口径11.2、高16.2、最大腹径19.2厘米（图四六五，5）。

Ⅱ式：17件。最大径在中腹。包括M20：2、M20：4、M28：5、M30：5、M30：10、M34：6、M56：3、M71：3、M74：2、M76：1、M122：11、M126：9、M128：5、M146：7、M148：10、M151：9和M196：6。如M71：3，口径13、高16.6、最大腹径20.8厘米（图四六五，11）。

Bc型　68件。腹部较高，纵截面大致呈圆角方形或长方形，圜底近平。根据最大径的变化，分为三式。

Ⅰ式：60件。最大径在下腹或近底部。包括M14：4、M19：4、M19：5、M19：6、M22：6、M26：10、M30：4、M31：2、M31：9、M34：8、M37：4、M39：4、M44：10、M45：9、M46：10、M48：3、M49：1、M56：1、M57：6、M57：8、M61：11、M69：8、M75：2、M82：3、M91：5、M91：7、M91：8、M99：10、M99：15、M100：4、

M103：2、M103：4、M117：6、M120：4、M120：7、M124：1、M126：3、M126：4、M127：3、M127：5、M127：6、M128：3、M128：6、M138：5、M138：8、M138：12、M139：8、M143：4、M143：7、M145：4、M155：8、M160：16、M161：6、M165：4、M167：11、M171：5、M171：7、M179：1、M193：3和M194：1。如M171：5，口径12.6、高22.4、最大腹径26.8厘米（图四六五，1）。

Ⅱ式：7件。最大径在中腹。包括M76：2、M118：3、M122：7、M126：8、M164：3、M171：6和M197：3。如M171：6，口径13.2、高18、最大腹径22.4厘米（图四六五，4）。

Ⅲ式：1件。最大径在肩部。M168：6，口径14.7、高16.3、最大肩径20.4厘米（图四六五，3）。

C型　15件。大口，圜底。根据口沿的不同，分为二亚型。

Ca型　11件。斜侈沿较直、较长。根据肩、腹、底部的变化，分为三式。

Ⅰ式：1件。M156：14，鼓肩，鼓腹，圜底，最大径在腹部。口径13.6、高8.8、最大腹径16厘米（图四六六，2）。

Ⅱ式：7件。肩部不明显，斜直腹，圜底较甚，最大径近底部。包括M54：10、M54：15、M98：13、M102：1、M102：2、M168：4和M168：5。如M168：4，口径9、高8、最大腹径10.6厘米（图四六六，4）。

Ⅲ式：3件。溜肩，弧腹微鼓，圜底近平，最大径在下腹部。包括M3：14、M94：23和M94：28。如M3：14，口径16.6、高12、最大腹径19厘米（图四六六，3）。

Cb型　4件。斜侈沿外翻、略弧。根据沿、腹、底部的变化，分为三式。

Ⅰ式：1件。M156：13，大翻沿较长，束颈甚短，弧腹微鼓，圜底，最大径在下腹部。口径13.6、高9.4、最大腹径13.4厘米（图四六六，6）。

Ⅱ式：1件。M3：13，翻沿较短，颈较长，鼓腹较甚，圜底较甚，最大径在中腹部。口径14.4、高11、最大腹径16.4厘米（图四六六，1）。

Ⅲ式：2件。翻沿较短，腹部斜直较扁，最大径近底部。包括M3：15和M94：27。如M3：15，口径20.4、高15.4、最大腹径26.4厘米（图四六六，5）。

D型　2件。底有三足。包括M134：5-1和M156：15。如M134：5-1，口径10.2、通高15.6、最大腹径16.5厘米（图四六七，1）。

E型　2件。直口，圜底。根据肩、腹部的变化，分为二式。

Ⅰ式：1件。溜肩，圆鼓腹，最大径在中腹部。M180：1，口径20.8、高29.4、最大腹径39厘米（图四六七，2）。

Ⅱ式：1件。鼓肩，弧腹，最大径在肩部。M72：2，口部残。残高10、最大肩径18厘米（图四六七，3）。

12. 瓮

100件。根据领、肩、腹、底部的不同，分为五型。

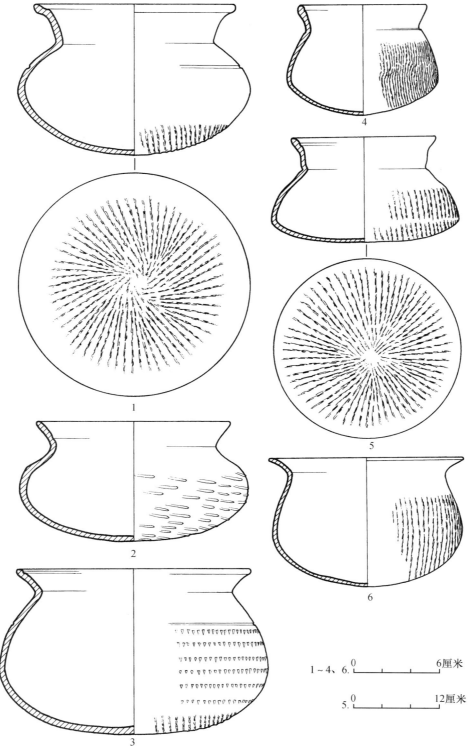

图四六六　陶釜

1. Cb Ⅱ 式（M3：13）　2. Ca Ⅰ 式（M156：14）　3. Ca Ⅲ 式（M3：14）
4. Ca Ⅱ 式（M168：4）　5. Cb Ⅲ 式（M3：15）　6. Cb Ⅰ 式（M156：13）

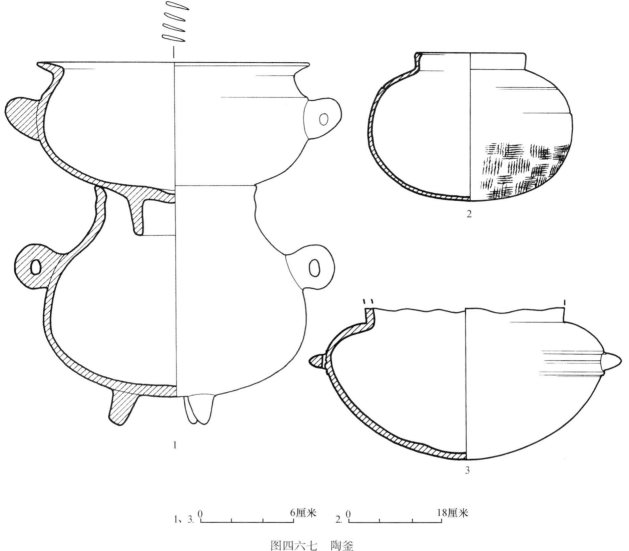

1、3. 0 ┣━━━━━━━┫ 6厘米　　2. 0 ┣━━━━━━━┫ 18厘米

图四六七　陶釜

1. D型（M134：5）　　2. EⅠ式（M180：1）　　3. EⅡ式（M72：2）

A型　39件。高领，广肩，肩部圆广，弧腹或微鼓，小平底，最大径在肩部。根据领部的不同，分为二亚型。

Aa型　19件。直领或微侈。包括M44：11、M50：4、M75：3、M99：27、M122：4、M132：7、M137：3、M141：10、M144：2、M144：10、M144：13、M144：16、M145：7、M145：10、M146：12、M147：7、M158：6、M161：4和M191：3。如M147：7，口径30.8、底径14、高53.4、最大腹径57.4厘米（图四六八，1）。

Ab型　20件。领部内敛。包括M32：4、M32：12、M39：3、M39：8、M39：14、M61：7、M67：1、M87：1、M99：9、M99：22、M124：4、M128：4、M144：8、M145：6、M146：5、M151：4、M163：1、M171：1、M175：5和M195：1。如M39：3，口径22.8、底径11、高36、最大肩径37厘米（图四六八，2）。

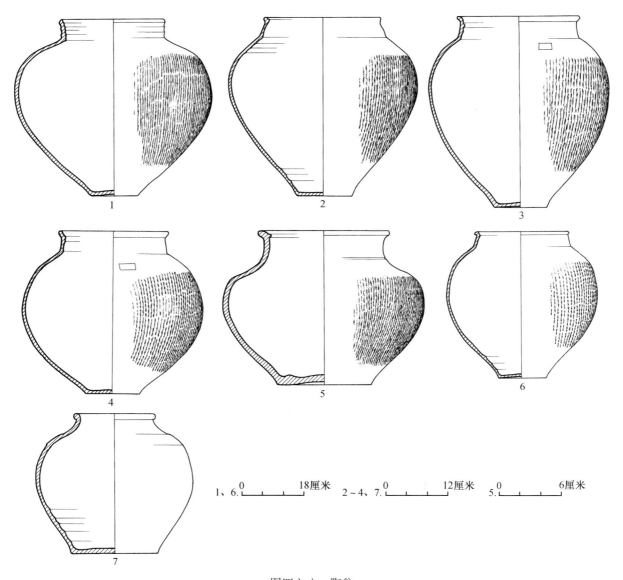

图四六八　陶瓮

1. Aa型（M147：7）　2. Ab型（M39：3）　3. B I 式（M15：3）

4. B II 式（M48：4）　5. D型（M113：9）　6. C型（M83：5）　7. E型（M83：2）

　　B型　58件。高领，溜肩，鼓腹，小平底，最大径在腹部。根据腹部最大径的变化，分为二式。

　　I 式：32件。腹部略鼓，最大径在上腹。包括M15：3、M22：7、M30：6、M30：7、M39：1、M42：8、M44：12、M44：14、M45：1、M45：5、M69：1、M69：2、M70：3、M74：3、M78：1、M120：1、M121：1、M125：2、M126：10、M136：1、M138：3、M139：5、M141：8、M143：1、M148：5、M149：4、M150：3、M153：3、M157：8、M161：15、M161：16和M165：5。如M15：3，口径24、底径10.4、高38.8、最大腹径35.2厘

米（图四六八，3）。

Ⅱ式：26件。鼓腹较甚，最大径在中腹及下腹。包括M14：3、M26：8、M27：6、M28：2、M30：3、M36：4、M41：10、M46：1、M48：4、M56：4、M60：4、M63：3、M82：2、M90：4、M93：3、M103：1、M121：2、M121：5、M131：7、M152：7、M155：1、M158：4、M167：5、M178：1、M194：6和M195：2。如M48：4，口径21.6、底径10.4、高32、最大腹径35.2厘米（图四六八，4）。

C型　1件。直口较大，肩部不明显，腹略鼓，器形瘦高。M83：5，口径28.4、底径14.6、高45、最大腹径45厘米（图四六八，6）。

D型　1件。长颈，鼓肩，底较大，器形矮胖。M113：9，口径12.8、底径9.2、高15.5、最大肩径19.7厘米（图四六八，5）。

E型　1件。束颈，鼓腹。M83：2，口径16、底径17、高28.4、最大腹径30.6厘米（图四六八，7）。

13. 罐

58件。根据口部形态的不同，分为八型。

A型　32件。侈口，卷沿，束颈。根据肩部的不同，分为二亚型。

Aa型　24件。肩部圆弧。根据肩部和最大径的变化，分为四式。

Ⅰ式：3件。圆肩，腹部扁鼓，器形矮胖，最大径在中腹。包括M84：2、M113：1、M113：2。如M113：1，口径14.4、底径24.2、高25.2、最大腹径34.4厘米（图四六九，1）。

Ⅱ式：14件。鼓肩或溜肩，弧腹微鼓，器形仍较矮胖，最大径在上腹或肩部。包括M94：34、M97：1、M97：4、M97：6、M97：7、M129：2、M145：9、M146：10、M156：1、M156：4、M156：6、M156：17、M168：9、M168：10。如M145：9，口径12.4、底径9.2、高12.8、最大腹径19.2厘米（图四六九，2）。

Ⅲ式：5件。圆肩或鼓肩，鼓腹，器形高胖，最大径上移至肩部。包括M54：2、M54：3、M54：5、M97：2、M97：5。如M97：5，口径10.3、底径8、高10.4、最大肩径16.2厘米（图四六九，3）。

Ⅳ式：2件。圆肩，腹微鼓，器身变高，最大径在肩部。包括M72：4和M94：25。如M72：4，口径10.7、底径13、高18.4、最大肩径21.6厘米（图四六九，5）。

Ab型　8件。折肩。根据肩部的变化，分为二式。

Ⅰ式：1件。肩部方折较高。M113：6，口径10.6、底径9.6、高14.5、最大肩径19.4厘米（图四六九，4）。

Ⅱ式：7件。肩部圆折较低。包括M2：8、M8：6～M8：8、M54：12、M186：3和M186：4。如M186：3，口径11、底径7.6、高12、最大肩径16.5厘米（图四六九，6）。

B型　3件。侈口，斜方唇，束颈。包括M84：3、M94：26和M94：33。如M84：3，口径5.4、底径5.4、高8.5、最大肩径9.2厘米（图四七〇，2）。

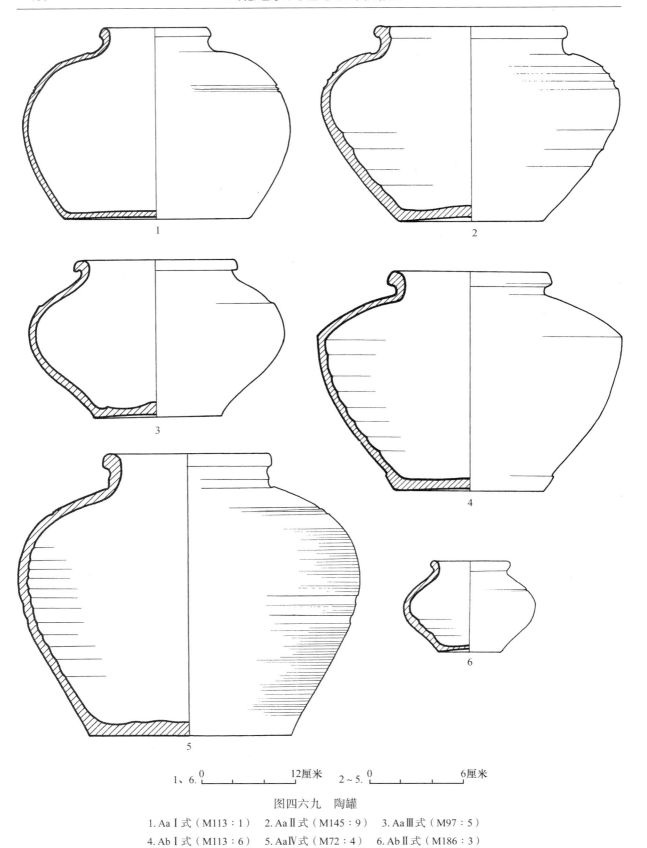

1、6. 0 _____ 12厘米   2～5. 0 _____ 6厘米

图四六九 陶罐

1. Aa I 式（M113：1） 2. Aa II 式（M145：9） 3. Aa III 式（M97：5）
4. Ab I 式（M113：6）   5. Aa IV 式（M72：4）   6. Ab II 式（M186：3）

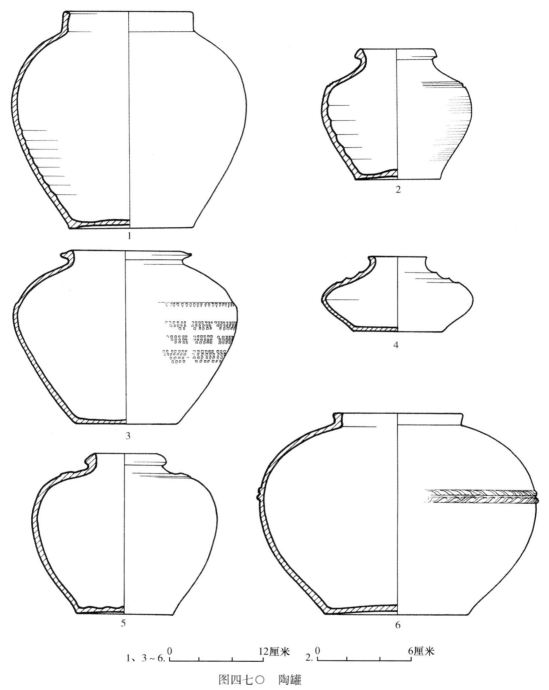

1、3~6. 0 _____ 12厘米 2. 0 _____ 6厘米

图四七〇 陶罐

1.DⅠ式（M198∶2） 2.B型（M84∶3） 3.C型（M112∶7）
4.F型（M29∶6） 5.E型（M186∶1） 6.DⅡ式（M156∶18）

C型　3件。窄沿，束颈。包括M29：9、M112：7和M160：6。如M112：7，口径17.2、底径13.6、高23.4、最大肩径29.6厘米（图四七〇，3）。

D型　2件。直口，圆肩，鼓腹。根据最大径的变化，分为二式。

Ⅰ式：1件。M198：2，鼓腹，最大径在肩部。口径16.5、底径16.2、高28.2、最大肩径30厘米（图四七〇，1）。

Ⅱ式：1件。M156：18，鼓腹较甚，最大径在中腹部。口径17、底径18.6、高27.2、最大腹径35.8厘米（图四七〇，6）。

E型　3件。无沿，斜方唇，束颈。包括M129：3、M186：1和M186：2。如M186：1，口径10.6、底径13、高22、最大肩径24厘米（图四七〇，5）。

F型　1件。小口，折肩。M29：6，口径7.9、底径12、高10、最大肩径20厘米（图四七〇，4）。

G型　12件。有领。根据领部和肩部的变化，分为三式。

Ⅰ式：2件。领部内敛、较高，肩微鼓。包括M20：7和M156：5。如M20：7，口径16、底径13.6、高21.2、最大肩径30厘米（图四七一，2）。

Ⅱ式：8件。领部微侈或近直，较高，肩部圆折。包括M15：2、M15：4、M26：9、M26：13、M42：6、M49：6、M96：6和M158：7。如M96：6，口径14、底径10、高12、最大肩径18厘米（图四七一，4）。

Ⅲ式：2件。领部斜侈，较矮，折肩。包括M73：2和M89：5。如M89：5，口径13.6、底径13.8、高20.8、最大肩径26.4厘米（图四七一，3）。

H型　2件。双口罐，内外口间有凹槽承接器盖。包括M94：3和M94：24。如M94：3，外口径12.8、内口径9.2、底径8、高16.5、最大肩径16.3厘米（图四七一，1）。

14. 缸

3件。敛口，圆折肩，鼓腹，近底部有1个小圆孔。包括M94：18、M94：31和M94：32。如M94：31，口径34.8、底径21、高33、最大腹径46.4厘米（图四七二，4）。

15. 汲水小罐

12件。此类小罐一般放置在陶井中或陶灶上。根据有无领，分为二型。

A型　10件。无领。根据肩部、腹部和最大径的变化，分为三式。

Ⅰ式：5件。溜肩，鼓腹较甚，器形矮胖，最大径在中腹。包括M3：6、M54：14、M83：7、M84：4和M156：7。如M156：7，口径8.5、底径8.2、高9.2、最大腹径14.5厘米（图四七二，1）。

Ⅱ式：3件。溜肩，鼓腹，器形变高，最大径在中腹或上腹。包括M2：4、M54：11和M97：13。如M97：13，口径3.6、底径3.4、高6.4、最大腹径6.6厘米（图四七二，5）。

Ⅲ式：2件。鼓肩，弧腹微鼓，最大径在肩部。包括M72：8和M72：9。如M72：9，口径4.6、底径5.6、高7.8、最大肩径8.8厘米（图四七二，3）。

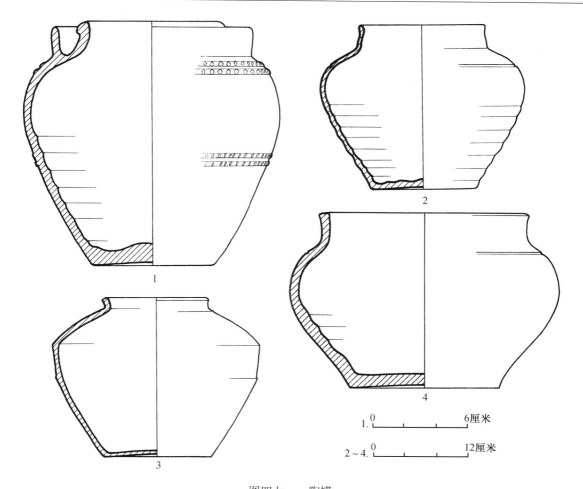

图四七一　陶罐

1. H型（M94：3）　2. GⅠ式（M20：7）　3. GⅢ式（M89：5）　4. GⅡ式（M96：6）

　　B型　2件。有领，鼓肩，有的肩部有两个环形耳。包括M2：6和M8：5。如M8：5，口径15.2、底径7.2、高11、最大肩径18.8厘米（图四七二，2）。

16. 器盖

　　3件。根据纽、腹部的不同，分为三型。

　　A型　1件。平顶，斜直腹。M29：7，口径24、顶径6、高8厘米（图四七三，5）。

　　B型　1件。圆饼形纽，折腹。M94：16，口径11.4、纽径4.9、高4.8厘米（图四七三，7）。

　　C型　1件。尖棱饼形纽，斜直腹。M144：7，口径26.6、纽径6、高9.2厘米（图四七三，6）。

17. 漏斗形器

　　1件。M48：15，整体呈漏斗状，敞口，斜直腹微内弧，底部存圆形小孔。口径6.8、高5.5厘米（图四七三，4）。

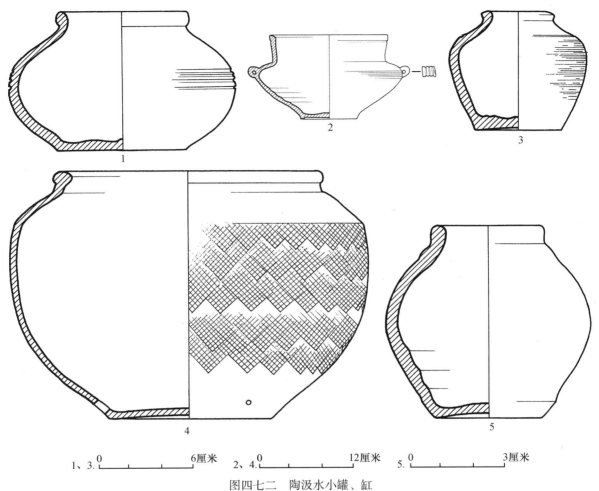

图四七二　陶汲水小罐、缸

1. A I 式汲水小罐（M156：7）　2. B 型汲水小罐（M8：5）　3. A III 式汲水小罐（M72：9）

4. 缸（M94：31）　5. A II 式汲水小罐（M97：13）

18. 璧形器

1件。M98：15，平面呈圆形，中部有圆孔。直径5.5、穿径2.1、厚0.9厘米（图四七三，1）。

19. 饼

2件。将泥质绳纹陶片磨成圆饼状而成，器表存明显磨制痕迹。包括M40：6和M167：2。如M40：6，直径11、厚1.5厘米（图四七三，2）。

20. 纺轮

4件。形制规格一致，整体呈算珠状，均出土于M94，分别为M94：7-1、M94：7-2、M94：7-3和M94：7-4。如M94：7-4，直径3.7、高2.4厘米（图四七三，3）。

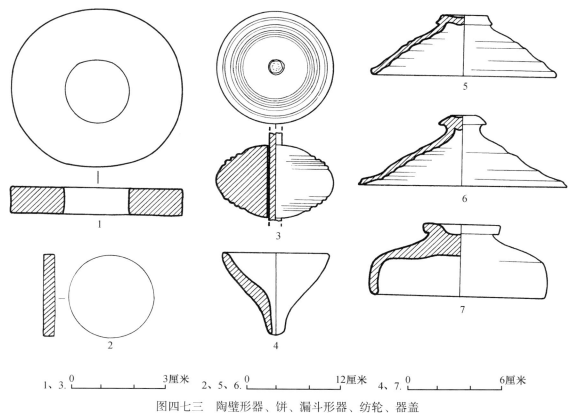

图四七三　陶璧形器、饼、漏斗形器、纺轮、器盖

1. 陶璧形器（M98∶15）　2. 陶饼（M40∶6）　3. 陶纺轮（M94∶7-4）　4. 漏斗形器（M48∶15）
5. A型器盖（M29∶7）　6. C型器盖（M144∶7）　7. B型器盖（M94∶16）

21. 井

5件。根据井台形状的不同，分为二型。

A型　2件。方形井台。根据井台和井身连接方式的不同，分为二亚型。

Aa型　1件。井台与井身连为一体。M54∶6，井台口径24.8、底径24.4、高30厘米（图四七四，1）。

Ab型　1件。井台与井身分制。M98∶11，井台边长16、残高7.2厘米（图四七四，4）。

B型　3件。圆形井台。根据腹部的变化，分为二式。

Ⅰ式：2件。分上下腹，上腹斜直，下腹微鼓。包括M3∶16和M83∶6。如M83∶6，井台直径15.2、底径14.6、高18厘米（图四七四，2）。

Ⅱ式：1件。无上下腹之分，腹部略鼓内收。M72∶7，井台直径31.6、口径19.6、底径23、高29.2厘米（图四七四，3）。

22. 灶

5件。根据灶面的形状不同，分为三型。

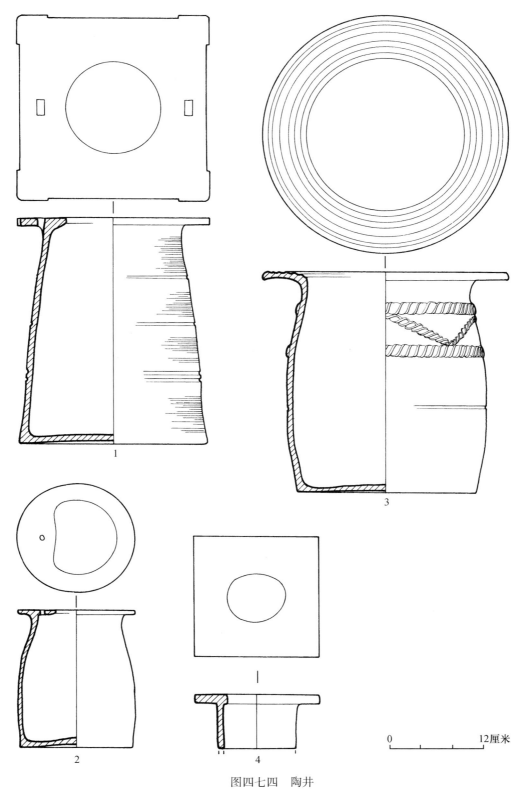

图四七四　陶井

1. Aa型（M54：6）　2. BⅠ式（M83：6）　3. BⅡ式（M72：7）　4. Ab型（M98：11）

A型　1件。灶面呈船形。M156：12-1，长32.4、宽23.8、高10.4厘米（图四七五，2）。

B型　1件。灶面大致呈马蹄状。M94：12，长39.6、宽31.2、高22厘米（图四七五，1）。

C型　3件。灶面呈梯形。根据有无纹饰，分为二式。

Ⅰ式：2件。无纹饰。包括M54：8和M72：3。如M54：8，长44、宽23.4、通高23.6厘米（图四七五，3）。

Ⅱ式：1件。挡火墙上饰有草叶纹和网格纹。M8：4，残长26、宽25.6、通高27.5厘米（图四七五，4）。

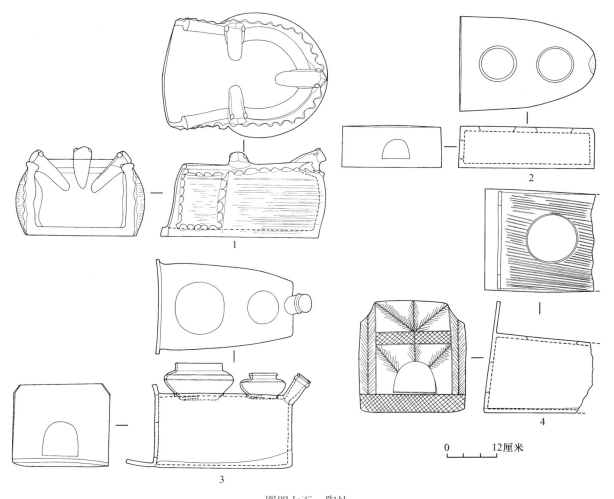

图四七五　陶灶

1. B型（M94：12）　2. A型（M156：12-1）　3. CⅠ式（M54：8）　4. CⅡ式（M8：4）

23. 水田模型

2件。平面均呈长方形。包括M94：10和M94：22。如M94：22，长57.4、宽45、高6厘米（图四七六，1）。

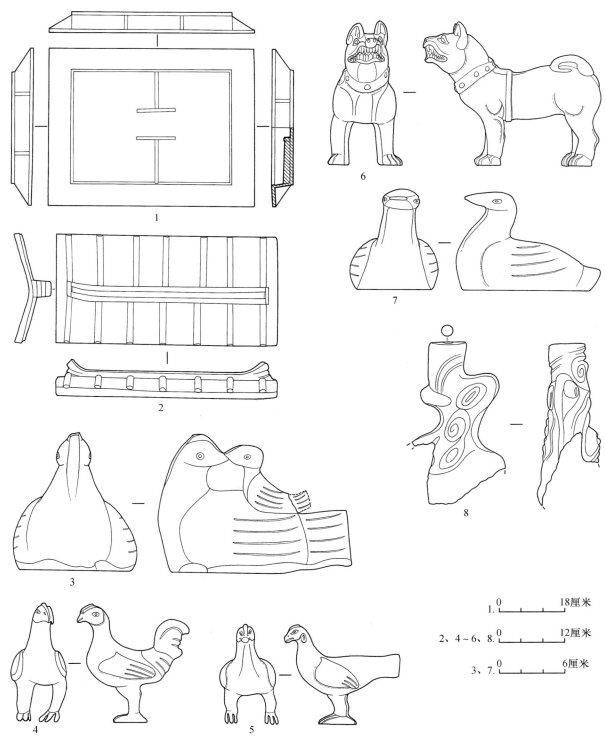

图四七六　陶水田模型、房、鸡俑、狗俑、鸭俑、摇钱树座
1. 水田模型（M94∶22）　2. 房（M3∶10）　3. A型鸡俑（M17∶5）　4. Ba型鸡俑（M2∶2）
5. Bb型鸡俑（M3∶12）　6. 狗俑（M3∶9）　7. 鸭俑（M98∶4）　8. 摇钱树座（M17∶10）

24. 摇钱树座

1件。M17：10，下部残，仅存树座上部插孔部分，形制不清。残宽17.4、残高31厘米（图四七六，8）。

25. 房

1件。M3：10，仅存房顶，为"人"字形双面坡顶。长41.4、宽20.8、残高7厘米（图四七六，2）。

26. 鸡俑

7件。根据鸡身形态的不同，分为二型。

A型　2件。子母鸡，母鸡呈蹲坐状，背上有一小鸡。包括M17：5和M98：12。如M17：5，长18、宽11.6、高13.2厘米（图四七六，3）。

B型　5件。单鸡直立。根据尾部的不同，分为二亚型。

Ba型　3件。昂首，冠较高，尾上翘。包括M2：2、M3：8和M17：4。如M2：2，长20.8、宽10.4、高22.4厘米（图四七六，4）。

Bb型　2件。鸡头略向前伸，尾较长向后平伸。包括M3：12和M98：3。如M3：12，长21.4、宽10.8、高18.8厘米（图四六七，5）。

27. 狗俑

3件。形制相同，立姿，双耳耸立，昂首，尾卷曲于后臀，带颈圈。包括M3：9、M17：2和M94：11。如M3：9，长33、宽16、高27.2厘米（图四七六，6）。

28. 鸭俑

2件。形制相同，呈蹲坐状，嘴平伸。包括M98：4和M98：5。如M98：4，长13.4、宽8.3、高9.3厘米（图四七六，7）。

29. 抚琴俑

2件。形制相同，坐姿，做抚琴状。包括M17：8和M94：21。如M17：8，宽28.8、高32厘米（图四七七，4）。

30. 击鼓俑

2件。形制相同，坐姿，左手抚鼓，右手做击鼓状。包括M17：7和M94：9。如M94：9，底宽22.2、高28.6厘米（图四七七，1）。

1 ~ 4. 0 —— 12厘米　　5. 0 —— 6厘米

图四七七　陶俑

1. 击鼓俑（M94：9）　　2. 舞俑（M17：6）　　3. 倾听俑（M94：15）　　4. 抚琴俑（M17：8）　　5. 女侍俑（M105：4）

31. 倾听俑

1件。M94∶15，头部残，坐姿，做倾听状。宽23.4、残高17.6厘米（图四七七，3）。

32. 舞俑

1件。M17∶6，头部残，立姿，做舞蹈状。宽27、残高29.4厘米（图四七七，2）。

33. 女侍俑

2件。形制相同，立姿，双手相握于腹前做侍立状。包括M98∶10和M105∶4。如M105∶4，宽13.2、残高20.2厘米（图四七七，5）。

34. 劳作女俑

2件。形制相同，站立，做劳动状。包括M3∶11和M98∶14。如M3∶11，宽5.6、高15.5厘米（图四七八，5）。

35. 劳作男俑

1件。M98∶9，站立，做劳动状。宽5.5、高12.7厘米（图四七八，7）。

36. 执锸执箕俑

1件。M17∶3，站立，右手执锸，左手执箕。宽15、残高37厘米（图四七八，2）。

37. 执箕男俑

1件。M98∶8，跪坐，双手执箕。残宽8.4、高12.2厘米（图四七八，6）。

38. 执箕女俑

2件。形制相同，站立，左手执箕，右手握扫帚。包括M2∶10和M2∶11。如M2∶11，宽6.8、高15.8厘米（图四七八，3）。

39. 负罐俑

1件。M98∶6，站立，左肩负罐，左手扶于罐上，右手置于胸前。宽6.2、高14.8厘米（图四七八，4）。

图四七八　陶骑俑、劳作俑

1. 骑俑（M48：1）　2. 执锸执箕俑（M17：3）　3. 执箕女俑（M2：11）
4. 负罐俑（M98：6）　5. 劳作女俑（M3：11）　6. 执箕男俑（M98：8）　7. 劳作男俑（M98：9）

40.骑俑

1件。M48：1，一人跨坐于动物背上，捏制而成。长19.2、宽6.8、通高20.1厘米（图四七八，1）。

第二节　铜　　器

铜器　146件。有釜、鍪、洗、三足盘、勺、镜、璜、环、带钩、印章、铃、弩机、箭镞、镡、镦、剑首、剑镖、剑鞘箍、铺首、泡钉、盖弓帽、牌饰、管、柱状饰、蹄形器、饰件、摇钱树残片等。分类叙述如下。

1.釜

2件。形制相同，侈口，斜沿，溜肩，鼓腹，圜底，肩部存一对辫索状环形耳。包括M29：2和M56：5。如M56：5，口径19.4、高11、最大腹径20.4厘米（图四七九，2）。

2.鍪

5件。根据耳部及肩部、腹部的不同，分为二型。

A型　3件。肩部有一大一小二环形耳。根据肩部、腹部的变化，分为二式。

Ⅰ式：2件。肩部略折，扁鼓腹，圜底近平。包括M99：5和M148：1。如M99：5，口径10、高10.6、最大腹径13.6厘米（图四七九，1）。

Ⅱ式：1件。M146：8，溜肩，鼓腹，圜底。口径12.6、高15.2、最大腹径18.4厘米（图四七九，3）。

B型　2件。单耳。根据腹部的变化，分为二式。

Ⅰ式：1件。M99：4，鼓腹。口径12.2、高16、最大腹径16厘米（图四七九，4）。

Ⅱ式：1件。M40：1，扁鼓腹。口径10.2、高12.4、最大腹径14.6厘米（图四七九，7）。

3.洗

3件。根据腹部的变化，分为二式。

Ⅰ式：2件。直腹。包括M146：6和M147：2。如M146：6，口径32.4、底径28.6、高7.2厘米（图四七九，5）。

Ⅱ式：1件。斜直腹。M148：2，口径27.8、底径24.4、高4厘米（图四七九，6）。

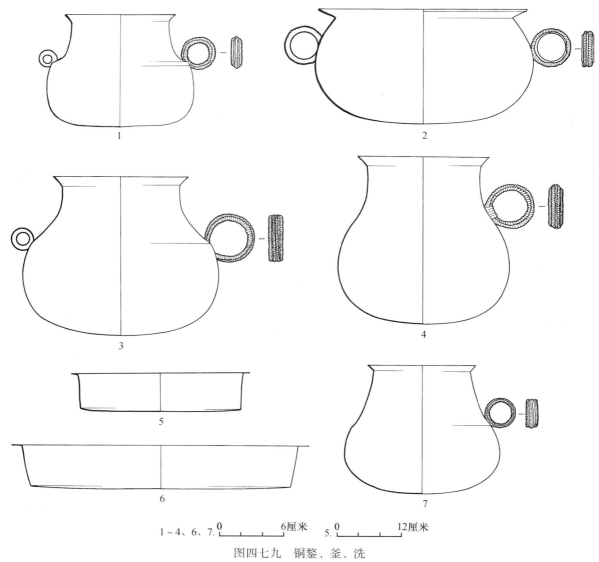

1~4、6、7.　0 ——— 6厘米　　5.　0 ——— 12厘米

图四七九　铜鍪、釜、洗

1. AⅠ式鍪（M99：5）　2. 釜（M56：5）　3. AⅡ式鍪（M146：8）　4. BⅠ式鍪（M99：4）
5. Ⅰ式洗（M146：6）　6. Ⅱ式洗（M148：2）　7. BⅡ式鍪（M40：1）

4. 三足盘

1件。M122：1，直口，直腹，平底，底部三蹄状足。直径11.6、盘深1.8、通高3.8厘米（图四八〇，4）。

5. 勺

1件。M99：3，勺部敞口，深腹，圜底，柄部略呈圆柱状，鋬部呈弧角梯形。勺径7.6、残深2厘米，带柄通长12.2厘米（图四八一，2）。

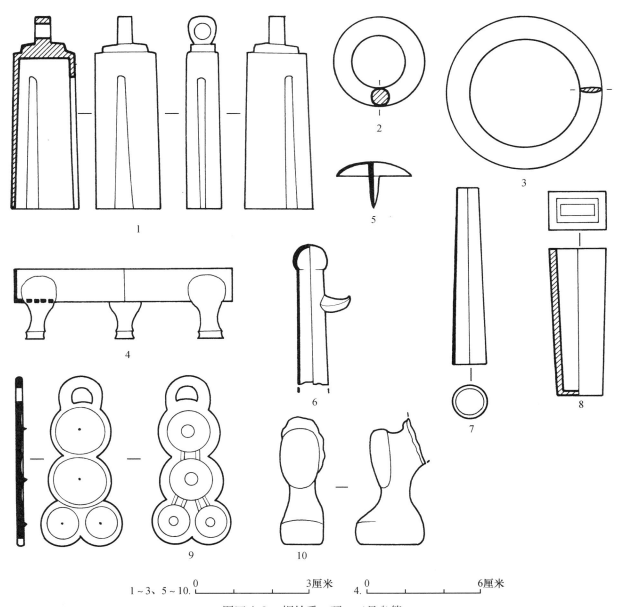

图四八○ 铜铃舌、环、三足盘等

1. 铃舌（M83：8） 2. B型环（M122：12） 3. A型环（M99：7-4） 4. 三足盘（M122：1）

5. 泡钉（M94：40-1） 6. 盖弓帽（M72：5） 7. 管（M99：8）

8. 柱状饰（M180：3） 9. 牌饰（M152：1） 10. 蹄形器（M187：6）

6. 镜

8件。形制相同，圆形，桥形纽，器表饰凸弦纹两周或三周。包括M39：6、M112：1、M124：6、M128：1、M140：3、M150：1、M161：3和M176：1。如M140：3，器表饰三周凸弦纹。直径11、厚0.2厘米（图四八二，6）。

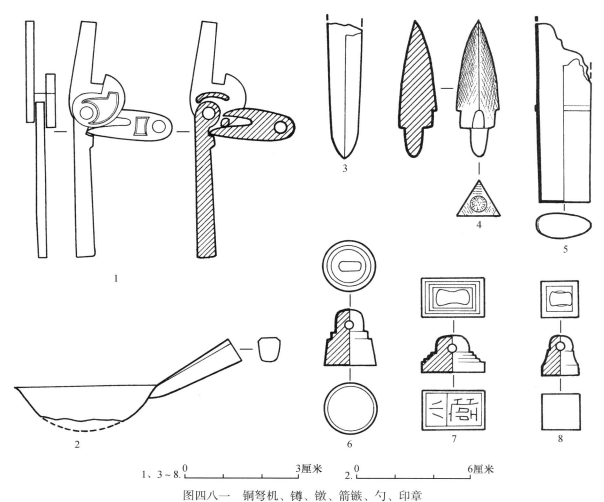

图四八一　铜弩机、镈、镦、箭镞、勺、印章

1. 弩机（M97：10）　2. 勺（M99：3）　3. 镈（M160：21）　4. 箭镞（M40：8）　5. 镦（M160：24）

6. C型印章（M159：4）　7. B型印章（M30：1）　8. A型印章（M14：2）

7. 璜

15件。宽拱平缓，大致呈圆弧状，顶部有一圆穿。根据两足端的不同，分为二型。

A型　8件。两足外端上翘。包括M24：6-4、M28：1-1、M36：1-2、M41：13-1、M146：13-1、M147：1-1、M147：1-2和M147：1-4。如M24：6-4，器宽10.4、高4.6厘米，体宽1.8、厚0.1厘米（图四八三，6）。

B型　7件。两足端平齐在一条直线上。包括M24：6-1、M24：6-2、M24：6-3、M28：3-1、M28：4-2、M146：13-2和M147：1-3。如M24：6-3，器宽10.1、高3.5厘米，体宽2、厚0.1厘米（图四八三，5）。

8. 环

11件。根据截面的不同，分为二型。

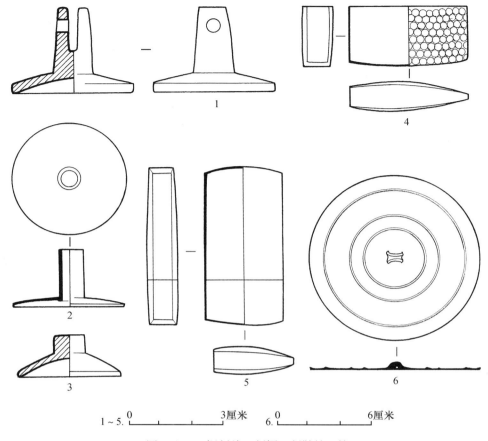

图四八二　铜剑首、剑镖、剑鞘箍、镜

1. A型剑首（M97：12）　　2. C型剑首（M40：7）　　3. B型剑首（M39：12）

4. 剑镖（M94：38）　　5. 剑鞘箍（M94：37）　　6. 镜（M140：3）

A型　1件。M99：7-4，较大，截面扁平。直径4.1、截面宽0.5厘米（图四八〇，3）。

B型　10件。较小，截面呈圆形。包括M34：2、M37：6、M83：1、M105：1、M122：12、M123：1、M127：7、M166：6、M181：2和M193：1。如M122：12，直径2.4、截面直径0.5厘米（图四八〇，2）。

9. 带钩

33件。根据钩身和带扣形制的不同，分为五型。

A型　16件。曲棒形。根据腹部弯曲程度和长度的变化，分为二式。

Ⅰ式：4件。腹部弯曲较甚，钩身长，部分钩面阴刻漩涡纹。包括M14：1、M26：1、M29：1和M93：1。如M93：1，长12.7、宽1.1、厚0.8厘米（图四八四，1）。

Ⅱ式：12件。腹部略弯曲，钩身较短。包括M22：9、M26：2、M41：14、M43：1、M46：12、M60：5、M70：1、M90：5、M115：1、M146：4、M147：13和M151：1。如

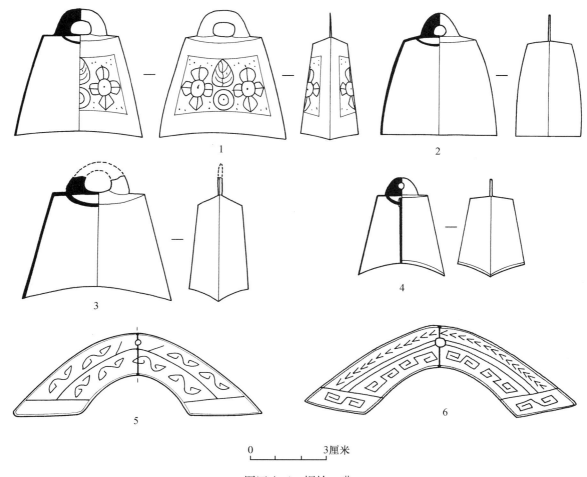

图四八三　铜铃、璜

1. B型铃（M69∶11）　　2. A型铃（M152∶2）　　3. Ca型铃（M24∶6-5）
4. Cb型铃（M28∶3-2）　　5. B型璜（M24∶6-3）　　6. A型璜（M24∶6-4）

M60∶5，长7.4、宽0.9、厚0.5厘米（图四八四，2）。

　　B型　9件。整体呈琵琶形。根据尾部形制的不同，分为二亚型。

　　Ba型　6件。钩身从头部到尾部逐渐变宽，尾部呈长圆状。根据带扣位置的变化，分为二式。

　　Ⅰ式：3件。带扣位于腹中部。包括M122∶10、M132∶1和M148∶12。如M132∶1，残长4.9、宽1.4厘米（图四八四，3）。

　　Ⅱ式：3件。带扣位于尾部。包括M32∶13、M34∶1和M116∶6。如M32∶13，长4.8、宽0.4～1.4、厚0.3～0.8厘米（图四八四，4）。

　　Bb型　3件。尾部呈圆形。根据尾部的变化，分为二式。

　　Ⅰ式：1件。M37∶1，尾部无翼。长6.2、宽2.4、厚0.4厘米（图四八四，5）。

　　Ⅱ式：2件。尾部两侧有翼。包括M30∶2和M170∶10。如M30∶2，长4.6、宽0.5～2.3、

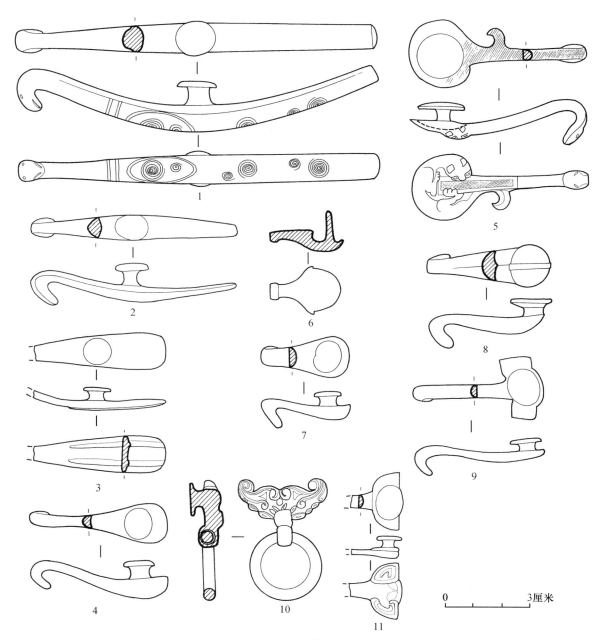

图四八四　铜带钩、铺首

1. A Ⅰ式带钩（M93：1）　2. A Ⅱ式带钩（M60：5）　3. Ba Ⅰ式带钩（M132：1）
4. Ba Ⅱ式带钩（M32：13）　5. Bb Ⅰ式带钩（M37：1）　6. D型带钩（M99：18）
7. C Ⅰ式带钩（M42：1）　8. C Ⅱ式带钩（M191：1）　9. Bb Ⅱ式带钩（M30：2）
10. 铺首（M170：9-1）　11. E型带钩（M77：1）

厚0.3厘米（图四八四，9）。

C型　6件。短腹，大多呈水禽状。根据腹部的变化，分为二式。

Ⅰ式：4件。腹部极短，大致呈圆形。包括M42：1、M131：1、M161：1和M165：9。如M42：1，长3.1、宽0.6～1.5、厚0.2～0.6厘米（图四八四，7）。

Ⅱ式：2件。腹部较Ⅰ式略长。包括M88：1和M191：1。如M191：1，长4.3、宽1.8、厚0.6厘米（图四八四，8）。

D型　1件。蝉形。M99：18，长2.5、宽1.8厘米（图四八四，6）。

E型　1件。兽面形带钩，钩尾呈面具状。M77：1，残长1.9、宽2.1厘米（图四八四，11）。

10. 印章

11件。多为桥形纽，印体截面呈须弥座状。根据印面形制的不同，分为三型。

A型　4件。印面呈方形。包括M14：2、M70：2、M96：1和M151：11。如M14：2，印面边长1.1厘米，印高1.1厘米（图四八一，8）。

B型　6件。印面呈长方形。包括M21：1、M30：1、M70：7、M149：1、M165：1和M171：9。如M30：1，印面长1.7、宽1.1厘米，印高1厘米（图四八一，7）。

C型　1件。M159：4，印面呈圆形。印面直径1.4厘米，印高1.6厘米（图四八一，6）。

11. 铃

23件。根据铃身形状的不同，分为三型。

A型　1件。半环形纽，铃身下缘平齐。M152：2，宽4.7、高5、厚2.6厘米（图四八三，2）。

B型　13件。半环形纽，铃身下缘略弧。包括M24：6-6、M28：4-1、M36：1-1、M69：11、M99：7-2、M99：7-3、M124：7、M146：13-3、M146：13-4、M152：4、M152：5、M152：6和M160：23。如M69：11，宽5.1、高5.2、厚2.3厘米（图四八三，1）。

C型　9件。铃身下缘弧度较大，两角下伸较甚。根据纽的不同，分为二亚型。

Ca型　7件。半环形纽。包括M24：6-5、M28：1-2、M41：13-2、M75：1-1、M99：7-1、M147：12和M147：14。如M24：6-5，宽5.8、高5、厚2.2厘米（图四八三，3）。

Cb型　2件。半圆形纽，上有一圆孔。包括M28：3-2和M75：1-2。如M28：3-2，宽3.5、高4、厚2.7厘米（图四八三，4）。

12. 铃舌

1件。M83：8，整体呈方柱状，上部存圆形穿。宽1.8、高5.2厘米（图四八〇，1）。

13. 铺首

3件。形制相同，饕餮纹线条复杂，嘴中衔环。包括M160：25、M170：9-1和M170：9-2。

如M170：9-1，宽3、通高4.3厘米（图四八四，10）。

14. 剑首

3件。根据剑首柄部的不同，分为三型。
A型　1件。柄部呈扁"U"形。M97：12，底径3.9、高2.8厘米（图四八二，1）。
B型　1件。柄部呈实心圆形。M39：12，底径3.3、高1.4厘米（图四八二，3）。
C型　1件。柄部呈圆筒状。M40：7，底径3.6、高1.9厘米（图四八二，2）。

15. 剑镖

2件。平、剖面皆呈长方形，銎口呈梯形。包括M94：38和M94：39。如M94：38，宽3.8、高2、厚1厘米（图四八二，4）。

16. 剑鞘箍

1件。平面呈长方形，剖面中部略厚。M94：37，长5.2、宽2.6、厚1厘米（图四八二，5）。

17. 弩机

2件。形制相同，结构简单，无郭，由望山、悬刀、牙和钩心组成。包括M94：35和M97：10。如M97：10，宽2.7、通高6.5厘米（图四八一，1）。

18. 箭镞

1件。M40：8，镞身呈三棱状，整体打磨光滑。长3.8、宽1.15、厚1厘米（图四八一，4）。

19. 镈

1件。M160：21，整体呈圆锥形，銎口呈圆形，尖底，为矛矜底部包箍物。残长3.8厘米（图四八一，3）。

20. 镦

1件。M160：24，整体呈管状，銎口呈卵状，平底，为戈秘底部包箍物。残长5、截面长径约1.4厘米（图四八一，5）。

21. 泡钉

共9件，选取标本4件。皆出土于M94，编号为M94：40-1～M94：40-4。如M94：40-1，圆形铜泡。直径2、高1.3厘米（图四八〇，5）。

22. 盖弓帽

1件。M72：5，下部残，圆顶，钩略弧。残长3.8、直径0.8厘米（图四八〇，6）。

23. 牌饰

2件。形制相同，中部两圆形饰纵向相连，上部有一半环形纽，下部为两较小的圆形饰并连。包括M152：1和M152：3。如M152：1，通长4.6、宽2.1、厚0.2～0.3厘米（图四八〇，9）。

24. 管

1件。M99：8，呈圆管状，上细下粗。长4.8、直径0.6～0.9厘米（图四八〇，7）。

25. 柱状饰

1件。M180：3，横截面呈长方形，口长1.5、宽1.1～1.5厘米，底长0.9、宽0.3厘米，壁厚0.2厘米，高4厘米（图四八〇，8）。

26. 蹄形器

1件。M187：6，上部残，下部呈蹄足状。宽1.2、高3.4厘米（图四八〇，10）。

27. 扣件

2件。形制相同，整体呈"8"字形，据形制及规格判断为漆壶盖上扣件。包括M99：19和M142：1。如M142：1，长2.8、宽1.4、厚0.2厘米（图四八五，6）。

28. 圆柱形构件

1件。M122：8，中间为一较大的圆柱，两侧各有两根较小的圆柱与之相连。残长约8.8、直径约3厘米（图四八五，7）。

29. 摇钱树残片

4件。分别出于M4、M17和M94。M4：2，主体部分呈圆环状，环外侧存枝叶状物，环部饰太阳状纹饰。环外径5.5、内径3厘米（图四八五，1）。M17：12，为枝叶部分，可辨带火焰状铜钱和坐于龙虎座的西王母。宽5、高6厘米（图四八五，3）。M94：6-1，呈树枝状，枝上可辨周边带火焰状的铜钱和鸟类。宽7、高7.2厘米（图四八五，2）。M94：6-2，枝上残片，可辨攀猿及鸟类。宽2.1、高4.4厘米（图四八五，4）。

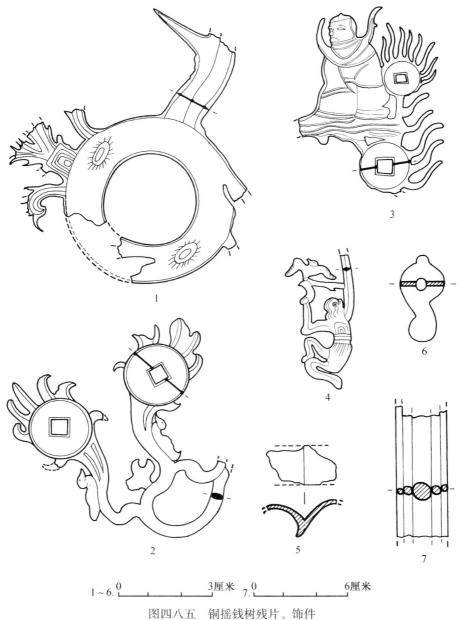

图四八五　铜摇钱树残片、饰件

1~4.摇钱树残片（M4∶2、M94∶6-1、M17∶12、M94∶6-2）　5.饰件（M113∶10）
6.扣件（M142∶1）　7.圆柱形构件（M122∶8）

30. 饰件

1件。皆甚残，仅存小部分。M113∶10，残存部分平面呈长条状，剖面呈"V"字形。残长2.2、宽1.3、厚0.1~0.2厘米（图四八五，5）。

第三节　铁　　器

铁器可提取者共23件，有鼎、锸、锛、斧、凿、削、环首刀、璜等。分类叙述如下。

1. 鼎

1件。直口微敛，双立耳微侈，圜底近平，三蹄状足。M146：2，口径22.9、通高26、最大腹径26厘米（图四八六，1）。

2. 锸

4件。根据刃部的变化，分为二式。

Ⅰ式：3件。刃部与身同宽，弧刃。包括M50：8、M99：17和M168：3。如M99：17，宽10.8、高12、厚2厘米（图四八六，2）。

Ⅱ式：1件。M94：20，刃部宽于身。宽11.3、高12.2、厚2.6厘米（图四八六，3）。

3. 锛

1件。M50：10，平面呈长方形，剖面上厚下薄，銎部呈长方形。长12、宽6、厚3厘米（图四八六，4）。

4. 斧

4件。根据銎部的不同，分为二型。

A型　2件。銎与身分界不明显。包括M93：6和M97：9。如M93：6，通长9.2、銎宽4.2、刃残宽7.4、最厚处2.7厘米（图四八六，5）。

B型　2件。长方形銎，銎与身分界明显。包括M50：11和M165：10。如M165：10，通长7.4、銎长4.4、銎宽2.6、刃宽7.1、最厚处2.8厘米（图四八六，6）。

5. 凿

3件。根据平面形状和刃部的不同，分为二型。

A型　2件。平面呈长条形，刃部较宽。包括M80：1和M165：3。如M165：3，长21、宽3.2、最厚处2.2厘米（图四八六，8）。

B型　1件。平面略呈三角形，刃部微上翘，长方形銎。M167：16，长21、宽2.8、最厚处2厘米（图四八六，7）。

6. 削

6件。环首，单侧刃，直背。包括M43：10、M50：9、M94：36、M126：7、

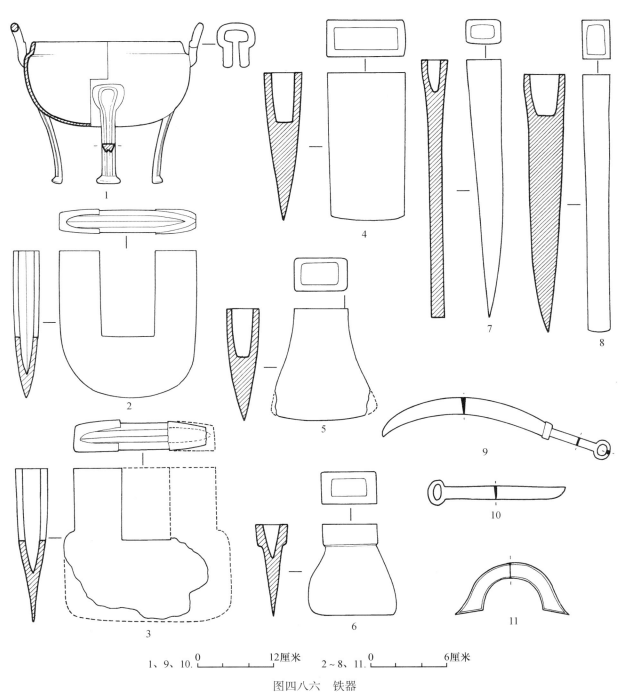

1、9、10.　0　　　　12厘米　　　2~8、11.　0　　　　6厘米

图四八六　铁器

1. 鼎（M146：2）　　2. Ⅰ式锸（M99：17）　　3. Ⅱ式锸（M94：20）　　4. 锛（M50：10）

5. A型斧（M93：6）　　6. B型斧（M165：10）　　7. B型凿（M167：16）　　8. A型凿（M165：3）

9. 环首刀（M3：4）　　10. 削（M43：10）　　11. 璜（M69：10）

M157：2、M167：1。如M43：10，通长21.5、宽2.2厘米（图四八六，10）。

7. 环首刀

3件。M3：4、M8：2、M168：2，环首，单侧刃，直背或曲背。如M3：4，环首，曲背。残长36、宽2.6、厚0.6厘米（图四八六，9）。

8. 璜

1件。M69：10，形如璜，宽拱平缓，大致呈圆弧状。器宽9、高4.2厘米，体宽2.2、厚0.3厘米（图四八六，11）。

第四节　银　　器

环

13件。呈环状，少部分环体呈辫索状，多2件或3件成组出土，截面呈圆形。包括M27：1-1、M27：1-2、M52：7-1、M52：7-2、M62：8-1、M62：8-2、M105：2、M128：2-1、M128：2-2、M137：1、M170：2-1、M170：2-2和M170：2-3。如M52：7-1，直径3.7、截面直径0.2厘米（图四八七，3）。

第五节　玉　石　器

玉石器33件。主要有玉器和磨石。玉器2件，器类有剑璏和黛砚。石器31件，皆为磨石。

1. 玉剑璏

1件。M138：1，璏板平面呈长方形，两端微上翘，正面饰甲片纹。长8.7、宽2.3、厚1.2厘米（图四八七，1）。

2. 玉黛砚

1件。M161：2，平面呈圆形，器表残存朱砂痕迹。直径5.3、厚0.9厘米（图四八七，4）。

3. 磨石

31件。根据形制的不同，分为三型。

A型　9件。平面呈圆形，根据形制判断，可能为砚台。根据周边是否切割，分为二亚型。

Aa型　6件。周边未经切割，利用扁平的圆形石块磨制而成，据形制判断可能为砚台。包括M65：5、M65：6、M144：12-2、M155：6、M157：3和M189：1。如M157：3，直径12、

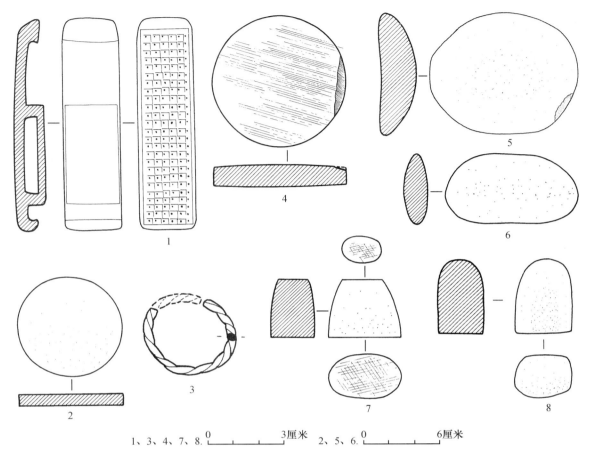

1、3、4、7、8. $\underset{0}{\rule{0pt}{0pt}}$ ———— 3厘米　　2、5、6. $\underset{0}{\rule{0pt}{0pt}}$ ———— 6厘米

图四八七　玉石器、银器

1. 玉剑璏（M138∶1）　　2. Ab型磨石（M122∶2）　　3. 银环（M52∶7-1）　　4. 玉黛砚（M161∶2）

5. Aa型磨石（M157∶3）　　6. C型磨石（M161∶17）　　7. Bb型磨石（M77∶2）　　8. Ba型磨石（M144∶12-1）

厚1～3厘米（图四八七，5）。

Ab型　3件。较规整，周边经过切割，通体磨光。包括M77∶3、M98∶2和M122∶2。如M122∶2，直径8.3、厚1厘米（图四八七，2）。

B型　4件。整体呈条状，据形制判断可能为砚子。根据两端的不同，分为二亚型。

Ba型　3件。一端经过切割，一端为自然面，切割面磨光。包括M123∶2、M144∶12-1和M167∶3。如M144∶12-1，直径2.2、高3.2厘米（图四八七，8）。

Bb型　1件。两端切割，切割面磨光。M77∶2，上顶直径1.2～1.6、下底直径1.9～2.8、高2.4厘米（图四八七，7）。

C型　18件。不规则形，部分器表存打击痕迹，皆经过磨制。包括M15∶1、M21∶15、M31∶8、M82∶7、M82∶8、M87∶2、M87∶3、M133∶5、M134∶6、M138∶13、M138∶14、M143∶5、M143∶6、M147∶11、M153∶2、M155∶7、M161∶12和M161∶17。如M161∶17，长10.5、宽5.7、厚2厘米（图四八七，6）。

第六节　漆木器、骨器、角器、贝饰和料珠

墓地还出土有漆木器、骨器、角器、贝饰和料珠等，其中漆器较多，但绝大多数不能提取，其他质地器物零星出现。

漆盒　1件。M31：10，直口，直腹，平底。直径20、高5.6厘米（图四八八，6）。

木锤　1件。M94：2，球形锤头带圆柱形柄，柄尾部渐收小，后端有一小孔。锤头直径2.2、高5.1厘米（图四八八，3）。

骨耳珰　2件。整体略呈圆柱状，中部略内束。包括M27：2-1和M27：2-2。如M27：2-1，直径0.9～1.2、高1.6厘米（图四八八，4）。

骨牌饰　3件。形制相同，皆呈长方形，通体磨光，单面阴刻弦纹和同心圆纹。包括M46：11-1、M46：11-2和M147：15。如M46：11-1，长8.2、宽0.8、厚0.5～0.8厘米（图

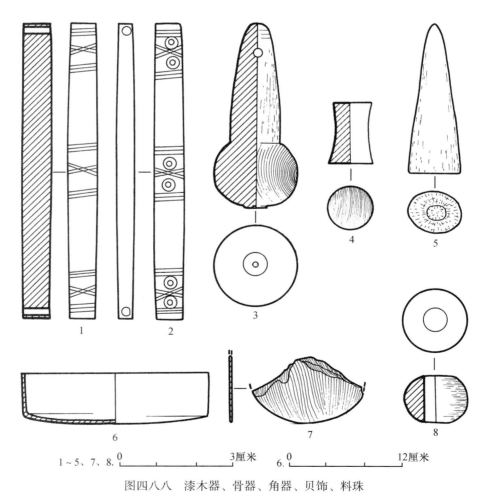

图四八八　漆木器、骨器、角器、贝饰、料珠

1、2. 骨牌饰（M46：11-1、M46：11-2）　3. 木锤（M94：2）　4. 骨耳珰（M27：2-1）　5. 锥形角器（M94：8）

6. 漆盒（M31：10）　7. 贝饰（M147：16）　8. 料珠（M69：14）

四八八，1）。M46：11-2，长8.2、宽0.8、厚0.3~0.8厘米（图四八八，2）。

锥形角器　1件。M94：8，角质，锥形体，通体磨光。下部直径1.4、高4.1厘米（图四八八，5）。

贝饰　1件。M147：16，整体呈扇形，上部略残。残长2.9、残宽1.8厘米（图四八八，7）。

料珠　1件。M69：14，整体呈算珠状，中部有圆形穿孔。直径1.7、高1.3厘米（图四八八，8）。

第七节　钱　　币

包家梁子墓地战国秦汉墓葬中出土钱币者65座，其中54座为土坑墓，11座为砖室墓。共出土钱币1464枚，其中半两钱1131枚、五铢钱331枚、货泉2枚。将出土钱币进行除锈处理后，在各墓中按照钱币完整清晰、钱币特征相异两个原则共选取半两钱标本253枚、五铢钱标本57枚、货泉钱标本2枚。本节分类报告各类钱币的形制特征。

一、半　　两

半两钱　1131枚，选取标本253枚。根据形制及钱文的不同，将标本分为五型。

A型　636枚，选取标本195枚。根据形制、钱文及重量的不同，分七亚型。

Aa型　标本21枚。钱币厚重，多数不甚规整，钱文书写随意且高挺，"半"字横画较短，竖画较长，"两"字上横画较短，双人竖画较长，钱径3~3.5、穿径0.8~1.2厘米，重3.7~9.5克。如M99：1-2，钱币厚重、规整，钱文较长，"半"字上窄下宽，下横画长于上横画，"两"字上横画较短，钱径3.2、穿径1厘米，重6.9克（图四八九，1）。标本还有M30：11-1、M34：3-1、M34：3-2、M52：2-1、M69：9-1、M69：9-2、M99：1-1、M99：1-4、M99：2-1~M99：2-6、M145：8-1、M145：8-2、M158：1-1、M158：1-2、M158：1-4、M171：8-1。

Ab型　标本18枚。钱币规整、厚重，部分呈灯笼状，钱文笔画较粗，小篆味浓厚，字体方折，横画较短，"半"字竖画较长，"两"字双人较长。钱径3~3.5、穿径0.8~1.1厘米，重4.7~8.3克。如M167：4-1，钱币上下存茬口，整体呈灯笼状，钱径3、穿径0.9、肉厚0.1厘米，重6.5克（图四八九，2）。标本还有M23：6-1、M23：6-2、M24：1-1~M24：1-3、M34：3-5、M34：3-6、M38：5-1、M45：12-1、M99：1-3、M137：4-1、M139：1-1、M141：1-1、M145：8-3、M149：2-1、M149：2-2、M149：2-4。

Ac型　标本12枚。钱币规整、厚重，钱文笔画偏细，大篆味浓，"半"字上部转折弧意重，钱径2.9~3.1、穿径0.8~1厘米，重2.3~7.2克。如M167：4-3，钱币厚重，"半"字上部笔画圆弧，上下横画等长，"两"字上横较短，双人竖画长。钱径3.1、穿径1厘米，重4.2克

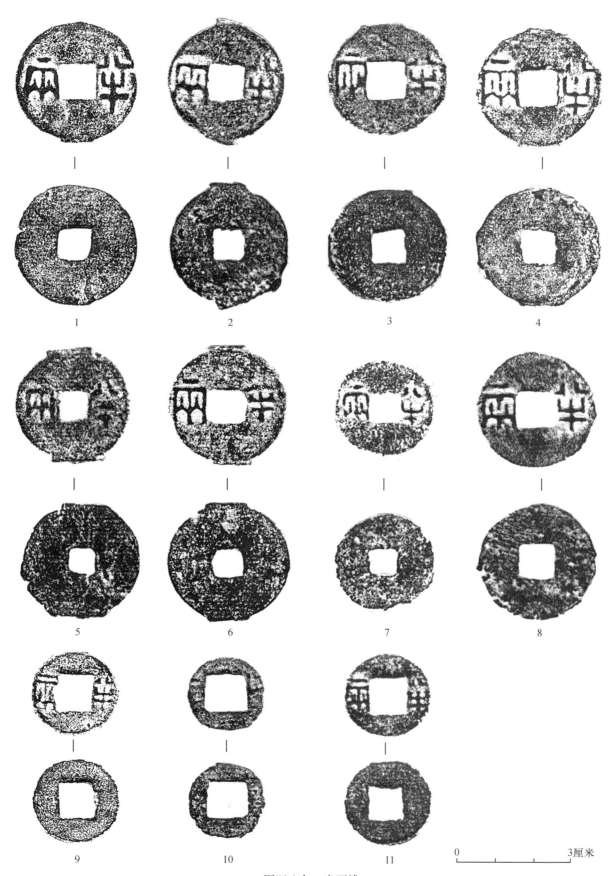

图四八九　半两钱

1. Aa型（M99：1-2）　2. Ab型（M167：4-1）　3. Ac型（M167：4-3）　4. Ad型（M99：1-7）

5. Ae型（M198：1-1）　6. Af型（M149：2-3）　7. Ag型（M46：13-1）　8. C型（M138：2-2）

9. B型（M153：1-5）　10. D型（M144：1-3）　11. E型（M27：3-6）

（图四八九，3）。标本还有M26：3-1、M30：11-2、M122：9-4、M125：1-2、M140：1-2、M158：1-10、M160：1-3、M196：1-1、M196：1-2、M198：1-2、M198：1-3。

Ad型　标本28枚。钱币厚重，钱文笔画较细，笔画方折，钱径2.8~3.3、穿径0.9~1.2厘米，重2.9~7克。如M99：1-7，钱币不规整，下部存切割痕迹，钱文纤细，笔画方折，横画较短。钱径3.1、穿径1厘米，重5克（图四八九，4）。标本还有M22：1-1~M22：1-3、M26：3-2、M39：5-1、M52：1-5、M54：13-1、M99：1-5、M99：1-6、M99：1-8、M122：9-2、M138：2-1、M138：2-3、M138：2-4、M140：1-2、M140：1-3、M145：8-5、M145：8-7、M149：2-6、M153：1-1、M153：1-2、M158：1-3、M158：1-5、M158：1-6、M158：1-8、M159：1-1、M159：1-2。

Ae型　标本11枚。钱币较规整，钱文较小，笔画圆弧，钱径2.9~3.1、穿径0.7~1厘米，重2.4~6.4克。如M198：1-1，钱币上下两端存切割痕迹，横画较短。钱径3、穿径0.7厘米，重3.7克（图四八九，5）。标本还有M37：2-1、M99：1-9、M122：9-1、M126：1-4、M141：1-4、M145：8-8、M149：2-7、M153：1-4、M158：1-9、M160：1-4。

Af型　标本6枚。钱币厚重规整，钱文笔画偏粗，字体圆弧，大篆味浓，钱径2.9~3.1、穿径0.8~1.1厘米，重4.1~6.2克。如M149：2-3，钱币厚重，整体呈灯笼状，钱文笔画圆弧，横画较短，"两"字竖画长。钱径3.1、穿径0.9厘米，重6.9克（图四八九，6）。标本还有M126：1-2、M145：8-4、M160：1-1、M160：1-2、M170：1-1。

Ag型　标本99枚。钱币不规整，钱文高挺，笔画圆弧，钱径2.1~2.9、穿径0.6~1.1厘米，重1.1~5.8克。如M46：13-1，钱币周边不规整，钱文较小，大篆味浓，"半两"二字横划较短，"两"字双人竖画长。钱币呈青褐色，上有砂眼。钱径2.7、穿径0.8、肉厚约0.05厘米，重2.8克（图四八九，7）。标本还有M26：3-3、M27：3-1~M27：3-5、M30：11-3、M34：3-7、M34：3-9、M37：2-2、M38：5-2、M38：5-3、M40：2-1、M40：2-2、M45：12-2、M46：13-2、M46：13-3、M52：1-1~M52：1-4、M52：1-6~M52：1-8、M52：2-2~M52：2-4、M54：13-2~M54：13-5、M54：13-7~M54：13-9、M69：9-3、M71：4、M87：4-1、M118：1-1、M122：9-5、M122：9-6、M125：1-1、M126：1-1、M126：1-3、M126：1-5~M126：1-7、M126：1-9、M134：4-1、M134：4-2、M137：4-2、M137：4-3、M137：4-7、M138：2-5~M138：2-7、M139：1-2、M139：1-4、M139：1-5、M140：1-4~M140：1-6、M141：1-3、M141：1-5、M141：1-6、M145：8-10、M145：8-11、M149：2-5、M149：2-8~M149：2-10、M150：2-1~M150：2-4、M153：1-3、M157：1、M159：1-3、M160：1-5、M165：2-1~M165：2-3、M167：4-4~M167：4-6、M181：1、M183：1-1、M183：1-2、M183：1-3、M196：1-3~M196：1-9、M196：1-11、M196：1-13、M198：1-5。

B型　33枚，选取标本31枚。钱币不规整，较轻薄，多数钱文书写随意，多数钱币"半"字上下横画等长，"两"字上横与肩等长。钱径1.7~2.3、穿径0.6~1.2厘米，重0.6~1.8克。如M153：1-5，钱币轻薄，穿左侧稍残，钱文隶意重，"半"字上下横画等长，"两"字上横与肩等长。钱径2.2、穿径0.9厘米，重1.2克（图四八九，9）。标本还有

M32：5-1、M32：5-2、M34：3-8、M54：13-10、M87：4-3、M87：4-4、M113：8-1、M113：8-2、M118：1-2、M118：1-3、M127：1-1～M127：1-4、M135：1-1～M135：1-5、M137：4-4～M137：4-6、M137：4-8、M142：2-1、M142：2-2、M165：2-4、M165：2-5、M170：1-2、M196：1-10、M196：1-12。

　　C型　11枚。钱币轻薄，钱文笔画方折，"半"字上下横画等长，"两"字双人下部连接呈"一"字状，钱径2.8～3、穿径0.8～1厘米，重1.4～4.3克。如M138：2-2，钱币轻薄，钱文笔画方折，"半"字上下横画等长，"两"字双人下部连接呈"一"字状。钱径3、穿径1厘米，重2.3克（图四八九，8）。标本还有M34：3-3、M34：3-4、M34：3-10、M122：9-3、M139：1-3、M141：1-2、M145：8-6、M145：8-9、M158：1-7、M167：4-2。

　　D型　2枚。钱币不规整，穿大肉薄，钱文窄长，钱径2～2.3、穿径1～1.2厘米，重0.7～1.8克。如M144：1-3，面背无郭，肉薄，依稀可见细长"半两"二字。钱径2、穿径1厘米，重0.7克（图四八九，10）。标本还有M87：4-2。

　　E型　共449件，选取标本14件。钱币规整，多数钱文小篆味浓，"半"字上下横画略等长，"两"字上横长度齐肩，双人连接呈"一"状，钱径2.2～2.5、穿径0.7～1.1厘米，重1.3～2.3克。如M27：3-6，钱币轻薄，钱文隶意重，"半"字上下横画等长，"两"字上横比肩略短。钱径2.2、穿径0.9厘米，重1.3克（图四八九，11）。标本还有M27：3-7、M52：1-9、M54：13-6、M126：1-8、M126：1-10、M144：1-1、M144：1-2、M156：9-1、M156：9-2、M156：9-3、M156：9-4、M183：1-4、M198：1-4，其中仅M54：13-6带周郭，其余均无郭。

二、五　铢

　　五铢　331枚，选取标本57枚。皆为汉代五铢，据钱币形制、钱文及重量发展变化，将标本分为四式。

　　Ⅰ式：15枚，选取标本12枚。钱币规整，正背皆有周郭，周郭窄且高，背穿带郭。钱文为小篆，整体较窄，"五"字交笔斜直，"铢"字朱旁上部笔画方折，下部圆弧，"金"旁上部呈三角形，下部四点较短，钱径2.5、穿径1厘米，重2.2～4克。如M168：1-1，钱币规整，正背存周郭，背面存穿郭。钱文隶意重，"五"字交笔斜直，"铢"字朱旁头部方折。钱径2.5、穿径1、周郭0.1、穿郭0.1厘米，重3.7克（图四九〇，1）。标本还有M8：1-1、M54：13-11、M72：6-1、M97：8、M167：4-7、M168：1-2～M168：1-6、M172：1-1。

　　Ⅱ式：78枚，选取标本20枚。周郭较宽，部分钱币正面穿上有横线。钱文小篆，"五"字交笔屈曲，大部分上下横画偏长，"铢"字朱旁上部方折，少部分稍有弧意，下部圆弧，钱径2.5～2.6、穿径1厘米，重1.9～3.7克。如M172：1-2，钱币规整，"五"字交笔屈曲，上下横画较长，"朱"旁上部笔画方折。钱径2.5、穿径1厘米，重3.2克（图四九〇，2）。标

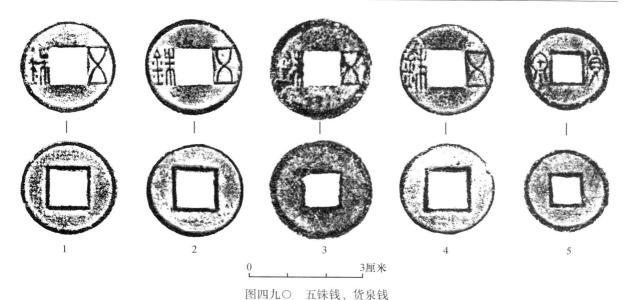

图四九〇　五铢钱、货泉钱

1. I 式五铢钱（M168：1-1）　2. II 式五铢钱（M172：1-2）　3. III 式五铢钱（M4：1-1）
4. IV 式五铢钱（M17：1-2）　5. 货泉钱（M17：1-1）

本还有 M4：1-3、M8：1-2、M8：1-3、M54：13-12～M54：13-15、M72：6-2～M72：6-4、
M129：1-1～M129：1-3、M168：1-7～M168：1-11、M172：1-3。

III 式：153枚，选取标本10枚。周郭较宽，"五"字交笔屈曲，"铢"字朱旁上部圆弧，
下部亦圆弧。金旁四点较长，钱文较 II 式宽。钱径2.5、穿径1厘米，重2～2.9克。如M4：1-1，
钱币规整，上部有点状印记。"五"字交笔弯曲，上下横笔较长，"铢"字朱旁上下部笔画圆
弧，金旁四点较长。钱径2.5、穿径1厘米、周郭0.1、穿郭0.1厘米，重2.0克（图四九〇，3）。
标本还有 M3：3、M4：1-2、M94：1-1～M94：1-4、M98：1-1～M98：1-3。

IV 式：85枚，选取标本15枚。钱币规整，"五"字交笔弯曲，"铢"字朱旁笔画有圆弧有
方折，钱文最宽。钱径2.3～2.5、穿径1厘米，重1.3～3.2克。如M17：1-2，钱币较规整，钱文
较宽，"五"字交笔弯曲，朱旁笔画圆弧。钱径2.5、穿径1厘米，重2.8克（图四九〇，4）。
标本还有 M5：1-1、M5：1-2、M17：1-3～M17：1-6、M17：1-8～M17：1-12、M92：1、
M94：1-5、M94：1-6。

三、货　泉

货泉　2枚。形制、钱文一致，如M17：1-1，钱币规整，正背皆有周郭和穿郭，钱文为大
篆，书写遒劲有力。钱径2.2、穿径0.8厘米，重2.3克（图四九〇，5）。标本还有 M3：1。

四、各类钱币时代判断

Aa型半两钱形制及钱文与西安首帕张堡窖藏中第一类半两钱[①]和河南汤阴战国窖藏第一类半两钱[②]相似，钱币粗糙古朴，应为秦惠文王二年（前336年）"初行钱"[③]后制作的第一批半两钱，该型钱币多出现于窖藏中，墓葬材料中较少发现，制作时代应在公元前336年或稍晚。

Ab、Ac、Ad、Ae、Af各型半两钱较规整，钱文清晰规则，总体特征相似，仅钱文笔画存大小篆意及粗细之别，与四川青川郝家坪战国墓群M50出土半两[④]，西安首帕张堡窖藏第三类半两钱[⑤]，内蒙古敖汉旗出土半两钱[⑥]，巴县东笋坝、昭化宝轮院战国墓群出土半两钱[⑦]，蒲江船棺墓出土半两钱[⑧]等相似，一般一个窖藏或墓群中多种亚型伴出。其中青川郝家坪M50因出土纪年木椟，时代可确定为秦武王二年（前309年）。其余钱币据伴出器物可判断时代为战国晚期。因此，以上各亚型半两虽产地或钱模有别，但时代基本相同，应在秦并巴蜀（前316年）至秦统一之前。

Ag型半两钱较以上各亚型钱径、穿径变小，且大小不一，总体轻薄化。其形制、钱文与秦都雍城凤翔高庄秦墓地第五期墓葬[⑨]、赤峰蜘蛛山遗址T3第2层[⑩]、秦都咸阳故城遗址[⑪]、临潼郑庄秦石料加工场遗址[⑫]及内蒙古准格尔旗广衍故城八垧地梁M2[⑬]等处出土半两钱相似。其中凤翔高庄秦墓地第五期墓葬时代为秦统一至秦末，赤峰蜘蛛山遗址T3第2层时代为战国末至秦，临潼郑庄秦石料加工场遗址时代为秦统一至秦末，广衍故城八垧地梁M2时代为秦至汉初。因此，可以初步判断Ag型半两钱时代在秦统一至秦末。

B型半两钱极不规整，形制、钱文及重量与四川涪陵西汉土坑墓出土小型半两[⑭]、山西安泽

---

① 陈尊祥、路远：《首帕张堡窖藏秦钱清理报告》，《中国钱币》1987年第3期。
② 焦智勤、孔德铭：《河南汤阴出土战国窖藏半两》，《中国钱币》2002年第2期。
③ （西汉）司马迁：《史记》卷六《秦始皇本纪》，中华书局，1950年，第289页。
④ 四川省文物考古研究所、青川县文物管理所：《四川青川县郝家坪战国墓群M50发掘简报》，《四川文物》2014年第3期。
⑤ 陈尊祥、路远：《首帕张堡窖藏秦钱清理报告》，《中国钱币》1987年第3期。
⑥ 邵国田：《内蒙古敖汉旗出土秦半两》，《中国钱币》1988年第2期。
⑦ 四川省博物馆：《四川船棺葬发掘报告》，文物出版社，1960年。
⑧ 成都文物考古研究所：《成都市蒲江县船棺墓发掘简报》，《文物》2002年第4期。
⑨ 雍城考古队：《陕西凤翔高庄秦墓地发掘简报》，《考古与文物》1981年第1期。
⑩ 中国社会科学院考古研究所内蒙古工作队：《赤峰蜘蛛山遗址的发掘》，《考古学报》1979年第2期。
⑪ 陕西省考古研究所：《秦都咸阳考古报告》，科学出版社，2004年。
⑫ 秦俑坑考古队：《临潼郑庄秦石料加工场遗址调查简报》，《考古与文物》1981年第1期。
⑬ 内蒙古语言历史研究所：《秦汉广衍故城及其附近的墓葬》，《文物》1977年第5期。
⑭ 四川省文物管理委员会、涪陵县文化馆：《四川涪陵西汉土坑墓发掘简报》，《考古》1984年第4期。

秦汉半两窖藏出土第四类半两①及咸阳窑定乡长兴村征集三方半两钱范钱形②相似。该类钱币钱形较小，厚薄不一，且文字同兼秦汉风格，应为"汉初，接秦之弊……于是为秦钱重难用，更令民铸钱"③所铸榆荚半两。时代在汉初至高后二年（前186年）铸八铢半两以前。

　　C型半两与安徽阜阳双古堆西汉墓M1出土大半两钱④、徐州北洞山西汉墓出土大半两钱⑤及广州汉墓Ⅱ型半两⑥相似。简报据封泥及漆器铭文推测双古堆M1、M2为汝阴侯夏侯灶夫妇墓，《史记》载夏侯灶卒于文帝十五年⑦（前165年），墓葬时代应在西汉早期文帝时期。简报据出土器物组合判断徐州北洞山西汉墓为公元前175—前128年的楚王墓，墓葬时代亦应在西汉早期文景之间。《汉书》载"（高后二年）秋七月……行八铢钱"，应劭注曰："本秦钱，质如周钱，文曰'半两'，重如其文，即八铢也。汉以其太重，更铸荚钱，今民间名榆荚钱是也。民患其太轻，至此复行八铢钱"⑧。应劭为东汉晚期人，对于西汉货币改革的记载应该可信，但此处"复行八铢钱"应理解为新铸大小如秦钱的半两，而非使用原秦钱。因此，八铢半两应是西汉早期文帝铸四铢半两钱前比较规整的大半两钱。C型半两形制规整，钱径在3厘米左右，且多轻薄。钱文工整浅平，笔画方折，应为高后所铸八铢半两。时代在高后二年（前186年）至高后六年（前182年）铸五分钱前。

　　D型半两与徐州北洞山西汉墓出土Ⅵ式半两⑨、河南永城柿园汉墓出土五分钱⑩、陕西耀县汉初墓葬出土小半两⑪等相似。该型钱币形制较规整，广穿为最大特征，钱币亦比较轻薄，钱文狭长，笔画方折。《汉书》载"（高后）六年春……行五分钱"，应劭注曰"所谓荚钱者也"⑫。可见五分钱的特征与汉初榆荚钱有相似之处，便是非常轻薄。然而汉初因经济凋敝，秦钱难用，高祖"更令民铸钱"⑬，汉初榆荚为民间私铸，所以形制极不规整。高后五分钱虽然轻薄，但因是政府铸钱，所以钱形规整，钱文规范且承八铢风格。徐

　　①　王雪农、祁生：《安泽出土秦汉半两钱的整理及研究》，《中国钱币学会成立十周年纪念文集》，中国金融出版社，1992年。

　　②　咸阳市博物馆：《咸阳市近年发现的一批秦汉遗物》，《考古》1973年第3期。

　　③　（西汉）司马迁：《史记》卷三十《平准书》，中华书局，1959年，第1419页。

　　④　安徽省文物工作队、阜阳地区博物馆、阜阳县文化局：《阜阳双古堆西汉汝阴侯墓发掘简报》，《文物》1978年第8期。

　　⑤　徐州博物馆、南京大学历史系考古专业：《徐州北洞山西汉墓发掘简报》，《文物》1988年第2期。

　　⑥　广州市文物管理委员会等：《广州汉墓》，文物出版社，1981年。

　　⑦　（西汉）司马迁《史记》卷九十五《樊郦滕灌列传》："高后崩，代王之来，婴以太仆与东牟侯入清宫，废少帝，以天子法驾迎代王代邸，与大臣共立为孝文皇帝，复为太仆。八岁卒，谥为文侯。子夷侯灶立，七年卒。"

　　⑧　（西汉）班固：《汉书》卷三《高后纪》，中华书局，1962年，第97页。

　　⑨　徐州博物馆、南京大学历史系考古专业：《徐州北洞山西汉楚王墓》，文物出版社，2003年，第159页。

　　⑩　河南省文物研究所、永城县文物管理委员会：《河南永城芒山西汉梁国王陵的调查》，《华夏考古》1992年第3期；《中国钱币大辞典》编纂委员会：《中国钱币大辞典·秦汉编》，中华书局，1998年，第170页。

　　⑪　马建熙：《陕西耀县战国、西汉墓葬清理简报》，《考古》1959年第3期。

　　⑫　（东汉）班固：《汉书》卷三《高后纪》，中华书局，1962年，第97页。

　　⑬　（西汉）司马迁：《史记》卷三十《平准书》，中华书局，1959年，第1419页。

州北洞山西汉墓、永城梁王墓群及耀县西汉墓时代皆为汉初至汉早期，所以出土小型轻薄但形制规整的半两钱应为高后五分钱，与之相似的D型半两亦为五分钱。其时代在高后六年（前182年）或稍后。

E型半两与江陵凤凰山M168[①]、青白江大同磷肥厂汉墓群[②]等处出土半两钱相似。江陵凤凰山M168出土半两钱101枚，钱径2.25～2.59厘米，重2～3.3克，依秦国高奴石权的实测重量换算，恰为四铢。更重要的是墓葬中与半两钱伴出的有竹质天平衡杆与铜砝码各一件，天平衡杆上有隶体墨书四十二字："正为市阳户人婴家称钱衡以钱为絫刻曰四朱两疏……"，《史记》载"至孝文时，荚钱益多，轻，乃更铸四铢钱，其文为'半两'，令民纵得自铸钱"[③]，《汉书》载"孝文五年，为钱益多而轻，乃更铸四铢钱，其文为'半两'，除盗铸钱令"[④]。至文帝五年，由于经济的发展，汉初荚钱已不能满足社会需求，更铸四铢半两，中央允许民间在严格的制钱规范下铸钱，所以四铢半两总体形制规整、钱文清晰。江陵凤凰山M168出土半两可作为四铢半两的典型标本，E型半两与其相似，亦应为四铢半两。其时代为文帝五年（前175年）后。

Ⅰ式五铢与满城汉墓M1出土Ⅰ、Ⅱ型五铢[⑤]相似，据《史记·五宗世家》《汉书·景十三王传》，满城汉墓M1墓主人刘胜为武帝庶兄，卒于元鼎四年（前113年）。《史记·平准书》载"（元狩四年）有司言三铢钱轻，易奸诈，乃更请诸郡国铸五铢钱"[⑥]，这是五铢钱铸造之始。所以刘胜墓出土五铢皆为武帝时期五铢，钱币时代应在武帝元狩四年（前119年）至刘胜卒年元鼎四年之间。Ⅱ式五铢钱文与西安未央区相家巷村出土宣帝时期五铢钱范钱文[⑦]相似，亦与洛阳烧沟汉墓中Ⅰ型五铢中"五"字稍曲钱币相似[⑧]，时代应在昭宣时期。Ⅲ式五铢与洛阳烧沟汉墓中Ⅱ型五铢[⑨]相似，时代应在元成时期。Ⅳ式五铢钱文宽肥圆柔，与洛阳烧沟汉墓中Ⅲ型五铢[⑩]相似，亦与传世建武铜模盒钱文相似。《后汉书·光武帝纪》载"初王莽乱后，

① 纪南城凤凰山一六八号汉墓发掘整理组：《湖北江陵凤凰山一六八号汉墓发掘简报》，《文物》1975年第9期；陈振裕：《江陵凤凰山一六八号汉墓》，《考古学报》1993年第4期。

② 成都文物考古研究所、青白江区文物管理所：《成都市青白江区大同磷肥厂工地汉墓发掘报告》，《成都考古发现（2008）》，科学出版社，2010年。

③ （西汉）司马迁：《史记》卷三十《平准书》，中华书局，1959年，第1419页。

④ （东汉）班固：《汉书》卷二十四《食货志》，中华书局，1962年，第1153页。

⑤ 中国社会科学院考古研究所、河北省文物管理处：《满城汉墓发掘报告》，文物出版社，1980年，第207～211页。

⑥ （西汉）司马迁：《史记》卷三十《平准书第八》，中华书局，1959年，第1429页。

⑦ 党顺明、赵晓明：《西安相家巷村新出西汉"五铢"钱陶范母调查研究》，《中国钱币》2005年第2期；赵晓明：《西汉宣帝本始五年钱范的发现及认识》，《文博》2005年第6期。

⑧ 洛阳区考古发掘队：《洛阳烧沟汉墓》，科学出版社，1959年，第215～227页。

⑨ 洛阳区考古发掘队：《洛阳烧沟汉墓》，科学出版社，1959年，第215～227页。

⑩ 洛阳区考古发掘队：《洛阳烧沟汉墓》，科学出版社，1959年，第215～227页。

货币杂用布帛金粟。是岁（建武十六年），始行五铢钱"[1]。可见，Ⅳ式五铢应为建武五铢，时代在建武十六年（40年）或稍后。

　　墓群出土的两枚货泉为新莽时期特有钱币，《汉书·食货志》载"天凤元年复申下金银龟贝之货……货泉径一寸，重五铢，文右曰货，左曰泉，枚直一"[2]。所以其时代在天凤元年（14年）至地皇四年（23年）新莽灭亡间。

---

①　（南朝·宋）范晔：《后汉书》卷一下《光武帝纪第一下》，中华书局，2007年。

②　（东汉）班固：《汉书》卷二十四下《食货志第四下》，中华书局，1962年，第1153页。

第五章　墓葬分期与年代

第一节　分期依据

包家梁子墓地墓葬分期主要依据出土钱币分类断代、随葬器物组合排列及墓葬成组关系，另外墓地所浮选的植物标本和提取人骨标本可提供^{14}C年代参考。

180座战国秦汉墓葬中出土钱币墓葬共65座，钱币种类有战国半两、秦半两、榆荚半两、八铢半两、五分钱、四铢半两及五铢钱，时代从战国晚期持续至东汉中期，其为墓地分期的主要依据。

墓地出土900余件器物，以陶器和铜器为主，各器形和器物组合随时代变迁有序发展，对比周边地区已发表同期墓葬材料，可为墓地分期和断代提供第二依据。

墓地墓葬间存5组打破关系（M2打破M54、M4打破M34、M8打破M52、M98打破M99、M136打破M135），多为砖室墓打破土坑墓，M136为瓮棺附葬于土坑墓。这可为墓葬早晚关系提供直接证据。整个墓地墓葬多是2～6座成组分布，2座一组者如M58和M59、M48和M49、M41和M42、M39和M40、M33和M34、M22和M23、M85和M86、M69和M70、M75和M76、M66和M67、M129和M186、M146和M147、M173和M174、M157和M158，3座一组者如M138～M140、M170～M172，4座一组者如M148～M151，6座一组者如M27～M32。这说明墓地被多个家庭或家族同时使用，每组墓葬属于一个家庭或家族，同组墓葬时代相近。这可为墓地分期提供第三依据。

在墓地发掘过程中对所有完整器物中土样进行了浮选，提取了大量标本。同时对墓地所出人骨和兽骨亦提取了标本。这两者不仅可提供随葬器物功能、农业生产状况及体质人类学等方面的考古信息，还能为墓葬分期提供^{14}C年代依据。

此外，在同一时期墓葬中可能同存在多种墓葬形制，但仍有演变发展的大趋势，墓葬形制发展变化亦可作为墓地分期参考。

第二节　出土钱币墓葬分组

战国秦汉墓葬中出土钱币墓葬共65座，约占总墓葬的36%，且这批墓葬保存相对较好，结合钱币断代和器物组合情况可大致判断其年代。而这批年代较清晰的墓葬又可为墓群中其他墓葬时代判断提供参照，作为整个墓地分期断代的典型标尺。据墓葬中出土钱币类别及早晚情况，将出土钱币墓葬分以下六组。

1. 仅出土战国半两墓葬

共1座，M171。为土坑墓，与钱币伴出器物有Ab型瓮，AaⅠ、BcⅠ、BcⅡ式釜和B型印章。墓葬时代在战国末期至秦。

2. 出土秦半两或更早钱币墓葬

共24座，M22～M24、M26、M30、M37～M40、M45、M46、M52、M69、M71、M99、M125、M134、M140、M141、M149、M150、M157、M159、M160。皆为土坑墓，伴出陶器以瓮、釜、豆为主，瓮以BⅠ式为主，另存少量Aa型、Ab型和BⅡ式。釜以BaⅠ、BaⅡ、BbⅠ、BcⅠ式为主，另出土少量AaⅠ、AbⅠ、BbⅡ、BcⅡ式。豆皆为Ⅱ式。另出土GⅡ式罐、AⅡ式钵、A型甑。伴出铜器以带钩、印章、铜镜、铜铃、铜璜为主，带钩主要有AⅠ、AⅡ、BbⅠ、BbⅡ式和D型，印章为B、C型，铜镜皆为弦纹小铜镜，铜铃有B、Ca型，铜璜有A、B型。另零星出土B、C型剑首，AⅠ、BⅠ式铜鐅，铜箭镞，铜环，铜镈，铜镦。出土其他金属器有银环、铁削。该组墓葬时代多在秦至汉初。

3. 出土榆荚半两、八铢半两、五分钱或更早钱币墓葬

共17座，M32、M34、M87、M113、M118、M122、M127、M135、M137～M139、M142、M145、M153、M158、M165、M170。皆为土坑墓，伴出陶器以瓮、釜、豆为主，瓮以Aa、Ab型为主，另存少量BⅠ、BⅡ式和D型。釜以AaⅡ、BbⅠ、BcⅠ式为主，另存少量AbⅠ、AbⅡ、BaⅠ、BaⅡ、BbⅡ、BcⅡ式。豆除M170出土Ⅰ式，其余皆为Ⅱ式。另外零星出土AaⅠ式罐，Ⅱ式盘，BⅡ式甑，釜甑等。伴出铜器以带钩、铜环为主，带钩有BaⅠ、BaⅡ、BbⅡ、CⅠ式，铜环为B型，另零星出土三足盘、B型印章、铺首等。出土其他金属器有银环、A型铁凿、B型铁斧。出土的其他质地器物有玉剑璏、C型磨石、漆器等。该组墓葬时代多在西汉建国至吕后时期。

4. 出土四铢半两或更早钱币墓葬

共8座，M27、M126、M144、M156、M181、M183、M196、M198。皆为土坑墓，伴出陶器以釜为主，釜以AbⅡ、BbⅡ式为主，另存少量AbⅠ、BcⅠ、BcⅡ式，新增少量CaⅠ、CbⅠ式和D型。零星出土Aa、Ab型和BⅠ、BⅡ式瓮，Ⅱ式豆。新增AaⅡ、DⅡ、GⅠ式罐，A型和BⅠ式甑，C型器盖，AⅠ式汲水小罐，A型灶。伴出金属器有银环、B型铜环、铁削。另出土Aa、Ba型磨石和骨耳珰。该组墓葬时代多在西汉早期（文、景时期及武帝早期）。

5. 同出半两和五铢钱币墓葬

共2座，M54和M167，出土五铢皆为西汉中期Ⅰ、Ⅱ式五铢。M54为乙类BaⅠ式砖室墓，伴出器物有CaⅡ式釜，AaⅢ、AbⅡ式罐，AⅠ、AⅡ式汲水小罐，BⅡ式甑，CⅠ式灶，Aa型井，另出土铁刀。M167为土坑墓，伴出陶器有AbⅡ、BcⅠ式釜，Ⅱ式豆，Ⅱ式盘，饼。伴出铁器有B型铁凿、铁削。另存Ba型磨石。该组墓葬时代在西汉中晚期（武帝后期至昭宣时期）。

6. 出土五铢或货泉墓葬

共13座，M3～M5、M8、M17、M72、M92、M94、M97、M98、M129、M168、M172，其中M97、M168、M172为土坑墓，其余均为砖室墓。据出土五铢式别不同，将该组墓葬分为前后两段。

前段墓葬共6座，土坑墓和砖室墓各3座。土坑墓为M97、M168和M172，砖室墓为M8、M72和M129。前段墓葬出土五铢为Ⅰ或Ⅱ式，伴出陶器以釜、甑、罐、井、灶、汲水小罐为主，釜为AbⅠ、BbⅠ、BcⅢ、CaⅡ、EⅡ式，甑为BⅡ式，罐为AaⅡ、AaⅢ、AaⅣ、AbⅡ式，井为BⅡ式，灶为CⅠ、CⅡ式，汲水小罐为AⅡ、AⅢ式和B型，另零星出土AⅠ式壶、BⅡ式蒜头壶、Ⅱ式豆。伴出金属器有铜弩机、A型剑首、盖弓帽、A型铁斧、Ⅰ式铁锸、铁环首刀。该组墓葬时代在西汉中晚期。

后段墓葬共7座，M3～M5、M17、M92、M94、M98，皆为砖室墓，出土钱币为货泉和Ⅲ、Ⅳ式五铢，伴出陶器以釜、罐、俑为主，釜为CaⅢ、CbⅡ、CbⅢ式，罐为AaⅡ、AaⅣ式、B型和H型，俑主要有动物俑、劳作俑、生活娱乐俑，另零星出土AⅡ式壶，BⅡ式甑，Ab型和BⅠ式井，B型灶，AⅠ式汲水小罐，AⅢ、BⅡ式钵。伴出金属器有铜弩机、铜泡钉、铜摇钱树残片、铜剑镖、铜剑鞘箍、铁环首刀和铁削。该组墓葬时代多在新莽至东汉中期。

第三节　墓　地　分　期

结合出土钱币墓葬分组和随葬器物组合情况，在墓群中以墓葬保存较好、时代特征明显两个原则选取战国秦汉墓葬共129座，按发展变化序列将其划分为四期七段。

一、一期一段墓葬

一期一段墓葬共64座。乙类墓葬14座，其中A型墓葬13座，分别为M15、M20、M41、M42、M52、M57、M61、M70、M82、M112、M114、M131、M190；B型墓葬1座，为M195。丙类墓葬49座，其中A型2座，为M130、M157；BaⅠ式27座，分别为M21、M24、

M29、M31、M36、M45~M49、M56、M60、M75、M76、M78、M79、M93、M96、M103、M115、M124、M132、M152、M163、M164、M171、M194；BaⅡ式14座，分别为M14、M28、M30、M37、M39、M40、M121、M125、M140、M143、M149、M150、M159、M161；Bb型5座，分别为M23、M44、M74、M86、M134；Bc型1座，为M99。丁类1座，为M128。

一期一段墓葬以丙类为主体（约占76.5%），丙类墓葬中又以BaⅠ式（约占42.1%）和BaⅡ式（约占21.8%）为主。乙类A型墓葬亦占一定比例（约占20.3%）。零星出现乙类B型、丙类Bb、Bc式及丁类墓葬。由此可见，该段墓葬墓圹以窄长方形为主（乙A型和丙BaⅠ式），葬具以棺椁墓为主（丙BaⅠ、BaⅡ式）。

随葬器物（漆器和铜钱不纳入统计）共368件，其中以陶器（约占73.9%）占主体，出土少量铜器（约占21.2%），零星出土铁器（约占0.8%）、玉石器（约占3.2%）和银环（约占0.9%）。

随葬陶器共272件，以瓮、釜、豆组合为主，另出土少量罐、钵、鼎、蒜头壶，零星出土瓿、器盖、壶、漏斗形器、饼、骑俑。出土瓮共57件，以Ab、B型为主。釜共152件，以B型为主体，其中又以BaⅡ、BbⅠ、BcⅠ式为主，AaⅠ、AbⅠ、AbⅡ、BaⅠ、BbⅡ式亦占一定比例，另外零星出土D型。豆共39件，以Ⅱ式占主体，Ⅰ式零星出现。罐共9件，以G型为主体，少量出土C、F型。钵共4件，主要为AⅠ、BⅠ式。

随葬铜器共78件，以带钩、印章、璜、铃、弦纹镜为主，少量出土环、釜、鍪、剑首，零星出土箭镞、勺、管。带钩共15件，以A型为主，其中AⅠ、AⅡ式占主体。印章共9件，以A、B型为主。璜共9件，以B型为主，A型亦占一定比例。铃共17件，以B型为主，少量出土Ca、Cb型。出土铜镜7件，铜鍪3件，铜勺、铜管、铜扣件各1件，铜牌饰2件。随葬铁器共3件，A型铁斧、Ⅰ式铁锸、铁削各1件。另出土少量Aa、C型磨石，玉黛砚，漆盒，骨牌饰及银环。

此段出土战国半两和秦半两墓葬共18座，约占该段墓葬28.1%。出土漆器墓葬共48座，约占该段墓葬75%。存殉狗习俗的墓葬共20座，约占该段墓葬31.2%。

二、二期二段墓葬

二期二段墓葬共41座。乙类墓10座（约占24.4%），其中A型8座，分别为M26、M43、M100、M116、M118、M166、M186和M191；B型2座，为M89和M106。丙类墓31座，其中BaⅠ式13座，分别为M32、M35、M50、M69、M77、M88、M90、M122、M127、M158、M179、M188、M193；BaⅡ式13座，分别为M34、M73、M87、M135、M137~M139、M141、M142、M145、M146、M151、M160；Bb型4座，分别为M153、M165、M170、M196；Bc型1座，为M113。

二期二段墓葬仍以丙类为主体（约占75.6%），BaⅠ式（约占31.7%）、BaⅡ式（约占31.7%）墓葬比例较大，相比一期一段，BaⅠ式比例下降，BaⅡ式比例增加。乙类A型（约占19.5%）墓葬比例稍有下降。

随葬器物（漆器和铜钱不纳入统计）共232件，仍以陶器（约占72.4%）占主体，出土少量铜器（约占16.8%），零星出土铁器（约占3.6%）、玉石器（约占4.3%）、银环（约占2.5%）和贝饰（约占0.4%）。

出土陶器共168件，以瓮、釜、豆、罐为主，另少量出土Ⅱ式盘、AⅢ式鼎，零星出土C型盆、B型盒、AⅠ式钵、簋。出土陶瓮共26件，与一期一段相比，各类瓮中Aa型比重明显增加，BⅠ式和BⅡ式比重明显减少，新增D型。出土釜共91件，与一期一段相比，AaⅡ式比重明显增加，AbⅡ、BcⅠ式比重略有增加，AaⅠ、AbⅠ、BaⅠ、BaⅡ、BbⅠ、BbⅡ式比重略有下降。出土豆共19件，仍以Ⅱ式为主体。出土罐共15件，与一期一段相比，该段墓葬中F型陶罐消失，新出现AaⅠ式、AaⅡ式、E型和GⅢ式，C型仍占一定比例。另外，AⅠ、AⅡ式鼎，B型壶，蒜头壶，骑俑，A型器盖，漏斗形器，BⅠ式钵均消失不见，新增AⅢ式鼎，Ⅱ式盘，C型盆，B型盒和簋等。

出土铜器共39件，以带钩为主，少量出土铜环和铺首，零星出土铃、印章、三足盘、镈、镦、圆柱形构件、"8"字形扣件。出土带钩共14件，与一期一段相比，AⅠ、BbⅠ式和D型消失，AⅡ、CⅠ式比重下降，新出现BaⅡ、CⅡ式和E型，且BaⅡ式比重占主体。B型鍪，B、C型剑首，釜，A、Cb型铃，箭镞，勺，A、C型印章，铜管均消失，印章和铃比重降低。新增AⅡ式鍪，Ⅰ、Ⅱ式洗，B型环，三足盘，镈，镦。

出土铁器共9件，其中B型斧、削各2件，Ⅰ式锸、A型凿、锛、璜、鼎各1件。与上一段比，铁器数量依然较少，新增鼎、璜、B型斧和锛。出土银环6件。出土磨石共8件，与一期一段比，C型磨石比重下降，新增Ab和Bb型磨石。另新增玉剑璏和贝饰各1件。

随葬钱币墓葬共25座，占该段墓葬60.9%，比例较一期一段明显增加，出土钱币以秦半两、榆荚钱、八铢半两为主，另存少量五分钱。随葬漆器墓葬共27座，占该段墓葬65.8%，比例较一期一段略为下降。另外，本段墓葬中存殉狗习俗的墓葬为8座，占该段墓葬19.5%，较一期一段有较大下降。

三、二期三段墓葬

二期三段墓葬共8座。以丙类墓葬为主，BaⅠ式1座，为M181；BaⅡ式4座，为M83、M126、M144、M156；Bb型2座，为M27、M198。另存戊类墓葬1座，为M136。与二期二段相比，乙类墓葬消失，丙类BaⅠ式比重减少（约占12.5%），BaⅡ式比重增加（约占50%），新增戊类墓。

随葬器物（漆器和铜钱不纳入统计）共56件，仍以陶器（约占82.1%）占主体，零星出土铜器（约占5.3%）、铁器（约占1.7%）、玉石器（约占3.6%）、银环（约占3.6%）和骨器（约占3.6%）。与二期二段相比，陶器比重进一步上升，铜器、铁器、玉石器和银环数量和比重均有所下降。

出土陶器共46件，以瓮、釜、罐为主，少量出土豆、盘、盆、钵、甑、汲水小罐，零星出土井、灶、鼎、器盖。与二期二段相比，釜、豆的比重明显下降，而罐比重有所增加，陶器种类更加丰富。出土瓮共10件，与二期二段相比，Aa型比重明显下降，BⅡ式和D型消失不见，新增C、E型。出土釜共10件，与二期二段相比，AaⅠ、AaⅡ、BaⅠ、BaⅡ式均消失不见，AbⅡ、BbⅡ式比重有所增加，新增CaⅠ、CbⅠ式。出土豆仅3件，皆为Ⅱ式，与二期二段相比，数量和比例均明显下降。出土罐共7件，与二期二段相比，AaⅠ式、AbⅠ式、C型和GⅢ式均消失不见，AaⅡ式比重明显增加，新增DⅠ、DⅡ式。另外，簋、AⅢ式鼎、B型盒、C型盆消失，新增AⅠ式汲水小罐，C型器盖，B型鼎，AaⅠ、AbⅠ式盆，BⅠ式甑，BⅠ式井和A型灶。

出土铜器共3件，其中B型铜环2件，铃舌1件。与二期二段比，AⅠ、AⅡ式鉴，Ⅰ、Ⅱ式洗，A、Ba、Bb、C、E型带钩，铺首，镈，镦，B、Ca型铃，A、B型璜，三足盘均消失不见，铜器种类和数量均明显下降。出土铁削1件、银环2件。出土磨石2件，其中Aa、Ba型各1件。出土骨耳珰2件。与二期二段比，铁器种类、银环、磨石明显减少。铁鼎，B型铁斧，铁锸，A型铁凿，铁璜，Bb、C型磨石，玉剑璏，骨牌饰，贝饰均消失。新增骨耳珰，Ba型磨石。

出土钱币墓葬共7座，约占该段墓葬87.5%，比例较二期二段进一步增加，出土钱币以四铢半两为主，另含少量秦半两、八铢半两和五分钱。出土漆器墓葬共4座，约占该段墓葬50%，比例与二期二段相仿。存殉狗习俗的墓葬仅1座，占该段墓葬12.5%，较上段进一步减少。

四、三期四段墓葬

三期四段墓葬共4座，皆为丙类墓葬，其中A型2座，为M167、M172；BaⅡ式1座，为M97；Bb型1座，为M168。与二期三段相比，BaⅠ式墓葬消失，BaⅡ式和Bb型墓葬仍占一定比例，A型墓葬再次出现。

出土器物（漆器和铜钱不纳入统计）共35件，仍以陶器（约占77.1%）占主体，零星出土铜器（约占5.7%）、铁器（约占14.3%）、石器（约占2.9%）。与二期三段相比，铁器比重有较大提高。

出土陶器共27件，以罐、釜为主，少量出土豆、盘，零星出土瓮、甑、蒜头壶、壶、汲水小罐、钵和饼。出土罐共8件，与二期三段相比，AaⅡ式比重略下降，DⅠ、DⅡ、GⅠ式消失不见，新增AaⅢ式和B型。出土釜共8件，与二期三段相比，BbⅡ、CaⅠ、CbⅠ式和D型消失，AbⅡ式比重明显增加，新增BcⅢ、CaⅡ和EⅠ式。陶瓮无论数量还是比重较上段均明显下降，仅出土1件BⅡ式瓮，与上一段相比，Aa型、Ab型、BⅠ式、C型、E型均消失不见。A型和BⅠ式甑、AⅡ式钵、AaⅠ式盆、B型鼎、A型灶皆消失不见，新增BⅡ式甑、BⅡ式蒜头壶、AⅠ式壶、AⅡ式汲水小罐和BⅡ式钵。

出土铜器共2件，其中弩机和A型剑首各1件。随葬铁器共5件，其中Ⅰ式铁锸、A型铁斧、B型凿、环首刀和削各1件。出土Ba型磨石1件。与二期三段相比，铜器B型环、铃舌皆消失不见，新增A型剑首和弩机。铁器比重和种类较上一阶段增加，新增B型凿和环首刀。

本段出土钱币墓葬共4座，占该段墓葬100%，比例较二期三段进一步增加，出土钱币以Ⅰ式五铢为主，出土少量秦半两、八铢半两和Ⅱ式五铢。出土漆器墓葬2座，占该段墓葬50%，比例与二期三段持平。该段墓葬中未见随葬狗骨，殉狗习俗在该段消失。

五、三期五段墓葬

三期五段墓葬共4座，皆为砖室墓。甲类1座，为M129。乙类3座，其中A型1座，为M72；BaⅠ式2座，分别为M8、M54。与三期四段相比，土坑墓已消失，砖室墓以乙类BaⅠ式为主。

出土器物（铜钱不纳入统计）共30件，以陶器（约占90%）占主体，零星出土铜器（约占3.3%）、铁器（约占6.7%）。与三期四段相比，铜器、铁器数量和比重均下降，石器和漆器消失不见。

出土陶器共27件，以罐为主，少量出土釜、灶、井、甑、汲水小罐，零星出土盆。出土罐共10件，与三期四段相比，AaⅢ式比重明显增加，新增AaⅣ式。出土釜共3件，与三期四段相比，AbⅠ、AbⅡ、BbⅠ、BcⅢ和EⅠ式均消失不见，CaⅡ式比重明显增加，新增EⅡ式。另外，BⅡ式瓮、Ⅱ式盘、Ⅱ式豆、BⅡ式蒜头壶、AⅠ式壶均消失不见，新增CⅠ、CⅡ式灶，Aa型、BⅡ式井，AⅢ式、B型汲水小罐。

出土铜器仅见盖弓帽1件。出土铁器有环首刀2件。与三期四段相比，A型铜剑首消失，新增盖弓帽。

出土钱币墓葬比例亦为100%，钱币以Ⅱ式五铢为主，另存少量Ⅰ式五铢、秦半两、榆荚半两和四铢半两。本段墓葬中漆器消失。

六、四期六段墓葬

四期六段墓葬共3座，皆为乙类砖室墓。其中A型1座，为M2；BaⅠ式2座，为M3、M105。与三期五段相比，甲类砖室墓消失。

出土器物共22件（铜钱未纳入统计），其中陶器19件（约占86.4%）、铁器1件（约占4.5%）、铜器1件（约占4.5%）、银环1件（约占4.5%）。金属器数量和比重均明显下降。

出土陶器共19件，以小型陶俑为主，少量出土釜、罐、汲水小罐，零星出土甑、壶、井、房。出土陶俑共8件，鸡俑3件，其中Ba型2件、Bb型1件，狗俑1件，执箕女俑2件，劳作女俑1件，女侍俑1件。出土釜共3件，CaⅢ、CbⅡ、CbⅢ式各1件。出土罐共1件，为AbⅡ式。出土汲水小罐共3件，AⅠ、AⅡ式和B型各1件。出土BⅡ式甑、AⅡ式壶、BⅠ式井、陶房各1件。与三期五段相比，该段最大的变化是鸡、狗、劳作等小型陶俑的出现。EⅡ式釜消失，新增CaⅢ、CbⅡ、CbⅢ式。AaⅢ式罐消失。AⅢ式汲水小罐消失，B型比重增加。Aa型、BⅡ式井，CⅠ、CⅡ式灶，Ab型盆消失，新增AⅡ式壶、陶房。

出土金属器有B型铜环1件、银环1件、铁环首刀1件。

随葬钱币墓葬3座，比例与上段持平（100%），出土钱币有货泉和Ⅲ式五铢。与三期五段相比，金属器种类和数量进一步减少，钱币新增Ⅲ式五铢。

七、四期七段墓葬

四期七段墓葬共5座，皆为乙类砖室墓，其中A型3座，分别为M5、M92、M98；BaⅠ式1座，为M17；Bb型1座，为M94。与四期六段相比，BaⅠ式比例下降、A型比例上升。

出土器物共69件（铜钱未纳入统计），其中陶器53件（约占76.8%）、铜器11件（约占15.9%）、铁器2件（约占2.8%）、木器1件（约占1.5%）、角器1件（约占1.5%）、石器1件（约占1.5%）。新增木器和角器。

出土陶器共53件，以陶俑为主，少量出土釜、罐、钵、盆、缸、纺轮、水田模型，零星出土井、器盖、灶、甗、摇钱树座等。出土陶俑共20件，鸡俑4件，A型2件，Ba、Bb型各1件，鸭俑、狗俑、抚琴俑、击鼓俑各2件，女侍俑、劳作女俑、执锸执箕俑、劳作男俑、负罐俑、执箕男俑、舞俑、倾听俑各1件。出土釜共4件，其中CaⅡ式1件、CaⅢ式2件、CbⅢ式1件。罐共6件，其中AaⅡ式1件、AaⅣ式1件、B型2件、H型2件。钵共6件，其中AⅢ式5件、BⅡ式1件。盆2件，其中AaⅡ式1件、B型1件。另出土缸3件、纺轮4件、水田模型2件，Ab型井、B型器盖、B型灶、BⅡ式甗、摇钱树座、璧形器各1件。出土Ab型磨石1件。与四期六段相比，陶俑种类和数量明显增加，新增鸭俑、抚琴俑、击鼓俑、倾听俑、舞俑、劳作男俑、执锸执箕俑、执箕男俑、负罐俑，且尺寸变大。新增缸、纺轮、水田模型、H型罐、AaⅡ式盆、B型盆、AⅢ式钵、Ab型井、B型灶、B型器盖、摇钱树座。

出土铜器共11件，有摇钱树残片3片、剑镖2件、剑鞘箍1件、弩机1件、泡钉4件。随葬铁器共2件，铁削、Ⅱ式铁锸各1件。另存木锤和锥形角器各1件。与四期六段相比，铜器新增摇钱树叶、剑镖、剑鞘箍、泡钉，铁器新增Ⅱ式铁锸，另新增木锤和角器。

钱币墓葬比例仍为100%，钱币以Ⅳ式五铢为主，少量出土货泉和Ⅲ式五铢。与四期六段相比，新增Ⅳ式五铢。

第四节　年　　代

一期一段墓葬中占主体的乙类A型和丙类土坑墓墓葬形制与什邡城关战国秦汉墓地[①]四

---

①　四川省文物考古研究院、德阳市文物考古研究所、什邡市博物馆：《什邡城关战国秦汉墓地》，文物出版社，2006年。

期墓葬形制相似。墓葬出土A和B型瓮、A和B型釜、Ⅱ式豆、A型钵、A型鼎、A型器盖、铜鍪组合与什邡城关战国秦汉墓地M50、大邑五龙战国墓葬M3①及郫县风情园及花园别墅战国墓地②二期墓葬出土器物组合及器物形制相似，出土铜带钩、印章、璜与大邑五龙M18、M19③出土同类器形制相似，出土弦纹铜镜与西安大基公司M4出土弦纹铜镜形制一致，出土蒜头壶与明珠花园11号工地M31和壹号公寓5号工地M2出土蒜头壶相似，出土B型壶与纬四小区车库M18出土陶壶相似④，出土秦半两与青川郝家坪M50⑤、郫县风情园出土秦半两相似。什邡城关M50、大邑五龙M3均为战国晚期墓葬，郫县风情园二期墓葬为战国末至秦墓葬，大邑五龙M18、M19为战国末至秦墓葬，西安大基公司M4、明珠花园M31及纬四小区M18皆为战国末至秦墓葬，结合以上参考材料和钱币可初步判断，一期一段墓葬时代在战国末至秦。

二期二段墓葬中新增的D型瓮与郫县风情园三期M16出土的AⅡ式罐⑥相似，新增AaⅠ、AaⅡ式罐分别与涪陵土坑墓出土Ⅲ式罐（M2：23）⑦相似，新增E型罐与郫县风情园CⅡ式罐（FM12：4）⑧相似，新增Ⅱ式盘、簋与郫县古城乡汉墓M15⑨出土器盖、簋形制相似，新增B型盒与马粪沱Ⅱ式盒（M81：26）⑩相似，新增AⅢ式鼎与花园别墅AⅠ式鼎（HM9：18）⑪相似。新增BaⅡ式铜带钩与什邡城关战国秦汉墓地出土E型带钩（M130：2）相似、新增E型带钩与什邡城关战国秦汉墓地出土D型带钩（M84：2）相似⑫，新增A、B型磨石组合与湖北云梦

① 四川省文管会、大邑县文化馆：《四川大邑五龙战国巴蜀墓葬》，《文物》1985年第5期。

② 成都市文物考古研究所、郫县博物馆：《郫县风情园及花园别墅战国至西汉墓群发掘报告》，《成都考古发现（2002）》，科学出版社，2004年。

③ 四川省文管会、大邑县文化馆：《四川大邑县五龙乡土坑墓清理简报》，《考古》1987年第7期。

④ 陕西省考古研究院：《西安尤家庄秦墓》，陕西科学技术出版社，2008年。

⑤ 四川省文物考古研究所、青川县文物管理所：《四川青川郝家坪战国墓群M50发掘简报》，《四川文物》2014年第3期。

⑥ 成都市文物考古研究所、郫县博物馆：《郫县风情园及花园别墅战国至西汉墓群发掘报告》，《成都考古发现（2002）》，科学出版社，2004年。

⑦ 四川省文物管理委员会、涪陵县文化馆：《四川涪陵西汉土坑墓发掘简报》，《考古》1984年第4期。

⑧ 成都市文物考古研究所、郫县博物馆：《郫县风情园及花园别墅战国至西汉墓群发掘报告》，《成都考古发现（2002）》，科学出版社，2004年。

⑨ 成都市文物考古研究所、郫县博物馆：《四川郫县古城乡汉墓》，《考古》2004年第1期。

⑩ 郑州市文物考古研究所：《重庆市云阳县马粪沱墓地2002年发掘简报》，《文物》2004年第11期。

⑪ 成都市文物考古研究所、郫县博物馆：《郫县风情园及花园别墅战国至西汉墓群发掘报告》，《成都考古发现（2002）》，科学出版社，2004年。

⑫ 四川省文物考古研究院、德阳市文物考古研究所、什邡市博物馆：《什邡城关战国秦汉墓地》，文物出版社，2006年。

睡虎地秦墓出土石砚和砚子（M4：10）①、广州汉墓出土石砚和砚子（M1081：3）②相似。出土八铢半两与什邡城关战国秦汉墓M77出土八铢半两（M77：5-d）③、花园别墅M5出土八铢半两④相似，出土榆荚半两与涪陵土坑墓⑤、达县木椁墓⑥出土榆荚半两相似。郫县风情园三期墓葬时代为西汉早期，涪陵土坑墓时代为西汉初期，马粪沱M81时代为西汉早期，什邡城关M84为西汉早期墓葬，湖北云梦睡虎地M4时代为秦，而广州汉墓M1081时代为汉初，结合以上参考材料及钱币可初步判断，二期二段墓葬时代在西汉初年，即西汉建国至吕后时期。

二期三段墓葬新增CaⅠ式釜与大邑西汉土坑墓出土Ⅰ式罐⑦相似，新增CbⅠ式釜与重庆市临江支路西汉墓出土釜（M5：9）⑧相似，新增B型鼎与大邑西汉土坑墓出土鼎⑨相似，新增AaⅠ式盆与花园别墅出土Ⅱ式盆（HM1：23）⑩相似，新增A型灶与长安汉墓BaⅠ式灶（交M258：4）⑪相似，新增C型器盖与江陵凤凰山M168出土器盖（M168：278）⑫相似，新增骨耳珰与江苏邗江胡场M20出土耳珰⑬、西北医疗设备厂M170出土耳瑱（M170：32）⑭相似。出土四铢半两形制、钱文及重量与满城汉墓（M1、M2）⑮、洛阳烧沟汉墓（Ⅲ型）⑯及江陵凤凰山M168⑰所出土四铢半两相似。大邑西汉土坑墓、临江支路汉墓时代皆为西汉早期，长安汉墓M258、江陵凤凰山M168时代为文帝时期，邗江胡场M20和满城汉墓时代皆为西汉早期。结合以上参考材料及钱币可初步判断，二期三段墓葬时代在西汉早期，即文景时期至武帝元狩五年之前。

---

①　湖北孝感地区第二期亦工亦农文物考古训练班：《湖北云梦睡虎地十一座秦墓发掘简报》，《文物》1976年第9期。

②　广州市文物管理委员会等：《广州汉墓》，文物出版社，1981年。

③　四川省文物考古研究院、德阳市文物考古研究所、什邡市博物馆：《什邡城关战国秦汉墓地》，文物出版社，2006年。

④　成都市文物考古研究所、郫县博物馆：《郫县风情园及花园别墅战国至西汉墓群发掘报告》，《成都考古发现（2002）》，科学出版社，2004年。

⑤　四川省文物管理委员会、涪陵县文化馆：《四川涪陵西汉土坑墓发掘简报》，《考古》1984年第4期。

⑥　马幸辛、汪模荣：《四川达县市西汉木椁墓》，《考古》1992年第3期。

⑦　宋治民、王有鹏：《大邑县西汉土坑墓》，《文物》1981年第12期。

⑧　重庆市博物馆：《重庆市临江支路西汉墓》，《考古》1986年第3期。

⑨　宋治民、王有鹏：《大邑县西汉土坑墓》，《文物》1981年第12期。

⑩　成都市文物考古研究所、郫县博物馆：《郫县风情园及花园别墅战国至西汉墓群发掘报告》，《成都考古发现（2002）》，科学出版社，2004年。

⑪　西安市文物保护考古所、郑州大学考古专业：《长安汉墓》，陕西人民出版社，2004年。

⑫　陈振裕：《江陵凤凰山一六八号汉墓》，《考古学报》1993年第4期。

⑬　扬州博物馆、天长市博物馆：《汉广陵国玉器》，文物出版社，2003年。

⑭　西安市文物保护考古所：《西安龙首原汉墓》，西北大学出版社，1999年。

⑮　中国社会科学院考古研究所、河北省文物管理处：《满城汉墓发掘报告》，文物出版社，1980年。

⑯　洛阳区考古发掘队：《洛阳烧沟汉墓》，科学出版社，1959年。

⑰　陈振裕：《江陵凤凰山一六八号汉墓》，《考古学报》1993年第4期。

　　三期四段墓葬新增AaⅢ式罐与郫县古城乡汉墓AⅠ式罐（M22：6）[①]、成都凤凰山园艺场西汉墓出土Ⅱ式罐（M1：28）[②]相似，新增BcⅢ式釜与马粪沱墓地出土Ⅰ式罐（M81：36）[③]、忠县崖脚西汉大墓出土B型釜（M1：21）[④]相似，新增BⅡ式甑与绵阳永兴双包山M1出土甑（M1：11）[⑤]相似，新增AⅠ式壶与郫县古城乡汉墓出土Ⅰ式锺（M15：16）[⑥]形制相似。新增A型剑首与洛阳烧沟汉墓出土Ⅰ式剑首（M1017：1）[⑦]相似。新增Ⅰ式五铢与满城汉墓出土Ⅰ型五铢[⑧]、郫县古城乡汉墓出土Ⅰ式五铢（M22：21）[⑨]、成都洪家包西汉木椁墓出土五铢[⑩]、成都东北郊西汉墓葬出土五铢（M20）[⑪]相似，出土Ⅱ式五铢与绵阳永兴双包山M1出土五铢[⑫]、洛阳烧沟汉墓出土Ⅱ型五铢[⑬]相似。古城乡M15、M22时代为西汉中期，成都凤凰山M1时代在西汉早期，永兴双包山M1时代在昭宣时期，洛阳烧沟汉墓M1017和忠县崖脚大墓时代亦在西汉中期。出土Ⅰ式五铢应为武帝时期制造的三官五铢、出土Ⅱ式五铢应为昭宣时期五铢。结合以上参考材料及钱币可初步判断，三期四段墓葬时代在西汉中期，即武帝元狩五年至昭宣时期。

　　三期五段墓葬皆为砖室墓，乙类A型砖室墓形制与凤凰山砖室墓M1形制相似[⑭]，B型砖室墓与芦山芦阳镇汉墓[⑮]、广汉二龙岗墓群砖室墓（M18、M24、M25）[⑯]相似。出土器物中新增AaⅣ式罐与凤凰山砖室墓出土罐（M1：12）[⑰]相似、新增B型罐与郫县古城乡汉墓出土D型罐（M7：1）[⑱]相似，新增EⅡ式釜与忠县崖脚墓地出土釜（BM22：72）[⑲]相似，新增C型灶与成

①　成都市文物考古研究所、郫县博物馆：《四川郫县古城乡汉墓》，《考古》2004年第1期。

②　徐鹏章：《成都凤凰山西汉木椁墓》，《考古》1991年第5期。

③　郑州市文物考古研究所：《重庆市云阳县马粪沱墓地2002年发掘简报》，《文物》2004年第11期。

④　北京大学三峡考古队：《重庆忠县崖脚西汉大墓发掘报告》，《南方民族考古》（第十辑），科学出版社，2014年。

⑤　绵阳博物馆、绵阳市文物局：《四川绵阳永兴双包山一号西汉木椁墓发掘简报》，《文物》1996年第10期。

⑥　成都市文物考古研究所、郫县博物馆：《四川郫县古城乡汉墓》，《考古》2004年第1期。

⑦　洛阳区考古发掘队：《洛阳烧沟汉墓》，科学出版社，1959年。

⑧　中国社会科学院考古研究所、河北省文物管理处：《满城汉墓发掘报告》，文物出版社，1980年。

⑨　成都市文物考古研究所、郫县博物馆：《四川郫县古城乡汉墓》，《考古》2004年第1期。

⑩　四川省文物管理委员会：《成都北郊洪家包西汉墓清理简报》，《考古通讯》1957年第3期。

⑪　四川省文物管理委员会：《成都东北郊西汉墓葬发掘简报》，《考古通讯》1958年第2期。

⑫　绵阳博物馆、绵阳市文物局：《四川绵阳永兴双包山一号西汉木椁墓发掘简报》，《文物》1996年第10期。

⑬　洛阳区考古发掘队：《洛阳烧沟汉墓》，科学出版社，1959年。

⑭　刘雨茂：《成都凤凰山发现一座汉代砖室墓》，《文物》1992年第1期。

⑮　郭凤武、唐国富：《芦山芦阳镇汉墓清理简报》，《四川文物》1993年第4期。

⑯　四川省文物考古研究所、广汉市文物保护管理所：《广汉二龙岗》，文物出版社，2014年。

⑰　刘雨茂：《成都凤凰山发现一座汉代砖室墓》，《文物》1992年第1期。

⑱　成都市文物考古研究所、郫县博物馆：《四川郫县古城乡汉墓》，《考古》2004年第1期。

⑲　北京大学考古文博学院三峡考古队、重庆市忠县文物管理所：《忠县崖脚墓地发掘报告》，《重庆库区考古报告集》（1998卷），科学出版社，2003年。

都东北郊西汉墓M20出土灶[①]、巫山麦沱汉墓群出土AⅡ式灶（M44：99）[②]、凤凰山砖室墓出土灶（M1：3）[③]、西昌礼州汉墓出土灶（M2：2）[④]相似，新增BⅡ式井与郫县古城乡汉墓出土井（M7：5）[⑤]相似。郫县古城乡汉墓M7、忠县崖脚墓地BM22、东北郊西汉墓M20、巫山麦沱汉墓群M44及西昌礼州汉墓M2的时代皆在西汉晚期，芦山芦阳镇汉墓、成都凤凰山砖室墓年代皆在新莽时期，而该期钱币沿用三期四段出土西汉五铢。结合以上参考材料及钱币可初步判断，三期五段墓葬时代在西汉晚期至新莽。

　　四期六段墓葬新增小型陶俑和陶房与重庆江北相国寺东汉砖室墓出土同类器物[⑥]相似，新增CaⅢ式釜与荥经牛头山出土陶釜（M4：1）[⑦]相似，新增CbⅡ、CbⅢ式釜分别与荥经水井坎沟岩墓出土Ⅰ式釜（M6：1）、Ⅱ式釜（M8：1）[⑧]相似，新增AⅡ式壶与西昌礼州汉墓出土Ⅰ式壶（M3：5）[⑨]、重庆江北相国寺东汉砖室墓出土陶壶[⑩]相似。出土Ⅲ式五铢与河北定县北庄汉墓出土五铢[⑪]、荥经牛头山汉墓出土Ⅲ式五铢[⑫]、洛阳烧沟汉墓出土Ⅲ型五铢[⑬]相似，出土货泉与西安曲江春晓苑汉墓群（M21）出土货泉[⑭]、成都凤凰山砖室墓出土货泉[⑮]相似。重庆江北相国寺东汉砖室、荥经牛头山汉墓、荥经水井坎沟岩墓M6、礼州汉墓M3时代皆为东汉早期，河北定县北庄汉墓时代在东汉明章帝间，Ⅲ型五铢应为东汉初建武五铢。结合以上参考材料及钱币可初步判断，四期六段墓葬时代在东汉早期，即东汉立国至明、章帝时期。

　　四期七段墓葬新增抚琴俑、倾听俑、舞俑、Ab型井、水田模型均与西昌丧坡汉墓[⑯]出土同类器物相似，新增B型器盖与成都青杠包汉墓群M3出土器盖[⑰]、重庆丰都汇南汉墓群ZM13出土

①　四川省文物管理委员会：《成都东北郊西汉墓葬发掘简报》，《考古通讯》1958年第2期。

②　重庆市文化局、湖南省文物考古研究所、巫山县文物管理所：《重庆巫山麦沱汉墓群发掘报告》，《考古学报》1999年第2期。

③　刘雨茂：《成都凤凰山发现一座汉代砖室墓》，《文物》1992年第1期。

④　礼州遗址联合考古发掘队：《四川西昌礼州发现的汉墓》，《考古》1980年第5期。

⑤　成都市文物考古研究所、郫县博物馆：《四川郫县古城乡汉墓》，《考古》2004年第1期。

⑥　沈仲常：《重庆江北相国寺的东汉砖墓》，《文物参考资料》1995年第3期。

⑦　李炳中：《四川荥经县牛头山发现汉墓》，《考古》2000年第11期。

⑧　四川省文管会、雅安地区文教局、荥经县文化馆：《四川荥经水井坎沟岩墓》，《文物》1985年第5期。

⑨　礼州遗址联合考古发掘队：《四川西昌礼州发现的汉墓》，《考古》1980年第5期。

⑩　沈仲常：《重庆江北相国寺的东汉砖墓》，《文物参考资料》1995年第3期。

⑪　河北省文化局文物工作队：《河北定县北庄汉墓发掘报告》，《考古学报》1964年第2期。

⑫　李炳中：《四川荥经县牛头山发现汉墓》，《考古》2000年第11期。

⑬　洛阳区考古发掘队：《洛阳烧沟汉墓》，科学出版社，1959年。

⑭　西安市文物保护考古所：《西安东汉墓》，文物出版社，2009年。

⑮　刘雨茂：《成都凤凰山发现一座汉代砖室墓》，《文物》1992年第1期。

⑯　凉山州博物馆：《四川凉山西昌发现东汉、蜀汉墓》，《考古》1990年第5期。

⑰　徐鹏章：《成都站东乡汉墓清理记》，《考古通讯》1956年第1期。

器盖（M13：42）^①相似，新增H型罐与湖南资兴东汉墓出土 I 式坛（M530：78）^②形制相似。出土Ⅳ式五铢与河南卫辉大司马墓地M1出土五铢^③、洛阳烧沟汉墓Ⅳ式五铢^④相似。西昌喪坡汉墓、成都青杠包汉墓群M3、重庆丰都汇南汉墓群ZM13、湖南资兴东汉墓M530时代皆为东汉中期，而Ⅳ式五铢时代大约在东汉桓、灵帝左右。结合以上参考材料及钱币可初步判断，四期七段墓葬时代在东汉中期，大致在和帝至桓灵帝。

---

① 四川省文物考古研究院、重庆市文化局、丰都县文物管理所：《重庆市丰都县汇南墓群2002年度发掘简报》，《四川文物》2012年第6期。

② 湖南省博物馆：《湖南资兴东汉墓》，《考古学报》1984年第1期。

③ 河南省文物管理局南水北调文物保护办公室、四川大学考古学系：《河南卫辉市大司马村一号汉墓及墓前建筑》，《考古》2008年第11期。

④ 洛阳区考古发掘队：《洛阳烧沟汉墓》，科学出版社，1959年。

第六章 结 语

通过对包家梁子墓地墓葬形制及随葬器物的系统梳理，可初步得出以下几点认识。

一、墓地时代

包家梁子墓地墓葬时代从战国末期持续至东汉中期，可纳入分期的129座墓葬中战国末至秦墓葬共64座，约占总墓葬的49.6%，西汉初期墓葬共41座，约占总墓葬的31.8%，两者之和约占总墓葬的81.4%。而西汉早期至东汉中期墓葬24座，仅占总墓葬的18.6%。因此，包家梁子墓地以战国末至汉初墓葬为主体，而西汉早期至东汉中期各段墓葬零星出现。

二、墓地性质

墓地各期墓葬除少量为中型墓葬，绝多大部分为小型墓葬。随葬器物多为日常生活陶器，仅发现少量青铜容器和兵器，另存少量铁质农具。据墓葬形制和随葬器物可初步判断该墓地墓主人为普通平民。整个墓地未见统一规划，各类墓葬夹杂分布，但其中存在多组2~6座并排分布的墓葬，由此可判断包家梁子墓地是同时被多个家庭或家族使用的平民公共墓地。

三、墓主人族属

在占主体地位的战国末至汉初土坑墓中，虽然存在三类六型墓葬形制，但墓葬随葬器物绝大多数都是以富含巴蜀文化本地特色的瓮、釜、豆组合为主，零星出现蒜头壶、弦纹镜、骑俑等外来文化因素器物。因此，战国末至汉初时期，该区域主要居民应为巴蜀原住民，可能其中夹杂少量秦地移民。

四、体质人类学信息

通过对墓地采集57例人骨标本的鉴定认识到以下两点。其一，从人骨年龄鉴定的死亡年龄结构来看，死于青年期以前的未成年个体所占比例较小，而成年个体占多数，可能在一定程度上反映出当时人口的成活率较高，同时大多数个体死亡集中在壮年期和中年期，死亡年龄并不高，反映出人群中普遍存在的低寿命现象。经测算，包家梁子战国晚期到汉代人群的平均死亡年龄约为33.83岁，总体平均预期寿命约为34.96岁。其二，从人群龋齿率可知，战国晚期到汉初的成都平原应当处于青铜时代晚期到铁器时代早期阶段，且成都平原的农业发展水平还比较低，人们饮食中的碳水化合物类食物的摄入可能相对较少。

五、文化因素变迁

在墓地战国末至汉初墓葬中，本地巴蜀文化因素一直占主导地位，仅含少量秦文化因素。这是因为战国晚期秦并巴蜀以后，对当地采取羁縻政策，保留蜀侯以维持统治[1]，未刻意进行文化的同化，使得成都平原当地的晚期蜀文化继续占据着统治地位。同时，秦不断地向蜀地移民，如秦惠文王后元十一年（前314年）"戎伯尚强，乃移秦民万家实之"[2]、秦始皇九年"乃夺爵迁蜀四千余家，家房陵"[3]，移民的迁入伴随着文化的交流，所以该期墓葬中亦发现少量秦文化因素。

西汉早期墓葬中仅出土零星鼎、盘、灶等中原文化因素的随葬器物，至西汉中期以后，除圜底釜这一巴蜀文化器形得以保留外，墓葬中随葬器物绝大部分为源自中原的罐、灶、井、甑、盘、盆等。西汉建立以后，特别是西汉中期汉武帝"废黜百家，独尊儒术"政策的推行，使得全国思想文化高度统一和同化，加之"文翁兴蜀"[4]，导致儒学观念和中原文化在成都平原得以接受并逐步取代了晚期蜀文化，从而使得四川地区进入中原文化圈，并成为汉帝国开通西南夷的重要据点。

六、殉 狗 习 俗

墓地一期一段存殉狗习俗墓葬，约占该段总墓葬的31.2%，部分狗骨置于木盒内。至二期二段，存殉狗习俗的墓葬比例为19.5%，较上一段比例降低。至二期三段，存殉狗习俗的墓葬比例为12.5%，较上一段比例进一步降低。至三期四段，殉狗习俗在墓葬中消失。周边区域同期墓葬中仅在什邡城关战国秦汉墓群和贵州赫章可乐墓群存零星殉狗习俗。说明殉狗可能为巴蜀地区一支原住民所特有葬俗，秦灭巴蜀后该习俗在本地继续流行，至秦末战乱后

---

① （晋）常璩撰，任乃强校注：《华阳国志校补图注》，上海古籍出版社，1987年，第194页。

② （晋）常璩撰，刘琳校注：《华阳国志校注》，巴蜀书社，1984年，第194页。

③ （汉）司马迁：《史记·秦始皇本纪》，北京，中华书局，2008年，页227。

④ 《华阳国志·蜀志》载"（文）翁乃立学，选吏弟子就学；遣士张叔等十八人东诣博士受七经，还以教授。学徒麟萃，蜀学比于齐鲁"。（晋）常璩撰，任乃强校注：《华阳国志校补图注》，上海古籍出版社，1987年，第214页。

该习俗受外来文化影响而逐渐减弱，但延续至西汉早期。西汉中期后，巴蜀文化已完全融入中原文化，殉狗习俗和其古蜀文化因素一起消失。

七、出土钱币墓葬比例问题

从一期一段至三期四段，随葬钱币墓葬比例分别为28.1%、60.9%、87.5%、100%。可见，从战国末期至西汉中期，随葬钱币墓葬比例逐渐增加，这从侧面反应该区域的经济随着时代发展在逐渐繁荣，且这种状况一直持续至四期七段。

20世纪70年代，距离包家梁子墓群南侧约2.1千米处的城厢镇北门外轴承厂在基建施工中发现大量汉瓦、房址和水井等遗存。该遗址与包家梁子墓地存密切联系，可能为该墓地墓主人们生前活动场所①。

---

① 刘雨茂：《金堂县、青白江区汉墓调查报告》，《成都文物》1988年第1期，第17~24页。

附 表

附表一　墓葬分期表

期别	段别	年代	墓号	墓型	随葬器物				备注
					陶器	金属器	钱币	其他器物	
一期	一段	战国末至秦	M14	丙BaII	瓮BII1，釜BcI1	铜带钩AI1，铜印章A1			
			M15	乙A	瓮BII1，釜BbII1，罐GII2			磨石C1，漆盘，漆匜痕迹	狗骨1
			M20	乙A	釜AaI1，BbII2，豆（残），罐GI1			漆盘痕迹	狗骨1
			M21	丙Ba I	釜BaI1	铜印章B1		磨石C1，漆盘，漆耳杯痕迹，木盒1	
			M23	丙Bb	釜BbI2，豆（残）		半两Ab2	漆奁，木盒1	狗骨1
			M24	丙Ba I	釜BbI1，豆II3	铜铃B1，Ca1，铜璜A1，B3	半两Ab3	漆盘，漆耳杯痕迹，木盒1	
			M28	丙BaII	瓮BII1，釜BaI1，BbI3，BbII1	铜璜A1，B2，铜铃B1，Ca1，Cb1		漆盘	狗骨
			M29	丙Ba I	釜BbI1，罐C1，F1，器盖A1，豆II1	铜盆1，铜带钩AI1		漆盘，漆耳杯痕迹	
			M30	丙BaII	瓮BI2，BII1，釜AbII1，BaI1，BbII2，BcI1	铜带钩BbII1，铜印章B1	半两Aa1，Ac1，Ag1		
			M31	丙Ba I	釜AbII1，BaI2，BaII3，BcI2	铜铃1，铜璜A1		磨石C1，漆盒1，漆盘，漆耳杯痕迹	狗骨1
			M36	丙Ba I	瓮BII1，釜（残），钵AI1	铜铃B1，铜璜A1		漆盘，漆奁痕迹	
			M37	丙BaII	釜AbII1，BbI1，BcI1	铜环B1，铜带钩BbI1	半两Ae1，Ag1	漆盒1，漆盘，漆耳杯	狗骨1

续表

期别	段别	年代	墓号	墓型	随葬器物				备注
					陶器	金属器	钱币	其他器物	
一期	一段	战国末至秦	M39	丙BaⅡ	瓮Ab3、BⅠ1、金BaⅠ1、BbⅠ3、BcⅠ1、豆Ⅱ1、陶器盖（残）	铜镜1、铜剑首B1	半两Ad1	漆盘、漆奁、漆耳杯痕迹	
			M40	丙BaⅡ	釜BaⅠ2、豆Ⅱ1、饼1	铜釜BⅡ1、铜筒镳1、铜剑首C1	半两Ag2	漆盘、漆耳杯、漆盒（大量漆器痕迹）	
			M41	乙A	瓮BⅡ1、金AaⅡ2、AbⅠ4、BaⅠ1	铜带钩AⅠ1、铜铃Ca1、铜璜A1		漆盘、漆耳杯痕迹	
			M42	乙A	瓮BⅠ1、金AbⅡ1、BaⅠ1、BaⅡ1、Bb1、罐GⅡ1	铜带钩CⅠ1		漆奁痕迹	狗骨1
			M44	丙Bb	瓮Aa1、BⅠ2、金AbⅠ1、BbⅠ3、BcⅠ1、豆Ⅱ1、器盖（残）			漆盘、漆盒、漆耳杯、漆奁痕迹	猪骨1
			M45	丙BaⅠ	瓮BⅠ2、金Bc1		半两Ab1、Ag1	少量漆器痕迹	狗骨1
			M46	丙BaⅠ	瓮BⅡ1、金AbⅡ2、BaⅠ4、BaⅡ2、Bc1	铜璜（残）、铜铃（残）、铜带钩AⅡ1	半两Ag3	骨牌饰2、漆器痕迹	狗骨1
			M47	丙BaⅠ	釜（残）				
			M48	丙BaⅠ	瓮BⅡ1、金Bc1、豆Ⅱ3、蒜头壶AⅡ2、BⅠ1、漏斗形器1、骑俑1			木棒1、漆盘、漆奁痕迹	
			M49	丙BaⅠ	金AbⅠ1、BcⅠ1、罐GⅠ1、蒜头壶AⅠ1	银环2	半两Aa1、Ad1、Ag10、E1	漆盘、漆耳杯痕迹	
			M52	乙A	釜（残）	铜釜1	半两（残）		
			M56	丙BaⅠ	瓮BⅡ1、金AaⅡ1、BbⅡ1、BcⅠ1				

续表

期别	段别	年代	墓号	墓型	随葬器物				备注
					陶器	金属器	钱币	其他器物	
一期	一段	战国末至秦	M57	乙A	釜AbⅠ2、BaⅠ1、BcⅠ2、豆（残）				狗骨1
			M60	丙BaⅠ	瓮BⅡ1、釜BaⅡ2、豆（残）	铜带钩AⅡ1		少量漆器痕迹	
			M61	乙A	瓮AbⅠ、釜AaⅡ1、BaⅠ3、BcⅠ1、豆Ⅱ4			漆耳杯痕迹	
			M70	乙A	瓮BⅠ1、釜AaⅡ1、豆Ⅱ1	铜印章A1、B1、铜带钩AⅡ1		漆耳杯痕迹	
			M74	丙Bb	瓮BⅠ1、釜BbⅡ1、豆Ⅱ1			漆器痕迹	
			M75	丙BaⅠ	瓮Aa1、釜BbⅡ1、BcⅠ1	铜铃Ca1、Cb1		漆盘、漆奁痕迹	
			M76	丙BaⅠ	釜BbⅠ1、BcⅡ1			漆盘痕迹	
			M78	丙BaⅠ	瓮BⅠ1、釜BbⅠ1				
			M79	丙BaⅠ	釜AbⅠ1、钵BⅠ2				
			M82	乙A	瓮BⅠ1、釜BbⅠ1、BcⅠ1、豆（残）			磨石C2、漆盘、漆耳杯、漆奁痕迹	
			M86	丙Bb	瓮（残）、釜AaⅡ1、BaⅠ1、BbⅠ1、豆Ⅱ2		半两（残）	漆盘痕迹	
			M93	丙BaⅠ	瓮BⅡ1、釜AbⅠ1、BaⅠ1、BbⅠ1	铜带钩AⅠ1、铁斧A1、铁凿（残）		漆盘痕迹	
			M96	丙BaⅠ	釜（残）、罐GⅡ1、钵AⅠ1、豆Ⅱ1	铜印章A1、铜铃（残）、铜镜（残）			
			M99	丙BcⅠ	瓮AaⅠ、Ab2、釜BaⅠ1、BaⅡ2、BbⅠ3、BcⅠ2、豆Ⅱ3	铜鍪AⅠ1、BⅠ1、铜勺J1、铜管1、铜铃D1、铜带钩B2、Ca1、铜环A1、铜扣饰A1、铁锸ⅠⅠ1	半两Aa9、Ab1、Ad4、Ae1	漆盘、漆壶痕迹	

续表

期别	段别	年代	墓号	墓型	随葬器物				备注
					陶器	金属器	钱币	其他器物	
一期	一段	战国末至秦	M103	丙BaⅠ	瓿BⅡ1、釜BcⅠ2			漆盘痕迹	狗骨1
			M112	乙A	釜AbⅠ1、BaⅠ1、BbⅠ1、豆Ⅱ2、罐C1、钵AⅠ1	铜镜1		漆耳杯、漆奁、漆匝痕迹	
			M114	乙A	釜AbⅠ1、BaⅡ2、BbⅠ1、豆Ⅱ1			漆盘、漆盒痕迹	狗骨1
			M115	丙BaⅠ	釜BbⅠ2、豆Ⅱ1	铜带钩AⅡ1			
			M121	丙BaⅡ	瓿BⅠ1、BⅡ2、釜AaⅡ1、AbⅠ2、BbⅠ1、豆Ⅱ3				狗骨1
			M124	丙BaⅠ	瓿Ab1、釜AaⅡ1、BbⅠ1、BcⅠ1、壶B1	铜镜1、铜铃B1		漆盘痕迹	兽骨1
			M125	丙BaⅡ	瓿BⅠ1、釜BaⅠ1		半两Ac1、Ag1	漆盒痕迹	狗骨1
			M128	丁	瓿Ab1、釜BbⅠ1、BcⅠ2	铜镜1、银杯2		漆盘等漆器痕迹	狗骨1
			M130	丙A	釜BbⅠ1、豆Ⅱ1、鼎AⅠ1				
			M131	乙A	瓿BⅠ1、釜（残）、豆Ⅱ1	铜带钩CⅠ1			
			M132	丙BaⅠ	瓿Aa1、釜（残）、豆Ⅱ2	铜带钩BaⅠ1			
			M134	丙Bb	瓿（残）、釜AbⅡ1、BaⅡ1、D1、甑A1		半两Ag2	磨石C1、漆盘	狗骨1、鸡骨1
			M140	丙BaⅡ	豆Ⅱ1	铜镜1	半两Ac1、Ad2、Ag3	漆奁、漆耳杯、漆盘、漆盒痕迹	狗骨1
			M143	丙BaⅡ	瓿BⅠ1、釜BaⅠ1、BaⅡ1、BcⅠ2			磨石C2、漆耳杯	狗骨1
			M149	丙BaⅡ	瓿BⅠ1、釜BaⅡ1	铜印章B1	半两Ab3、Ad1、Ae1、Af1、Ag4	漆耳杯、漆盘痕迹	

续表

期别	段别	年代	墓号	墓型	陶器	金属器	钱币	其他器物	备注
一期	一段	战国末至秦	M150	丙BaII	瓮BI1	铜镜1	半两Ag4	漆盘、漆奁、漆耳杯痕迹	
			M152	丙BaI	瓮BII1、釜（残）、豆II1	铜铃A1、B3、铜牌饰2		漆盘等漆器痕迹	狗骨1
			M157	丙A	瓮BI1、釜（残）、豆II1	铁削1	半两Ag1	磨石AaI、漆盘、漆案、漆盒痕迹	狗骨1、动物骨骼
			M159	丙BaII	釜BaII1	铜印章C1	半两Ad2、Ag1	漆盘等漆器痕迹	
			M161	丙BaII	瓮AaI、BI2、釜BaII1、BbI1、BcII1、鼎AII1	铜镜1、铜带钩CI1		玉黛砚1、磨石C2、漆盘、漆奁、漆耳杯等漆器痕迹	
			M163	丙BaI	釜Ab1、釜BbI2				动物骨
			M164	丙BaI	釜BcII1、豆II1、瓮（残）			漆盘、漆耳杯、漆案痕迹	动物骨
			M171	丙BaI	瓮Ab1、釜AaI1、BcI2、BcII1	铜印章B1	半两Aa1	漆器痕迹	
			M190	乙A	瓮（残）、釜AbII1			漆盘等漆器痕迹	
			M194	丙BaI	釜BII1、釜BcI1、豆II2、器盖（残）			漆盘、漆耳杯痕迹	
			M195	乙B	瓮Ab1、BII1、釜BbI2	铜带钩BaII1		漆器痕迹	狗骨1
二期	二段	西汉初期	M26	乙A	瓮BII1、釜BcI1、豆II1、罐GII2、钵AII1	铜带钩AI1、AII1	半两Ac1、Ad1、Ag1	漆盘等漆器痕迹	狗骨1
			M32	丙BaI	瓮Ab2、釜BbI6、豆II1	铜带钩BaII1	半两B2	漆盘、漆耳杯痕迹	动物骨
			M34	丙BaII	釜AbII1、BaI1、BbI1、BbII1、BcII1	铜带钩BaII1、铜环B1	半两Aa2、Ab2、Ag2、B1、C3		狗骨1
			M35	丙BaI	釜（残）		半两（残）	漆盒等漆器痕迹	
			M43	乙A	釜AaII1、BbI4	铜带钩AII1、铁削1	半两（残）	漆盘等漆器痕迹	动物骨1

续表

期别	段别	年代	墓号	墓型	随葬器物				备注
					陶器	金属器	钱币	其他器物	
二期	二段	西汉初期	M50	丙BaⅠ	瓮Aa1、釜（残）、豆（残）、盆C1	铁镈1、铁锛B1、铁锸Ⅰ1、铁削1		漆盘、漆耳杯痕迹	
			M69	丙BaⅠ	釜BⅠ2、釜AaⅠ2、AbⅠ1、BaⅡ1、BcⅠ1、盘Ⅱ1	铜铃B1、铁镘1	半两Aa2、Ag1	料珠1、漆盘等漆器痕迹	动物骨骼
			M73	丙BaⅡ	釜AbⅠ2、BbⅠ1、罐GⅢ1				
			M77	丙BaⅠ	釜AaⅡ1、AbⅡ1、BbⅠ2、豆Ⅱ4	铜带钩E1		磨石Ab1、Bb1、漆盘痕迹	
			M87	丙BaⅡ	瓮Ab1		半两Ag1、B2、D1	磨石C2	
			M88	丙BaⅠ	瓮（残）、釜BaⅠ1、BbⅠ1	铜带钩CⅡ1		漆器痕迹	
			M89	乙B	釜AaⅡ2、AbⅡ1、豆Ⅱ2、罐GⅢ1		半两（残）	漆盘痕迹	
			M90	丙BaⅠ	瓮BⅡ1、釜BaⅠ1、豆Ⅰ2、盒（残）	铜带钩AⅡ1			狗骨1
			M100	乙A	釜BcⅠ1、盒B1				
			M106	乙B	釜AaⅡ1、BaⅠ1、豆Ⅱ1			漆耳杯、漆盘等漆器痕迹	
			M113	丙BcⅡ	瓮D1、罐AaⅠ2、AbⅠ1、奁1	铜饰件1	半两B2	漆器痕迹	
			M116	乙A	釜AaⅡ2、BbⅠ1	铜带钩BaⅡ1		漆器痕迹	
			M118	乙A	釜BaⅠ1、盘Ⅱ1、豆（残）		半两Ag1、B2		
			M122	丙BaⅠ	瓮Aa1、釜AaⅡ1、BaⅠ1、BbⅠ1、BbⅡ1、BcⅡ1	铜带钩BaⅠ1、铜环B1、铜三足盘1、铜圆柱形构件1	半两Ac1、Ad1、Ae1、Ag2、C1	磨石Ab1、漆盘、漆耳杯痕迹	

续表

期别	段别	年代	墓号	墓型	随葬器物				备注
					陶器	金属器	钱币	其他器物	
二期	二段	西汉初期	M127	丙BaⅠ	釜BcⅠ3	铜环B1	半两B4	漆盒、漆奁、漆耳杯痕迹	
			M135	丙BaⅡ			半两B5		
			M137	丙BaⅡ	瓮Aa1、釜（残）	银环1	半两Ab1、Ag3、B4	漆盒痕迹	狗骨1
			M138	丙BaⅡ	瓮BⅠ1、釜AaⅡ2、AbⅡ1、BaⅠ1、BbⅡ1、BcⅠ3		半两Ad3、Ag3、C1	磨石C2、玉剑璏1、漆盘、漆耳杯痕迹	动物骨骼
			M139	丙BaⅡ	瓮BⅠ1、釜AbⅠ1、BaⅠ2、BbⅠ1、BcⅠ1、豆Ⅱ1		半两Ab1、Ag3、C1	漆盘痕迹	
			M141	丙BaⅡ	瓮Aa1、BⅠ1、豆（残）、釜Ⅱ3、盘（残）		半两Ab1、Ae1、Ag3、C1	漆盒、漆耳杯痕迹	
			M142	丙BaⅡ		"8"字形铜扣件1	半两B2		
			M145	丙BaⅡ	瓮Aa2、Ab1、釜BcⅠ、罐AaⅡ1、鼎（残）、豆（残）、甑（残）、器盖（残）		半两Aa2、Ab1、Ad2、Ae1、Af1、Ag2、C2	漆器痕迹	
			M146	丙BaⅡ	瓮Aa1、Ab1、釜BaⅡ1、BbⅡ1、罐AaⅡ1	铜釜AⅡ1、铜洗Ⅰ1、铜带钩AⅡ1、铜铃B2、铜璜A1、B1、铁鼎1	半两（残）	漆耳杯、漆盘等漆器痕迹	牛肢骨、肩胛骨
			M151	丙BaⅡ	瓮Ab1、釜BbⅠ4、BbⅡ1、钵AⅡ1、豆（残）	铜带钩AⅡ1、铜印章A1		漆盘、漆盒等漆器痕迹	狗骨1
			M153	丙Bb	瓮BⅠ1		半两Ad2、Ag1、B1	磨石C1	
			M158	丙BaⅠ	瓮Aa1、BⅠ1、釜（残）、罐GⅠ1、甑BⅡ1、鼎（残）		半两Aa3、Ac1、Ad4、Ae1、C1	漆盘、漆耳杯痕迹	

期别	段别	年代	墓号	墓型	随葬器物 陶器	金属器	钱币	其他器物	备注
二期	二段	西汉初期	M160	丙BaⅡ	釜BaⅠ1、BaⅡ1、BbⅠ1、BcⅠ1、豆Ⅱ4、罐C1、鼎AⅢ2	铜铃B1、铜镯1、铜镦1、铜铺首1	半两Ac1、Ae1、Af2、Ag1	漆盘痕迹	
			M165	丙Bb	瓿BⅠ1、釜AaⅠ1、AbⅡ1、BbⅠ1、BcⅠ1	铜带钩CⅠ1、铜印章B1、铁凿A1、铁斧B1	半两Ag3、B2		狗骨1
			M166	ZA	釜AbⅡ1、豆Ⅱ1	铜环B1		漆器痕迹	
			M170	丙Bb	釜(残)、豆Ⅰ1、器盖(残)	铜带钩BbⅡ1、铜铺首2、银环3	半两Af1、B1		狗骨1
			M179	丙BaⅠ	釜BcⅠ1、豆(残)、钵AⅠ1、盆(残)			漆器痕迹	
			M186	ZA	釜(残)、罐AbⅡ2、E2			漆器痕迹	
			M188	丙BaⅠ	釜AbⅠ2、BaⅡ1、豆Ⅱ1、钵AⅡ1				
			M191	ZA	瓿Aa1、釜(残)	铜带钩CⅡ1	半两(残)	漆盘、漆耳杯痕迹	
			M193	丙BaⅠ	釜BcⅠ1	铜环B1		漆盘、漆奁痕迹	
			M196	丙Bb	釜AbⅠ2、BbⅡ1、豆(残)、盘(残)		半两Ac2、Ag9、B2	漆盘痕迹	
二期	三段	西汉早期	M27	丙Bb	瓿BⅠ1、釜AbⅡ2、盘Ⅰ2	银环2	半两Ag5、E2	骨耳珰2	
			M83	丙BaⅡ	釜C1、E1、釜(残)、钵AⅡ1、汲水小罐AⅠ1、井BⅠ1	铜铃舌、铜环B1		漆盘等漆器痕迹	
			M126	丙BaⅡ	瓿BⅠ1、釜BbⅡ1、BcⅠ2、BcⅡ1、盘BⅠ1	铁削1、铁镦(残)	半两Ae1、Af1、Ag6、E2	磨石(残)	
			M136	戊	瓿BⅠ1、盆AaⅠ1				

续表

期别	段别	年代	墓号	墓型	随葬器物				备注
					陶器	金属器	钱币	其他器物	
二期	三段	西汉早期	M144	丙BaⅡ	瓮Aa4、Ab1、釜（残）、豆ⅡⅠ、鼎（残）、器盖C1、盆Ab1、钵AⅡ1		半两D1、E2	磨石Aa1、Ba1、漆耳杯痕迹	
			M156	丙BaⅡ	釜CaⅠ1、CbⅠ1、D1、鼎B1、罐AaⅡ4、DⅡ1、GⅠ1、汲水小罐AⅠ1、灶A1、瓿A1、钫（残）		半两E4		
			M181	丙BaⅠ	釜（残）、豆（残）	铜环B1	半两Ag1	漆盘痕迹	
			M198	丙Bb	釜AbⅡ1、豆Ⅱ2、罐DⅠ1		半两Ac2、Ae1、Ag1、E1	漆盘等漆器痕迹	狗骨1、动物骨骼
三期	四段	西汉中期	M97	丙BaⅡ	壶AⅠ1、罐AaⅡ4、AaⅢ2、汲水小罐AⅡ1	铜弩机1、铜剑首A1、铁斧A1	五铢ⅠⅠ		
			M167	丙A	瓮BⅡ1、釜AbⅡ2、BcⅠ1、豆ⅡⅠ、盘Ⅱ2、饼1	铁削1、铁凿B1	半两Ab1、Ac1、Ag3、C1、五铢ⅠⅠ	磨石Ba1、漆器痕迹	
			M168	丙Bb	釜BcⅢ1、CaⅡ2、瓿BⅡ1、罐AaⅡ2、蒜头壶BⅡ1、钵BⅡ1	铁环首刀1、铁锸ⅠⅠ	五铢Ⅰ6、Ⅱ5		
			M172	丙A	釜AbⅠ1、BbⅠ1、豆ⅡⅠ		五铢ⅠⅠ、Ⅱ2	漆盘、漆耳杯痕迹	
三期	五段	西汉晚期至新莽	M8	砖乙BaⅠ	瓿BⅡ1、罐AbⅡ3、汲水小罐B1、灶CⅡ1	铁环首刀1	五铢ⅠⅠ、Ⅱ2		
			M54	砖乙BaⅠ	釜CaⅡ2、瓿BⅡ1、罐AaⅢ3、AbⅡ1、汲水小罐AⅠ1、灶CⅠ1	铁环首刀（残）	半两Ad1、Ag7、B1、E1、五铢ⅠⅠ、Ⅱ4		
			M72	砖乙A	釜EⅡ1、罐AaⅣ1、瓿BⅡ1、盆Ab1、汲水小罐AⅢ2、灶CⅡ1、井BⅡ1	铜盖弓帽1	五铢ⅠⅠ、Ⅱ3		
			M129	砖甲	罐AaⅡ1、E1		五铢Ⅱ3		

续表

期别	段别	年代	墓号	墓型	随葬器物				备注
					陶器	金属器	钱币	其他器物	
四期	六段	东汉早期	M2	砖乙A	甑BⅡ1、罐AbⅡ1、汲水小罐AⅡ1、BⅡ1、执箕女俑2、鸡俑Ba1、狗俑（残）、灶（残）		五铢（残）		
			M3	砖乙BaⅠ	釜CaⅢ1、CbⅢ1、CbⅢ1、汲水小罐AⅠ1、井BⅠ1、鸡俑Ba1、Bb1、狗俑1、劳作女俑1、房1	铁环首刀1	半两（残）、货泉1、五铢Ⅲ1		
			M105	砖乙BaⅠ	女侍俑1、陶俑（残）	铜环B1、银环1	五铢（残）		
			M5	砖乙A			五铢Ⅳ2		
			M17	砖乙BaⅠ	钵AⅢ1、鸡俑A1、Ba1、狗俑1、抚琴俑1、舞俑1、击鼓俑1、执锸执箕俑1、摇钱树座1	铜摇钱树叶片1	货泉1、五铢Ⅳ10		
			M92	砖乙A			五铢Ⅳ1		
四期	七段	东汉中期	M94	砖乙Bb	釜CaⅢ2、CbⅢ1、罐AaⅡ1、AaⅣ1、B2、H2、纺轮4、水田模型2、灶B1、甑BⅡ1、盆AaⅡ1、B1、钵AⅢ4、BⅡ1、狗俑1、击鼓俑1、抚琴俑1、倾听俑1	铜弩机1、铜剑鞘鞢1、铜剑镖2、铜泡钉4、铜摇钱树叶片2、铁镦1、铁削1	五铢Ⅲ4、Ⅳ2	锥形角器1、木锤1	
			M98	砖乙A	釜CaⅡ1、井Ab1、鸡俑A1、Bb1、鸭俑2、劳作女俑1、女侍男俑1、负罐俑1、执箕男俑1、罐（残）、壁形器1		五铢Ⅲ3	磨石Ab1	

附录 出土人骨鉴定报告

在包家梁子墓地的清理、发掘过程中，出土了数量较多、保存相对较好的古代人骨，主要为牙齿标本。2014年6月，发掘者将这批标本运送至四川大学考古学实验教学示范中心人类学实验室，我们在室内对其进行了人类学的观察与鉴定。报告如下。

一、观察及鉴定标准

1. 观察鉴定标准

本文对古人骨性别及年龄的观察与鉴定主要依据吴汝康等在《人体测量方法》[1]和邵象清在《人体测量手册》[2]中提出的相关参照标准。性别鉴定主要依据骨盆及颅骨的性别特征；年龄鉴定主要依据耻骨联合面形态、骨化点的出现与骨骺的愈合、颅骨骨缝的愈合以及牙齿的萌出与磨耗等情况综合判定。此外，笔者还采用肉眼与放大镜、显微镜观察相结合的方式对标本进行了病理、创伤和异常形态的检查。

2. 保存状况描述方式

根据标本的实际保存现状，采用标记骨骼保存状况与人骨性别年龄鉴定相结合的方式进行描述。为了准确、方便地记录每颗牙齿在齿列中的位置、顺序、类别和相互关系，我们采用象限法表示：

				5	4	3	2	1	1	2	3	4	5				
右上	8	7	6	V	IV	III	II	I	I	II	III	IV	V	6	7	8	左上
右下	8	7	6	V	IV	III	II	I	I	II	III	IV	V	6	7	8	左下
				5	4	3	2	1	1	2	3	4	5				

注：①乳齿：I 表示乳中门齿，II 表示乳侧门齿，III 表示乳犬齿，IV 表示乳第一白齿，V 表示乳第二白齿；②恒齿：1表示中门齿，2表示侧门齿，3表示犬齿，4表示第一前白齿，5表示第二前白齿，6表示第一白齿，7表示第二白齿，8表示第三白齿；③〇表示牙齿存在，△表示牙齿未萌出，□表示该牙齿齿列部位齿槽闭合。

---

① 吴汝康、吴新智、张振标：《人体测量方法》，科学出版社，1984年。
② 邵象清：《人体测量手册》，上海辞书出版社，1985年。

二、保存状况及人骨鉴定

　　墓地人骨标本由于受成都平原特殊的埋藏环境影响，保存状况普遍不佳，多数只能看到骨骼痕迹，很难进一步提取鉴定，故残存供鉴定的主要为人类牙齿，且存在酥脆残损的现象。经统计，用于鉴定的标本共计57例个体，如下：

　　M18：根据该个体保存的纤细的下颌来看，其倾向女性特征较多；此外，可见其下颌左侧犬齿磨耗已达四级，下颌左侧第一臼齿、第二臼齿齿槽部位已经融合，推测为成年个体，死亡年龄大致在40~50岁。

	5	4	3	2	1	│	1	2	③	4	5		
右上 8 7 6	V	Ⅳ	Ⅲ	Ⅱ	Ⅰ	│	Ⅰ	Ⅱ	Ⅲ	Ⅳ	V	6 7 8 左上	
右下 8 7 6	V	Ⅳ	Ⅲ	Ⅱ	Ⅰ	│	Ⅰ	Ⅱ	Ⅲ	Ⅳ	V	⑥ ⑦ 8 左下	
	5	4	③	2	1	│	1	2	③	④	⑤		

M18齿列牙齿保存状况

　　M19：仅保留零散的牙齿，性别不详；此外尚保留其下颌两侧第一乳臼齿，而下颌左侧第二臼齿、上颌右侧第二臼齿已经萌出，且第一臼齿、第二臼齿均有一定程度磨损，故推测该个体死亡年龄大致在15岁左右。

	5	4	3	2	①	│	1	②	③	4	5		
右上 8	⑦	⑥	V	Ⅳ	Ⅲ	Ⅱ	Ⅰ │ Ⅰ	Ⅱ	Ⅲ	Ⅳ	V ⑥ 7 8 左上	
右下 8 7 6	V	Ⅳ	Ⅲ	Ⅱ	Ⅰ	│ Ⅰ	Ⅱ	Ⅲ	Ⅳ	V ⑥ ⑦ 8 左下		
	5	4	3	2	1	│	1	2	3	4	5		

M19齿列牙齿保存状况

　　M20：仅保留下颌左侧门齿、第一臼齿和上颌左侧第一臼齿，性别不详；其上下颌左侧第一臼齿磨耗达二级，死亡年龄大致在25岁左右。

　　M22：仅保留下颌左侧第二臼齿一枚，磨耗三级，女性，死亡年龄在35~40岁。

　　M23：仅保留上颌左侧侧门齿一枚，磨耗二级，性别不详，死亡年龄在30岁左右。

　　M24：仅保留下颌右侧犬齿和第一臼齿，性别不详；第一臼齿磨耗三级，死亡年龄大致在30~35岁。

　　M26：仅保留零散牙齿，男性；两侧门齿磨耗三级，死亡年龄大致在40岁左右。此外，其下颌右侧犬齿远中面齿冠及齿颈处、第一前臼齿近中面齿冠及齿颈处有中等程度的龋齿。

	5	4	3	2	1	│	1	2	3	4	5
右上 8 7 6	V	Ⅳ	Ⅲ	Ⅱ	Ⅰ	│	Ⅰ	Ⅱ	Ⅲ	Ⅳ	V 6 7 8 左上
右下 8 7 6	V	Ⅳ	Ⅲ	Ⅱ	Ⅰ	│	Ⅰ	Ⅱ	Ⅲ	Ⅳ	V 6 7 8 左下
	5	④	③	②	①	│	①	2	3	4	5

M26齿列牙齿保存状况

　　M27：仅保留零散牙齿，女性；其下颌两侧第一臼齿磨耗二级、第二臼齿磨耗一级，上颌左侧第二臼齿磨耗一级，死亡年龄大致在25岁左右。

```
              5  4  ③  2  1 │ 1  2  ③  ④  ⑤
右上  8  7  6  Ⅴ  Ⅳ  Ⅲ  Ⅱ  Ⅰ │ Ⅰ  Ⅱ  Ⅲ  Ⅳ  Ⅴ  6  ⑦  8  左上
右下  8  ⑦  ⑥  Ⅴ  Ⅳ  Ⅲ  Ⅱ  Ⅰ │ Ⅰ  Ⅱ  Ⅲ  Ⅳ  Ⅴ  ⑥  ⑦  8  左下
              ⑤  ④  3  2  1 │ 1  2  3  4  5
```
M27齿列牙齿保存状况

M28：仅保留牙齿和部分残损的右侧上颌，性别不详；其上下颌两侧第一臼齿磨耗均达四级，且由于上颌右侧第二臼齿缺失，齿槽融合，致使上下颌左侧第二臼齿磨耗偏重已达四级，死亡年龄大致在40～45岁。

```
              ⑤  4  ③  2  1 │ 1  2  3  ④  ⑤
右上  8  7̣  6  Ⅴ  Ⅳ  Ⅲ  Ⅱ  Ⅰ │ Ⅰ  Ⅱ  Ⅲ  Ⅳ  Ⅴ  ⑥  ⑦  ⑧  左上
右下  8  7  6  Ⅴ  Ⅳ  Ⅲ  Ⅱ  Ⅰ │ Ⅰ  Ⅱ  Ⅲ  Ⅳ  Ⅴ  ⑥  ⑦  ⑧  左下
              5  4  3  2  1 │ 1  2  3  ④  ⑤
```
M28齿列牙齿保存状况

M31：仅保留残破的右侧上下颌，性别不详；其右侧下颌第二前臼齿、第一臼齿、第二臼齿部位齿槽均已融合，上颌第一臼齿磨耗三级，死亡年龄大致在30～35岁，甚至可能更大。

```
              ⑤  4  ③  2  1 │ 1  2  3  4  5
右上  8  ⑦  ⑥  Ⅴ  Ⅳ  Ⅲ  Ⅱ  Ⅰ │ Ⅰ  Ⅱ  Ⅲ  Ⅳ  Ⅴ  6  7  8  左上
右下  8  7̣  6̣  Ⅴ  Ⅳ  Ⅲ  Ⅱ  Ⅰ │ Ⅰ  Ⅱ  Ⅲ  Ⅳ  Ⅴ  6  7  8  左下
              5̣  4  3  2  1 │ 1  2  3  4  5
```
M31齿列牙齿保存状况

M40：仅保留零散牙齿，性别不详；其上颌两侧第一臼齿磨耗二级，第二臼齿略有磨耗，死亡年龄大致在25岁左右。

```
              5  4  ③  2  1 │ ①  ②  ③  ④  ⑤
右上  8  ⑦  ⑥  Ⅴ  Ⅳ  Ⅲ  Ⅱ  Ⅰ │ Ⅰ  Ⅱ  Ⅲ  Ⅳ  Ⅴ  6  ⑦  8  左上
右下  8  7  6  Ⅴ  Ⅳ  Ⅲ  Ⅱ  Ⅰ │ Ⅰ  Ⅱ  Ⅲ  Ⅳ  Ⅴ  6  7  8  左下
              5  4  3  2  1 │ 1  2  3  4  5
```
M40齿列牙齿保存状况

M43：仅保留牙齿及残碎的上下颌，性别不详；其上下颌两侧第一臼齿磨耗三级，第二臼齿磨耗二级，死亡年龄当在30～35岁为宜。

```
              ⑤  ④  3  2  1 │ 1  2  3  4  5
右上  8  ⑦  ⑥  Ⅴ  Ⅳ  Ⅲ  Ⅱ  Ⅰ │ Ⅰ  Ⅱ  Ⅲ  Ⅳ  Ⅴ  6  7  8  左上
右下  8  7  6  Ⅴ  Ⅳ  Ⅲ  Ⅱ  Ⅰ │ Ⅰ  Ⅱ  Ⅲ  Ⅳ  Ⅴ  ⑥  7  8  左下
              5  4  3  2  ① │ ①  ②  ③  ④  5
```
M43齿列牙齿保存状况

M46：仅保留一枚下颌右侧第一前臼齿，略有磨耗，性别不详，推测应为成年个体。

M47：仅保留零散牙齿和下肢痕迹，性别不详；其上颌右侧第一臼齿磨耗二级偏重，死亡年龄大致在25～30岁。

			5	④	③	②	①		1	2	3	4	5				
右上	8	7	⑥	V	Ⅳ	Ⅲ	Ⅱ	Ⅰ	Ⅰ	Ⅱ	Ⅲ	Ⅳ	V	6	7	8	左上
右下	8	7	6	V	Ⅳ	Ⅲ	Ⅱ	Ⅰ	Ⅰ	Ⅱ	Ⅲ	Ⅳ	V	6	7	8	左下
			5	4	3	2	1		1	2	3	4	5				

M47齿列牙齿保存状况

M48：仅保留上颌左侧牙齿，女性；其上颌左侧第一臼齿、第二臼齿磨耗均达三级，死亡年龄大致在35～40岁。此外，其上颌左侧第一臼齿远中面齿颈处可见轻度的龋齿。

			5	4	3	2	1	①	②	3	④	⑤				
右上	8	7	6	V	Ⅳ	Ⅲ	Ⅱ	Ⅰ	Ⅰ	Ⅱ	Ⅲ	Ⅳ	V	⑥	⑦	8	左上
右下	8	7	6	V	Ⅳ	Ⅲ	Ⅱ	Ⅰ	Ⅰ	Ⅱ	Ⅲ	Ⅳ	V	6	7	8	左下
			5	4	3	2	1		1	2	3	4	5				

M48齿列牙齿保存状况

M50：仅保留零散牙齿，男性；其上下颌两侧第一臼齿磨耗均达三级，死亡年龄大致在35岁左右。

			5	4	3	2	1		1	2	3	4	5				
右上	8	7	6	V	Ⅳ	Ⅲ	Ⅱ	Ⅰ	Ⅰ	Ⅱ	Ⅲ	Ⅳ	V	⑥	7	8	左上
右下	8	7	⑥	V	Ⅳ	Ⅲ	Ⅱ	Ⅰ	Ⅰ	Ⅱ	Ⅲ	Ⅳ	V	⑥	7	8	左下
			⑤	④	③	2	1		1	2	3	④	⑤				

M50齿列牙齿保存状况

M52：仅保留零散牙齿，女性；其上下颌两侧第一臼齿磨耗三级偏轻、第二臼齿磨耗二级，死亡年龄大致在30～35岁。

			5	④	③	2	1	①	②	③	④	⑤				
右上	⑧	⑦	⑥	V	Ⅳ	Ⅲ	Ⅱ	Ⅰ	Ⅰ	Ⅱ	Ⅲ	Ⅳ	V	⑥	⑦	⑧	左上
右下	⑧	⑦	⑥	V	Ⅳ	Ⅲ	Ⅱ	Ⅰ	Ⅰ	Ⅱ	Ⅲ	Ⅳ	V	6	7	8	左下
			⑤	④	③	2	1		1	2	3	4	5				

M52齿列牙齿保存状况

M55：仅保留零散牙齿，性别不详；其上颌两侧第一臼齿磨耗三级、第二臼齿磨耗二级，死亡年龄大致在30～35岁。

			⑤	④	3	②	①	①	2	③	④	⑤				
右上	⑧	⑦	⑥	V	Ⅳ	Ⅲ	Ⅱ	Ⅰ	Ⅰ	Ⅱ	Ⅲ	Ⅳ	V	⑥	⑦	⑧	左上
右下	8	7	6	V	Ⅳ	Ⅲ	Ⅱ	Ⅰ	Ⅰ	Ⅱ	Ⅲ	Ⅳ	V	6	7	8	左下
			⑤	④	③	2	1		1	②	③	④	⑤				

M55齿列牙齿保存状况

M60：仅保留右侧残碎的上下颌及牙齿，女性；其上下颌右侧第一臼齿磨耗三级，第二臼齿略有磨耗，死亡年龄大致在30岁左右。

<pre>
            ⑤ ④ ③ 2 ①│1 2 3 4 5
右上 8 ⑦ ⑥ Ⅴ Ⅳ Ⅲ Ⅱ Ⅰ│Ⅰ Ⅱ Ⅲ Ⅳ Ⅴ 6 7 8 左上
──
右下 ⑧ 7 ⑥ Ⅴ Ⅳ Ⅲ Ⅱ Ⅰ│Ⅰ Ⅱ Ⅲ Ⅳ Ⅴ 6 7 8 左下
            ⑤ ④ ③ ② ①│1 2 3 4 5
</pre>

M60齿列牙齿保存状况

M61：保留残碎的上下颌及牙齿，男性；其上下颌两侧第一臼齿磨耗已达四级，上颌两侧第二臼齿磨耗也已经四级，死亡年龄大致在40~45岁。此外，其上颌左侧第二臼齿近中面齿颈可见轻度龋齿，下颌右侧第一臼齿颌面远中部分及齿颈可见中度发育的龋齿、第二臼齿颌面也有轻度发育的龋齿。

<pre>
          5 4 ③ 2 1│1 2 ③ ④ ⑤
右上 8 ⑦ ⑥ Ⅴ Ⅳ Ⅲ Ⅱ Ⅰ│Ⅰ Ⅱ Ⅲ Ⅳ Ⅴ ⑥ ⑦ 8 左上
──
右下 8 ⑦ ⑥ Ⅴ Ⅳ Ⅲ Ⅱ Ⅰ│Ⅰ Ⅱ Ⅲ Ⅳ Ⅴ ⑥ 7 8 左下
          ⑤ ④ 3 ② ①│① 2 3 ④ ⑤
</pre>

M61齿列牙齿保存状况

M62：保留残碎的上下颌及牙齿，性别不详；其上下颌两侧第一臼齿磨耗三级偏重，第二臼齿磨耗也已经三级，死亡年龄大致在35~40岁。

<pre>
          5 4 3 ② ①│① ② ③ ④ 5
右上 8 ⑦ ⑥ Ⅴ Ⅳ Ⅲ Ⅱ Ⅰ│Ⅰ Ⅱ Ⅲ Ⅳ Ⅴ ⑥ ⑦ ⑧ 左上
──
右下 8 ⑦ ⑥ Ⅴ Ⅳ Ⅲ Ⅱ Ⅰ│Ⅰ Ⅱ Ⅲ Ⅳ Ⅴ ⑥ ⑦ 8 左下
          5 4 3 ② 1│1 2 ③ ④ ⑤
</pre>

M62齿列牙齿保存状况

M65：仅保留残碎的上下颌及牙齿，性别不详；其上颌两侧第一臼齿磨耗三级，上下颌两侧第二臼齿略有磨耗，死亡年龄大致在30岁左右。此外，其下颌右侧第二臼齿颌面可见轻度龋齿发育。

<pre>
          5 4 3 2 1│1 2 3 4 5
右上 8 ⑦ ⑥ Ⅴ Ⅳ Ⅲ Ⅱ Ⅰ│Ⅰ Ⅱ Ⅲ Ⅳ Ⅴ ⑥ ⑦ 8 左上
──
右下 8 ⑦ 6 Ⅴ Ⅳ Ⅲ Ⅱ Ⅰ│Ⅰ Ⅱ Ⅲ Ⅳ Ⅴ 6 ⑦ 8 左下
          5 4 3 2 1│1 2 3 4 5
</pre>

M65齿列牙齿保存状况

M68：仅保留残碎的上颌及部分下颌牙齿，性别不详；其上颌右侧第一臼齿磨耗三级偏轻，下颌左侧第一臼齿磨耗二级，上颌两侧第二臼齿略有磨耗，死亡年龄大致在25~30岁。此外，其上颌右侧第二臼齿颌面的近中及远中部分可见中等发育的龋齿。

	8	7	6	5	4	3	2	1	1	2	3	4	5	6	7	8	
				5	4	③	②	1	①	②	③	④	5				
右上	8	⑦	⑥	V	IV	III	II	I	I	II	III	IV	V	6	⑦	8	左上
右下	8	7	6	V	IV	III	II	I	I	II	III	IV	V	⑥	7	8	左下
				5	4	3	2	①	1	2	3	4	5				

M68齿列牙齿保存状况

M69：仅保留残碎的上颌及部分牙齿，性别不详；其上颌左侧第一臼齿磨耗二级，两侧第二臼齿略有磨耗，死亡年龄大致在25岁左右。

	8	7	6	5	4	3	2	1	1	2	3	4	5	6	7	8	
				⑤	④	3	2	1	1	②	③	4	5				
右上	8	⑦	6	V	IV	III	II	I	I	II	III	IV	V	⑥	⑦	8	左上
右下	8	7	6	V	IV	III	II	I	I	II	III	IV	V	6	7	8	左下
				5	4	3	2	1	1	2	3	4	5				

M69齿列牙齿保存状况

M76：保存残碎的上下颌及部分牙齿，性别不详；其下颌右侧第一臼齿磨耗二级偏重，第二臼齿磨耗二级，死亡年龄大致在25～30岁。

	8	7	6	5	4	3	2	1	1	2	3	4	5	6	7	8	
				5	④	③	2	1	1	2	3	4	5				
右上	8	7	6	V	IV	III	II	I	I	II	III	IV	V	6	7	8	左上
右下	8	⑦	⑥	V	IV	III	II	I	I	II	III	IV	V	6	7	8	左下
				⑤	④	③	②	1	1	2	3	④	5				

M76齿列牙齿保存状况

M77：保留残碎的上下颌及部分牙齿，性别不详；其上下颌两侧第一臼齿磨耗三级偏轻，第二臼齿磨耗二级，死亡年龄大致在30岁左右。

	8	7	6	5	4	3	2	1	1	2	3	4	5	6	7	8	
				5	4	3	2	1	1	2	3	④	⑤				
右上	8	7	⑥	V	IV	III	II	I	I	II	III	IV	V	⑥	⑦	8	左上
右下	8	⑦	6	V	IV	III	II	I	I	II	III	IV	V	⑥	⑦	⑧	左下
				5	4	3	2	1	1	2	3	④	⑤				

M77齿列牙齿保存状况

M85：仅保留上颌左侧第一前臼齿一枚，性别不详；其牙齿磨耗四级，死亡年龄大致在40～50岁。

M86：仅保留残碎的上颌及部分牙齿，性别不详；其上颌左侧第一臼齿磨耗三级，右侧第一臼齿磨耗二级，死亡年龄大致在30岁左右。

	8	7	6	5	4	3	2	1	1	2	3	4	5	6	7	8	
				⑤	④	3	2	1	①	②	③	④	⑤				
右上	8	7	⑥	V	IV	III	II	I	I	II	III	IV	V	⑥	7	8	左上
右下	8	7	6	V	IV	III	II	I	I	II	III	IV	V	6	7	8	左下
				5	4	3	2	1	1	2	3	4	5				

M86齿列牙齿保存状况

M90：仅保留残碎的右侧上下颌及部分牙齿，性别不详；其上颌右侧第一臼齿磨耗五级，第二臼齿磨耗四级，死亡年龄大致在50岁左右。

```
              ⑤ ④ ③ ② 1 │ 1  2  3  4  5
右上 8 ⑦ ⑥ V Ⅳ Ⅲ Ⅱ Ⅰ │ Ⅰ Ⅱ Ⅲ Ⅳ V 6 7 8 左上
右下 8 7 6 V Ⅳ Ⅲ Ⅱ Ⅰ │ Ⅰ Ⅱ Ⅲ Ⅳ V 6 7 8 左下
              5 ④ 3 ② 1 │ 1  2  3  4  5
```
M90齿列牙齿保存状况

　　M91：仅保留残碎的左侧上下颌及部分牙齿，性别不详；其上颌左侧恒齿列第二臼齿以前的牙齿均萌出，但尚未萌出第二臼齿，死亡年龄大致在12～14岁。

```
              5 4 3 2 1 │ ① ② ③ ④ ⑤
右上 8 7 6 V Ⅳ Ⅲ Ⅱ Ⅰ │ Ⅰ Ⅱ Ⅲ Ⅳ V ⑥ △ 8 左上
右下 8 7 6 V Ⅳ Ⅲ Ⅱ Ⅰ │ Ⅰ Ⅱ Ⅲ Ⅳ V 6 7 8 左下
              5 4 3 2 1 │ 1  2  3 ④ 5
```
M91齿列牙齿保存状况

　　M96：仅保留上颌右侧第二前臼齿和第一臼齿，性别不详；其第一臼齿磨耗二级，死亡年龄大致在25～30岁。

　　M99：仅保留残碎的上下颌及部分牙齿，性别不详；其下颌右侧第二臼齿磨耗四级，死亡年龄大致在45～50岁。

```
              5 4 3 ② 1 │ 1 ② 3  4  5
右上 8 7 6 V Ⅳ Ⅲ Ⅱ Ⅰ │ Ⅰ Ⅱ Ⅲ Ⅳ V 6 7 8 左上
右下 8 ⑦ 6 V Ⅳ Ⅲ Ⅱ Ⅰ │ Ⅰ Ⅱ Ⅲ Ⅳ V 6 7 8 左下
              ⑤ ④ ③ 2 1 │ 1  2 ③ 4 5
```
M99齿列牙齿保存状况

　　M103：仅保留残碎的左侧上下颌及部分牙齿，性别不详；其下颌左侧第一臼齿磨耗三级偏重，死亡年龄大致在35～40岁。

```
              5 4 3 2 1 │ 1 ② ③ ④ ⑤
右上 8 7 6 V Ⅳ Ⅲ Ⅱ Ⅰ │ Ⅰ Ⅱ Ⅲ Ⅳ V 6 7 8 左上
右下 8 7 6 V Ⅳ Ⅲ Ⅱ Ⅰ │ Ⅰ Ⅱ Ⅲ Ⅳ V ⑥ 7 8 左下
              5 4 3 2 1 │ 1  2  3  4  5
```
M103齿列牙齿保存状况

　　M106：仅保留上颌右侧门齿和第一臼齿，性别不详；其第一臼齿及门齿磨耗均较轻，死亡年龄大致在20岁左右，由于保存的牙齿太少，死亡年龄也许远低于20岁。

　　M117：仅保留残碎的上颌及部分牙齿，性别不详；其两侧第一前臼齿、第二前臼齿磨耗均达三级，死亡年龄大致在40岁左右。

		⑤	④	3	2	1	①	②	③	④	5			
右上 8	7	6	V	Ⅳ	Ⅲ	Ⅱ	Ⅰ	Ⅰ	Ⅱ	Ⅲ	Ⅳ	V 6	7 8	左上
右下 8	7	6	V	Ⅳ	Ⅲ	Ⅱ	Ⅰ	Ⅰ	Ⅱ	Ⅲ	Ⅳ	V 6	7 8	左下
		5	4	3	2	1	1	2	3	4	5			

M117齿列牙齿保存状况

M122：仅保留残碎的下颌及部分牙齿，性别不详；其下颌右侧第一臼齿磨耗三级，两侧第二臼齿磨耗二级，死亡年龄大致在30~35岁。

		5	4	3	2	1	1	2	3	4	5			
右上 8	7	6	V	Ⅳ	Ⅲ	Ⅱ	Ⅰ	Ⅰ	Ⅱ	Ⅲ	Ⅳ	V 6	7 8	左上
右下 ⑧	⑦	⑥	V	Ⅳ	Ⅲ	Ⅱ	Ⅰ	Ⅰ	Ⅱ	Ⅲ	Ⅳ	V 6	⑦ 8	左下
		5	4	3	2	1	1	2	3	4	5			

M122齿列牙齿保存状况

M124：保留残碎的上下颌及部分牙齿，性别不详；其下颌右侧第一臼齿磨耗五级，上颌左侧第二臼齿磨耗四级，死亡年龄大致在50~55岁。此外，其下颌左侧第一前臼齿齿冠远中面可见轻度发育的龋齿。

		⑤	4	3	②	①	①	2	3	④	⑤			
右上 8	7	6	V	Ⅳ	Ⅲ	Ⅱ	Ⅰ	Ⅰ	Ⅱ	Ⅲ	Ⅳ	V ⑦	⑧	左上
右下 8	7	⑥	V	Ⅳ	Ⅲ	Ⅱ	Ⅰ	Ⅰ	Ⅱ	Ⅲ	Ⅳ	V 6	7 8	左下
		⑤	④	③	2	1	1	2	③	④	5			

M124齿列牙齿保存状况

M134：仅保留残碎的上下颌及部分牙齿，性别不详；其上下颌第一臼齿磨耗四级，第二臼齿磨耗三级，死亡年龄大致在40岁左右。

		5	④	③	②	①	1	②	3	4	5			
右上 8	⑦	⑥	V	Ⅳ	Ⅲ	Ⅱ	Ⅰ	Ⅰ	Ⅱ	Ⅲ	Ⅳ	V 6	7 8	左上
右下 8	⑦	⑥	V	Ⅳ	Ⅲ	Ⅱ	Ⅰ	Ⅰ	Ⅱ	Ⅲ	Ⅳ	V 6	⑦ 8	左下
		⑤	④	③	②	①	①	2	3	4	5			

M134齿列牙齿保存状况

M136：仅保存残碎的上下颌及部分牙齿，性别不详；其乳臼齿已全部萌出，且略有磨耗，死亡年龄大致在2~4岁。

		5	4	3	2	1	1	2	3	4	5			
右上 8	7	6	Ⓥ	Ⅳ⃝	③	Ⅱ⃝	Ⅰ⃝	Ⅰ⃝	Ⅱ	Ⅲ	Ⅳ⃝	Ⓥ 6	7 8	左上
右下 8	7	6	Ⓥ	Ⅳ⃝	Ⅲ	Ⅱ	Ⅰ	Ⅰ	Ⅱ	Ⅲ	Ⅳ⃝	Ⓥ 6	7 8	左下
		5	4	3	2	1	1	2	3	4	5			

M136齿列牙齿保存状况

M139：仅保留残碎的右侧上下颌及部分牙齿，性别不详；其上下颌第一臼齿、第二臼齿磨耗四级，死亡年龄大致在45岁左右。此外，其上颌右侧第三臼齿齿颈颊侧可见严重的龋齿发育。

```
              ⑤  4  3  2  1 │ 1  2  3  4  5
右上 ⑧ 7 ⑥  Ⅴ  Ⅳ  Ⅲ  Ⅱ  Ⅰ │ Ⅰ  Ⅱ  Ⅲ  Ⅳ  Ⅴ  6  7  8 左上
右下 ⑧ ⑦ ⑥  Ⅴ  Ⅳ  Ⅲ  Ⅱ  Ⅰ │ Ⅰ  Ⅱ  Ⅲ  Ⅳ  Ⅴ  6  7  8 左下
              ⑤  4  3  2  1 │ 1  2  3  4  5
```

M139齿列牙齿保存状况

M144：仅保留残碎的上颌及牙齿，性别不详；其上颌两侧第一臼齿磨耗三级，第二臼齿磨耗二级，死亡年龄大致在30～35岁。

```
              ⑤  ④  3  2  ① │ 1  ②  ③  ④  ⑤
右上 ⑧ ⑦ ⑥  Ⅴ  Ⅳ  Ⅲ  Ⅱ  Ⅰ │ Ⅰ  Ⅱ  Ⅲ  Ⅳ  Ⅴ  ⑥  ⑦  ⑧ 左上
右下 8 7 6   Ⅴ  Ⅳ  Ⅲ  Ⅱ  Ⅰ │ Ⅰ  Ⅱ  Ⅲ  Ⅳ  Ⅴ  6  7  8 左下
              5  4  3  2  1 │ 1  2  3  4  5
```

M144齿列牙齿保存状况

M145：仅保留下颌左侧第一臼齿一枚，性别不详；磨耗四级，死亡年龄大致在40岁左右。

M151：仅保留残碎的上下颌及部分牙齿，性别不详；其上下颌两侧第一臼齿磨耗四级，左侧第二臼齿磨耗已达五级，死亡年龄大致在50～55岁。

```
              ⑤  ④  3  2  1 │ 1  ②  ③  ④  ⑤
右上 8 7 ⑥   Ⅴ  Ⅳ  Ⅲ  Ⅱ  Ⅰ │ Ⅰ  Ⅱ  Ⅲ  Ⅳ  Ⅴ  ⑥  ⑦  8 左上
右下 8 7 6   Ⅴ  Ⅳ  Ⅲ  Ⅱ  Ⅰ │ Ⅰ  Ⅱ  Ⅲ  Ⅳ  Ⅴ  ⑥  ⑦  ⑧ 左下
              ⑤  ④  3  2  1 │ 1  2  3  4  ⑤
```

M151齿列牙齿保存状况

M155：仅保留残碎的上下颌及部分牙齿，性别不详；其上颌两侧第一臼齿磨耗三级，第二臼齿磨耗也达三级，死亡年龄大致在35岁左右。此外，其上颌右侧第三臼齿颌面可见重度发育的龋齿，下颌右侧第二臼齿远中面齿颈部位可见中度发育的龋齿。

```
              5  4  3  2  1 │ 1  2  3  ④  ⑤
右上 ⑧ ⑦ ⑥  Ⅴ  Ⅳ  Ⅲ  Ⅱ  Ⅰ │ Ⅰ  Ⅱ  Ⅲ  Ⅳ  Ⅴ  ⑥  ⑦  ⑧ 左上
右下 8 ⑦ 6   Ⅴ  Ⅳ  Ⅲ  Ⅱ  Ⅰ │ Ⅰ  Ⅱ  Ⅲ  Ⅳ  Ⅴ  6  7  8 左下
              ⑤  4  3  2  1 │ 1  2  3  4  5
```

M155齿列牙齿保存状况

M156：仅保留上颌左侧第二臼齿一枚，性别不详；其磨耗四级，死亡年龄大致在45～50岁。

M157：仅保留上颌左侧的三枚牙齿，性别不详；其第一臼齿、第二臼齿磨耗均达三级，死亡年龄大致在35岁左右。

```
              5  4  3  2  1 │ 1  2  ③  4  5
右上 8 7 6   Ⅴ  Ⅳ  Ⅲ  Ⅱ  Ⅰ │ Ⅰ  Ⅱ  Ⅲ  Ⅳ  Ⅴ  ⑥  ⑦  8 左上
右下 8 7 6   Ⅴ  Ⅳ  Ⅲ  Ⅱ  Ⅰ │ Ⅰ  Ⅱ  Ⅲ  Ⅳ  Ⅴ  6  7  8 左下
              5  4  3  2  1 │ 1  2  3  4  5
```

M157齿列牙齿保存状况

　　M159：仅保留残碎的下颌及部分牙齿，男性；其下颌两侧第一臼齿磨耗均达四级，第二臼齿磨耗也偏重，达四级，死亡年龄大致在45岁左右。此外，其下颌左侧第一臼齿远中面齿颈可见轻度发育的龋齿。

```
              5   4   3   2   1 | 1   2   ③   4   5
    右上 8  7  6   V  IV III  II  I | I  II III IV  V  6   7   8 左上
    右下 8 ⑦ ⑥   V  IV III  II  I | I  II III IV  V  ⑥ ⑦  8 左下
              ⑤ ④ ③ ② ① | ① ② ③ ④ ⑤
```
M159齿列牙齿保存状况

　　M165：仅保留残碎的上颌及部分牙齿，性别不详；其上颌两侧第一、第二臼齿磨耗均达三级，死亡年龄大致在35～40岁。

```
              ⑤  4   3   2   1 | 1   2   3   4   ⑤
    右上 ⑧ ⑦ ⑥   V  IV III  II  I | I  II III IV  V  ⑥ ⑦ ⑧ 左上
    右下 8  7  6   V  IV III  II  I | I  II III IV  V  6   7   8 左下
              5   4   3   2   1 | 1   2   3   4   5
```
M165齿列牙齿保存状况

　　M167：仅保留残损的四枚牙齿，性别不详；其上下颌两侧第一臼齿磨耗三级，第二臼齿磨耗二级，死亡年龄大致在30岁左右。

```
              5   4   3   2   1 | 1   ②   3   4   5
    右上 8  7  ⑥   V  IV III  II  I | I  II III IV  V  6   7   8 左上
    右下 8  7  6   V  IV III  II  I | I  II III IV  V  ⑥ ⑦  8 左下
              5   4   3   2   1 | 1   2   3   4   5
```
M167齿列牙齿保存状况

　　M170：仅保留残碎的上下颌及部分牙齿，性别不详；其上下颌右侧第一臼齿磨耗三级，两侧第二臼齿磨耗二级，死亡年龄大致在30～35岁。

```
              ⑤ ④ ③ ②  1 | ① ② ③ ④ ⑤
    右上 ⑧ ⑦ ⑥   V  IV III  II  I | I  II III IV  V  6   7   8 左上
    右下 ⑧ ⑦ ⑥   V  IV III  II  I | I  II III IV  V  6  ⑦  8 左下
              ⑤ ④ ③ ② ① | ① ② ③ 4   5
```
M170齿列牙齿保存状况

　　M171：仅保留残碎的上颌及部分牙齿，性别不详；其上颌两侧第一臼齿、第二臼齿磨耗均达三级，死亡年龄大致在35～40岁。

```
              5  ④  3   2   1 | 1   2   3   4   5
    右上 8 ⑦ ⑥   V  IV III  II  I | I  II III IV  V  ⑥ ⑦ ⑧ 左上
    右下 8  7  6   V  IV III  II  I | I  II III IV  V  6   7   8 左下
              5   4   3   2   1 | 1   2   3   4   5
```
M171齿列牙齿保存状况

　　M172：仅保留残碎的下颌及部分牙齿，性别不详；其下颌两侧第二臼齿尚未萌出，其他恒齿已萌出，死亡年龄大致在11~13岁。

```
              5  4  3  2  1 | 1  2  3  4  5
右上 8  7  6  V  Ⅳ  Ⅲ  Ⅱ  Ⅰ | Ⅰ  Ⅱ  Ⅲ  Ⅳ  V  6  7  8 左上
右下 8  △  ⑥  V  Ⅳ  Ⅲ  Ⅱ  Ⅰ | Ⅰ  Ⅱ  Ⅲ  Ⅳ  V  ⑥  △  8 左下
           ⑤  ④  3  2  ① | ①  2  3  ④  5
```
M172齿列牙齿保存状况

M175：仅保留零散的牙齿，性别不详；其下颌右侧第二臼齿磨耗四级，死亡年龄大致在45~50岁。

```
              5  4  3  2  ① | ①  ②  ③  4  5
右上 8  7  6  V  Ⅳ  Ⅲ  Ⅱ  Ⅰ | Ⅰ  Ⅱ  Ⅲ  Ⅳ  V  6  7  8 左上
右下 8  ⑦  6  V  Ⅳ  Ⅲ  Ⅱ  Ⅰ | Ⅰ  Ⅱ  Ⅲ  Ⅳ  V  6  7  8 左下
              5  4  3  2  1 | 1  2  3  4  5
```
M175齿列牙齿保存状况

M187：仅保留残碎的上颌及部分牙齿，性别不详；其上颌左侧第一臼齿磨耗三级，第二臼齿磨耗二级，死亡年龄大致在30~35岁。

```
           ⑤  ④  3  2  1 | 1  2  3  ④  ⑤
右上 8  7  6  V  Ⅳ  Ⅲ  Ⅱ  Ⅰ | Ⅰ  Ⅱ  Ⅲ  Ⅳ  V  ⑥  ⑦  8 左上
右下 8  7  6  V  Ⅳ  Ⅲ  Ⅱ  Ⅰ | Ⅰ  Ⅱ  Ⅲ  Ⅳ  V  6  7  8 左下
           5  4  3  2  1 | 1  2  3  4  5
```
M187齿列牙齿保存状况

M193：仅保留残碎的上下颌及部分牙齿，性别不详；其下颌左侧第二臼齿磨耗二级，死亡年龄大致在30岁左右。

```
           ⑤  ④  3  2  1 | 1  2  3  ④  ⑤
右上 8  7  6  V  Ⅳ  Ⅲ  Ⅱ  Ⅰ | Ⅰ  Ⅱ  Ⅲ  Ⅳ  V  6  7  8 左上
右下 8  7  6  V  Ⅳ  Ⅲ  Ⅱ  Ⅰ | Ⅰ  Ⅱ  Ⅲ  Ⅳ  V  6  ⑦  8 左下
           5  4  3  2  1 | 1  2  3  4  ⑤
```
M193齿列牙齿保存状况

M195：仅保留上颌左侧门齿和第三臼齿，性别不详；其第三臼齿略有磨耗，当为成年个体。

M197：仅保留上颌右侧第二前臼齿和第一臼齿，男性；其第一臼齿磨耗三级，死亡年龄大致在30~35岁。

以上鉴定的标本多数仅为牙齿，没有可供参考矫正性别、年龄的骨骼，结论可能有一定的局限性。结合人骨鉴定，墓地出土人骨性别、年龄鉴定如表一所示。

表一　出土人骨性别、年龄统计表

墓号	时代	性别	年龄	墓号	时代	性别	年龄
M18	战国末至秦	女性	40～50岁	M91	战国末至秦	性别不详	12～14岁
M19	战国末至秦	性别不详	15岁左右	M96	战国末至秦	性别不详	25～30岁
M20	战国末至秦	性别不详	25岁左右	M99	战国末至秦	性别不详	45～50岁
M22	战国末至秦	女性	35～40岁	M103	战国末至秦	性别不详	35～40岁
M23	战国末至秦	性别不详	30岁左右	M106	西汉初期	性别不详	20岁左右
M24	战国末至秦	性别不详	30～35岁	M117	西汉早期	性别不详	40岁左右
M26	西汉初期	男性	40岁左右	M122	西汉初期	性别不详	30～35岁
M27	西汉早期	女性	25岁左右	M124	战国末至秦	性别不详	50～55岁
M28	战国末至秦	性别不详	40～45岁	M134	战国末至秦	性别不详	40岁左右
M31	战国末至秦	性别不详	30～35岁	M136	西汉早期	性别不详	2～4岁
M40	战国末至秦	性别不详	25岁左右	M139	西汉初期	性别不详	45岁左右
M43	西汉初期	性别不详	30～35岁	M144	西汉早期	性别不详	30～35岁
M46	战国末至秦	性别不详	成年	M145	西汉初期	性别不详	40岁左右
M47	战国末至秦	性别不详	25～30岁	M151	西汉初期	性别不详	50～55岁
M48	战国末至秦	女性	35～40岁	M155	西汉早期	性别不详	35岁左右
M50	西汉初期	男性	35岁左右	M156	西汉早期	性别不详	45～50岁
M52	战国末至秦	女性	30～35岁	M157	战国末至秦	性别不详	35岁左右
M55	战国末至秦	性别不详	30～35岁	M159	战国末至秦	男性	45岁左右
M60	战国末至秦	女性	30岁左右	M165	西汉初期	性别不详	35～40岁
M61	战国末至秦	男性	40～45岁	M167	西汉中期	性别不详	30岁左右
M62	西汉早期	性别不详	35～40岁	M170	西汉初期	性别不详	30～35岁
M65	秦至西汉时期	性别不详	30岁左右	M171	西汉初期	性别不详	35～40岁
M68	秦至西汉时期	性别不详	25～30岁	M172	西汉中期	性别不详	11～13岁
M69	西汉初期	性别不详	25岁左右	M175	西汉初期	性别不详	45～50岁
M76	战国末至秦	性别不详	25～30岁	M187	西汉初期	性别不详	30～35岁
M77	西汉初期	性别不详	30岁左右	M193	西汉初期	性别不详	30岁左右
M85	西汉早期	性别不详	40～50岁	M195	战国末至秦	性别不详	成年
M86	战国末至秦	性别不详	30岁左右	M197	西汉早期	男性	30～35岁
M90	西汉初期	性别不详	50岁左右				

三、性别与年龄

　　从表一可以看出，墓地供鉴定的标本共计57例，时代大致处于战国末至西汉中期。由于成都平原古代人骨资料较少，我们尝试利用这批资料来对战国末至西汉中期的基本人口状况进行一些探讨，不过值得注意的是，由于保存状况不佳，性别大多不能予以鉴定，我们着重就年龄结构和预期寿命来进行一些分析。

1. 性别鉴定统计

经鉴定，在总计57例样本中，由于保存极差，仅11例个体可以看出有一定的性别特征，其余46例个体均性别不详。

2. 死亡年龄结构 [①]

在人口死亡年龄的研究中，一般常用"平均死亡年龄"和"平均预期寿命"这两个指标来反映一个群体的死亡年龄状况。平均死亡年龄是指一个群体内所有已知年龄个体的估计年龄总数与个体总数的比值。平均预期寿命是指一群人从出生到死亡平均每人可以存活多少年，简称"平均寿命"。平均预期寿命的数值取决于各个年龄阶段的相对死亡水平，相对而言要比平均死亡年龄更为科学。对于墓葬、遗址等出土人骨反映的古代居民，特别是成年居民平均预期寿命的研究，通常采用编制"简略生命表"的形式进行计算。

（1）总体死亡年龄段分布

从整个墓葬群的死亡年龄段来看，总计可划分年龄段的个体有55例。其中，幼儿期死亡个体1例，占1.82%；少年期死亡个体2例，占3.64%；青年期死亡个体2例，占3.64%；壮年期死亡个体28例，占50.91%；中年期死亡个体22例，占40.00%；如以青年期以前划定为未成年阶段 [②] 的话，可看出未成年死亡个体约占5.46%，这在一定程度上反映出该地区战国末到西汉中期的人口成活率。此外，大多数个体死亡集中在壮年期和中年期，也许反映了居民中存在的普遍低寿命现象。

（2）总体平均死亡年龄

在鉴定的57例个体中，除去仅能判定为成年的个体外，有55例可以具体鉴定年龄段，经计算其总体的平均死亡年龄约为33.83岁。

（3）总体平均预期寿命

从表二的全组简略生命表中可以看出，墓地全部可鉴定年龄个体的总体平均预期寿命约为34.96岁。

表二　战国末至西汉中期人骨全组简略生命表

年龄组	死亡概率（%）	尚存人数	各年龄组死亡人数	各年龄组内生存人年数	未来生存人年数累计	平均预期寿命
X	nqx	lx	ndx	nLx	Tx	Ex
0 ~	0.00	55	0	55	1923.00	34.96

---

① "成年"个体因不能具体划分年龄阶段，未参与统计。

② 古人常以牙齿全部萌出定为成年，不同于现代18岁的法定成年标准，也不同于现代生理解剖学意义上的生理成年。

年龄组	死亡概率（%）	尚存人数	各年龄组死亡人数	各年龄组内生存人年数	未来生存人年数累计	平均预期寿命
1 ~	1.82	55	1	218	1868.00	33.96
5 ~	0.00	54	0	270	1650.00	30.56
10 ~	3.70	54	2	265	1380.00	25.56
15 ~	1.92	52	1	257.5	1115.00	21.44
20 ~	1.96	51	1	252.5	857.50	16.81
25 ~	16.00	50	8	230	605.00	12.10
30 ~	40.48	42	17	167.5	375.00	8.93
35 ~	36.00	25	9	102.5	207.50	8.30
40 ~	37.50	16	6	65	105.00	6.56
45 ~	70.00	10	7	32.5	40.00	4.00
50 ~	100.00	3	3	7.5	7.50	2.50

四、古病理观察

存在于包家梁子战国末至西汉中期古代人群骨骼上的病理改变主要是龋齿。如M26下颌右侧犬齿远中面齿冠及齿颈处、第一前臼齿近中面齿冠及齿颈处有中等程度的龋齿发育；M48上颌左侧第一臼齿远中面齿颈处可见轻度的龋齿；M61上颌左侧第二臼齿近中面齿颈可见轻度龋齿，下颌右侧第一臼齿颊面远中部分以及齿颈可见中度发育的龋齿、第二臼齿颊面也有轻度发育的龋齿；M65下颌右侧第二臼齿颊面可见轻度龋齿发育；M68上颌右侧第二臼齿颊面的近中及远中部分可见中等发育的龋齿；M124下颌左侧第一前臼齿齿冠远中面可见轻度发育的龋齿；M139上颌右侧第三臼齿齿颈颊侧可见严重的龋齿发育；M155上颌右侧第三臼齿颊面可见重度发育的龋齿，下颌右侧第二臼齿远中面齿颈部位可见中度发育的龋齿；M159下颌左侧第一臼齿远中面齿颈可见轻度发育的龋齿。

综上所述，墓地共计9例个体发现不同程度的龋齿病理改变，其患龋率为15.79%；在观察统计的457枚牙齿中，有患牙13枚，龋齿率为2.84%。

从龋齿的齿种看，上颌共发现5枚龋齿，包括1枚第一臼齿，2枚第二臼齿和2枚第三臼齿；下颌发现龋齿8枚，包括2枚第一臼齿，3枚第二臼齿、2枚第一前臼齿、1枚犬齿。

从龋齿的部位看，有5枚龋齿患病部位体现在咬合面，有8枚龋齿患病部位发生在牙齿的近中或远中面。

值得指出的是，受统计样本量较小情况的影响，以上结论可能存在一定的局限性。

五、小结与讨论

通过对包家梁子墓地战国末至西汉中期墓葬出土的57例人骨的鉴定，大体有如下收获：

第一，由于保存状况不佳，存留的大多为牙齿，人骨性别不能予以鉴定。从人骨年龄鉴定的死亡年龄结构来看，死于青年期以前的未成年个体所占比例较小，而成年个体占多数，可能在一定程度上反映出当时人口的成活率较高。目前，还没有证据明确表明未成年个体与成年个体在埋葬习俗上存在差异，当地是否存在未成年个体不允许埋葬入家族墓地的风俗还需要进一步研究。此外，大多数个体死亡集中在壮年期和中年期，死亡年龄并不高，反映出人群中普遍存在的低寿命现象，也许当时人们的生活水平、健康环境、医疗条件并不优越。

第二，经测算，包家梁子墓地战国末至西汉中期人群的平均死亡年龄约为33.83岁，总体平均预期寿命约为34.96岁。

第三，存在于包家梁子战国末至西汉中期人群骨骼上的病理改变主要是龋齿，经统计其患龋率为15.79%，龋齿率为2.84%。一些研究认为，龋齿的出现率在农业型经济的古代居民中要高于狩猎—采集型经济的古代居民，从狩猎—采集型经济向农业型经济转变过程中龋齿发病率会明显增加[1]。据Lukacs报道，中石器时代采集狩猎居民的龋齿发病率为1.2%，青铜时代居民龋齿发病率为1.4%～6.8%，铁器时代混合型经济居民的龋齿发生率达4.4%～7.7%[2]。Turner对全球范围古代人群的龋齿调查表明，采集狩猎居民龋齿发病率在0～5.3%（平均1.3%），混合经济居民为0.44%～10.3%（平均4.8%），农业型经济居民为2.1%～26.9%（平均8.6%）[3]。从包家梁子人群龋齿的罹患率来看，在统计的457枚牙齿中，有患牙13枚，龋齿率为2.84%，从包家梁子人群存在的时空框架来看，战国末至西汉中期的成都平原应当处于青铜时代晚期到铁器时代早期阶段，其龋齿率在Lukacs报道的青铜时代居民龋齿发病率范围内，远低于铁器时代混合型经济居民的龋齿发生率。也在Turner报道的混合经济居民和农业型经济居民的波动范围内，但均低于平均值，应该说包家梁子人群龋齿发生率是相对偏低的，这可能在一定程度上反映出当时成都平原的农业发展水平还比较低，人们饮食中的碳水化合物类食物的摄入可能相对还是比较少的。

值得指出的是，由于骨骼保存状况不佳，样本较小，以上结论可能有一定的局限性。

---

① Turner C., Dental anthropological indications of agriculture among the Jomon people of central Japan: X. Peopling of the Pacific, *American Journal of Physical Anthropology*, 1979, 51: 619-636.

② Lukacs JR., Dental paleopathology and agricultural intensification in South Asia: New evidence from Bronze Age Harappa, *American Journal of Physical Anthropology*, 1992, 87: 133-150.

③ Turner C., Dental anthropological indications of agriculture among the Jomon people of central Japan: X. Peopling of the Pacific, *American Journal of Physical Anthropology*, 1979, 51: 619-636.

后　记

2011年8月初，为配合青白江大道（成青金快速通道）北段的建设，成都文物考古研究院会同青白江区文物保护管理所组织专业队伍开始对包家梁子墓地进行抢救性发掘。时任成都文物考古研究院院长王毅为发掘领队，陈云洪为现场执行领队，龚扬民、杨洋负责现场发掘，白铁勇负责测绘工作，杨颖东、白玉龙负责文物保护工作，参加发掘人员还有杨晓明、兰玉龙、张光磊、宋飞、刘守强、程远福、陈平、逯德军、张魏、张成俊。

在墓葬的发掘过程中，四川省文物局、成都市文广新局文保处、青白区文体局给予了大力支持。四川大学于孟洲先生、中国社会科学院考古研究所严志斌先生和南京师范大学石继承先生对墓地出土印章进行了考释辨认。四川大学原海兵先生对墓葬人骨进行了鉴定和研究。成都文物考古研究院何锟宇对墓葬出土动物骨骼作了鉴定工作，姜铭对墓葬土样标本进行了分析和研究。易立完成了墓地的前期勘探工作，并为发掘和编写报告提供了详细的钻探资料。在此一并表达真挚谢意！

现场发掘工作自2011年8月开始至2012年4月初结束，历时近8个月。由于出土陶器陶质较差，在墓葬发掘的同时，就进行了现场修复，修复工作至2013年5月份结束。2013年6月开始对随葬器物进行绘图、摄影。绘图工作由逯德军完成，摄影工作由龚扬民完成。至2014年7月底，绘图和摄影工作基本完成。2015年初开始系统进行考古报告的编撰工作，至2017年底完成初稿，并于2018年8月结稿。报告在编撰过程得到王毅、江章华、蒋成、刘雨茂各位院领导的悉心指导，成都市文广新局文保处颜劲松处长（现成都文物考古研究院院长）还参与了报告的编写和审核工作。该发掘报告是成都文物考古研究院多位同事共同努力的成果，第一章第一节由杨洋、陈云洪完成，第二节由颜劲松、龚扬民完成。第二章由龚扬民完成。第三章由陈云洪、颜劲松完成。第四章第一节至第六节由颜劲松、陈云洪完成，第七节由龚扬民完成。第五章由龚扬民完成。第六章由王毅、龚扬民完成。附表由龚扬民、杨洋完成，附录由原海兵、龚扬民、陈云洪完成。最后由龚扬民完成对该报告的统稿和校对工作。

发掘现场

1. 工地部分发掘人员（第一排从左侧起：逯德军、宋飞、龚扬民、程远福、何斌
第二排左起：兰玉龙、张光磊、杨洋、陈平）

2. 江章华院长一行指导工地发掘

工地部分发掘人员及领导指导工地现场

墓地全景

1. 墓葬形制

2. 随葬器物出土情况

M2形制及随葬器物

1.罐（M2：8）

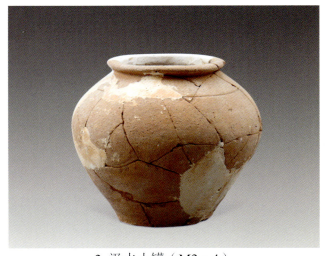

2.汲水小罐（M2：4）

3.甑（M2：5）

4.鸡俑（M2：2）

5.执箕女俑（M2：11）

M2出土陶器

1. 墓葬形制

2. 随葬器物出土情况

M3形制及随葬器物

1. 釜（M3：13）

2. 釜（M3：14）

3. 釜（M3：15）

4. 壶（M3：7）

M3出土陶器

1. 井（M3：16）

2. 鸡俑（M3：12）

3. 狗俑（M3：9）

4. 劳作女俑（M3：11）

M3出土陶器

1. 墓葬形制

2. 随葬器物出土情况

M8形制及随葬器物

1. 罐（M8∶6）

2. 罐（M8∶7）

3. 罐（M8∶8）

4. 甑（M8∶3）

5. 汲水小罐（M8∶5）

M8出土陶器

1. 墓葬形制

2. 陶瓮（M14：3）

3. 铜带钩（M14：1）

M14形制及随葬器物

1. 墓葬形制

2. 随葬器物出土情况

M15形制及随葬器物

1. 陶釜（M15：5）

2. 陶罐（M15：2）

3. 陶罐（M15：4）

4. 磨石（M15：1）

M15出土器物

1. 墓葬形制

2. 随葬器物出土情况

M17形制及随葬器物

1. 陶钵（M17：9）

2. 陶摇钱树座（M17：10）

3. 陶狗俑（M17：2）

4. 陶鸡俑（M17：4）

5. 陶鸡俑（M17：5）

6. 铜摇钱树残片（M17：12）

M17出土器物

1.执锸执箕俑（M17：3）

2.抚琴俑（M17：8）

3.舞俑（M17：6）

4.击鼓俑（M17：7）

M17出土陶俑

1. 墓葬形制

2. 随葬器物出土情况

M26形制及随葬器物

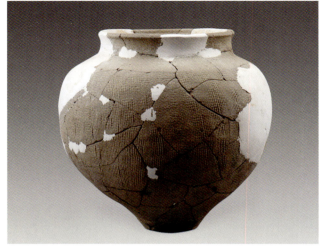

1.瓮（M26：8）

2.釜（M26：10）

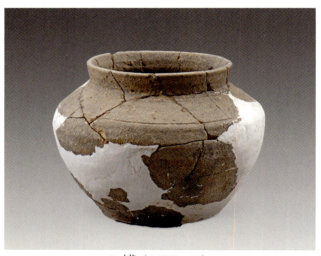

3.罐（M26：9）

4.罐（M26：13）

5.豆（M26：12）

6.钵（M26：5）

M26出土陶器

1. 墓葬形制

2. 人骨

M27形制及人骨

1. 陶瓮（M27：6）

2. 陶盘（M27：4）

3. 陶盘（M27：5）

4. 银环（M27：1）

5. 骨耳珰（M27：2）

M27出土器物

1. 墓葬形制

2. 钱币出土情况

M30形制及随葬钱币

1.陶釜（M30：8）

2.陶釜（M30：10）

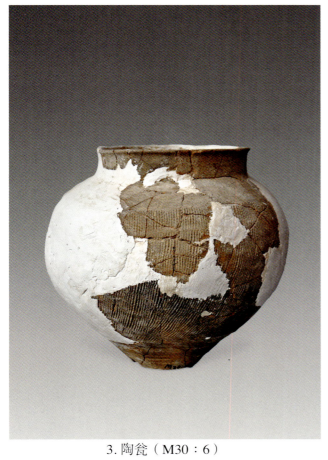

3.陶瓮（M30：6）

4.铜印章（M30：1）

5.铜带钩（M30：2）

M30出土器物

1. 墓葬形制

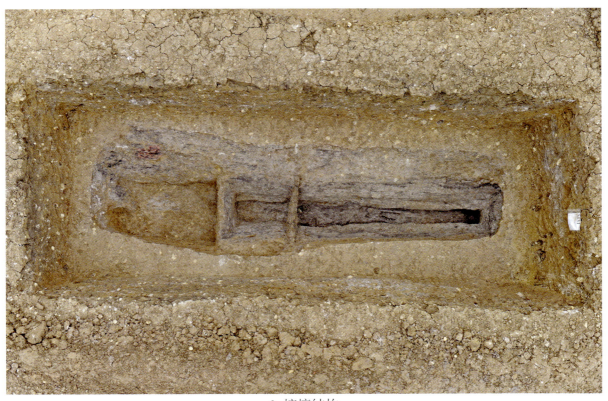

2. 棺椁结构

M31形制及棺椁结构

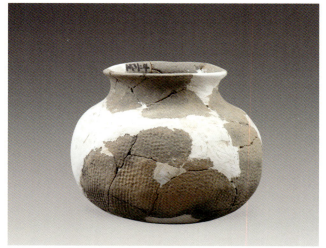

1. 陶釜（M31：4）

2. 陶釜（M31：1）

3. 陶釜（M31：3）

4. 陶釜（M31：7）

5. 磨石（M31：8）

M31出土器物

1. 墓葬形制

2. 出土漆器痕迹

M40形制及出土漆器痕迹

图版二六

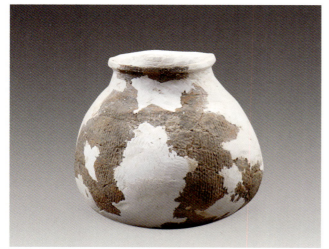

1. 陶釜（M40：3）

2. 陶釜（M40：4）

3. 陶豆（M40：9）

4. 陶饼（M40：6）

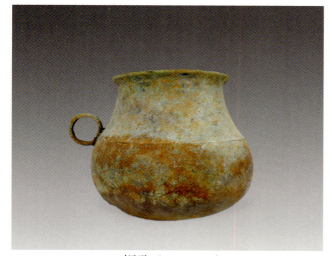

5. 铜鍪（M40：1）

6. 铜箭镞（M40：8）

M40出土器物

1. 墓葬形制

2. 随葬器物出土情况

M42形制及随葬器物

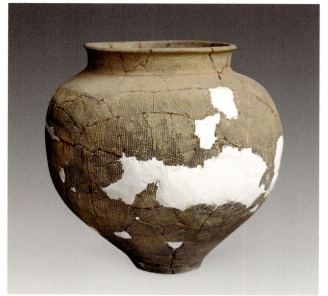

1. 陶瓮（M42：8）

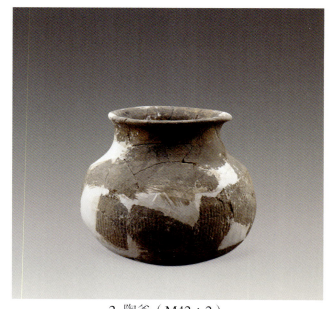

2. 陶釜（M42：2）

3. 陶釜（M42：3）

4. 陶釜（M42：9）

5. 陶罐（M42：6）

6. 铜带钩（M42：1）

M42出土器物

1. 墓葬形制

2. 棺椁结构

M44形制及棺椁结构

1. 瓮（M44：12）

2. 豆（M44：17）

3. 釜（M44：2）

4. 釜（M44：3）

5. 釜（M44：4）

6. 釜（M44：10）

M44出土陶器

1. 墓葬形制

2. 铜器、骨器分布情况

M46形制及随葬器物

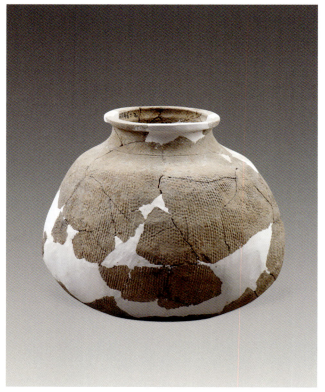

1. M46：2

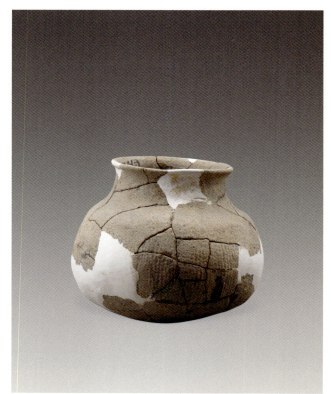

2. M46：3

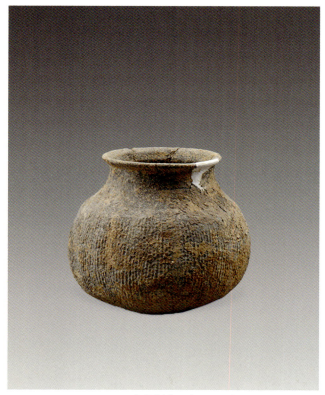

3. M46：4

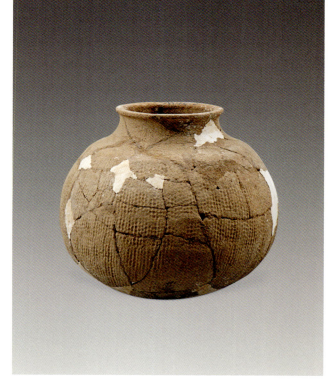

4. M46：5

M46出土陶釜

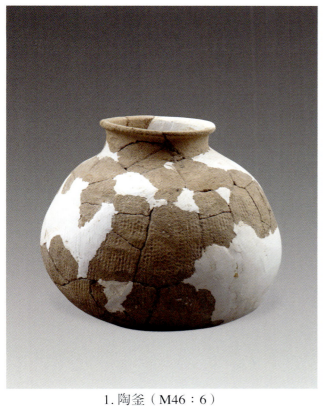

1.陶釜（M46：6）

2.陶釜（M46：9）

3.骨牌饰（M46：11-2）

4.铜带钩（M46：12）

M46出土器物

1. 墓葬形制

2. 随葬器物出土情况

M48形制及随葬器物

1. 豆（M48：9）

2. 豆（M48：10）

3. 豆（M48：11）

4. 瓮（M48：4）

5. 漏斗形器（M48：15）

M48出土陶器

1.蒜头壶（M48：13）

2.蒜头壶（M48：14）

3.蒜头壶（M48：12）

4.骑俑（M48：1）

M48出土陶器

1. 俯视

2. 墓顶

M54形制

1. 罐（M54：5）

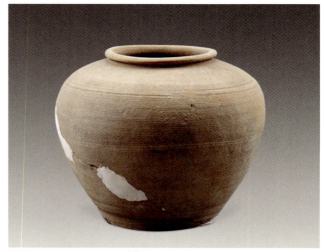

2. 罐（M54：2）

3. 釜（M54：10）

4. 井（M54：6）

5. 灶（M54：8）

M54出土陶器

1. 墓葬形制

2. 随葬器物出土情况

M69形制及随葬器物

1. 瓮（M69：1）

2. 釜（M69：3）

3. 釜（M69：6）

4. 釜（M69：5）

5. 钵（M69：12）

6. 盘（M69：13）

M69出土陶器

1. 墓葬形制

2. 排水沟

M72形制及排水沟

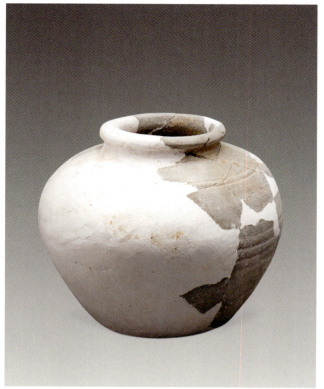

1. 罐（M72：4）

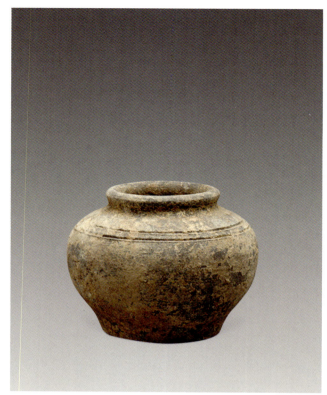

2. 汲水小罐（M72：8）

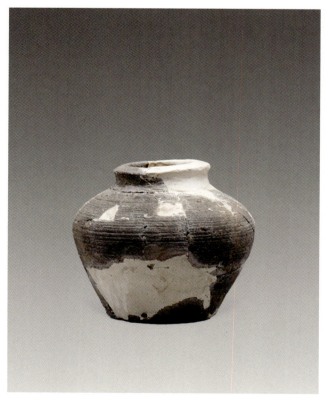

3. 汲水小罐（M72：9）

4. 瓺（M72：1）

M72出土陶器

1. 陶盆（M72：10）

2. 陶灶（M72：3）

3. 陶井（M72：7）

4. 铜盖弓帽（M72：5）

M72出土器物

1. 墓葬形制

2. 随葬器物出土情况

M77形制及随葬器物

1. 陶豆（M77：4）

2. 陶釜（M77：14）

3. 陶釜（M77：12）

4. 铜带钩（M77：1）

5. 磨石（M77：3）

6. 磨石（M77：2）

M77出土器物

1. 墓葬形制

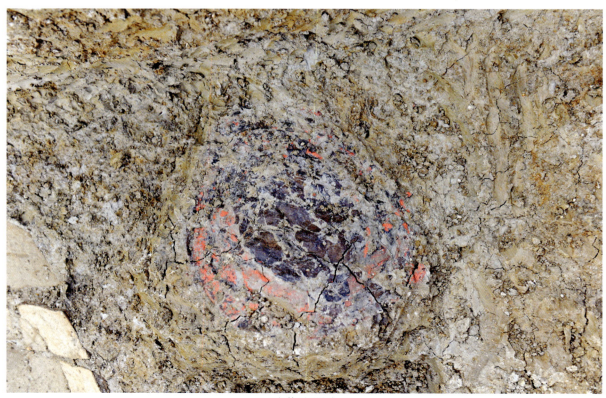

2. 随葬漆器痕迹

M83形制及随葬漆器痕迹

1.陶瓮（M83：5）

2.陶钵（M83：4）

3.陶井（M83：6）

4.汲水小陶罐（M83：7）

5.铜环（M83：1）

6.铜铃舌（M83：8）

M83出土器物

俯拍全景

M94形制

1. 全景

2. 细部

M94墓室

1.釜（M94：23）

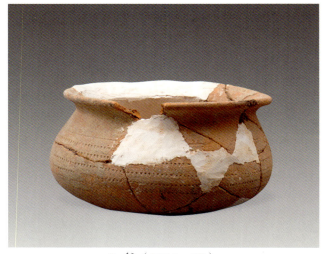

2.釜（M94：28）

3.釜（M94：27）

4.盆（M94：14）

5.甑（M94：13）

6.缸（M94：31）

M94出土陶器

1.罐（M94：26）

2.罐（M94：25）

3.罐（M94：24-1）

4.罐器盖（M94：24-2）

5.钵（M94：17）

6.钵（M94：5）

M94出土陶器

1. 器盖（M94：16）

2. 灶（M94：12）

3. 水田模型（M94：22）

4. 狗俑（M94：11）

5. 击鼓俑（M94：9）

6. 抚琴俑（M94：21）

M94出土陶器

1. 陶纺轮（M94：7-1）

2. 铜弩机构件（M94：35）

3. 铜摇钱树残片（M94：6）

4. 铜泡钉（M94：40）

5. 锥形角器（M94：8）

6. 木锤（M94：2）

M94出土器物

1. 墓葬形制

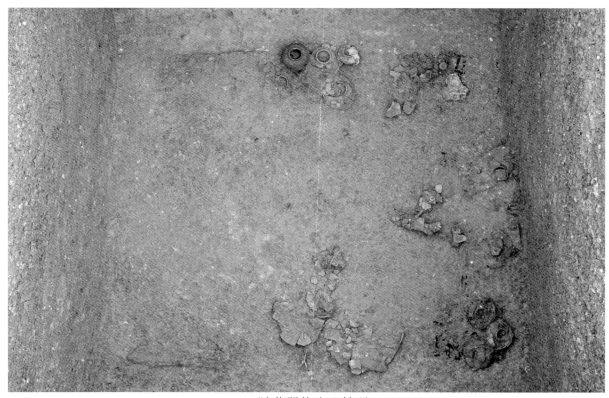

2. 随葬器物出土情况

M97形制及随葬器物

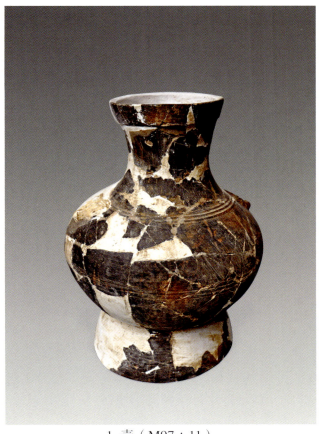

1. 壶（M97：11）

2. 罐（M97：7）

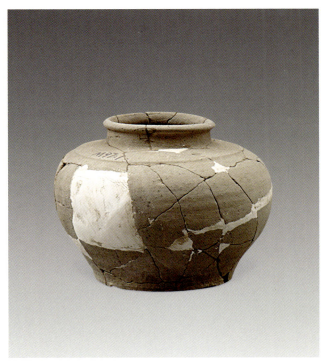

3. 罐（M97：1）

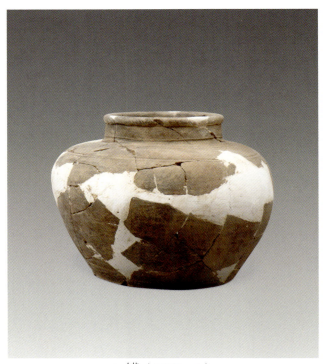

4. 罐（M97：4）

M97出土陶器

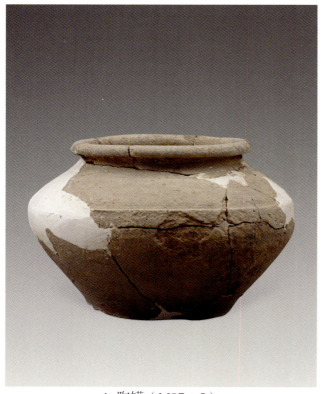

1. 陶罐（M97：5）

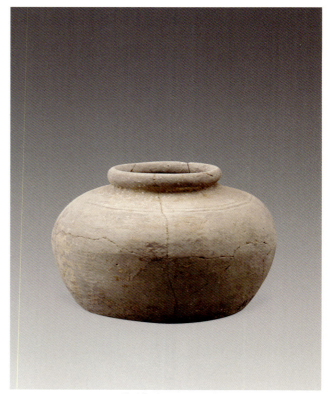

2. 陶罐（M97：6）

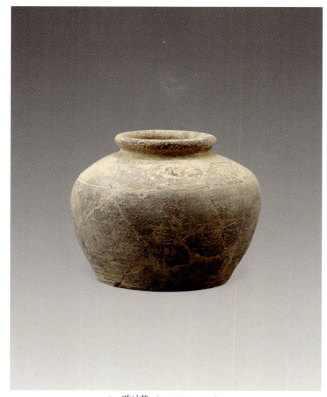

3. 陶罐（M97：2）

4. 铜弩机（M97：10）

M97出土器物

1. 墓葬形制

2. 随葬器物出土情况

M98形制及随葬器物

1. 陶釜（M98：13）

2. 陶井（M98：11）

3. 陶鸡俑（M98：12）

4. 陶鸡俑（M98：3）

5. 陶鸭俑（M98：4）

6. 磨石（M98：2）

M98出土器物

1. 负罐俑（M98：6）

2. 执箕男俑（M98：8）

3. 劳作男俑（M98：9）

4. 女侍俑（M98：10）

M98出土陶俑

1. 墓葬形制

2. 墓室与墓道

M99形制

1.瓮（M99：27）

2.瓮（M99：22）

3.豆（M99：21）

4.釜（M99：13）

5.釜（M99：10）

M99出土陶器

1. 鍪（M99：5）

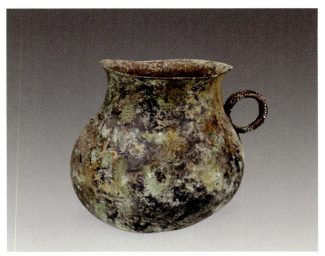

2. 鍪（M99：4）

3. 扣件（M99：19）

4. 铃（M99：7）

M99出土铜器

1. 墓葬形制

2. 随葬器物出土情况

M112形制及随葬器物

1.釜（M112：2）

2.釜（M112：5）

3.釜（M112：3）

4.罐（M112：7）

M112出土陶器

1. 陶钵（M112：6）

2. 陶豆（M112：8）

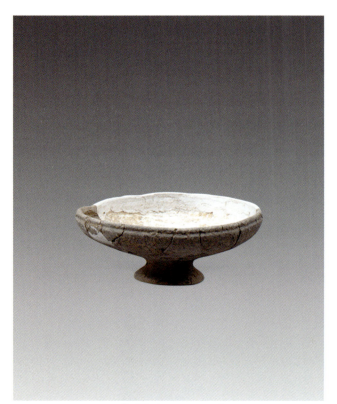

3. 陶豆（M112：9）

4. 铜镜（M112：1）

M112出土器物

1. 全景

2. 墓道与椁室

M113形制

1. 瓮（M113：9）

2. 罐（M113：6）

3. 罐（M113：1）

4. 罐（M113：2）

5. 簋（M113：4）

M113出土陶器

1. 陶瓮（M122：4）

2. 陶釜（M122：6）

3. 铜三足盘（M122：1）

4. 铜带钩（M122：10）

5. 磨石（M122：2）

M122出土器物

1. 墓葬形制

2. 随葬器物出土情况

M138形制及随葬器物

1. M138：4

2. M138：5

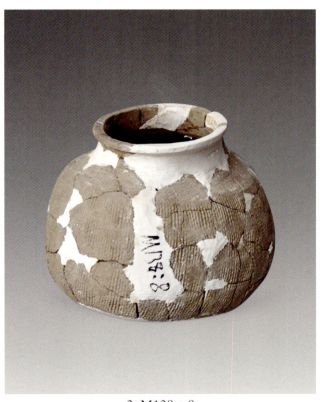

3. M138：8

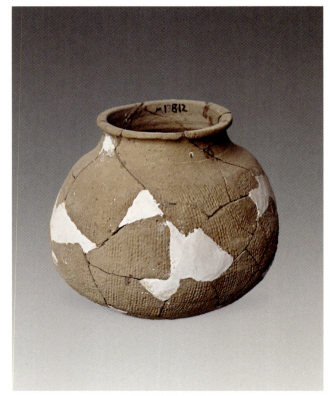

4. M138：12

M138出土陶釜

1. 陶釜（M138：9）

2. 玉剑璏（M138：1）

3. 磨石（M138：13）

4. 磨石（M138：14）

M138出土器物

1. 墓葬形制

2. 随葬器物出土情况

M144形制及随葬器物

1. 瓮（M144：2）

2. 瓮（M144：13）

3. 豆（M144：9）

4. 盆（M144：4）

M144出土陶器

1. 陶钵（M144：6）

2. 陶器盖（M144：7）

3. 磨石（M144：12-1）

4. 磨石（M144：12-2）

M144出土器物

1. 墓葬形制

2. 随葬器物出土情况

M146形制及随葬器物

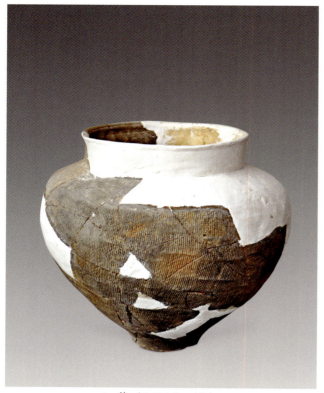

1. 瓮（M146：12）

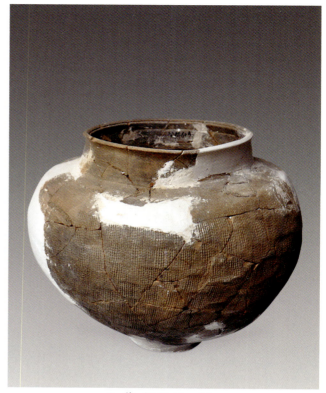

2. 瓮（M146：5）

3. 釜（M146：11）

4. 釜（M146：3）

M146出土陶器

1. 陶釜（M146：7）

2. 陶罐（M146：10）

3. 铜鍪（M146：8）

4. 铜洗（M146：6）

5. 铜带钩（M146：4）

M146出土器物

1. 墓葬形制

2. 随葬器物出土情况

M148形制及随葬器物

1. 陶瓮（M148：5）

2. 陶釜（M148：10）

3. 陶豆（M148：3）

4. 铜鍪（M148：1）

5. 铜洗（M148：2）

6. 铜带钩（M148：12）

M148出土器物

1. 墓葬形制

2. 随葬器物出土情况

M156形制及随葬器物

1. 罐（M156：1）

2. 罐（M156：6）

3. 罐（M156：17）

4. 罐（M156：18）

5. 罐（M156：5）

6. 汲水小罐（M156：7）

M156出土陶罐

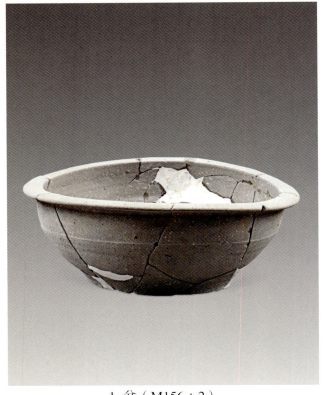

1. 盆（M156：2）

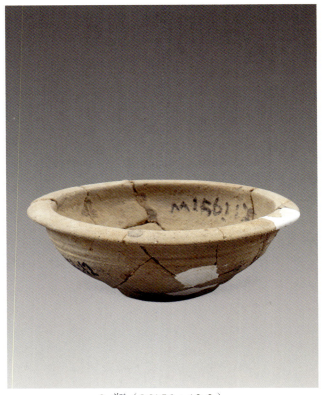

2. 甑（M156：12-2）

3. 甑（M156：16）

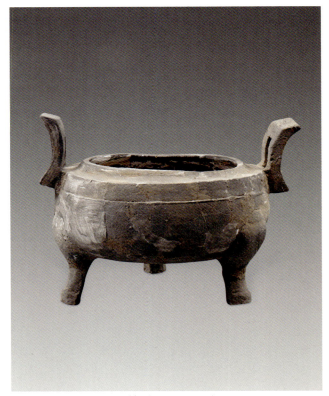

4. 鼎（M156：3）

M156出土陶器

1. 釜（M156：14）

2. 釜（M156：13）

3. 釜（M156：15）

4. 灶（M156：12-1）

M156出土陶器

1. 墓葬形制

2. 随葬器物出土情况

M160形制及随葬器物

1. 鼎（M160：20）

2. 釜（M160：19）

3. 釜（M160：10）

4. 罐（M160：6）

M160出土陶器

1. 陶豆（M160：7）

2. 陶豆（M160：8）

3. 陶豆（M160：13）

4. 铜镡（M160：21）

5. 铜铃（M160：23）

6. 铜铺首（M160：25）

M160出土器物

1. 墓葬形制

2. 漆奁、铜镜、玉黛砚组合

M161形制及随葬器物

1. 瓮（M161：4）

2. 鼎（M161：14）

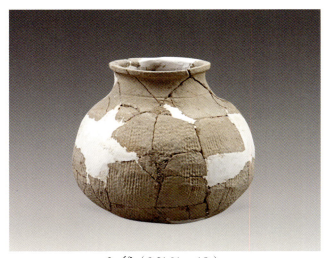

3. 釜（M161：10）

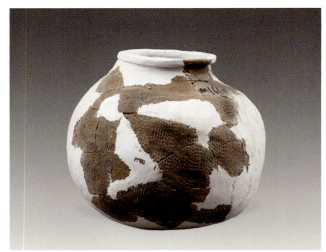

4. 釜（M161：11）

5. 釜（M161：6）

M161出土陶器

1. 铜带钩（M161：1）

2. 铜镜（M161：3）

3. 玉黛砚（M161：2）

4. 磨石（M161：12）

5. 磨石（M161：17）

M161出土器物

1. 墓葬形制

2. 随葬器物出土情况

M167形制及随葬器物

1. 瓮（M167：5）

2. 釜（M167：12）

3. 盘（M167：7）

4. 盘（M167：9）

5. 豆（M167：8）

6. 饼（M167：2）

M167出土陶器

1. 墓葬形制

2. 腰坑

M168形制及随葬器物

1. 釜（M168∶6）

2. 釜（M168∶4）

3. 釜（M168∶5）

4. 罐（M168∶9）

5. 蒜头壶（M168∶8）

M168出土陶器

1. 墓葬形制

2. 随葬狗骨

M170形制及随葬狗骨

1. 陶豆（M170：7）

2. 铜铺首（M170：9-1）

3. 铜带钩（M170：10）

4. 银环（M170：2）

M170出土器物

1. 釜（M29：2）

2. 环（M34：2）

3. 带钩（M37：1）

4. 带钩（M88：1）

5. 带钩（M93：1）

6. 镜（M128：1）

M29、M34、M37、M88、M93、M128出土铜器